上冊

中華一萬年

遠古時代
——三皇五帝

> > > >

郭志坤
陳雪良

著

中華書局

上冊目錄

第四卷　人體包裝

第五卷　農耕初始

第六卷　六畜興旺

第七卷　慎終追遠

歷史序曲

　　這是一片古老而神奇的土地。我們，中華兒女，世代生息在這片土地上。

　　它位於歐亞大陸的東方，西部有帕米爾高原，西南有青藏高原和喜馬拉雅山，有世界之巔珠穆朗瑪峰，西北有阿爾泰山，北部有戈壁沙漠，東北有興安嶺和長白山，東面和東南則為海洋所環抱。大山、大海、大戈壁，把這塊被稱為中華古土的大地組建成一個相對獨立的地理單元。

　　在這地理單元內部，有東流萬里的大江、大河，有沃野千里。

　　在這片古老而神奇的土地上，1.45億年前，曾經盛開過地球上最早的花朵——「中華古果」。當這「最早的花朵」綻放在美國權威的《科學》雜誌的封面上時，整個世界都為之驚歎！

　　在這片古老而神奇的土地上，1.3億年前，曾經活躍着角龍家族的早期代表——「遼寧角龍」。當「中國龍」的圖像在同樣權威的英國《自然》雜誌上露面時，地球上早期生物演化的奧祕也隨之「浮出水面」了。

　　盤古開天闢地的神話故事是美麗的，它比西方世界的創世說更美麗。神話故事向我們展示的是這樣一個曠世大英雄：當時宇宙一片混沌，沒有天，也沒有地。盤古為了開天闢地，辛勞了整整一輩子。在告別生命的最後一刻，盤古許下了一個宏大的心願：願呼氣成風雲，願聲音為雷霆，願耳目為日月，願肢體為五嶽，願血液為江河，願筋脈為地脈，願肌肉為田土，願鬚髮為星辰，願皮毛為草木，願齒骨為金石，願骨髓為珠玉，願汗流為雨澤，願……願……願……這是一個多麼美麗的神話！盤古開天闢地的精神，盤古死後獻出自己一切的精

六

神，不正是我們民族惟妙惟肖的精神映象嗎？

在這片古老而神奇的土地上，早就有人類棲息、居處、繁衍。淮南八公山發現的一顆古人類牙齒化石以鐵一般的事實告訴人們，這裏的人類發展史至少有 300 萬—350 萬年之久，與非洲大陸的早期人類發展進程大致上並駕齊驅。我們可以毫無愧色地說：中華大地是人類起源的搖籃之一。

原始人邁出的每一步，都是十分艱辛的。他們取得在現代人看來似乎是微不足道的進步，都要作出巨大的努力。從最原始的「八公山人」，到懂得使用和製作粗石器的長江流域的「巫山人」、雲貴高原上的「元謀人」，時間整整流淌過了 100 多萬年。

從「元謀人」到「北京人」，時間又流淌了 100 多萬年。在這漫長的歷史階段，神州大地發生了哪些具體的變化，我們的遠古祖先又是怎樣奮鬥生存下來的，儘管現在還說不太清楚，但是，從「北京人」身上，我們看到了遠遠超越於他們前代祖先的地方。

「北京人」的體質結構已經完全具備了人的基本特徵。與現代人比起來，身材要矮些，面部較現代人稍短而向前伸出，前額低平，不像現代人那樣隆起。牙齒比現代人粗大。腦容量比類人猿大了一倍以上。由於勞動，上肢骨發展飛快，已經與現代人相近。也可以說，「北京人」已經有了自己的「手」。

「北京人」的最大成就是火的使用。他們可以說是神話傳說中「燧人氏」的真正原型。走進當年「北京人」居住的洞穴，最醒目的是厚達幾十厘米到幾米的草木燃燒後遺存下來的灰燼層。呵！這該是多少

代「北京人」使用火積澱下的塵埃啊！透過這厚厚的灰燼層，我們似乎看到了當年人們生活的一個個鮮活的畫面：白天，一些「北京人」忙着把一綑綑曬乾的枯草和樹木枝條拉進洞中。晚上，天黑下來，氣溫也驟然下降，「北京人」們就在洞中燃起一堆堆篝火。這樣既可驅趕來襲的野獸，又可暖和身子。同時，「北京人」的豐盛晚餐也就開始了。植物的果實或根莖，分給大家享用。捕獲到的牛、羚羊和野鹿，用石刀分割成大小不一的塊狀，放在火上烤着吃。這些都有被燒烤的石器上滿佈着的龜裂紋和燒過而有裂紋的鹿角為證。渴了，就將獸血倒在植物的果殼或其他天然盛器裏喝起來，這就叫「茹毛飲血」。

從「北京人」，到生活在同一地域的「山頂洞人」，時間之河又靜靜地流淌了大約 50 多萬年。

大約距今 1.8 萬年前，曾經長期作為「北京人」家園的北京周口店地區，自然環境發生了很大的變化。原來從龍骨山下流過的那條河流，雖然仍舊存在，但水勢小了，變成了一條孱弱的小溪，到了冬天，常會出現乾涸現象。以前曾是湖泊或沼澤的地方，變成了一處處小水塘，水塘裏生長着青魚等淡水魚類。平原上出現了乾旱多沙的地區，時常可以看到鴕鳥在那裏昂首闊步。龍骨山上的樹木稀疏了，但不太遠處還生長着森林，斑鹿、麂子、野豬出沒在森林之中。山下遼闊的草地上，奔馳着野馬、羚羊、野兔。生活在周口店龍骨山的山頂洞中的「山頂洞人」，他們並沒有被變得相對惡劣的氣候條件所嚇倒。他們用更為精緻的石器、弓箭，獵取了比他們的前輩更為豐盛的食物。特別值得注意的是，他們以開放的姿態走向了異地他鄉，生活的地域和人生的眼界大大開闊了。在山頂洞中，發現有海蚶、厚殼蚌和

赤鐵礦石。海蚶產於東海和南海之中，厚殼蚌產於黃河以南，赤鐵礦石產於距周口店約 300 里的宣龍地區。「山頂洞人」的神通廣大，真讓人難以想象。在沒有任何交通工具的情況下，他們能步行到數百里乃至千里之外，應該說是個奇跡。

「山頂洞人」有着一個美好的「家」。這是一座分為上、下、地下的「三層樓」。上層是他們日常生活、棲息的地方。下室是他們的墓葬之處。最下是他們的冬暖夏涼的天然貯藏室。在山頂洞中，發現有一枚相當精緻的骨針。針體光滑，可以想見是用過無數次的縫紉工具。這時的原始人，已懂得了羞澀和美觀，懂得了用衣服來蔽體。他們把樹皮、樹葉、獸皮，用犀利的骨針縫製成一件件形態各異的衣服，從而結束了幾百萬年赤身裸體的生活。這在人類發展史上無疑是一件具有劃時代意義的大事。

從 300 萬年前的「八公山人」，到 1.8 萬年前的「山頂洞人」，我們的遠古祖先已經艱難地走過了至今為止歷史的 99.99% 以上的行程。這個行程是緩慢的，曲折而艱辛，同時也是極為偉大的。當「山頂洞人」的脖子上掛上叮當作響的獸骨項鏈的時候，他們的飽經風霜的臉上一定是綻放着充滿自信和自豪的燦爛的笑容。抬頭遠望，人類文明的曙光已經依稀可見了。

再過些時候，到距今一萬年時，這裏的人們將是怎樣的呢？我們要跟大家一起巡視的就是這塊古老的土地上的人們近萬年來走過的艱難而又輝煌的歷程。

第一卷

陶鑄文明

　　歷史的長河緩緩地流淌過了幾百萬年，把中國的歷史推進到了距今一萬年的嶄新時期。這時，世代居處於這塊古老土地上的中華先民，用他們那聰明的腦袋和靈巧的雙手，取一方淨土，製作出了第一塊陶片。中國被世人稱為「陶瓷王國」，這是鐵錚錚的歷史事實，其起點就應該在一萬年前的遠古。

　　這是一件驚天動地的大事。

　　這是人類第一件稱得上真正創造的大事。歷史因這一創造而顯得格外的精彩。這是一個新的時代的開端。[①]人類第一次通過改變外在之物的屬性，創造出一種自然界原本不存在的全新的物質。這是人類特有的、睿智的人文創造。揭開中華歷史一萬年的第一章，我們首先要謳歌的就是這種真正稱得上「偉大」兩字的創造。

　　由於「陶」的發明，我們的先民一下子脫離了稚嫩的嬰兒階段，進入了童趣橫生、活潑可愛的童年。陶品是一種特殊的「世界語」和人類「通用語」，研讀先民留下的陶品，能使我們直面其天真未鑿的天性，了然其純真無邪的心靈。

華夏第一「陶」

在江西省萬年縣，有個大源鎮。在大源鎮的一座不太高的小山上，有個寬敞深邃的仙人洞。仙人洞中煙氣升騰，自有一番神仙境象，難怪人們要以此命名了。

20世紀60年代，考古學家在這個洞穴中發掘和採集到了200餘塊陶器的殘片。經碳-14測定，這是一萬多年以前留存下來的陶片，專家斷言這是中華最為古老的陶器殘片，可稱為華夏第一「陶」。[②]

這是一些十分古樸的破碎陶片，它也許是那個時代的原始人若干件陶品器物被砸碎後棄置的物件。經過考古工作者的努力，現在已經將其中的一些碎片，修復成為一隻古樸的圓底陶罐，使人們得以重睹一萬多年前先民的傑作。這種圓底陶罐的底部比較平直，重心很穩，不易翻倒。它的容量不算大，大致夠盛一個人一頓食物的容量。據此，專家認為這是最原始的食器，相當於後來的碗，既可盛各種食物，又可盛水，因為陶器口大，食用起來十分方便。可見，陶器的發明是直接與人類的飲食等生活相關聯的。

當時的原始人還居住在洞穴中，洞穴既是他們居住的場所，又是他們製作陶器的工場。中華先民在洞穴中製作了陶器的毛坯後，再到洞前的場地上進行燒製，然後又將成品藏在洞中，因為洞裏避開了陽光雨水，不易風化。最早的陶製品能保存在洞穴中，正是這個道理。

萬年縣仙人洞中出土的陶片呈赤紅色，上有疏密不等的不規則的繩紋狀圖案。可見，當時還沒有特定的製陶工具。正像小孩子過家家差不多，隨意得很。發明創造往往不會是刻意而為，遠古的先民更是這樣。仔細看，陶片上還有不少大小不一的孔洞，可見這些陶片是相當的疏鬆和粗糙。儘管如此，它既是生活之工具，也是一種藝術。這些繩紋粗細不一。粗的有半根手指頭那麼粗，細的像一根頭髮絲那樣

細。繩紋的排列也交錯混雜，沒有一定的規則。據考古學家推斷，這無規則花紋正是那時的原始美學。

在陶片的表層有明顯的泥條盤築痕跡。原始先民先是將淘稠了的黏土搓成泥條，然後一圈一圈地盤成器皿的形狀，再用手撫平，最後是燒製成器。居處在「仙人洞」中的先民顯然還是製陶生手，他們搓成的泥條粗的粗、細的細，用手撫平時能用就行了，製出的陶器的器壁高低不平、厚薄不均。但是，就那樣的隨意，更可見其製作時的渾然天成和益然童趣了。

製陶源起的猜想

陶器的發明，對人類來說，實在太重要了。面對一萬年前留存下來的十分簡陋的古陶片，後世的人們想象着當時人們的生活情景，猜度着製陶源起的歷程，解讀着隱藏在陶片背後的活生生的歷史故事，甚至連恩格斯這樣的偉人也作過有趣的猜度。[3]憑藉這些陶片，人們可以大致勾勒出一萬年前先民的生活畫面：

一群原始人圍坐在火堆旁，正津津有味地享用着他們的獵獲物，忽然有人驚叫起來：「着火了！」原來，離火堆不遠處安放着兩隻用竹片和繩索編織起來的籃子，籃子被火熏烤後燃燒了起來，裏面存放的一些果品和其他食物也隨着籃子被燒毀而滾向火堆。

大家七手八腳地把火中的果品搶了出來，同時也撲滅了被燒籃子上的火。一場驚嚇就這樣很快地平息了，人們又津津有味地咬嚼起自己手中的食物來。

大家都沒有注意到，這時有一個中年模樣的人沒有同大家一起咬嚼。他側着頭，在認真地思考着什麼。

少頃，中年人站了起來，用很大的聲音説：「大家注意到沒有，兩

隻籃子同樣離火那麼近，一隻着火了，被燒毀了，另一隻為什麼沒着火？」

這下，大家停住了咬嚼，齊刷刷地瞪起眼望着他。

「你們看，」中年人把籃子拎在手裏，比劃着，「這籃子的外面塗滿了泥巴，火燒在泥巴上，只會使它發硬，卻不會使它着火。泥巴是不會着火的，是不是？」

「是，是。」眾人齊聲應和着。

中年人把籃子往地上隨意地一放，這時，奇跡發生了。被燒得發硬發黃了的泥巴整個兒脫了下來，活脫脫是一個原先籃子的樣子。

中年人想起了什麼似的，把從竹籃上脫下來的燒硬了的泥巴籃子再放到火裏烤。烤着烤着，泥巴變成了赤黃色，而且越發的堅硬了。再把它放在水裏，溶不了，也不透水。

「嘿，這東西可好，以後就不用每天要飲水時再去打水了，可以用它盛水。」一個年歲大一點的説。

「還可以用它盛糧食，盛其他吃的用的物品。」另一個人又説。

大家興奮着。

忽然有人提醒道：「就那麼一個，能盛多少呢？」

「是呵！能盛多少呢？」大家歎息起來。

一陣沉默。

「有了，有了！」還是那個發現帶泥的籃子燒不着的中年人，他興奮地叫了起來，「我們不可以先在籃子外塗泥，然後再在火上烤，烤硬了把泥籃子脫下來嗎？」

眾人歡呼起來，都説這辦法好。

就這樣，在一萬年前的原始人的平平常常的生活中，他們用自己的勤勞和智慧，創造出了偉大的奇跡：陶器被發明了！

應該相信，這一生活畫面的復原，是真實的，是合乎科學發明的邏輯的。各國的考古學家和人類學家都大致這樣認為。

殉陶者寧封子

陶器的發明和製作，對處於遠古時代的人們來說是一件驚天動地的大事。人們必然要付出巨大的代價，以至於生命。傳說是最早口頭敘事文學之一，由神話演變而來又具有一定的歷史真實性。

傳說中的寧封子就是一個殉陶者。[④]

寧封子是遠古時代部落群體中專門負責製作陶器的人。當時陶器剛被發明出來，大家都不熟悉。寧封子日夜守護在燒製陶器的大窯旁，研究着製陶的訣竅。

有一天，寧封子像往常一樣在窯中架火燒陶。可是奇怪，該是到這一窯陶器燒成的辰光了，但從窯中冒出的煙氣看，陶還沒有燒成。

「是什麼道理？是不是火力不足呢？」寧封子像是自語，又像是向身邊的同事發出詢問。

一個有經驗的同事回答：「好像是火力不足。」

寧封子站起身來，說：「那我到窯頂上去看看吧。如果真的火力不足，就得再添上一把柴。」

「不行，不行，那太危險了！」眾人都上前阻攔。

「沒事的。」年輕力壯的寧封子笑笑，掙脫了眾人的阻攔，一縱身上了窯頂。

「怎麼樣？要小心啊！」眾人在窯下焦急地叮嚀。

還沒來得及聽到回應，只聽到轟然一聲巨響，寧封子從窯頂掉進了窯內，五色火光在窯頂沖天而起。

人們呼喚着他的名字，只聽到風吹火苗「霍霍」作響，那似乎就是他回答眾人呼喚的聲音。

許久，許久，火光才漸漸地熄滅下來。

人們圍在窯邊一看，只見這次燒出的一窯陶品非同一般，顯得特別的光澤閃亮，陶品的表面還顯現有五彩紋飾，恰好與剛才窯頂冒出

的五色火光相輝映。人們湊近去再仔細看看，發覺就在那些窰品的旁邊，有一堆燒得有點兒發焦的白骨灰。人們的心一下揪緊了，剛才還是生龍活虎的寧封子，頃刻間已化成了灰燼。

關於寧封子的死，流傳着兩個版本：一種認為，當他上窰添柴時，窰頂已經燒空，一受重力馬上就塌了下來，於是寧封子就葬身火海了。另一種說法則認為，寧封子爬上窰頂一看，發覺窰中的陶品還處於半成品狀態，而這時柴草又不夠了，如果任其自然，一窰陶品很有可能全數報廢。在情急之中，他就奮不顧身地縱身一跳，投入了火海，以自己身體的熱量來熔鑄這一窰陶品。

不論哪種說法，寧封子都是個令世人尊敬的殉陶者。

為了紀念這位偉大的殉陶者，人們將他葬於寧北山中，時時加以供奉祭祀。

也有人說，寧封子根本就沒有死，後世每當陶窰中生火的時候，你都隱隱然可以在火煙中看到寧封子的莊重的形影。他是一直守護在陶窰的旁邊，讓每一窰陶品都能安然出窰，造福於人世。

傳說終歸是傳說，我們不必把寧封子看成是一個具體的個人化的人。其實，他是無數為人類最早的一大發明 —— 製陶 —— 獻身的群體的一個集合形象。世間所有偉大的發明，都要付出巨大的，甚至是血的代價的啊！

陶中乾坤

陶和陶紋，是一對孿生兄妹。陶紋與陶一樣地古老和永恆。

人類每發明一種物件，首先當然是為了物質的享用，同時也必然是為了精神的愉悅。人天生就是藝術家。簡陋和粗劣從來不屬於人類。

對陶紋的起源，考古學界有種種猜測，但較為一致的看法是，

陶紋最初產生於偶然的觸發。原始先民偶然間把編織紋壓印在了還沒有定型硬化的陶器上，這樣，無意間就有了籃紋、席紋、繩紋和刻畫紋。這偶然的觸發，卻勾起了原始先民必然的情懷——以陶品為平台，用坦誠的童真和樸實的筆觸來描寫世界，描寫自我。我們完全可以說，陶中有世界，陶中見乾坤。透過對蛙、鳥、蛇、魚這些生物的描繪，可以看到萬年前先人生活的一些情狀。

先民對大腹便便的青蛙是情有獨鍾的。在青海樂都縣柳灣遺址出土的陶器上，蛙的頭部，蛙的四肢，都被簡化了，唯獨蛙腹被無限誇大，直到畫成一個個滿月狀的圓。圓是同一畫面的最大值，像似蛙腹中貯存着大量的蛙子。把蛙腹畫成圓寄寓着人們自身繁衍上的一種希望。

太有趣了，原始先民是將蛙的大腹多子同女性的大腹多產聯繫在一起的。他們希望通過陶器這一取自大地母親的靈物，來傳遞自我的心聲。蛙肢陶紋實際上是人類心靈的最真實、最生動的寫照之一。一隻青蛙產下的一泡子，可以孵化出成千上萬隻小青蛙來，人如果能像青蛙那樣繁衍，那自己的那個氏族、那個部落，該是多麼的興旺發達啊！

有些蛙肢形紋飾，又將蛙的整個肢體簡化成一根根生動的舞動着的線條。這些線條的摺疊處又顯得十分的剛勁有力。在原始人的視野中，蛙是唯一水陸兩棲類生物，它們在水中能游、能跳、能捕食，而在陸地上同樣十分活躍。把蛙的肢體線條化，正是為了充分表現蛙的強勁的生命力。在創作者心目中，一定在想：人如果能像蛙那樣水陸兩棲，該多好啊！

原始人不只把自己想象成水陸兩棲的蛙，還把自己遐想成能飛的鳥。

鳥是陶紋的一大主題。當人們勞作之暇，仰視萬里長空的時候，會看到一行行飛鳥在天空中自由自在地飛翔，真是「天高任鳥飛」，要是人有這樣的本領，該多好呵！懷着對鳥的崇拜之情，原始先民在陶

製器物上繪畫出了生意盎然的種種飛鳥圖。

在河南陝縣廟底溝出土的一隻陶製器皿上，繪有十分生動的飛鳥圖。

鳥通體如一抹剪影，墨黑色的鳥頭上輕輕點出了溜圓而富有神韻的雙眼，鳥嘴微微張開，讓人似乎能隱隱聽到它的鳴叫聲，像是在飛行中不斷呼喚着自己的同伴。這樣，畫面上展現的雖然是一隻鳥，表現的卻是飛鳥的群體。鳥的雙翅、雙腿、剪狀的尾，一式向後傾斜，強化了鳥飛行過程中的動感，似乎畫面周圍的空氣也被振動了似的。

更為有趣的是，在鳥身的上端，畫一圓日。後世的人們可以對此作種種猜想和理解。其實，如果作最直白的理解，那就是：當人們仰視長空時，如果有一飛鳥在人的頭頂掠過，看到的不正是太陽在上飛鳥在下的圖景嗎？

看來，原始人想飛的念頭是十分強烈的，因此，有時，他們乾脆把鳥幻化為似鳥非鳥、似人非人的飛行物。在馬家窰出土的一個陶缽上，就繪有這種飛行物。

四周是圓環形滾動着的流暢的陶紋，象徵着不斷流變着的世界。其中飛行着的是人化了的飛鳥。我們的先民是多麼希望變成一隻鳥，融入壯闊的太空中去啊！當然，對原始人來說，理想只能是理想。這一理想的真正實現，是他們多少世代後子孫的事。

透過這些畫面，人們看到的是一個充滿童趣的先民世界。

這是一隻製作於 7000 多年前的被學術界稱為「人蛇共舞圖」陶罐。

在陶罐的外壁的四周，等距離地用生動的線條繪製着四個鮮活的人物。人物的頭被畫成略略拉長了的圓形，顯得飽滿而富有生氣。四個人物的四肢以不同的形態舞動着，自然而舒放。在四個人物的中間，又各個等距離地繪畫着四條長蛇，蛇顯得十分靈動，而且都作向上蜿蜒爬行的情狀。

人體的舞動，與蛇的爬行的情狀十分協調。這是否在謳歌人與自然的和諧發展呢？

中國古代傳說中的伏羲和女媧，相傳是生於成紀這個地方的，成紀就是今天的甘肅秦安縣，也就是繪有「人蛇共舞圖」的陶品出土的地方。在秦安縣隴城還存有女媧廟呢！而傳說中的伏羲、女媧，又都是人首蛇身的。這又似乎在告訴我們，人蛇共舞是人蛇一體的前導，甚至與中國的龍文化有着某種內在的聯繫呢！

中華文化把蛇看成是人類伴侶的文化觀念，和西方文化中把蛇看成惡的象徵的文化觀念，是截然不同的。⑤

魚也是陶紋的重要內容。「人面魚紋盆」的圖案是這樣的：在該盆內底部繪有一條大魚，魚旁繪有人的臉形。有趣的是，人臉上的兩耳是以兩條魚來表示的。兩條魚的魚嘴正對着人的雙耳穴，好像是要遊進人的耳中似的。人面的嘴微張着，兩條魚從嘴角的兩邊插入，似乎正要遊進嘴中似的。人頭下部的空間也隱隱然有魚在躍動着。人的頭上戴有尖頂的飾物，似為一帽，細細辨識，乃是一條魚，但又與一般的魚不同，給人以一種十分神祕的感覺。

細讀這一「人面魚紋盆」，它的主題仍然是「人」。

通過這一陶品的畫面，先民似乎在告訴後人們：圓形的盆子，好似一個世界。在這個世界裏，人與魚，誰都離不開誰，只有共存，才能共榮。從一定意義上說，人比魚更離不開對方，沒有像魚這樣的「衣食父母」，人就一天也活不了。可不是嗎？圖案中的人，雙眼注視着魚，嘴中享用着魚，耳中傳來的也是魚的信息。這是一種多麼親切而又多麼寫實的情懷啊！據考古發掘的確切統計，當時的原始人食用過的水生動物有 50 多種，再加上各種貝類、蟹類，還有各種龜、鱉、鱷魚之類的爬行動物，就有 100 種之多了。大量魚類進入遠古人類的庖廚，名副其實地成了中華原始人的主食。原始先民對此怎麼會不滿懷感激之情呢？

女媧摶黃土造「人」

　　女媧摶黃土造人的故事，歷來被詮釋成一則「創世」故事，作如此解釋當然未嘗不可。但是，更實際地說，或者說從原本意義上加以讀解，它該是一則以人的自身形體製作陶器的神話傳說故事。因此，「女媧摶黃土造人」的「人」，應加上引號，它指的是人形的陶製器物。

　　神話傳說是這樣告訴人們的——

　　女媧先是將黃土加上水，反覆攪拌和合，使泥土發黏，成糊狀。然後把糊狀的泥巴搓成條狀，再盤旋成神態各異的種種人形器物（即傳說中的所謂「摶黃土」）。加以燒製後，就是人形的陶製品了。因為是「人形」的，因此在許多人心目中就有了人的靈性，在語詞的使用過程中有時就直接名之為「人」了。

　　女媧用黃土摶造出人形的陶製器物以後，大受當時人們的青睞，也就是神話傳說中寫到的「劇務，力不暇供」，「不暇供」，明明說的是「人」形陶品供不應求。

　　「供不應求，怎麼辦呢？」女媧的心中有點急。

　　她與另外一些人一起商量之後，終於創造了一種全新的、更為先進的製作人形陶器的方法，那就是挖出一個大坑，把坑中的黃泥和上水，再用一根大繩子在裏面上下攪動，等泥漿比較黏稠以後，再拿這些黃土製作成一批批人形陶器。這就相當於批量生產了。

　　另外有「女媧補天」的神話故事，實際上說的也是製陶過程中的事。在製陶過程中，有時難免會將「人」形陶器打碎。那時的人們製作一件陶器很不容易，就調製出一種可以修補破碎陶器的黏合劑。破了，就將這種黏合劑塗上，可以湊合着使用，這個過程就稱之為「女媧煉五色石以補蒼天」。[6]五色石不就是製作陶器用的摻和有各種色料的黃土嗎？

　　甘肅秦安縣大地灣遺址出土的一隻陶瓶，整個兒模仿人體塑成。

它可以看成是女媧造人的典型作品。

因為是一隻陶瓶，在塑造人體時故意省略了雙手和雙腿。人體塑造得挺拔、富有生氣，頭部與整個身段的比例得宜，強化了直立人與萬物不同的特性。頭頸略略顯得有點粗壯，給人以一種十分健康的印象。

當年人體的塑造者，十分注重於人物頭部形象的刻畫。臉上眼、鼻、耳、口齊全，所放置的部位也很是得當，且略略有點兒藝術的美化。更為奇妙的是，作者將眼、鼻、耳、口全都鏤空成大小不一的洞孔，不只增強了立體感，也塑出了「七竅傳情」的妙趣。後腦披拂的長髮，和前額齊眉的劉海，又平添了女性所特有的幾分嫵媚。人體的圓潤和腹部的微微隆起，又暗喻着被塑者是一位孕婦。人體頸部以下、底部以上紅黑相間的陶紋，彷彿是一襲裹在身軀上的織品袍子，既柔和，又豔麗。

看着這樣的人體自塑像，誰都會發出讚歎：人，多美啊！

一尊人體的自塑像，成了一曲人生的贊歌。

多麼了不起啊，遠古的祖先！就在製作和創造陶品器具的初始階段，他們也懂得了賦予陶器以生命的意義。

令人驚歎的是繪在一尊彩陶壺上的裸體雙性人像，它出土於青海樂都縣柳灣遺址。

人像兩側分別為兩個相套疊的圓圈網紋，與人形紋相對應的有一簡化的變體人形紋。彩陶人形的形象為全身裸體形態，人體站立，頭位於壺的頸部，五官俱備，身軀和四肢位於壺的腹部。腹部十分肥大，兩手作自然的護腹狀。五指伸展，似在輕輕拍打自己的腹部。

最為奇特的是，乳頭用黑彩點繪，人像下腹誇張地一同塑造出男女兩性生殖器。這一裸體人像兼有男性和女性的性器官，完全是一個雙性人。這在遠古時代的作品中是少見的。雙性人的長髮一直披散到陶壺的背面，髮下又繪有比雙性人畫面更抽象的人字形圖像，那情狀似乎是兩組人手拉着手在舞蹈。

這是處在童年期的原始先民心目中的一則美麗動人的童話。

雙性人是人的神化。雙性人又稱陰陽人，陽為天，陰為地，頂天立地的雙性人實際上成了溝通天、地、人、神的中介。陶壺背面的舞狀抽象人物像，更加強化了雙性人的神韻和靈氣。

請注意，在壺體上的雙性人兩側，有兩個佈滿網紋的碩大的圓，那是什麼？那是兩輪光芒四射的太陽！把兩輪太陽畫在雙性人身邊，明顯具有陽光化育萬物、萬物在陽光雨露中生長的寓意。

鶴、魚、斧組合中的寓意

在河南汝州市閻村，曾經出土過一件仰韶文化陶缸，缸面上有着一幅巨大的彩陶畫。

畫面大致上是這樣的：

畫面的左方是一隻身軀健壯、雙腿強勁直撐的鸛鳥。鸛鳥雙目炯炯有神，遠視着正前方，昂首挺胸，顯得何等的自信、得意，簡直有點不可一世。它的堅硬的長嘴中叼着一條魚。魚絕望地下垂着身子，尾部微微有點兒晃動，作奄奄一息的掙扎狀。與這一情景相映成趣的是畫面右側的古樸、雄渾、鋒利的石斧，石斧上有一"×"符號，表現出它的藐視一切、無可抗禦的殺傷力。

畫面是充分寫實的。

在現實生活中，生性兇殘的鸛鳥飛向河邊叼食大小魚類是常有的事。弱肉強食嘛，有什麼好說的呢？而雄渾巨斧的橫空出世，又會使人想到中國神話中盤古手中那把闢出一個新天地的利斧。斧可開天闢地，還不能征服強暴、拯救一切弱小生靈嗎？

那與大地呈垂直狀豎立着的巨斧，多像一面不倒的正義之旗啊！

畫面又是相當寫意的。

讀了這一遠古先民留給後世的畫面，我們可以演繹出無數的故事來，而其中最有價值的故事該是：當代表強暴勢力的鸛鳥向代表弱勢的魚類施暴時，作為萬物之靈的人類就站了出來，用自己的手創造出來的利器——石斧，予以重重的以至於致命的一擊！

這一罕見的畫面的主題仍然是人，是對人的力量的一曲高亢有力的頌歌。

「四個太陽」

處身於原始社會的中華先民，人人都是太陽的觀察者，又個個都是太陽的崇拜者。太陽給了人們熱量，太陽給了人們光明，太陽給了人們滋養生命的一切，人們怎麼能不像崇拜神靈一般崇拜它呢？

在遠古時代，常常出現這樣一幅動人的畫面：人們一邊手中製作着陶器，一邊時不時地仰視蒼穹，並從高懸着的太陽那裏獲取創作新的陶品的靈感。這樣，他們自然而然地會把他們心目中的太陽以各種不同的形態塑進陶品中。

「咦，是不是搞錯了，在你的這個陶盆上怎麼塑了四個太陽？」[⑦]一個年輕一點的男人對盤腿坐在他旁邊的一位老年女性提出了質詢。

老年女性大約有 60 來歲。要知道，在那個時代實在是十分的高壽了。她轉過頭去，反問年輕人：「怎麼錯了呢？」

年輕人對老年人，尤其是老年女性是十分尊重的，聽到反問，有點兒慌惶，囁嚅着回答道：「看，你塑的是四個太陽，可天上實際上只有一個太陽。」

「不，不是一個太陽，是四個太陽。」老年女性顯得十分自信，她加重了語氣說，「在我的感覺上，是有四個太陽！」

年輕人不再說什麼了。老人家端起一隻陶碗，喝了一大口水，

就自個兒説出一大篇道理來：寒來暑往，天上的確有四個不同的太陽——當草木復蘇、鳥獸停止蟄伏狀態的時候，有一個溫和的太陽；當萬物茂盛、白晝長於黑夜的時候，有一個火熱的太陽；當萬木蕭疏、果實累累的時候，有一個涼爽的太陽；當白雪皚皚、寒風凜冽的時候，有一個冰冷的太陽。

老太太十分自信地對她的兒孫輩帶着教誨的口吻説：「那不是四個太陽嗎？我活了這麼大歲數，我見得多了，我每年都見到了四個太陽。你們説是不是？」

有誰還敢説不是呢？

當塑有四個太陽的陶盆從窯裏燒製出來的時候，大家也就認同了四個太陽的説法。「四個太陽」的説法一方面使我們看到原始人那可愛的童趣，同時也看到他們對一年四個季節——春、夏、秋、冬的最初步、最直觀的認知。有的陶品還繪有十二個太陽呢，那是對一年十二個月的認同。

無獨有偶，在西藏發現的被稱為恰考桑一號巖畫的畫面上，我們也見到了四個太陽的畫面。四個太陽中，三個太陽光芒四射，另一個太陽畫為一小點，並與月牙紋相配，展示其日月相會的寓意。四個太陽間有一長箭，正向前上方飛去，這就把日月的運轉與時間的流逝聯繫在一起了。

中華先民在朦朧中已經約略感悟到時間與日月光華之間的關係。

「圓」的世界

在廣袤的中華大地上，近百年來，大約發現了 10 萬多件遠古先人留存下來的陶製品。當審視這些傳世的珍品時，人們驚異地發現，在這數額極為巨大的陶製品中，沒有一件不是圓形的。[8]

盆是較為扁平的圓。碗、缽、罐、缸等是球體割去半截或大半截後留下的圓。壺、豆、瓶、鼎等是兩個或兩個以上的圓的嫁接和組合。

製作圓形的器物，比製作其他形態（如正方形、長方形、多邊形等）的器物，在實際操作中，要困難些。因此，人們完全可以作這樣的設想：一些不知天高地厚的年輕人也曾製作過非圓的陶製品，但最後被生活閱歷豐富、觀念老到的中老年人否定了。對此，可以作如下想象——

幾個頑皮的小男孩正在玩泥巴。他們學着大人的模樣製作起陶器來了。製作的器物是一個中空的可以盛物的不太規則的長方體。一個老年人走過孩子們身邊，看了看他們的製作，鄭重其事地說：「你們怎麼把器物製成長方形的呢，那樣可不好，還是製成圓的為好——你們看一看吧，我們製作的哪一件物品不是圓形的？」

孩子們瞪大了眼，掃視了一下大人們的製成品，不解地問：「為什麼非要圓形的呢？圓的有什麼好呢？」

老年人在靠近孩子的一堆柴禾上坐了下來，開始指手畫腳地開導起孩子們來了：「你們看，天上的太陽是圓的，天上的月亮是圓的，那天空也是圓的，就連天上下的雨，地上淌的水滴也是圓的。再看一看地上的，樹木的枝幹是圓的，植物的果實是圓的，就是我們居住的洞穴也是圓的。知道嗎，圓就是自然，自然就是圓。」

孩子們似懂非懂地點着頭。

老年人接着說：「就是我們人，一代又一代，還不是一個圓嗎？每個人都會從嬰孩到少年，從少年到青年，從青年到壯年，從壯年到老年，老了以後還會死去，這本身就是一個『圓』。死是圓，是圓寂。再說，不管誰都有子女，他們從生下來，又會去走從嬰孩直至老年的路，一代又一代人，也畫出了一個比個人更大一點的『圓』。這樣轉來轉去，不也是一個又一個的『圓』嗎？」

孩子們還是似懂非懂地點着頭。

老年人又說：「天氣的變化，萬物的盛衰，實際上也無非是個圓。

春天來了，萬物復蘇，草木開始萌生。夏天到了，萬物興盛，草木鬱鬱蔥蔥。秋天降臨，萬物蕭疏，草木開始凋零。時至冬日，萬物蕭殺，草木枯黃萎死。可是，到了第二年，一切又是從頭開始，這不就是一個『圓』嗎？」

孩子們仍然似懂非懂地點着頭。

最後，老年人說：「老天爺是在告訴人們，只有圓，才會順當，才會穩妥，才會圓滿。圓是一種天意。製作陶器是一件大事，決不能違背天意。」

「不能違背天意！」這可能是原始先民最為執著的觀念。

這樣一些話，這樣一種觀念，在原始先民的一代又一代間傳遞着。也許，年輕人開始不懂，後來似懂非懂，最後，當他們真正長大後，就會堅信這的確是老天爺的意思——天意。於是，在他們着手製作陶器、設計器形時，首選的，也是唯一的，當然是圓形了。

傳說中的陶神

在中國的神話傳說中，堯是陶的發明者，後來被人們尊為「陶神」。

如果中國歷史上確有一個作為陶的發明者堯，那應當不是五帝中堯、舜、禹的那個堯。五帝中的堯大約生活在 4000 多年前，而作為陶神的那個「堯」，則該是大約 1 萬—6000 年前的傑出人物的集合體。

在中國歷史上，有兩個「堯」——作為陶神的堯和氏族社會向文明社會轉型時期的堯，兩者相隔大約足足有 5000 年。

司馬遷寫《史記·五帝本紀》時，把兩個堯合而為一了。我們得把他們分開來。

應該說，作為陶神的堯是客觀存在的。一些學者指出，堯在中國古代文字中解釋為「高」，也就是人格高尚、地位崇高，為人們高山仰

止。堯在古代，與陶、窯音義都是相同的。可見，「堯」這個名稱開初是對「陶」這種人所創造的物質的稱呼，後來，就漸漸地轉變成對善於製陶的某些人或人物集團的專門稱呼了。

堯的大號叫陶唐氏。這一大號把製作陶器的基本過程「陶」和「唐」合起來稱呼一個人（實際上是一個氏族）。陶唐氏中的「陶」指陶器製作過程中的對泥巴的攪拌、捏製和造型，「唐」也就是「搪」，是指陶器製作過程中對陶坯的搪平、搪光以及上釉等工藝。陶唐氏是在製陶上有特長的人和人物群體。這就告訴人們，從一萬年前的第一塊粗糙陶片的問世，經歷幾千年之後，到大約 6000 年前形成了陶唐氏這樣的製陶專業人員和集團。人家一講到陶唐氏，就會想到這是製陶的高手。

這些製陶高手是世代相傳的。史書上說，堯的兒子叫丹朱。從這個名字可想見他也是個製陶高手。丹朱是古代製作陶器時最常用的、色彩最鮮豔的顏料。以丹朱為名，説明堯的兒子不只像他的父親一樣能「陶」善「搪」，而且他在陶器顏料的運用上（實際上應是彩陶）有獨到之處。青出於藍而勝於藍，在製陶工藝上是一代比一代強了。

據説，堯不只自己在製陶上有很高的造詣，而且在他周圍還有很好的助手，這個助手名為「皋陶」。「皋」與「高」同義。皋陶，也就是製陶高手。皋陶也不會是一個簡單的個體，而是一個製陶高手的群體。

陶器可以説是代表了整整一個時代。先民在製造陶質用具的同時，還繪有動植物紋，並捏塑出不少的人和動物形象，使陶器的實用性和藝術性大為提高。在幾千年的漫長歲月中，製陶業一直主宰着人們的生活，因此人們把製陶高手「堯」想象成是社會的首領，也是很有道理的。陶唐氏的形成，和陶唐氏與丹朱之間製陶工藝的世代相傳，説明當時專門司職於製陶的部落和製陶的專門人才已經形成。

◆ 註釋：

① 恩格斯在《家庭、私有制和國家的起源》中指出，人類野蠻時代的低級階段，「是從學會製陶術開始的」。這裏説的「野蠻時代」，是相對於「蒙昧時代」而言的，相當於人類文明的啟蒙時代。有了製陶術，人類文明的曙光也就依稀可見了。

② 在華夏大地上，迄今已在多處發現一萬年以上的陶片遺存，嚴格地説這些都可稱為「中華第一陶」。如廣西桂林甑皮巖遺址的陶片，江蘇溧水縣神仙洞遺址的陶片，河北徐水南莊頭遺址的陶片，廣西南寧豹子頭遺址的陶片，湖南澧縣彭頭山遺址的陶片。可見，在祖國的大地上，東南西北幾乎不約而同地在一萬年前向文明之坎邁進。德國維爾納·施泰因在《人類文明編年紀事》中稱世界各地製陶起於公元前６７００年，與中國的發現相當。

③ 關於製陶的源起，恩格斯、普列漢諾夫都有過猜想和相當完整的論述。恩格斯在讀了摩爾根的《古代社會》一書後，提出：先民們為了生活的需要，把黏土塗在用藤蔓編製的或木製的容器上，使之能夠耐火，用以燒製食物。後來，他們發現，成形的黏土不需要內部容器，也可達到這一目的，這樣就發明了陶器。這一看法得到了普遍的認可。本文就是從恩格斯的觀點演繹出來的。

④ 關於寧封子，在《列仙傳》《搜神記》中都有記述，在四川等地的民間也有生動的傳説。把他塑造成一個殉陶者的形象，是有道理的，因為在發明和製作陶器過程中，不會沒有犧牲者，至於説他是黃帝時人，顯然是後人的附會，地下發掘雄辯地證明了，陶的發明要比黃帝時代早得多。

⑤ 西方經典《舊約·創世記》説，女人因為聽信了蛇的話，才食用了「禁果」，因此，上帝就對蛇説：「你做了這事，就必受詛咒，比一切牲畜野獸更甚，你必肚子行走，終身吃土。」

⑥ 《太平御覽》卷七八引《風俗通》：「俗説天地開闢，未有人民，女媧摶黃土作人，劇務，力不暇供，乃引繩於泥中，舉以為人。」《淮南子·覽冥訓》則有「女媧補天」的故事。

⑦ 四個太陽的圖案見之於甘肅秦安王家陰窪出土的一個彩陶盆上，四個太陽的圓點紋分列於陶盆外壁的四個方位，大致表示一年的四季。

⑧ 古希臘哲學流派畢德哥拉斯派指出：「圓和球是人類最早發現的美的形體。」（轉引自卞宗舜等著《中國工藝美術史》）華夏先民同樣有着以圓為美的心理。

第二卷

原始村落

　　陶器為人類走向定居生活創造了最基本的條件。用陶器烹調食物，這又是重大的變革，使人類真正告別了「茹毛飲血」的生活狀態。用陶器儲存可供人食用和使用的水，大大擴大了人們的生活範圍。人們利用陶品來砌造圍牆，夯實地基，建造固定的住房，既可遮風擋雨，又可防止猛獸的侵襲。人類走出居住了數百萬年的洞穴，走向開闊的大地的時機成熟了。

　　於是，一個又一個的原始村落升起在世界東方的地平線上了。

走出洞穴去

人類一開始就走上了與禽獸截然相反的生活軌跡：禽獸是晝伏夜行，而人類卻反其道而行之，走的是晝出夜息的生活之路。

人是從猿進化來的，而猿是居住在樹上的，最初的類人猿也是居住在樹上的，中華神話傳說和古典文獻中說的「有巢氏」實際上是對人類嬰兒期生活的依稀追憶。後來氣候條件發生了劇變，大片森林消失，於是，人類又適時地走進了洞穴。以洞穴為家，一住就是幾百萬年。

然而，洞穴並非人類永遠的洞天福地。洞穴中陰暗、潮濕，極不利於人的生存發展。考古資料證明，穴居人的平均壽命只有 20 來歲，從遺存的骨骼化石看，都患有嚴重的關節炎等疾病。

洞穴不是人類的久居之地。

當人類的智能和生存能力發展到一定程度的時候，他們嚮往的是原野的地面生活。地面空氣流暢，不像洞中那樣鬱悶和潮濕。地面開闊，一眼望去，可以將遠近的物品和景色盡收眼底。地面有着取之不盡的可以食用和利用的東西。人類終究要把自己的據點擴大，移向地面。

也許，在某次狩獵中，追逐獵物時跑得離自己居住的洞穴太遠了。天很快就黑下來了，黑得連方向都辨不清。迫不得已，只好以大地為床暫居一夜了。但是，結果是可想而知的，第二天人們發現的只是一堆被猛獸撕裂了的白骨。

也許，某些人類的小群體試圖在原野上露宿過夜。夜降臨了，他們只能抱成一團，抵禦着寒冷和恐懼。在漫漫的長夜中，人的小群體是顯得那樣的渺小、可憐和微不足道。最後的命運也是可想而知的。中國古籍《易經》中說的「君子終日乾乾，夕惕若厲」，可能正是噩夢般的初登地面時生活狀態的寫照。那時的人，剛走出洞穴，白天整天

忙忙碌碌，尋找吃的、用的、穿的，可是，一到晚上天地黑洞洞的就相當害怕，整夜都提心吊膽的，這叫「夕惕若厲」。

也許，人們曾在地面建造過某些簡陋的建築物，可是，簡易單薄的遮蓋物根本抵擋不住原野上狂奔亂竄的巨風，一陣大風颳來，把遮蓋在頭頂上的枝條和樹皮輕而易舉地吹飛了。尤其是隆冬，簡易的遮蔽物怎頂得住滾滾寒流的襲來？

一次又一次走向地面的探索失敗了。經驗以及血的教訓使原始先民懂得了，走向地面決不是一件輕而易舉的事。但是，「走出洞穴去」是一種趨勢，其決心是不會動搖的。

大約經歷了千年甚至數千年的探索，人們終於在地面建造起了一個個既安全又穩固的「家」。距今一萬多年的江西萬年縣仙人洞中的陶片，和距今約 9000 年的湖南澧縣彭頭山人建造在陸地上的村落遺址，正用無聲的語言告訴人們，這個過程是那樣的悠長和艱難！

半地穴

經驗證明，人類要在地面上站穩腳跟，就要有牢固結實的地面建築，這樣才能防禦狂風、暴雨、冰雪、洪水以及猛獸的侵襲。但是，「半地穴」式的建築看來是一種普遍能接受的過渡形式。[①]

到目前為止，最早的半地穴式建築發現在河北省邯鄲市的磁山遺址中，大約距今 8000 多年。夏鼐先生指出：「磁山文化遺址的發現是中國新石器時代考古的重大突破。」人們在洞穴中生活了幾百萬年，明白洞穴的利，也知曉洞穴的弊，「半地穴」就是意在興利除弊。磁山人選擇好房址後，先在平地上挖一個 5 尺來見方的坑，深度呢，大致上有大半個人高就可以了，再在上面蓋半人多高的地面建築。這樣，磁山人的家就根植在大地之中，既安全，又牢固，既可擋風遮雨，又

可享受充裕的陽光與空氣。在當時條件下，應該說是最佳選擇了，也算是當時的「洞天福地」。

當然，臨時挖出的地下那部分地穴，其牢度是不能與原先居住的天然石質洞穴相比的。一定有過塌方的事。塌方了怎麼辦？一種可能是另外選址，選擇地層比較結實一點的地方挖地穴，另一種可能是改造地穴部分的結構。磁山人也真有辦法，他們將地面夯實，再鋪上點小石子。地穴的四壁太重要了，他們就根據製陶的經驗，用火燒烤，直到四壁變成陶化的淡紅色為止。那樣可真頂用，塌方避免了。8000多年過去了，至今地穴部分的四壁還挺堅實呢！

地面部分也有講究。房屋不能高，一個人站在那裏略有餘裕就可以了。太高了，原野上的風一颳就被「一風吹」了，不安全。房舍的面積也不宜太大，有六七平方米就可以了（一千年後的半坡人可闊氣多了，每間有一二十平方米），擠一擠，那樣也可以住上三五個人呢！比起祖宗們住的山洞來，條件不知要好多少了！

民居，在地平線上升起

人的追求是永無止境的，也可謂「人心節節高」。

人們不能滿足於半地穴式的生活，嚮往着真正地走向地面。

終於，有一天 —— 大約是距今 7000 年前吧，一幢幢民居開始升起在華夏大地的地平線上了。

從半坡遺址、姜寨遺址，人們約略看到了當年拔地而起的地面建築的英姿。

這裏，讓我們對半坡遺址的一間十多平方米的方形小屋作簡單的解剖。

房屋的設計者和建造者充分考慮到了房屋的堅實牢固。在造屋

時，先把地表的鬆泥用骨鏟鏟平，然後搬來一些大石塊，將房基部分夯了又夯，夯得結結實實。這是整座房屋之「基」。

房屋南北長 3.58 米，東西寬 3.89 米。在東西南北的牆基處，均勻地分佈着相當粗大的柱洞，東西是 3 列，南北是 4 列。十分明顯，這些柱洞是插入作為房屋骨架的木柱子用的。以這麼多碗口大的柱子支撐這麼一間不大的房屋，可見當時的人們對木結構的框架十分重視。

最值得注意的是，每個柱洞的底部各有一塊石頭，這就是所謂的「礎」了。中國有句古話，叫做「礎潤而雨」，即從「礎」上的濕潤與否，可以預測到天氣的變化。更重要的是「礎」可以防止房屋的立柱下端因潮濕日久而腐爛。中國式建築重「基」和「礎」，看來這是個傳統。

房頂部分則由相當稠密的木板和木椽鋪排而成。

房屋的木構架搭建好後，就在牆壁內外兩側各塗上厚約 8—15 厘米的草泥土，屋頂也認真地加以塗抹，使木質骨架不外露。

最後一道工序是對草泥土進行恰到好處的燒烤，使它變成帶有一點陶化的紅土。這樣，牆壁和屋頂都不怕風吹雨淋了。因為土木結構的房子具有相當的柔韌性，就是在狂風暴雨條件下一般也不會倒塌了。

土木結構的建築物，在華夏古土的地平線上升起，標誌着這裏的原始人真正進入了定居生活。

「高幹欄式」建築

與北方緊貼地面的土木建築相映成趣的，是南方拔地而起架於空間的「高幹欄式」的建築。

中國的北方地區，氣候比較乾旱，雨水少，蚊蠅也相對少些，緊

貼地面的建築無疑是較為省事的上乘選擇。可是，在氣候潮濕多雨的南方地區，尤其是在河岸沼澤地區，蚊蠅蛇蟲時時會前來打擾，緊貼地面的建築會有諸多不便，弄不好還會鬧出流行病來呢！於是，居住在南方地區的遠古先民發明了別具一格的「高幹欄式」居室。

考古學家在浙江餘姚河姆渡文化層中找到了高幹欄式建築的實證。

這真是中華先民的一個大手筆。

河姆渡人從幾十公里外的大樹林中，搬運來一根根又大又粗的樹。當時又沒有什麼運輸工具，不知他們是怎麼把那些又粗又笨重的大樹搬到河姆渡來的。河姆渡人建房用的大樹，比北方建房用的樹粗好幾倍。把樹的枝枝杈杈都削掉，然後把那麼粗的樹幹打進地層裏去，深入地層足足有一人高那麼深，形成一排排不可動搖的木樁。然後，在木樁的上端鋪上成排的木板。這樣，在木樁的底部與木樁的上部之間留出了一人多高的一個空間。一般的野獸蛇蟲要超越這個空間爬上來傷人不太可能，同時蚊蠅也少得多了。

下一步就在木板上砌牆，牆砌到大約一人半高後，再在牆頭架大梁、小梁（龍骨），最後蓋屋面，在屋面上鋪上厚厚的稻草。

為了解決房屋的牢度問題，他們還發明了長屋這種式樣。把一排排高幹欄式建築長長地連在一起，既有氣派，又很牢固。在河姆渡，發掘出的長屋有多幢，最長的達 20 多米，等於六七間房子連接着造，其牢度是可以成倍提高的。為了便於這些生活在高空中的人走動，還特意設計了一道 1.3 米寬的前廊呢，與現代的多戶連通的陽台差不了多少。

尤為有趣的是，他們把高幹欄的樓面用作居住，而樓下就用來飼養牲畜，堆放雜物，一舉而多得，先民的聰明才智在這裏表現得淋漓盡致了。

對河姆渡先民創造的高幹欄式居室，後世的人們多有溢美之詞。有的說，它簡直可以與經典中說到的「構木為巢，以避群害」的「有巢氏」齊名[②]；有的說，這是名副其實的空中樓閣，是建築史上奇跡中

的奇跡；有的說，這是中國現代西南少數民族民居的先聲。這種種說法都不為過。要知道，這是 7000 年前的古人在手無寸鐵條件下創造出來的啊，僅此一點，還不值得我們引為自豪嗎？

榫卯的發明

　　說到建造在地面之上的住房，最值得一提的是榫卯的發明。可以說，它的發明，價值不在房屋發明的本身之下。

　　把住房建在地面上，又是使用木材作整個房屋的支架，其牢固程度總還是個很大的問題。要把木質的支架與支架連接起來，一是用植物的藤蔓來捆綁，二是靠摻有柴草的泥巴來黏合。這樣，在一般情況下還可以，但每當遇到地震或是狂風暴雨，房屋的散架是常會發生的事。一旦發生這種事，就會屋倒人亡，造成巨大的悲劇。

　　怎麼辦？怎麼辦？

　　一個又一個巨大的問號冒出，並在所有華夏先民的腦海中縈繞着。

　　「還是回到洞穴中去吧，那裏安全！」有人這樣提議。

　　「不，不能！」絕大多數的人站出來反對，「我們不能走回頭路！」

　　是呵，絕不能走回頭路！華夏先民是從來不在艱難險阻面前退縮的。可是，辦法呢？應該相信，辦法總會有的。

　　榫卯的發明最初也許是受到自然的啟迪。

　　可以作這樣的設想：某年某月某日，突然間狂風大作，雷聲隆隆。一個炸雷在原始人居住地的不遠處響起，一棵大樹被雷電劈斷了。風雨止後，人們全都圍到那棵遭雷劈的大樹前，想看個究竟。只見大樹被攔腰劈斷，被劈斷的下半節的上端折出一個凸狀體，而被劈下的上半節的下端卻折出一個凹狀體，兩者剛好鑲在一起。當人們想把劈下的上半節拉走時，鑲在一起的凸狀體和凹狀體怎麼也拉不開。直到幾

個力大無比的大漢把凸狀體拉斷為止。

這種自然現象，並沒有引起大部分人的注意。可親眼看到這一情景的一些「聰明人」卻想得很多很多：凸狀體鑲在凹狀體內為什麼就難以拉動？如果把屋架立柱的上端打理成一個凸狀體，把橫梁的兩端都打理成凹狀體，把它們鑲在一起，那樣，屋架就成了一個整體，不就不怕風雨搖撼了嗎？

「聰明人」把這個想法告訴了大家。大家都說有道理。當天就照着他的設想製作起來。當時最鋒利的就是骨製的刀了。用骨刀割了大半天，這才割出一個不規則的凸狀體來。再用骨刀鑽、挖，好不容易才挖出個凹狀體來。把兩者鑲在一起，果然怎麼拉扯也難以拉扯開來。一項劃時代的發明就這樣產生了。

華夏先民在距今七八千年前就創造了這種牢固的土木結構住房。他們稱房架的凸狀體一端為「榫」，把房架的凹狀體一端稱為「卯」。「榫卯」是土木建築史上極為偉大的發明。這一發明見於北方一些先民的遺址中，更多的是在南方先民遺址中發現。這一發明讓中國的後世子孫一直享用了幾千年，直到現今在一些中國式的古典建築中還繼續使用着。

大地灣的「混凝土」

有了榫卯，解決了防止房屋散架這個大問題，但是，怎樣使塗抹在牆面和屋頂上的附着物（包括泥水附着物、泥草附着物以及其他附着物）牢固和經久耐用，仍然是一個長期困擾着人們的問題。

這個問題的解決似乎更有難度。

意外的發現在甘肅秦安大地灣出現了。在遺址的牆面上，發現了一塊顯然是人工製作的堅硬異常的附着物。大地灣遺址距今已有 7000

多年的歷史，可是，這一附着物至今沒有發生絲毫的變軟變鬆。質地之堅硬和它的不變性大大超過了硬度最高和穩定性最好的天然巖石。

具體的製作工藝，至今還是一個謎。可以肯定的是，它是一種用高溫燒製過的石料再拌上一些其他物料製作而成的複合型的建築材料。也許，這是一個偶然，其成分連當事人也未必十分了然，因此後來再也沒有製作出更多的這類經久耐用的建築材料來。但是，有一點是肯定的，原始先民已經意識到：既然泥土可以燒製後變成陶器，那麼為什麼不可以將石頭砸碎或研碎後，再拌和一些其他物料，用高溫製作成比陶器更堅硬的建築材料來呢？他們不只這樣想了，也這樣做了，而且一定意義上是成功了。現在發現的這塊堅硬無比的附着物，可以看成是一次試驗的一個偉大成果。

這種來自遠古的「混凝土」，目前在世界上是碩果僅存的。這除了證明中國遠古祖先超乎尋常的智慧外，也可看成是先民對後代子孫的一種饋贈吧！現今，各國的考古學家、建築材料學家，紛紛走向大地灣，向 7000 年前的中華遠祖「取經」，希望從中得到啟示，製作出一種「萬年混凝土」來。[3]

門・門坎・窄門洞

民以食為天，以居為安。

居住的要素少不了門，《論語・雍也》云：「誰能出不由戶？」這裏的「戶」，當指門。道理雖很簡單，卻含意極為豐富。有房，就會有門。門的重要性是不言而喻的。走進門，就是人自己營造的安樂窩；走出門，將面對的是整個社會和整個世界。門內門外，兩重天地。

還是以半坡遺址為例證吧！

先前，天然的巖洞的朝向是無可選擇的，因此，原始先民有的終

年在洞穴中見不到陽光。現在可好了，房屋建在平地上，門的朝向可以自由選擇。不是特殊需要的話，一般都把門開在南面（因為中國在北半球），那樣採光要好得多。只要不是陰雨天，室內永遠是陽光燦爛的。

門的牢度也十分重要。門是出入的必經之地，不能稍有閃失，人命關天。因此，「半坡人」很早就發明了門框。作為門框的兩根立柱，明顯比其他的立柱要粗大，道理很簡單，就是為了安全。

「半坡人」還發明了門坎。門口外用土把地面墊高，並做成一級級的台階狀，到正對門框的地方裝上一條門坎。這樣，既可與門的下限吻合，又可防止把種種雜物帶進屋裏。

特別值得一提的是，原始先民設計了一道道窄門。現代的住房門都是比較寬的，大致上是兩個半人能並排出入，大件家具能從門口搬進去。可原始地面建築的門「窄」得有點兒出奇，只能讓中等個兒的人一人出入，胖一點的人還得側着身子進門呢！不只半坡是這樣，姜寨遺址等也如此。道理在哪裏？無疑是出於安全的考慮。當時，豺、狼、虎、豹這樣的強勢猛獸多得很，門做得寬了，難以防守。只有一人能進出，那門實際上變成了一道關隘。「一夫當關，萬夫莫開」，對於再猛、再兇的猛獸，牢度相當大的窄門一關閉，也就可拒之於門外了！

匏形釜

在半坡遺址的十多平方米的居室中，都設有匏形的灶坑。民以食為天，那時已經遠離了野餐時代，煮食和炊飲在居室中進行，於是就有了灶坑。把需要煮食的物品放進陶製的炊具中，再在灶膛中不斷地添加柴草，就能燒製出美味的熟食來。這是人類生活歷程中的一個重

大進步。

除了固定在地面的灶坑外，半坡人還製造出了陶質的匏形釜器。

釜是專用的炊飲用具，使用過程中火力特別地集中，燒煮的效果自然不同。而且陶質食具會給食品帶來一種特別的可口香味，與直接放在泥質的灶坑中燒煮風味不同。再説，陶製釜具可以根據需要移動，比較靈活機動，這不能不説也是一種進步和發展。

也許有人會問，遠古的先民為何刻意把釜製成匏形呢？匏，就是葫蘆。葫蘆可以入藥，尤其是它的形狀相當奇特，線條圓潤，外形似圓非圓，具有某種神祕感和想象中的仙氣。這正好與釜這種炊具燒製食品時青煙嫋嫋的情狀相吻合。這就説明，釜的葫蘆狀式樣，是在不斷的炊飲實踐中形成的。

其實，仔細看看，就是挖地而成的灶坑，又何嘗不是一個相當神似的匏呢？

以土為床

相對於飲食而言，原始先民在睡覺上要馬虎得多了。有沒有床？當然有的，但那床與現代意義上的床相比，完全是兩碼事。也許是習慣使然，他們與過去在洞穴中生活一樣，緊緊地貼在大地母親的懷裏睡覺，以土為床。這種床，歷史學家稱之為「土床」。

「土床」相當於一張雙人床。它的高度要比室內的其他地方高出 10 厘米上下，那樣可以大大減少地上的潮氣。地面上鋪的也不僅是泥，實際上在泥中摻和了不少的稻草，目的是為了增加土床的柔軟度和保暖性。白天，「土床」部分可以作其他用途，甚至可以作工場使用，晚上要睡覺的時候，就臨時鋪上一些柴草，相當於後世的墊被。

説是土床，條件已經與洞穴中不可同日而語了。這裏的地面沒有

洞穴中那樣潮濕。土床又比地面高那麼一點兒，這在洞穴中也是辦不到的。再加上地面建築所特有的日照和流暢的空氣，他們的睡眠條件還是改善了不少。

在每個住戶家中，都有一個火塘，安置在土床的左邊或右邊，目的很清楚，為的是在寒冷的季節充分保持室內的溫度。火塘一般挖成圓形，不太大。在火塘中放置一些乾柴，火燃燒後就可以取暖了。有時，火塘還可以兼備烤燒食物的功能。

每個家庭的人口有多有少，因此，床也會有大有小。有的家庭人口實在多了，就設置兩張土床，不過那是極個別的現象。

村落有多大

上面對走出洞穴後原始先民的居室作了大致的勾勒和描繪，由此可見，6000—7000 年前先民的生活有了一定的水準。但是，決不可由此得出當時的人們是可以單家獨戶地生活的結論。那是不可能的！在當時的條件下，人是絕不能離開群體而單獨生活的。

在地面生活的原始人聚居於村落之中。

村落有多大？這也不是個無關宏旨的事。在當時條件下，村落太大，原始人的管理水平有限，怕是難以管理。小了呢？也不行，難以抵擋外來的種種侵襲。要知道，當時除了要對付自然界獸類的襲擊外，更重要的是還要保證在集團與集團的爭鬥中能夠克敵制勝。

半坡遺址和姜寨遺址，是原始先民遺留下來的較為完整的村落。

半坡遺址略呈橢圓形，遺址總面積大約有 5 萬多平方米，裏面的房址不少，據考古學家研究，可以確證為同一時期存在的居室有 100 餘座。如果以一座居室居住 4 人計算，那麼這個原始村落就有 400—500 人一度同時居住在那裏了。

陝西西安臨潼的姜寨遺址，保存得比半坡更完好。它的整體面積要比半坡小些，但村落的密集程度比半坡要高得多。現在已經發現大大小小的可能是同時的居室有 140 多座。如果同樣每座住 4 人的話，這個村落該有 500—600 人了。

半坡遺址和姜寨遺址，為我們提供了六七千年前村落規模的樣板。看來，在當時條件下，沒有數百人的聚族而居，恐怕是難以生存下去的。

村落構架

如果說，人類有過漫長的雜居時代，那麼，到了地面生活的村落時期，人類居處的構架已經相當清晰了。

姜寨遺址給我們帶來了非常周詳的村落時期人類居處構架的信息。

村落的居住區的中心是一個大約有 4000 平方米的廣場，足可容納全村人集會。村落中的居民住房就建造在廣場的四周，它們的門一式面向廣場。在廣場的東、西、南、北四方，有着五個建築群。每個建築群自成一個系統：各有一座 80—120 平方米的大房屋，大房屋附近有十多座到二十座不等的中小型房屋，面積都在十幾平方米到 20 平方米之間。

面對姜寨遺址的居民區構架，當時的村民編制已經十分清晰了——

整個村中居住着的是一個部落，位於五個小區中央的廣場是部落的公共活動場所，人們可以在這裏集會、祭祀和開展宗教活動。當時的部落領袖沒有什麼特權，因此在村落佈局上看不到這些領袖人物的特殊居室。他們平時一定是與普通居民一樣居住在五個小區中的，只是在進行部落活動時站出來充當領袖。

位於東、西、南、北四方的五個建築群，代表着五個氏族，是同一個老祖宗傳下來的同宗的人們聚居的地方。如果整個部落有 500—600 人的話，五個氏族平均一下，每個氏族也有 100 多人了，大約是三代或四代同堂的一個大家族。

至於居住在每一座房屋中的人，那毫無疑問是小家庭中的一家人了。一家人的概念該是兩代人。與現代兩代人的概念有點兒不同，它的穩定性也沒有現代社會強。這就是說，當時人們腦中「家」的觀念，要大大弱於氏族和部落的觀念。

部落生活掠影

作為一個村落，除了供村民居住之外，還會有一些其他功能。在半坡村落中，我們看到了十分清晰明了的居住、製陶、墓葬三大功能區。在他們看來，三大功能區是不能混雜在一起的，因此用一道道的深溝隔離開來。

生活區是村落的第一功能區，它位於遺址的中部和南部。在這裏，村民們食宿、休憩、交配、繁衍後代，總之，日常生活的一切都在這裏完成。另外，人們勞作所得的收穫也收藏在這一功能區的倉庫中。由於當時還沒有私有財產，倉庫是公共的。

有生必有死，墓葬區必不可少。這一功能區位於村落的北部和東北部。它的規模略小於生活區，而墓葬的數量與居民住房相當，可見當時的死亡率是相當高的。

再就是製陶區。製陶區在村落的東部。那裏有公共窯場，也一定有簡易的生產工棚，可惜，由於年代久遠，這些都蕩然無存了。

當時的人們是怎樣生活的呢？通過對當年村落的復原，可以作掠影式的描述 ——

每天，當太陽從東方升起，人們在小家中起床。用過早餐後，就集中到處於中心位置的一座 100 多平方米的大房子中，由部落首領主持某種儀式。這種儀式帶有某種神祕的甚至是宗教的色彩。在原始人看來，太陽是神聖的，一天的開始是值得珍視的，因此每天都要舉行這樣的儀式。

部落的儀式相當隆重，但很是簡單，佔用的時間並不多。回到自己的氏族區以後，由氏族長安排一天的事務 —— 有的去製作陶器，有的去打磨石器，有的去採集，有的去打獵，應當還有人在村裏守衛，守衛者相當於文明社會社區的保安。

整個白天，大家都按氏族長的安排艱辛地勞作。一般情況下，即使颳風下雨，勞作也是不會停止的。因為每天勞作下來幾乎沒有多少剩餘的物品，如果一天不勞作的話，大家就可能會捱餓。因此，勞作回家後的第一件事就是把收穫物交給公共倉庫。等一天的收穫物收齊了，氏族長和相關人員再根據收穫物的多寡和好壞，進行公平、公正、合理的分配。

以姜寨遺址為例，這裏有以較大廣場為中心的五個住宅群，也就是由五個氏族居住在一起，組建成了一個更大一點的群體，它就是部落，由部落聯盟長統率。這是個更大的家，如果某氏族的成員有重大的收穫物，如獵得一頭野牛等，就要上交給部落，由部落分給整個部落的成員共同享用。

部落平時沒多少事要管，它的任務就是對內處理好若干個氏族之間的矛盾，對外團結一致，或抵禦外部來犯者的侵襲。每當有此類事情發生，部落聯盟長就把整個部落召集到中心廣場上來，宣佈決策，或共同商討對策，達成一致以後，就採取相應的行動。

◆ 註釋：

① 半地穴式建築廣泛發現於陝西、甘肅、河南、河北一帶，在考古學上被稱為老官台文化、裴李崗文化和磁山文化，其中最古老的是磁山文化。比較著名的文化遺址有：陝西華縣元君廟遺址、寶雞北社嶺遺址、西鄉李家村遺址、西安臨潼白家村遺址、渭南北劉白廟村遺址，甘肅秦安大地灣遺址，河南舞陽賈湖遺址，河北武安牛宗堡遺址、西萬年遺址等。這些遺址的房子建築都是半地穴式的，面積一般只有六七平方米，房基內都有圓形的柱洞，可見是用了樹木支撐的，房子的四壁用火烤過，堅硬而呈紅色。

② 有巢氏的說法見於《韓非子・五蠹》：「上古之世，人民少而禽獸眾，人民不勝禽獸蟲蛇。有聖人出，構木為巢，以避群害，而民悅之，使王天下。」

③ 據 2006 年新華社的報道，現今，世界上的混凝土壽命一般只有 100 年。日本建築學家在參觀了大地灣遺址後，受到啟發，將要製作一種命名為「EIEN」的新型混凝土，其壽命可長達一萬年。

第三卷

女人天下

「女人天下」,不等於說天下都是女人;正像後起的「男人天下」,不等於說天下都是男人一樣。天下總是大體上一半男、一半女,但在「大同社會」實現之前,兩者站立在天平的兩端,又總是不平衡的。不是女人主宰男人,便是男人主宰女人。

女人天下,是指女人主宰男人的那個社會。人們走出洞穴,在地面上安營紮寨後的相當長一段時間內,是女人主宰了男人。在原始村落裏(也就是在氏族、部落裏),是女人說了算,男人得聽女人的。

8000 年前的「中華老祖母」

　　據考古探明，內蒙古地區是中華古老文明的發祥地之一。在 20 世紀 80 年代，在內蒙古赤峰市的白音廠汗遺址中，發現了被人們尊為「中華老祖母」的一尊石像，這是中華大地上最古老的人物雕像。[①]

　　石像十分端莊，既通體透出女性的柔美和魅力，又渾身散發出那個時代的女性所特有的剛性和力感。石像的頭臉部碩大，頸部挺拔有力，大眼逼視前方，炯炯然如有光澤，鼻梁高挑，英氣勃然。腹部鼓起，似有身孕在身——當然，這更多的是對女性的一種象徵意義，認為女人的真正魅力在於孕育後代。「老祖母」的雙臂自然下垂，雙手交叉於前胸。

　　石像發現於一間約略 60 平方米的半地穴式的房屋遺址中。房屋遺址的中部有一個方形的灶坑，石像就豎立在灶前約 30 厘米處。為何讓「老祖母」的石像供奉在灶前呢？不少學者猜測，這大約是在告訴人們，唯有她才是「家族」中衣食的主宰者，她是那個時代名副其實的「衣食父母」。石像的小半截被埋在了土裏，大部分則豎立在地面上。十分明顯，這是一尊供人們禮拜的女神像。說不定，她就是某位原始先民的寫真雕像呢！

　　在那個時代，為女性造像不是個別現象。這些女性石像，均為高鼻、大眼、鼓腹、隆乳、雙臂下垂抱於胸前，形象也十分生動。

　　這裏提出了值得思考的問題：8000 年前的先民為何要把那樣莊重的一尊尊石雕像獻給女性呢？這只能從當時的社會生活中去尋找答案。

知母不知父

　　其實，差不多是與陶器的發明同時，也就是一萬年前，中華大地上進入了「知母不知父」的被稱為母系氏族的時代。大量的神話故事告訴人們，中國歷史上確實存在過這樣一個時代。太史公所著的《史記》生動地記述了那個時代的種種傳說故事。

　　商代的遠祖名為契。他不知道自己的父親是哪一位，只知道母親叫簡狄。簡狄怎麼會懷上契的呢？故事也很奇特。説是簡狄一次與其他兩個女子一起在野外洗澡，忽然看到岸邊有一隻烏鴉蹲在那裏，一會兒產下一枚熱乎乎的蛋來。當時簡狄還是個青春少女，身上也顧不得披上點什麼，就一絲不掛地上岸取蛋吃了。這一吃開初不怎麼樣，不久她就感覺到懷孕了，後來就生下了商的始祖契。

　　周代的遠祖名棄，他同樣知母而不知父。棄的母親叫姜原。一次，她信步漫遊在荒野上，看到一個巨大的腳印。少女嘛，總是好奇的，她頑皮地一腳踩了進去。就在踩進巨人腳印的時候，她似乎又驚又喜，一陣激動，或者説衝動，後來的事實證明是懷孕了。説來也怪，一般人是十月懷胎，而棄卻是到一年多才生下來。這惹得母親很不高興，一生下來就把他拋棄了，日後被稱為「棄」，也是有道理的。

　　秦代的遠祖叫大業，他的故事與商代的契差不多。大業的母親叫女修。她一次在庭院中看到一隻遠處飛來的烏鴉（古人稱為「玄鳥」），生下一枚蛋後就飛走了。年少活潑的女修不管能吃不能吃，一口就將此蛋吞了下去。結果也懷孕了，生下的就是後來的大業。

　　這三個故事清楚地告訴人們，在歷史上的確存在過一個「知母不知父」的母系氏族時代。那個時代綿延了很長時間。這些神話故事，當然不是寫實的，它實際上是當時人對遠古時代歷史的隱隱約約的帶有浪漫色彩的傳說和追憶。

裏裏外外一把手

當時女人地位的崇高，自然與「知母不知父」的現象有關，但更為重要的是由當時人們的生活狀況決定的。整個生活、生產主要靠誰，誰就可能是家庭、社區，乃至整個社會的主宰。整部人類發展史都是這樣。在原始社會的早期，女人是社會的中堅、主力，是「裏裏外外一把手」。既然這樣，她們成為家庭和社會的主宰也就順理成章了。

考古學家對半坡類型的元君廟遺址的墓葬屍骨化石進行了普遍的性別、年齡鑒定，結果發現男女個體的隨葬品是很不相同的：男性一般使用骨鏃隨葬，而女性的隨葬品就十分豐富了，有蚌刀、骨針、紡輪，等等。

男子身旁隨葬的骨鏃，明白無誤地告訴人們，當時男子的主要作業就是狩獵、捕魚，在當時，說什麼也只能算是副業吧！

而女人幹的事要偉大得多。真可以說是「忙裏忙外」。

先說「忙外」，女子身邊隨葬的蚌刀是用來收穫莊稼的，說明女人當時是農業生產的主力軍。女子身邊隨葬的紡輪告訴人們，經營紡織一開始就是她們的專利，那些殘留在陶製品上的織品陶紋就是她們的傑作。除此之外，製陶這技藝也主要由心靈手巧的女子掌握。再說「忙裏」，女子身邊隨葬的骨針用無聲的語言向後人昭示了，在她們那個時代女人們就用靈巧的雙手縫製衣服了。除此之外，女人還要負擔起養老撫幼、看守住所的職責。

那時的女子撐起的不是半邊天，而是大半邊天。她們在家庭中，在氏族和部落中，以至於在整個社會上說話算數，也就是順理成章的了。

豐乳肥臀的女裸像

在遠古時代的出土文物中，有着為數不少的女子裸體像。這些女子裸體像以其超乎尋常的大膽、開放、明朗，展示了那個時代的特有的一道風景線。

那個時代的女性似乎完全不懂得什麼叫羞澀。人們見到的西方文藝復興時代的女性裸體畫是大膽和開放的，但常常會利用披拂的長髮將女陰部位遮蓋起來，有的還會用手臂遮掩豐滿的雙乳。可母系時代留存下來的女性裸體像，不只是徹徹底底的全裸，還有意地強化了女子的性徵呢！

這些女子裸體像的顯著特點是強調了女性的健壯美。畫像或塑像的人物皮膚光滑，體態圓潤，這是女性所特有的天生麗質，而遠古女性裸體像一律製作成豐乳、肥臀、粗腿、強臂、圓身，其意圖十分明顯，是在通過畫面讚譽女性的健與美。有的裸體像為了強化女性的力度，還有意讓其手臂擺動起來。當時的人們突出了健即美的意念。勞動、生育、日常生活，哪一樣離得了一個「健」字？失去了「健」，還談什麼「美」？在這點上，祖先比後代子孫要聰明。

這些女子裸體像的另一個特點，是對女性的性徵作了誇大的描述。這些女性裸體像一尊尊都大腹便便，有的專家釋為孕婦，其實，那是不確切的。這裏的「大腹便便」不是一種寫實，而是一種女性所特有的成熟、飽滿、豐盈的生命之美的寫意。最為重要的是，女性裸體像對女陰部位作了強化處理。在原始人看來，那是真正的「生命之門」，是最值得強調和強化的。為此，有少數原始先民的作品還將女陰作特寫式的處理，專門將它畫出供人們欣賞呢！女性生殖器的崇拜是女性權威的一個側影。

女性軀體的全方位裸露，女性的強健，女性性徵的大膽而張揚的祖露，本身都說明着女性地位的崇高。

孤寂的單人葬

在距今大約 7000—8000 年的原始人墓葬中，發現有大量的單人墓葬。陝西寶雞北首嶺的仰韶文化墓地就是典型的單人墓地。一塊面積相當大的墓地一分為二，一邊是男子的單人葬，另一邊是女子的單人葬。兩者涇渭分明，不得越雷池半步。著名的西安半坡遺址，現發掘有 250 多座墓葬，實行的也都是男女分別單人葬。

這是怎麼回事呢？

難道他們都沒有自己的家？不可能。人類之所以為人類，一開始就生活在自己的家庭之中，即使在最原始的時期也如此 —— 不過那時「家」的觀念和形態，與後世不太相同罷了。

難道他們都是單身的孤男寡女？也不可能。原始社會的男女性生活要比以後任何社會形態中都隨意得多，活躍得多，也豐富得多。不輪是男性還是女性，都會有自己的某一段時間內的「相好」和異性交配者。②

難道他們生前過着成雙成對的男歡女愛的生活，而死後卻甘願去過那凄涼的孤墳野鬼的寂寞生涯？不可能。人對異性的情感不會因死亡的到來而終結。

不是。這些都不是。原來這與原始社會中一段時期的喪葬「規矩」有關。「規矩」定下了，誰都違犯不得的。

誰都承認，在人類從動物界剛剛分化出來後，有一段被稱為「亂交」的相當長的時期。男的女的，不管是否近親，也不管輩分如何，都可能發生性的關係。就是進入了氏族社會的初期，同一族內還是互相通婚的，稱為「族內婚」。但是，人們漸漸地發現，同一族內血親間生育子女往往是不興盛的，而且生育出來的孩子不少是癡呆、聾啞，甚至出現畸形兒。當時條件下，也有少數人與外族人發生性關係，生下的孩子活潑而又健康。最後，差不多所有的氏族都意識到，族內婚

不能繼續下去了。同時，差不多所有氏族都作出了這樣的決定：禁止族內婚！實施族外婚！

當時的社會處於母系氏族階段。在這一歷史階段，女子是氏族的主體，當然是不能離開本氏族的，而是男子「出嫁」到女方家去。但是，男子到了女方家以後，在身份上仍然是原先氏族的成員。這樣就出現了一個十分奇特的現象：男子生為女方的丈夫，而死後仍然是原氏族的「鬼」。

在陝西寶雞北首嶺等地發現的單人葬現象，正好反映了「族外婚」初始階段的人類習俗。原本家庭組合中的男性，由於都是外族人，死後都已歸葬原來的氏族了。這裏安葬的女子，當然是本族的女子。而這裏安葬的男子，實際上是這些女子的兄弟，他們生前「嫁出」在外族，死後卻歸葬到自己的氏族來了。由於他們之間的關係是兄弟姐妹，因此就只能各自實行單人葬了。

和合之美

單人葬雖然了卻了男子死後回歸本氏族的心願，使男性得以「落葉歸根」。但是，它又與人性使然的「生同居，死同穴」的願望相悖。在原始先民看來，「死」是一種更永久的「生」。單人葬給生者和死者所帶來的孤寂是難以忍受的。

時間流逝了很久很久，人們一直在尋找更加合情合理的喪葬規範。

有沒有兩全其美的辦法呢？也就是說，既可使男性「落葉歸根」，又可實現「死同穴」的美夢。

人們想呀想，辦法終於被找到了。

在陝西華縣元君廟和華陰橫陣村發現了幾十座遷移合葬墓。不少情況是這樣的：一具女性屍體是一次葬，而其他遷來的男子骨架是二

次葬，是從別處遷來與她合葬在一起的。在其他相對同期的墓葬中也有這種情況。

這確是兩全其美的辦法。

在母系氏族時期的原始先民看來，女性是氏族的中心，男性與女性之間不管多麼恩愛，但總是外氏族人，這一點不能改變。因此，「外嫁」到某一氏族來的男性，死後首先必須回到自己的娘家氏族去，這一點也不能變。因此，男性的第一次葬必在自己的娘家氏族。但是，為了顧及往昔的夫妻恩愛，男性在娘家氏族葬了若干年月以後——現在已經難以考證要待多少時日了——可以遷回到生前「外嫁」的氏族去，這就是二次葬。通過這二次葬，可以重溫夫妻恩愛的舊夢，可以抹去單人葬帶給人們的孤寂感。當然，這種合葬墓與日後的以男性為主的夫妻合葬墓還是有很大區別的。由於當時婚姻關係的牢固度還很差，這種合葬墓並不怎麼普遍。

女性首領的尊嚴

在母系氏族時期，女性氏族首領在生前有着指導和管理氏族重大事務的權力，死後有着異乎尋常的喪葬尊嚴。

如今雖然已無法窺見遠古時代女性首領生前的尊嚴、氣度的廬山真貌了，但是，地下發掘的女性首領的墓葬，卻為了解當時的情景提供了最生動而有說服力的佐證。

在陝西華縣泉護村南發現一座屬於仰韶文化時期的成年婦女墓，墓主人頭西腳東，直肢仰身。隨葬品相當豐富。有隨葬的石斧 1 件，石鏟 1 件，骨匕 14 件，骨笄 1 件，陶器 4 件。特別引人注目的是，隨葬品中有 2 件黑泥質陶鶚鼎，體形相當大，美觀別致，可說是中國遠古陶製品的傑作。在該墓地的周圍再無別的墓葬，顯得獨立而特行。

看着這一墓葬，使人蕭然起敬，並油然而生尊嚴之感。

這一墓葬主人的身份是一目了然的。隨葬有精緻的骨笄，強化了她的女性身份。笄，也就是後世的簪，是女子成年的象徵。而安放在該女主人身邊的笄是如此的精緻，正好説明了她那女中豪傑的身價。

墓中的陶鼎尤其引人注目。鼎，原是古代的炊器，後來演化為權力的象徵。擁有大鼎的女人，本身就意味着她有能耐解決氏族或部落的民生問題，她是氏族或部落的權力執掌者。如果在鼎上刻畫着某些記號，又可以成為發號施令的準則和要求。鼎的權力象徵意義在當時已表現出來了。

在這位女子擁有的鼎的鼎耳上，雄赳赳地站立着一隻巨鶚。這更是耐人尋味的。鶚，是一種大鷹，能飛越水面捕獵。先在獵物上方盤旋，然後伸腳向下衝去，先用鈎狀長爪抓魚，同時趾下的尖刺把魚抓牢，帶回棲息地食用。食後常拖着腳在水面低飛，似乎在洗腳。白色，嘴短腳長，趾上有銳爪，雙目炯炯地盯着前方。鼎上的鶚，會使人產生諸多的聯想——

白色，象徵着純潔，也象徵着高貴。表明該女子在擔任氏族首領期間辦事的幹練和精明，品格上的清廉和明達。

銳爪，象徵着該女子的果敢決斷，生前，她似乎幹什麼都毫不含糊。

炯炯的目光，象徵着該女子帶領着整個氏族已經走過了一段艱辛的歷程。

至於不是像其他女子那樣葬入公共墓地，而是另闢一空曠處讓她獨自一人安臥地下，這説明了她不同尋常的地位。

厚葬的小女孩

與後起的「重男輕女」的民風相反，在母系社會中，「重女輕男」

成為社會的主流風氣。一個女孩要是不幸夭折身亡，那是氏族中的大事，是要加以厚葬的。

在半坡遺址的 M152 墓坑中，埋葬着一位年方三齡的小女孩。正在牙牙學語、活潑可愛的孩童，一下子被病魔奪去了生命，這使整個氏族都感到悲哀。怎麼辦呢？他們唯一能做的就是把更多的隨葬品奉送給這個女孩，讓她在「陰府」裏好好地享用。

奉獻給這一小女孩的葬儀是夠隆重的了。當時一般還不興木板的棺木葬具，可是，這個女孩卻特殊地睡在了長方形的棺木中，隨葬品也特別豐富：有隨葬的陶品 6 件，在其下頜骨的下方，見到帶孔的青白色玉耳墜 1 件，腰部、盆骨部及手指骨附近散置着骨珠 138 顆，另外還有 3 顆石球。這些大概都是這個小女孩生前的玩物。特別值得注意的是，在兩個陶瓶中，裝滿了粟米，這大概是讓孩子在陰曹地府食用的吧！

這樣豐厚的隨葬品，不要說一般女孩不能享有，就是成年女子也是不能享有的。這與當時的財產繼承制有關。在母系社會中，女子是社會的中心，氏族的財產在女性之間傳承。女孩是氏族未來的主人，當她不幸身亡時，當然要加以厚葬了。這一點，在摩爾根對美洲印第安人的調查中，已經得到了充分的證明。③

人母和地母

母親這個觀念，是原始人早已有了的。在他們的頭腦中，隱隱然有兩個母親：一個是生育人的母親，可以稱之為「人母」；另一個是生育萬物的母親，可以稱之為「地母」。

可貴的是，原始先民將兩者嫁接起來，用自己的手，繪畫出了含義深刻、別有風味的人母、地母交融圖來。

在江蘇連雲港將軍崖的巖畫中，就有一幅地母和人母交融的畫面。先民的農業部落生活使他們產生了一種美麗、簡單、動人的遐想：人是可以像一切植物一樣從地底下長出來的。從畫面上看，連接人體的線條，既像是一條植物的莖，又像是孩子與自己的母親相連的一根臍帶。

這完全是莊稼人的一種特有的思維模式。

在細細的大地與人體的連接線的頂端，是一顆碩大的人的腦袋。頭上有頭髮，臉上有雙眼、鼻子，還有闊闊的嘴巴。原始先民懂得，人的肉體雖說都屬母親所生，但要活命、生存，歸根到底還是要依賴於大地母親。連接人體和大地母親的那根「臍帶」是深深地根植在大地母親的心臟裏的。不少先民巖畫所表達的生殖崇拜，正體現了這種觀念。

◆ 註釋：

① 中華第一尊女性石雕像的相關資料，見王大方著《草原訪古》一書，內蒙古大學出版社 1999 年版。

② 恩格斯的説法是：母系時代「一定的家庭範圍內相互的共夫與共妻，不過在這個家庭範圍之內是把妻子的兄弟除外，另一方面也把丈夫的姐妹除外」。（《家庭、私有制和國家的起源》）

③ 權威人類學家摩爾根在對美洲的印第安人拿共納村落進行深入調查後得出結論：「古印第安人的財產屬於家族的女方，在女系中由母親傳給女兒。」（《古代社會》）

第四卷

人體包裝

　　大約在 1.8 萬年前的山頂洞人時期，遠古先祖已經懂得了自我包裝，改變了「赤條條來去」的尷尬處境。這一點，已經被地下發掘的一根長 82 毫米、針孔徑 3 毫米的骨針所證明。當然，那時的縫製原料無非是樹皮、樹葉、野獸的皮毛之類。可是，當中國的先民步入了距今約一萬年的新石器時代後，局面就完全改觀了。隨着利用植物纖維進行紡和織這一事業的開創，縫紉技術就大踏步前進了，人類步入了穿着打扮的嶄新時期。

　　人體包裝意味着人的自我意識的提高，從此人類為自己拓展了一片文明的新天地。

留在陶器上的織品印痕

距今約 8000 年的磁山和裴李崗文化時期的先民，就已經開始懂得了紡紗織布。

完整而清晰的人工製造的紡織品印記，取自仰韶時期的元君廟陶器上。這些紡織品印記中的經線和緯線十分清晰，紡織的技術也相當成熟多樣，有斜紋編織法、人字紋編織法、纏結編織法、棋盤格式編織法和間格紋編織法，等等。人們根據不同的需要和不同的編織材料，進行不同式樣的編織。後世慣常使用的編織方法在當時都已被發明了出來。可見，當時的人們不只追求織品的結實耐用，還在多樣化的編織中求新求美呢！

這些織品真稱得上是遠古時代的巧奪天工的精品。在每平方厘米的狹小範圍裏，各有經緯線 12 根，這些經緯線的粗細十分均勻，沒有高度的技術是紡不出來的。每條線的線徑平均只有 0.84 毫米，最細的織品線徑只有 0.5 毫米，相當於現代的農家布。可以說，在農家布的紡織上，七八千年來沒有多少明顯的長進。

精緻的紡輪

早在 8000 年前的磁山文化時期，人們已經發明了紡輪。最早的紡輪是石製的，厚重而笨拙，使用起來不太方便，但石紡輪經久耐用，且不易磨損。後來 —— 也許是一種偶然的機緣 —— 人們就開始用打碎廢棄的陶片來做紡輪。這也算是遠古祖先化廢為寶的第一例吧！把碎陶片的棱棱角角磨去，變為圓形，然後中間鑽上一個孔洞，不就成了一個輕巧實用的紡輪嗎？

這些彩陶紡輪大小有致，適用於紡出不同質料的物品。這些紡輪的表面都繪有對稱均衡的各種幾何圖案和幾何線條：有的呈水紋狀，有的仿漩渦狀，有的似日月光華狀，有的作有規律的圓周狀，給人以美的感受。尤其當紡輪旋轉起來的時候，定會產生一種不多見的韻律美，給原始人的生活平添了一道絢麗的風景線。紡輪的輪片相當薄，燒製得十分的講究。在燒製時，火力很是勻稱，燒製出的紡輪色澤頗為一致。拿在手上敲擊一下，「叮當」有聲，迎着陽光一照，隱隱然似可透視。在當時的條件下能達到這樣高的水準，實在不簡單。

紡輪的發明是紡織技術的巨大突破。在此以前，人們先將原料掰成絲條狀，再用手搓成線，然後再編織成物件。手搓的線粗細不一、鬆緊不等。有了紡輪，可以把原料拉得很細、也很均勻，織品的質量大大提高了。

原始的「腰織機」

紡與織並不是同時產生的。總是先有紡，才有織。從紡到織，中間大約又有 1000 多年的空當。紡的結果是生產出紗來，但是，單有紗對人來說在生活上沒有任何的實際意義，道理很簡單，因為人是不能披着紗過日子的。

在由「紡」到「織」的 1000 多年時間裏，人們是如何處置這些紗品的呢？或者說，人們把植物纖維紡成紗的初衷是什麼呢？這引起了後人無盡的猜想。原始先民作出這樣大的一個舉動，不可能沒有目的和意願。

合理的猜想能填補歷史的空缺。有的學者認為，在這段空缺時間裏，有一個手工編織的「針織時代」。此說很有道理。人們或者是直接用手，把紗加以合理的編排，成為一種可以裹在身上的物品。或者藉

助於骨製針或木製的棒針，編織出各種各樣的物件來。因為它比直接使用動物毛髮和植物纖維柔和、貼身，因此，在沒有使用織機的情況下是完全可能的。

今天人們用棒針編織絨線，可以看成是當年原始先民針織活動的延伸——雖然，至今還沒有發現原始先民的手工針織品的遺存物。但是，幾乎所有的專家都認為，這一設想是合情合理的，而且相信將來必有這方面的發現。

手工的編織速度太慢，製作出的東西也不太美觀，再說原始先民也沒那麼多的時間消磨在編織上，因此，他們必然要尋找一種更先進更有效的織物方式。

經過不知多少次的實驗和失敗，中國的原始先民終於發明了織機。

最原始的織機發現在 7000 年前的河姆渡文化遺址中。在那裏的住宅區裏，發現有木製織機的殘片。那是一種相當簡單的手織機具，是用來穿梭引線的。在使用時，大致的過程是這樣的：先將經線的一端固定在一根木椿上，經線的另一端則縛定在人體腰部的手織機具上，而緯線呢，則直接繫在或是固定在手織機具上，人通過兩手不斷在緯線間來回穿梭（最初時還沒有織布用的梭子，人的兩手就是梭子），把一根根經線織進緯線裏。人們必須花費九牛二虎之力，才能織出一匹匹布料來。因為有一端縛在人體腰部，後人由此稱之為「腰織機」。

應當說，這種原始的腰織機，在穿杼分經上，是一大進步，在技術原理上，與後世的豎立式織機也已沒有多大差異了。

有了織機，人類從此告別了單單依賴自然物來包裝自己的身體的那個時代。人類在文明發展的途程中又邁進了一大步。

絲綢的源頭

　　早期的紡織品使用的原料，主要是葛、苧、大麻等野生植物的纖維。在陝西華縣柳子鎮的仰韶文化遺址中，曾出土了麻布類織物。在江蘇蘇州的草鞋山馬家浜文化遺址中，發掘到了三塊炭化了的野生葛纖維織品的殘片。這些都說明了，在中華大地上，早在七八千年前植物纖維的紡織品就已經出現了。

　　那麼，被稱為「絲綢之國」的家蠶絲綢的源頭在哪裏呢？

　　在遠古時代還沒有文字的情況下，只能由地下發掘來作答了。

　　中國是蠶桑技術的發源地，遠在 7000 多年之前，中華遠祖就已開始養蠶製絲了。早在 1927 年，考古工作者就在山西夏縣西陰村灰土嶺的新石器遺址中發現了一個人工半切割的蠶繭。從這一蠶繭的大小看，它肯定是家養蠶的繭；從切割技術的高明和完整程度看，當時養蠶技術和抽絲技術都有了相當的發展。

　　1978 年，在浙江河姆渡新石器遺址中發現了 7000 年前的一隻象牙盅，象牙盅的外壁上刻畫有四條活靈活現的蠶紋，其情狀完全是寫實的。毫無疑問，這種珍貴的象牙盅不是先民的日用品，而是宗教或祭祀用品。這裏進一步說明了，當時蠶已經被奉為蠶神，不時地要加以祭祀了，它的地位相當於同樣被祭祀的穀神。

　　甲骨文中還有關於蠶神和祭禮蠶神的記載。當時人們為了養好蠶，用牛或羊等豐厚的祭品祭祀蠶神。

　　在古文獻中有不少關於養蠶的直接記載。反映夏末殷初淮河長江一帶的生產情況的《夏小正》中說：「三月……攝桑，……妾子始蠶。」這是說，夏曆三月要修整桑樹，婦女開始養蠶。殷代甲骨文中不僅有蠶、桑、絲、帛等字，而且還有一些和蠶絲生產有關的完整卜辭。

　　儘管這些是後世的記載，但多少也反映了此前的養蠶發展進程。甲骨文學者胡厚宣的研究指出，有的卜辭上記載，叫人察看蠶事，要

經過九次占卜。可見，蠶桑在當時以及在此以前很長的歷史時段裏，都是一項「要事」。考古學家還不止一次在古墓中發現有形態逼真的玉蠶。在河南滎陽青台村的一座仰韶文化墓葬中，發現有粘在屍骨上的絲帛殘片。在浙江湖州新石器遺址中，發現了一批放在竹筐中的絲織品，這些附着有絲織物的痕跡或絹絲斷片，説明只有靠發展人工養蠶，才能提供足夠的蠶絲原料，以生產大量的絲織品。這是當時的「要事」。

無領無袖的「貫頭衣」

在一隻遠古時代的陶盆上，繪有若干舞姿婀娜的舞女，她們的身上穿的是長可及膝、飄然亮麗的緊身上衣，它給我們帶來了一個十分肯定而又確切的信息：大約在七八千年之前，人類已經懂得了用人造的織品來包裝自己。

處於嬰兒期的原始人，過的是穴居生活，身上無服飾，任憑風雨侵襲自己的肌膚，任憑驕陽曝曬自己的身體。這樣的歲月至少持續了幾百萬年，佔據了整個人類發展史的 99.99%。直到舊石器時代的晚期，先民們才懂得用各種自然物，尤其是獸皮來遮蔽自己的身體。這也可説是最原始的服裝吧！

而陶盆畫面中的舞人穿的衣服，就已經大大前進了一步。這種進步表現在：一是面料是人工製作的織品，與以前以自然物（獸皮、樹葉等）蔽身大不相同了。二是正因為是人工織品，因此它講究裁剪，可以清楚地看出，這些衣服是經過精心裁剪的，不然不可能那樣合身。三是服裝式樣的規格化，幾個人一組穿的是同一式樣的衣服，這會引起我們的猜想，當時是否已經有了專職的裁縫工呢？

當然，這種衣服的最根本的特色還在於它的無領也無袖。當時的

服裝製作的工藝還十分簡單。裁出一片面料，在面料的中央開一個不大不小的洞，兩腋下略作縫合，就成了一件不錯的衣服了。後世的人們給它取了一個名字，叫做「貫頭衣」。

過了相當長一段時間，衣服上才會有「袖」和「領」。衣袖可以保護雙臂和雙手。在勞動過程中，人們體會到了「手」的重要性，將其列為重點保護對象，這才有了衣袖的發明。衣領可保護頭頸以至於整個上身，既可防風沙，保暖身體，又可防止爬蟲的直接侵入，起到「防護牆」的作用。一「領」一「袖」是那樣的重要，後來人們把重要人物喻為「領袖」也就是順理成章的了。

「衣」與「裳」

值得注意的是，從陶盆舞人的上衣的長度看，真正是衣長及膝或過膝了，宛如時下的時尚少女穿的無袖無領的半長旗袍。為什麼裁剪得如此長呢？此中也有個道理。

從中國傳統意義上講，上衣稱為衣，下衣稱為裳。兩者是否同時出現的呢？文獻告訴人們，在歷史上有過一段有「衣」無「裳」的時期。[1]

首先出現的是上衣，那也是合情合理的，一是上衣的製作相對下裳的製作要簡單些，因為它簡單，就早早地被發明出來了；二是人體的一些重要器官都在上身，人本能地先想到的是要保護這些器官。

原始先民在有「衣」無「裳」的歷史條件下，故意將衣裁得長一點，這樣既可保暖，又可防止露羞，真可說是一舉而兩得了。畫面上的舞人衣長過膝，道理也正在於此。

在甘肅嘉峪關市西北黑山巖畫的操練圖中[2]，武士們穿的也是一式的齊膝衣袍。

為了練武活動的方便，上衣的下擺做得特別開闊，成了標準的喇叭狀，這大約是後世男女都可穿的裙子的前身吧。

先有「衣」，後有「裳」，應該説是肯定的。有「衣」無「裳」的時段有多長，説不太清楚。但是，可以肯定地説，在五六千年前，下裳就被發明出來了。

1988 年，在甘肅玉門地區出土了一尊人形彩陶。這一人形彩陶很特別，人體的上身打着赤膊，只在脖子下的上胸部圍有一網狀的飾品，可下體卻被下裳③包裹得嚴嚴實實，穿着不連襠的相當於長褲的人造織物。

可以看出，下裳是分別由兩匹織物製成的，先把織物包裹在腿上，再各在腿的兩側加以縫製，就成了兩隻褲筒，最後將褲筒的上端在腰間用一根繩子連接起來。當時的下裳顯然還沒有「褲襠」，在下陰處留出了長長的一處空缺，是留着「方便」時用的。當時的人們顯然還沒有解決既要使下陰不外露、又要在大小便時很方便的問題。看來，「褲襠」的出現還將是後來的事。

帽・鞋・靴

在原始先民看來，頭部比身體其他部位還要重要，更應保護和裝飾。帽子和頭巾與衣服的功能是一樣的，都是為了保護和文飾。因此，帽子和頭巾，在古代又稱「首服」（穿在首級上的衣服）和「首飾」（戴在首級上的飾物）。

頭巾和帽子在原始意義上是沒有多大區別的。隨意一點的稱為「巾」，成熟和正規一點的稱為「帽」。從上古時期出土的最原始的皮帽看，就是把一塊皮剪去了一些不太必要的部分，除可頂在頭上外，又剪出了兩根帶狀物，可遮耳，更可將皮帽繫於項下。這樣的帽，稱

之為巾也沒有什麼不可以。

當然，隨着人工製造的織品的出現，帽子從式樣到保暖性都有了突飛猛進的發展。

在陝西西安臨潼鄧家莊仰韶文化遺址，出土了一件頭戴大帽子的半身陶塑人像。這一實物距今約 6000 年。半身塑像頭上戴的帽子，可以「厚實」兩字言之：

其一，帽子厚實在於它是由多層織物製成。從形狀看，它很像後世的棉帽子。當然那是不可能的，因為當時根本不會有棉花。它的厚度完全是一層層織物疊加起來的結果。那樣，帽子的保暖程度就高了。

其二，在於它是量頭定做的。整個帽子緊貼着人的額頭，把額頭部分包裹得嚴嚴實實。帽子的加工也相當地精細，可見當時的人們對人頭部形狀的研究也已經有了一定水平。

這種厚實的圓帽，後來一直延續了幾千年。

頭上保護起來了，身上保護起來了，那麼腳上呢？腳也該保護起來，這就是鞋了。鞋也是人類的一大發明。

鞋子一般由三部分組成。一是鞋底，主要用來保護人的腳底和腳跟。相關材料表明，起先鞋底很薄，是單底的，後來才發展為複底的，以至於多層底的。後世的用針扎鞋底，起源可能是很早的。二是鞋面，有保護足面和保持腳腿部溫暖的雙重作用。三是鞋帶，它的出現當晚於鞋子的出現。當時行路艱辛，沒有鞋帶的鞋容易陷在泥地裏難以自拔，鞋帶起到了將鞋固定在腳上的作用。

鞋的原材料是多種多樣的。大約先有草製的鞋子，後來才有了麻製的鞋、絲製的鞋。只可惜，這些鞋至今還沒有從地下發掘出來。差不多在同時，人們發明了皮革製的鞋，稱為「革履」。大約皮革製品也是難以長年保存的，因此遠古留存的革履至今沒有發現過。

與鞋同類、功用也相同的是「靴」。在中國的西部地區，出土過靴形的腳下着物。靴，也就是連筒的鞋，大約是中國遠古時代少數民族所穿。在甘肅玉門火燒溝文化遺址，出土過穿長靴的人形陶製品，還

曾發現過彩繪的靴形陶製品。可以想見，當時的西部人，也可能包括一些受西部影響的中原地區的人們，在遠古之時，都已穿上靴子。

從玉門火燒溝出土的人形陶製品看，當時人穿的靴子既講究實用，又注意造形之美。靴子的連筒部分十分得體地包裹在人的腿幫子上，不鬆不緊，也不顯得臃腫。這種靴的連筒部分對人的足腿部，乃至整個身體起了很好的保暖作用，是適應西北地區的寒冷天氣的。西北部的少數民族喜騎射，穿上這種靴子很舒適，更能在馬上飛馳時防凍禦寒。特別有趣的是，當時的一些靴子有的製造成很圓潤美觀的翹頭式，有的在足尖前留出一個大的空當（初衷可能是為了透氣），成了很起眼的尖頭靴。這些都說明，原始先民發明鞋和靴不只是為了保暖，還含有美學的成分在裏面呢！

這種帶筒的靴，當初主要在西部少數民族中流行。到了戰國時期，趙武靈王主張「胡服騎射」，於是把這種連筒的靴「引進」到了中原地帶，成為「通行天下」的服飾了。

身處於原始時代的先民們，他們從赤身裸體到穿衣、戴帽、着鞋，這是一個極為重大的文明進步。人體包裝本身就說明了，這時的人們不僅懂得吃飽，還懂得穿暖，懂得裝飾自己。

髮笄和梳子

在西安半坡的遠古文化遺址中，曾發現有 700 多件骨質的髮笄，在陶盆上還有髮髻插笄的圖像。這可算是一個驚人的發現了。

要那麼多的「笄」，派什麼用場呢？

原來古人還不懂得理髮，或者說他們有一種迷信，以為頭髮出自父母的血脈，是不能割棄和損傷的，因此十分忌諱斷髮。「斷髮」和「文身」同樣被認為是辱及祖先的大事，還認為是野蠻人所為。但是，

隨着人的一點點長大，頭髮就會長起來。長一點沒關係，太長了就不好辦。於是，就想法把頭髮梳理起來，再用一種東西把它縮住，使它不易散開，這種東西就是「笄」了。

單是在半坡遺址中就發現 700 多件髮笄，說明它是男男女女的必備之物。實際上，在考古發掘中，南至廣東，北至內蒙，東至江浙，西至新疆，都發現有髮笄。可見，髮笄是東西南北的人們共同擁有的生活必需品。

製作髮笄的材料在不斷地變化。開初是用樹枝充當，後來就有了木製的、石製的、骨製的、蚌殼製的、玉石製的髮笄。隨着製作材料的一步步升級，髮笄的功能也發生了一些變化。它由單純的實用性，轉化為實用與美化兼而有之了。在甘肅永昌鴛鴦池新石器時代出土的髮笄的頂部，還用黑色黏合物鑲黏上 36 枚精美的乳白色的骨珠呢！

另外，梳子是每個家庭的必備物，這個傳統發源於六七千年前的遠古時期。有趣的是，在地下發掘中，梳子常常被安放在人的頭骨旁邊。這明確告訴人們：它是主人的梳妝用品。

現今留存下來的梳子有骨質的，有石質的，還有玉質的。梳子的大小不一，有的只有幾厘米，齒也不多，有的有 20 多厘米，20 多齒。在形狀上也是花色品種繁多，有長條形的，有方形的，有近於圓形的，還有的別出心裁地做成斧鉞形的。各種不同的形態，代表着某一種觀念或者複雜的心態，不過這些現在都說不清楚了。

大概山東大汶口新石器遺址出土的一把梳子最具典型意義了。

這是一把較為大型的製作相當講究的象牙梳。長 16.7 厘米，有 17 齒，差不多 1 厘米一個齒。在梳齒上方的梳背上，鏤有一個大大的 S 字紋，整個字紋由三條平行的曲線組成，在 S 字紋的中間，隱隱然有兩個 T 字紋。十分明顯，這些都是為了美化梳子，與實用是沒有多大關係的。有人推斷，像這樣經過精心裝飾的象牙梳子，除了它的實用功能外，主要插在髮際上作為裝飾之用。

愛美的天性

女人的天性是愛美的，即使是在物質條件十分匱乏的原始社會裏，那時的女人們也不忘把自己打扮得美麗些。

人們根據元君廟墓地見到的婦女裝飾品所放置的部位，再參照半坡陶盤上的人面形花紋圖案，可以推知元君廟半坡型婦女的裝飾大致是這樣的：她們喜歡把頭髮盤結在頭頂，梳理成高聳的圓錐形髮髻，並用髮笄束繫。在髮髻的下方，通過額部、耳際和枕骨下方繫一彩色或紅色的飾帶，以顯示女性所特有的柔美和飄逸。在頸脖上，再佩帶上骨珠串成的項鏈。項鏈的多少與人的身份和愛好相匹配。

這樣的裝束，在當時人看來，一定是很美的。至於這種妝扮出來的女性美，是為了吸引異性的眼球呢？還是為了女性的顧影自憐呢？現在還沒有定論，還是讓人類學家去進一步考察吧！

在甘肅秦安的大地灣遺址中，出土了一隻人形器口陶瓶。陶瓶的瓶頸以上被塑成了一個將長髮盤繞在額前的人頭。人頭上有大眼，隆鼻，小嘴，似乎是一位青春少女的形象。最為引人注意的是，人頭的兩耳耳垂上，有着兩個明顯是人工穿鑿的孔洞。這是怎麼回事？

只能有一個解釋：距今約 7800 年的「大地灣人」是使用耳飾的。那個耳垂上的孔洞是用來掛各種各樣的耳飾的。事實上，不只是「大地灣人」掛耳飾，同期或稍後的相當數量的原始人，都是佩掛各式各樣的耳飾的。

中國新石器時代的耳飾主要有耳環和玉玦。耳環是把玉石用繩子串連起來，再掛在耳朵上。玉玦則是有缺口的環狀玉，戴時直接將缺口夾在耳朵上。耳環和玉玦本質上沒什麼差別，一人輪着戴和同時戴都是可以的。

頸部是人體最醒目的地方，無論未開化民族、半開化民族，都十分注重頸飾。中國舊石器晚期的山頂洞人，被稱為「愛打扮的原始

人」。在他們的遺骨化石旁邊，有着用天然的物品如獸骨、獸牙、貝殼、礫石等串成的頸部飾品項鏈。這一發現曾經轟動一時。可是，到了新石器時代，中華先祖除了繼續採用海貝等色澤亮麗的物品裝飾自己外，還用人工精心加工製作出了項鏈、手鐲和各類胸飾。新石器時代的飾品進入了一個新境界。

這裏可以一萬年前的一名 16 歲少女的墓葬為例加以說明。

考古工作者在北京門頭溝東胡林村西側發現了一個新石器時代初期的墓葬，墓主是一個大約只有 16 歲的少女，陪伴在這個少女身邊的是相當精緻的項鏈、手鐲和胸飾。少女的項鏈由 50 多顆帶有小孔的海螺組成，這些海螺顯然是經過嚴格挑選的，因此，這麼多顆粒在大小上基本一致。同時，這些串連成項鏈的海螺磨製得十分光滑、精巧，給人以可愛的感覺。少女的手鐲由 7 節骨管串成，在當時還沒有金屬工具的情況下，要切割這些骨管決非易事。這一手鐲就安放在少女的腕部，一如生前戴着手鐲一樣。少女的胸前有經過修飾而顯得很好看的胸部佩飾，那是一枚穿孔的河蚌。一萬年前的少女如此裝扮自己，有力地說明當時人們的愛美意識有了很大的覺醒。

◆ 註釋：

① 《詩·齊風·東方未明》：「東方未明，顛倒衣裳。」毛亨傳：「上曰衣，下曰裳。」《通典·禮志》：「上古穴處，衣毛，未有制度。後代以麻易之，先知為上，以製其衣；後知為下，復製其裳。衣裳始備。」

② 黑山巖畫的創作雖然較晚，但它反映的還是原始先民的生活情狀。

③ 這裏之所以用「下裳」而不用「褲子」一詞，是因為「下裳」是中國古代長期使用的語彙，「裳，障也，所以自障蔽也。」（《釋名·釋衣服》）其意是說，只要能起到「自障蔽」作用的，都可稱為「下裳」。至於「褲子」一詞，是晚起的名，多見於明清時期。

第五卷

農耕初始

　　陶器以人類特有的創造力，叩開了人類文明之門。水和食物的貯存，使定居有了可能。定居生活又為農耕事業創造了最基本的條件。大約在陶器發明的同時，或者稍後一些，原始農業就萌生了，當然，相對成型的農耕是大約此後兩三千年的事。

　　陶器帶動了農耕，而農耕最權威的印證仍然藏在地下發掘的陶器上。從浙江上山遺址發掘出來的陶片夾層中，發現了大約一萬年前的「萬年米」。從河姆渡遺址發掘出來的七八千年前的一個陶盆上，外壁刻有一株稻穗紋，昂然挺立，生機勃勃，兩旁則有一束沉甸甸的穀穗紛披下垂。這似乎寓意着豐收的喜悅，生動地反映了當時農耕生活的狀況。

　　本卷將展示遠古時期中華先民農耕生活的某些生動場景。

南稻北粟

中國歷來就有「南稻北粟」的說法，其意是說，祖國大地的南部地區自古以來種植水稻，而北部地區種植的是粟米，這裏說的「南」與「北」，大致上是以長江為分界線。

這話並沒錯，但又有所交錯，尤其是隨着時間的推移，「南稻北粟」的界限漸趨模糊了。據專家統計，目前發現的新石器時代的稻穀遺存有 120 餘處，其中 90 餘處屬於長江流域，廣東、福建各 2 處，台灣 5 處，屬於黃河流域的有 12 處，最北端在山東棲霞楊家圈遺址，地理位置在北緯 37 度。楊家圈遺址的這一發現對判定中國水稻東傳朝鮮、日本的線路和時代有着重要價值。

粟是中國北方原始農業最早馴化培育的穀類之一。世界各國學者一致認為中國華北是粟的起源中心。在山東、山西、河北、河南、遼寧、黑龍江、甘肅、青海、新疆等省區的新石器遺址中，先後發現粟粒、粟殼和粟的穀灰達 40 多處。但是，經過幾千年的漫長發展，粟的栽培也走向了江蘇、湖南、湖北等地，甚至在遙遠的廣西、雲南也種植起粟來了。

遠古時代起「南稻北粟」格局的漸次被打破，說明祖國大家庭中的南北文化交流是古已有之的。物的交錯，與人的遷徙、走動是同步的，祖國大家庭中人員的走南闖北、友好互訪，早在大約七八千年前就開始了。這就使「南稻北粟」成為一個十分相對的概念。

稻的人工育種

真是難以想象，早在一萬年前，勤勞聰穎的華夏先祖已經懂得種

植水稻，並將收穫物貯藏在陶製的器皿之中。當人們走向陳列着上山遺址發現的「萬年米」的浙江省浦江縣博物館時，視覺證實了這些似乎夢幻般的信息全是真實的！①

發現「萬年米」的陶製容器名為「料」。在中國傳統文化中，「料」既是一種計量單位，又是一種計量的容器。把「萬年米」放在「料」中，說明當時的原始農業已經有了一定的發展，人工培植的水稻的數量也有了一定的規模，不然，何必用「料」來料一料呢？

繼「萬年米」之後又發現了 8000 年前的「八十當古稻」。「八十當」位於湖南澧縣夢溪鄉，有山、有水、有平川，氣候溫和，而且雨水充足，正是發展農業尤其是水稻種植業的好地方。考古工作者在不太大的範圍裏，發現了 1 萬粒稻穀。1 萬粒，這可不是個小數目！說明當時當地的植稻業有了相當的發展。這是一種馴化未久的水稻品種，這些稻粒大小參差不齊，最大的是最小顆粒的 4—6 倍。現代水稻分為秈粳兩種，而「八十當」古稻還沒有明顯的秈粳之分，類似秈稻的稻穀，在顯微鏡下觀察，其微結構又多粳稻的特點。這些都說明了它培育的不成熟性。

「八十當」古稻雖然不太成熟，但產量卻相當可觀。被發現的一萬多粒水稻顆粒浸藏在一條河道中。這是怎麼回事呢？據科學家猜測，這只能作這樣的解釋：「八十當」的遠古先民，在迎來了一個豐收年以後，喜氣洋洋，把大量的稻穀倒入河中，以祭祀天神、水神和河神，而當時他們生產的水稻的實際產量要大大高於現今的發現呢！

種植業每前進一大步，都要經歷千年的奮鬥。從「八十當」似秈似粳的稻粒，到河姆渡的明確無誤的秈稻品種，時間又過去了 1000 年。河姆渡發現的秈稻，在祖國大地上是首見，它屬於 7000 年前的產品。

河姆渡遺址位於浙江餘姚河姆渡村。這裏氣候濕潤，河網密集，土地肥沃。中國古人類的一支經過數度遷徙、選擇，最後終於選定在河姆渡邊安營紮寨。他們建造了牢固而有南方特色的住房，打造了品種繁多的生產工具，種植水稻，以養家活口。

在河姆渡遺址中，最引人注目的是堆積有 1 米以上厚度的稻穀、稻穀殼和稻稈。那麼多的稻穀遺存！是當時人因為太忙來不及收拾呢，還是故意存放在那裏的呢，現在已經無法查考了。但是，面對這些，我們可以想象到，當時的人們是如何地被豐收景象所傾倒，他們唱啊，跳啊，歌啊，那場面一定是十分壯觀的。

考古人員說，發掘出土時，一些稻稈還是金黃色的，十分鮮活，稻穀顆粒和稻穀的形狀也保存得十分完好，像是新近收割下來的那樣，後來出土經氧化就變黑了。稻穀及稻稈的堆積物是如此的厚，說明當時水稻種植已經相當發達，在這裏居住的人也自然不少了。

北方的粟和稷

從現有的資料看，南稻要早於北粟 2000 年。如果說最早的稻的培育有 1 萬年的話，最早的粟的種植和培養，則見之於 8000 年前的磁山遺址。

河北省武安縣的磁山遺址，共發現了 476 個灰坑和窖穴，其中的 88 個是盛有炭化粟粒的，有粟粒的灰坑和窖穴大約佔了五分之一。這從一個側面說明了粟在當地人生活中十分重要的地位。這些灰坑和窖穴可以看成是──「磁山人」的糧庫，更多的糧食是被他們食用掉了。

相關學者根據 88 個窖穴糧食堆積的體積進行了測算，推測這裏藏有 5 萬斤以上的糧食。如果這個村落有 300 口人（這已是不小的村落了），那麼，他們在一段時間內積存下的剩餘糧食人均為 160 多斤。這在原始社會時期，是極其了不起的農業成就。據估計，當時的人是半肉食半素食，那麼，這人均 160 多斤的粟米夠磁山的先民吃上半年的了。

磁山出土的粟粒外殼十分清晰，顆粒也相當完整，外部形態圓隆飽滿。粟的顆粒直徑達到 2 毫米，與現代的粟粒基本相同了。可見，在 8000 年以前，可能會有一個更原始一點的培植粟的時期。有科學家

推測，這個培植過程至少要有 2000 年以上，若此，那麼粟的最原始的栽培也該有一萬年了。

北方除種植粟外，還種植稷。「稷」這個字眼，對中國人來說，顯得特別的親切、凝重、莊嚴。因為凡是華夏子孫都懂得，「稷」作為一種植物，是中華祖先最早馴化的穀物之一，它居於五穀之首，對民生的重要性是不言而喻的；「稷事」可以借代農事，泛指五穀之事；把「稷」神聖化，「稷」也就成了五穀之神；五穀之神的「稷」，與土地之神的「社」結合在一起，稱「社稷」，就是國家的代稱。後來，春秋時期的孟子有言：「民為貴，社稷次之，君為輕。」這裏說的就是人民、國家、君主三者之間的關係。

稷的培育與種植有多久？人們在甘肅省秦安縣大地灣遺址中找到了答案。在那裏的一個陶罐中儲存着炭化稷粒，經碳 -14 測定，它與粟一樣古老，栽培時間有 8000 年之久。此外，在遼寧瀋陽市新樂遺址出土的稷粒，也有近 8000 年之久。可見，至少在 8000 年前，在中國的西北地區和東北地區，稷已成為當地人們的重要食物。

再過些時日，到距今五六千年的時候，在黑龍江、吉林、遼寧、山東、陝西、山西、青海、新疆，稷的種植已經遍地開花了，到了商周時代，稷毫無疑問地成為華夏地區首屈一指的主食。在甲骨文中，稷和與它同種的黍出現次數是最多的。這些文獻資料告訴我們：在祖國大地上，最先作為人們主食的，在北方是粟，在南方是稻。可是，後來隨着時日的遷移，到了甲骨文時代，稷取而代之，成為在遠古先民的生活中佔有最重要地位的食物。

「高高」的紅高粱

高粱，又稱蜀黍。它在穀物中以軀幹的高大挺拔而引人注目，以

果實的色澤鮮紅而招人喜愛。高粱性喜溫暖，能抗旱，在中國北方地區都有種植，而又以東北種植最多。

只因為中國古代的文獻資料中至今還找不到高粱的相關記載，一直要到晉代才被人提及，因此中國高粱的原產地一直是個謎。一種較為通行的說法是，世界上高粱的原產地在非洲中部，後來傳到整個非洲，傳向世界各地，到魏晉時期，傳到了中國的北部和東北部地區。長期以來，從來沒有人懷疑這種說法的正確性。

地下發掘向傳統的說法發起了挑戰。

考古工作者在甘肅民樂縣東灰山的新石器遺址中，發現了一大堆炭化的高粱，其形狀已經與現代的高粱十分相似。經碳 -14 測定，為中國高粱較古老的原始種，而這一原始種的生存年代在距今 5000 多年前，大約比傳說中的黃帝時代還要早些。還有，在陝西等中國的西部地區，也發現了高粱的古老品種，而且數量不少。

看來，中國的紅高粱是土生土長的，它是中國遠古先民自己培育出來的食品。高粱產量高，軀幹又高大，故後人又謂之「高高」。高粱的種植大大豐富了中華先民的食譜。

「圃」中天地

「圃」這個字眼大家並不陌生，但要說出它究竟是怎麼回事，恐怕不太容易。其實，講農耕初始，是不能不講「圃」的。

「圃」是種植蔬菜、花果或苗木的園地。大田裏種植的是穀物包括各種糧食，稱「田」。而村子周圍的小塊土地（相當於後來的「雜邊地」）則用來種蔬菜、瓜果，稱「圃」。「田」的範圍大，「圃」的規模小。「田」離居住處遠，「圃」離居住處近。「田」解決主食，「圃」提

供輔食，為的是調節口味並改善營養。對原始先民來説，田中勞作，是主業，圃中種植，是副業。兩者雖有主副之分，但缺了哪個都不行。這個問題從未引起足夠的重視，在此還得説一説。

考古發掘表明，在中國，蔬菜的種植和花果栽培，與種植水稻、粟米一樣久遠。甲骨文中，已有「圃」字，其意義與現在理解的完全一樣。在《詩經》中也多次提到「築場圃」的事。在《論語》一書中，記述了孔子和子路之間在要不要「學為圃」上的一場爭議。這些都説明那個時代「圃」已十分興旺，其實，真正「圃」的源頭還得往上推相當長的時段。

到目前為止，發現的新石器時代的蔬菜品種已相當多，至少有油菜、白菜、薺菜、蓮子、葫蘆等。在甘肅大地灣遺址中，發現了油菜籽，這説明，早在 8000 年前就有油菜的種植。先後在浙江湖州、餘姚、桐鄉出土的葫蘆籽，年代距今 7000 年以上，這説明那時已經開始了葫蘆的種植。古人對葫蘆特別重視，是因為它造型奇特而被視為一種神祕物，且一再被繪進了陶品之中。到 6000 多年前，蔬菜的品種更多，出產量也更大。

除培植蔬菜外，古人還十分重視培植果品。從考古資料看，中國史前培育的主要是「五果」：桃、李、梅、杏、棗。中國長期來運用「桃李滿天下」、「投桃報李」等成語，以及後來以桃、李、梅、杏、棗為祭祀品，是有久遠的歷史淵源的。在河南新鄭裴李崗遺址出土的梅核，説明在七八千年之前，中華祖先就已經種植梅子了。桃樹的種植也很早，張騫通西域時把種桃技術沿「絲綢之路」傳到波斯，稍後傳到日本，大約在公元 1500 年時傳到英國，公元 1633 年又傳到了美洲。

上述所説的農業成就，中國古代的神話傳説以為是神農氏創造的。人就是這樣，明明是自己創造了那麼多的神乎其神的奇跡，回頭看會連自己也不敢相信，從而把奇跡的創造歸結為神靈。

神農氏

提起神農氏，大家都知道，他是遠古時代偉大的農業之神。②傳説中的神農氏樣子長得很不一般，他長着牛的頭面，人的身子，軀體龐大，十分健壯。實際上他是牛的勤奮和人的智慧的結合體。

當時，中華大地上人口漸漸地多了起來，光靠打獵啊，捕魚啊，採集啊，吃的東西不夠了。怎麼辦呢？傳説中的「神農氏」跟大家一樣地着急。有一天，一隻全身披着紅色羽毛的丹雀不知從何方銜來一株生有九個穗的稻禾，它邊飛邊將穗上的穀粒撒落在大地上。一場雨過後，便從地裏長出許許多多的嘉禾來。「神農氏」很聰慧，把穀穗在手裏揉搓後放在嘴裏，感到很好吃。於是他教人斫倒樹木，割掉野草，用斧頭、鋤頭、耒耜等生產工具，開墾土地，種起了稻穀，使大家都有糧食吃。

俗話説，吃五穀的都要生病。在遠古時代，由於居住條件和其他生活條件的惡劣，疾病總是像惡魔一樣糾纏着人們。神農氏為了幫助人們解脱痛苦，親自上山採藥，親自嘗遍各種各樣的草藥。為了辨別藥性，他曾經一天內中毒 70 次。他還發明了一條神鞭，用它鞭打草藥，有毒無毒，是寒是溫，大多能識別出來。

可是，不幸的事終於發生了。一次，神農氏在山中嘗了一種有劇毒的「斷腸草」，他的腸子一截一截地爛斷了。這位偉大的農業和醫藥之神為了拯救民眾，獻出了自己的生命。臨終時還叫他的隨從把這種劇毒的「斷腸草」的形狀描繪下來，免得後人再受害。

人們世世代代記住了這位施恩於民眾的神農氏。在山西太原附近的神釜岡，據説那裏還存放着神農嘗藥時用過的鼎呢！在咸陽山中，還有一處當年神農鞭藥的地方，名為「神農原」、「草藥山」。

神農氏的故事在後世被人與炎黃時代的炎帝混為一談了。炎帝黃帝是大約距今 5000 年前的傳説中的人物，而神農氏作為農業之神要大

大早於他們，真正的神農氏至少在距今 8000 年前就已經出現了。

說實在的，歷史上真實的「神農氏」是人，而不是神；是群體，而不是某一個體。在考古發掘的遺存中，人們隨處都可以看到當年「神農氏」的身影和足跡。大約一萬年以來，在中華大地上，可以說是有億萬「神農氏」在辛勤耕耘着。

那個時候的耕作方法叫做「刀耕火種」，祖先就是手握石斧這樣簡單的工具培育出豐富多彩的農產品的。20 世紀末，考古工作者在湖南省的一個叫「玉蟾洞」的史前洞穴的遺址中，發現了世界上也許是最古老的陶片和兩粒半距今一萬多年的古稻。這僅存的兩粒半古稻可以看成是當年華夏先民「刀耕火種」成果的實證。

地球上哪一個民族都繞不過「刀耕火種」這樣一個也許是長達一兩千年的農耕原始階段。人們正是從「刀耕火種」走向耜耕農業的。

手握耒耜的神農

神農是傳說中的人物，最原始的所謂牛頭人身的神農只見於文字材料，他的具體形象可能沒有人描繪過。今天能見到的「神農」則完全是人文化了的，也就是由神還原為人的形象了。[3]他是漢代人心目中的神農。這個神農是一個地地道道的勞動者，頭上紮着簡單實用的頭巾，身上穿着貼身的、便於勞動的短打衣衫，看來他已經幹得很熱了，衣衫穿得很是單薄。神農的手裏握着一柄雙叉的顯得有點沉重的耜，那是在當時最為先進的生產工具了。他站立在荒野之中，正躬身辛勤耕耘着……

這是一個相當可親可愛而近似於完美的神農形象。這一形象賴以描繪的依據主要不是神話故事，而是人類本身的實際生活。

神農手中的那柄耜，在地下發掘中屢見不鮮。

在河南新鄭裴李崗、新密峨溝北崗，在河北武安磁山遺址，都發現了距今8000多年的石耜、骨耜。應該還有木耜，但木製品易於腐爛，不可能有地下的發掘品了。

在浙江的河姆渡，發現有大量的骨耜。這些骨耜的兩個側面的正中都有一道淺槽，淺槽下面為弧形，這是安裝木柄的部位。

在杭州蕭山的跨湖橋遺址，發現了8000年以前的陶片、石器，還發現了骨耜，以及顯然與骨耜有直接聯繫的稻穀顆粒化石。

更為驚人的是，在湖南澧縣夢溪鄉「八十壋」地區發現了數以萬計的大約8000多年以前的栽培稻稻粒，而與這麼多的遠古栽培稻直接相聯繫的乃是至今唯一發現的一柄大約長90厘米的掘土工具「木耜」。

無疑，隨着考古事業的發展，這方面的發現會更加豐富。

那麼，這些石耜、骨耜、木耜當年的主人是誰呢？答案只有一個，那就是在中華大地上苦苦耕耘着的「神農」們。

耒與耜，相當於後世掘土用的鏟。耒是尖齒形的窄窄的鏟，而耜是鏟面較寬的鏟。由耒到耜，在歷史上可能本身就是一種生產工具的大發展。在當時條件下，華夏的先民，能發明出耒和耜，而且推而廣之，這本身就是了不起的創造。他們就是這樣，一耒一耜地鏟着，鏟着，夜以繼日，一代又一代，終於在自己的居住地的周圍鏟出了一片能種植稻穀的田野，並讓這片土地長出了豐盛的果實。

面對橫空出世的「八十壋」古稻，人們只能說這是人類農耕史上的天大奇跡。「八十壋」人用手中的那柄耜，鏟出了一個生命和生活的新天地。那數以萬計的古稻粒似乎在告訴人們：中華大地乃是世界稻穀的發源地啊！

河姆渡的發現尤為驚人。在河姆渡第四層4000餘平方米的範圍內，普遍存在厚厚的稻穀、稻殼、稻草的堆積，最厚處在1米之上。經過換算，稻穀的總量高達120噸以上。這在七八千年之前，簡直是難以想象的。

耦耕

這是一種古老的耕耘方式。孔子當年就親眼看到避世隱士仿效古人耦耕的情景。這裏有一則故事。

孔子 63 歲那年，還是恓恓惶惶地行進在周遊列國的途中。在從宋至蔡的行程中，一不小心迷了路。在人煙稀少的山野地區，前面是大河，側面是大山，真不知路在何方了。只見前面不遠處有兩位老者在那裏推着古老的、當時已經無人使用的耕種工具 —— 耜，肩並肩地在翻土。對孔子一行的到來，他們並不理會。孔子知道這是兩個隱者，便叫弟子子路前去問一問渡口在哪裏。那兩個隱者非但沒有把渡口告訴孔子一行，反而調侃起他們來 —— 孔子不是很有學問的嗎？他應該知道渡口在哪裏啊！最後還說，天下亂成那個樣子了，你孔子還跑來跑去幹什麼，還不如隨我們當隱士的好。孔子很感慨地說，好什麼啊！人總不能和飛禽走獸合群共處吧！總得為社會幹點什麼吧！兩個隱士也不聽孔子的，自顧自邊碎土邊下着種子。④

在這個故事中，孔子批評得很對。兩個隱士對社會不負責任的態度是不足道的，就連所謂的「耦而耕」的做法也是相當古老落後和可笑的了。在牛耕已經相當普及的孔子那個時代，再倒回數千年去搞「耦耕」，多少顯得不合時宜了。

那麼，耦耕究竟是怎麼回事呢？由於年代久遠，很多細節已經比較模糊了，但大致的狀況還是說得清楚的。

開頭的時候，耒耜這樣的掘土工具是一個人使用的。久而久之，人們感到一個人的力量終究很有限，就改由兩人或多人一起使用和操作這種工具。耦耕的「耦」，本身就有兩人或多人一起幹的意思。

一起幹，是一句概括的話，怎麼一起幹也有個講究。這裏也有一個過程，先是兩個人或多個人朝同一方向推，把耒耜拚命地往土中插，達到鬆土的目的。後來，大家感到那樣既費力，效果又不太好，

於是，改由一人在後面推耒耜，另一人在前面用繩子拉耒耜，這樣一來，效果就好多了。這與後來的牛耕有點接近了，只不過後來是用牛取代了人而已。

耦耕是一種勞務合作，這一點，在人類歷史上值得大書一筆。

犁耕初始

由單人手執耒耜墾植，到兩人或多人合作耕耘的耦耕，是一個巨大的進步。而從耦耕走向犁耕，即依靠動力牽引進行耕作，尤其是依靠畜力牽引進行耕作，更是一個巨大的進步，甚至可以説這是人類的一大發明。[5]

是什麼時候出現犁耕的呢？很難找到相關的文字資料來確切地加以證明，但從地下發掘的資料中，可以找到一些蛛絲馬跡。

濟南小荊山遺址，反映的是新石器早期文化。在這一遺址中，出土了一件石質犁形器。這件犁形器長 38 厘米，寬 30 厘米，為黃色砂巖質，偏鋒弧刃，犁形器的中部鑽了一個不大不小的孔洞，孔洞中間顯然是由於用繩子拉犁而磨得十分光滑，拉動的痕跡十分明顯清晰，犁形器的刃部也有使用已久的痕跡。這就十分明確地表明，早在距今8500 年之前，中華先祖已經在農業生產中實施犁耕了。

有專家認為，最早的犁耕是人力牽動的。一個人在後面扶犁，前面是一人或兩人拉犁，這與耦耕有點兒相似，但由於勞動工具的改進，其生產效能還是與以前大不相同的。小荊山遺址反映的可能是中華先祖人力牽動的犁耕時期。

當動物的馴養獲得成功後，使用畜力來牽引犁具，就提到議事日程上了。

從江浙一帶出土的上古時代大小不一的石製犁鏵看，可能先後被

使用來犁耕的畜力不止一種。有一種犁鏵只有 15 厘米長，它是怎麼也不適合牛使用的。

這使人們想到了狗。想到了「犬耕」這一文人墨客長期使用的詞彙。古代的一些文化人被委以重任時，常會自謙地說：「此為無牛犬耕田！」一個被眾人認同的詞彙，總有它的來龍去脈。我們完全可以認定：犬耕在遠古是確有其事的。

狗（犬）是人類文明史上最早馴養的動物之一。在大約 8000 年前的磁山文化中，犬的地位就十分特殊。在那裏，只有豬和犬保存有完整的骨架，被供在那裏，極具神聖的色彩。豬為什麼被時人奉若神明？因為它是當時人們最主要的肉食來源，那麼狗（犬）呢？它的神聖化完全可能是因為它在耕作上，作出了別的任何動物都不能替代的貢獻。這樣的猜想也不是沒有一點道理的。

牛耕起於何時？這是個很值得討論的問題。

春秋時期，孔子的學生中以「牛」命名的多得很。他的一個學生，名冉耕，字伯牛，是孔子的十位大弟子之一。這裏最為重要的是把「牛」和「耕」直接連接在一起了。可以肯定地說，孔子那個時代，牛耕已經十分普遍了。至於牛耕之始，那無疑要早得多。

從孔子時代再往上推移 4000 年，也就是在距今六七千年，吳越地帶，以至於更廣泛的南方，或黃河流域的一些地區，都已經出現了牛耕。地下出土的犁頭部分也就是鏵，呈扁薄等腰三角形，犁尖夾角大約為 40 度到 50 度之間。兩腰有刃，中部有一至三個孔。後端有平有凹，在製作上，應當説是相當的精巧了。出土的那些犁鏵有大有小，大的約長 50 厘米，是極適合於牛耕使用的。

犁鏵必須固定在犁床上才能使用。犁床由兩部分組成，下為墊木，上為木板，石犁就嵌裝在兩者之間，在穿孔處用木釘固定，石犁僅刃部外露出來。

當然，犁耕最後必然是要與牛耕聯繫在一起的。「力大如牛」，這就註定了牛要在犁耕上唱主角。牛的馴化有 7000 年以上的歷史。河南

地區水牛骨骸的發現已經有多處。在江蘇吳江梅堰遺址中，一下就發掘出 7 具十分完整的水牛頭骨，這說明當時牛已被廣泛應用於生產和生活領域，成為了人類的好朋友。

陶倉‧地窖‧石磨

　　大約到了新石器時代的中後期，華夏大地的原始農業就有了一定的發展，生產的糧食除了夠吃之外，還有一些剩餘。當然不可能是所有的氏族部落都有剩餘，而是經營得好的那些氏族部落有了糧食的剩餘。剩餘糧食，怎麼辦呢？也許開初不知道處理，糧食多的時候，讓它在地上爛掉霉掉，糧食歉收的時候，只得餓肚子。後來，他們想，不行，得將剩餘的糧食藏在「糧倉」裏，於是就有了陶倉和地窖。

　　在黃河流域的仰韶文化遺址中，發現了不少用陶罐或地窖儲藏的糧食。這足以說明，至遲五六千年前，華夏先民已有了原始意義上的「糧倉」。儲存在陶罐裏的糧食保管得相當好，雖然由於年代久遠而炭化，但還是顆粒完好，明晰可辨，可見當時儲藏兩三年食用是一點也沒問題的。有的儲藏在地窖中的糧食已經充分炭化，堆積厚度達到 10—20 厘米，可見當時某些部落的糧食確實相當充裕了。

　　特別值得注意的是，這一陶罐中部還隱隱然有個小孔，那是為使糧食通風透氣而專門製作的。原始先民為了使糧食保存得長久些，想得還挺周全的，這就是講究科學的「陶倉」。

　　這裏涉及糧食的使用問題。開初，有了糧食把它煮着、蒸着吃就是。在相當長一段時間裏，能填飽肚子就了不得了，更何論其他？但是，糧食充裕一點之後，就會想到要翻着花樣、改改口味吃了。這就發明了石磨和石臼。

　　在裴李崗遺址，發掘出了最古老也是流傳最久遠的穀物加工工

具 —— 石磨盤。這就説明石磨盤的使用至少已有 8000 年的歷史了。兩塊打磨成扁圓狀的石塊，相互吻合的一面各自刻上有一定深度的條狀紋，壓在上方的那塊大石的內心處鑿兩個圓洞，這樣可以把糧食源源不斷地放進去磨碎。為了使磨碎的食物便於堆積，先民還匠心獨運地在磨盤下端裝上了四隻腳。這是一個多麼完美的穀物加工器啊！

這以後，先民又發明了石臼，在古書上稱為「斷木為杵，掘地為臼」。也就是砍下一段樹木來，將它製作成一頭粗一頭細的「杵」，細一點的一頭可以拿在手裏使勁往臼中杵，把糧食杵碎。為了杵糧食時更有力些，他們就在地裏挖一個深深的坑，將石臼埋在裏面。這樣，操作的人可以較為省力地站在平地上杵臼了。這件事現在看來是簡單極了，可先民卻看得很重很重，説那是聖人的一大發明呢！

精緻的石鐮

大約在 7000 多年之前，稻、黍、稷、麥、豆五穀已經齊全了，而且隨着生產技能和生產水平的提高，達到了那個時代的所謂「五穀豐登」。

當然，單是有糧食還不夠，還得收割、收藏，還得打磨、加工。先民們在這方面花了不少的心思呢！

最早的收割方式是用手的拇指、食指夾在一起，把穀物的穗折下來。這樣，折少量的還可以，要是整天地折，就勢必會讓右手或左手鮮血淋漓了。

「那不行，還得靠工具。」不少原始先民的心中這樣嘀咕着，並且試圖用石料製造一種全新的收割工具。

大致有這樣一個過程：他們先是把打擊出來的石片在更堅硬一點的石頭上磨，磨成薄薄的一片，拿去往稻穗上一割，行，比用手折要

快得多。也許是受天上月牙兒的啟示吧，他們又把那石片磨成彎月狀的，順着「彎月」的內口一割，順手多了。

「有一種野草的口是鋸齒狀的，能扎人手，如果把月牙形的石片的內口做成鋸齒狀，不就更鋒利了？」有個聰明人提出了這樣的建議。大家照做之後，果然更好使，且效率高。最後，有人建議在月牙狀的一頭打鑽一個洞，裝上木柄。就這樣，一把被世人視為農耕經濟代表作的鐮刀，被創造了出來。

在近代的農業機械化到來之前，鐮刀一直是收割的主要工具，也是農民身份的象徵。

而最古老的石鐮，在裴李崗遺址、磁山遺址都已經有所出土，從製作技術上看，是那樣的精緻，那樣的巧奪天工。石鐮片薄、堅硬，口子部分磨製得十分鋒利，鋸齒部位也相當尖利。人們不禁要被華夏遠祖的聰明才智征服了。

◆ 註釋：

① 2006 年 11 月 14 日《新民晚報》等報刊報道：11 月 7 日，中國考古學會副理事長、故宮博物院張忠培教授，北京大學嚴文明教授等著名學者，在對位於浙江浦江縣的上山遺址進行了系列學術研究後宣佈，上山遺址中發現的稻粒是「萬年米」。之前，香港和內地的諸多學者也都用國際通用的「浮選法」證明了這一點。

② 神農氏的傳說，見之於多種書籍。《淮南子‧修務訓》云：「神農嘗百草之滋味，一日而遇七十毒。」《拾遺記》云：「神農時有丹雀銜九穗禾，其墜地者，帝乃拾之，以殖於田，食者老而不死。」顯然，所謂「神農氏」不是具體的單個的人，而是遠古先民的一個集合體。至於他存在的年代，現在看來當是距今 1 萬—7000 年間。

③ 該神農像為山東武梁祠藏漢畫石像。

④ 故事見《論語‧微子》。孔子有言：「鳥獸不可與同群，吾非斯人之徒與而誰與。」其意謂，既然不可以同飛禽走獸合群共處，若不同人群打交道，又同什麼去打交道呢？

⑤ 馬克思在《資本論》中說：「畜力的運用是人類最古老的發明之一。」

第六卷

六畜興旺

中國人除了讚美「五穀豐登」外，還追求「六畜興旺」。六畜是人工馴養動物中最重要的若干品種的統稱，有多種說法，通常指的是犬（狗）、豬、雞、牛、羊、馬。這些動物與人類相隨相伴了至少 8000 年，對人類生活的影響是難以估量的。[①]

無論從何種角度看，「六畜」的馴養成功對華夏民族來說都是一件驚天動地的大事。為了馴養這些原先野性十足的動物，先祖付出了幾多艱辛、幾多代價。從時間上說，得花費十幾代以至於幾十代人的努力。但是，它的價值是極為巨大的，它使中華民族享用肉食的種類與習慣大致成型了。同時馴養的目的顯然不僅在於肉食，而是使動物界為「我」所用。這樣，人類的生活境界和支配自然的能力大大提升了。

事情總是有一利必有一弊的。為了人的生存和發展，人類必須馴養動物，而馴養動物的負面效應之一是來自動物界傳染病的嚴重威脅。人們沒有因此而退步，在不斷地戰勝來自動物界傳染病的過程中，人類又大踏步地前進了。

「畜圈」與畜舍

遠古遺存的「畜圈」，是中華祖先馴養畜類的明證。

在距今約六七千年的西安半坡遺址，神奇般地發現了兩座長方形的畜圈。大的那座畜圈長約 10 米，寬約 3 米，大概可以存放上百頭牲畜。小的那座長約 6 米，寬不到 2 米，也可以存放二三十頭牲畜。這些牲畜屬於氏族或部落集體所有那是肯定的，單家獨戶不可能有那麼多牲畜，再說原始公社制時期也不會有私有的畜群。

在這幾十平方米範圍的畜圈的邊緣地帶，佈滿了一個個密集的柱洞，證明當時的畜圈是用木柵圍起來的，或者在木柵與木柵之間還串連有繩索，這樣就能嚴密地防範牲畜外逃了。在整個畜圈的上方不可能有覆蓋物，那時的物質和技術條件都還達不到那個程度，但在畜圈的一角的上方建造有覆蓋物那是完全可能的，只是看有沒有必要。

西安臨潼的姜寨遺址，是至今為止發現的最完整的母系氏族時期聚落村址，其居住處的西部就有兩處看守牲畜的夜宿場，一處挺大，大約可以同時存放數百頭牲畜。在村落的北部建築群內，還有兩座飼養牲畜的圍欄，欄內有 10—30 厘米不等的畜糞堆積，足證這個圈欄的使用時間是相當長的。

牲畜圈欄的建造是逐步完善的。在山東濰坊獅子山龍山文化遺址中，發現了陶質的畜舍模型。長 14 厘米，高 12 厘米，呈臥式圓倉形，正面長方門，上下有兩插關，頂部豎有兩個煙囪狀氣眼，後部開一氣孔。陶質畜舍模型是現實畜舍的真實寫照和微型化，說明這時的畜居已經完全房舍化了。當時的人們已經認識到家畜對於人們生活的重大意義，因此，將畜舍與自己的房舍等量齊觀了。

距今 7000 多年的河姆渡人，他們居住於一種很有特色的幹欄式房舍中。高高在上的樓上，既通風，又安全潔淨，是河姆渡人的棲身之所。可是，它的下層呢？難道下層讓它白白空着嗎？

不可能。當時的河姆渡人建造村落的最重要目的有兩個：一是有個安定安全的居處，二是找到可以馴養牲口的場所。河姆渡人養的牲口（包括品種和數量）比北方同期的人們要多，而且有了像水牛那樣的大牲口，因此，他們必定要為與他們的生存密切相關的牲口建造一個安全的住處。這個安全住處莫過於幹欄式建築的下層了。從一些幹欄式建築的下層發現畜糞來看，這一點是可以肯定的。

這樣，人畜同居不是有點可笑嗎？不，一點也不可笑。就是到近世，人畜同居的現象也為數不少。中國人把「家」字，寫成「宀」下加一個「豕」。「宀」是房屋的象形，「豕」就是豬，在屋裏住人的同時，又養着豬之類的牲畜，就是「家」了。豬是祖先最早馴養的家畜，因此，屋裏養豬代表着養一切牲畜。人畜同居在原始先民看來是當然的事。

豬為六畜之首

在中國傳統的生肖文化中，豬居於末位。以豬被馴養成功的資格和家豬在人類生活中的地位論，豬無疑是龍頭老大，它是名副其實的六畜之首。

目前發現的最早家豬骨骼距今有 9100 年，是在廣西桂林甑皮巖遺址的下層發現的。這一遺址發現的豬個體有 67 個，數量非常之大。到距今七八千年前，家豬的馴養已經在中華大地遍地開花。無論在黃河中下游的北辛文化遺址、磁山文化遺址，還是長江流域的河姆渡文化遺址、馬家浜文化遺址，或者是內蒙古地區的興隆窪文化遺址，都已有了家豬的蹤跡，而此時除了有少量的犬、水牛的馴養之外，還不見其他家畜的馴養。豬是最早與人類近距離接觸的家養動物。

在新石器時期的出土文物中，除了為數相當大的豬骨化石外，還

有不少刻畫在陶器上的豬的造像，有的直接用陶器製成豬的造像。這些豬的造像一般都是豐滿而可愛的，可見，人在與豬的長期相處中已經產生了相當深厚的感情。

在各地新石器時代遺址出土的家畜骨骼中，單是豬大約就佔了三分之一。中華大地上至今發現有家豬飼養的新石器時代遺址 120 多處，這在所有家畜中居於首位。

人豬之間的緣分特別深，用「生則同屋、死則同穴」來形容，一點也不過分。

在各種家畜中，豬是唯一取得與人生死同居資格的一種動物。上面已經說到，漢字中的「家」字就是表明將「豕」（即「豬」）養於居室之內。這與豬一度充當了人的「守護神」有關。在強敵如林的世界上，人時時感受到來自各種猛獸侵襲的危險，後來他們發現，人一旦與豬生活在一起，安全係數就要提高很多。原來，豬耳大，聽覺靈敏，一有猛獸來襲，它就能發出一種渾厚有力、讓對手生懼的吼聲。這種聲音，對人類來說是一種示警，使人對敵手有所防備，對來犯者來說是一種抗拒。據說，大部分的猛獸對豬吼有一種恐懼感。人豬的親密接觸，很大程度上是由這一點決定的。

豬是人類最重要的肉食之源，豬又是人類的守護神，這樣，人豬之間的情感就深化了。就是人死了以後，也產生了永遠和豬在一起的念頭。在內蒙興隆窪的一座墓葬中，居然發現了墓主人與兩隻整豬同穴埋葬的現象。豬與墓主人靠得很近，真稱得上是相依相偎，親密無間。這種人豬「死同穴」的現象獨特而又蘊意深刻。

狗為人類最早朋友

中外考古學家幾乎一致認為，大約在舊石器時代晚期，人類就開

始了對一些動物的馴養，而最早被馴養並成為人類朋友的，當數狗。

狗之所以被最早馴化，動物學家認為與狗所具有的依附於人的天性有關。關於這一點，目前還沒有確實的考古學證據。不過，一些神話傳說提供了有價值的參考資料。在哈薩克族、蒙古族、維吾爾族和南方民族的神話中，都有一種說法：上帝（神）在創造了人以後，接着就創造了狗，並且告訴它：「人是你（狗）的主人，你要好好保護他，做他忠誠義勇的朋友！」狗聽從了上帝（神）的勸諭，來到世界上，很快就成了人類的好朋友。

這一神話故事，得到了人類學家的首肯，認為它應當是原始社會生活一個側影的寫照。在舊石器時代後期，人類仍然過着狩獵的生活。每當剽悍的獵人出現在曠野上時，總有一群野狗緊隨其後。野狗也是有靈性的，它們知道獵人不會將所有的獵物全部吃光，除了把肉食帶走外，總會把一根根肉骨頭扔給緊隨其後的野狗。久而久之，狗就成了人類的「狗肉朋友」。狗是動物中最具情感的動物，當狗被獵人帶回家馴養起來的時候，家犬就出現了，人犬之間的朋友關係也確定了下來。

在相當長的一段時間內，人類馴養的就是狗這種動物。一方面，狗理所當然地擔當起助獵的角色，但是，在食物奇缺的季節，或者在獵物不多的情況下，「走狗烹」應該是常有的事。在中國考古發現中，明顯區別於狼而接近於現代家犬的遺骸，出現在河南舞陽賈湖遺址，距今約為 9000 年。遺址中的 11 條狗被分別埋於居住地和墓地中。它們明顯是被分而食之後留下遺骸的。

在山東膠州三里河出土了一件狗形鬶，十分難得。鬶，是一種陶製炊具。整個器具是一條活龍活現的狗。張大的嘴，豎立的耳，昂揚的頭，挺立的尾，粗壯的身軀，使人們如見到了當時家犬的形態。而當時的家犬還塑在炊具上，可見當時人還把犬放在肉食類飼養動物範圍內。

金雞報曉

雞在「六畜」中的地位是特殊的。「六畜」中的其他五畜都是爬行於地面的走獸，唯獨雞是飛行於天際的野鳥的後代。

雞是人類培育最早的主要家禽，在七八千年前家雞的馴養就開始了。家雞是由野生的原雞馴養而來的。原雞頭大，體輕，翅短但厚實有力，這可能都與飛行有關。人類與原雞打交道的時間很長。在江西萬年仙人洞中就發現有原雞的遺骨。河北磁山遺址中也發現鳥類特徵十分明顯的原雞遺骨。原始人把獵得的幼小原雞關在雞籠裏，不讓飛行，經過幾十代的馴化，翅膀就漸漸退化，而身體一點點變大、變重，成為了家雞。這個過程至少有一千年。在仰韶文化期已有大量的雞骨出現，可見那時養雞業已經相當成熟了。

雞對人的重要性是一點點顯現出來的。到了湖北京山屈家嶺文化時，也就是距今 5500 年上下時，雞所受到的重視程度提高了，表現為有了以雞為模型的藝術品的出現，陶雞和雞形陶器也出現了。大約這個時候它也被列入了祭祀品的行列。到漢代時，陶雞不再是單獨的個體，而是一隻母雞與大量小雞的群體，反映了當時中國社會養雞業的繁榮發達。

由雄雞報曉，華夏原始先民馬上把雞與太陽聯繫了起來。雄雞一唱天下白，雄雞就是伺候或駕馭太陽運行的神聖之物。

在新石器時代的河姆渡文化和仰韶文化的遺址中，發現大量以太陽和鳳鳥為母題的藝術品。在現實生活中，鳳凰是不存在的，它只是披着五彩羽翼的雞的美化和理想化。在河姆渡出土的一枚骨幣上有雙鳥拱日的圖像，這實際上也是雞崇拜的一種表徵。

羊大為美

羊的馴養大約要比豬、狗、雞略晚，而且有很強的地域性。一般認為，人類先是馴化了山羊，然後又馴化了綿羊。羊是比較溫順的動物，飼養也比較簡單，也是中國較早飼養的動物之一。在 8000 年上下的考古發掘中，發現有大量的羊骨，還發現有羊的陶製品。裴李崗、河姆渡都出土了陶羊，昂首前行，栩栩如生。姜寨一個陶製品的把鈕，就是一頭美妙的羊。看來，羊一開始就是一種美食。中國文字把「魚」「羊」合成一個「鮮」，是有道理的。

內蒙古大興安嶺巖畫、陰山巖畫、寧夏賀蘭山巖畫、甘肅黑山巖畫的牧羊畫面，生動、直觀而寫實地反映了人類最早的畜牧生活。

一幅幅「牧羊圖」，為人們勾勒出了一部生動的牧羊史。從中既可以看到羊群排成一列、齊頭並進的「一條鞭」放牧方式，又能看到將羊群散開、自由吃草的「滿天星」放牧方式。牧人則有的步行，有的騎在馬背上。有的多人放牧，有的單人放牧。這為我們描畫出了一幅「風吹草低見牛羊」的壯闊圖景。

從地下發掘看，似乎南方北方的遠古先民都馴養過羊，但應該承認它的大本營是在中國的西北地區。處身於西北地區的遠古先民，一般統稱為羌人。羌人以羊為圖騰，並以羊為崇拜對象。根據漢代文字學家許慎的考證，「羌」這一族名，就是從居於中國西部的「牧羊人」這一概念演化出來的。[②] 後來，羌人漸次東遷，與華夏文化交融，羊的馴化和養殖也就普及了。

中國民眾對羊一直懷有好感，千百年來都如此。羊代表着和平、吉祥、善良、美好。《說文解字》的解釋是：「羊，祥也。」什麼意思呢？原來，在原始社會時期，羊就作為一種向神靈祈求福祉的最重要祭品。以完羊祭天、祭地、祭祖，可以獲取神靈保佑而吉祥如意。

與「祥」相關聯的是「美」。中國歷來有「羊大為美」的說法。一

隻羊，長得又大又肥，其形體是美的，其味道也是鮮美的。華夏的祖先把「美」讀解得很實在。

中國古代又將「羊」與「陽」相通假。陽光下白雲般的羊群使陽光增色，甚至人們直接以為綿白的羊群本身就顯得陽光。這樣，羊的崇拜與太陽崇拜合二為一了，羊神與太陽神也歸併在一起了。人們用「三陽開泰」③來稱頌歲首，寓吉祥、平安之意，而民間又常常寫作「三羊開泰」，把抽象的「三陽」具體化為三隻又大又肥的羊，以象徵國泰民安。

牛和「犧牲」

大約在六七千年前，牛的飼養就開始了。在黃河流域的新石器時代遺址中，除了發現有大量的黃牛遺骸外，還在山東的大汶口、王因遺址以及陝西西安客省莊遺址等，發現了若干水牛遺骸。可見，水牛可以生活在淮河以北的一些地方。河姆渡遺址出土了 16 頭水牛頭骨，江蘇吳江梅堰出土了 7 頭水牛頭骨。這裏很值得注意的是，為何遺址中牛的遺骸都只留存牛頭呢？這可能得從「犧牲」兩字中去尋找答案，就是說，牛頭是用來祭祀的。

先民把目光轉向牛的馴養，這可能與牛的體大肉多和牛肉本身的味道鮮美、營養豐富有關。飼養一頭牛與馴養一隻狗或一隻雞所得到的肉食是不成比例的，就是與體態肥大的豬相比也要大得多。新石器遺址中的牛大多有頭無身，考古學家、社會學家都認為，這與當初馴養牛的一大目的在於肉食有關。牛肉都被吃掉了，牛身上的體骨也被敲骨吸髓了，當然只剩下牛頭骨了。

當然，牛頭自有牛頭的用場，它可以用來祭祀祖先和鬼神啊！一般說來，用來祭祀的動物都是勇猛而強有力的。牛在野生狀態時，性

情最為剛烈，行動也迅速，就是馴養成功以後，要是發起「牛脾氣」來也了不得。因此，當牛被馴養成功以後，牛就成了重大祭祀活動的首選祭品。

在「六畜」中，牛是唯一被華夏的祖先賜以節慶的。這也不奇怪，因為牛進入人類的馴養領域後不久，它就與農耕生活緊密地聯繫起來了。大約在新石器時代的後期，也就是距今五六千年前，牛耕就出現了。它的出現，從根本上改變了原始農業的面貌，人們怎麼不從心底裏感激那一匹匹「孺子牛」呢？牛節的確立，可以看成是人類對動物世界的一種回報和尊重。

馭馬助獵

在六畜中，馬進入人們的視野要稍晚一點。這是因為馬的數量本身可能沒有上述的其他動物那樣多，同時馬也較為烈性，難以馴養。但是，至遲到距今六七千年時，馬的馴養也提到了議事日程。先是在北方，到距今約 5000 年的時候，在祖國東西南北廣袤的土地上，就已到處奔馳着雄烈的家養駿馬了。

中國的內蒙地區，是馬的故鄉。地下發掘表明，在 1000 萬年之前，錫林郭勒盟通古爾盆地就已經生活着馬的始祖 —— 三趾馬了。之後，在漫長的歲月中，蒙古馬生生不息，不斷進化。居處於內蒙古地區的華夏先民應該說是最早識得馬性的人類群體。在赤峰市興隆窪村，考古工作者發掘出了一處距今約七八千年的新石器時代人類聚落，他們過着粗獷而生意盎然的原始遊牧生活，馬不只進入了他們的生活領域，而且成為他們助獵的好幫手。

內蒙古巖畫是華夏先民最傑出的創作之一，是民族智慧的偉大結晶。內蒙古地區的赤峰巖畫群、烏蘭察布巖畫群、陰山巖畫群、

阿拉善巖畫群，至今留存的巖畫總計有 3 萬餘幅。這些巖畫把原始先民的遊牧生活繪畫得十分的精到，其中馬在助獵中的作用也顯而易見。

內蒙古巖畫中，有着大量的動物和狩獵的圖案。其中動物的品種有 50 多種，除了被馴養成功的馬、牛、豬、犬外，還有狼、狐、駱駝、鹿、虎、熊、鴕鳥、披毛犀等大量的野生動物。這些野生動物中不乏反應敏捷、奔跑飛速的猛獸，單靠人力是難以捕殺的。馬被馴養成功以後，人們就能乘在馬背上追趕獸群，取得不知比原先要豐富多少倍的獵物。就從這一點上，人們應該感謝馬兒。

中華民族 —— 應當說從懂得馭馬的原始人開始 —— 是善於想象的民族。他們把現實生活中的馬加以提升和神化，用自己的心塑造出了一種頗具創意的神聖生命物：龍馬！

龍馬，是在龍文化基礎上的一個偉大的再創造。這個過程可能有點紛雜。④大致梳理一下應該是這樣的：首先，人們把現實生活中身材高大強壯的駿馬，與「龍」這種神物緊緊聯繫在一起，把身長八尺以上的駿馬，稱之為「龍馬」。稱謂是新的，所指還是很現實的。然後，又將「龍馬」異化為一種神獸。據說，這種神獸曾出現在黃河之中，背負河圖。這當然是一則美麗的神話，但人們寧願信其有，不願言其無，數千年來有多少尋找河圖的故事啊。再後來，人們又讓龍馬返回現實世界，稱龍馬精神是一種不屈不撓、奮勇前行的精神。這樣，龍馬精神又成為了中華民族的民族精神了。

馴化的代價

人們對半坡時期墓葬的原始人遺骨進行了化驗，發現那時的人還是很短命的。大約有 69.2% 的半坡人生前年齡在 14 歲以下，達到或

超過 40 歲的只佔 8.5%。中國有一句古語：「人過四十不為夭。」說的可能就是遠古時代長期存在的一種生命狀況吧！

為何當時的壽命如此短暫呢？長期以來，歷史學家和生命學家總是這樣告訴人們：「當時的生活條件太惡劣了，他們是被惡劣的自然環境折磨死的。」

是這樣嗎？對此，也有不少人持懷疑態度。從半坡遺址發掘看，當時的原始人生產的糧食除供吃飽外，還有不少剩餘，他們已經能夠馴養像豬、狗這樣的動物，已經能夠獵獲數十種猛獸，可他們的壽命為什麼還不見增長呢？看來，單是歸結為生活條件的惡劣，是難以自圓其說的。

現代科學給了人們認識事物的全新視角，也得出了科學的結論：是傳染病奪去了無數原始先民的生命，是傳染病使人類長期處於短命狀態。

科學家認為，人類所有傳染病的病原，都來自動物。歷史上人類的主要殺手天花、流行性感冒、肺結核、瘧疾、麻疹、霍亂等致命的傳染病，都是從動物疾病演化而來的。

對人類來說，動物是多麼的可親，又是多麼的可怕呵！

人類為了改善自己的生存條件，必須馴養動物。而正是馴養動物，又給人類帶來了無窮無盡的災難和困苦。人的生命之旅，也是一次冒險之旅呵！現代科學已經讓人們看到了原始人骨質上被傳染病侵害所留下的印痕。

馴化的過程，也是人與馴化動物近距離甚至零距離接觸的過程。前文已述，中國文字中的「家」字，就是人畜共處一室的真實寫照。河姆渡遺址的人居其上、畜居其下，在當時看來是很實惠的，而實際代價是極其昂貴的。考古發掘發現，原始人由於當時條件所限，雞、羊、豬等動物混養的狀況時有出現，這就為各種動物原生傳染病的交叉感染種下了禍根。可以想見，在遠古時代，由於宰殺野生動物和飼養馴化動物而引起的傳染病一定是相當暴虐的，其情狀也是極其恐

怖的。

　　科學家有這樣一個估計：在遠古時代，大約有 60% 的人受過天花的威脅，其中有四分之一以上的感染者會死亡。這是一個多麼巨大的數字啊！而天花本不是人類的疾病，而是勤勤懇懇為人類耕耘着的牛給予人類的極為致命的「禮物」。

　　為人類饋贈致命「禮物」的不只是牛，據專家統計，近一萬年來為人類所馴養的 14 種動物，都有這樣致命的「饋贈」。牛不只是天花的傳播者，還傳播麻疹、肺結核、瘋牛病等致命的疾病。流行性感冒、百日咳等是豬和狗傳播的。惡性瘧疾是雞和鴨傳播的。狗傳播的「狂犬病」，一旦發作，至今還沒有找到治癒的良藥。

最古老的烹調師

　　應當説，馴化動物的代價是高昂的，傳染病給人類帶來的災難也是巨大的。但是，人類從來就是樂天派，也是智慧者。華夏的先祖並沒有被來勢洶洶的傳染病所嚇退。具有高度智慧的人們總在想：怎樣才能做到既不拒絕肉食，又保持相對的安全呢？

　　對人類來説，辦法總是比困難多。熟食和烹調就是對付傳染病的良方。

　　有了火，就有了烹調技術，也就有了最古老的烹調師 —— 當然，此時的烹調師不會是專業的，應當説，當時人人都是烹調師。

　　最原始的烹調是十分簡單的。當時既無爐灶，也無鍋碗，人們想吃東西了，就把肉類或植物的根莖隨意地投入篝火中燒烤一下，燒烤的食物發焦並冒出絲絲煙味了，就將食物從火中取出，美滋滋地咬嚼起來。

後來，古老的烹調師們感到單是投入火中隨意燒烤，火的着力點往往不均，有的地方焦成了炭粉，有的地方卻還是生的。於是就有人發明出把食品放在薄薄的燒石上烤，一面烤，一面還可以移動方位。一面烤好了，還可以將食物翻個身，再烤另一面。這樣烤出來的熟食美味多了。⑤

陶器的發明使古老的烹調師們「英雄大有用武之地」了。從來都說水火不相容，燒烤用火不用水，而陶器的發明和應用，不只使水火相容，而且兩者相得益彰。水煮、水蒸取代了單一的燒烤烹調法。這在飲食史上是一個多大的進步呵！

烹調師們發明了「釜」這種了不起的食具。釜，也就是人們現在常用的鍋。在陶釜中放上水，再在水中放進要燒的食物，放在火上煮，就成了一種以前從未品嘗過的美味食品。如果釜中煮的是稻米，那麼，就可煮出特別有利於人體吸收的、香噴噴的米飯或稀粥來。如果煮的是魚或肉，那可煮出鮮美的湯肉或湯魚來。古人大概對湯魚情有獨鍾，「釜底游魚」這個詞兒說的大概就是煮魚的過程。

烹調師們發明了「甑」這種更了不起的食具。什麼叫甑？甑，就是一種蒸具，利用蒸汽來蒸煮食物。先放置一個鼎狀的三足鬲，裏面放一定量的水，再把內放食品的甑放在上面。火在鬲下燒，鬲中的水沸騰了，冒出了大量的蒸汽，高溫的蒸汽把甑中的食品蒸熟了，這就是人們常吃的蒸米飯、蒸饅頭之類的可口食品，甚至乳豬、雞鴨等也可以蒸食。

在考古發掘中，「甑」這樣一種作為中華遠古文化所特有的器物隨處可見。中原地區在仰韶文化時代已開始用陶甑烹飪，就是說大約在距今 7000 年前，中原地區已流行了蒸煮食品。長江流域，甑的出現還要早一點。原始蒸法是人類利用蒸汽的最早實踐，是東方飲食文化區別於西方飲食文化的一個重要標誌。

別在腰際的餐匙

上面說到了，人類火食發端以後，在史前大體經歷了燒烤、石烹、陶烹這樣幾個階段。陶烹主要以水為導熱物質，而煮或蒸以後的食物成品又常常是帶水的東西。這時的進食形式不再單純是咬、嚼和吞了，重要的是喝——食粥、食羹、食湯，都得喝。

也許，起初的時候是輪流把陶製的炊具端起來喝。你喝完了，我再喝。可是，那樣多不方便。再說，剛燒好的食品太燙，喝不得；當不太燙時一個個輪着喝，喝到最後幾個的時候就已經冷卻了。

那樣可不行。得創造一種適宜於「喝」的餐具！

經過不知多少次的探索，人類發明了一種新餐具：餐匙，或稱為餐勺。

製作這種餐具的原料呢？當然是以骨質為上品了。骨有一定的硬度，又易於在上面刻畫，只要花一定功夫，就能在骨面上挖出一個凹形的坑來，那不正是理想中的餐勺嗎？再說，動物的骨片千奇百怪，有的骨片本身就如一個勺狀，稍作加工便可以拿來使用了。

就這樣，到大約距今 7000 年的時候，餐匙這件對中國先民來說極為重要的助食器具被發明了出來。有些餐匙還被製作成了藝術品。有一件象牙餐匙，上有鳥形刻花，簡直讓人愛不釋手。[6]

有趣的是，在一些墓葬中，餐匙差不多是每人一把，而且都放在手邊。死是生的一個映象。這說明當時人是把餐匙隨時放在手頭的。渴了，要喝水，得用餐匙；要喝湯、喝粥、喝羹，也得用餐匙。餐匙是手不能離的必備品。

但是，放在手邊終究是不方便，一不小心忘記了怎麼辦呢？後來人們又發明了一種可以隨身佩帶的餐匙。在甘肅廣和齊家坪發現的先民遺物中，有着十分精美和別致的餐匙。在每一把餐匙的上方，都鑽有一個孔洞。作為隨葬品，這些餐匙都放在葬者的腰間。先民為了解

決餐匙的隨身攜帶問題，特意在餐匙上方鑽上洞，洞中穿上線，再把餐匙別在腰間。要使用時取下來，用後再別在腰間。

餐叉的故鄉

一提到餐叉，人們就會想到西餐，想到西方人的飲食習慣。其實，那是一種誤會。餐叉真正的祖籍在中國。

西方人大約一直到公元 3 世紀，還相當普遍地直接用手抓食。到大約公元 10 世紀的拜占庭帝國時期，才開始使用餐叉，至今最多也不過 1000 年的歷史。而在中國，使用餐叉至少有五六千年的歷史。

在甘肅武威皇娘娘台齊家文化遺址，曾出土了一枚完整的骨質餐叉，餐叉為扁平形的三齒叉，樣式與現代西餐桌上常見的餐叉十分神似。

在青海同德縣的宗日馬家窯文化遺址，發掘到一枚骨質三齒餐叉，餐叉長 25.7 厘米，齒長 9 厘米。

在黃河流域的大汶口文化遺址中，發掘出了殘斷的骨質餐叉。這枚餐叉出土時置於一個陶鼎內，鼎內還遺有肉塊腐化後留下的骨渣，這更明確地證明它是「肉食者」的助餐之具了。

這些都充分說明，早在五六千年之前，中華的先民就是使用餐叉來食用肉食的。這一傳統一直延續到夏商周時期（夏商周是過渡期，餐叉與筷子並用），到春秋戰國以後，才逐步被筷子所完全替代。

◆ 註釋：

① 〔德〕維爾納‧施泰因在《人類文明編年紀事》一書中，認為西方開始飼養牛、羊是公元前 4500 年，即距今 7000 年上下，古老的中國的養殖史明顯更加悠久。

② 許慎的《說文解字》說：「羌，西戎牧羊人也。從人從羊，羊亦聲。」

③ 古人稱十一月冬至一陽生，十二月二陽生，正月（一月）三陽開泰，合稱「三陽」。「三陽」也可泛指春天。

④ 《周禮‧夏官》：「馬八尺以上為龍。」《尚書‧顧命》：「天球、河圖，在東序。」孔傳：「伏羲王天下，龍馬出河。遂則其文，以畫八卦，謂之河圖。」唐代的李郢《上裴晉公》詩：「四朝憂國鬢如絲，龍馬精神海鶴姿。」

⑤ 《禮記‧禮運》鄭玄注：「中古未有釜甑，釋米捭肉，加於燒石之上而食之耳！」這大致上相當於現代人喜食的鐵板燒食品。

⑥ 在浙江餘姚河姆渡發現的先民遺物中，有大量骨製餐匙，有的還相當精緻。證明在 7000 年前人們已使用湯勺了。在黃河流域同時代的文化遺址中也有相應發現。華南、東北的發現也證明了這一點。

第七卷

慎終追遠

孔子的弟子曾子說道：「慎終追遠，民德歸厚矣。」其意是說，如果能謹慎地辦理好父母的喪事（慎終），虔誠地祭祀祖先（追遠），那麼民眾的道德風尚就淳厚了。實際上，曾子說的不僅是他所處的那個時代倫理道德方面的要求，更多的是對遠古「民德」的一種追憶。「民德歸厚」，是說「民德」應「歸」到遠古那時候去。

考古學資料告訴人們，人類產生死亡意識，開始對死者進行埋葬，大約已有了10萬年的歷史。在晚期智人時期，就已經有了葬儀，要為死者穿上衣服，佩戴珠子、獸牙、魚骨之類的裝飾品，有的還懂得獻上一束鮮花。到了一萬年上下的新石器時代，埋葬漸漸形成了一套嚴格的制度。

每每打開先民的墓穴，看到的就是那排列有序的屍骨化石、就是那紛呈多彩的隨葬品、就是那安然的葬式，讓人一閉上眼就會想到當時那隆重的葬儀。經歷了無數風雨，流逝了無數歲月，遠古生離死別的濃濃親情清晰地躍然眼前了，它在告訴人們：要崇敬祖先。

人死為「鬼」

從動物界分離出來不太久的原始人，生得艱難，死得慘酷。生與死，是原始人每時每刻都要面臨的嚴峻課題。

尤其是死。死，小篆字形，右邊是人，左邊是「歺」，殘骨，指人的形體與魂魄分離，謂生命終止。《說文》云：「死，民之卒事也。」每天醒來，人們都面臨着死亡的威脅。比人類不知要強勁多少倍的食肉類猛獸，無時無刻不在注視着人類，給人類難以意料的傷害。疾病，常會意外地奪去不知多少人的生命。而原始人馴化動物本身就是一把雙刃劍，給人們帶來了豐富的肉食之源，同時動物身上的種種傳染病也會傳染給人類，讓人類成千上萬地死去。

大約距今八九千年時，人們的壽命還是很短促的。在西安臨潼白家村墓地發現的 43 個死者中，有兒童 13 人，21 個能確定死亡年齡的成年死者中，大都死於 20—40 歲。綜合統計的結果是，白家村人的平均壽命只有 25.67 歲。這是多麼悲哀的景況！

再過了一兩千年，從仰韶文化時期的墓葬狀況看，人類的壽命仍然很短。華縣元君廟墓地已確定性別、年齡 14 歲以上的成年人人數 134 人，其中 14—30 歲者佔 45.55%，31—45 歲者佔 38.06%，46—50 歲者佔 16.41%。在 14 歲以上的成年人中，將近一半的人活不過 30 歲，絕大多數在 45 歲之前死亡。在 45—50 歲的 22 人中，大多數人的死亡年齡在 50 歲以下，50 歲以上的只有三四人，沒有一人能活到 60 歲，整個墓地死者的平均壽命只有 28.6 歲。但由於這一墓地沒有發現兒童的甕棺葬，上述統計顯然是不完整的。如果計入兒童死亡率，專家估計這裏的平均壽命最多不過 22 歲，仍然令人悲哀！

死，死，死……

死亡給生者帶來憂傷，也帶來無盡的思念。在悠長而痛楚的思念中，人們漸漸地生發出一個動情的觀念來：慎終追遠！

「慎終」，就是要好好地為死者送終；「追遠」，就是要慎重地追念祖先。每一個活着的人心中都在禱念：讓死者在另一個世界裏過上安康的日子。

中國遠古時代的人，對死亡的真諦並不理解。怎麼一個好端端的人，一下子就沒了呢？死是怎麼回事？死了以後，「人」到哪裏去了呢？他們根據平時的夢境，以及病中和死前的幻覺，再加上「合理」的想象，創造出了「鬼」這個概念。[①]

在遠古時代人們的想象中，人死了以後，肉體和靈魂就分離了。肉體可以死亡，而靈魂是永遠不會死亡的。肉體一般被安葬於大地之中，所謂「入土為安」，而不死的靈魂進入了天際，進入另一個世界。這另外一個世界是怎麼樣，對原始人來說，也許說不太清楚，但進入了另一個世界，他們是認定的。《說文解字》以為，「鬼」字本身就是從人，像鬼頭。「鬼」字的下部是一個變了形的人字，「厶」象徵靈魂從人的肉體上出竅，上部的「由」也就是所謂的鬼頭了。從這個字看，當時人認為人死後不是一切皆空，而是進入了「鬼」的世界了。[②]

在原始人的想象中，人的靈魂一旦脫離人的肉體，升飛上了天，它的法力也就不是人所能比擬的了。它可以給人以福，也可以給人帶來種種禍害。於是就有了祭祀。祭鬼（包括祭祀家人、祖先、族人），一是表達一種對死者的懷念，但更多的是一種祈求 —— 求助於鬼的力量，保佑活着的人歲歲平安。同時，人與人之間總有那麼些恩恩怨怨，祭祀死者也有讓死者忘卻舊情，不要作祟為害的意思，後來孔子說「敬鬼神而遠之」，大概也是這個道理。

陰陽溝

西安臨潼姜寨遺址，是一處保存得十分完好的村落遺址。在多年

的發掘中，在 5 萬多平方米的廣闊範圍內，已經發現重要的房址 143 座，墓葬 685 座。如果每一座房址平均住 3—4 口人的話，這個村落內生者和死者數額大致相當。這是不奇怪的，當時人的壽命是那樣的短，生生死死，轉換期相當短。無怪乎有那麼多的墓葬了。

最為引人注目的是，在生者的居住區和死者的墓葬區之間，開掘出了兩道寬寬的壕溝。請注意，這裏是兩道，不是一道。而居住區與墓葬區又分別與壕溝保持着一段距離。

很顯然，這是一道「陰陽溝」。

溝的這一邊，是生人居住的陽界；溝的那一邊，是死人居住的陰界。

作為 8000 多年後的先民子孫，已經難以詳盡地了解先民在開掘這兩道壕溝時的真實心情和思想，但是，面對這兩道「陰陽溝」，完全可以作出這樣的推斷性遐想——

當先民們站在將要開掘出壕溝的地方向兩邊眺望時，他們一定已經讀懂了這樣兩個至關重要的字眼：生、死。人類在相當長一段時間內對生和死是模糊不清的。但到他們懂得在居住區與墓葬區之間自覺地挖一道壕溝時，模糊的生死觀被清醒的生死觀所取代了。

當先民們舉起石鏟一鏟又一鏟地開掘這些壕溝的時候，心情一定是十分沉重的，甚至臉頰上掛着傷感的淚珠。因為在不久的先前，他們一定又送別了一個或數個原先活蹦亂跳的親人。

當先民們所要開挖的兩道壕溝大功告成時，他們一定是緩緩地舒了口氣。兩道壕溝把陰陽劃分得清清楚楚。他們雖然對逝者充滿着思念，但他們是不願意輕易地跨越壕溝，走向另一個世界的。

從兩道「陰陽溝」，看到了先民對生命的尊重、眷戀和敬畏。

對生的嚮往，對死的恐懼和無奈，都淋漓盡致地寫在這兩道「陰陽溝」上了。

魂歸西天

西方，在原始先民的心目中，是一個帶有相當神祕色彩的方位。

在陝西華縣元君廟、寶雞北首嶺、西鄉李家村、臨潼白家村、渭南北劉白廟村的原始人的墓葬中，死者的頭多朝向西方。

在甘肅秦安大地灣的原始人墓葬中，死者也多是面向西方，或接近於西方。

在西安半坡遺址的氏族公共墓地中，發掘出了 170 多座成人墓葬。墓葬排列整齊有序，埋葬方向大體一致，其頭多數向西或西北方。

西方，西方，又是西方……

這決不可能是一種偶然或巧合。這中間體現着原始人的思想和觀念。

原始人的思想和觀念常常是取法於自然的。一些常見的自然現象會給他們以深深的啟示。而在歲月流逝和晝夜輪轉中，與他們關係最密切的莫過於太陽了。西方的觀念，很顯然是受啟於太陽的出沒和升降。

東方，太陽升起的地方。西方，太陽降落的地方。

東方，象徵着光明。西方，意味着黑暗。

東方象徵着出發，西方象徵着歸宿。

東方，與生生不息相聯繫。西方，與枯萎和死亡相關聯。

由這種種觀念引申開去，就會把死亡自然而然地看成是「魂歸西天」。[3]

死亡本身是很悲哀的事。人的本性是熱愛生命的。當死亡降臨的時候，任何人都會產生一種莫名的恐懼。但是，長期的生活實踐又使人懂得，死亡對每個人來說是不可抗拒的，不管你接受不接受，死亡或早或遲地會降臨到你的頭上。為了給人世一個圓通的說法，也為了給人生最後的歸宿——死亡——增添上某種帶有浪漫色彩的光環，給

人們以一種安慰，於是，就把西天描繪成一個極樂世界，而不是一個漆黑一團的去處，一切神話、傳說以至宗教大概迎合的就是人類的這樣一種心理。

遠古墓葬遺址告訴人們一個事實：先民埋葬死者時，往往讓死者的頭朝向西方。那潛台詞似乎在安撫已故者的亡靈：到西天去安息吧，那裏可是個極樂的世界！

「古不墓祭」和「殺牲獻祭」

為了表達自己的思念之情，為了祈求鬼神的保佑，人們就得去祭祀死者，以至於死去多年的祖先。這種祭祀採取一種怎樣的形式呢？這一直是人們研究的問題。從每個村落中都設有祭祀之處的情狀看，從諸多古典文獻所提供的資料來看，當時確實是不進行墓祭的。④

情形大約是這樣的：在對死者進行一次葬或兩次葬時，在死者的屍骨邊安放一定數量的隨葬品，這本身是對死者的祭奠。這與後世的墓祭是不同的，其主旨不是「祭」，而是「葬」。真正的「祭」是在以後的周年或有某種需要時的祭奠。

據史書記載，「祭」一般採取向天空招魂（或說是招鬼、招神）的形式。由親人焚香禱告，把死者的魂招到祭台前，然後奉上祭品，舉行適當的祭禮。如果是家祭，那祭祀是在家中臨時設壇進行的，如果是族祭，那族中自有專設的祭壇，在祭祀的禮儀上也要隆重得多。後來就生發出種種祭祀禮節來。說中國是禮儀之邦，其根子就在於此。

這種設壇祭祖的習俗，一直維持了很長時間。至於後來興起的墓祭制度，一直到春秋戰國時期才逐漸發展起來，此前還有一個很長的孕育發展時期。也就是說，早在 8000 年前就有祭祀活動。不過是從「古不墓祭」漸次走向了「殺牲獻祭」，不少考古學家、社會學家都持

這種看法。

　　大約距今 8000 年的甘肅秦安大地灣遺址，就明顯地留存有人類早期祭祀活動的痕跡。⑤在遺址 405 號房子以西，有一座相當特別的小型建築。這個房子的地面和牆壁都抹有灰漿，顯得非常的聖潔。特別值得注意的是，在房內的火塘後面的地面上，畫有一幅頗大的祭祀畫。從這幅畫，可以約略地明了當時人們祭祀先人的情景。

　　祭祀活動開始的時候，先要在房子正中的火塘裏燃起熊熊的烈火。火塘裏的火苗跳躍着，似乎是在無聲地召喚早已飄向遠方的亡魂歸來。火塘裏草木燃起的火焰嫋嫋上揚，似乎是在向亡魂招手致意。這時，參與祭祀的人們也就進入了一種與死去親人再度相見的情緒狀態，哭聲震撼着這樣一間不太大的祭堂。

　　意想中的亡靈在祭台上入座以後，就由最親密的親人或氏族中最有權威的女性獻上祭品。祭品是一頭牛和一頭豬。這些祭品是現殺的犧牲，鮮血淋漓的祭品捧上了祭台。由於是活殺，祭品上還冒着熱氣，有時筋肉還在搏動着。

　　捧上祭品以後，兩位氏族中的專業祭師就圍着火塘跳起了舞蹈。他們的兩腿不斷地前後擺動着，有時是兩腿交叉，做出高難度的雙腿騰空姿勢。他們的左手觸摸着自己的頭，像是在遮護腦袋，謹防來自某方的襲擊，而右手持着一根棍棒，不斷地在空中舞動着。這棍棒的舞動，似乎是在呵護着亡魂的進食，生怕「野鬼」看到豐盛的祭品爭着進入祭堂來搶食。這種專業祭師的舞蹈，一直要跳到祭祀活動終了。

甕中精靈

　　新石器時代有一種十分特別的埋葬方式，就是將死者屍體放置在陶器中埋葬，以陶器為棺，所以被稱為「甕棺葬」。

甕棺葬出現的時間相當早,在陝西西鄉李家村和臨潼白家村原始人遺址,都發現有最早的甕棺葬,而最為流行的是兒童甕棺葬。在半坡遺址,發現了 73 座甕棺葬,全都是夭折兒童的墓葬。在仰韶文化北首嶺遺址,也發現了 50 座兒童甕棺葬。這些甕棺葬大都選用大陶甕作為盛屍的棺,再以比甕口略大的盆或缽作為棺蓋。當時可能還要在棺體和棺蓋之間纏上繩索,這樣屍骨就不易散失了。

關鍵是,這些盛放着孩童屍骨的甕棺存放在何處?

按照氏族的規矩,當然是放入公共墓地了。如果是男孩,就放進男人墓地。如果是女孩,就放入女子墓地。在相當長一段時間裏,的確也可能是這樣做的。但是,人是有感情的動物,按傳統,按慣例,應該這樣做,可是,就感情上而言,實在是難割難捨啊,尤其是對當母親的來説。

總會有人站出來打破常規。於是,又產生了新規定。

有這樣一則古老的傳說:一個可愛的孩子死了,當母親的哭得死去活來,但是,迫於原始社會的習俗的壓力,最後還是一如既往地葬入了公共墓地。夜晚,那母親還在哭泣着,突然,一陣衝動驅使這個大膽的母親衝進了公共墓地,她想用雙手把孩子挖出來,直挖得滿手是血。最後,孩子的屍體終於挖了出來。她抱起孩子,抱回了居住區,並把孩子破例地安葬在居住區內,讓自己隨時都可以看一眼心愛的孩子。這可是一件破天荒的大事,一件是遵循還是破除世代相傳的習俗的大事。第二天,這件事馬上引起了軒然大波。守舊的人説,這不行,這是破壞祖宗規矩。可一些較為開明的人説,這樣也未嘗不可,孩子還小,冷清清地把他放在離大人居住區那麼遠的地方,太殘忍了,太不合人情了,這規矩早該改一改了。雙方怎麼也爭執不下,最後,氏族長決定動用表決機器。結果,人性和感情大大戰勝了成規。

母親勝利了。

母愛勝利了。

就這樣，一個新的規定產生了：凡是孩童的屍體都可以放入甕棺中，作為「甕中精靈」，然後葬在生人的居址周圍，永遠、永遠地伴隨在慈愛的母親的身邊。

母親們贏得了感情上的勝利，他們在甕棺的陶盆蓋上繪上十分精美的人面魚紋圖案，來寄託自己的哀思。但是，陰陽兩隔，母親們總感到離死去的孩子還是太遠、太遠。

有什麼辦法可以挪近死者與生者之間的距離呢？

母親們為此費盡了心機。

有了，辦法終於想出來了。

母親們有一個基本的信念，認為自己的孩子雖然在肉體上是死亡了，但靈魂是不死的。靈魂不死的一個證據就是在夜深人靜的夢境中還時不時地能見到自己的孩子。她們為孩子製作的甕棺為了防水，常常將作為棺體的陶缽和作為棺蓋的陶盆之間吻合得密不透風。開初，她們以為這樣做挺不錯。但是，繼而一想，不對了。那樣嚴嚴實實的，靈魂怎麼進出呢？為了讓靈魂能如意地出竅，她們想出了一個辦法，就是在棺體的底部鑿上一個小孔。因為在底部，就不會產生漏水之類的問題，而有了小孔，孩子的靈魂就可以自由自在地出入甕棺，與親人見面了。

這在開初，也許是某一個母親的發明創造，後來得到了幾乎是所有母親的認同。看，在半坡氏族遺址，在陝西李家村遺址，在臨潼白家村遺址，在北首嶺遺址，成百個墓葬一律都在甕棺底部鑿了一個小孔。可見，以此來表達愛子之心已經成為一個共通的觀念。

郭沫若先生在參觀了西安半坡氏族遺址後，十分感慨於帶孔的甕棺葬，即興作詩一首：半坡小兒塚，甕棺盛屍骸。甕蓋有圓孔（實為甕底——引者注），氣可通內外。墓集居址旁，彷彿猶在懷。大人則無棺，縱橫陳荒隈。可知愛子心，萬劫永不灰。

將甕棺葬於自己的居址旁，在甕棺底部鑿孔讓靈魂「通內外」，的確表達了先民的親子之情。這一點，就是對現代人也是頗有啟示的。

龜靈崇拜

在中國古代遺存的讀物《禮記》一書中，就把麟、鳳、龜和龍，稱為「四靈」，也就是四種有靈性的動物。這四種動物中的麟、鳳、龍，都是子虛烏有的、虛擬中的物類，其實誰都沒有見過，只有龜才是實實在在的靈物。而這種對龜的崇拜，現在看來要比產生《禮記》的那個時代早得多。在距今 8000 多年的河南省舞陽賈湖村發現的「賈湖文化」遺址中，就發現了大量隨葬的龜甲，另在房屋基礎下也發現大量龜甲，說明那時人們對烏龜這種靈物已崇拜得五體投地。

龜的靈性是表現在多方面的。它不緊不慢地爬行，不像某些物類那樣來去匆匆，給人以一種從容不迫的感覺。它的軀體深藏在堅硬的龜殼內，頭部能縮能伸，尤其在可能遭遇不測時，它把整個軀體深埋在龜甲內，使人難以奈何於它。而那龜甲上的龜紋，曲曲折折，讓人難以解讀，給人以一種神祕而難以捉摸的感覺。最讓人「崇拜」的是，龜是長壽的動物，據說一隻龜的最長壽命可以達到數百年上千年。

在賈湖文化遺址中，不少龜是用來奠基的。在賈湖人看來，有了龜的守望，住房才牢固穩妥。這裏有一個傳說故事：在古時的四川某地要造一座城，可是怎麼也造不起來。用草泥壘起來的城牆，一忽兒就倒塌了。後來，有一個神人指點道：「人啊，你們不能亂來，要建造城也可以，不過得依據龜爬行的線路造。」人們抬頭一看，果然有一隻大龜在大地上緩緩地爬行，那線路似圓非圓，似方非方。人們聽從了神人指點，沿着「龜步」一步步地建築起來，那城果然牢不可破。這個故事廣為流傳開去，大家都相信建築非有龜助不行。再後來，大概到了賈湖文化時代，人們就在建造重要的房舍時，相信必須以龜奠基，方可「鎮」得住。

賈湖人還時興以龜甲隨葬。當然也不是人人都有資格以龜隨葬的。以龜隨葬者，一是為當時的社會作出過非凡貢獻，因此得到廣大

民眾的認可。二是女性中的佼佼者，她們年長，有威信，才有資格享受龜葬的榮譽。在賈湖發掘的 349 座墓葬中，只有 23 座享有龜隨葬的殊榮。在有資格龜隨葬的人當中，也有級差。有的可享用整隻龜甲，有的只能佔有一些龜甲碎片。

可見，龜靈崇拜在當時是普遍的，但能實在地享用這種崇拜的人並不多。客觀地說，龜是一種稀有動物，它的數量遠比人要少。這樣就決定了享用這種崇拜的人數是不會多的。

占卜習俗

人類總是奮勇前行的，但是，前進的道路是曲曲彎彎的。每前進一步，都充斥着危機和險阻。為了儘量減少前進中的失誤，人們必須力求預知未來。在科學尚未昌明之前，最主要也最實用的預測禍福的手段是占卜。

那麼占卜起始於何時呢？

河南賈湖遺址的發現告訴人們，它起始於大約距今 8000 年前。

「賈湖人」想，既然龜是萬物中的靈物，那麼龜甲一定能預先告訴人們禍福。同時，石子是他們手中的利器，追捕動物，切割肉食，都少不了它，因此，在原始先民看來石子也是有靈氣的。一是龜甲，二是石子，自然成了他們手中占卜的法器。為此，他們先到湖中去拾許多五顏六色、形態各異的石子，略加選擇後帶回到住處，再把龜甲平鋪在地上。占卜時，占卜人口中念念有詞，莊嚴地將滿把石子高高舉起，然後又隨意地撒下。一些石子滾落在地下，另一些石子卻落入了朝天仰放的龜甲裏面。於是，占卜人根據約定俗成的說法，對落在龜甲中的石子進行解讀，最後得出是禍是福的結論。有時，占卜一次還不行，還要進行多次占卜。

由於時日的久遠，人們已經不能弄清楚具體占卜的過程和占卜後的種種解讀，但從賈湖 23 座隨葬龜甲的墓中情況看，當時的原始人的的確確是進行了在他們看來是決定命運的占卜的，那些盛滿着五彩石子的龜甲正用無聲的語言告訴人們一切。

在 23 座隨葬龜甲的墓中，都是以 2、4、6、8……的偶數龜甲進行隨葬的。這意味着當時的人們已經掌握了正整數的奇偶數規律。一墓中有多個用於占卜的龜甲，説明當時的占卜是十分頂真的。這不只表現在占卜時的莊重、嚴肅、認真上，還表現在不搞「一錘定音」上。一個墓中幾個龜甲同時占卜，最後還得「少數服從多數」。

神聖的祭壇

對亡靈、對先祖、對鬼神進行祭祀，那至少是在一萬年之前早已有的事，事實上可能還要早些。但是，築起神聖的祭壇，在祭壇上進行隆重有序的祭奠，那大約是只有到五六千年前才有的事。

在遼寧省喀左縣東山嘴紅山文化遺址，發現了距今 5000 多年的大型祭壇，它向人們展示了遠古時代的先民以部落為單位進行祭祀活動的壯闊場面。

這個祭壇遺址的選址十分講究。它坐落於一山梁正中的平緩突起的一片台地上。這片台地大約 2400 平方米，完全可以安放一個小村落。在這片台地的四周，是極為開闊的一馬平川。站在這片台地上張目四望，可以看得極遠極遠，給人以一種心曠神怡的感覺。

祭壇的台基是東西略長的近於方形的建築物，製作得十分講究。基址內上部堆積有黑灰土夾碎石片層，下部為平整的黃硬土面，間有大片的紅燒土面。壇基的前端呈半圓形，上部用石塊鋪砌而成，半圓形的鑲邊處用的是精細的石片，恰似後來文明社會的舞台，鑲邊之內

的地面用鵝卵石鋪地，顯然，這些鵝卵石是經過精心挑選的，不然，就不可能顏色和個頭大小那樣的一致。

這祭壇還有一個特點：就是把要祭祀的對象形象化，然後對它實施頂禮膜拜。在遺址發現的 20 餘件女像殘塊中有的是地母的象徵，有的是農神的象徵，有的是生育神的象徵，有的還可能是部落最有權威的祖先的形象。人們把這些要經常祭祀的對象用泥巴塑成像後，加工成陶製品。在祭祀時，再獻上供品，由部落首領帶領全體部落成員，虔誠地按當時的規定和習俗對之禮拜，祝願全氏族人平安康泰。

祭壇的出現標誌着祭祀活動更加規範化和神聖化，而且祭祀活動多少帶有某些神學色彩了。

黃土之神

在遼寧省建平牛河梁的地下發掘中，發現了一座五六千年前的女神廟，女神廟的主室西側北壁下，又發現了一尊與真人大小基本一致的彩塑女神像，她雖然已經殘缺，但整個形象仍十分生動，被人們稱為「黃土之神」。

這尊女神像純然是由黃土塑成。黃土中拌和有相當數量的紅色粉末，因此，該女神像出土時顏色呈鮮紅色，眼眶、面頰尤其顯得鮮紅可愛，這也是女性所特有的。脣部則染成了朱紅色，尤顯出女性的嫵媚和可愛。黃土女神像不只以神聖、莊重、威武見長，更以女性之美動人心魄。

這尊女神塑像具有十分鮮明的蒙古人種特徵：女神的面部輪廓為方中帶圓形，額部較寬，鼻梁低平，鼻尖和鼻翼呈圓頭狀，鼻孔稍稍上翹。嘴部較長，嘴脣比較薄，顯得憨厚之中又有着某種靈巧。

女神塑像的眉弓不顯，眼窩很淺，但眼睛又十分傳神。當時的塑

造者似乎已經懂得了眉目傳情的要旨，令人拍案叫絕的是竟然別出心裁地在女神像的眼眶中嵌入淡青色圓餅形玉片為睛。兩眼嵌以碧玉，使女神頓時生輝。炯炯有神的黑眼睛注視着前方，也注視着她的子孫後代，使人感受到一種永遠的生命力。

這是黃土之神，事實上，更應該是黃土之人。她是母系氏族發展到登峰造極時的女性形象的典型。她與女神廟一起矗立在祖國大地的蒼翠群山之上，讓人有一種歎為觀止的感覺。原始社會的先民在陶器上常刻有或塑有人像，有的還以人紋作飾，以表對祖先的崇敬。

牛河梁的女神像是研究中華人種學和民族史的典型標本。這尊女神像使億萬炎黃子孫第一次看到用黃土塑造而成的 5000—6000 年前的自己祖先的光輝形象。因此，人們完全有理由說這尊「黃土之神」實際上是「民族之神」。

◆ 註釋：

① 《禮記‧祭義》:「眾生必死，死必歸土，此之謂鬼。」

② 最古的時候，實行的是「望祭」，也就是眼望遠方，以示懷念。《尚書‧舜典》:「望於山川，偏於群神。」這裏是遙望而祭的意思。大意是，人死了，遠行了，再也見不到了，「望於山川」，如見其人。《韓詩外傳》中說的「聖王制祭不過望」，也是這個意思。《禮記‧祭法》明確寫道:「人死為鬼。」《禮記‧郊特牲》中說道:「人死魂氣歸於天，形魄歸於地。」這些都是十分明確地反映了遠古時代人們的靈魂不死觀念。這種觀念，對那個時代的人來說是極大的精神支柱。

③ 一些學術論著認為「魂歸西天」的觀念源於佛教的東來，其實這是不確的。遠古時代的中華子民就將「西」與「棲」通假，認為西方是人類最後的棲息之地。所謂的「西天」云云，就是人的最終歸宿 —— 棲居在西方。

④ 《荀子‧禮論》指出，遠古時代的人們「祭祀所以事其神」，這裏的「神」就是靈魂，祭靈魂是不用進入墓地的。顧炎武經過詳盡考證，在《日知錄‧墓祭》中明確指出「古不墓祭」。有學者指出，墓祭盛於春秋戰國時期，但此前當有一個很長的發展階段。

⑤ 見《甘肅秦安大地灣 405 號新石器時代房屋遺址》，《文物》1983 年第 11 期。

氏族變遷

　　上一卷說到，在遼寧朝陽市牛河梁村，第一次發現有一尊用黃土塑成的與真人一樣大小的極富生命力的女神像。人們都說，她就是「黃土之神」，是中華民族 5000 多年前祖先的形象。

　　在距「黃土之神」像不到 1 公里的地方，有一座人工建築起來的「金字塔」，它的總土方和總石方在數十萬立方米之上。令人驚奇的是，在「金字塔」的頂端有着原始的冶煉銅器的遺址，煉銅的坩堝約有一尺多高，旁邊還有色彩斑斕的最原始的銅塊。這不正是「女媧煉五色石」的地方嗎？

　　這一切，都在以無聲的語言告訴人們，大約五六千年前，華夏社會的母系氏族達到了登峰造極的地步。女子站在整個人類的最前列，女子中的傑出者被塑造成作為整個民族象徵的「黃土之神」。但是，她們怎麼會知道，物極必反，隨着女權的登峰造極，男性的權勢也正在大踏步地增長，一旦「男耕女織」格局形成，男子成為生產的主力軍，男子將取代女子而成為社會的主宰。

　　氏族的變遷是不可抗拒的。

大坑套小坑的墓葬

在大坑之中套小坑，是新石器時代墓葬的常規。

陝西華陰橫陣村發現的 15 座墓分別套在 3 個大墓坑之中，墓穴排列整齊有序。在 1 號坑內套葬有 5 座墓，各墓內有 4—12 具人骨不等。這些人骨多數為二次葬，仰身直肢，頭向西方。2 號坑內套有 7 座墓，合計有人骨 42 具，平均每墓葬有 6 人。死者的年齡層次十分分明。

大坑套小坑的墓葬，告訴人們什麼呢？

無疑，大坑中安臥的是整個家族的成員。一個家族的老祖宗生養了三到六個女子，這些女子又生養了屬於自己一系的女兒輩、孫女兒輩，序列是十分清晰的。當時應該仍然是母系社會，當然，可能已到了母系社會的末期。這裏的兩次葬清楚不過地表明，「外嫁」的男性死後先得落葉歸根，然後再第二次遷葬回生前「嫁去」的那個氏族，躺到自己的妻子身旁。從大坑套小坑的喪葬方式看，當時的家庭是深深地鑲嵌在家族框架之內的。

家庭離不開家族。

但是，從這裏的墓葬看，「小坑」的趨勢在增長。也就是說，小家庭更傾向於自立了。一個小坑內葬有 4—12 人。如果是四至五人，那很可能是母女兩輩人的共居，如果是七八人以上，就說明輩分上不只兩代，而是祖孫三代了。事實也正是這樣。從死者的年齡層次看，的確是有男，有女，有老，有少。小家庭從原先的兩代共居，走向了多代共居。它們自成一個系統存在於家族之中了。

家庭凝聚力的增加，將帶來何種後果呢？人們將拭目以待。

家庭裂變

家庭是一個基礎型的單位，可是，它也不是凝固不變的，在社會發展中，它還在裂變，裂變得更小，更精悍。

仰韶文化晚期遺址分間房屋的出現，是一種值得關注的現象。

鄭州大河村遺址發現有多間被分割的房屋，有一分為四的，也有一分為二的。舉例説，19 號房和 20 號房實際上是相連的同一座房，原先就是一間房。20 號房為西間，面積約為 15 平方米，房的中間有灶台；19 號房為東間，面積只有 7.6 平方米，在房間的西北方有灶台。兩間房的總面積也只有 22 平方米多一點，完全是一個整體。按當時的建築水平看：造那樣一間房給一家人住，完全是可能的，後來的分割是人為的。

這裏可以明確斷定為家庭的分化。

原來住在 22.6 平方米（15 平方米加 7.6 平方米）的肯定只是一家人，是以母親為主幹的一對夫妻，再加上幾個女兒和兒子。因為當時處在母系氏族的末期，家系還是以女性編排的。

後來，孩子們漸漸長大了。男大當「嫁」，女大當「婚」（與後來的「男大當婚，女大當嫁」剛好相反）。男孩子一個個嫁出去了，在住房上不存在什麼問題，就是有問題也是對方的事兒。可是，女孩子大了，當時是「女大當婚」（母系社會女子是不外嫁的），女子長大成人了就要結婚，結婚後又很快會生兒育女，家中的人口一下子增長了不少。社會學家作了這樣的描繪——

「怎麼辦呢？再住在一起有點不太方便了。」女主人徵詢丈夫的意見。

「再造一間吧，給孩子們安身。」丈夫的口氣有點大。

「哪有這麼容易的，有幾家造得起的？」女主人很實在。

丈夫這下沒話説了。在那個時代要造間房談何容易！他無言地搖

了搖頭。女主人搖着丈夫的身子，催促道：「你倒說話啊！」

丈夫瞪着大眼，說：「我有什麼辦法？要麼把房間分隔開來住！」

丈夫的一句氣話，提醒了女主人，她一下決心，就把這房間給分隔開了——原先只有一個灶，現在要分開住了，得再砌上一個灶；分隔後成了一大一小兩間，大一點的一間由大女兒一家住，老一代人也住在那裏，小一點的一間由小女兒一家住。

這樣，很自然地，一個家庭裂變成了兩個家庭。家庭在變，氏族和氏族制度也在悄無聲息地變。

一家這樣做，其他人家看到了，就學着分割居室。沒多久，分割居室成了一種時尚。

男耕女織

牛郎織女的故事，在中國是十分古老的，早在《詩經》中就有所描述，越到後來故事也越豐滿。

織女是天帝的孫女，王母娘娘的外孫女。她在紡織餘暇常與其他仙女一起到銀河中洗澡。牛郎是凡間一個貧苦的孤兒，受兄嫂虐待，分家時只分得一頭老牛。一次，老牛帶着他來到天河邊上，只見織女在洗澡，牛郎喜而竊得織女衣衫，織女不能離去，就成了牛郎的妻子。他倆恩恩愛愛，過着男耕女織的幸福生活。不料天帝知道此事後大怒，將織女重新帶回天庭。牛郎帶着與織女所生的一男一女追上天去，對着天河號啕大哭，哭聲終於感動了天帝，最後允許其一年一度於七月七日在鵲橋相會。

故事傳說是美麗的，也是傷感的，但它似乎在告訴人們，很久很久以前，人世間就開始過着男耕女織的生涯。

男耕女織起始於何時，似乎一直是個謎。①河南新鄭裴李崗新石器

文化解開了這個謎。

裴李崗遺址的生存年代大約距今 7000 多年，其墓葬多為長方形的豎葬，有單人葬，也有合葬。墓內的隨葬品多少不等，且男女有所區別。男性的隨葬品多為石鏟、石斧、石鐮等農業生產工具。而女性就不同，在她們身邊的隨葬品多為石磨盤、石磨棒以及紡織用的陶輪之類。

到了龍山文化時期，這種傾向更明顯。山東寧陽堡頭遺址中，凡屍體頭部有裝飾品的，大都是婦女，並隨葬有陶製紡輪；反之，頭部沒有裝飾品的，都是男子，並隨葬有農業生產工具。

青海樂都柳灣遺址的公共墓地中，有大量的成年合葬墓，在 53 個成年男性中，有 45 人隨葬有斧、錛、鑿、刀、鐮等農業生產工具。在 31 名成年女性中，有 28 人的隨葬品是紡輪等。

這些在告訴人們什麼呢？

它告訴人們：隨着生產的發展，男子成了一切生產，尤其是農業生產的主力軍。耕土，播種，收割，都得由壯年男勞力承擔。而在這時，婦女退而從事諸如紡織之類的家庭副業生產。

它還告訴人們：一個嶄新的時代即將到來。男子一旦主宰了生產，他就必然會或說是必然要求主宰整個社會。

伴隨着生產的變遷，氏族變遷着。當然這種變遷不是一夜之間的突變，而是緩慢的，甚至需要長達數千年。

夫妻合葬墓

在母系氏族時，也有少量合葬墓，但那時一是數量少，二是以女方為主，因此嚴格地應稱為「妻夫合葬墓」。當真正意義上的「夫妻合葬墓」，相當廣泛地出現在神州大地上時，父權制也大致確立

起來了。[2]

在甘肅臨夏秦魏家發現的新石器時代晚期的墓葬中，全部都是男女合葬墓。其中有的是男女一對一的合葬，有的是一個男子與兩個女子的合葬。這說明男子在家庭中和社會生活中的主導地位已經確立，父系氏族制度已經在東方的地平線上冉冉升起。在母系社會，只可能一妻多夫，而不可能是相反。

意味深長的是，這些墓葬都是以男子為中心的。在甘肅武威皇娘娘台遺址，發現有一男二女的合葬墓。男的仰身直肢居於墓的正中，而兩個女子則分列男子的兩邊，側身，屈肢，面向男子。這兩個女子中，必有一人是身邊男子的正妻，另一人只是身邊男子的小妾。實行的當然是名義上的一夫一妻制。這鮮明地告訴人們：女子在生前要侍奉男子，服從男子，死後還得屈從於男子，永遠地伴陪在男子的身邊。原先男子得依附於女子的習氣一掃而盡了。

應當説，這也是一種歷史發展的必然。

男子的「私心」還在於對家庭財產的佔有欲和支配權上。在山東大汶口墓地的 8 座合葬墓中，男子一式地居於正中，女子偏於一邊。更為重要的是，在墓內隨葬品的安置上，明顯偏於男子一方。好像男子們在説，家庭的財富主要是男子創造的，死後理應由男子來支配。

最早的殉夫者

男子屈從於女子的時期長達千萬年，一旦這種制度發生變化，逆轉為男子的統治，在它的初期往往是原始的、粗暴的，甚至是殘忍的。夫權制度確立後隨之產生的殉夫制度就是一個明顯的例證。

在甘肅臨夏秦魏家墓地，發現男女合葬墓 16 座。在墓中，男性居

右，女性居左。在遠古時以右為上，這充分説明了男子的地位。特別值得思索的是：這些墓中男女年歲相仿，而且都是一次葬，就是説他們是差不多同時死亡的。再仔細看，有些女子的頭骨部還有累累傷痕。

疑團重重：這16對夫婦難道是同時生病死亡的嗎？人世間會有那麼湊巧的事嗎？

在這些婦女中，為什麼有些人頭部會傷痕累累呢？

死者已無言，但後來的生者有理由懷疑和思考。不能作其他任何的解釋，結論只能是：墓中的女性是最早的殉夫者。

男權（亦稱夫權）確立以後，具有強烈「翻身感」的男子力求支配一切，尤其是對自己配偶的支配權。他們要求妻子永遠地從屬於自己。這裏説的「永遠」，既是指生前，又是指死後。但是，如果男子死了，作為自己妻子的女子還沒有死，那怎麼確保死後也能永遠佔有她呢？考慮再三以後，決定採取野蠻的、極端的手段。不管女子同意不同意，丈夫死了，妻子必須隨他而去，這就產生了殘忍殺殉那恐怖的一幕。

男子已死，他再也無能實施殺殉，因此，這種野蠻的行為賦予氏族來實施。於是，族權被大大強化了。

生的欲望是人人所共有的，除了少數女子順從之外，大部分的女子在被充分「馴化」之前一定是反抗的。可以想象：她們有的在被殺之前的一刻逃跑，當然最後還是被抓了回來，送上了「莊嚴」的斷頭台。有的直到臨殉還反抗着，最後連頭蓋骨也被擊碎。反抗，顯然是徒勞的，最後只能成為殉夫者！

在青海樂都柳灣的墓葬中，還發現這樣一種現象：成年男女合葬於一棺之中，棺外另伴葬有一女子。這是怎麼回事呢？似乎可以作這樣的解釋：此男子有一妻一妾。死後，妻子理所當然地葬於自己的身邊，但小妾也實在難以割捨，最後小妾也獲得了殉葬的「榮幸」，當然她的地位低微，是不能葬於夫君的身旁的。

陶且

　　隨着男性地位的提高，男性生殖器崇拜也就盛行起來。他們以展示男性生殖器為榮，認為唯有男性生殖器才是傳宗接代之「根」。再則，當時的生命短促，只能以提高出生率來實現人口的增加。但先民並不懂得生殖的科學道理，於是便對生殖產生了尊崇和敬仰，這就是所謂的「生殖崇拜」。生殖崇拜的方式，通常是用生殖器的形態及其象徵物來表現的。

　　在青海樂都柳灣遺址中，發現有一把彩陶壺，在這把彩陶壺上，雕塑有一個男性的裸體立像，而其暴露部分最強化的就是男性碩大而堅硬的性器官。這尊立像似乎是在告訴人們：男性的生殖器是力量和威嚴的象徵，男性的雄風可以壓倒一切。這在之前的母系社會，是不能想象的。

　　另外，在大約 5000 多年前的龍山文化遺址中，隨處都可見到一種特殊的陶製品——「陶且」。遠古的人們，先把和合上紅色粉末的泥土捏塑成男性生殖器形狀，其器形一般要比真實的男性生殖器更雄偉、更碩大些，這是一種誇大和強化。捏製成形後，就將它在火中燒製，這樣，就成了一根堅硬挺拔的「陶且」。

　　這是男性崇拜的典型形式。

　　「陶且」崇拜本身就是一篇宣言書。它宣告了男性地位的確立。它告訴人們，男性是主宰一切的。

　　更為重要的是，「陶且」標明了母系社會的終結。「祖」字是象形的。祖的左邊是一個示，也就是崇拜的意思。那右邊呢？「且」，這是男性生殖器的外部形態，後來形成文字形態就是祖宗的「祖」。[③]祖宗是以男性生殖器為標誌的。自從產生了「且」的觀念，家族世系就以男性為序了。

　　可以這樣說，從「姓」的觀念到「祖」的觀念，是人類社會生活

中的一個大的飛躍。「姓」字從「女」，它是母系氏族社會的最真實寫照。而「祖」字從「且」，它是父系氏族社會最強烈的表現。從此，子女不再從母編排，而是從父組合。所謂「尋根問祖」，歸根到底還是按男性代代相傳的。從此，女子退到了歷史舞台的二線，而男性站在了歷史舞台的前台來充分表現自己。

酒事之盛

男性是強有力的。男性一旦成為社會生產的主角，必然大大推動社會生產的發展。這可以從父系氏族確立以後的酒事之盛得到證明。不過，地球上最早的酒，應是落地野果自然發酵而成的，所以酒不是人類的發明，而是天工造化。若說人工釀酒，當在 6000 年前就已經開始了，起初的酒應當是果酒和米酒。考古學家提出了以上看法。

在中國古代傳說中，最初製作酒的是一個叫儀狄的人。儀狄是大禹的近臣，深得大禹讚許。一天，大禹興之所至，對儀狄說：「你能不能去製作一種既可消閒，又可提神的飲料？」儀狄答道：「試試吧！」於是他就與一些人商量，最後是用發酵了的糧食製作出了一種叫酒的東西。儀狄送給大禹品嘗。大禹喝後，覺得甜津津的很可口，就大大讚歎了一番。可是，過不了多久，大禹就昏昏欲睡了，他忙把儀狄找來，說：「酒這物品不是什麼好東西，還是不要造了吧！」《戰國策》記載了這則有趣的故事。

現在看來，這是一個並不真實的故事，比大禹時代要早得多的時候 —— 至少早一兩千年吧，酒已被人工釀造出來了。

在距今大約 6000 多年的大汶口文化遺址和距今約 5500 年的屈家嶺文化遺址中，有着大量的陶質高柄杯，這種杯子很難作別的食具用，據考古學家認定，它必是一種酒器。龍山文化遺址中的黑陶杯，

良渚文化遺址中的精美漆杯，都應該是上佳的酒具。

有酒具，就該有釀酒用的器具。在陝西西安臨潼白家村遺址，在甘肅天水西山坪遺址，都發現了一種帶孔的大甕，據考證，那是一種專為釀酒用的器具。後來，也在其他文化遺存中發現。

古書中有一種說法，釀酒業的興起，是與農業生產的發展聯繫在一起的。④有了多餘的糧食，才會想到去釀造米酒。在三里河遺址的一個大型窖穴中，考古學家發現了至少是一立方米的粟粒。這說明，隨着父權制度的建立，生產力得到了大幅度的提高，產品有了一定程度的剩餘，於是也就有了釀酒的閒情逸趣。

至此，可以對釀酒業的興起作這樣的想象了——

一個氏族的人，這一年又迎來了豐收。除了按照平均的原則把糧食分到每家每戶之外，還有不少的剩餘。氏族長巡視了家家戶戶後，滿意地對管理糧食的司庫人員說：「今年糧食多，就存放在公共窖穴中吧！」

這樣，一放就是許多時日。其間，有朗朗的晴日，也有綿綿的雨天。人們只是自個兒過着日子。

某一天，司庫員來到公共窖穴中例行公事，一看，糟了。由於地窖中漏水，其中的不少糧食變了質，再加上地窖中通風不好，悶熱，糧食發出了一種異樣的味道。走近一看，變了質的糧食還在冒水呢！司庫員不敢怠慢，連忙將情況告知氏族長。氏族長知道這是件大事，趕緊隨司庫員來到地窖，一看，糧食真的變了味。而這種變味又似乎有一種誘人的氣息。他湊近去聞了聞，實在好聞，再用手指蘸着嘗了嘗。

「哦，好清香可口啊！」氏族長喜出望外。

這時，司庫員也大着膽子走過來嘗了嘗，也禁不住讚歎起來：「好好，真是好東西，還從來沒有嘗過這樣的好東西呢！」

兩個人一面高興地品嘗，一面又想出了一個「怪」主意：是不是可以如法炮製，造出一些這樣的美味飲料來呢？

就這樣，在糧食比較充裕的情況下，一種被命名為「酒」的飲料被發明出來了。

這也是被考古學家、社會學家們所認同的一種猜想。

「六畜」之外

應當說，「六畜」的飼養是母系氏族時期的重大成果，而把飼養的範圍推廣到「六畜」之外，這是父系氏族時期的事了。被人稱為「中國考古學奠基人」的李濟先生是中國第一位人類學及考古學博士，正是他在 1930 年主持了城子崖遺址的第一次大規模發掘，取得了重大的成果 —— 發現了龍山文化。

龍山文化大約存在於距今四五千年，當時處於父系氏族的鼎盛期。在山東章丘龍山鎮原始文化遺址中，發現了大量的獸骨，除了「六畜」（馬、牛、羊、雞、犬、豕）之外，還有鴨、兔、獐、鹿、麋等動物。從骨骼鑒定結果看，這些都是馴養動物。

一方面，馴養範圍擴大，難度增大。「六畜」的馴養已有了幾千年的歷史，人們也積累了相當的經驗，但要開闢新的飼養門類，是很不容易的。兔、獐、鹿、麋之類動物是更靈巧、活動性更強的動物，馴養必有一定的難度。但原始的先民居然也把它們馴養成功了，說明在馴養技巧上大有提高。

另一方面，馴養數量大幅度增長。從龍山鎮的發掘看，數量之多前所未有。最多的是豬和狗，其次是馬和牛。這也是可以理解的。豬是人們最主要的肉食之源，它被排在首位是順理成章的。狗佔次席，因為它除了可以肉食之外（「掛羊頭賣狗肉」這句成語告訴人們，吃狗肉在當時還是很普遍的），還是人們最重要的助獵工具。兔、獐、鹿這樣一些活動性極強的動物的獵取，看來非得靠狗來幫忙不可。至於馬

和牛的飼養多起來，是否說明了騎射的發展和牛耕的開始，這有待於人們進一步去研究。

再就是，這樣大規模的、成群結隊的飼養，一是要有專門的飼養場所，現在發現的家養動物圈欄並不少，可見當時白天將這些家養動物放養出去，晚上將它們關在圈欄之中，這與飼養業初期人畜同居於一室已經大不一樣了。另外，人們完全可以設想，當時已經有了專業的家畜飼養員，也就是畜牧業從農業中分離了出來。專業的牧羊人、牧牛人、牧馬人，成為了新的社會勞動群體。

新的畜牧業勞動群體比相對穩定的農業勞動更艱辛，這也是只能由身強力壯的男性氏族成員來承擔的。這是否會進一步強化男子在社會生活中的地位？答案是毋庸置疑的。

井的開掘

原始農耕業是以定居為前提的，而農耕業的發展又進一步使定居生活穩固化。井的開掘和發明就是兩者交互作用的結果。水井對於人類文明的發展有着重大意義。水井出現之前，人類逐水而居，只能生活於有地表水或泉水的地方。水井的發明使人類活動範圍擴大，中國已發現的最早的水井是浙江餘姚河姆渡古文化遺址水井，其年代為距今約 7000 年。這是一口相當精巧的方形木結構井，井深 1.35 米，邊長為 2 米。其實，原始形態的井的出現，還要早得多。

蘇州城東 1 公里的獨墅湖一帶，在遠古時代曾是水草豐美、人口稠密的地方。就在獨墅湖的湖底 —— 當年是一馬平川，在僅 3.2 平方公里的區域內，就發現了近 100 口井。據考古分析，這些井存在於約 5500 年前，是中華大地目前為止發現的最為古老的井群。

在河南湯陰白營也發現了一口大約 5000 年前的古井。此井深達 11 米，可稱得上是一口深水井了。井壁用木棍自下而上層層疊起，累計有 46 層。一層木棍與另一層木棍的交叉處有榫頭相連，使兩層木棍之間能固定起來，對保護井壁起了很大的作用。從上往下看，木棍層層相壓，成「井」字形。由此可見，當時造「井」字時是象實物之形的。

另外，在河北邯鄲澗溝，在河南洛陽坐李，在江蘇蘇州澄湖等處，都發現了大約 5000 年前的古井。

這樣看來，井的發明要有一定的條件。一是技術方面的條件。只有到大約 5000 年前，人類的挖掘工具和挖掘技術才足以挖掘到垂直數米到十幾米的深度。古井的發明在差不多同一時間，是有其必然性的。二是人口的增加。在一塊地盤裏聚居了較多的人口，飲水成了個不小的問題，逼着人們向大地的深處去要水。看，在蘇州城東僅 3.2 平方公里的範圍內，開掘了近 100 口井，可見當時當地人口是何等的密集！

事實證明，掘井還與製陶業的發展大有關係。陶器製造需要大量的水，一年四季都不能斷。但是，河道中的水有時猛漲，有時乾涸，會給製陶業帶來很大的困難。井的發明基本上解決了這一問題。掘井的動機之一就是為了製陶用水。在湯陰白營古井的不遠處，就有陶窯，並有水溝直接通向窯邊，這就是引井水製陶的最好明證。

井一旦被發明出來，它的價值比預想的就要大得多。中國人把遠離故土稱為「離鄉背井」，在這裏「井」成了故土的同義詞。在《易經》中專門有井卦，強調「改邑不改井」，「井」比邑（村莊）還重要。《周禮‧地官》上說到，「九夫為井，四井為邑。」「九夫」指的是九戶人家。意思是說，九戶人家共用一口井，有了四口井（36 戶），就可以構建起一個村邑，這樣看來，「井」還是中華民族古代最基礎的行政建制呢！

封土為「墳」

「墳」，對於當今的現代人來說，是個老概念。時過境遷，現今還有誰去封土為「墳」呢？而對處於四五千年之前的原始社會末期的先民來說，這是個新概念，在上百萬年的漫長歲月裏，有誰封過土、建過墳呢？[5] 長期以來，不管你在氏族中處於何等地位，人死了，挖一個坑，埋於地下就行了，這就是所謂的「墓」。人們都睡在地面之下，這是與原始社會的平等原則相一致的。可到了原始社會末期，情況發生了變化，貧富分化已經出現，有特權的人群也冒出來了，高出地平面的「墳」這種喪葬形式正是反映這種社會變化的。

最早的墳，發現在福泉山遺址。這裏完整保留了距今 6000—7000 年及隨後的各時期文化疊壓遺存，內含有新石器時代的崧澤文化、良渚文化、馬家浜文化與戰國時代的遺存，被考古學家譽為「古上海的歷史年表」、「中國的土建金字塔」。

福泉山，坐落在上海西部青浦區的重固鎮旁。這裏是一個草木稀疏的大土墩，原先也不太引人注意。後來，在這裏發現了良渚文化墓葬 10 座，除 3 座屬良渚文化早期的平地葬外，另外 7 座都是新異的墳葬，而且規模相當大，有大量珍奇的隨葬品。

這是一座 4500 餘年前人工建造起來的大型墳山。墳山的整體面積十分龐大，且出土有大量的玉器、石器、陶器，以及象牙雕刻品，其中尤以位於死者骨架胸部的玉琮為最珍貴，這是一種重要的禮器，足以證明死者的權勢和地位。

墓葬從埋入地下，到「封土為墳」，是一個極其重大的變化。原先，在氏族內部儘管也有分工，也有首領和一般氏族成員之分，但死後卻一樣地被埋入地下。到原始社會末期，至少有一些人不願這樣做了，他們要打破常規，開始讓自己的葬身之地高出地面，意思很明確，活着時出人頭地的人，死後也要高人一等。

墳的建造，要花費大量的人力、財力、物力。以餘姚的反山大墳看，它的建造所用的土方至少在 2 萬立方米以上，根據當時的運土工具和運土條件計算，沒有 4 萬個勞動日是完成不了的。如果參加築墳的勞力為 250 人，那麼至少要幹上半年時間。不是特權者怎麼動員得了這麼多的人、財、物？

特權也體現在墓葬本身的隆重上。從福泉山和反山兩座大墓看，墳中的大墓一般比較寬大，有棺木，棺木外還有朱紅塗層，棺外還有槨，這在以往也是少見的。

特權在膨脹，人群在分化，致使墓葬各異。

「亂葬坑」內的屍骨

與高聳的墳墓成對比的是十分淒慘的亂葬坑。在原始社會的悠長歲月中，人人平等，人人得到應有的尊重。生時，有難同當，有福同享。中國人歷來有「死者為大」的觀念，人死後，必然要以禮安葬，死者的排列井然有序，且備有與其身份相稱的多少不一的隨葬品。可是，在原始社會末期的一些墓葬中，人們驚異地看到了不少「亂葬坑」。

「亂葬坑」！多麼觸目驚心！

邯鄲澗溝遺址的一個亂葬坑內屍骨縱橫，細看其人頭，都是被砍傷而死。在距上述亂葬坑不遠處的一個圓坑中，雜亂地埋着 10 具人骨，男女老少都有。在一個廢棄的水井裏，埋有 5 層人骨，人骨壓人骨，令人毛骨悚然，也是男女老少都有，不少是身首分離，還有的作痛苦掙扎狀。

陝西西安客省莊遺址中，也有若干「亂葬坑」。在這些「亂葬坑」中，有的人骨被雜亂無章地拋了一地，有的人骨架呈單膝跪倒在地的樣子，在跪着的骨架上沒有了人頭。有些是人骨與狗骨埋在了一起。

這些都告訴人們：這裏的死者不是一般意義上的「人」。

實際情況該是這樣的：當時，氏族與氏族、部落與部落之間為了爭奪生存的地盤，經常發生戰爭。在戰爭中如果捉到了俘虜，開初都是一殺了之。但是，到了原始社會的中後期，一個人的勞動果實除了自己吃掉之外有了剩餘，勝利者就不再把他們殺掉，而是強迫他們無休止地勞動，這就是奴隸。奴隸因為承受着非人的待遇，死亡率是很高的。一旦死亡，主人當然不會像對待本氏族一般成員那樣恭恭敬敬地予以安葬，而是把屍骨隨地亂拋，或挖個坑往裏隨隨便便地一埋了之。這就是「亂葬坑」的由來。

氏族公社即將走到它的盡頭。一種新的社會形態正漸次冒出地平線。

◆ 註釋：

① 剛進入氏族社會，以及以後的相當長一段時間內，實行的是「女耕男獵」。農耕的收入豐厚而穩定，是整個社會收入的主體，這樣婦女的地位自然高於男性了。但是，當農耕進一步發展，要求高強度的體力付出以應對這項作業時，「女耕」只能讓位於「男耕」了，婦女只能改而從事付出勞力較少的「女織」之類了，這時男權時代的到來也就不可避免了。

② 馬克思在《摩爾根〈古代社會〉一書摘要》中說過：「父權的萌芽是與對偶家族一同產生的，父權隨着新家族越來越有一夫一妻制特徵而發展起來。」

③ 在中國古文字中，「且」被訓為「祖」。《說文·示部》：「祖，始廟也。」清人阮元著《釋且》曰：「且，古祖字也。」

④ 在《淮南子》一書中，有「清醠之美，始於耒耜」的說法。這實在是極為高明的見解。耒耜，指的是農耕，可轉義為糧食作物。沒有多餘的糧食，哪有心思去釀酒？

⑤ 《禮記·檀弓》說：「古者墓而不墳。」

第九卷

城市雛形

　　原始社會末期，城市雛形的出現，是一大成就。《說文·土部》有這樣的解釋：「城，以盛民也。從土從成。」這裏講到了城市的兩個要素：一是「盛民」，也就是這裏集中了眾多的民眾。隨着生產事業的發展，人口也發展起來了。原來一個村落少則十餘戶，多則幾十戶人家，現在成千上萬人聚在一起。二是「從土從成」，把土壘起來，夯實，成為城牆，這也是城市形成的必要條件。到了大約距今五六千年前的時候，最原始的城市應運而生了。

中華第一城

　　説村落中有着後來城市的萌芽，並非說這些原始村落都將發展為城市。事實證明，原始村落是兩極分化的。一極由原始村落發展成為未來的鄉村，這佔絕大多數；另一極是由原始村落發育成未來的城市，這是少數。從中國社會看，「農村包圍城市」是自古亦然的。只有條件極為優越的地方 —— 包括水陸交通、當地的人文、周圍的環境等條件，再加上種種偶然因素 —— 才有可能在一定條件下發育為城市。

　　在湖南澧縣城頭山遺址，發現了中華最早的遠古城址，可稱為「中華第一城」吧！[①]城由夯土城牆、護城河、城門和城內夯土台基幾部分組成。城垣的平面為圓形，外圓直徑為 325 米，內圓直徑為 310 米，城周長約 1000 米，城內面積為 7.6 萬平方米。城外的護城河，東南北三面都是利用自然河道，西面為人工河道。現存護城河最寬處達 3.5 米，深約 4 米。城的中心區為密集的居民區，城內還有道路、製陶區、公共墓地。在長達數千年的變故中，該城的城牆幾經興廢，痕跡十分清楚。

　　這座古城引起了全世界學者的關注，世界上大概還沒有一座城市會被連續使用數千年之久。考古資料表明，這座城市第一次興建於距今 7000 年前，當時的城高大約只有一米多，只能說是粗具規模，或者說是城市的雛形。6000 年前城市進行了一次大翻建，城牆升到了大約 2 米來高。大約 5100 年前又一次修建，城牆的材料更新了，牢度大大提高。4600 年前最後一次修建，城牆升到 3 米多高，還挖起了寬寬的護城河，形成了功能與氣派跟後代人們所見差不多的城池。

　　這裏之所以會出現「中華第一城」，那是因為 5000 多年前這裏的社會經濟相當發達，城頭山遺址周圍又是一馬平川，物產豐富，商業繁榮，且水陸交通十分方便。澧水及它的支流使這片土地四通八達，

經濟也繁榮昌盛起來。

安徽省文物考古研究所的專家在發掘了含山凌家灘原始部落遺址後，也認定其為中國最早的城市之一，這表明中國早在 6000 年前就出現了城市，中國城市的歷史又向前推進了 1000 多年。

城市是人類真正走向文明社會的一道門檻。城鄉的對立，體力勞動與腦力勞動的分化，都證明一個更大的社會變動正在孕育之中。

夯土城牆

最原始的城牆是怎麼建築起來的？從上面說到的「中華第一城」可以見到，當時的城牆都是夯土城牆，磚牆那是以後的事。

事實上不只是城牆，原先的建築物都用泥土拌和草木壘成，原始先民居住的村落都如此。後來，人們發明了夯築技術，就是在建造建築物時，在地基中加進不等量的石子，然後加以夯實。等地基板結後，再往上建造，建造到一定的高度時，再夯實一次，並停下來讓它板結一段時間，然後再往上築，再加以夯實。這樣築築停停，並不斷加以夯實，日後建築物就明顯地分出一層層的建築痕跡來。湖南城頭山遺址如此，山東日照東海峪見到的遠古先民的建築物，亦大多採用這種夯築技術。一些最原始的城牆性質的建築物全取這種方法。就是到了後來發明製磚技術後，這種夯土城牆仍然並存着。

也許是出於安全的考慮吧，即使最原始的古城，城牆外也都再築一圍城牆。這樣在預防外敵時，就有了較大的周旋餘地。後來的人們把裏面一道城牆稱為「城」，是城市中比較繁榮的地方；外面的一道城牆稱為「廓」，大約是城的擴大的意思。「城」與「廓」的比例大約是一比二，或者多一點，後來的王城似乎規格還要高一些，即「廓」的範圍更大些。[②]

土坯磚

過了相當長的一個時期，人們發現，這種用夯土建造起來的建築物還是不夠牢固。於是，人們就開始尋找一種更牢固的建築材料。

可以肯定地說，是受到了製作陶器的啟示，原始先民在土坯牆建成後，用火燒烤，結果牢度是大大增加了。但是，那樣做實在太費事了，而且那麼大的範圍，燒烤起來難度也實在太大。最後不知哪位聰明者想到了一種新方法：把製成一小塊一小塊的泥塊，先放在太陽底下曬乾，然後置於窯中去燒製，這就是「磚」了。

一磚一瓦，在現在看來是再平常不過的東西，但是，要知道，人們為了製作它，經歷了多少世代的摸索。從距今一萬年前走出洞穴起，人們一直是以土壘牆，而到真正懂得製作磚頭時，已經是距今6000年以前的事了。

在距今近6000年的上海福泉山文化遺址中，見到了用火燒烤過的土坯磚。那是一種多麼粗糙多麼古樸的磚塊啊！

福泉山遺址出土的這些磚塊用火燒過了，但顯然那時還沒有專用的磚窯，也許是架在木柴的火堆上直接燒製的吧。磚表呈深淺不一的紅色，磚頭斷開，裏面因沒燒透而呈黑灰色。每一塊磚頭大小、厚薄也都不太一樣，顯然那時還沒有統一規格的磚模，也很可能是用手捏製出來的，目測大致一樣大小就可以了。到製作批量生產的、統一規格的磚時，大約又經歷了1000多年的時間。

牆基冤魂

在20世紀80年代發掘的山東壽光孫家集鎮邊線王村文化遺址，

發現了距今約 5000 年的一座古城,被定名為「邊線王古城」。古城坐落在彌河兩古道之間的高岡上。城址為大小兩層,大城套在小城外面。兩城的結構與構築方式基本相似。

推倒已經腐朽不堪的城牆,挖開塵封數千年的大小城的城牆基,讓人大吃一驚的是:在大城的牆基槽內,多處發現有長方形或橢圓形的土坑,土坑內除了埋有豬和狗的骨架外,更多的是兒童和成人的骨架。

這是怎麼一回事呢?考古學家、社會學家們作了這樣的分析:

築城,在當時人看來是一件挺大的事,按照當時的習俗,建城(包括建房)時要舉行一個隆重的奠基儀式。

舉行這一儀式時要當場殺牲口和殺人殉,以奠於城基下,他們以為這樣城基才堅實牢靠。當然,這是十分殘酷的,那些奠於城牆下的人殉,在入殉前必須被強行砍去頭蓋骨,血淋淋地被埋入城基之中。從現今翻出來的屍骨的情狀看,這些人殉被埋入土中之時,還沒有完全地失去知覺,還在作痛苦的掙扎呢!

至於這些被作為人殉的是何等人,他們是自願充當的,還是被強行押解來的,如今都已無從稽考了。

這些屈死在城牆基礎下的冤魂,數千年來一直含冤於暗無天日的九泉之下,直至今日,終算得見天日了。

城市規劃

到了 4200 多年前的龍山文化時代,城市建設漸漸地成熟起來。如今在山東、河南、內蒙古、湖北、湖南見到的十餘座古城,顯然都已經有了相當嚴密的規劃了。這裏可以河南平糧台城作為例證。

平糧台城建造得十分堅固,城牆的牆基寬度有 13 米呢!高度在 4

米上下，牆的頂部寬也有 10 來米，與後世見到的城牆差不了多少。這是一座不太大的城，方方正正的，每邊也僅 180 多米，可所需土方不會少於 4 萬立方米。如此浩大的工程，沒有統一規劃和統一指揮是難以想象的。

全城呈正方形，坐北朝南。南門較大，為正門，設在南牆的正中；北門很小，又略為偏西，當為後門。這種格局顯然是經過精心設計和規劃的。

平糧台城所體現的方正、對稱、面南的思想，一直影響中國古代城市發展幾千年，後來的城市基本上是按這種觀念建造的。

城市具有防衛功能，因此，就會在建造過程中考慮設置一整套防衛系統。有「城」有「廓」，這是為了防衛。有「城」有「池」，也是為了防衛。另外，有「城」有「衛」，更是一種防衛。

城門「門衛室」的出現也是一大發明。

平糧台城的防衛設施已經相當嚴密，這充分體現在城門管理上。這座城專門設置了門衛室。門衛室由土坯砌成，東西相對，兩房之間的通道僅有 1.7 米，如果有事，兩邊的門衛一伸手就可以把城門封死。當時設計的人想得很周到，在門衛室中還置有灶頭，守門人要吃點什麼也不用外出了，如果是隆冬，還可以利用灶頭生火取暖，設計者連這樣的細節也想到了！

如果說城郭、城池在當時條件下主要是為了防止外敵的侵襲，那麼，「門衛室」的作用是不盡相同的，它主要是為了保衛市民的日常安全，相當於後來的公安系統。

在平糧台城的發掘過程中，還發現了一截 5 米多長的下水管道。這段下水管道設在南城門腳下，離地面大約有 30 厘米深。下水管道由一節節長約 50 厘米的陶管製成。陶管一頭大一頭小，小的一頭套在另一節水管的大的一頭。整個水管呈南北走向，北端略略高於南端，這樣便於城裏使用後的廢水排出去。為了保證充足的排水量，同一段地下排水管並列有 3 根。如果同時有大量的排水，地下排水管有足夠的

容量，便可讓廢水暢通排出。

這樣齊全的地下排水管道，説明當時這座城市的人口相當稠密。在遠古先民的村落中，人口稀少，是不會有人想到去鋪設地下排水道的。

在這座不算大的城市中，有設施相當精良的十多所高級住宅，也有更多的普通民房，還有多處陶窯和宗教活動的場所。推算起來，總有上千人居住在這座城中吧！那麼多人居住在城內，用水量一定是很大的，排出的廢水量一定也很大。可以作這樣的設想，最初一定有一段污水溢出的時期，後來主管部門感到了問題的嚴重性，才設法在城中埋起地下水管來。

日中為市

人們常説的「城市」，其實有兩個概念：一是「城」，也就是從原始先民構築的護衛村落的防衛工程進一步發展而來的城牆；二是「市」，也就是人們進行貨物交易的場所。「市」的下半邊是「冂」，文字學家釋為貨物交易處的圍牆，上頭的一點一橫，大概是表示「日中為市」[③]。遠古時代沒有什麼照明設備，只能趁陽光燦爛之時進行貨與貨的交換。有人還説金文的「市」似「兮」，表示一種悠長的叫賣聲。

這樣的「市」，大約在距今 5000 年時就已經出現了。

大汶口 10 號墓的開掘，普遍引起了人們的興趣。這是一位可能是很有身份的老婦人的墓地，隨葬品之豐富及質地之優異，堪稱為大汶口墓葬之冠。其中除了有大宗的豬頭、石器、玉器、骨器、陶器等外，還有只可能產於異地的象牙器、綠松石及鱷魚鱗板，其中的白陶製品、玉鏟和象牙梳實為精美工藝品。

因其數量之多，考古工作者認定這些隨葬品不可能全由其家庭生產。

因其物品之異，考古工作者認定這些隨葬品不少來自異地。

因其隨葬品之珍，考古工作者推斷這位老太太決非等閒之輩。

象牙器迄今只在曲阜東魏莊、荏平尚莊、滕州北辛莊和湖北鄖縣青龍泉有少量發現。據說，在新石器時代，在長江以南的一些地方有大象出沒，在南方的一些遺址中也偶有象骨發現。可見，大汶口 10 號墓中的象牙器該是來自長江以南的某處。綠松石是稀有礦石，至今發現極少。大汶口 10 號墓發現的綠松石串飾，由 19 枚大小不等的綠松石組成，如此多的珍品，是不可能在一處採集到的。至於鱷魚鱗板，經鑒定為揚子鱷。新石器時代黃淮一帶有揚子鱷的自然分佈，但要進入 10 號墓地則有相當大的地域距離。

這些似乎都在用無聲的語言告訴人們：當時的人們物品交易範圍已經相當廣。當時大約 10 來里地域有一個「市」，就是說在這樣一個範圍內的物品都可以拿到「市」上去交易。但是，人與人的活躍程度是很不相同的。當時，有一些「活躍分子」會躥到相鄰的「市」上去觀光和交易。經過「市」與「市」之間的接力，千里之外的域外之物，也能流向遠方了。大汶口 10 號墓中女主人的珍異之物，正是這種「市」間接力的產物。

最早的貨幣

「市」的出現在人類生活中是一件大事。但是，麻煩也隨之而來。帶着那麼一大堆東西到市場去交換，多不方便！比如你家有多餘的羊，但缺布，你就得牽了一頭羊到集市去，目的是交換到一匹布。可是，羊倒的確有人要的，可那人手頭沒有布只有豬怎麼辦呢？結果交易還是不成功。麻煩，麻煩，太大太多的麻煩！

怎麼辦？

於是，人們就開始尋找一種大家都認同的物品，只要手中擁有了這種物品，就能交換到一切所需的物品，這就是原始貨幣。

在湖北省京山縣屈家嶺文化遺址，發現有一種陶質較軟的彩陶紡輪，形式多樣，色彩柔和。它的製作過程大致是，先在兩面塗抹上橙黃色的陶衣，再在單面繪以紅褐色或紅色的花紋，彩紋圖案主要有同心圓紋、漩渦紋、對頂三角紋、平行短直線或短弧線紋。有專家認為，這種彩陶不會單是紡織專用工具，而是屈家嶺文化共同體在當時流行的一種原始狀態的貨幣。人們要買什麼，先將物品換成「彩陶紡輪」，再拿這種「彩陶紡輪」去換自己所需要的東西。

這還是不方便。拿着那麼大的紡輪，到市上去交換，多不好使。有沒有更加小巧一點、更加簡便一點的物件呢？

有的，並且找到了。根據科學考古的發掘資料，海貝在中國的新石器時代晚期已經取得了實物貨幣的地位，這是四五千年以前的事情，有人認為還要早些。

在青海樂都柳灣新石器時代的墓地，意外地發現了用海貝、石貝和骨貝隨葬的現象。青海遠離大海，海貝當然是極為稀有之物。正因為極為稀有，「物以稀為貴」，因此它就珍貴。正因為珍貴，它就有資格成為萬能的、交換一切物品的「介物」。看來，後來單是海貝不夠用了，就加上石貝、骨貝一起使用，當然，石貝和骨貝比起海貝來，「面值」要小得多。

在一個夢幻般遙遠的年代，人們就是這樣艱難而又生氣勃勃地生活着，一步步地走向燦爛的明天。

◆ 註釋:

① 龔良:《中國考古大發現‧湖南城頭山文化遺址發掘記》,兵器工業出版社 2001 年版。

② 文獻上對城、廓有種種說法,如《孟子‧公孫丑上》:「三里之城,七里之廓。」《戰國策‧齊策六》:「五里之城,七里之廓。」

③ 《周易‧繫辭》云:「日中為市,致天下之民,聚天下之貨,交易而退,各得其所。」

第十卷

東西南北

遠古時代的神州大地，被高峻的喜馬拉雅山、喀喇崑崙山、天山等難以逾越的大山和浩瀚的塔克拉瑪干大沙漠所阻隔，切斷了與世界其他地區的陸路聯繫。但是，有一弊必有一利。與世界其他地域聯繫一時難以實現，那就轉向內地交往吧！神州大地內部的地域廣闊得很呢！也正是這個原因，神州大地上的人們，早在八九千年前，甚至萬年前的遠古時代，就開始了在東西南北的廣闊領域內交往了。①

東部，西部，南方，北方，人口的遷徙，物品的交流，文化的交匯，還有婚姻和血統的混雜，使神州大地整體化了。這種時日久遠的血脈交融，正是日後中華民族有着超乎尋常的凝聚力的一個內在因素吧！

東西

「東西」這個詞，實在奇妙得很。外國人也許難以理解，而中國人對其含義是婦孺皆知的，都知道它的基本意思是指「物品」。你若對身邊的人説：「把那東西給我拿來。」他就會循着你所指的方向看去，然後把你所要的物品送上。後來，「東西」一詞所指的範圍越來越廣，連人自身也包括在裏面了。惹人喜愛的小孩，常被稱為「多麼可愛的小東西」。憎惡一個人，可説「他不是個東西」。

「東西」一詞的發明，反映了中國人所特有的交換意識。自己生產的物品自己用，算不了什麼，東邊人生產的物品讓西邊人去用，或西邊人生產的物品讓東邊人去用，這才稀奇。只有有了這種觀念，才可能脱胎出「東西」這個在當時看來是全新的觀念。

「東西」這一詞的發明，也反映了中國人所特有的活動意識。老子把「雞犬相聞，老死不相往來」，看來是「至治之極」[②]，那顯然是不可能的，也是不符合中國國情的，這一點，太史公司馬遷已經予以批判。中國的「東西」一詞，本身就説明中國人自古以來是開放的，主張流動、交換的。自東而西、自西而東地走一走，有什麼不好呢？

那麼，「東西」一詞起始於何時呢？一般學者都引述宋代王溥《唐會要・逃戶》：「所在逃戶，見在桑田屋宇等，多是暫時東西。」以為「東西」一語起於唐宋。這肯定是不確的。其實，早在八九千年前，甚至是一萬年前，就有了「東西」的觀念，因為那時的人們走動的腳步已經十分勤快了，而且途程是那麼的遠。分佈在中國新疆、西藏、內蒙古直到東北邊陲的大量富有新石器工藝傳統的遊牧人遺址，證明了他們之間走動之勤，走動範圍之廣。這些遺址沿途的一條條古道，正是用他們的腳踐踏出來的。至於他們走動時揣在懷裏的，正是各種各樣的「東西」。神州大地南國的突破地域的走動就更頻繁了。

有客自閩南來

大約早在一萬年前，閩南人就走向了台灣，理所當然地，台灣人也走向了閩南。這正好證明了中國人的活動性和開放性。

祖國寶島台灣有個台東縣，台東縣有個長濱鄉，長濱鄉海邊有個八仙洞。八仙洞一直被認為是神仙居住的地方。可是，自從 20 世紀 60 年代末在洞穴中發現了大量的以銳棱砸擊技術製作的新石器時代石器工具後，專家們認定，這是台灣地區最早的原始期文化場所了，定名為「長濱文化」。

考古發掘證明，在「長濱文化」之前，台灣是一座無人居住的荒島。那麼，是誰踏波蹈海，來到這座荒島創造了第一縷文明之光的呢？

看來還得從歷史的遺存物 —— 石器着手。只要找到完全同類的石器製作物，就可以實證這是同一批人的傑作了。

找到了，完全一模一樣的以銳棱砸擊技術製作的新石器發現於祖國大陸閩南地區。大約在一萬多年前的某朝某夕，一群閩南人站在海邊向浩渺的大海張望，對大海的另一邊產生了濃厚的興趣。於是，他們渡海來到了這塊寶地，並且居住了下來，以洞為屋，砸石為器，客居人終於成了這裏永久的主人。

問題又接踵而至了：閩南與長濱雖然是隔岸相望，可是中間隔着波濤萬頃的台灣海峽，在造船術十分落後的萬年前，哪能滄海橫渡？這似乎成了個難解的死結。

但是，答案最後還是找到了。原來，在台灣海峽的南部，有一道橫貫東西的淺海帶。③在漫長的滄海桑田的變化中，海水時漲時落，在落水的歲月中，淺海帶曾經數度露出海面，成為陸橋。因為這座陸橋西起東山島，東至台灣的南部，人們就稱之為「東山陸橋」。可以肯定，那些勇敢無畏的閩南人就是踏着「東山陸橋」來到「八仙洞」的。

福建東山縣博物館通過海底考古挖掘，收集到亞洲象、犀牛、熊、野豬、水牛、斑鹿、野馬等哺乳類動物化石達 3100 多件，化石數量之多、品種之全為大陸所罕見，而且這些動物化石與台灣出土的動物化石有驚人的一致。這就足以證明台灣海峽有「東山陸橋」的存在。換言之，早在約一萬年前的時間裏，先民們通過「東山陸橋」往來海峽兩岸。

當然，有奮鬥就會有犧牲，死人的事也會時有發生。20 世紀 80 年代曾在離東山島東南大約 13 海里的地方發現了一件人類右肱骨化石。這可能就是當年沿着「東山陸橋」挺進途程中的犧牲者留下的殘骨。顯然，當時實際死亡的人數是很多的，只是他們比右肱骨的留存者更不幸，最後是片骨無存了。

北首嶺的框螺

寶雞地處神州大地的西北隅，這裏曾經是中國古人類十分活躍的地方，在它的腹地，有着豐富的地下人文寶藏。

當考古學家對寶雞北首嶺距今約 7000 年的下層遺址進行開掘時，驚異地在房址中發現了一定數量的框螺。這些框螺，有的已經食用，連螺殼也被人為地敲碎，有的則被完好無損地保存在一個陶製容器內。

手捧着這些遠古先民留存下來的框螺，人們的手顫抖了。在寶雞這樣的內陸地帶，怎麼可能有海生的框螺呢？

框螺是一種海生動物，它的貝殼呈筒狀，個體不小，高可達三四厘米。螺殼十分光滑，有瓷光，帶有黃褐色，並有鋸齒狀的褐色花紋，外形是十分可愛的。框螺不只外貌秀麗，其食用價值也極高。它生長在 40 米以下的沙質海底中，肉可食，味鮮美，其殼也有很高的藥用價值，因其美麗，還可供觀賞。

在神州大地，產於南海和東海南部的榧螺，怎麼一下子西行到了內陸的寶雞來了呢？而且時間是在 7000 年之前。考古學家給出的答案只有一個：早在 7000 年前，地處內陸的寶雞地區，已經與神州大地的華南、東南地區有了一定程度的交往。不然，這榧螺怎麼可能南北東西數千里「飛」到這黃土高原上來呢？

海貝之路

玉門地處西部，歷來被認為「文化後起」的地域。所謂「春風不度玉門關」，說的是它的落後。這是事實嗎？不是。近期考古學的成就告訴人們，在遠古時期，這裏曾經有過異乎尋常的輝煌。它與東部地區的遠距離交往，更是出人意料。

玉門有條火燒溝，在那裏的遠古墓葬的發掘中，發現有一種被稱為環紋貨貝的奇特生物體。這種生物體的貝殼面十分光亮，多呈鮮黃色。因為它的數量並不多，因此早在 6000—7000 年前就被用來充當貨幣，「貨貝」之名由是而生。

可是，它除了產於熱帶地區外，還產於台灣和台灣海峽地區。當時的交通不可能將產於熱帶的環紋貨貝運送到玉門這樣的西部地區，唯一的可能是有人通過多種環節，把產於台灣的這種環紋貨貝帶到了玉門地區，也可能玉門地區的某些人出於某種需要，來到了台灣地區。如果真是這樣，那算得上是中國古代的萬里長征了。

結論是：早在遠古時代，西部的陝甘地區已經與同屬華夏子孫的台灣先民建立了友好關係。

其實，上述海貝的流轉只是一例。在距今五六千年前，在中華古土上，先民已經用自己的足跡，走出了一條「海貝之路」。這條「海貝之路」的大致軌跡是——從東南沿海（包括台灣地區）經貴州、四川

而傳入青海，又進入甘肅中部，並折向西去，進入河西走廊。人們一路走來，在沿途都撒下了珍貴異常的海貝，或者說，正是這些海貝，把那樣廣漠的地域串連在一起了。作為那個時代的真實記錄，是考古出土的那些連貝紋彩陶盆。

通過長期的遷徙和交融活動，海貝成了領引先民交互走動、融會溝通的信物。這也可以看成是華夏大地上民族融合的前奏吧！

良渚玉石何處來

「良渚文化」是一個考古學名詞，因在浙江餘杭縣（今杭州市餘杭區）良渚鎮發現了大宗的玉器聞名於世。事有湊巧，20 世紀 70 年代，當地的一個農民在農田翻地時，意外地在一個名叫反山的地方挖出了一些古玉器。他把這些古玉器拿到文物市場上去賣，被有關部門知曉後加以鑒定，發現這些竟是 5000 多年前的古玉器。這可是一件驚天動地的大事，把中國玉器的歷史一下提早了 2000 年。

於是，考古學家們來到了這個叫做反山的地方。所謂「反山」，雖名之為山，實際上只是比周圍高出四五米的一個大土堆。這土堆中埋着些什麼寶貝，一直是個謎。

在反山地區的考古發掘中，各種形態的玉器不斷發現。在編號為 12 的墓坑中，一下出土了 700 多件玉器，其中有一件玉琮，足足有 6.5 公斤重，被稱為「玉琮之王」。

12 號墓清理完以後，考古人員又在 600 平方米範圍內繼續發現了 10 座墓葬，出土玉器達 5000 件之多。在反山周邊地區，也發現了數量十分可觀的玉器，包括玉琮、玉璧、玉鉞等。

這是中國境內僅此一家的「玉器之都」。

「黃金有價玉無價」，人們除了關注這些玉器的文化價值外，開始

關注起另一個問題來：在良渚文化區域內，並沒有盛產玉石的地方，那麼，良渚玉石的原料來自何方呢？

人們把目光投向北方的遼寧，那裏出產的玉石料與良渚的玉石十分匹配。

人們還把目光投向地處大西北的新疆，那裏出產的玉石與良渚的玉器質料相符。

這當然還只是一種猜測，但是，有一點是可以肯定的，良渚的玉石必定是外來的，而且來自遙遠的地方。如果有一天真能證明它的原料來自遼寧或新疆，那麼，就再也雄辯不過地說明在遠古時代環太湖地區就與祖國的北方和西部地區有着某種交往和聯繫了。這一點，比出土的玉器本身更「無價」。

「高高在上」的卡若文化

簡直難以想象，在距今約 6000 年前，高寒的青藏高原上就發展起了足以與長江、黃河地區，與四川、雲貴地區的同期文化相匹配、相抗衡的新石器時代文化。然而，這確是鐵一般的事實。它就是在 20 世紀 70 年代發現的、名聞遐邇的卡若文化。

卡若文化遺址位於西藏東部昌都縣卡若村，遺址東靠瀾滄江，南臨卡若水，海拔高度為三四千米。在 1 萬平方米的範圍內，出土了大量史前的石器、陶器等文化遺物。在遠古時代，卡若人就「高高在上」地雄踞於青藏高原上，真使世人大開眼界。

隨着研究的深入，人們開始考慮這樣一個問題：該如何梳理卡若文化的文化血脈呢？這些在卡若地區生活了大約 12 個世紀的「卡若人」，究竟來自何方？考古學家還是設法讓「卡若人」本身的遺留物「說話」。

卡若文化與中華古土上其他地區的文化血脈相連。

卡若細石器中的錐狀石核和柱狀石核，同樣見之於甘肅地區的馬家窯—齊家文化系統。卡若文化中的長條形石斧和形狀奇特的石錛，與四川、雲南的新石器文化相似。

卡若文化陶器均為平底，馬家窯文化陶器也基本是平底；卡若文化的陶器主要是壺、罐、盆、碗，馬家窯文化也主要是壺、罐、盆、碗。

卡若文化陶器上的刻畫紋飾大致為波折紋、菱形紋、貝形紋、平行線紋、正倒三角紋，半山—馬廠期彩陶也如此。

卡若遺址多木骨泥牆的平頂屋，馬家窯—齊家文化也是如此。

更為奇特的是，在卡若遺址中發現了許多粟的朽灰和炭化物，而眾所周知，粟米農業歷來是中國北部地區的傳統農業。它與中國北方的農業有着怎樣的血緣關係呢？

所有這一切，在告訴人們什麼呢？

從卡若文化看，藏族有着非常悠久的歷史和自身發展的譜系，它並不完全是從外地遷來的。但是十分明顯，在發展過程中，曾受到了北方民族的影響，甚至有部分北方地區、黃河地區、長江地區的先民進入藏區，實現種族與種族之間的交互融合，為藏區輸送新的文化血脈，也完全是情理中的事。

循着卡若文化給人們帶來的啟示，考古學家在西藏地區進行了廣泛而艱辛的考察發掘工作，為的是弄清這塊土地上的文化血脈。

歷時半個多世紀的大規模考古發掘，人們擁有了大量的考古資料和數據，再與祖國大陸廣袤土地上的考古資料相對照，大致的結論終於有了。

西藏的舊石器文化源於華北地區。當時的華北人，不遠萬里來到了這高寒的西藏高原，帶來了文化，帶來了熱力和情感。

西藏的細石器文化源於北方草原，而北方草原的細石器文化同樣源於華北地區。西藏高原、北方草原、華北平原，三地的文化交融

着、流淌着……

西藏的新石器文化既有它自身的特色，又存在大量的中原仰韶文化和長江流域考古文化的主要因素。西藏出土的半地穴式建築和長方形雙孔石刀，在西安半坡遺址中可以原封不動地找到。

這些都告訴人們，在西藏高原的原始文化中，浸染和融合了中原文化的血脈。

流落大草原的「和田玉」

被譽為世界軟玉之冠的「和田玉」，早在新石器時代就被崑崙部落的先民們開採利用。不只他們自己開採利用，還把這些寶玉分發到祖國各地去呢。

在內蒙古的紅山文化遺址，人們發現了和田寶玉。這些和田寶玉，有的被製作成珍貴的禮器，有的被製作成高雅的飾品，有的還製作成了造型獨特、大氣美觀的玉龍。赤峰市發現的碩大型玉龍，被稱為「中華第一龍」。

要知道，那是在距今 6000 年之前。

從新疆的和田，到內蒙古的赤峰，少說也有數千里的途程，在當時，除了雙腿，最快捷的就是騎馬了。要越過萬水千山，把和田玉送到大草原，實在不容易呵！

可是，這是千真萬確的事實。

在《禮記·檀弓上》中，有一段很重要的話：「孔子既得合葬於防，曰：吾聞之，古也墓而不墳，今丘也，東西南北之人，不可以弗識也。」鄭玄注道：「東西南北之人，言居無常處也。」

這段話如果真是孔子説的，文中道及的「東西南北之人」，也不只是指孔子，而是講整體意義上的中國人，講中國人的一種民族性格。

由本卷所展示的一系列資料可以看出，中國七千年前的先民，就是以「東西南北人」的風姿出現在華夏歷史舞台上的。他們由東及西，由南而北，遷徙着，交流着，融合着，互相幫襯着，為了某種現在還難以猜度的緣由而不遠千萬里地奔波，這也許可以看成是華夏這個多民族大家庭得以穩固形成的重要前提條件吧！

說中華民族自古以來就保守、守舊，囿於一地一隅，是這樣嗎？還是讓歷史來說話吧！人們相信，讀了本卷資料的中外諸君，都會得出公允的結論。

從某種意義上講，中華子孫都是以開放為榮、以開放為樂的「東西南北人」！

◆ 註釋：

① 本卷所引資料，大多取自張朋川著《黃土上下》，山東畫報出版社，2006，這些資料都說明中國人自古以來是崇尚走動交流的。

② 《老子》的原文是：「至治之道，鄰國相望，雞犬之聲相聞，民各甘其食，美其服，安其俗，樂其業，至老死不相往來。」司馬遷在《史記‧貨殖列傳》中引述了這段話以後批評道：「必用此為務，晚近世塗民耳目，則幾無形矣。」司馬遷的意思是：如果一定要把老子那一套當成我們的目標，也只有把人民的耳朵全都堵塞起來，不過要知道，那樣做是不可能的。司馬遷是反對小國寡民的，他主張走動和交流，在這點上，他的觀點符合中華民族精神。

③ 橫亙在台灣海峽南部的淺海灘，大約在海水下降 40 米以上的情況下，於 11.7 萬年前、7 萬—5 萬年前、一萬多年之前三度浮出水面，成為「東山陸橋」。這座「東山陸橋」，在相當長的一段時間內，成為大陸與台灣人際交往的主要通道。

第十一卷

藝術人生

　　藝術是屬於人生的。有人生，就有了藝術。距今約 1.8 萬年前的「山頂洞人」，正處於母系氏族公社時期，愛美的女性在社會生活中起主導的作用，留下了許多藝術傑作。人們看到了用石子磨製成的項鏈，用鐵礦石研製成的裝飾品，藝術已經成為先民每一個生活領域不可或缺的有機組成部分。到了距今一萬年上下的新石器時代以後，藝術與他們的生活更加緊密，須臾不離，他們不只把藝術打造進自己手製的種種產品之中，還創造出了相當「專業」的藝術門類和藝術手段。藝術使當時人們的人生品位上了一個新台階。

勞動器具的美化

原始先民的藝術天才，首先表現在勞動生活上，尤其是勞動工具的改進和美化上。最初，人類使用的工具往往是粗糙的，較多考慮的是實用價值，但是，越到後來，人們越考慮勞動工具的美觀和藝術化。

從湖州錢山漾遺址出土的「耘田器」可以得到證明。什麼叫「耘田器」？很簡單，就是用犁把土翻鬆以後，再把土耘平的重要農業勞動工具。在最初的時候，只要能起到耘平土地的作用就可以了，別的可以不多加考慮。可是，這件 5000 多年前先民留下的「耘田器」，第一眼給人的感覺就是：美，它實在是太美了！

這件「耘田器」用灰色的砂頁巖精細地磨製而成，這是一種上等的優質石料，且十分堅硬。如此堅硬的石質，要磨得那樣的光滑平整，連絲絲紋路都看得出來，要花多大的功夫呵！整個器材呈自然彎曲的長方形，中間有一個十分規範的圓孔，猶如飛燕圓溜溜的頭，頭的兩側是左右兩翼。兩翼可以說是完全的均衡。兩翼微微上翹，像是飛燕在振翅飛翔一樣。可以肯定，人們在使用這件「耘田器」勞動的時候，一定會極大地感受到美的，從而減輕繁重的體力勞動帶來的勞累。

內蒙古赤峰紅山後遺址出土的 5200 多年前的石磨盤石磨棒，也是中國先民創造的美的勞動工具的典範之作。

磨盤和磨棒都是用堅硬的砂石打造磨製而成。磨盤的原料是一塊長方形的石塊，製作者把石塊的上方一面磨成內凹的弧形。妙就妙在這道弧形是呈自然的拋物線狀的，弧線的一端略為平坦，弧線的另一端有較為大的弧度。這樣，石磨就成了一艘十分神似的船形。弧度較為平坦的一端是船頭，另一端是船尾。人們一邊在磨製和加工穀物，一邊會產生種種美好的遐想，那是可以肯定的。另外，磨棒呈長長的圓筒形，長與闊的比例適中，表面光滑圓潤，也給人一種美的感覺。

造物的形似和神似

在江蘇吳江袁家埭遺址，出土了一件奇特的水豚陶壺雕塑。這件水豚，被雕塑得活靈活現，既似生活在長江中的水豚，又不完全與水豚的原形一模一樣。這充分說明了，當時中國先民的雕塑藝術已經有了一定的發展。

這件水豚壺以豚嘴為器口。水豚的尖嘴前伸，十分犀利有力。一對圓圓的眼睛，十分機敏，也十分有神，似在水中東張西望地覓食。豚身肥碩、圓滑，呈流線體，尾擺在一邊，使人感到水豚在水中快速游動時，為緊追目標，不得不驟然轉向，從而尾部自然倒向一邊。由於游動較快，在水流的反作用下，水豚頭上的長耳就平貼在腦頂。

畫面中的水豚游動得如此優雅、輕鬆、自如，對水豚在游動中體態發生的變化觀察得如此的細緻入微，可見，這些原始的藝術家們對生活是那樣的熟悉，藝術手法又是那樣的純熟。

鼎，在中國古代社會是權力的象徵，即使在原始社會也是如此。把一個鼎做成一隻鷹的模樣，是別有一番意蘊的。

在陝西華縣太平莊遺址，發現了一件大約 6000 年前的陶鷹鼎。鼎高 36 厘米，器表微呈黑色，有光澤，整個陶鼎的造型為一站立着的巨鷹。巨鷹體內中空，背上開口為器口，以鼎腳為鷹腿。鷹與鼎可謂渾然一體了。

雄渾厚重的鼎鷹，栩栩如生體現了天之驕子的內在神韻。老鷹的頭微微前傾，最為突出的是，其長嘴勾喙，犀利堅硬，具有無堅不摧的態勢。一雙大得出奇的巨眼，從眼眶中凸起，炯炯有神，突出了老鷹凝神緊盯獵物時的起起氣勢。鷹腿粗壯有力，鷹身豐滿結實，渾身肌肉隆起，體現了雄鷹的孔武、威猛，蘊含着摧枯拉朽的力量。

無疑，這一泥塑巨鷹的藝術震撼力是巨大的。問題在於：遠古祖先在塑造這樣一隻巨鷹的時候，心中想到的只是鷹呢，還是同時還

想到了人自身？答案應該是不言而喻的。陶鷹鼎的製作者是在以鷹喻人，表現人的超常的格搏力和生命力。

藝術始終是人文的。反映和描繪人自身，一直是藝術的最重大使命。甘肅出土的馬家窯文化人頭形陶器蓋就是一個明證。[①]

這件器蓋的邊緣呈鋸齒狀，可以與器身上的鋸齒完好地扣合。這一方面表現了藝術品的裝飾性和完美性，同時，從實用意義上說，它也能使器蓋與器身絲絲相扣，具有更好的密封性。整個器蓋恰如一個壯年人的半身塑像。所塑人頭的耳、目、口、鼻都鏤空，這樣就更強化了作品的立體感。頷下有一小撮鬍鬚，說明這是一位成年的男子。十分明顯，鬍鬚是經過修飾的，相當整齊，也很有精神，充分反映了藝術品描繪的人的修飾特點。

最值得注意的是藝術品強調的文身習俗。人頭形陶器蓋的人頭臉上繪有縱橫交錯的花紋，雜而不亂，為人物平添了幾分滄桑感。脖頸上亦繪有紋飾，其紋飾為豎條，與脖頸的部位十分協調。肩以下遍繪着有規律的花紋圖案，猶如身披了一件大花袍。頭後遍塗黑彩，表示的當然是頭髮，黑彩至齊耳處齊刷刷地沒了，說明當時的當地人留着齊耳的短髮。有趣的是，人的頭頂還飾有一角狀物，反映出當時人有以角裝飾自己的愛好。

變異的紋飾

半坡型文化彩陶上的魚類紋繪畫出現得最早，歷時最長，幾乎貫穿了半坡型文化的始終。就拿魚的單獨紋樣來說，它也是在不斷變化着的，反映了人們藝術審美能力的提高和藝術表現手法的成熟。

半坡型文化早期表現手法比較寫實。魚就是魚，很少有想象的添加，魚紋表現的一般是魚的側面形象，全面無遺地畫出魚的頭（有的

還畫出它的鬚、齒）、身、鰭和尾，可說是有頭有尾，是一條完整的魚。當時的魚紋大部分畫在彩陶大盆內。

　　魚紋圖像的進一步變化是由單純的直線造型，變成直線與弧線造型相結合。由於增加了弧曲的變化，圓點、單線、弧邊三角也穿插地運用，使魚紋活潑靈動起來。魚紋的單獨樣式除了展開式之外，還出現了迴旋、跳躍等各種生動的姿態，並且對魚的單獨紋樣進行了一定程度的幾何形化的概括處理，使自然形的紋樣規整而統一，具有相當的裝飾性。

　　半坡型文化最後將魚紋圖樣定格在幾何圖形上。這時，魚的紋樣已完全變成了幾何圖形，魚紋上下用弧條形統一地造型。為了強調魚頭的重要性，魚頭變形拉長，已看不出真實的魚頭形象。同樣，為了強調魚尾，魚尾變得長而寬，呈張開的剪刀形狀。這時，原始人眼中的魚，已經不是真實的浮游於水域中的魚了，而是一種以魚為緣起的、變了形的、一定程度上屬於高雅的純裝飾品了。

　　魚紋的變化，也會使人感受到藝術的力量，以及它帶給人們的情趣。

　　有一隻半坡型的泥質紅陶甕。在陶甕的通體，飾以圖案化的黑紅相間的巨型鋸齒紋、條帶紋、垂幛紋。整個畫面顯得自然而質樸，粗獷而豪放。它的確是原始先民留存給後人的不可多得的藝術珍品。

　　這樣排列有序、整齊劃一的紋飾，在大自然中存在嗎？並不存在。大自然是生意盎然的，具有無限多樣性的，大自然不存在劃一，不存在簡單的有序。原始先民多麼聰明和具有靈性，他們從多樣的、無比豐富的大自然中，提取精華，加以歸納、提煉，創作出源於生活又高於生活的藝術品來。

　　甕體上繪上鋸齒狀紋飾，那是因為生活中確實存在着鋸齒狀的物類──某些草木的根、莖、葉是鋸齒狀的，某些殘缺的物件是鋸齒狀的，動物的牙齒是鋸齒狀的，連人自己的牙齒也是鋸齒狀的，把這些鋸齒狀的物件「劃一」化，就有了原始先民筆下的鋸齒狀紋飾。

甕體上繪有條帶紋飾，那是因為生活中確實存在着條帶狀的物類——依依的柳絲是條帶狀的，一些動物、植物的肢體是條帶狀的，連人用自己的腳板走出來的路也是條帶狀的，把這些條帶狀的物件「規範」化，也就成了甕體上的條帶狀紋飾了。

甕體上繪有垂幛狀紋飾，那是因為生活中確實存在着垂幛狀的物類——遠望的大山像垂幛，從山體上飛奔而下的瀑布像垂幛，莽蒼蒼的天穹像垂幛，連綿不絕的雨絲也像垂幛，把這些垂幛狀的物件「抽象」化，不就成了甕體上的垂幛狀紋飾？

舞姿婀娜

善舞，是處於人類童年期的原始先民的普遍喜好。清晨，他們聞雞起舞，對着明媚的陽光一展自己的身姿。當外出辛勤勞作獲取豐盛的獵物後，他們也會高興得手舞之，足蹈之。尤其在祭祖、祭鬼、祭神儀式上，他們更是力求以最優美的舞姿奉獻給先人和保佑着自己的各路鬼神。

舞蹈，是原始先民生活的一個極為重要的內容，它必然要反映到種種陶品上來。

一次莊嚴的祭神儀式結束後，人們又投入了忙碌的製陶工藝之中。當一個手藝嫻熟的壯年人捏製出一個形態美好、線條柔和流暢的陶盆的時候，大家都圍了過去。製作這一陶盆的壯年人見大家對這一製品如此感興趣，站起來興奮地問大家：「該在上面畫個怎樣的圖像呢？」

有人提議：「就把剛才跳的那個舞蹈描畫在上面吧！」

大家一致稱好，就推舉先前那個製作陶盆的壯年人着手畫。壯年人很認真。他在原先製作陶器的泥中又摻和了一些硃砂之類的顏料，

然後把一根拇指般大的樹枝在石頭上磨尖，就一筆一畫地畫了起來。也不用多少時間，就在陶盆的內壁畫出了五人為一組的三組年輕婦女的群舞圖。看得出，舞蹈者身姿婀娜，輕踏碎步，歡快起舞。對馬家窯文化墓葬中的這件舞蹈紋彩陶盆[②]，藝術家、考古學家認為是集體創作畫，他們有這樣的描繪——

「好，好！」大家被原先生動的畫面征服了，一起叫起好來。

「還得改上一改。」一個挺年輕的人說。

壯年人轉過頭去，一看是個年輕人，說：「你說吧，怎麼改？」

年輕人也不說什麼，從壯年人手中取過畫具來，在五個年輕婦女頭的右側同一方位淡淡地畫上了一條小辮。這樣原先看來是正面的舞姿，變成了在舞蹈過程中甩頭向左的動態的定格，整個畫面生動得多了。

大家又一迭聲叫好。

正在大家叫好的當兒，又有一個年輕人站出來說：「還是不夠，祭祀儀式上歷來是『百獸率舞』，是應該插着獸尾跳舞才是，這裏還少了一條尾巴。」

原先製作陶器和作畫稿的壯年人，不等年輕人來搶手中的畫具，就主動地在五個人的身後各畫上了一條小小的尾巴。

就這樣，一幅生動的、寫實的畫面被群策群力地創作了出來。

馬馬巖崖畫

巖畫是一種石刻文化。在人類社會早期發展進程中，先民以石器作為工具，用粗獷、古樸、自然的方法——石刻，來描繪、記錄他們的生產方式和生活內容，它是人類社會的早期文化現象。原始人在巖壁上刻下他們的信仰和種種生活印跡圖形，如狩獵、遊牧、戰爭場

面，怪異的人頭像，氈帳、車輪、車輛等器物，還有天神、地祇、祖先、日月星辰、原始數碼以及手印、足印、動物蹄印等。考古學家認為中國巖畫有六七千年乃至上萬年的歷史，是先民們留給後人的珍貴文化遺產。

這裏要介紹的是馬馬巖崖畫。畫於何時？尚有不同說法，有「戰國時」說，有「六七千年前」說。無論何說，巖畫為後人準確無誤地傳遞着來自遠古的信息。

馬馬巖位於貴州關嶺布依族苗族自治縣的花江大峽谷地區。下面是水勢湍急的北盤江，上面是直插雲端的斷崖，壁立千仞，陡如刀削。數千年前的原始先民，攀上如此險峻的斷崖作畫，沒有勇武精神，沒有神聖感，那是不可想象的。

馬馬巖崖畫創作於一塊青灰色的巖壁上，畫幅高 2.4 米，寬 3.5 米。崖畫上的圖像分為上下兩組：上幅是飛鳥、彩雲、奔馬、騎手、行者。下幅是木舟、走馬、立犬、農夫。在上下兩組圖像之間，還畫有兩條悠長的波紋狀的線狀物。

整個畫面實在太精妙了，它可以引起讀畫者無盡的遐想。

上幅與下幅畫面，描述的是天上人間的圖景嗎？鳥在天上飛，犬在地上立，舟在水上行，這是極其合乎情理的事。那麼，畫作者為何又把奔馬和騎手搬到天際、把走馬與農民溺入水中呢？這不就有點兒近乎荒唐嗎？

上幅與下幅畫面中為什麼都出現了壯健的馬匹呢？似乎作者是在描述當時的遊牧生活，可是，這裏是深山峽谷，地勢險峻，是不適合於走馬放牧的啊！

上幅與下幅之間，有兩條悠長的線狀物，它究竟想告訴人們些什麼呢？如果說描繪的是流水，那麼，木舟和人物又怎麼處於「水」下呢？

畫面的一切似乎是很寫實的，細讀畫面又會讓人覺得難以名狀。

其實，這幅畫已經大大超越了寫實的範疇，它的主旨是寫意。畫

幅的主題是「人」。不管是騎手、行者，還是農夫，他們都顯得生氣勃勃，對生活充滿着信心。而上幅畫與下幅畫之間的線狀物，實際上以逝水喻時間，警示人們要抓緊時間好好生活。如果那樣，作者創作該畫是意在教育後輩與後人了。

七音齊備的賈湖骨笛

賈湖遺址位於河南省中部舞陽縣的賈湖村，在大約 5.5 萬平方米的大致呈圓形的範圍內，有 45 座房址，9 座陶窯，370 座灰坑，249 座墓葬，32 座甕棺葬，10 座狗葬坑。這就充分證明，在距今 8000 年前，這裏曾經是人口聚居、經濟繁華之地。最為讓人驚異的是，這裏清理出 25 支高水準的丹頂鶴尺骨製成的骨笛。

在一個規模並不算怎麼大的古文化遺址中一下發現 25 支骨笛，這本身是一個奇跡。除去半製成品和殘破的之外，17 支出土時比較完整。但由於長時間的疊壓，再加上年代久遠，風化過度，不少骨笛一動即成粉末。因此，真正完整的有 6 支。其中 1 支五孔，1 支六孔，3 支七孔，1 支八孔。最為珍貴的當然數 3 支七孔骨笛了。當代音樂家蕭興華、徐桃英先生利用其中的一支 7 孔骨笛吹奏出了中國傳統名曲《小白菜》。笛聲悠揚，七音齊全，引起人們由衷的感歎。

這就說明，在距今 8000 年前，中原地區初步顯現了中國音樂文明的曙光。

從這一支骨笛，可以看出 8000 年前賈湖人的音樂素養。在這之前，他們對骨笛骨質的選擇一定有一個很長的過程。可以肯定地說，在這之前，一定選擇過十數種甚至幾十種動物的骨頭做笛的材料，因為有的骨節太短，有的骨質太鬆，有的骨壁太厚，就一一被淘汰了，最後選擇了丹頂鶴的尺骨，截去骨關節後，成為最理想的骨笛

材料。

當時可能還沒有七音的概念，這一點從 25 支笛中有五孔、六孔、七孔、八孔（可能還會有三孔、四孔的）可以得到證明。笛孔的多寡表現出一種嘗試的過程，最後有 3 支製成七孔的，說明當時的賈湖人是傾向於七孔和七音的。

這個摸索過程是相當艱辛的。要取得賈湖人那樣的成就，沒有數百年的努力是不可能的。從賈湖骨笛的專業程度看，可能當時已經有了較為專業的音樂工作者。

磬聲陣陣

在遠古時代，人們使用的多為石器，如石刀、石斧、石鐮、石犁等。這些石製工具使用久了，人們就會對它產生一種感情，在獲取豐盛的收穫物之後，常常會打擊着這些石器助興，久而久之，以石為樂的器具就被發明出來了。

人們見到的最古老的石製樂器，是磬。

磬是古代的一種最具代表意義的打擊樂器。它狀如曲尺，懸掛在架子之上，以槌擊發出聲音來。大概是人類石崇拜的緣故吧，磬自古以來被視為君子之器，它發出的聲音被視為和平之音，人們一邊擊磬，一邊歌舞，在重大典禮時常使用磬作為主要樂器。[③]

中華大地最早發現的磬出自山西襄汾縣陶寺遺址的大型貴族墓葬。如有一件石磬，通長 80—90 厘米，成佝曲形，因打製而表面未經碾磨。經考古學家測定，此磬製於五六千年前，據說所用石料採自附近大崮堆山南坡一處古代大型石器製造場遺址。這裏曾發現一件長 49.8 厘米、高 19.4 厘米的磬坯，係以黑色角頁巖大石片通體剝片製成，尚未鑽孔。與陶寺石磬的石料、製法乃至器型均較一致。

磬造型奇特，略帶神祕色彩。將它懸掛在磬架上，以槌擊之，能發出既沉穩又清脆、既雄厚又響亮的聲音，真正是不同凡響。古人説這種樂器的聲音是「既和且平」，人們以此祈求天下和平，也是有道理的。

彩陶腰鼓

腰鼓，是中國西南地區少數民族和東北地區朝鮮族的傳統樂器，又稱為土鼓。文獻中説：「土鼓，以瓦為匡，以革為兩面，可擊也。」這裏説的「以瓦為匡」的土鼓，指的就是彩陶腰鼓。現今發現的新石器時代的彩陶腰鼓是在甘肅省蘭州市半山型墓葬中發現的。

半山型墓葬中發現的彩陶腰鼓通高 30 厘米，大端為喇叭口形，直徑為 22.5 厘米，小端為圓筒形。兩端各有一橋狀豎耳，豎耳中可穿線，便於將腰鼓繫於腰間。喇叭口外沿有六個乳狀突起，這可能與提高腰鼓的音色音質水平有關。筒身彩繪網紋和紅黑相間的鋸齒紋，喇叭形外壁有紅黑相間的漩渦鋸齒紋，這樣就使腰鼓的外形十分美觀。

彩陶腰鼓以獸皮蒙於喇叭口的一端。獸皮未乾時以繩捆緊，待獸皮乾後，就自然繃緊，再將繩子解去。腰鼓的小端（即圓筒狀的一端）並不蒙以獸皮，它自然空着，可以產生共鳴作用，使聲音更美，更和諧。兩端的豎耳繫上繩子後，將鼓拷於肩下的腰間，以手擊腰鼓的獸皮面，就能發出勻稱而優美的「咚、咚」聲了。

腰鼓先是流傳於少數民族地區，後來由於它優美樸實的音響和製作的簡單，傳向了中國廣泛的鄉村，邊歌、邊舞、邊鼓，成為中國鄉間娛樂的獨特一景。而這種娛樂形式的源頭，是早在 5000 多年前的遠古時期。

◆ 註釋：

① 該件人頭陶器蓋，現藏於瑞典國立博物館。專家認定，該藝術品反映的是遠古時代地處西北的羌人祖先的生活情狀和裝飾特徵。畫面展示的斷髮、文身、頭飾雙角的習俗，是與歷史古文獻中所描述的羌人完全吻合的。

② 發現於青海大通縣馬家窯文化墓葬中的一件舞蹈紋彩陶盆，盆高 14 厘米，捲脣平底，內壁繪有三組舞蹈人，每組五人。盆中的人手拉着手，足下配有四道平圓圈線。人像用筆十分簡練，頭上的小辮和下部的獸尾裝飾，更顯現出了舞人的英姿。

③ 中國古典文獻中關於磬的記述相當多。《詩經》中有「既和且平，依我磬聲」、「擊石拊石，百獸率舞」、「鼓瑟鼓琴，笙磬同音」的說法。《禮記・樂記》：「君子聽磬聲。」《尚書・禹貢》：「錫貢磬錯。」在《論語・憲問》中有記載：「子擊磬於衛」，有一隱士讚歎道：「有心者，擊磬乎！」這些都說明，在古代磬是一種受人尊崇的君子之器。

第十二卷

文字濫觴

中國有着悠久的歷史，中國有着悠久的文化傳統。中國的文字淵源可以追溯到久遠的年代。

我們的先民在共同勞動、漁獵和與異族交往中，產生和發展了語言。先是相互呼叫、應諾，表示贊同、反對或憤怒、喜悦等，後來進而產生了各種事物的名稱。與語言差不多同時出現的手語、圖示、徽記、圖騰等，就可以看成是文字的濫觴。

這種文字的萌芽，人們在結繩記事的傳說中感受到了。

這種文字的萌芽，人們在出土的距今 9000 年的刻符龜甲上看到了。

這種文字的萌芽，人們在出土的距今 7000—8000 年的最古樸的陶片上看到了。

這種文字的萌芽，人們在氏族和部落的圖騰和徽記中察覺到了。

結繩記事

在華夏遠古許許多多的古典文獻和傳説故事中，都説在文字產生之前，有一個結繩記事的時代。這個時代大約是在舊石器時代的末期，離現今數萬年之前吧！

結繩記事的前提條件是要有繩。繩索不是一開始就有的。開始的時候，捆束物品、捆紮武器、捆綁獵物、遮蓋妝飾自己的身體，用的都是天然的植物枝蔓，後來發覺植物枝蔓的柔軟度不夠，堅韌度也差，於是就學習把植物的枝蔓剖開，成為一根根纖維狀的東西，再把這些植物纖維編織在一起，就成了既柔又牢的繩索了。從直接使用植物枝蔓，到創造繩索是一個漫長的過程，這個過程之長後人是難以想象的，至少有數萬年吧！歷史學家説繩索是遠古時代最重要的發明，一點兒也不為過。

繩索的發明，原先是很實用的，就是為了捆綁東西。後來，不知哪個聰明的原始人，覺得人的記憶有限，如果在繩上打出不同數量的結，或打出這樣那樣不同的「結」來記事，不是很美的一件事嗎？這事被大家認可了，於是，結繩記事的方法也就被推廣了。

結繩記事（計數）是被原始先民廣泛使用的記錄方式之一。《周易·繫辭》有載：「上古結繩而治，後世聖人易以書契，百官以治，萬民以察。」這裏的「上古」，顯然是指遠古，當在萬年以前。

雖然目前未發現原始先民遺留下的結繩實物，但原始社會繪畫遺存中的網紋圖、陶器上的繩紋和陶製網墜等實物均提示出先民結網是當時漁獵的主要條件，因此，結繩記事（計數）作為當時的記錄方式具有客觀基礎。

結繩記事的「記」，在中國的古文字中是與「紀」通的，或者説原先沒有「記」字，只有「紀」字。「記事」就是「紀事」。「紀事」的「紀」怎麼寫呢？在甲骨文中，這個「紀」字由兩部分組成，左邊那

部分是一根掛在什麼東西上面的下垂的繩子，繩子上面已經打上了兩個「結」，右邊是一個半跪着的人，他在全神貫注地拉起繩索繼續打「結」。這不是活生生地告訴人們，遠古時代的確實施過結繩記事嗎？

其結繩方法，據《易九家言》記載為：「事大，大其繩；事小，小其繩。結之多少，隨物眾寡」，即根據事件的性質、規模或所涉數量的不同，繫不同的繩結。民族學資料表明，近現代有些少數民族仍在採用結繩的方式來記錄客觀活動。

現代的一些原始部落，他們起到了活化石的作用。在南美洲山區的土著民族，20世紀中葉還結繩以記事呢！中國雲南地區的獨龍族，在新中國成立前還結繩記事呢！他們外出時把「記事繩」縛在身上，把外出辦的事用打結的辦法記在繩索上，以作「備忘」。這充分說明了，人類確實經歷過結繩記事的時期。

積石記事和「記事椿」

在新石器時代初期的魯家口遺址中，也就是近一萬年前，在原始人群居室的坑灰旁，有着排列有序的成堆的小石子、獸牙和沙礫。這些人為地堆放在那裏的東西，是派什麼用場的呢？一時使人難以想通。

有人認為，那也許是原始先民隨意放置在那裏的。但細細一想，不對，既然說是隨意的，為什麼那樣的排列有序呢？為什麼石子、獸牙、沙礫被分開放置呢？

有人認為，那些東西是用來投擲用的，以防備野獸的進犯。但認真想一想，不對，那樣細小的石子和獸牙，能起到打擊猛獸的目的嗎？

最後，考古學家、社會學家比較一致的看法是：遠古先民是在積石記事。這裏，物件的多寡，分別代表事情的次數，而不同的物件（或

石子，或獸牙，或沙礫）代表不同性質的事情。當時的原始先民把事情分得很粗，如果說狩獵用獸牙的話，那麼祭祀就用沙礫，而部落與部落之間的戰事就用石子了。

結繩記事和積石記事可能是並行不悖的，就看那些部落在取材上怎麼更方便些。

除此之外，還有「記事椿」記事的。

在世界上，直到 20 世紀中葉，還存在着一些沒有成熟的文字的原始部落，他們怎麼記事呢？

有辦法。他們就在村頭豎立一根木椿，把村裏的大事兒椿椿件件刻在木椿上。[①]他們用的是刻畫記事的原始方法，那根被用來刻畫的木椿就叫做「記事椿」。因為一個村共用一根記事椿，因此，椿上刻畫的也就是村裏的大事、要事。也不是隨便哪個人都可以記事的，負責記事的或是部落首領本人，或是由部落首領特別委任的人。一根用光了，再換一根新的，原先的那根由部落首領保存起來，作為昨天的記錄，有空時向後生小子們叨叨，起的相當於歷史教科書的作用。

在這些原始部落裏，除了村頭的那根「記事椿」是記村中大事外，每家每戶也都有自己的「記事椿」。家裏有家裏的大事，把家裏的大事記錄在「記事椿」上，記得多了，相當於一本家庭日記本。

這會使人想到原始時代的祖先，他們在一段時間裏，也肯定實施過刻畫記事，也一定利用鬆軟的木材做過「記事椿」。只是樹木易於腐爛，現在不會再有直接的物證了。當然，除了在樹木上進行刻畫外，重要一點的事兒就刻畫在石頭上，骨頭上了，這些也是必然的。在峙峪遺址發現的有刻畫符號的馬骨，在貴州興義發現的有刻畫的象牙，還有諸多石壁刻畫，這些都是原始先民有過刻畫記事的明證，也可以看成是最原始的文字。

語言與文字是相互為用的。某些民間語言留存的實際上是古風古俗。至今民間還有一些口頭禪，說人的記性不好，是「沒有記事椿兒」，把記憶力衰退說成是「我的記事椿壞了」、「倒了記事椿兒」。

最原始的刻符龜甲

在河南省舞陽縣賈湖村東，考古學家發掘出了距今 8000 多年的古人集中的大型村落。在村落遺址中，發現了刻在龜甲上的楔形符號和內裝石子的龜殼，這些顯然表明當時已有占卜習俗，內裝石子的龜殼無疑是卜筮的工具，而龜甲上依稀可見的刻符，該是卜筮結果最鮮活的記錄。

這些龜甲上的刻符，線條十分簡單，有些經過歲月的長期剝蝕，已經很不清晰了。但是，有兩點是肯定的。首先，這是人為的用刀子刻出來的。當然那不是後來概念上的金屬製刀子，而是堅硬的石頭、玉石或其他硬度極高的物質製成的刀子。這些符號，人為刻的痕跡特別明顯。其次，這是人們對卜筮結果鄭重其事的記錄。當時，可能卜筮興起未久，夠得上參與卜筮的可能是在氏族或部落中最有權威最有識見的人。這些人通過卜筮要記錄下些什麼，記錄下的這些東西表示些什麼，估計都是約定俗成的。這樣看來，這些刻畫的符號是大家都能懂的，實際上有了文字的某種意義和價值，也可說，這是文字的雛形。

這樣看來，這塊龜甲上刻了些什麼，它們表示着一種怎樣的意思，是不太重要的了。事實上要解讀也已經很難了。重要的是，在 8000 多年前，遠古先民已經有了比結繩記事、積石記事更先進的記事方法。至於它究竟「記」了些什麼，反倒無關宏旨了。[②]

畫在懸崖上的圖文

許多原始人的巖畫，常常作在懸崖絕壁上。為了作這樣的畫，他們往往要冒着生命的危險，攀登上離地面幾十米以至上百米的險峻的

山崖，這能解釋成是一種藝術的衝動的表現嗎？不能，絕對不能。

原始先民攀登上懸崖作畫完全出於一種嚴肅而神聖的使命 —— 為的是將自己的意願和心聲刻畫在高聳入雲、常人難以到達的地方，它本身就起着宣言書的作用。

有數千年之久的廣西花山崖壁畫，其中許多畫在沿江的懸崖峭壁上。畫面上人物眾多，分成一組又一組。畫面的中間有一碩大強健的「大人物」，雙臂上舉，動作誇張，似在作全場的指揮。在「大人物」的右側有兩道水紋狀的長帶，「大人物」周圍的人物基本上都面向左方，似在奮力抗爭什麼，而動作多密集型的重複。畫面右下方的一組人物與整個畫面人物的方向剛好相反，面一律向右，似在逆流而上，其勇猛狀十分顯見……

整個畫面在告訴人們一些什麼呢？十分明顯，這種以密集型的重複為特色的作畫手法，實際上，透出了這樣一種畫面「語言」：人多力量大！只要團結起來，一定能戰勝種種自然災異！

這就是原始人通過崖畫給後人傳遞的人文信息，它所起的作用是與文字完全一樣的。

器形與造字

在華夏祖先豐富的創造中，最值得稱道的，大概要算陶器的發明和製造了。不管是有意還是無意，他們在打造種種陶器的器形時，本身就在創造着文字。我們可以在最早出現的皿、鬲、尊、壺等陶製品的器形上得到驗證。

「皿」是大口的盆形陶器的通稱，把器皿的實際形狀加以大大的簡化，這就與「皿」字十分相像了。以「皿」為字元，根據不同的需要，造出一系列的「盂」「盃」「盅」「盆」「盍」「益」「盒」「盤」「盞」陶

製物件和文字來。

「鬲」是古人用來煮粥的一種炊具，為了加熱能迅速些，三個支腳都製成了空心體。「鬲」的造形，與「鬲」字是完全一致的。「鬲」字的下半部分，像三個空心的腳，中間一個「口」字形就是鬲的容器部分，只是實際上這個「口」字要上下拉長一點，蓋在上面的比容器還要寬的一橫，就是向外捲出的鬲的邊沿。鬲又可引申出「虜」、「䰗」、「鬻」、「鬻」、「𩱱」、「鬻」等器物和文字來。[3]這些器物，與鬲在形態上相似，在用途上也有一定的聯繫。

「壺」是陶器中有蓋的一種容器。一般都用來存放液態的食品，如水啊，燒製好的粥啊，魚湯肉湯啊，為了防止移動時溢出，才加上蓋。這個字大致由三部分組成，上面一個「士」字頭，代表的是壺蓋。代表壺蓋的兩橫，是與壺體與壺蓋的接口相符的。下面的部分是壺身，與壺的外形酷似。中間的「冖」，表示壺的兩隻耳朵，沒有耳朵，光溜溜的，怎麼使用啊？

可以這樣說，陶製品的外形，本身就是造字的肇始。

從陶符到陶文

距今六七千年的半坡人，他們是極喜歡在自己製造的陶器器皿上刻刻畫畫的族群。

當陶製品製作成功後，半坡人就在環底口沿外面的一道黑紋彩中刻畫上種種符號，刻好後加以燒製，這樣，這些刻畫上去的符號就永遠與器物同在了。這樣的刻畫符號，總數當在五十種以上。

這樣反覆地在陶製品上刻畫些什麼，表明他們的這一舉動不是隨意而為的。這是一種勞作後的表述，而這種表述又是大家都能懂的（至少在一定範圍內），從這個意義上說，它實際上起到了文字的作用。

比如説，半坡人在陶品上刻下不同的符號，有的代表還沒有製作什麼；有的表示製作了一件；有的表明自己製作了兩件；有的表示製作了三件，以此類推。其他一些刻畫也各有自己的表意，只是目前一時難以確定而已，有待考古學家的進一步考釋。

大汶口文化比半坡人創造的文化晚些，其刻畫的複雜程度也要高些。他們描繪出來的代表早晨的「旦」字，代表斧頭的「斤」字，已經完全成形了。

可以這樣説，至此，文字的誕生已經呼之欲出了。④

柳灣陶紋中有一些是用簡潔的線條畫出的動物象形符號，如犬形符號、鳥形符號、牛首符號、羊形符號、蟲形符號，等等。

這些動物象形符號既是寫實的，又是抽象的。有趣的是，馬只畫最有特色的馬首，而不畫馬的全體。那是因為馬的身體沒有多少特點，而馬首是極富象徵意義的——長長的臉，長於頭角上的一對小耳朵，微微張開的嘴巴，使人一看就知道是馬而不是其他。而後來演進成的馬字，正是從原始人的圖像進化而來的。柳灣陶紋中的魚線條十分洗練，只有寥寥數筆，但那勾勒出來的形象使人歎為觀止，後來的魚字也是由此發展來的。

在柳灣陶符中，還有 30 餘種類似字母的音素符號和數字符號。大部分的符號都是以點、線、交叉線、弧線、曲線、折線、十字線、人字線、三角形、方格形、圓圈、同心圓等構成。這些字母音素符號和數字符號的具體含義，現在大多還不能讀解，但它作為文字的先導這一點是怎麼也不能懷疑的。

人類的自名 ——「人」

人類是生靈中最複雜最富於靈性的智能機體，但漢字最後定格下

來的「人」字是最簡潔最簡化了的，只是一撇和一捺的互相支撐。

這麼一個簡單的字，也經歷了長期發展的過程。⑤

最初的「人」，是十分寫實的，正像刻畫在新石器時代陶器上的寫真人物畫一樣，有頭臉，有五官，有鬚髮，有手足，有身軀，完全是一個活生生的人物的寫照。就事實而言，當時鑄刻在陶製品上的人物，可能就是某個真實人物的寫實呢！

後來，正像我們在原始人留存的陰山巖畫中見到的那樣，他們開始把人物的個性刪除了，只留下人的共性。陰山畫單純用線條作畫，簡單明瞭地勾勒出一個正面對稱的人物肖像來。這時的「人」仍然有頭，有五官，有四肢，在頭頂上還畫上三條線代表頭髮，實打實的是一個原始「三毛」。

再後來，就是最大的簡化了。原始人大膽地作了最大限度的刪除，只取人的微蹲姿勢時的側影，那就成了我們所見到的最簡潔、最富於魅力的「人」字了。

人的自名是不斷創造的過程，而最後「人」字的普遍被認可，就是這種創造精神的輝煌的結晶體。

◆ 註釋：

①③⑤　牟作武：《中國古文字的起源》，上海人民出版社，2001 年版。

②　　　見《發現之旅》，中國言實出版社，2001 年版。

④　　　郭沫若説：「彩陶上的那些刻畫符號，可以肯定地説就是中國文字的起源，或者説是中國原始文字的孑遺。」於省吾説：「這種彩陶上的簡單文字，考古工作者以為是符號，我以為這是文字起源階段所產生的一些簡單文字。」（轉引自李梵編著的《文字的故事》）

第十三卷

中華神龍

　　中華兒女是「龍的傳人」，這一觀念起始於何時？「龍的傳人」的觀念僅僅是中原地區人們的觀念，還是廣袤的中華大地上各地區、各民族的共通觀念？人們以中華神龍作為自己創世的遠祖，究竟意味着什麼？表達着一種怎樣的心態、寄寓着一種怎樣的情結？這是本卷所要回答的。

圖騰

說到中華神龍的誕生，還得從普遍存在於原始人意識中，並對原始人的生活和發展產生重大影響的圖騰說起。

原始社會發展到氏族階段後，人的自我意識是大大強化了，人們開始「尋根」（這可以說是最早意義上的尋根）。這裏所謂的「尋根」，就是提出了這樣一個帶根本性的問題：我從哪裏來？我所賴以生存的那個屬群從哪裏來？

為了尋找自我生存的理由，同時也為了表明自我生生不息的強勁和力量，人們普遍認定本氏族與某種動物或植物之間有着一種特定的關係，甚至認定本氏族就是起源於這種動物或植物的。久而久之，這種動物或植物就成了這個氏族的神聖的祖先和保護神，這便是所謂的「圖騰」。

「圖騰」是源於北美印第安人奧基布瓦部族的一個詞，表示氏族的徽號或標誌。在世界上，氏族社會的每個氏族都有自己的圖騰，氏族的全體成員都崇拜它。圖騰的發展大致上分為兩個階段：

第一階段是以某種實物為共同的崇拜對象以至成為自己族群徽號的階段。中國遠古時代某些族群以蛙為崇拜對象，可以看成是蛙圖騰，有的以魚為崇拜對象，可以看成是魚圖騰，有的以飛鳥為崇拜對象，可以看成是鳥圖騰，有的則以日、月或某種自然物為崇拜對象，可以看成是日、月之類的圖騰。而當取某一物為圖騰時，實際上已將此作為圖騰的物件加以改造，為「我」所用。蛙的圖騰僅取蛙之多子，魚之圖騰僅取魚之多子和活躍，鳥之圖騰寄寓了人們的一種「天高任鳥飛」的理想，而日、月圖騰表達了人們對光明的追求。

第二階段是將一系列崇拜對象綜合起來，形成一種現實生活中不存在的虛構性的物件的崇拜，這是圖騰的高級發展階段。良渚出土的神徽就屬於此類。神徽上兇猛的神像，實際上是各種兇猛飛禽走獸

的綜合，表達了人們征服自然界中強暴力量的欲求，其意是：唯有我人類，才是宇宙間強中之強！另外，圖騰管轄的範圍也在擴展，呈現出一種統一化的趨向。良渚的神徽就不再歸屬於一個氏族或一個部落了，可能它是相當大一個地區共同的「圖騰」了。

這兩種趨向在中華大地上也表現得十分明顯。

龍的「九似」

在實際生活中，龍是不存在的。一種比較為大家公認的觀點是，龍是「只存在於圖騰中而不存在於生物界的一種虛擬的生物，是由許多不同的圖騰糅合成的一種糅合體」[①]。可以說，它是圖騰高度發展的產物。

說它是圖騰高度發展的產物，意思是：原先可能是一些具體的動植物崇拜，後來，把這些崇拜糅合在一起，形成一種虛擬的、但又更有魅力的崇拜。龍的「九似」說[②]，比較符合實際。

哪「九似」呢？

龍角像鹿角一樣鋒利。

龍頭像駱駝的頭一樣勇往直前。

龍眼像兔子的眼一樣機敏而富於色澤。

龍的身段像蛇一樣柔軟而富於靈活性。

龍的腹部像大蛤蜊（蜃）那樣鼓起圓潤。

龍的鱗片像大鱧魚那樣堅硬。

龍的爪像飛鷹那樣尖利。

龍的腳掌像老虎那樣厚實有力。

龍的耳朵像牛那樣碩大精神。

把這些糅合在一起，就成了無所不能的「龍」了。

不知大家注意到了沒有，這「九似」之說，實在是別具匠心的。它囊括了天、地、水三界生命中的靈物。鹿、駝、兔、虎、牛，是陸上的尤物，鷹，是天空的主宰，魚（尤其是鱷魚）、蜃為水中的王者，蛇為水陸兩棲之物。如果把這些靈物的長處歸併在一起，還有什麼不能的？

龍師龍名的部落

以龍為氏族和部落的圖騰有一個過程。最早想到用「龍」作為自己部落圖騰的，傳說中是一個叫太昊的部落。太昊，也就是伏羲氏。他是繼燧人氏以後的又一個一統天下的部落領袖，統治的中心位置在神州大地的東方。

據史書記載③，太昊氏當時就自命為龍師部落，這一部落有十一個龍氏族：飛龍族、潛龍族、居龍族、降龍族、土龍族、水龍族、青龍族、赤龍族、白龍族、黑龍族、黃龍族。這些龍族，再演變，就成為後來的種種龍的分支。可以說，這十一個龍氏族中，還包含着後來神話傳說中說到的雷神、虹神、風神、雨神、星神。龍真是神通廣大得很，上能飛天，下能潛海，中能居土，能大能小，能長能短，能粗能細，能升能降。龍是太昊氏的崇拜神，也是太昊氏的保護神。

如果太昊氏與新石器時代的初期相對應的話，那麼說明「龍的傳人」的觀念在 8000—9000 年前就已經萌生了。

黃帝一族本身是以龍為圖騰的族類。黃帝號曰有熊氏。據一些專家考證，「有熊氏」和「有龍氏」在古代讀音上是相一致的，意思也相通。④史書上說，黃帝生於雷電交加之中，生的那天，有着兩隻角的巨龍在天空顯現出來，並有紅色的雲懸掛在天際，這裏說到的雷、電、雲、雨這些神異現象，影射的都是一個「龍」字。

還有，有熊氏又號稱軒轅氏。「軒轅」是天文學上的星座。因為軒轅星形似龍蛇，這樣，龍與星就結下了不解之緣，軒轅星也被稱做「龍星」。⑤黃帝這一族以軒轅為氏，本身就表明對龍圖騰和龍文化的認可。

如果說太昊氏的統治中心在華夏大地的東方，那麼有熊氏的統治中心則在華夏大地的西部，它們的龍圖騰影響所及則是更加廣闊領域內的南北東西各地。這些神話傳說是否有根據呢？當然要由地下發掘來加以證明。

最古的飛龍圖案

誰都沒有想到，迄今為止為人所知的最古的飛龍圖案，會在內蒙古赤峰市敖漢旗趙寶溝文化遺址中顯現。這一飛龍圖案鑴刻在一座古樸的陶尊上，據科學考證，它是距今約 7000 年的中華先民的傑作。

發現這一鑴刻有最古的飛龍圖案的文化遺址是個不太大的村落。村落前有小溪、清泉，背靠着不太高的群山，前面是開闊的平原。它的方位在山地之間。地下發掘的相當堅固的、以木為骨的半地穴式的建築，以及石刀、石鋤、石犁以及石磨盤，都在用無聲的語言告訴後人，當時趙寶溝人經營的主要是農業。有着這一飛龍圖案的陶尊是一件祭祀用品，以此顯示人自身的力量，並祈求上蒼保佑，風調雨順，五穀豐登。從這一圖案中，龍文化與農耕經濟的緊密聯繫可見一斑。

在陶器上刻線條和幾何圖案是古老的趙寶溝人的強項。這一龍形圖案構圖精巧，筆法純熟，飛龍的飛騰感明顯。圖案中與飛龍同在的捲曲紋飾，如巨浪，飛龍翻騰於巨浪之中；如亂雲，飛龍穿越於亂雲之間。這些，對創作者來說，可能都是為了顯示人的奮進精神。

趙寶溝文化與周邊的文化有着密切的聯繫，它與中原的半坡文化也有着若即若離、或明或暗的關聯。趙家溝文化是本土的呢，還是與中原文化息息相通的呢？對此進行研究，也是很有意義的。

玉豬龍

　　在距今約 6000 年的赤峰紅山文化遺址中，出土了雕刻得十分精美的大型碧玉龍和玉豬龍。因為多次發現龍的雕刻、雕塑品，因此，有人把內蒙古草原稱為「神龍的故鄉」。

　　特別引人注意的是以玉琢龍。長期以來，玉是人體的飾物，也是人的崇拜物。最早的玉耳墜，出土於內蒙古赤峰市敖漢旗興隆窪遺址一具蒙古人種骨架的耳部，考古界命名其為「中華第一玉玦」，其狀如英文字母 C，距今約 8000 年。從觀念上講，人們以玉為尊，玉的佩戴者本身是值得尊崇的。用受人崇敬、愛戴並帶有某種神祕色彩的玉為載體製作龍，充分表明了當時的人們對龍的崇拜。

　　在內蒙古發現的玉豬龍，發現於翁牛特旗三星他拉遺址。這件玉製品高 26 厘米，整體圓潤光滑，渾然一體，堪稱稀世珍品。玉豬龍為豬首，半環形的身軀無足爪。既有豬的憨態可掬，又有龍的端莊肅穆，是豬與龍的完美結合。

　　這一玉豬龍的潛台詞是：龍文化即是豬文化。對龍的崇拜，源於對豬的崇拜。豬是人類最早飼養的牲畜。如果説動物是人類的朋友的話，那麼，豬是人類最早的朋友。豬改變了人類的生存環境，豬是人類最主要的肉食來源，豬一度還是一個家庭財富的象徵。把豬作為龍的雛形，是農耕社會圖騰崇拜的必然結果。

用黃土夯築的巨龍

　　在傳說中，龍是變幻無窮的。它能變得很小，也能變得很大，這種變化也反映在遠古人類製作的大小不一的龍體上。至今發現的原始人製作的最小的龍體只有幾厘米長，而最長的要數靜臥在人工開鑿的巨型壕溝中的內蒙古呼和浩特市清水河縣岔河口遺址的魚龍形雕塑了。

　　岔河口遺址坐落在方圓幾十公里的黃土高坡的制高點上。為了製作和保護這樣一條也許是從未有過的巨龍，當地的先民費盡了心思。他們先是人工開掘了一道大約深 4 米、寬 8 米、長 250 米的超巨型壕溝。當時還沒有金屬工具，全靠鈍笨的石器工具開挖，那要花費多少時間啊！然後，又在溝內選用黏性特好的黃土製作差不多與壕溝等長的巨龍。這也有個過程，首先得用黃土捏出龍的毛坯來，再用一種特製的工具加以夯實，那樣還不夠，還得用火烤乾。讓龍體乾透後，再讓能工巧匠刻上龍眉、龍眼、龍鬚、龍鱗、龍翅。整個製作完畢後，還要在整條龍的外表塗抹上防止龍體泥土變得鬆散和裂開的液態物料。

　　特別發人深省的是：巨龍眼的中部是一個巨大的孔洞，洞中埋葬着一具人殉。人殉的雙手被反剪在身後，整個人體呈跪姿。這是不是一種對人的警示呢？告訴人們，誰要是幹了不正當的事，龍是能明察秋毫的，最終必將受到嚴厲的懲處！

　　巨龍表現了原始人巨大的創造力，也反映出人們簡直難以估量的想象力。

　　中華巨龍是植根於黃土地上的。用黃土地的泥和水加以夯築製造出來的巨龍就更是耐人尋味了。

「人騎龍」蚌塑

在河南濮陽西水坡墓地，考古發掘中發現了三組大畫面的蚌塑圖形，是用蚌片擺塑而成，是仰韶文化時期不見於其他地區的大型藝術作品。

三組蚌塑的大致圖形是這樣的：

第一組：蚌塑安放在墓葬者的左右兩側，左為龍形，右為虎形。也許是遠古時代「尚左」的，這裏的意思是龍比虎更值得尊崇。

第二組：圖形有龍、虎、鹿和蜘蛛四物。龍背向北，頭向南；虎背向東，頭向北。龍虎聯為一體。有鹿形臥於虎背，龍前又有蜘蛛形，在蜘蛛與鹿之間放一精緻的石斧。

第三組：圖形有虎和人騎龍。龍背向北，頭向東，有一人跨騎於龍身上，雙手一前一後，極富動感。虎形在龍形的北面，作仰首奔跑狀。龍虎以西還有展翅的飛禽形，在龍與飛禽之間還用蚌殼擺有一個圓圈。

從龍的形態講，西水坡的蚌龍已經相當成熟，龍體活靈活現，有頭有尾，有足有鱗，張牙舞爪，形態十分生動。這裏的龍，已經初步具備了後來文明全盛時代華夏民族尊崇的藝術龍的基本特徵和形態，或者説，文明全盛時代的龍文化基本上是淵源於以西水坡墓地為代表的遠古文化的。

最值得注意的是，在這些蚌塑中，出現了人騎龍的故事和畫面。這可以説是龍觀念上的一個飛躍。大約在出現龍文化以後的長達1000多年間，總是人敬畏龍，把龍作為一種圖騰供奉着。而人騎龍告訴人們的是一則另一層面上的故事：人不只敬畏龍，人也可以利用龍，去翻江倒海，去騰雲駕霧，進一步説，人還可以征服龍呢！這一點，可以在諸多的神話故事中得到印證。在一些古書中，説黃帝曾經乘龍踏雲，巡視天庭。説顓頊帝曾經乘龍下海，遊遍四海。帝嚳就更

有趣了，他把龍當作交通工具，春夏的時候乘龍出行，秋冬的時候騎馬巡視。⑥

彩繪龍盤

　　晉西南的臨汾盆地，歷史悠久，文物古跡十分豐富。20 世紀 50 年代，考古工作者在相傳為「堯都平陽」的陶寺村發現了名震天下的陶寺古墓。這是有 1000 多座墓葬的規模浩大的古墓群，距今大約有 4500 年。

　　1000 多座古墓群，分為大、中、小三類。大墓葬只有 6 座，呈東南西北方向排列，略有錯落，墓中隨葬品豐富，最多的達 200 多件，其主人顯然是部落首領。中型墓葬 80 座，緊挨在大墓的旁邊，且多為女性，很可能是大墓主人的妻妾。餘下的都是小墓了，絕大多數沒有什麼隨葬品，顯然是平民百姓的墓葬。

　　最值得重視的是 6 座大型墓葬中的 6 隻彩繪龍盤了。

　　彩繪龍盤的內壁經過磨光處理，並以紅彩或紅白彩繪出一條蟠龍。蟠龍作蟠曲狀，頭在外面，尾在盤底的中心。龍為方頭，圓豆目，巨口，牙為上下兩排，長舌外伸，無爪，無角，既像蛇，又像鱷魚，是多種動物的複合體。不少陶器還以展翅飛翔的鳥紋裝飾。

　　這一彩繪龍似乎在告訴人們這樣一個故事：人類行進到原始社會末期，人與人之間的貧富差距、地位差異漸漸地拉大了，大墓、中墓、小墓的差異正好明白無誤地反映了這種社會狀況。「龍」從氏族和部落的公共圖騰，變為部落首領的專有物，實際上為後來稱君王為「龍種」埋下了伏筆。彩繪龍的金光閃閃的色澤，也告訴人們它的地位的尊貴。這種尊貴，倒不在於其自身，而在於佔有它的那個主人。

◆ 註釋：

① 聞一多：《神話與詩》，上海人民出版社，1982 年版。

② 「九似」説見於《爾雅翼》，其中説到：「九似者，角似鹿，頭似駝，眼似兔，項似蛇，腹似蜃，鱗似魚，爪似鷹，掌似虎，耳似牛。」

③ 《左傳·昭公十七年》：「太昊氏以龍紀，故為龍師而龍名。」在《史記·補三皇本紀》中，也有類似的記述。

④ 見何新著《談龍説鳳》，時事出版社，2004 年版。

⑤ 見常峻著《生肖》，上海辭書出版社，2004 年版。

⑥ 《大戴禮·五帝德》有言：「黃帝乘龍扆雲，以順天地之德。」「顓頊乘龍而至四海。北至幽陵，南至交趾，西濟於流沙，東至於蟠木。」「帝嚳春夏乘龍，秋冬乘馬，執中而獲天下。」

第十四卷

人文始祖

在陝西省黃陵縣城北 500 米處，有一座高高隆起的山，叫做橋山。橋山上古柏成林，鬱鬱蔥蔥，氣象萬千。橋山頂上有一座高 3.6 米、墓周長 48 米的高大陵墓，那就是中華民族的人文始祖黃帝的陵墓。

陵前有一座四角飛簷的祭亭，每至清明節，祭祖掃墓者都來陵前瞻仰和祭拜。他們有的來自大陸的各個省份，有的來自祖國的寶島台灣，有的來自世界的各個角落，他們有着一個共同的名字，叫做「黃帝子孫」。

要問人們為何對黃帝如此崇敬，答案只有一個，那就是因為黃帝是華夏子民真實意義上的「人文始祖」。如果說神州先民從 1 萬年前開始就向文明的門檻邁進的話，那麼，黃帝就是接過前 5000 年人們的接力棒，帶領人們跨越文明的門檻走好後 5000 年的途程的關鍵性人物。不管這個人物是一個實在的個體，還是一個集合的群體，他的子孫將永遠地記住他，並虔誠地祭祀他，追念他。

這就是普天下華夏子民的「黃帝情結」。

本卷要展示的正是黃帝永遠銘刻在中華民族史冊上的不朽業績。

雷神的兒子

　　在神話傳說中，黃帝被說成是雷神的兒子。其實，這只是一種神話創造者慣用的附會手法。事實應該是這樣的：在距今 4000 多年前的某一個夏日，少典國（其實是部落或部落聯盟）國君的妻子名叫附寶，一大早就起身準備外出，國君勸阻她：「你有孕在身，看來天氣又不怎麼好，不要出去了吧！」妻子附寶說：「不礙事，普通人家的女子懷着孕都外出幹活，當頭的哪能這般嬌慣！」說罷，就砍柴去了。

　　祁山腳下的原野狂風大作，雷電交加。在隆隆的雷聲中，附寶感到一陣又一陣的腹痛，趕忙冒雨回家，很快就產下了一子，他就是日後的「人文始祖」黃帝。①因為他降生在震耳欲聾的巨雷聲中，一傳十，十傳百，最後鄉里人就神奇地傳為「雷神之子」。

　　這個「雷神」的兒子，一生下來就有點與眾不同。他初生時就顯得很有靈氣，兩眼忽閃忽閃的，似有什麼話要跟人說。他說話也比一般人早，據《史記》記載：70 天內就能說話了，長到十四五歲，就已經頗通情理，能幫大人辦些事了。到 20 歲舉行「弱冠禮」的時候，他已是一個聰明絕頂、明辨是非的人了。

　　年輕時的黃帝，十分有才氣，也十分懂得艱苦奮鬥。他帶領着一批年輕人硬是在荒山上開墾土地，種植糧食，取得了很大的成功。在當時，解決吃飯問題是大事，黃帝帶領的團隊能使大家豐衣足食，威信馬上提高了。他還帶領大家把山與山之間的阻隔打通，開闢出了一條條道路。這樣，糧食的種子運得進去，收穫後的糧食運得出去。由於黃帝的努力，少典國成了四鄰各國的榜樣。

　　後來，黃帝的父親讓位於他，他就成了少典國的國君。當時的天下，四分五裂，據說有一萬個國家，實際上是成千上萬個部落和部落聯盟。他們之間為了爭奪地盤和勞動力，經常相互侵伐，戰事不斷，這就苦了百姓。黃帝把這些看在眼裏，很是傷心。他想統一天下，又

苦於沒有能征善戰的軍隊。

後來，他聯合四鄰幾個友好的國家，建立起了實力較強的有熊國。在以後的幾年中，黃帝又訓練了一支很有戰鬥力的軍隊，為以後更大範圍的統一做好準備。

黃帝辦事雷厲風行，扎實果敢，人們說：真不愧為雷神的兒子。

為和平而戰

黃帝對當時國與國之間互相征戰不已，百姓受苦受難的局面實在看不下去了，決定用武力改變這種局面。

黃帝一面進一步強化自己的國力。他把國力強盛的基點放在發展農業生產上。經過幾個年頭的努力，有熊國的國力大增。另一方面對那些暴虐的統治者進行征討。這就是史書上說的「修德振兵」。「振兵」的最終目的還是為了「萬國和」②，在不得已情況下發動的戰爭，最終還是為了和平。在統一天下的戰爭中，其中有決定意義的戰爭有兩次：一是涿鹿之戰，二是阪泉之戰。

涿鹿之戰是黃帝與炎帝聯合起來同蚩尤之間發生的一次戰爭。據說，黃帝與炎帝是兄弟關係，所以，中華兒孫又常稱自己為「炎黃子孫」。黃帝居於黃河流域，炎帝則居於南方較為炎熱的地方，大概在江淮一帶。他們之間的經濟發展水平差不多，利益上較為一致。蚩尤傳說中是九黎族的首領，九黎有九個部落，每個部落又有九個氏族，九九八十一個氏族互稱兄弟，是一股很大的勢力。傳說九黎族人獸身人言，銅頭鐵額，頭上長角，是很強悍的部落。據說當時蚩尤發動爭戰，不服從黃帝的命令。當炎帝族的一支向東發展時，就不可避免地在涿鹿的郊野發生了一場戰爭。涿鹿之戰中，炎黃聯軍調動熊、羆、貅、貔、貙、虎等為圖騰的氏族為先鋒，與蚩尤作戰。蚩尤當時已有

了先進的金屬武器，軍事上一度佔有優勢。蚩尤還利用多霧的天氣向炎黃聯軍發起總攻，炎黃部隊這時發明了指南車，在大霧中能清晰地辨別方向，最後擊敗了自己的對手。蚩尤敗走南逃，被黃帝部隊擒殺於冀州之野。黃帝的先頭部隊一直打到山東，在泰山舉行了祭祀儀式，實際上是一次勝利的慶典。

黃炎聯合打敗了蚩尤後，他們自身的矛盾突現出來了，最後導致了「阪泉之戰」。炎帝與各國的關係不太好，經常侵犯凌辱諸侯，而黃帝修治德政、順應四時五方的自然氣象，種植黍、稷、菽、麥、稻等農作物，得到了大多數諸侯國的擁護。後來黃帝教導以熊、羆、貔、貅、貙、虎為圖騰的氏族習武，和炎帝在阪泉（今河北省懷來縣境內）的郊野作戰，經過三次大戰，炎帝被打敗了。這次戰爭的結果有點出人意料，戰後表面上黃帝部族控制了南方地區，而實際上炎帝部族與黃帝部族加強了融合和滲透，變得你中有我，我中有你，為華夏族的形成奠下了很好的根基。因此，後人也就習慣地把炎、黃並稱，並將炎、黃都看成是中華民族的始祖。

在黃帝領導下，炎、黃、九黎之間大的矛盾解決了，其他矛盾也就容易化解了。當時，天下有不順從的勢力，黃帝就去征討，平定之後就離開這個地方，還披斬山林草木開通道路行進，方便各族往來。這樣一來，「天下」的氏族、部落都歸順了黃帝。長期以來解決不了的所謂「萬國紛爭」的局面結束了，出現了前所未有的「萬國和」的大好形勢。這個功勞主要應歸於勞苦功高的黃帝。

各族共祖

黃帝率軍蕩平了那些為非作亂的酋族首領後，第一次實現了「萬國和」，大家都感激他，擁戴他，把他推上了「萬國」共祖的寶座。

據《山海經》記載，西藏地區西部的阿里地區，就是華夏民族的古崑崙之丘，也就是所謂的「軒轅之丘」。軒轅就是黃帝。按照神話傳說，黃帝是由西藏地區走向中原，走向整個中華大地的。

在一本《雲笈七籤》的古書中，說到了黃帝戰蚩尤的故事。說苗族的遠祖曾與蚩尤聯盟對抗黃帝，蚩尤戰敗被殺後，黃帝就「擲械於大荒之中」，表示以後再也不會有戰爭了，這所擲之「械」，後就化為一片「楓木之林」，這可說是和平的象徵。苗族的祖先感激於黃帝的寬宏大量，就拜「楓木之林」為自己的祖先，實際上也認同了黃帝。

毫無疑問，黃帝不只是中原地帶民眾的祖先，也是華夏大地上 56 個民族的共祖。相信隨着文史資料的發掘，它將得到進一步的證實。司馬遷四面八方走了一圈，「長老皆各往往稱黃帝」，到處都稱自己是黃帝子孫，這說明黃帝的影響之深之大。

巡視四方

萬國歸順以後，黃帝還是安不下心來。他覺得還有很多很多的事情要做。他要親自到四面八方去走一走，看一看。

黃帝帶着自己的隨從，從有熊國（今河南新鄭一帶）出發，一直往東走。沿途到處還可以看到戰爭留下的狼煙。一些妻離子散的遊民在道路旁呻吟。黃帝看到這些，禁不住流下淚來，說：「以後再也不能有戰爭了，要讓百姓過上安穩的日子。」他來到海邊，壯闊的大海賦予他激情，從而更堅定了他除暴安貧的決心。他又一次登上了泰山，在泰山頂上舉行了祭祀天地的典禮。

黃帝接着返身向西走。他特意來到狀如鳴雞的雞頭山（今甘肅一帶），拜訪了正在山中修道的廣成子，並在那裏住了一些時日。他拜廣成子為師，向他誠心誠意地求教。廣成子看他真誠，就向他傳授了如

何順應自然規律來管理社會的道理。③這使黃帝得益匪淺，後來他在管理社會中注重於「以德治國」，並被後世尊為「自然之經」的始祖，跟這次巡行中向廣成子學習分不開。

離開了雞頭山，黃帝一行的行蹤就折向南方。在跨越了長江以後，來到較為僻遠的三湘地帶。這裏與黃帝原先居住的中原地區民風民俗不盡相同，但對於黃帝的到來都表示了極大的歡迎。黃帝一行興致勃勃地登臨了熊山。望着酷似一頭昂首雲天的巨熊的山巒，黃帝情不自禁地想起了自己的故國有熊國，一種親切感油然而生。緊接着，黃帝一行又登臨了湘山，在那裏聽到了許多聞所未聞的傳奇故事。

最後，黃帝一行又轉身北行，在北方與那裏的少數民族葷粥（即漢時的匈奴）相遇。由於當時地處邊遠的這些少數民族對黃帝不太了解，發生了一些摩擦。黃帝是有備而來，他帶領的部隊把葷粥打敗了，葷粥的大部向更遠的北方逃跑了，有一小部分留存下來，成為整個祖國大家庭中的一員。

這次巡行雖說是很艱難，但也很有價值。它對華夏民族的形成，對境內百姓的團結，起了很大的作用。黃帝每到一地，就勸說當地的頭領跟着他一起到各處去走一走，看一看。這樣，黃帝的這支巡行隊伍越走越龐大。四方巡行結束後，黃帝就把中華各地區的頭領帶到東海中的一個小島釜山去集會，這就是有名的「合符釜山」。釜山，風光秀麗、氣候宜人，山中常有黃雲飄拂和環抱。人們一到那裏，就感到是個好兆頭。黃雲，是一種瑞雲，它不正在告訴人們：黃帝的成為王者，是上符天命下合民意的麼？黃帝帶領大家在那裏集會，最後開成了一個團結的會，誓師的會。

「合符釜山」辦了三件要事，一是「萬國」推黃帝為共主；二是合符契，用統一共認的圖騰 —— 龍，作為中華民族的符契，這是中華民族大融合、大統一的標誌；三是定都涿鹿，就是在涿鹿山邊的一塊空地上建起了都城，即黃帝城。合符文化是以炎、黃、蚩三大始祖為代表的中華先民們留給我們後人的一筆最古老、最基本、最精華的精神

財富和文化理念，是博大精深的中華文化的基石和主根。

播撒「人文」

　　作為「人文始祖」的黃帝，他的最大功業就是在中華廣袤的大地上播撒了「人文」的種子。

　　關於這方面的傳說故事，實在太多了。

　　黃帝制定了一套上下尊卑的禮儀制度，要求人人都遵守相關的法規典章，按照「萬國和」的總體原則處理氏族與氏族、部落與部落、人與人之間的關係。「順天地之紀」，天人合一，人際關係也應該用順其自然的法則去治理。

　　黃帝十分注重文化建設。據傳，比較成體系的文字起於黃帝時代。黃帝對負責管理教化的官員倉頡說：「你跟大家商量一下，努力創造出一種文字符號，這樣既可以便於人們之間的溝通，又可幫助記憶。」倉頡是一個很有智慧的人，他仔細研究了在他以前數千年來人們刻畫在陶器上的、描繪在石壁上的資料，並從飛鳥和走獸的活動蹤跡中深受啟發，創造了文字。這是一件驚天動地的大事。

　　黃帝十分關心民眾的生活。他在前人已有發明的基礎上，教會更多的人去建造屋宇，去種植桑樹，去飼養家蠶，去縫製衣服，還發明了一種被稱為「冕」的帽子。他的妻子嫘祖就是以絲紡織的第一人。有些書上說，是黃帝「始造釜甑」，這當然是有點誇大的。事實上早在黃帝前四五千年，就有了釜與甑，不過當時還說不上普及。黃帝讓更多的人懂得使用釜甑，《管子‧輕重戊》中寫道：「黃帝鑽燧生火，以熟葷臊，民食之無腸胃之病。」這話也是有道理的，因為在黃帝之前，人們還沒有普遍注意到這一點，經黃帝一提倡，局面完全就不同了。

　　最為重要的是，黃帝十分重視農業生產。在農業生產方面，該

想到的他都想到了。在中原地帶，當時農業有了很大的發展，但在邊遠地區就差得多，黃帝專門設立農官，致力於先進農業技術的推廣。在黃帝的努力下，在廣袤的中華大地上人們都懂得了怎樣按時種植各種穀類，怎樣收割和收藏，怎樣製作可口的食品，怎樣馴化獸類和禽類，怎樣宰殺肉食類動物。黃帝還教育百姓動手與動腦並重，史書上稱為「勞勤心力耳目」，使人們變得更聰明。他教導人們按照日月星辰的變化安排生產和生活；教人們學會改善土壤，保護土地的肥力；教人們學會利用水源，除了用水溉田外，還要用土壤和石塊築起牢固的防護堤，為的是防禦水患。黃帝還特別強調節約，要求「節用水火材物」——水資源要節約，火要謹用，木材和其他一切財物都要注意節約。司馬遷在《史記·五帝本紀》説：黃帝「有土德之瑞，故號黃帝」。黃帝真正是華夏這塊黃土地的主宰和精靈。

黃帝有一個大號，叫做「軒轅氏」。這個大號很有意思。軒轅除可釋為星座外，還可作這樣的解釋：「軒」指的是古代一種有帷幕的車的前面高起部分，「轅」是車前駕牲口用的兩根直木。這樣看來，作為「軒轅氏」的黃帝肯定是個造車的能手，説黃帝發明了車也是有據可依的。有了獨輪的手推車、雙輪的木板車，有了牛拉或馬拉的篷帳車，人類的生產和生活又大大推進了一步。與車具有同等意義的船，據載，也是黃帝發明的。

黃帝在人們的生產和生活中播撒了如此多的人文種子，由此，這塊東方文明古土上的後代子孫尊之為「人文始祖」，也是理所當然的了。

「黃帝四面」

在中國古代的種種傳説中，有「黃帝四面」之説。一看到這種提法，馬上有人會大為驚訝地問：「怎麼了，黃帝有四張面孔嗎？」是的，

確實是這樣的。在黃帝廟（明堂）中掛的黃帝像就有着四張面孔，一些古代書籍也有此説。④但對何為「四面」的詮釋，歷來是眾説紛紜。我們對此作一番簡略的考察，相信也是很有意思的。

「四」，在中國，乃至世界，是一個充滿豐富意蘊和神祕色彩的數字。年有四季，地有四域，位有四方，時有四期，人有四情，界有四至，神有四神，西方則有所謂「伸向四方的十字架」。在這裏，「四」代表着一種靜態的、永恆的完美。

由此觀之，「黃帝四面」的主旨應該是一種完美，一種至高和至上。它的內涵是十分豐富的，包括了方位的、情感的、人事的諸要素。

「黃帝四面」代表着四個方位。當時傳説中有東方之帝，西方之帝，南方之帝，北方之帝，而黃帝居於中。他的四張面孔是朝向四方的，無論在什麼地方發生什麼事情，都逃不過他的眼睛。在這裏，「四面」具有明察秋毫的意思，也有調和四方，使之和諧的意思，黃帝真正把關懷送到了四方。

「黃帝四面」透露着四種情感。簡單地説，它昭示着人世「四情」——喜、怒、哀、樂。具體到黃帝身上，「四面」實際上是説他以民之喜為喜，以民之怒為怒，以民之哀為哀，以民之樂為樂。這種與民同喜、同怒、同哀、同樂的觀念後來發展成為一種綿綿不絕的民族文化和民族精神。

「黃帝四面」標誌着使用輔佐人物的四條準則。在一本古書中説到這樣一則故事：

一次，學生子貢問：「聽説古代的黃帝有四張臉，可信嗎？」

孔子回答説：「『四面』的意思是，黃帝選取符合自己要求的四種人（或説是四個人）輔佐自己治理國家，讓他們管理四方，結果農業發展了，什麼事都辦成了，這就是『四面』的意思。」⑤

黃帝需要怎樣的四個人或四種人呢？史書上説是風后，是力牧，是常先，是大鴻。一切都清楚了，他要的輔佐之材是：辦事雷厲風行的人（風后），為民盡心盡力的人（力牧），幹活一馬當先的人（常先），

志向高遠宏大的人（大鴻）。有了這樣四種人，還怕辦不好事？黃帝自身就是集這樣四種品格於一身的聖人！

這就清楚了，「黃帝四面」表述的實際上是中國人心目中的一種理想人格。古來崇尚黃帝，無非就是崇尚以風后、力牧、常先、大鴻為標誌的理想人格。

子孫萬萬代

作為一個具體的人，有生必有死。黃帝也是這樣。關於黃帝的死，所有文獻資料都沒有作過多的渲染，從感情上說，這也是可以理解的。有的書說，黃帝活了 111 歲，他是一直勞作到最後一息的。有的書寫道，黃帝晚年，自知將不久於人世，就早早地安排了後事，將死之時，他與群臣開了一個告別會，把該囑託的事都講清楚了。死後，就還葬於自己的故鄉橋山，一切都從簡。

但是，從心願上講，人們是不希望黃帝這樣的中華第一聖人死去的，於是，就有了種種美麗的傳說故事。說黃帝晚年採首陽山的銅，在荊山腳下鑄成了一口中華大鼎，用以標誌事業的成功。鼎成的那天，突然雷鳴電閃，黃雲密佈，從翻滾的雲層中垂下一條盤曲矯健的黃龍來，直向黃帝飛來。黃帝似早有預約，馬上乘上龍背，沖天而去，身邊臣子及後宮嬪妃同去者 70 餘人。這壯觀的一幕，被後人鑄造在了黃帝廟後院的石壁上，成為人們一種永遠的思念。

在人們的心目中，黃帝是不死的。

人們永遠地思念着黃帝。一次，孔子的學生宰我問孔子：「我聽人說，黃帝有三百年，請問先生，黃帝是人，還是神呢？為什麼說他至少活三百年呢？」孔子回答道：「黃帝百年而亡，這是事實，但是，他活着時，人們得到他的利益是一百年；他死後，他的精神至少要影響

一百年；再往後，他的教誨和治世的道理也至少要管一百年。加起來，不就是黃帝三百年嗎？」

黃帝真正是不死的，他的魅力是永遠的。

更為重要的是，普天下的華人，不管他們寄居於何地，也不管他們的國籍是否發生變化，他們全都承認自己是黃帝子孫。他們從血脈上、從文化上是與黃帝一脈相承的。在他們的血管裏，流淌的還是中華兒女的血。他們永遠不會忘記自己的人文始祖黃帝。這真是：黃帝子孫萬萬代，中華文明代代傳。

◆ 註釋：

① 《史記正義》引《輿地志》云：「（黃帝）母曰附寶，之祁野，見大電繞北斗樞星，感而懷孕。二十四月而生黃帝於壽丘。」這裏是真真假假。黃帝母附寶在生黃帝時「見大電」（實際是大雷雨）恐是真，現實的可能性也最大。而所謂「見大電」「感而懷孕」中的「懷孕」實為生養孩子的移花接木，為的是追求傳奇故事的新奇效果。至於「二十四月而生」云云，那是一種無稽之談了。

② 《史記・五帝本紀》云：「（阪泉之戰後）置左右大監，監於萬國。萬國和。」這裏關鍵的一句是「萬國和」。戰爭不是為了吃掉哪個，而是為了使萬國和諧相處，和諧發展。這一精神歷來沒被人重視，如今要把它發掘出來。

③ 《抱朴子內篇》有云：「黃帝西見中黃子，受九品之方，過空桐，從廣成子受自然之經。」司馬遷把空桐、雞頭看成是兩座山，但也有學者把它看成是一座山的，引者從後說。「自然之經」，也就是無為無不為的道家學說。

④ 在 20 世紀 70 年代，長沙馬王堆 3 號漢墓出土了戰國佚書四種，其中的《十六經・立命》明確記載了黃帝的模樣，說是「方四面，傅一心」。

⑤ 《尸子》：「子貢曰：『古者黃帝四面，信乎？』孔子曰：『黃帝取合己者四人，使治四方，不計而耦，不約而成，此之謂四面。』」孔子這裏說的「四人」，在《史記》中形象化為活生生的四個人，即所謂「舉風后、力牧、常先、大鴻以治民。」（《史記・五帝本紀》）

第十五卷

五帝一脈

　　五帝時代在中國歷史上是一個大變革的時代。它處於漫漫的原始社會的最末葉，距今大約有 4000 年。從這一歷史時期開始，中國歷史進入了有名有姓、有人有事、有較為具體的歷史細節和故事的階段。歷史的朦朧面紗漸次被揭開，歷史的清晰度大大提高了。從黃帝這位中華第一帝起始，到舜這位第五帝為止，大約經歷了 10 代人。依中國傳統的一代為 30 年計，大約有 300 年的歷史，相當於後來階級社會中的一個王朝的壽命。顯然，五帝之間並不是十分連貫的，在 300 年間，只是選取了五個傑出的部落聯盟首領拉起一條主線，用以描述歷史的大致態勢和走向。

　　這是一個真正的山雨欲來風滿樓的時代。此時，綿延幾十萬年的氏族公社的遺風猶在。氏族成員間基本上保持着一種平等的關係，大部分財物也還是公有的。氏族和部落的首長還只是充當公務員的角色，五帝的艱苦奮鬥和自律自勵，令世代人永生敬慕之心。但是，生產的發展和財富的增多，必然引起私欲的膨脹，不平等的種種跡象已初見端倪。最後，到他們的後繼者第六帝禹時，終於不可避免地產生了傳子制度。

　　一種全新的制度誕生了。

黃帝子孫

　　黃帝處於中國原始社會的末期（也就是史學界所謂的中華族群、中華酋邦時期）。當時實行的是男子佔統治地位的父系制度。一個男子有一個主妻，同時又可以娶多個女子為妻為妾。黃帝作為部落聯盟的首領，他當然也是多妻的。他生育有諸多子女，其中男性相傳有 25 人。黃帝居住在軒轅之丘，並娶了西陵國的女子為妻，這就是嫘祖。嫘祖是黃帝的正妻，生了兩個兒子。這兩個人的後代都掌管過整個天下，一個叫玄囂，又叫青陽，下封到地方，居住在江水之濱；另一個叫昌意，下封到地方，居住在若水。昌意娶了蜀山氏的女子為妻，她叫昌僕，生了兒子高陽，高陽就是帝顓頊。

　　據說，黃帝的 25 個兒子，後來得姓的有 14 人，14 人中有 3 人同姓，因此實際有 12 姓，分別是：姬、酉、祁、己、滕、葳、任、荀、僖、姞、儇、衣等，最有名的當然是姬姓，後來周王朝的統治者就是以姬為姓的。這些姓氏都在中國歷史上留存了下來，他們的活動地域大致上是在中原地帶。14 個兒子外的其他 11 個兒子，被稱為沒有「得姓」的。所謂「得姓」，是得中原一帶的姓。這 11 人，大多流落到了所謂蠻夷地區，成了那裏的領袖人物。這樣看來，黃帝的兒子活動的蹤跡就遍及中華大地了。

　　更為有價值的是，在中華歷史的綿綿發展歷程中，黃帝子孫成了一條發展的主線。從黃帝開始的五帝時代，都與黃帝有關。黃帝是五帝中的第一帝，第二帝是顓頊，是黃帝之子昌意的兒子，也就是黃帝的孫子；第三帝高辛，是黃帝的曾孫；第四帝堯是高辛的小兒子，離黃帝又遠了一代；第五帝舜是黃帝的九世孫。這樣看來，其中雖然有些錯亂，但五帝的聖統大體上還是清晰可辨的。

　　其後的夏、商、周三代，也是黃帝的直接傳人。夏的第一帝是禹。司馬遷在《史記》中排世系時不太準確，但說禹是黃帝之子顓頊

的後裔，該是確定無疑的。商的始祖被稱為殷契，始封商。他的母親是黃帝的曾孫帝嚳的女兒，由於年代久遠，世系上可能有點亂，但是黃帝子孫也是可以肯定的。周的遠祖是后稷，他的母親叫做姜原，據傳，姜原是黃帝曾孫帝嚳的妻子。這些都告訴我們，三代領袖的遠祖都與黃帝血脈相連。

「靜淵有謀」的顓頊

顓頊是黃帝的孫子，長大後幫助父親昌意治理若水，很有成就，在百姓中名聲也好。黃帝來到若水，對顓頊進行了一番考察，最後下了這樣一個結論：「顓頊這孩子不差，在他身上有聖人之德，是可以擔起大任的。」黃帝晚年要卸任時，就向大家推舉顓頊，萬國首領議論後，同意了，一致選舉顓頊為帝。

在顓頊接任時，黃帝對他諄諄教導：「我在西巡時，聽廣成子講述過『自然之經』。社會貴在和諧，辦事重在順應自然，天下還是要以靜養為主，切不要輕舉妄動。」顓頊真誠而虛心地說：「我記住了，我一定遵循自然之道，在沉靜中求發展。」

在顓頊當政的時日裏，他牢牢地把握住了一個「靜」字。

顓頊把主要的精力放在農事上。他注意開墾土地，培育各類作物品種，讓每一寸土地貢獻出更多的物品來。他讓一些學有專長的人精心研究天象，制定了著名的「顓頊曆」。他按照天時種植莊稼。他要求民眾安下心來從事農業生產，凡是在農業生產上有出色成績的都會受到鼓勵。經過多年的努力，天下出現了豐衣足食的吉兆。百姓讚揚顓頊：「顓頊帝像高懸在碧空的太陽，懂得養材以任地，懂得載時以象天，這真是百姓的福分。」因為民眾把顓頊看成太陽一樣，因此後來他有了一個「高陽」的大號。

「靜」還表現在重視教化上。他教育民眾了解四時五行之氣，依照自然規律辦事。他教育民眾要協調好人際關係，不要有無謂的傷人也傷己的爭鬥。他教育民眾要以潔淨虔誠之心進行祭祀活動。

在顓頊的有力領導下，天下一片升平景象。他所統治的地域比黃帝時還要廣闊。北到幽陵，南到交阯，西到流沙，東到蟠木，都納入了他統治的範圍，正如有人頌揚的：「只要日月照到的地方，都歸顓頊管理。不只各地的人民都歸順了，就連天上的飛鳥，地上的走獸和植物，以及陰間的鬼神，都在他的管轄之內。顓頊真偉大啊！」

「修身而天下服」的高辛

由於過分的操勞，顓頊晚年身體不怎麼好。他就找了自己的侄兒高辛作為助手，幫助料理一些庶務。^①當時，高辛還只是個 15 歲的小孩子，可是人很聰明，善於觀察，有預見能力，辦事也相當地老練持重，還懂得愛護人，關心人，急人所難，這些都深得顓頊的歡心。在以後的年月裏，高辛幫着辦了不少的事。十年過後，顓頊感到身體越來越不行了，他考慮到了自己的後繼者問題。當時雖然還是實行公眾推舉制度，但前任者的提名還是有着舉足輕重的作用的。如果要他提名的話，他當然會提高辛。

有一天，他把高辛找來，對他說：「你已經幫着我幹了那麼多年了，看得出，你是有能力的，也有很高的熱情，但我要提醒你一句，當領袖的最重要的一件事是修身，這是一件真正的終身大事。仁愛又有威嚴，慈愛又很篤實，修善自身而使天下誠服，也就是說，只有在修身上做得完美無缺的人，才會深得眾望，才會讓天下信服，也才當得起部落聯盟首領的大任。」

高辛流着淚回答：「叔叔，您的話我記住了，我是不會忘記的。可

是，您得保重自己的身體啊！」

顓頊還是不放心，繼續叮囑道：「不只要記住，最重要的還是要做，要做……」

高辛跪倒在叔父面前，宣誓似的朗聲作答：「叔叔，我說話是算數的。我不只記住了，我還會認認真真地去做，當好修身的模範！」

顓頊這時才放心地點了點頭。

顓頊是在 98 歲那年去世的，那年高辛正好 30 歲。論才論德，高辛都出人頭地，他很自然地被推上了部落聯盟首領的位置。

高辛一點也不敢粗疏，他把叔父教導的「修身而天下服」六個字刻在石板上，放置在自己住的廳堂裏，日夜對照。

在他的帶領下，當時的老百姓都過上了好日子，可他的一家人的衣着總是如同一般民眾那樣普通，有時還穿着打補丁的衣衫，吃的也是粗糧。有人勸他不要這樣，自己也可以改善一下了，他笑笑說：「這叫做『普施利物，不於其身』，顓頊帝不是說『修身而天下服』嗎？我不這樣做，怎能使人們心服？」所謂「普施利物，不於其身」，就是說，普遍佈施利於他人的恩德，卻不及於自己本身，換言之，毫不利己，專門利人。

在當時，水患是常有的事。每當某處河口有事時，他總是親自趕往那裏。有人勸他：「您下面有專管水事的官員，何必躬親呢？」高辛回答道：「這樣的大事怎能不躬親？我這樣做叫做『順天之義，知民之急』，顓頊帝不是說『修身而天下服』嗎？我不這樣做，能使人心服嗎？」

生活條件改善了，有些人就浪費起來，把好端端、白花花的米飯扔在地上不吃了。高辛看到這些很不高興，他把米飯拾起來，抹乾淨後吃了，對眾人說：「可千萬不能浪費啊！『取地之財而節用之』，這是人的最起碼的道德。懂嗎？」大家被他的以身作則感動得淚流滿面，說：「高辛治理天下，像水灌溉農田一樣，平等而公平地遍及天下，日月所能照射到的地方，風雨所能吹淋到的境界，沒有不服的。」

高辛帝一生都以「修身而天下服」為行為準則，深得民眾讚譽，眾人稱讚他「其色鬱鬱，其德嶷嶷」，即稱他是一個神態鬱鬱然非常莊重、道德嶷嶷然特別高尚的好首領。

「曆象日月」的堯

在五帝中，堯是第四帝，大家對他也比較熟悉。他是第三帝高辛的兒子。

高辛晚年，部落聯盟的首領傳子和傳賢的矛盾比較突出了，也就是部落聯盟首領的權威正漸漸蓋過集體的力量。高辛比較喜歡大兒子摯，並有意將部落聯盟首領的職位「傳」給他。高辛把這個意思講出後，大家也就「一致通過」了。摯名正言順地登上了「帝」位。摯是堯的同父異母兄長。

摯登上「帝」位後，對堯還不錯。他封堯在唐，稱唐侯。摯一幹就是九年，但是，沒有什麼政績，而他又體弱多病，很少能外出考察，下面議論紛紛。而作為唐侯的堯卻幹得很出色。他雖然既富又貴，但對百姓從來很謙恭，就是對老、弱、病、殘者也關懷有加。他外出時，常常戴着一頂退了色的黃色帽子，穿着黑色的士服，乘着沒有文飾的極為普通的車子，駕着一匹樸素的白馬，出入於民眾之中。他與族中的親友，與朝中的百官，與其他諸侯國，都能友好相處，得到人們普遍的好評。摯自知維持不下去，就提出辭職，讓堯來幹。他這一說，大家馬上都贊同了。②

堯當上部落聯盟的首領後，第一件關心的是制定曆法，也就是古書上說的「曆象日月」。他很清楚，沒有一部適宜於農時的曆法，要想進一步發展農業是不可能的。他讓這方面有興趣的人自願報名，組織他們學習。人們對此很感興趣，積極要求參與其事的有七八十人。堯

把這些人召集起來，對他們説：「你們要好好地學，弄懂日月星辰的運行軌跡，然後制定出曆法來，再把曆法知識傳播到百姓家去。你們要好好幹，我就在你們中間選拔出領頭人來。」

經過一段時間學習後，選拔出了羲仲、羲叔、和仲、和叔四人作為領頭人，帶着隊伍去四面八方進行考察研究。

羲仲帶着一批人來到一個名叫暘谷（暘同陽，暘谷，意為陽明之谷）的地方，那是傳説中太陽升起的地方。他們在暘谷尋找日夜長度均等的時刻，以及傍晚鳥星（朱雀七宿）在正南方出現的時刻，依據這景象定準「仲春」（也就是後來的「春分」日）。

羲叔帶着一批人來到了一座叫南交山的地方，每天都記下日影。他們經過一個年頭的努力，終於測出了白天最長的時日，那天傍晚火星正好在正南方出現，這一天定為「仲夏」（也就是後來的「夏至」日）。

和仲帶着一批人來到了一個叫昧谷的地方，恭恭敬敬地觀看太陽是如何沒入地平線。他們發現，當傍晚虛星在正南方出現的時候，那天日夜長度均等，也就是「仲秋」時分了（也就是後來的「秋分」日）。

和叔帶着一批人來到了北方一個叫幽都的地方，測定何時白天最短、黑夜最長。他們發現當傍晚昴星在正南方出現時，白天正好是最短，於在把這一天定為「仲冬」（也就是後來的「冬至」日）。

在整個考察過程中，堯只要有空，就到觀察站與大家一起研究。考察工作完成以後，堯又把大家召集到一起，對他們説：「你們做了一件很大很大的大事，也做了一件很好很好的好事，從此以後，農事就有規可循了。到仲春時，就可以讓大家都到田野裏去耕作了，這時鳥獸也正在乳化交尾；到仲夏時，就可以組織夏收夏種了，可千萬不能誤了農時；到仲秋的時候，秋高氣爽，要提醒百姓可別忘了抓緊秋收呵；到仲冬的時候，鳥獸都懂得把羽毛長得毛茸茸的，人們可不能忘了冬藏這樣的大事。」

這時，有人發問：「太陽繞黃道一周天（就是一年），是 365 又四分之一天，一年以大月小月各半計，每歲大約有 6 天的餘數，怎麼辦？」

堯想了想說：「那就三年設置一個閏月吧！」

最後，堯對大家說：「這曆書的事，不只我們這些人要知道，更重要的是讓廣大種田人都知道，大家要下去宣傳指導。在堯的提倡下，農曆知識很快就傳播到了千家萬戶，農業也呈現出欣欣向榮的景象。

堯舜禪讓

這是五帝時代的一段佳話。

「禪讓」這個詞的使用，本身就很有意思。「禪讓」是什麼意思？所有詞典上都說，是指原屬於自己的帝位轉讓給不屬於自己血統的賢德之人。按理說，在原始公社制社會中，部落聯盟的首領是民選的，本來就不屬於一家一姓所有，何來轉讓之理？

原來，所謂「五帝時代」，本身就處於原始社會的最末期。這是一個大轉變的時期。當時總體上還實行着財產的公有，人與人之間基本上是平等相處的。但是，把戰俘作為奴隸的現象已經出現，而且有愈演愈烈之勢。氏族內部也產生了分化。氏族和部落首領的權威大大增強了，尤其是部落聯盟首領（當時已稱為「帝」）的權威日益提高，且有世襲的趨勢。選舉制度往往流於形式。常常是老的部落聯盟首領提出一個名單，大家通過就是了。一些人為了討好首領，還主動提名首領的兒子呢！五帝中的第三帝高辛不是一度傳給了自己喜歡的大兒子摯嗎？這樣做，不少人也認為沒什麼不適宜的。

五帝中的每一帝都站在傳子還是傳賢的十字路口。

堯大約當了70年的部落聯盟的首領。晚年的時候，他也一直在認真地考慮自己的後繼者的問題。

當時有不少人討好地說：「首領，就傳給您的兒子丹朱吧。」

「為什麼非得是他？」堯反問。

「他是您的大兒子，他有能力接好您的班。」有人這樣説。

「不行，絕對不行！」堯十分明確地大聲説，「我一共有十個兒子，大兒子丹朱是不肖之子，其他幾個也是不肖之子，都不足以管理天下。我絕不能為了一家一姓之利而去危害天下。」③

堯有如此堅決的態度，大家就再也無話可説了。

堯叫大家到各處去找，不管是親是疏，不管是貧是富，只要有德有才，都可繼任為部落聯盟的首領。

後來，有人向堯推舉道：「有一個人，生活在民間，尚未娶妻，他叫舜。他的父親是個瞎子，母親已經過世，其父為他娶了個後母，也不太賢慧，有個後母生的弟弟，很是狂傲無理，但舜還是能孝順父母、和睦兄弟。這個舜辦事也利索，待人也好，在鄉里名聲好得很。有人還説，舜，聖人也。」

堯聽了，説：「這樣的人不差，可以試一試。」

後來的三年裏，堯對舜進行了種種測試。先是把自己的兩個女兒嫁給他，從他怎樣對待她們看他的為人。還派了九個男子和他相處來觀察他在社會生活中的表現。舜把兩個妻子安排在自己的家鄉，教導她們要孝敬尊長，愛護子弟，一切都符合婦人之道。這樣做使堯很滿意。後又讓舜宣揚基本的倫理道德，舜做得也很完滿。還讓舜擔任多種公職，事情辦理得井井有條。要他到國都的四門去接待賓客，賓客與主人之間一片和睦，諸侯及遠方賓客都很恭敬。堯又讓他進入原始森林拓荒，他能在暴風雨中都不迷失方向。看到這些，堯心裏認為舜有「聖智」，便召來舜説：「你謀劃的事情都很周密，你所説的都能做到，有實績，現在，三年的考察期已經到了，你來登帝位吧！」舜認為自己德望不能勝任，再三推讓，堯不同意舜的推託，一定要舜登帝位。

堯選了正月上旬的一個吉日，在堯的文祖廟（即堯的太祖廟）舉行了莊重的禪讓儀式。在儀式上，堯發表了長篇講演，着重表彰了舜的品行才德，並聲明從此由舜來行管理一切的大事，任何人都不得違抗。儀式後，堯就養老於家，舜開始代行帝命。

堯退休後 28 年才去世。對堯的去世，百姓十分悲哀，像死了自己的父母一樣號啕大哭。天下人 3 年內不舉行任何文娛活動，舜也為堯守孝 3 年。

　　3 年期滿後，舜為了讓位給堯的兒子丹朱，自己避居到了南河以南的鄉下去。可老百姓不答應，紛紛投奔舜，氏族和部落的首領也全都到舜這裏來朝覲，表示歸順舜，一些人還編了歌曲頌揚舜。舜感歎道：「讓我為帝，看來這是天意吧！」於是，便正式就任部落聯盟的首領，世稱「帝舜」。

大孝子舜

　　在中國歷史上，舜算得上是最早的一個大孝子了。他得以繼承帝位，與他的孝行分不開。

　　舜早年雖然十分貧困，而且流落在民間，但細細排算起來，他還是黃帝的直系後人呢！從舜往上推八代，始祖就是黃帝。他的六世祖，就是赫赫有名的第二帝顓頊。不過，自他上溯五代，都不顯赫，只是普通的百姓人家。

　　舜的父親名叫瞽叟，這個名字可真有些來頭。「瞽」，在當時一般指那種既瞎了雙眼，又分不清好惡的人，再配上個「叟」字，說明這個瞎眼人真是越老越糊塗，越分不清好壞。他在妻子死後，娶了個後妻，一面拚命地庇護後妻生的小兒子象，一面還再三地要謀害舜。

　　可舜一面平時防着點，一面還是真心實意地孝待着父親。只要父親要辦什麼事，他馬上就會出現在父親身邊。

　　有一次，建造在舜家門前的倉廩上出現了漏水現象。瞽叟以為這又是殺害舜的好機會，就一再催促他上廩頂去彌合縫隙。舜見是父命，就答應了，但心中還是防備着。他剛上得廩頂，瞽叟就在下面放起

了一把火，想把舜活活燒死在上面。這時，聰慧的舜手握兩頂斗笠像鳥一樣的從倉廩頂上飛了下來，逃離了火境，自己竟一點兒也沒傷着。

又有一次，瞽叟要舜去挖井。舜想，家中原來那口井有點不頂用，應該打一口新井了。於是，他認認真真地打起井來。等舜深入井底的時候，瞽叟叫來小兒子象，叫來後妻，對他們說：「快，快，把土填上，填得死死的，把他悶死在井下。」這時，那個小兒子象也來勁了，說：「主意是我出的，將來舜的財物一半分給父母，一半我要。」是非不分的瞽叟也就答應了。於是，三個人得意地填起土來。可是，正當三人興高采烈地累得滿頭大汗時，舜卻出現在他們的面前。原來，舜在挖井時，預先挖好了一條另外的通道，以防不測。他是在情急之下從通道安全出來的。

這些事，雖然使舜不高興，但是，他仍然孝敬父親和後母，也友愛弟弟，只是更小心謹慎罷了。家庭的不幸使舜更懂得家庭倫理的重要性，後來，他在向堯匯報工作時說：「父義、母慈、兄友、弟恭、子孝，這是家庭中的五種最基本的倫理道德。我雖然沒有得到這些，但我要通過我的努力讓普天下的民眾得到這些。我相信，只有家庭融洽，才會有社會的祥和。」堯聽了，說：「舜的說法，真正是聖人之見啊！」

舜登上帝位以後，車上掛着天子的旗，去拜見自己的父親瞽叟。他恭恭敬敬的，一點也不敢大意，為的是給天下做出榜樣。他父親看到兒子這樣，既高興，又慚愧，禁不住流下了熱淚。

大禹治水

大禹也是黃帝子孫。史書上對他輩分的推算可能有誤，但他是黃帝子孫這一點還是沒有疑問的。

在遠古時代，黃河大江的泛濫成災是常有的事。一直到舜的晚

年，還是水患不止。舜正苦悶，有人向他舉薦，說：有個叫禹的人，很有能耐。他過去是夏部落的首領，稱夏禹，他把夏地的水患消除了，可見他是有辦法的。現在，他被封為夏伯，因此人都稱他為伯禹。讓伯禹去治水，一定會成功。舜一聽就同意了。舜把禹召來，準備委任他去治水。

禹跪拜叩頭推讓說：「我恐怕不行，還是讓契、后稷、皋陶三位去幹吧！」

舜驚訝地問：「那是為什麼？」

禹很端莊很沉痛地回答：「我不敢輕易答應，我的父親鯀就是治水不成而受罰致死的。」

舜對禹說：「你父親的死是罪有應得，他玩忽職守，方法又不對頭，當然要處罰了。你不一樣，只要你好好幹，相信是可以成功的。」

禹想了想說：「那好吧！我會好好幹的。不過，我得要上面幾位做助手。契是主管教化的，他同行可以幫助開發民智；后稷是農官，我們一起就可以邊治理邊墾荒耕種；皋陶是主管法律的，在治水中他可幫助嚴肅紀律。」

舜聽後大喜，說：「禹的想法果然與眾不同，那我再給你加一員大將，就是益，他是主管名山大川的，可以幫你了解山川地理。」

就這樣，禹滿懷信心地出發了。

大禹一行的工作可是夠辛苦的。他們翻山越嶺，整天在野外辛勞。他們陸行的時候，乘的是一種自製的木質小車。水路行進的時候，就自駕一種靈巧的獨木舟。來到泥濘地帶，就穿上一種兩頭翹起的橇，在泥濘地裏滑行。上山時，穿上一種後齒長前齒短的鞋，下山時，再改換上後齒短前齒長的鞋。有時，穿鞋不行了，就光着腳板行走，走久了，滿腳、滿腿全是血。

在大禹治水過程中，最讓人感動的是「三過家門而不入」的故事了。

禹剛被任命為治水大臣的時候，與塗山氏結婚不久。為了治水大

業，他告別新婚的妻子，毅然決然地出發了。

禹傷感父親鯀因為治水沒有成功受到懲處，就勞苦身軀，焦心思慮，居住在外十三年，經過家門也不敢進去。

在治水過程中，家裏託人來說：「你的孩子出生了，你有空的話，回家來看看妻子和孩子吧！」他也很想回去看看，但就是沒空。過些時，治河大軍剛好開過家門口，但他知道得很清楚：人人都有一個家，如自己貿然回家，豈不渙散了軍心？他咬咬牙，還是決定不回家。

又有一次，治河大軍開過他家門口，孩子的哭聲也聽到了，一些人也讓他回家去親一親剛生下的孩子，可他一想到大水正在席捲一些人的家園時，想到災區的人們正在洪水中掙扎時，就再也邁不開回家的步子了。

第三次是十年以後，他又一次路過家門口，遠遠地看到一個十來歲的孩子，樣子與自己十分相像，他知道這就是自己的孩子。他很想前去問上一問。但這時剛巧有人報告治河工地發生了事故，他什麼也顧不得了，就直奔治河工地而去……

從此，大禹「三過家門而不入」的故事在治河大軍中傳開了，成為一種鼓舞人們奮進的巨大力量。

大禹治水在外十三年。他手執石耒，親自參加勞動，率先做出榜樣。他皮膚曬得黑黑的，人精瘦精瘦，連小腿上的汗毛也磨光了。他治理過的河道，名川三百，支川三千，小者無數。他的功績是怎麼說也不過分的。正像後來有人說的：「如果沒有大禹治水，我們這些地方只會有魚，哪裏還會有我們這些人呢？」

大禹為人機敏快捷能夠吃苦，他守道德從不違背社會準則，他具仁心可以使人們親和，他的言談使大家信服，說話的聲音適應鐘律，自身的行動成為法度，衡量好了再處理官事，勤勉不倦端莊恭敬，成為了百官的典範。

大禹是民族的英雄。

禹鑄九鼎

全國的水患治理好以後，大禹並沒有停歇下來，他要做的事情多得很吶！

大禹的工作從劃分九州始。天下那麼大，必須劃分一定的政區。為了劃分得合理、準確，他親自作一次天下的大巡行。巡行從傳說中的堯的首都開始。禹把當時的所謂東河之西，西河之東，南河之北地帶稱為冀州；把濟水和黃河中間的地帶稱為兗州；把從東海到泰山一帶地區稱為青州；把東邊到大海、北邊到泰山、南邊到淮河的地帶稱為徐州；把北到淮河、東南到大海的一帶稱為揚州；把北起荊山、南到衡山的一帶稱為荊州；把荊山以北到黃河以南這一帶稱為豫州；把東至華山之南，西到黑水之濱這一帶稱為梁州；把西到黑水、東到冀州西界這一地帶稱為雍州。

梳理完九州後，大禹一行人又對全國的名山、大川進行梳理。

「為什麼要做那麼多麻煩的事呢？」當時有人這樣問。

「這是十分必要的，重要性可能不會比治水本身小。」大禹胸有成竹地作答，「這樣做，第一可以解決各地能種植什麼和不能種植什麼的問題，比如了解哪些地區是低窪潮濕的地區，哪些是乾旱的地區，就可以種植相宜的作物；第二可以把天下的地形、地貌圖繪製出來，這可是一件大事啊！」

通過巡行，九州之間築起了交通大道，各州之間可以互通有無，以餘補不足，由國家予以協調。充分利用春夏秋冬的時節，來開發九州土地，疏通九條河道，陂塞九處湖澤，測量九大山系。命令益把稻種分發給民眾，讓他們在潮濕的低窪地耕種，命令后稷給民眾分發非常缺乏的食品。據說，益派人到處教人種植水稻，水稻大大推廣了。

通過巡行，大禹觀察各地的特色來確定所能進貢的物產，以及明確地規定了各州的貢品運送到京都所經山川的便利路線。各州進貢的貢品儘管各不相同，但是，有一樣東西是各州都必須貢獻的，那就是銅。

為什麼一定要貢獻銅呢？原來禹想得很周全：他要把各州貢獻的銅鑄成九個大鼎，象徵冀、兗、青、徐、揚、荊、豫、梁、雍等九州，而且還要把九州的地形地貌、山川河道鑄在上面。這就是中國歷史上最珍貴的「九鼎」。

「九鼎」象徵着權力。誰擁有了九鼎，誰將是權力的擁有者。

「九鼎」意味着統一。九個鼎合在一起，表示祖國山河的金甌無缺。

「九鼎」是最古老的中國地圖，它展示的是華夏的大好河山。

九鼎鑄就以後，禹就召集各路諸侯會集在冀州，共同慶賀九州民眾的安康、平和。在一片歡呼聲中，舉行了對天、地、人的祭祀儀式。從此以後，「中華一體」的意識，永遠地、深深地銘刻在九州人民的心碑上了。

為了鞏固統一，當然也是為了鞏固自己的權威，禹到東南的夷族聚居區去巡視，在塗山（今安徽蚌埠市西）大會諸侯。據傳，四方來朝的氏族、部落酋長多至「萬國」，而且都帶來了朝貢之物。

過了幾年，禹又一次巡視東南。在苗山（今浙江境內的會稽山）大會諸侯的時日到了，可就是傲慢的防風氏沒到。禹以防風氏違背會規為由，馬上殺死了防風氏。這使四方諸侯感到了一股肅殺之氣，再也不敢輕舉妄動了。

最後，大禹在苗山大會諸侯。這次大會，具有慶功的性質。在這次大會上，計功行賞，皆大歡喜。從此以後，這座苗山更名為會稽山，為的是紀念這樣一次重大的會議。④ 傳說，禹後來還歸葬於會稽山頭！會稽山下至今有禹陵和禹廟。

◆ 註釋：

① 《史記正義》引《帝王紀》：「帝嚳高辛，姬姓也。其母生見其神異，自言其名曰『岌』。齠齔有聖德，年十五而佐顓頊，三十登位。」

② 《史記正義》引《帝王紀》：「摯於兄弟中最長，得登帝位。封異母弟放勳為唐侯。摯在位九年。政微弱，而唐侯德盛，諸侯歸之，摯服其義，乃率群臣造唐而致禪。唐侯自知有天命，乃受帝禪。」

③ 在《史記‧五帝本紀》中，司馬遷引述了堯本人的一句話：「吾終不以天下之病而利一人。」這話可以看作是堯堅定地實行禪讓的思想基礎。

④ 在《史記‧夏本紀》中有這樣的記載：「或言禹會諸侯江南，計功而崩，因葬焉，命曰會稽。會稽者，會計也。」

中冊

中華一萬年

夏商周
——魏晉南北朝

郭志坤
陳雪良
著

中華書局

中冊目錄

第十八卷　儒墨顯學

第十九卷　戰國史詩

第二十卷　百家爭鳴

第二十一卷　大秦帝國

第二十二卷　楚漢之爭

第二十三卷　漢家氣象

第二十四卷　漢武雄風

第二十五卷　英雄時代

第二十六卷　文化融合

第十六卷

「三代」時勢

　　大禹的歸葬會稽，標誌着中國歷史上一個大時代的終結——長達幾百萬年的原始社會，壽終正寢了。恐怕連大禹本人也沒有想到，他身後將是一個怎樣的新時代。

　　大禹死後，他的兒子啟繼承了父位，建立了中國歷史上第一個國家——夏。人們習慣於把夏和隨後建立的商、周（西周）合稱為「三代」。這「三代」大約起於公元前 21 世紀，終於周平王東遷的公元前 771 年，總共有 1400 年的時間。

　　可別小看了這 1400 年的時間，它的發展之快，變化之大，鬥爭之烈，可能都要大大超過前面的幾十萬年，以至於上百萬年呢！在這段時間裏，一系列的新制度建立了起來，各種文化體制也可說是洋洋大觀，人們大踏步地行進在文明發展的大道上。更為有趣的是，因為當時離原始社會還不遠，種種觀念和做法往往還留存有原始社會的印記。而這些印記，對處於物欲橫流的現實社會的後人來說，又往往成為美好的表徵。孔子一再說：「鬱鬱乎文哉，吾從周。」「斯民也，三代之所以直道而行也。」

　　「三代」是後世文化人心目中的「治世」、「聖世」、「盛世」。究竟怎樣呢？在此，向大家揭開的是「三代」時勢的冰山一角。

開創新局面的「啟」

應該承認，大禹的兒子啟是一個十分了不得的人物。他順應歷史的潮流，打破原始公社傳統的選舉制度，接過父親大禹的權力接力棒，站立到了歷史的前台，成為中國歷史上第一個真正意義上的「王」者。

不知大禹為他取「啟」這個名字是什麼意思（也有人說這「啟」名是他後來自己取的）。歷史地說，他是真正當得起「啟」這個名號的，他是一個偉大的開啟歷史新局面的人。

禹接替舜的帝位以後，也曾考慮過傳子還是傳賢的問題。從他先前對舜大講其沒有盡到撫育兒子啟的責任這一點看，他是非常喜愛啟的，對啟的吃苦耐勞、能團結人的品性也是滿意的。如果大家都說要啟來接班，他從心底裏擁護。但是，迫於傳統的壓力，要他自己提出讓兒子接班是怎麼也說不出口的，況且他本人是一個品格高尚、大公無私的人。

懷着矛盾的心情，大禹最後還是選擇提名皋陶，他的名聲和資歷都無可懷疑。可是，說來也怪，就在皋陶被委之以政不久，皋陶便莫名其妙地死去了，死因呢？祕而不宣，史書上也只是公告式地寫上「皋陶卒」了事，使他的死因成為永遠的無頭案。[①]皋陶這個人自恃資格老，性情剛烈，頗得罪了一些人，被人暗算也說不定。總之，他死以後也再無人提起這件事了。

皋陶死後，禹薦益接班。益年紀輕，資歷不深，又只是個分管教化的（文化部門的領導人），有點無足輕重。倒是禹的兒子啟的勢力在發展，他把自己的本土夏這個地方治理得挺不錯，口碑極好。一些人說：「啟當國君，該是最合適的人選。」

大禹在東南巡視時，突然患病，死於會稽。這時，按照大禹生前的約定，把天下傳授給益，由益主持朝政。可是，當時的情勢不對，

輿論都在啟一邊。

「啟的品德高尚，賢惠，應該由他接任！」有人說。

「毫無疑問，啟才是我們合適的君王。」還有人說。

「為什麼禹帝的兒子不能當君主呢？傳子也是好的嘛！」有人公然向傳統的選舉制度、禪讓制度提出挑戰！

這時，成群結隊的百姓向啟居住的夏地湧去，在夏啟居住的住宅外，大聲呼喊：「夏啟，你是我們擁戴的君主，我們會像擁戴禹帝一樣擁戴您！」

在這種情勢下，也就是三年的喪禮結束後，益決定把王位讓給禹帝的兒子啟，自己避居到離箕山不遠的陽城去了，並且發表了一個聲明，說：「禹子啟是個深得民心的賢人，天下應該是屬於他的。」這時，啟也順水推舟，對大家說：「看來這是天意，也是民意。既然這樣，我只能順從天意民心，當君主了。」

因為在他看來這是天意，是上天任命的，因此，啟也就自稱「天子」了。「天子」這一名號第一次寫上了歷史的畫卷。

禹傳子，家天下，這翻開了中國歷史的一個新篇章。

征討有扈氏

一種新的制度的產生，總會有人站出來反對的。第一個站出來反對家天下的是有扈氏的首領。有扈氏發表聲明，脫離華夏聯盟，並積極籌備軍事力量，準備攻打夏啟。夏啟決定先發制人，馬上率軍向有扈氏所在的扶風地區進發，兩軍在甘地（今陝西戶縣一帶）相遇，一場大戰即將打響。

為了從輿論上壓倒對方，戰鬥打響之前，夏啟發表了以《甘誓》命名的聲討書，「有扈氏輕慢金木水火土五行的運行秩序，懈怠廢棄

天、地、人三者之間關係的正道，如此怠棄政事，淫樂無度，民不聊生，上天因此要斷絕它的國運，現在我只是來恭敬地執行上天的懲罰。將士們不該為其賣命，相反應該棄暗投明，反戈一擊。至於宣佈脫離華夏，更是違侮天命的事。這次征戰，完全是順天行事。天要絕滅有扈氏，這個結局是誰也改變不了的。有扈氏的將士們只有齊心協力，同華夏軍一起執行天的懲罰，才有光明前程！」

這聲討書也真起作用，有一部分有扈氏的軍隊竟不戰而潰，也有部分士兵前來投誠。大戰打到第三天，有扈氏的軍隊陣腳就亂了。夏啟就乘勢發動總攻。有扈氏軍隊大敗而逃，夏啟的軍隊一直追殺到扈地，抓住有扈氏的首領殺了，那些死死跟着有扈氏抵抗的人，都罰作了牧奴。

夏啟打敗有扈氏的造反以後，就在鈞台召集各地部落首領會議，表示正式繼位。各地的諸侯紛紛前來祝賀。夏啟怕東夷族人進犯，為了安全起見，就把國都從陽翟（今河南禹州）遷到了安邑（今山西夏縣西）。

這時，又冒出了一件事：禹的小兒子武觀，有謀反跡象。啟及早發現後，就把他放逐到邊遠的西河（河南滑縣一帶）去。哪知武觀到了那裏以後，不但沒改過自新，相反在積蓄了三年力量後，起兵叛亂。啟這時已基本上站穩腳跟，不用親征，而是派出彭國（今江蘇徐州）的方伯率軍討伐，武觀力薄勢單，很快被擊敗，人也被俘了。彭國方伯把武觀交給啟。啟把這不聽教誨的弟弟處以死罪。

從此，四方諸侯都來朝拜，天下就太平了。由啟建立起來的夏王朝，是中國歷史上的第一個王朝，從公元前 21 世紀到公元前 16 世紀，它一直維持了近 500 年。

少康中興

第一個王朝的第一個君主啟死後，他的兒子太康立。太康死後，其弟弟仲康立。從仲康，經相，到少康，歷三代，局面一直動盪不定，到少康時，才安定下來，史稱「少康中興」。這其間大約有百來年的時間。

當時的局面說來也是相當的複雜。部落和氏族首領的選舉制度，或者是所謂的「禪讓」制度，已經被歷史地否決了，此時似乎已經少有人提起了。但是，父系氏族社會曾經流行的兄終弟及制度是不肯輕易地讓位於父子相繼制度的。啟是開國之君，具有絕對的權威，他活着時，說要傳給兒子，誰敢說個「不」字？可是，第二代就不同了。當第二代國君太康治國有所失誤時，五個弟兄就鬧得不可開交了。②等太康一死，矛盾更激化了。其弟仲康搶先佔據了王位。

這下局面亂了。王室矛盾重重，下面有些人乘機胡作非為，代表人物是負責制訂曆法的義氏與和氏。他們整天沉湎於酒色，擾亂了四時節令，職責範圍內的事就沒人管了。

這時，發生了中國歷史上有記載的第一次日食。③日食，在當時人看來是一種天災，是上天對人世的一種警示。這次日食持續的時間之長、造成的影響之大，前所未有。可以說是全國一片驚恐。一些人也就乘機出來造謠生事。內亂不已，外患又生。早在太康時代就參與驅趕太康的夷族方伯后羿乘虛而入，他們的軍隊佔據了夏的不少土地，並把國都也遷入夏地。不少夏民不僅不反對，而且積極擁護他，這樣一時間就代了夏政。當然，后羿的日子也不長，被他的下屬寒浞殺死了。

寒浞繼續攻打夏王室，自以為從兄長那裏奪得政權的仲康也不得不與自己的兒子相一起出走，逃到同姓部落那裏去避難。不久，仲康在流離失所中死去，名義上把王位傳給了兒子相。可是，相在外頭避

難中又被寒浞捉拿，並被就地殺了。所幸的是相的妻子已有身孕，在黑夜中逃回母家有仍氏（在今河北任縣一帶），隱姓埋名，在那裏把孩子生了下來，這就是日後的少康。

有仍氏是夏的屬國，他們對少康母子特別優厚。當少康長大後，還讓他當上了有仍氏的牧正，就是管理畜牧的官。不知怎麼走漏了消息，寒浞派人來捉拿少康。少康就又逃到了有虞氏那裏（河南虞城一帶）。有虞氏是舜的後裔，對夏王室特別親善，讓少康當了庖正，也就是管理膳食的官，並把兩個女兒嫁給他。少康在那裏招募軍隊，積聚力量。後來，正式打出光復夏室的旗幟。這時，由於寒浞的腐敗，不得民心，夏地的人們都倒向了少康一邊，復國事業很快成功了。

復國後，少康就按照禹的傳統辦事，治理水患，克勤克儉，發展農牧業，民眾很快過上了和平安康的日子，人們都稱讚他是「中興名王」。

暴虐夏桀

少康為夏的中興打下了基礎。少康以後的六世，都比較平穩。可是，到孔甲時，局面又發生了變化。孔甲這個君主一點也不重視民生，整日裏以遊樂為務，還裝神弄鬼，糊弄百姓。

這時，不知他從何處得到了兩條龍，一雌一雄。他自己不能養，就專門請來了專業的馴龍師。結果雌龍死掉了，馴龍師就把死了的龍斬成肉醬，做成菜讓孔甲吃。孔甲吃後，說：「哦，好吃，我還想吃！」馴龍師這才知道這是個貪得無厭的君王，是不好伺候的，就偷偷打點行裝，逃走了。從此以後，四方諸侯眾叛親離了。

孔甲以後每況愈下。傳到孔甲後的第三代，就是中國歷史上著名的桀驁不馴的暴君夏桀。

夏桀是個性情殘暴的人。他看到四方諸侯紛紛叛離，就出兵征討，這在史書上稱為「不務德而武傷百姓」。他當上國君以後，征戰不斷。他為了顯示國君的威風，曾在有仍（今山東濟寧）大會諸侯，有緡國的首領不等散會就回國去了，這使桀大為惱火，率參加大會的諸侯、方伯攻打有緡國，硬生生地把一個邦國給消滅了，自己的軍隊也受到重創，死傷有上萬人。老百姓一聽到徵發兵役，就怕得要死，有哪個願意為了這個暴戾國君的「體面」而去送命呢？

夏桀還肆意動用民力，傷害了夏國的國力。當時有人別有用心地獻給他一個叫妹喜的美女，從此他就與這個女人日夜淫樂，為此還在農忙時節動用近萬民夫建造瑤台、宮殿。桀自個兒只顧吃喝玩樂，全然不顧及百姓的死活，他的荒淫無道是路人皆知的。

夏桀視民生為兒戲。據史料記載，一次，他心血來潮，就把關在籠子裏的老虎故意放出來，並把老虎驅趕到大街上。百姓們看到老虎在大街上橫行，都嚇得把手裏的東西拋擲地上，只顧着逃命，小孩子被嚇得大哭。夏桀看到這些，卻哈哈大笑，說自己由此得到了最大的樂趣。

農田荒蕪了，他不管。

路有凍死骨，他視而不見。

國庫空乏了，他根本不當回事。

百姓怨聲載道，他也無所謂。

人們在暗暗地詛咒他：「這個十惡不赦的暴君，你快點兒死吧！只有你死了，天下才能安定呢！」

他聽到了這種咒罵聲，也不生氣，反而指着太陽，嬉皮笑臉地回應道：「天上有顆太陽，我就是天上的太陽。你們等着吧，太陽什麼時候『死』了，我到那個時候才會死去呢！」

廣大的民眾無可奈何了，只能仰天長歎：「天上的那個太陽啊，你要到什麼時候破滅呢？我們寧願跟你一同死亡！」

夏桀的德行墮落到了這般田地，夏王朝的滅亡也為期不遠了。

何處是「夏墟」

夏的文化由於沒有同時代的文獻記載，長期以來停留在傳說階段，有的人還否定夏的存在。可是，一些可靠的史書明明說「夏墟」（夏虛）是存在的，而且言之鑿鑿，說它就是西周初晉之封國（唐），後來漸次擴大，向南向東發展，到夏桀之時，活動的中心地在河南的伊洛之間了。④

考古發掘幫助人們重睹了歷史。位於河南省偃師縣的二里頭遺址，生動地展現了大約 4000 年前夏文化的風采。它北臨洛河，南枕巍巍嵩山，距伊河也只有 5 公里，與史書上記載的夏人建都於伊洛之間剛好吻合。

在二里頭遺址，人們見到了頗具王者氣派的王宮。宮殿東西長 108 米，南北寬約 100 米，總面積在 1 萬平方米以上。殿堂八間，一字開並排，十分氣派，進深有三，殿堂的前面是平坦開闊的庭院，圍繞殿堂和庭院還有十分氣派的廊房。殿堂正南 70 米處是宮殿大門，大門上端是牌坊式的建築。這可以說是開了古國宮廷建築的先河。那樣氣派的宮廷建築，在原始社會是不可想象的，而恰恰與史書上有關夏桀肆意動用民財民力，大造宮殿、瑤台、娛樂場所的記載暗合。

在二里頭遺址，人們發現了豪華的大型墓葬。這種大型墓葬現已發現 20 座之多。在大型墓葬中，隨葬品十分豐富，有銅爵、銅刀、銅戈、玉璋、玉鉞、玉圭、綠松石，還有各種飾品。大量銅製品的發現，正與《越絕書》「禹穴之時，以銅為兵」的記載相符。

與上面豪華大墓形成鮮明對比，在二里頭遺址，人們發現了不少既沒有墓道、墓坑，又沒有任何隨葬品的人體骨骸。這些骨骸被凌亂地埋在灰土內，相互疊壓在一起。也許由於年代久遠的緣故，這些骨骸大多是殘缺不全的，有的身首異處。這裏葬的無疑不是奴隸，就是戰俘了。

這就是真實的夏。很明顯，夏人已經走出了平等的原始公社制社會。

神祕的「樓蘭美女」

過去的歷史書總是告訴人們，率先步入文明門檻的是中原地帶，而祖國的其他地區在一段時間內是相對落後的。是不是這樣呢？

並不盡然。

在 4000 年前，也就是與中原地帶的夏代同時，在新疆羅布泊岸邊的古樓蘭，那裏的人們已經建造起了城市和村鎮，已經發明了冶煉技術，已經有了銅鐵製的箭鏃，已經有了華美的珠飾。在樓蘭古道上發現的一具具昔日的「樓蘭美女」更是讓人驚異不已。

這些「樓蘭美女」身材比一般的中原女子要高大些，臉龐並不大，下頦尖圓，高鼻梁，大眼睛，雙眸微閉，體態安詳。她們的頭髮微捲，散披在肩後，充滿了青春的氣息。頭上戴有素色的小氈帽，帽邊綴有紅色毛線，帽邊插幾支色彩斑斕的雉翎，雙腳着短統皮靴。這些古代美女分明是新疆少數民族的先祖。她們身邊的木器、骨器、角器、石器，以及琵琶、豎箜、排簫、銅角等樂器，既表明了她們的高貴身份，又反映了多元民族、多元文化結合的特點。要不是後來的文化中斷，這裏的發展前程真不可估量呢！

4000 年前的「樓蘭美女」，生動地展現了那個時代新疆地區人們的生活情狀——

白天，這裏碧眼高鼻的人們辛勤地在這廣漠的土地上勞作着，利用骨器、角器、石器以及先進的銅器、鐵器，開發着自己的生命生存之源。

他們製作出的鋒利、堅硬的銅製或鐵製的箭鏃，使狩獵業大為興

旺，也足以讓敵手心寒。

一天勞作下來，他們就在自己的庭院裏，開闊的廣場上，跳起了歡樂的舞蹈，彈起了悠揚的琵琶，吹起了雄壯的排簫。他們的生活是多麼豐富多彩啊！

看來，在華夏大地上，同時步入文明社會的絕不止中原地區。當年新疆的樓蘭地區是足以與中原並駕齊驅的。

三星堆的黃金手杖

與中原地區步入文明社會幾乎同時，被稱為西戎的四川廣漢地區的「三星堆」在文明進程上也取得了驚人的成就。

「三星堆」是四川廣漢的一個名不見經傳的小村莊。村裏有兩條河流，南面是馬牧河，北邊為鴨子河。在馬牧河南岸有三座黃土堆，像三顆星星一樣，「三星堆」由此而得名。在馬牧河北岸有一高出地面的月牙似的地段，名為月亮灣，與三星堆隔岸相望，被文人雅士稱為「三星伴月」。

在「三星堆」中藏着些什麼祕密呢？考古學家為我們揭開了謎底。

在這看來不起眼的黃土堆中，有的是 4000 年前「三星堆」人的傑作：

這裏發現一根世所罕見的金手杖。手杖的芯是木質的，外面用黃金包裹，長 1.42 米，直徑 2.3 厘米，重約 500 克。上部刻有三組圖案，分別是兩背相對的魚、兩背相對的鳥和頭戴五齒高冠的兩個對稱的人頭。這根金杖的發現不只說明當時蜀地的冶煉技術達到了很高的水平，同時，金手杖作為權力的象徵，充分反映了當時的社會狀況尤其是統治階層的威勢。如果說金手杖為當時的王者所用，那它正好說明了王者的赫赫不可一世了。

這裏還發現一尊銅立人像。銅人立在高高的底座上，其底座足足有半人高。直立銅人身穿緊身的長袍，頭戴官帽，雙手作搏擊狀。很明顯，這是為權力者塑的像。他高高在上，氣度非凡。

還有一棵高達數米的青銅樹，人稱「搖錢樹」。

還有巨大的黃金面罩。

還有青銅頭像。

還有銅鳥、銅蛇、銅龜。

還有大量的玉器……

這些都說明，當年的蜀文化一點兒也不遜色於中原文化。

東方特洛伊

距今 4000 年前的內蒙古東部的夏家店文化遺址，它姓「夏」，不知與中原地區的夏文化有什麼聯繫。令人驚異的是，地處北域的夏家店文化，文明程度足以與同時代中原的夏文化相媲美。這裏土生土長的青銅文化、因山而建的城堡文化，展現了邦國時代及文明初始時代人們的英雄氣概。

夏家店先民們建造的城堡，分佈在赤峰地區陰河、英金河一帶的低山丘陵地帶，東西橫貫數百里，氣勢非同一般。在這數百里間，每隔數里就有一個石築或是土築的城堡，現在發現的此類城堡已有百來個。這些城堡以方形為主，牆體不怎麼高，城門一般開在東面或南面。也有一些城堡依山坡而建，成不規則狀。山雖不高，但是，每個城堡都設在制高點上，這樣便於攻也便於防。城堡與城堡之間距離不遠，可以相望相應，一旦有事，即可相互關照。

這種十分有序的組合，說明夏家店文化的先民已經進入了「邦國時期」，以至於進入了文明社會。氏族、部落的首領已經或者正在向

國家的統治者轉化。他們擁有軍隊，擁有民眾，更擁有防衛和進攻設施。留存至今的城堡和銅製的箭鏃，就是歷史的明證。

有的學者將這座規模巨大、年代久遠的石城比做「東方特洛伊」。特洛伊城是希臘荷馬時代位於小亞細亞的一座名城，以石製建築和雕刻聞名於世，而夏家店的這座石城一點也不遜色於西方的石城。

墓葬是那時人類社會生活最真實的寫照。夏家店遺址的墓葬級差已經十分明顯。那些有地位的人隨葬品十分豐富，陶品、玉品、金屬製品樣樣齊全，而貧者葬得草草，而且隨葬品一無所有。那些「上等人」墓中的禮器，如陶爵、陶鬶等，十分明顯是從中原地區的夏文化傳去的，這也說明當時華夏大地有着密切的文化交流。

中原的夏文化，蜀地的三星堆文化，內蒙古的夏家店文化，新疆的樓蘭文化，同時勃興於距今 4000 年前，進一步說明了華夏文化是中國各族人民共同創造的。

殷「革」夏「命」

現在我們又回到中原的夏王朝來。

在中國古代，常常認為王者受命於天，因此國王又常被稱為「天子」。但是，如果王者逆天行事，那是否誰都奈何不得他呢？不！天無常命。誰要是不順應天命，不與民眾同心，那麼最後天會變易成命，王者的頭銜也就會落到他人那裏去。這就是對中國歷史產生重大影響的革命思想。[5]

殷「革」夏「命」，是革命思想和革命精神的典範之作。

夏朝的最後一個君主腐敗到了極點，直弄得民怨沸騰。這時，需要有人站出來做應天命、順人心的帶頭人，有了，他就是殷商的國君湯。

商是夏東邊的一個諸侯國，名義上屬夏王朝管轄。到夏朝末年，商已經十分強大，是眾望所歸的革除夏命的領軍國家。

商湯為了滅夏，做了許多準備工作，其中一項就是網羅人才。湯娶了有莘氏之女為妻，作為陪嫁的男僕是伊尹，名叫阿衡。伊尹背負着炊事用具鼎俎來見湯，用烹飪中的滋味遊說湯。伊尹說：「治理一個國家就好比燒菜，只有五味調和得好，燒出的菜才能有滋有味。說到王道，其實也沒有什麼特別的學問，是跟燒菜一樣的，要懂得調和。」這話給了湯極大的啟發。他高興地說：「我找到治國的高手了。」馬上任命他為相，負責管理國家政務。

一個陪嫁的男僕能一舉為相，這真是千古佳話。

湯後來的治國是深得伊尹的「調和之道」的。

有一次，湯到野外去散步，看到有人四面張網而禱告：「願天下四方的鳥獸都到我的網中來。」湯走上前，笑着對他說：「噯，太過分了，那不是要一網打盡嗎？」他讓那人撤去網的三面，禱告道：「要左的就向左跑吧，要右的就向右跑吧，不聽命令又無主張的，就入我的網中來。」這雖是一件小事，但很快就傳開了。四方諸侯們聽到這件事都說：「湯的德性太偉大了，他的恩澤連鳥獸都顧及到了。」

為了滅夏，湯先作了一次試探性的進攻。他派兵一舉消滅了與自己的國土相連的葛國。

這件事馬上引起了夏桀的警覺，他把湯召進朝去，並把湯囚禁在夏台。聞知此事，伊尹不慌不忙。他知曉桀是個貪財愛色而少義的家夥，就在自己國內籌足了金銀珠寶，以及多名絕代佳人，獻給夏桀。夏桀收到禮品後，馬上釋放了商湯。

商湯趁桀正沉湎於財色之中，馬上又率兵攻滅了韋、顧、昆吾，據說戰爭打得並不激烈，所到之處，敵軍望風而逃，湯親自舉着大鉞指揮，「十一征而天下無敵」。與夏較為貼心的幾個諸侯小國的消滅，為滅夏創造了條件。尤其是昆吾這樣有實力的諸侯國，與夏的關係極為親密，消滅了它，等於拆除了夏的一座東方屏障。

在湯取得這些勝利以後，伊尹策劃暫時停止了對夏的貢納，為的是看一看夏的反應。不料夏桀對此反應十分強烈，令「九夷」起兵攻商。伊尹認為向夏發動總攻的時機未到，於是又恢復了朝貢。

又過了一年多，商湯又突然停止了對夏桀的貢納，不自量力的桀又起兵攻商。但是，這次與一年多前大不一樣了，「九夷」是按兵不動，其他諸侯國應者也寥寥，民心不穩。於是，湯就毫不猶豫地起兵伐桀。兩軍大戰於鳴條（大約在山西安邑境內），桀軍大敗。湯率軍一路追趕，桀逃到南巢（今安徽壽縣東南），不久就死在那裏了。

湯在滅夏的基礎上建立了商朝。商的疆域更大，文化發展程度也遠遠高於夏代。有一則典故是應該記住的：商滅夏後，湯在一隻食用的銅盤上刻上了這樣著名的銘文：「苟日新，日日新，又日新！」其意是說，如果能每天更新，就天天更新，還要不斷地更新。這一銘文在當時是商湯自己的執政綱領，後來，成為中華民族最重要的精神財富。

商代歷時 500 多年，約相當於公元前 16 世紀到公元前 11 世紀。

帝太甲悔過自責

這是一則中國歷史上著名的君王接受教訓、改過自新，從而得到廣大民眾諒解的故事。

應當說，湯是一個很有遠見卓識的開國君王。滅夏以後，他發表了一篇《湯誥》，實際上是一篇教育後代的遺囑。文告中說：「子孫們，我要告訴你們，夏禹、皋陶、后稷這些先輩為什麼會得到人們的普遍擁護？就在於他們長久地在外辛勞，興水利，種百穀，除災患，造福於民眾。而蚩尤、夏桀以及他們的隨從為什麼最後身敗名裂，就是因為他們擾亂百姓，貪財貪色。天是公正的，有功賞，有罪罰，是誰都逃脫不了的。子孫們，你們要努力啊！對先王的言論不可以不用來自

勉啊！」

湯還是不放心，要伊尹在他死後督政，要是哪個子孫不爭氣，幹了違背道義的事情，他可以代表民眾嚴加懲處。為此，伊尹也作了《咸有一德》，用以告誡諸侯。

果然，湯死後，局面有點兒亂。一連幾個君王有的很早就死去，有的平庸而無治國之才能。一二十年間君王有四五個。一直到嫡長孫太甲時，局面才稍稍穩定了下來。太甲帝元年，伊尹寫了《伊訓》《肆命》《徂后》，以作先王告誡。太甲身強力壯，也有一定的能力。但是，開始當政的三年，政治不修明。他十分兇殘，動不動就處置大臣，也聽不得別人的不同意見，而且在生活上開始鋪張起來了，這些都是與湯的治國風氣和方略不相容的。

當時還離原始社會末期不遠，原始民主思想還有所留存。於是，伊尹把帝太甲抓起來，然後放逐到一個偏遠的地方，這個地方叫桐宮。這是商的開國之君湯的葬地，不讓他與外面有什麼交往，只讓他好好地閉門思過。

這樣做更重要的在於教育這個有點不爭氣的帝太甲。伊尹為了使他省悟，真可以說是做到了仁至義盡。他一方面派專人對帝太甲進行教育，向他一遍又一遍地宣讀商湯當年的種種訓詞，並為之進行深入淺出的解讀，有時還讓他參與祭掃湯的陵墓的活動。另一方面讓普通的百姓來教育他，告訴他當時的民眾過的是一種怎樣的日子，有時還直接指着鼻子罵他這個當國君的。同時，伊尹每天辦理完公務後，常常再到桐宮來看望帝太甲，離開時常已是月明星稀了。

又三年過去了，帝太甲終於悔過了，他拉着伊尹的手，自我譴責地說：「老師，我實在太感激您了，要不是您，我可能成為背負千古罵名的罪帝，不齒於人。真的，我要感謝您！」

伊尹擺擺手說：「錯了，比我更應該感謝的是那些普通百姓，要不是他們不斷地責罵，你可能會永遠地昏睡不醒呢！」

帝太甲低着頭沉痛地回答：「是的，除了您伊尹老師對我的教誨

外，我的確是被老百姓的罵聲罵醒的。現在，我醒了，我要做一個勇於自責、從善如流的好國君。」

聽到這話，伊尹長長地舒了口氣。他又發佈了一個文告，宣佈對帝太甲解禁。同時，又舉行了一個隆重的歡迎大會，讓所有的諸侯都來歡迎帝太甲的歸來。

從此，帝太甲回到了正道，十分注重自我的修養，並且切實地加以實行。他注重發展農業，使老百姓都過上好日子。他注意與諸侯和平相處，極少征伐之事，因此諸侯們也樂於來朝見和進貢。為此，伊尹還專門寫了《太甲訓》三篇，來稱揚他的功德呢！

盤庚遷殷

盤庚是商代的第十代、第二十位國王。在盤庚之前，商已經十分衰弱，衰弱的一大原因是王室內部爭奪王權的鬥爭。這時，在夏代早先已經解決了的以子繼父位取代兄終弟及的鬥爭，又捲土重來了。商王實行的是多妻制，妻多，子女也多，這樣，兄弟之間為爭奪王位的鬥爭綿綿不絕。自中丁到陽甲，一共九個商王，為爭奪王位，造成了九世的混亂。看到商朝內部很亂，各地的諸侯也都不來朝貢了。

一般而言，越是動亂，統治階級內部的奢侈腐敗也就越厲害。統治者在某一個地方建造了宮殿，堆積了財物，哪裏再肯遷移地盤、放棄自己的既得利益？盤庚的遷都對統治層來說是一個極大的震動。

但是，在盤庚看來，為了改變奢靡的舊俗，為了鞏固商王朝的基業，也為了避免水患，遷都勢在必行。當時所謂的遷都就是要從奄（今山東曲阜）遷至殷（今河南安陽西北）。奄地偏於東部，不易於掌握全局，而殷地處中原，十分便於控制四方諸侯。再說，這樣大幅度的變動，也有利於從根本上改變統治格局和統治者的精神風貌，去奢從

儉，達到重新振興商王朝的宏大目的。

在遷都問題上，當時的矛盾很大，遭到了大部分貴族和受他們煽惑的平民的強烈反對。盤庚就把他們召集到王宮來，進行嚴厲的訓話。盤庚利用商人敬畏祖先、迷信鬼神的心理，向他們說：「遷都是上天的旨意，反對遷都就是違背先王和上帝的旨意，必然會受到上天的嚴厲懲處。你們想想後果吧！如果誰一定不願與我一起西遷，我只能代表上帝殺戮他們，滅絕他們，不讓孽種流傳。」在強硬的抵制運動面前，盤庚一點也不畏縮，相反下了「絕殺令」：誰反對遷都，必殺無疑。在盤庚的恫嚇下，絕大多數的貴族和平民只得隨他一起西渡黃河，來到了新都殷地。

遷都以後，問題還是沒有完全解決，一些人還利用當時的自然災害造謠滋事，宣揚什麼遷都造成了很多的災害。這時，盤庚又趁一次大型祭祀活動的機會，對大家說：「遷都這件事是十分慎重的，我們進行了占卜，上天告訴我們，要復興湯的基業，要恢復祖先的德政，就一定得遷都。遷都是為了拯救大家，拯救民眾，使大家都過上好日子。遷都決不是誰的心血來潮，而是多次占卜的相同結果。」

又過了些時日，風潮又起。一些人甚至想鬧事。於是，盤庚又發表了第三次訓詞。這次比以往的口氣更嚴厲，他說：「遷都的好處是顯而易見的，現在一些人還在搗亂，那是不能允許的，你們要擯除私心，不要以為有功而傲慢，更不要做那些莫名其妙的蠢事。如果誰妄想鬧事，我有足夠的力量撲滅他。」盤庚還專對那些舊臣說：「中國有一句老話：『用人要用舊的，器具卻不要舊的要新的。』從前，我們的先王和你們的父祖，都曾同甘共苦過，我不會忘記同舟共濟、合作成事的先例，我不會對你們施以非分的刑罰。但你們如果搞陰謀，欺負老實人以及欺侮弱小孤苦的幼年人，那一切災禍可是你們自己招來的。」

盤庚的第三次訓詞是夠厲害的了，言詞暗藏殺機。這次訓話以後，必然殺滅了一些動亂的製造者，其中也包括很有地位的大臣。盤

庚如此力主遷都，主要是想通過遷徙，削弱那些具有爭奪王位實力的貴族的政治地位和統治力量，而強化自己的統治權力。歷史事實完全證實了這一點。這次訓話以後，局面平穩了，遷都也就大功告成了。

盤庚遷殷以後，商王朝才得以真正地強盛起來，後人因此將商朝稱為殷。遷殷後，共歷 13 王，商王朝又延續了 273 年。史書上說，遷殷後，行湯之政，百姓安寧，殷道復興，諸侯來朝，疆域擴大，成為當時世界上最大的國家之一。

武丁復興

武丁是盤庚以後的第四任國王。他年輕的時候曾在民間生活了相當長一段時間，懂得民眾的疾苦。他還與一般的民眾一起參加過農業生產，也知道種田人的艱辛。他當政五十多年，勵精圖治，開創了商代歷史上的新局面，人稱武丁之世為殷代「復興之世」。現在常使用的「復興」一詞就源於此吧！

武丁從小很有大志。即位後，一心想要恢復殷初的盛況，但是，一時找不到恰當的輔佐，心裏相當苦悶。因此，在初執政的三年間，他沒有發表過任何施政的言論，一切政事都由六卿之首的塚宰發佈後推行。他自己則到處考察，體察民情，研究國家復興之道，並留意尋找人才。

日有所思，夜有所夢。有一日，武丁忽得一夢，夢見一位氣度非凡的聖人向他走來，其名為「說」。「說」字在這裏應讀成「悅」，也就是讓人高興的意思。武丁因這一夢而真的高興了好一陣子。他把夢中的人物相貌畫成像，和所有的大臣比較，並參照大臣們的言行，沒有一個對得上號的。

這時，有人對他說：「這個『說』，可能隱居在民間吧，您得到民

間去找！」

他想，聖人們常常並不顯山露水，隱居民間大有可能，就命令百官四出去尋找，自己也到處留意。過了些時日，有人告訴他，在傅險（今山西平陸縣東南）這個地方找到了「說」這個人物。這時說還是一個犯法服役的人，在傅險搞建築和養護。武丁迫不及待地親赴現場，一看，傅險這個地方真是夠險峻的。兩邊是崇山峻嶺，中間只有一條出入必經的人工闢出的小道。這時，山洪暴發，把小道給沖垮了，而說正帶領民工用版築的方法為小道建造防洪工事，雖然工事建造十分艱辛，但效果是有的。武丁心頭一熱，想：「這不正是我要尋找的人嗎？」

等工事進行到一個段落的時候，武丁主動迎上去與他交談。說雖長期處身於山野之間，但說出了一套治國安民的大道理。武丁高興地向大家宣佈：「我要找的聖人找到了，他就是說。」因為說是在「傅險」這個地方找到的，就賜給他「傅」姓，稱為「傅說」。

武丁任命傅說為輔相，在傅說的幫助下，殷商很快又走上了復興之路。

殷朝人是很相信鬼神的，傅說對武丁說：「我們就因勢利導吧，讓鬼神告訴大家該做些什麼。」後來，武丁果真這樣做了，效果也很好。通過占卜，顯示的是「求年」、「受年」，意思是天旱了，應求老天爺降雨；是農時了，要及時地做好耕、收、種。卜後，武丁就大肆宣揚。因為這是「天」的意願，大家也就特別聽得進去。武丁時的農牧業特別興盛，老百姓安居樂業，整個社會顯示出一派欣欣向榮的景象。

有一次，忽然有一隻野山雞在王宮的庭院裏轉了一圈，停在了象徵國家政權的大鼎的鼎耳上鳴叫。殷人迷信，認為這是很大的不吉。武丁這時很恐懼，他的弟弟很聰明，說道：「王啊！這有什麼可怕的呢？老天爺在上面監看着下民。下民做得好，是不會作難下民的。只有不做好事專做壞事的人，老天爺才會讓他早點完蛋。不要相信什麼人的胡說八道，最重要的是把政務做好！」

武丁笑笑説：「我從心底裏也是這樣想的，如果我做得妥當，老天爺怎會懲處我呢？」從此，武丁與傅説更加齊心協力，把殷商建設好。

在發展生產的基礎上，殷商強大起來。再加上一系列的擴張戰爭，殷代武丁時期的版圖特別的大。整個的黃河中下游地區，還有東到遼東半島、山東半島，西到陝西、甘肅，北抵內蒙古地區，南達長江流域，都在武丁的管轄之下，武功赫赫，前無古人。

司母戊鼎

武丁的復興在商代歷史上的意義是重大的，它大大地推進了生產技術的全面發展，而這種發展集中體現在青銅技術的突破性進步上。人們習慣地把商周時期稱為「青銅時代」，是很有道理的。

1939 年在安陽武官村由幾個普通農民發掘出土的特大型禮器「司母戊鼎」，是青銅器中的瑰寶和代表作。當時正當日寇大舉侵華時期，國運艱難。在十分困難的條件下，普通中國國民保護了這件國寶，使之能留存至今。

「司母戊鼎」通高 133 厘米，橫長 110 厘米，寬 78 厘米，重達 875 公斤，這是中國迄今出土的最大的青銅器，也是古代世界獨一無二的如此龐大的青銅珍品。這一龐然大物出現在 3000 多年前，真是奇跡！

「司母戊鼎」是商王室的物品。你仔細地看一下鼎的內壁，上面清晰地鑄有「司母戊」三字。這就告訴我們，這件龐然大物，是一位商王為紀念他死去的母親「戊」而製作的。對此，考古學家、社會學家作了這樣的情景設想——

商王的母親去世了，商王特別傷心。因為這是一位不平常的母親，她為國家、為王室作出了非同尋常的貢獻，可稱為女中英傑。商

王對他的臣子們說:「我應該好好地紀念我的母親,我要為她製作一件有價值的青銅禮器。」

「是的,是應該製作青銅禮器來紀念她老人家,她對我們這個國家的貢獻是怎麼說也不過分的。」眾臣子附和着。

商王說:「這個禮器的大致規格是:它要有相當的重量,這代表她人格的分量和魅力;這件青銅器的器形應是方形的,這代表她方正的人品和為人風格;這件禮器應有四足,『四』是最吉利的數字,四足代表子孫後代一年四季都在懷念她。」

「大王,您說得很對,我們就去製作吧!」眾臣子真誠地接下了這一特殊的、特別重大的王室施工任務。

要製作一個與「戊」這樣的王母身份匹配的大鼎,從當時的條件看,是很不容易的。

於是,就在安陽武官村 —— 這可能是王母戊的娘家所在地 —— 一場製作巨型禮鼎的大工程開始了:

在差不多一平方公里的土地上,環形地擺開了百來隻「將軍盔」坩堝,每隻坩堝中放入了上等的青銅塊。坩堝底下的炭火熊熊地燃燒起來,火焰熏紅了大半邊天。每個坩堝前肅然站立着一位司爐工,場地的正中放着巨大的司母戊鼎的陶模,陶模前站立着上百位待命的銅汁澆灌工。負責監製的三五名官員穿梭般地來回走動。在場地的制高處,黃蓋傘下端坐着的是商王。

差不多是同時,坩堝中的銅汁冒煙了,沸騰了。

司爐總管向負責監製的官員作了匯報。監製官登上高處,向商王作了稟報。然後飛一般地跑了回來,傳達商王的命令:「開始澆製!」

「開始澆製!」

「開始澆製!」

一聲聲命令最後傳到澆灌工那裏。上百位澆灌工衝鋒般地來到坩堝前,端起坩堝就往陶模走去,同時又齊刷刷地將銅液倒入了司母戊鼎的陶模⋯⋯

經過多天的冷卻，將陶模打碎後，一隻巨大無比的司母戊鼎出現在了人們的眼前。殷人是崇尚祖先崇拜的，能製作出這樣一件用以祭祀祖先的舉世珍品，是當時人們的最大榮光。

甲骨文中的殷史

甲骨文有許多「外號」：「龜版文」、「龜甲文」、「甲骨刻辭」、「貞卜文字」、「甲骨卜辭」等。其中一種稱謂就是「殷墟卜辭」。我們現在見到的甲骨文大多數出土於殷墟，即河南省安陽市西北郊的小屯村一帶。殷墟是商朝第二十代國王盤庚西遷後定下的國都遺址。因為這個地方在商朝時叫「殷」，後來成了廢墟一堆，就被稱為了「殷墟」。幾十年來，殷墟出土的甲骨卜辭約有 15 萬片，已經發現將近 5000 個單字。據統計其中能認識的和能釐定為漢字者共 1723 字。

為什麼會有卜辭，或者説卜辭在殷商王國中的地位怎樣？是很值得加以研究的。

商朝的社會風氣與夏朝是截然不同的。夏人注重征戰，把一年稱做一歲，「歲」字中有「戈」字，代表戰爭。「一歲」的意思是一年要出戰一次。商人從成湯起就篤信神祇，注重祭祀，就又將「一歲」改成「一祀」，「祀」字的意思是以牲物祭祖，其意是一年至少要大祭一次。商王朝實際上是政權與神權合一的。凡出征、慶典、田獵、種植、婚嫁、喪葬、建築等等，都要進行問卜、求神、問鬼。一切重大的活動，如重大的國事，重要的法令，都要通過神權的形式去執行。卜龜占骨，是商王朝決定一切政令行止的前提，也是日常生活的必需，還是賞功罰罪的藉口。

而把這些占卜的結果用文字的形式記錄下來，大概是起於盤庚。眾所周知，盤庚遷殷，就是以「上帝」意志的形式出現的，沒有「上帝」

站出來講話，在那樣大的阻力下，這事恐怕難以辦成。盤庚的高明處在於，他不只宣佈遷殷是「上帝」的意志，不是哪個人的心血來潮，而且來一個刻甲骨為記，使往後哪一個人都翻不了案。現今發現的大約十萬片甲骨都是盤庚一朝以後的，道理也在於此。盤庚以後的諸商王都以盤庚為樣板，把占卜所得記錄下來。

武丁是盤庚以後最有成就的商王，留存的甲骨文中有記述他的活動。他知道，遷都是移風易俗的一件大事，但之後更大的事在於農事。他充分運用占卜這一利器來推動農事的發展。有一片甲骨上記述着這樣一個完整的故事：「己巳王卜，貞：『歲商受年？』王占曰：『吉。』」譯成白話文當是：「己巳日的時候，商王（武丁）親自主持了占卜典禮。貞問道：『今年商朝管轄區域能不能得到農業豐收？』武丁王最後宣佈：『得到的是吉祥的兆頭。』」在商代人看來，農業是國之大事，因此，占卜農事得由商王親自在場。占卜的結果往往是模棱兩可的，全由貞人（實施占卜者）怎樣解釋。商王在現場一站，貞人就不敢隨意解釋了，實際上是商王要他怎麼講就怎麼講。武丁王親自宣佈今年會是個吉年，目的很清楚，一是為了鼓舞大家的士氣，二是為了讓大家努力生產。不努力，哪來好收成？

一條卜辭的內容，必須要有時間、地點、貞人以及其他在場人物，要有貞問何事或因何而貞問，還要有貞問結果，有的甲骨文上還有驗證情況。一片甲骨，簡直是一篇獨具神韻的散文。可以這樣說，殷商時代的社會生活因甲骨而豐富，殷商時代的人文因甲骨而突飛猛進。

甲骨文是我們迄今能見到的最古老的文字之一。在甲骨上刻字，比在一般的書寫材料上寫作要困難得多，因此，甲骨的篆刻者必須「惜字如金」。甲骨文之所以難讀，就因為它的極端簡約，是肯定與當時人的口語不同的。正是從這個意義上說，甲骨文是文言文的起源。

中國商代的史料是不多的，這些史料的真偽也往往因年代久遠而難辨。現在，放在我們面前的是 3000 多年前當時人親自刻寫的十萬多

片文字資料，這是多麼珍貴的殷史資料啊！甲骨的史料價值是不容懷疑的。

《史記‧殷本紀》是否為實錄，以前總有人表示懷疑。通過對甲骨文卜辭的解讀，證明《殷本紀》所記的商王世系和名號，除一兩點有誤外，基本上是正確的。文獻資料和地下發掘材料的互相印證和補充，使商史的研究大大前進了一步。

在帝乙或帝辛（紂）時的一塊牛胛骨上，記錄着某次戰爭的俘獲，可惜上端有所殘缺。由此片的反面六十干支推算起來，全文約長 150字。這是至今能見到的記述文字最長的一片刻辭。如果能完整地解讀出來，簡直是一篇商代末期的歷史實錄。周人說：「唯殷先人，有冊有典。」看來是可靠的。

甲骨文所展示的史料是立體的，有反映戰爭的，有反映農事的，有反映人事的，甚至生活小事也要占上一卜。一次，商王有事外出，但心裏不踏實，就占了一卜，說是沒事，才放心外出。一次，外族來犯，商王想問一問年老退位的商王。但是問好呢，還是不問好，實在拿不定主意，於是就占卜，最後才去稟報老商王。又有一次，商王鼻子上長了個東西，他怕得不得了，於是又求之於鬼神，最後得到沒什麼大礙的結論後，才放下心來。至於王室中女人的生育，何時生為妥，生男好還是生女好，都要占卜。可見，甲骨文為我們提供了多麼生動的商代生活畫面啊！

對於一些舊史的看法，也因甲骨文的出現而為之一變。《山海經》一書連太史公都認為它荒誕不經，作《史記》時不敢引用，歷代史書都把它列入小說類。王國維卻從《大荒東經》裏發現了商先公「王亥」的事跡，與甲骨文可以互相印證。《竹書紀年》的成書年代晚，其中講述到西周以前的史料，大家都不敢信。自甲骨文出，可以看出，書中的整套商代史料，完全可以與甲骨文互相發明。

甲骨文為商代歷史帶來生命和活力。

暴君紂王

殷代的末代君王紂，是中國歷史上最臭名昭著的暴君。歷代的當政者，都以紂的敗亡為鑒。「暴虐」二字，把他送上了絕路，把武丁復興的江山給斷送了。要知道，他接位時離武丁時代只有短短的一百來年啊！

紂的先天條件不錯。他身材高大，體力好，年輕時能赤手空拳地與猛獸格鬥，並把猛獸殺死。他的智力水平也是超人的。他聰敏過人，再加上生在王室家庭，見識廣，閱歷深，能想人所未想，思人所未思。他的口才特別好，遇事能把事情的經過描繪得惟妙惟肖，就是有什麼不是處，也能文飾得天衣無縫。執掌王權後，他還常常在大臣面前誇耀自己的才華。

可是，聰明反被聰明誤。當這些先天條件被用在歪門邪道上時，一切都會走向反面。

紂一共在位 30 年，是殷代歷史上少有的在位年份長的幾個國君之一。剛繼位時，還過得去，後來就越來越不像話了。他實際上名為帝辛，但自稱為「紂」。在古代，「紂」與「受」同音，且同義，他自以為他的權力是天授的，別人奈何不得他。後來，老百姓接過這個「紂」字，作了另一種解釋，說：你的確是「紂」，那是殘暴透頂的人，紂者仇也，天下的仇人也。⑥

紂喜愛喝酒，就在後院裏營造了一個酒池。只要想喝了，就到酒池中去舀。整天喝得醉醺醺的，怎麼管理國事？

紂喜歡吃肉，就讓廚房師傅在廚房裏天天掛滿了肉，名之為「肉林」。肉吃不完，就隨意扔掉，一點也不可惜，也不想想路邊有的是餓死的人。

紂喜歡聲色歌舞。他所寵幸的女人叫妲己。妲己喜音樂，妲己愛聽什麼，他也聽什麼。於是，叫樂師涓整日為他作新的淫亂聲調、靡靡樂曲。

紂貪圖享樂，在商都以南的朝歌（今河南淇縣）建造了別都，大修離宮別館。建造鹿台，在裏面存滿了錢，又修造了叫巨橋的大倉庫，裏面儲滿了糧食。這還不滿足，他後來又在商都以北的邯鄲（今河北邯鄲市）、沙丘（今河北平鄉東北）修建了離宮別館、林苑亭台，供自己享樂。他荒唐到了極點，在長夜的飲酒過程中，甚至讓男男女女赤裸着身子相互追逐，自己以此為樂。

紂制訂了嚴酷的法律和刑罰。為了制止百姓的反抗和下屬的非議，他制定了一種讓人毛骨悚然的「炮格之法」。就是在刑具中立一銅柱，下燃炭火。那些所謂的「有罪者」則被置於刑具中，一點點地「炮格」而死。

紂絕對聽不進下屬的任何勸告。有個叫梅伯的諸侯多次勸他不要對臣子動用酷刑，紂就把他殺了，並將其剁成肉醬分賞給諸侯們吃。後來九侯也在他耳邊說個不休，也被他剁成了肉醬，讓大家再次品嘗。鄂侯聽到這個消息，很是氣憤，當面批評紂暴虐，紂根本不與他辯白，把他殺了，並將屍體製成乾屍示眾。

這時，西方的周族正一點點強大起來，並把一個個原先隸屬於殷的小國吞併過去。朝中的賢臣祖伊站出來說：「現在國家處於危急之中呵，民心不穩，很多人都希望這個王朝早點滅亡呢！請大王想想辦法啊！」紂兩手一攤，說：「我不是有命在天嗎？你說這些有什麼用呢？」祖伊離開宮廷，仰天長歎：「紂真的不可諫了。他是個不可救藥的人！」

紂的同父異母兄長微子，深感殷王朝危在旦夕，幾經勸諫，紂都置之不理，最後微子只得逃走。

比干主張死諫，他說：「作為一個國君的臣子，不能不用死來諫爭。」又去極力向紂進諫。紂發怒說：「我聽說聖賢人的心臟有七個孔竅。」就剖開比干的胸腔，挖出心臟來觀看。

紂的叔父箕子，非常恐懼，於是假裝成瘋子，去做奴僕，紂又把他囚禁起來。

到這時候，紂的末日也就不遠了。

武王伐紂

這裏先要說一說周族。周族，姬姓，相傳始祖的名字叫棄。他善於農耕，堯時舉為農師，舜時做農官，號后稷。棄的三世孫公劉，開始定居於豳（今陝西旬邑）。公劉傳九世至古公亶父，遷居於周原（今陝西岐山南），周人奉他為周王朝的奠基人。傳三代，就是周文王了，被紂封為西伯。這時，周的勢力不斷發展，到紂後期，殷商的屬國中已有 40 個叛商歸周了。

文王死後，太子發（即後來的周武王）繼位，遷都於鎬（今陝西長安縣境），積極開展滅商的活動。

周武王即位的第二年，就召集諸侯，在孟津（今河南孟縣）大會，檢閱軍隊，做了一次伐商的軍事大演習。

周武王即位的第四年（公元前 1027 年），見紂王殺比干，囚箕子，說明他已到了眾叛親離的地步，於是就發動了伐紂戰爭。

在這次戰爭中，武王率兵車 300 乘，虎賁（精銳的近衛軍）3000 人，甲士 4.5 萬人，又聯合了庸、蜀、羌髳、微、盧、彭、濮等方國的軍隊，一起向東進發。大隊人馬渡過了孟津，抵達牧野，與紂的住處只有 70 里時，武王集結部隊進行了聲勢浩大的誓師，指斥紂的罪惡是：只聽信婦人之言，而不傾聽民眾的呼聲；只顧自己揮霍享樂，不顧百姓的死活；不信任忠心耿耿的親屬，而只是一味自作主張，專橫跋扈；招集四方的罪人和逃亡的奴隸，把這些當作私產。武王一宣佈這些罪狀，在場的將士全都義憤填膺，同聲聲討罪惡滔天的商紂王。

而商紂王這邊對戰事一點也沒有準備。當兵臨城下時，紂才匆忙應戰。當時，紂的主力部隊在東線與九夷作戰，而應戰周武王軍隊的除少部分正規軍之外，大多是臨時湊合起來的奴隸和貧窮自由民。這些人平時就無法忍受紂的暴虐統治，一上戰陣，反把周軍看成是自己的救星。不少商軍臨陣立即起義，掉轉矛頭，配合周軍進攻紂王。紂

王見大勢已去，便登上鹿台，穿上用寶玉裝飾的衣服，跳到火中自焚而死。周之滅商，主要是紂師「倒兵以戰」所致。

周武王斬下紂的頭，把他懸掛在一面大白旗杆上，同時又殺死了敗壞風化、禍國殃民的妲己，釋放了被囚的箕子，對被紂無辜殺害的比干進行祭奠，對殷王室的後裔也作了妥善的安排。

亡殷後，武王回到周都鎬京，心情一直平靜不下來。一連好幾個晚上，他徹夜不寐。這件事讓輔佐大臣周公旦知道了，馬上趕到武王居所。

「大王，為什麼您不睡呢？」周公旦問道。

「我告訴你，我睡不着啊！我想得太多了。」武王讓周公旦坐下，感歎地說。

「好，那就趁着這月明星稀之夜，我們君臣一起聊聊吧！」周公旦實在很想聽聽武王的心裏話。

武王慢悠悠地說道：「你想想，殷王朝原本也是挺不差的嘛，壞就壞在最後那六十來年。那最後幾個王，尤其是紂王，根本不顧民眾的死活，只顧自己的享樂和揮霍，結果弄得天怒人怨，政權也丟了，自己的命也沒了。這個教訓我們要永遠記取呵！」

周公旦點點頭，不聲響，讓武王再說下去。

武王又說：「殷王朝也不是沒有賢人、能人，我計算了一下，可以任用的名賢至少有 360 人。如果這 360 人都使用起來，聽從他們的意見，那什麼事不好辦？什麼偉業成就不了？話又說回來，這 360 人中，只要你用 10 人、20 人，事情就不至於那麼壞。這也應該說是個教訓。」

周公旦還是點着頭，不聲響，他是想讓武王說個夠。

武王又說：「事情總是要從兩面看的，賢人不用，那些奸佞小人就會趁虛而入。就拿紂這個人來說，他不是沒有能力，也不是一點智慧也沒有，他是被小人包圍了，於是就越陷越深，最後就不能自拔了。」

周公旦聽了這些，讚道：「王啊！你想得太對了。一個王朝要興

盛，就要管住這三條：改善民生、任用賢人、遠離奸佞之徒。我們就照着這三條去做吧！」

武王高興得站了起來，説：「我們君臣是想到一塊兒去了。我之所以睡不着，是因為現在天下未定，要辦的事實在很多很多，又怕有些人認為革命成功，可以躺下睡大覺了。你是老臣，你能如此地理解我，幫襯我，我就放心了。只要大家一起好好幹，祖宗基業一定會安如泰山的。」

這君臣一席談，真正鑄就了周代的穩固江山。

周公制禮作樂

武王死時，成王太年幼，這時，剛剛建立起來的周王朝內部亂成一團。由誰來接替周王室的權力，成了一個極大的問題。基於在伐商鬥爭中明顯高於其他人的業績，周公旦在不得已的情況下宣佈實行攝政，也就是代成王管理政事。

「什麼攝政？還不是實際上的當政？」與周公同是周文王兒子的蔡叔，很不服氣地這樣説。

「要當政，也輪不到你周公旦！我們周代的規矩是兄終弟及，老大老二排下來，先輪到的是我！」周文王的另一個兒子管叔氣憤地説。他比周公旦年長，按照先周時代的老規矩該輪到他掌權。

周公旦聽到了兩位兄弟的不平之聲。把他倆找來談了一次，周公旦一再説自己只是「代行政事」，別無他意，而管叔和蔡叔怎麼也不相信，結果是不歡而散。事關國家大權問題，誰都不讓步。最後，雙方都走向了極端：

管叔、蔡叔等懷疑周公旦有野心，就舉起了造反的大旗，而且為了壯大自己的勢力，竟與紂王之子武庚攪和在一起作亂。

在不得已的情況下，周公旦也走向了極端。他把大軍壓向昔日的同胞兄弟，還有那個不知好歹的武庚，很快將他們擊敗。最後把武庚和帶頭鬧事的兄長管叔給殺了，對蔡叔則留了一點面子，把他流放到邊遠地區去了。

這以後，周公旦一直在東征西戰，為的是使周代的一統江山穩固下來。在征戰中，周公旦一直在思索：怎樣在紛亂中建立起一種秩序來呢？怎樣使社會上的每個人各就各位、各得其所呢？

一個思想電火花般在周公旦的腦際一閃：制禮！

他向身邊的謀士們說：「現在看來，最重要的是要建立一套禮制，使君臣父子都有自己的規矩可循，這樣就不會因你爭我奪而自相殘殺了。」

謀士們說：「你說得對。所謂禮，就是規矩，就是秩序。現在是苦於沒有這種規矩和秩序。」

周公旦說：「我們要建立這種規矩和秩序。」

謀士問：「從何着手呢？」

周公似乎已經胸有成竹，說：「就從解決繼承權這一環節着手，這是一個國家、一個地區、一個家族的命脈所在。管叔和蔡叔作亂，還不是因為在王位繼承的問題上觀念不同嗎？」

謀士們說：「現在有兩種繼承制度放在面前：一種是兄終弟及，周以前一直實行這樣一種制度；另一種是嫡長制繼承，殷商的後期已經實行了這種制度。」

周公旦想了想說：「很明顯，嫡長子繼承要比兄終弟及好得多。兄長死了，弟弟必然有好多人，很容易爭權奪利而鬧個不休。而嫡長繼承制就不會有這個問題，嫡長只有一個，誰都爭不了。在殷商時代，中丁以後，曾經有九代大亂，這亂就是兄終弟及造成的，到盤庚時確立了嫡長制，才出現了『殷道復興』的大好局面。嫡長制好，實在好！」

眾謀士一致認同。

周公旦最後說：「殷是大國，有大國之風。殷的禮制先進，我從殷禮！」

為了表示對嫡長制的真心擁護，在滅殷後六年，天下大定之時，周公旦決定還政於武王的兒子成王，自己北面而就群臣之位。

從此，周公之禮成。王室的嫡長子才有權繼承王位，其他庶子則成為諸侯。其他諸侯以至於百姓，都實行嫡長繼承制，整個社會的運行都囊括在這一禮制之中。

周公還把禮的教育普及到社會生活的方方面面。尊老、敬老是西周的傳統。據說早在古公時期，王者就十分注重敬老，由豳遷岐時，先徵求耆老的意見，再遍告百姓。西伯也善養老，因此，他準備滅殷時，許多老者從東海、北海星夜投奔而來，共議國事。周公進一步發展了周的尊老之禮，規定 60 歲以上的老者，就是見天子也可以坐着，他們每年可無償地獲取酒食，還定期被各級行政首長接見，貢獻自己的大道理義。此外，還制定了孕育禮、產育禮、幼教禮、冠禮、婚姻禮、喪葬禮、祭祀禮、賓禮、客禮、見面禮、告別禮，等等。可以說，大凡人生必要的種種禮俗，在西周時都粗具規模了。

樂與禮是相互聯繫的。周公旦還努力制定出與禮相應的服飾、器用、樂舞來，不能混用。這就是後人所說的「昭文章，明貴賤，辨等列，順少長，習威儀」的制禮作樂。在這方面，周公旦的功業是偉大的。

「學在官府」

周公旦看到天下初定，心中自然很是高興。他的禮樂制度也為大多數人所接受。接下來考慮的問題就是官員的職能了，於是作《周官》一書，書中特別強調了教育。周公旦為了解全國的學校情況，專門讓

相關官員陪同他作了一次巡行，發現經過多年的戰爭，原先夏商一直流傳下來的學校差不多已被破壞殆盡。

「馬上要着手學校的重建。」周公旦指示身邊的相關官員。

那位官員一臉的迷惘，問：「現在那麼多事要做，為什麼急着要建造學校呢？」

周公當場斬釘截鐵地回答：「事情千頭萬緒，如果學校不抓起來，人才不培養好，一切都將是空的。應以學校為重，學在官府。」

在周公旦的提議下，專門召開了研究復興教育、恢復學校的會議。經過大家認真討論，取得了不少的共識——

學校一律由公辦，教學規範和內容由國家制定，學校開支由國家負責，這就叫做「學在官府」。據一些史書記載，當時學生學習的內容還偏重於軍事（這大約與長期戰亂有關），干戈是主科，當然還要學習弦樂、禮制、生活常識。但後來，尤其是西周中葉以後，文化知識、禮制、為人處世的道德行為的學習，成了主要內容。

京城和地方都設置兩級學校：小學和大學。小學以識字和學習基礎知識為主，大學以學習做人的道德、禮節、法規，以及治國安邦的能力為主。

學校的選址十分重要，一定要遠離喧囂的商業區，最好是建在四面環水中間高起的地方，有山，有水，有林木，比較雅靜，適宜於學習。正因為這樣，學校又稱為「辟雍」，強調的是山水環境。

國家實行強迫教育，凡是自由民到八歲就必須上學，十五歲就要進入大學學習為人處世之道，其中學禮是最主要的。後來孔子在研究了西周的教育制度後認為「不學禮，無以立」，那心得是對的。

教師哪裏來？當時作了一個規定：京城的教師均由官員兼任。因為一度軍事是主科，不少軍官搖身一變當教師也不難。他們有的是軍事實踐，把實踐的體會講出來就是。當然，道德之類軍官教不了，得由文職官員教，音樂得由大樂師教。地方的教師有些不同，專職教師由致仕居鄉的鄉老、鄉先生充任，地方行政長官只是兼課教師。

學校制定了一系列的規矩。因為學校是國家辦的，相對來說規矩也相當嚴。周公旦曾經對管理教育的專職人員說：「要把『夏楚二物，收其威也』寫進學生規則中去。沒有懲罰將沒有教育，體罰有時也是必要的。」夏楚，是指用植物荊條做成的教鞭。「收其威」云云，是公然宣揚體罰。周公旦的話並不怎麼正確，但倒具體而微地反映了當時的教育狀況。

學校每兩年進行一次考試，考試直接與升級乃至將來的任官授爵相關聯。有的人老是不聽教誨，還要受到極為嚴厲的處罰！

在周公的親自關懷下，西周的學校教育蓬蓬勃勃地發展起來。在西周 300 多年間，學校制度不斷得以完善，培養出了一批又一批知書識禮的人。難怪生活在離西周社會不太久的孔子要發出「鬱鬱乎文哉，吾從周」的感歎了。

召公棠下決獄

在周初，周、召兩公的功業可以說是平分秋色。周公的主要成就是在行政和軍事上，而召公的主要事業是在建設和司法上。

召公曾經主持了對姜太公的封國儀式，並代表成王授予齊國以對諸侯國的征伐生殺之權。這對西周和東周的發展產生了重大影響。

召公是以法治軍的模範。在滅殷過程中，也會有少數士兵作亂，或不守軍紀，召公就負責對其實施處罰，只要這些士兵改過自新，就讓他重新歸隊。召公的治軍以法，拯救了一大批將士。這也是史有明文的。

召公在滅殷後的關鍵時刻，深入殷地，當眾釋放了被囚禁的殷的忠臣箕子。這本身象徵着對殷民的解放。

召公曾經主持了東都洛邑的營建。這是一項浩大的工程，曾經幾

度因經濟原因而中止，而最後是在召公手中完成的。誰都知道，如此浩大的工程，其中的貪污枉法之事肯定多得難以計數，但在召公主持下，貪污之類的醜聞一件都沒有發生。至於洛邑的建成，對周王國日後的作用那是不言而喻的。

最為有名的是，召公之以法治理國家，不是坐在宮廷裏實施的，而是親自走到鄉村去，走到民間去，在了解民情的前提下再進行決獄。當他巡行鄉邑的時候，發現案情就喬裝在民間住下，把案情徹底調查清楚後，就在鄉間社祭壇的棠樹（社祭壇都有棠樹，是吉祥和莊重的象徵）下決獄。

召公在棠樹下放上一張桌子，一把椅子，現場穿上象徵法和公平的衣服，莊重嚴肅地大吼一聲：「把犯人押上來！」

接着是宣讀充分調查得來的材料，再由相關證人出來作證。最後，召公問犯人：「你還有什麼要說的？」由於召公之前取證翔實，犯人大多只能低頭服罪。

史書上記載，召公決獄，「自侯伯至於庶人各得其所，無失職者」。有些侯伯拒向周王室上交貢品，有些侯伯貪贓枉法，都被召公繩之以法。而老百姓中有冤情長期未白的，經召公查處，也能得以昭雪。

棠樹下決獄，既公正，又公開。如果偶有判錯的，百姓很快就會通過各種途徑反映到召公那裏，並很快得以糾正。

召公在棠樹下公正公開決獄被傳為千古美談。當時的老百姓作了一首《甘棠》詩頌揚召公，詩是這樣寫的：

> 茂密棠梨樹，不剪不伐汝，
> 茂密棠梨樹，召伯居住處。

> 茂密棠梨樹，不剪不伐汝，
> 茂密棠梨樹，召伯止息處。

茂密棠梨樹，不剪不伐汝，

茂密棠梨樹，召伯滯留處。⑦

　　這裏說的是有人要伐去社祭壇的甘棠樹，不知是出於怎樣的考慮，但人們是不會同意的，因為那裏曾經有着召公「棠下決獄」的故事。砍伐掉社祭壇的棠樹，無異於是砍伐人們心中的召公「棠下決獄」的故事，這怎麼能答應？

周初大分封

　　作為「小國」「小邦」的周，經過對殷商的戰爭滅掉了「大國殷」，經過周公的率軍東征，又滅掉了東方的商奄、蒲姑、淮夷等十七國，周成為一個空前統一的大王國。為了對遼闊領土進行有效的統治，西周實行了分封制。分封要舉行隆重的儀式，在分封儀式上，武王、周公、成王一再對有功的臣屬、先聖的後裔、自己的親屬說：

　　「我想告訴你們：溥天之下，莫非王土；率土之濱，莫非王臣。天下的土地和民眾都屬於周王。但是，你們或者是我的親屬，或者是我的功臣，我要與你們分享上天賜予的這些東西。我封給你們土地，賜給你們民眾，授予你們職權，去好好建設你們自己的國家吧！只要你們真心臣服於我，每年按時獻貢賦於我，使當地的民眾過上好日子，我是一定會好好地保護你們的。」

　　這就是中國歷史上著名的「封邦建國」或「封建親戚」。

　　武王在世時，作了一些分封諸侯的嘗試。周初諸侯除同姓外，也有異姓者，其中有些是周族的親戚，還有些是歸服周朝的一些小國首領。當時最有名的分封是對商後代武庚的封賜和對周武王之弟管叔和蔡叔的分封，還分封了一批先聖的後裔，如封神農之後於焦，黃帝之

後於祝，帝堯之後於薊，帝舜之後於陳，大禹之後於杞。

　　大規模的分封是周公着手推行的。他深深感悟於武庚的叛亂所帶來的危害，決定把周的親屬子弟分封到各地去，作為周統治的屏藩。經他分封的至少有：文王的兒子，管、蔡、郕、霍、魯、衛、毛、聃、郜、雍、曹、滕、畢、原、酆、郇等十六國；武王的兒子，邘、晉、應、韓等四國；周公的子孫有凡、蔣、邢、茅、胙、祭等六國。這裏加起來有 26 國。而按照荀子的說法，周公「立國七十一國，姬姓獨居五十三人」。這當然也不是不可能，因為當時所封的國大都很小，一下封了七八十個也沒什麼大不了的。事實上，封國小一點、多一點，對中央政府是有利無害的。

　　在所有早期的封國中，魯、衛、宋、唐、齊、燕是最為重要的。

　　魯國。魯原是武王給周公旦的封地。但是，滅商後不久武王就去世了，成王還是個嬰兒，周公怕天下有變，自己不敢離開京城，而是讓自己的兒子伯禽到魯國去。臨行叮囑道：「我們家的身份不一般，在德行和治國上應當做出榜樣來。我是文王的兒子，武王的弟弟，我為打造周朝的天下出的力不算小了，但我還是始終不敢怠慢，用『一沐三捉髮，一飯三吐哺』的態度來對待士人，還生怕失去天下的賢人。你啊，到魯國去，切切不可因自己的地位特殊而驕橫對人，遇事要三思而行。」伯禽聽從了父親周公旦的教訓，把魯治理得很出色。

　　衛國。周公在滅武庚以後，把西阻太行、東南跨大河、北逾衡漳的廣大地區，封給了武王同母少弟康叔。在當時，康叔年歲雖然不大，但老成持重，很有治國才能，又是周室嫡傳，比較能放心。這是原殷商的一塊腹地，相當於今天河南的安陽、淇縣、輝縣、濮陽、滑縣一帶，在周初的確是一個大國了。這裏的民眾是商之遺民，管理好這塊地方，有利於護衛周國，因而起名為衛國。

　　宋國。周公旦平定了「三監」、殺武庚以後，商遺民與周的對立情緒還存在。為了緩和這種情緒，周公選擇比較馴順的商紂王的庶兄微子啟，封於宋，都商丘。這是商的發祥地之一，讓微子啟統治一部分

商之遺民，有着安定人心之作用。

唐國。據《史記》記載，唐這個地方，原為古聖人唐堯的故地，後來夏禹也曾建都於唐（今太原晉陽）。按理説，武王初封時應封堯帝的後代在唐，可是結果並不這樣，卻把堯的後代封到了薊（今北京一帶），而把唐地空缺出來，沒有進行任何的封賞，不知是什麼緣故。據《漢書·地理志》説，後來有過「周成王滅唐」這樣的故事，把唐地打下來以後，才封給了成王的弟弟叔虞，國名仍稱為「唐國」。這樣看來，唐是一塊相當難啃的骨頭，商亡時它並沒有進入周的版圖，又是聖人之地，不敢隨便去動它，過了 10 多年，才藉故把它收拾掉了。

齊。這是姜太公呂尚的封地。在佐周滅商過程中，姜太公能征善戰，是個大功臣，其汗馬功勞不可小視。但是，在分封時，周公徵求他的意見，他卻出人意料地要了一塊地域廣闊但比較荒僻的地方，這就是地處最東方的齊地。為什麼這樣做呢？其實，呂尚也有他的心計。被封的許多人都是周的王室，而自己不是，因此，還是去遠一點的地方為好！成王封齊的誥命中説：「五侯九伯，汝實征之。」有了那麼廣闊的土地，又有了征討大權，姜太公還有什麼不滿足的呢？他後來就是利用這裏特殊的條件，通商工之業，便魚鹽之利，使齊國成為真正的大國。

燕。周召兩公，是周初的謀略大臣。到成王時，又同列於三公。周公平武庚之亂以後，將燕地併入周的版圖，並封德高望重的召公於燕地，但召公迫於當時的情勢，沒有到燕地去就封，讓自己的大兒子去就封，讓次子和自己一起在中央辦事。

周初的分封，是一種武裝駐防。一方面是安撫，對一些異姓諸侯來説，就有了安身立命之地；另一方面，也就是更重要的，作為王室的助手，形成統治的屏藩。魯、衞、唐、齊、燕這樣一些據點，遙相呼應，成掎角之勢，在相當長的一段時間裏，是足以鎮撫異族、安定邦國的。

「無逸」之訓

在西周歷史上，人們都知道有一個「成康之治」。一些史書上說，這一時期四方安靜太平，老百姓得到充分的休養生息，路上沒有乞丐，鄉里沒有饑民，盜賊不起，日夜無憂。在 40 年間，竟連刑罰都無需使用。

為這一時期的到來，周公旦真是費盡了心機。

周公還政於成王以後，成王到了新建的洛邑城，這是周公在前幾年興建的，比起原先的豐鎬來，當然另有一番景象。成王在洛邑盤桓了好幾天，大有樂此不疲的樣子。回到豐鎬後，成王不談民生，不談治國方略，而大談洛邑風光，這就使周公旦大為警覺起來。一個王者如果走向貪圖安逸之路，那意味着什麼呢？

不久，周成王又為封禪事去過一次泰山，不過那是例行公事，都是屬下安排好的。至於有什麼心得，他自己也說不清楚。

周公旦想：「得找成王好好談一談，為了他，也為了周朝的王者基業。」

談什麼呢？周公旦反覆思考了好多天，最後才凝聚成力重千鈞的兩個字：「無逸！」

周公旦把成王請來，先施君臣之禮，然後鄭重其事地說道：「今天老臣把國君請來，是想談一件頂重大的事。」

成王和顏悅色地說：「叔父儘管說來，小侄正洗耳恭聽！」

看到成王如此謙恭，周公旦顯得高興起來，他說：「既然國君願意聽，那老臣就說了。我要說的中心議題就是兩個字：無逸。國王，你聽清沒有？或者說你想過沒有？什麼叫無逸啊？」

成王謙和地笑笑，說：「侄兒見識淺薄，正靜候着叔父的教誨吶！」

周公旦說：「我覺得所謂無逸，有兩層意思：一是要懂得稼穡之艱難。一飯一菜都是來之不易的。明白了這一點，就要珍惜勞動所得的

財物，並力求自己參與勞動。二是要明白民生之困苦。統治者與實際勞動者比較起來，總還是相對舒適的，真正勞苦困頓的還是處於底層的民眾。要尊重他們，關心他們，事事處處為他們着想。這樣的執政者，才真正算得上是無逸者。」

成王端坐在那裏，一動也不動，一直在沉思。

周公旦的思緒像是打開了閘門的洪水，他滔滔不絕地説：「單是講道理你還不一定能理解，給你講一點歷史吧！被我們周族滅亡了的殷商曾經也是個了不起的民族，歷史上出現過許多了不起的人物，不然，它怎麼可能有 500 多年的王命？殷朝的大戊治理民眾小心謹慎，從不敢荒廢政事貪圖安逸，他在位有 75 年呢！殷代的武丁你聽到過吧，他長期在外服役，和下層民眾生活在一起，即位後，從不敢輕言政事，也從不敢放縱自己，他當政達 59 年，社會繁榮昌盛。還有殷代的祖甲，特別慈愛民眾，對孤苦無依之人常予以關懷，因此得到廣大民眾的愛戴，他當政也有 33 年。如果能這樣繼承下去，殷還會亡嗎？只是因為後代君主忘記了祖宗的遺訓，貪圖安逸，不體恤民情，這才斷送了江山。這樣的教訓值得後世永遠記住的呵！」

周公旦停頓了一下，繼續説：「我們周代的太王、王季更是了不起的人物。他們在評價自己的時候情願貶抑自己，多看到自己的不足，也不把自己看成是多麼超群的人。他們敬畏天命，常想若是粗疏，就會失去天命。於是，他們穿着粗劣的衣服，從事開墾山澤荒原的艱難勞作，為的就是善良恭敬地保護好屬民，使他們能過上安定舒適的生活。文王天天從太陽升起，一直到日落西山，都忙個不停，常常連飯都顧不上吃，在他在位的 50 年間，周才真正從一個小邦變成一個強國。這些值得我們這些後人永遠記取。」

這時，成王聽得有點激動了，站起來想説些什麼。周公旦擺擺手，不讓他插嘴，繼續往下説：「上面説到的都是殷代歷史上和本朝歷史上的聖君。是不是説，這些聖君沒有一點兒缺點呢？或者説下面一點兒也沒有怨恨之聲呢？不是的。沒有缺點是不可能的，沒有怨恨之

聲也是不可能的。問題是要看到自己的不足，聽得進小民的進言和批評。上面說到的殷代的大戊、武丁、祖甲，本朝的文王，只要有人告訴他們：『有小民在怨恨和咒罵你們呢！』他們就會更加謹慎自己的行為，更加注意對自我的反思。我敢説，任何一個君王，如果能做到這樣，還會得不到民眾的擁護嗎？」

聽了周公旦的一席「無逸」之訓，成王一再拜謝，説道：「尊敬的叔父，你今天的教誨比我讀十年書還強呢！我一定要做一個無逸之主，把先祖開創的基業繼承好！」

果然，成王是這樣做了，之後的康王也這樣做了。成康時代成了周代最強盛的時代，後人稱之為「成康之治」。人們在閱讀這段充滿陽光的歷史的時候，可千萬不能忘了周公旦的「無逸之訓」啊！

楚的崛起

很長一段時間，文化、經濟、政治的重心在中原地帶，南方是相對落後的。但是，到了周代，南方的楚地強大起來了，這不能不説是一件大好事。

楚國的遠祖是顓頊，顓頊是黃帝的孫子，由此可見，楚國的民眾也是黃帝子孫。處於楚地的黃帝子孫與中原地帶的黃帝子孫之間一直保持着密切的交往。商朝末年的時候，楚國的祖先是鬻熊，看到商統治者的無道，就投奔西伯姬昌，當了一個很好的謀臣，有人還説他是王者之師呢！當西伯被囚時，鬻熊、閎夭、散宜生等人設法營救，楚的先祖起的作用應該説是很大的。鬻熊的事跡和文章被後人編為《鬻子》一書傳頌。

鬻熊的曾孫熊繹在周成王時，被封為子爵，地位不太高，建都於丹陽（今河南淅川縣），統治着今天湖北北部和河南西南部的一些地

區。後來，楚還獻物於周成王，周成王為了團結它，就將祭肉恩賜給楚，並且傳話給楚君：「你可有南方的廣大地區，但不要侵犯中國（中原）。」從此，楚地千里。後來，楚國幾次要求周王室賜予尊號，都沒有得到周王室的恩准。楚君當然很不高興。

這裏有一個有趣的故事，充分說明了當時南方與北方間關係的微妙——

周成王在岐陽（今陝西岐山縣東北）會盟諸侯，這當然是一件大事，各族、各地區的身價和地位都會充分地顯示出來。楚國的國君熊繹也應邀出席了。可是，在祭天地的時候，楚國國君熊繹被安排在了末座，楚君熊繹從鼻子裏「哼」了一聲，低着頭一聲都不吭，與哪個都不答理。

到了最後，也就是最重要的一個節目——舉行會盟儀式時，楚國國君出人意料地沒被排上座次，而是被分配去看守殿前庭院中燃燒的火炬。這在楚君看來，簡直是對楚的侮辱了。楚君熊繹勃然大怒，還沒等盟會結束，他就離去了，臨行扔下一句氣話：「周王不尊重我楚國，我楚國就自尊為王吧！」

到了西周的第四位國君昭王時，楚國日益強大，常與周廷分庭抗禮。周昭王決定親自率部隊南征楚國。這時的楚國已經今非昔比，兵力十分強大。而且楚地盛產銅錫，生產的青銅軍械絕不亞於中原地帶。兩軍一交戰，周軍大敗，周軍一下喪失了六師的兵力，周昭王也死在了征戰途中。關於周昭王的死，有好幾個版本。有的說周昭王在回逃途中，渡漢水時所坐的膠粘船突然解體，昭王逃生不及，淹水而死。有的記載則說，周昭王返回時，飛馬過漢水橋，這時橋梁突然斷開，昭王落水而死。總之，這次的昭王南征敗得夠慘，差不多是全軍覆沒。

昭王南征失敗，可以說是王道式微的開端，而楚國的勢力卻日益強大。周夷王時，楚國國君熊渠進一步向外擴張，進攻庸國（今湖北竹山縣）取得勝利，又攻揚粵（今江西湖口一帶）取得勝績。熊渠很不滿於周天子的視楚為蠻夷，因此自封三個兒子為王，長子為句亶

王，次子為鄂王，三子為越章王。後來怕矛盾太激化，收回成命，對周王朝進獻了魚貝等珍品，矛盾才稍稍緩解。

到西周末年的周宣王時代，楚的勢力實際上已發展到可與周王國平起平坐。到熊通為楚國國君的時候，又一次請王室賜尊號，周王室沒有允許。熊通大怒，道：「我的先祖還是周文王的老師呢！現在周王室不封，我就自封尊位了。」他說到做到，不久，就自製了一面大旗，旗上大書一「武」字，這就是歷史上有名的楚武王。

歷史地看，楚的興起不是什麼壞事。南北在經濟上、文化上相互砥礪，相互促進，是有利於整個民族的繁榮昌盛的。

厲王弭謗

周厲王是西周時期的第十位國王。周厲王在位時間倒不短，一共有 30 年，但由於他不斷地對楚和西北地區的少數民族發動戰爭，軍事開支十分浩大；再加上當時統治集團內部的腐敗奢侈，尤其是厲王自身的奢靡無度，財用常感不足。

正當厲王感到財力難以支撐時，很受他重用的近臣榮夷公給他出主意了。榮夷公獻計道：「大王不可以實行專利嗎？如果把山林川澤之利一律收歸王室享用，那不是一筆很大而且取之不盡的財源嗎？那樣做，還怕財用匱乏嗎？」

厲王一聽，想都不去想，就鼓掌大為叫好，說：「那樣真好，我的錢財從此源源而來，不怕沒錢用了！」

這時，大臣芮良夫馬上站了出來，大聲疾呼道：「王啊，這件事萬萬不可，萬萬不可！自然界的利益，是百物所生，天地所載，任何人都不可以私得而專。山林川澤歷來為王室、百官、民眾所共有，怎麼可以收歸王室專有呢？」

厲王強詞奪理地説：「不是説『普天之下，莫非王土』嗎？我要實行專利，就實行專利，誰敢出來反對？」

芮良夫亢聲道：「如果一個普通老百姓實行專利，人們可以稱他為強盜；而如果大王實行專利，將來再跟着你走的人肯定不會多了。那個榮夷公只想獨佔財利而不知道會有『大難』發生，如果按照他的辦法去做，周必然會走向滅亡！」

對芮良夫的忠告，厲王根本聽不進去。他就是一味聽榮夷公的。由於獻了專利之計，榮夷公被提升為卿士，成為國王之下的第一人。

厲王的暴虐奢傲，引發了眾怒。首先站出來與厲王抗衡的是「國人」。原來在西周時，有國野之分。國指城市，尤其是指國都；野指鄉村。國都居住的是國人，他們過着較為開明的城市生活，對政治也比較敏感，比起鄉野之人來要激烈些。國人們到處宣傳厲王的不是之處，揭露厲王的暴行，申言專利之不可行。經國人們的宣傳，各大城市，尤其是國都裏，呈現出「山雨欲來風滿樓」的景象。

召公站了出來，正告厲王：「你可要注意啊！老百姓已承受不了你的暴虐政令！」

厲王一聽此言，勃然大怒，教訓召公：「不要聽下面胡説八道，天下亂不了。現在有人在毀謗我，我自有辦法對付他們。」

厲王的確很有「辦法」：天天都殺！殺！殺！他請來了衛國的一些巫士，實際上是一些密探，讓他們四處打探消息，監視那些議論的人，只要發現哪個在「謗王」，就不管三七二十一，殺了就是。

國都，還有當時的各大城市，充滿了血腥味。

這樣一來，「謗王」的人倒的確少了。厲王高興地説：「這辦法不是很好嗎？看，還有誰敢再謗本王？！」但是，他不知道，他的民心喪盡了，四方的諸侯再也無人敢來朝拜了。

又過些年，厲王認為此法好，便更加嚴酷了。所有的人都不敢在道路上講什麼了，只是互相用自己的眼神傳遞思想。

厲王得意地對召公説：「我已經徹底制止了誹謗，人們都不敢説三

道四了。」

召公對厲王也失去了信心，明確地告訴他：「這是一種表面現象啊！你堵塞人民的嘴巴，比堵塞河流所造成的後果還要嚴重。水流被堵塞了，總有一天河堤會崩潰，到那時傷害的人一定會更多。所以治理水害的人採取的措施是疏導，治理百姓也一樣，應採取辦法使言路暢通。」

厲王還是不信。

公元前 841 年，大規模的城市暴動終於發生了。參加暴動的，除城市中的市民，還有一些貴族和武士。這些人圍住了王宮，襲擊厲王，聲稱要殺死他。厲王知道大事不好，在一些人的保護下，逃奔到彘地，後來客死在他鄉。

厲王的幼子驚惶失措，無處安生，逃到了當時聲望最高的召公家。暴動的人們知道後，大隊人馬包圍了召公的住宅，大叫：「把厲王的那個小子交出來！」召公沒有辦法，只得將自己的兒子冒充太子交了出去。這個冒充的「太子」被忿怒的暴動者殺死了，而真太子逃過了一劫，他就是日後挺有作為的周宣王。

厲王逃走後，國不可一日無主，只能由忠臣世家召公和周公來代理政事了，這就是中國歷史上有名的「共和政治」。公元前 841 年，就是共和元年。過去把這一年看作是中國歷史有不間斷紀年的開始。

共和政治一共實行了 14 年。共和十四年，厲王已死，太子靜也已經長大，於是，召公和周公就共立其為王，這就是赫赫有名的周宣王。

「始勤後怠」的周宣王

上面說到，周宣王在周一代是赫赫有名的國王。不錯，他的名聲的確很大，但也一直是人們爭議不休的一個重要課題。有的說他是一

個有所作為的「中興之主」，效法了文、武、成、康之遺風；有的則説他是失德的「昏亂之君」，應與周代歷史上的諸多昏君同列。但是，仔細梳理一下歷史，其實這兩說都對，也都不對。「有為」説的是他的前期，「昏庸」指的是他的晚年。周宣王是一個典型的「始勤後怠」的君王，在這一點上，正可以作為歷史的借鑒。[8]

經歷了不尋常的國人暴動，經歷了 14 年的「共和政治」，最後，在召、周兩公的扶持下，厲王之子太子靜登上了王位，其時還不到 20 歲。

周宣王是一直在召公身邊長大的，當時風頭正緊，不得不隱姓埋名，又朝暮接受召公的教誨，早年他能夾緊尾巴做人，也是情理中的事。登極之前，召公和周公又對他進行了一番語重心長的訓導：

「要記住開國之君的聖教，要效法開國的聖君文王、武王、成王、康王。他們在辦事之前，都會想一想自己做的是否有利於百姓，凡是百姓不滿意的，即使對自己有好處，他們也不會去做。正因為這樣，他們得到了百姓的衷心擁戴。

「要記住你父王的沉痛教訓。他視國事如兒戲，視萬民如草芥，聽不進百姓的呼聲，還搞什麼『弭謗』，整日裏花天酒地，根本不顧人民的死活。結果怎樣？他自己走進了死胡同，這叫自取滅亡。」

召、周二公説這些話時，初即位的周宣王認真地聽着，並不時地點頭稱是。他是把兩位老臣的話聽進去了的。

在初執政的近十年時間裏，宣王稱得上是一位英明君主，後世有人稱其為「明明天子」決非空穴來風。

宣王對自我的約束很緊，經常向召、周兩公講述自己治國安民的心得。

宣王告誡屬下，不可盤剝百姓，不可中飽私囊，不可沉湎酒色。

宣王重用韓侯、召虎、南仲、方叔這樣一些能臣，把朝政治理得有條有理。

宣王注意發展農業生產，減輕民眾的負擔。鑒於當時無償使用徭役耕種大田的做法已經名存實亡，他採取了一個極為大膽的舉措——

「不籍千田」，也就是周天子不再親自舉行耕種籍田的儀式，這樣必然在很大程度上提高庶民的生產積極性。

宣王還加強了邊防，對玁狁、淮夷、徐國、荊楚的用兵都取得了勝利。這時的周國版圖可以和武王時代等量齊觀。

宣王的頭十年，真正稱得上是國泰民安，說有一個「宣王中興」時期，也是有一定道理的。

但是，宣王的鼎盛期，也是他走向沒落的開始。從根本上說，他的治國思想根子是不深的。一旦老一輩的召、周兩公去世，一旦在治理國家過程中取得一些業績，同樣是這個周宣王，就忘乎所以起來了。

宣王一共當政 45 年之久，而最後的一二十年他完全變成了一個昏君、暴君。

晚年的宣王追求生活上的享受，整天沉湎於酒色之中。

晚年的宣王忘乎所以，竟仿照周公、武王實施起分封制來。他封其舅申伯於謝（今河南南陽），封其庶弟於或林（今陝西華縣）。這樣做表面上看來是威風八面，實際上留下了無窮的後患。

晚年的宣王進一步四出征戰。後期的許多征戰，大多以失敗告終。這就動搖了國之基礎。從一些記錄看，宣王晚年遠征軍中士兵的逃亡還是相當嚴重的，一些士兵唱出了「我心傷悲，莫知我哀」的感歎之歌。

晚年的宣王被姜戎打敗，加上對崩潰的經濟一籌莫展，他想出了「料民」的辦法，也就是清查戶口，計點人口，準備徵兵，說明當時的勞動力已十分缺乏。他想按土地數量徵收實物稅，但由於當時隱瞞土地的現象十分嚴重，取得的實效也十分有限。

曾一度被人讚譽為「中興之主」的宣王，晚年給周代帶來的是諸多惡果。在他的晚年，社會比厲王那時更動盪不安。再加上他又有一個不爭氣的兒子。在他之後，只一代，西周就滅亡了。

周宣王本人的「始勤後怠」，會留給後世永遠的深思。

烽火戲諸侯

宣王死後，傳位給了兒子幽王宮涅。這是個除了會幹壞事其他什麼都不會的人。就在他上任的第二年，岐山地區發生了一次大地震。高高的山陵瞬息之間變成了深谷，深深的河谷轉眼之間聳立為山陵。多少條河流在沸騰，多少座山嶺在崩裂。面對這一切，負責祭祀的周太史伯陽甫歎道：「山崩川竭，這可是亡國的徵兆啊。看來，周朝是要滅亡了！」

聽到太史的話，昏庸無能、淫樂無度的幽王卻無所謂地說：「管它亡國不亡國，只要有我玩樂的就行。」

田園荒蕪，民眾飢餓，流離失所，這些他都不管。他整天沉湎在酒色之中。在他的後宮中，有的是美女，可他還是不滿足，非要讓人找個傾國傾城的不可。最後算是找到了，那就是褒姒。

自從得了褒姒以後，幽王就一點國事都不管了，整天陪着她在瓊台花園玩樂。原先的王后不稱幽王的意，就乾脆廢了，讓褒姒當起正宮來。王后不服，就把她打入冷宮，還把她娘家一門都殺了。

褒姒自從進宮以後，雖有山珍海味享用，歌舞音樂欣賞，且用陰謀手段奪得了正宮之位，但是，這個女人從來沒有舒暢地笑過一回。

「愛卿為何不笑？」周幽王為此傷透了腦筋，「真正是愁煞朕也！」

褒姒答道：「妾平生不愛笑。」

周幽王湊上去，輕聲細氣地問：「那愛卿總有喜歡的事吧？」

褒姒沉思了一會，說：「以前有一次，妾聽到絹綢撕裂的聲音，心裏就感到喜歡。」

「好，好！那容易，那容易！」幽王一迭聲地說。他叫人把宮中各種各樣的絹綢都搬來，供褒姒撕着玩。褒姒把宮中的絹綢撕得粉碎，果然高興，但還是沒有笑意。

「愛卿，怎麼不笑呢？」幽王不解地問。

「我就是笑不起來。」褒姒回答。

「怎樣才能使你笑起來呢？」幽王簡直在懇求了。

「我自己也説不清楚。」褒姒不陰也不陽。

幽王決心要讓褒姒一笑。他在朝堂上公然宣佈：「誰能博褒姒一笑，獎賞千金！」

這時有一個奸臣討好地獻策：「先王為防止外患，曾在驪山頂上設置了煙墩二十餘所，只要有事，就點燃烽火，各地諸侯就會迅速趕來相救。如果看到諸侯齊集而無事，褒姒也許會笑起來的。」

幽王馬上贊同了。當晚，幽王即與褒姒駕車往驪山遊玩，並佈置好了舉烽火的事。此時，幽王的叔叔鄭伯友聞知此事，大驚失色，他找到幽王，説：「無故而舉烽火，是戲諸侯也！」幽王説：「朕與王后沒什麼可消遣的，偶爾戲一下，有什麼大不了的？」他把叔叔鄭伯友支開後，照「戲」不誤。

天色黑了下來。周幽王命令大舉烽火，大擂戰鼓。霎時間，滿天的火光紅彤彤，滿山的鼓聲轟隆隆。京城附近的諸侯們以為有緊急敵情，立即調兵遣將，出動戰車，星夜直奔驪山而來。當他們趕到驪山時，看到的卻是另一番景象，周幽王正與褒姒一起在樂曲聲中飲酒作樂。正在眾人遲疑之時，幽王傳下話來：「各位辛苦，沒有啥事兒，都回去吧！」諸侯們我瞧你，你瞧我，氣得説不出話來，只得捲起旗幟回去了。褒姒看到諸侯匆匆而來，垂頭喪氣而去，禁不住大笑起來。幽王看到褒姒這笑，高興得不得了，獎給了那個奸臣一千兩黃金，這就是所謂「千金買笑」。

這一「戲」可不得了，把周王室的「誠信」兩字都「戲」掉了。不多久，來自西北方的外族真的入侵了，周幽王慌忙命令點起烽火。可是，那些上次上了當的諸侯都説：「周王是在『戲』我們呢，不要理會他！」京城的兵力本來就不多，一些將士看到幽王如此的荒誕，也就紛紛離去，能打仗的，就剩幽王的叔叔鄭伯友。鄭伯友為了保衞周王朝，拚死一戰，不幸死於亂軍之中。

外族很快攻入了京城，在驪山殺死了幽王，擄走了那個禍國殃民

的褒姒，把京城的財寶也洗劫一空。這時關中已充滿了戎人，宮室文物都被毀壞，土地一片荒蕪。

在十分淒涼的落日餘暉中，西周王朝滅亡了。

◆ 註釋：

① 《史記·夏本紀》：「帝禹立而舉皋陶薦之，且授政焉，而皋陶卒。」這裏是說授政後死的。而《史記正義》是說似乎還未授政就死了：「舜禪禹，禹即帝位，以皋陶最賢，薦之於天，將有禪之意。未及禪，會皋陶卒。」

② 《史記·夏本紀》：「帝太康失國，昆弟五人，須於洛汭，作《五子之歌》。」對「五子」歷來有種種解釋，其間的緣由也眾說紛紜。我們認為，這裏「昆弟五人」，就是五個弟兄，他們為父子相繼還是兄終弟及發生了矛盾。

③ 《尚書·胤征》中有夏代仲康時日食的記載。20世紀末由歷史學家李學勤等領銜啟動的「夏商周斷代工程」，對夏文化中心洛陽地區在公元前2250年至公元前1850年間共400年的日食進行普查性計算，再考慮到日食發生在「季秋」等因素，參閱先秦文獻、考古成果，最後推定夏王朝始年為公元前2070年。這樣，把原先的中國歷史紀年西周共和元年（公元前841年）一下向前延伸了1200多年。

④ 《左傳·定公四年》：「分唐叔於大路、密須之鼓、闕鞏、沽洗，懷姓九宗，職官五正，命以《唐誥》，而封於夏虛。」《史記·孫子吳起列傳》：「夏桀之居，左河濟，右泰華，伊闕在其南，羊腸在其北。」

⑤ 《易·革》：「天地革而四時成，湯武革命，順乎天而應乎人。」孔穎達疏：「革其王命，改其惡俗，故曰湯武革命，順乎天而應乎人。」《尚書·多士》：「惟爾知惟殷先人，有冊有典，殷革夏命。」

⑥ 《史記集解》：《諡法》曰：「殘義損善曰紂。」後人取的是人死後取諡號的方法中的一種解釋，表明人們對他的確是恨之入骨了。

⑦ 見《詩·召南·甘棠》，原詩為：「蔽芾甘棠，勿剪勿伐，召伯所茇。蔽芾甘棠，勿剪勿敗，召伯所憩。蔽芾甘棠，勿剪勿拜，召伯所說。」所引譯文依郭竹平。

⑧ 極度稱頌宣王的是《詩經》，說他是「明明天子，令聞不已，矢其文德，洽此四國」（《大雅·江漢》）。《左傳》也說「宣王有志」（《左傳·昭公二十六年》），而《國語·周語上》謂：「宣王既喪南國之師，乃料民太原。無故而料民，天之所惡也。」還將其與厲、幽等昏君同列。《史記》也只記宣王失德之事。

第十七卷

大國爭霸

公元前 770 年，周平王為了免受西方戎族的侵擾，東遷於洛邑（今河南洛陽），史稱東周。東周分為春秋和戰國兩個時期。公元前 770 年到公元前 476 年這近 300 年的時間，就是春秋時期。這一時期的一個顯著特點是社會長期處於極度的動盪不安之中，為了爭奪土地、人口，各諸侯國之間展開了難以計數的爭霸戰爭，被稱為「春秋無義戰」。

春秋時期大約可以分為五個階段：一是齊桓公上台後任用管仲為相，實行一系列的改革，使齊國成為春秋時期第一個大國霸主；二是晉國統一，國力日強，晉文公執政，通過城濮之戰，戰勝楚國，成就了霸業，後晉襄公繼霸；三是晉國中衰，楚莊王上台後國勢日強，戰勝晉國，取得了霸主地位；四是自晉景公復霸後，即與楚共王爭霸，自此晉楚南北兩霸進入相持階段，爭鬥互有勝負，在這種情勢下提出了「弭兵」的口號，實現相對和平；五是南方吳、越兩強的崛起，北上爭霸，成為春秋後期的顯赫勢力。至公元前 476 年，春秋時期宣告結束。

這是一個動亂的時代，但動亂的背後卻孕育着文明進步。陳腐觀念和陳舊體制漸被破除，傑出人物不斷湧現，社會變革積極推進，南北交往日益加強。

平王東遷

鎬京淪陷，幽王被殺，大將鄭伯友壯烈戰死，極大地震動了各諸侯國。褒姒所廢的太子宜臼，被申后之父申侯立為周王，這就是周平王。

面對西戎的強勢入侵，一些與自身利害攸關的諸侯國反應特別強烈。接到鄭國諸侯鄭伯友戰死的消息後，整個鄭國都沉浸在悲憤之中。鄭伯友的兒子掘突被立為鄭武公，並立即統率鄭國大軍，出動戰車 300 乘，星夜殺奔鎬京而來。出於自身的利益，同時起兵勤王的還有秦襄公、晉文侯和衛武公。

鄭國的大軍首先趕到鎬京城下，鄭武公報父仇心切，急令攻城。西戎軍以逸待勞，給鄭軍一個下馬威，分兩路把鄭軍打得七零八落。正在危急關頭，秦、晉、衛三支大軍趕到，分三面夾攻西戎軍。西戎軍先是抵擋了一陣，後終因寡不敵眾，在搶掠大量財物後突圍而去，在離鎬京城百里之外，紮下營盤，伺機捲土重來。四支勤王大軍也不追趕，進入鎬京城以後，安排起種種後事來了。

「鎬京差不多被戎人夷為平地了，要不要馬上重建京都呢？」晉文侯向大家發問。

「重建？」衛武公沉思了一陣說，「那可不是件容易的事，非得有三五年時間不可。」

「如果三五年真能平平穩穩地重建，那倒是件大好事了。而現在的情況是戎人和夷人近在咫尺，隨時可能捲土重來，他們會將三五年之功毀於一旦，那可怎麼辦？」深受戎夷之害的鄭武公顯得深謀遠慮。

眾人猶豫了，一時沒了辦法。晉文侯和衛武公竟焦慮地在議事廳裏打起轉來。

「辦法應該說還是有的。」年歲較大也顯得老成持重的秦襄公揚起手很自信地說，「兩個字：遷都。」

「遷都？」晉文侯、鄭武公、衛武公三人幾乎同時發問。

「是的，是遷都。」秦襄公顯然胸有成竹，「洛邑為天下之中，又遠離戎夷，比較安全。而且早在周開國之初，周、召兩公着力經營過，宮廷房舍都是現成的，只要稍加整飭，即可使用。」

經秦襄公一提醒，大家一致贊同了。於是，由秦、衛軍開道，晉、鄭軍護後，一路護送周平王一行向洛邑進發。沿途雖有少部戎夷部落的干擾侵襲，但在四諸侯的重兵保衛下，周平王一行總體上還是安全的。

一路辛苦，到得洛邑後，周平王才有了安身之地。他以天下共主的身份對四諸侯說：「你們辛苦了，現在大事已畢，都可以回你們的領地了。」衛、鄭兩公領命而去，可秦襄公和晉文侯卻遲遲不肯離去。周平王究竟年輕，不知內裏的奧妙，平王身邊的一些老臣看出了緣由，對平王說：「護送君王，秦晉是立了大功的，不可不賞啊！」

這時，周平王才悟到，周王室的權威已今非昔比，不重賞看來是不肯走人的。在老臣們的建議下，平王將岐西之地贈予秦襄公，並列其為諸侯；將河西之地贈予晉文侯，以獎勵他們的勤王之功。這時，秦襄公和晉文侯才率部離去。

從公元前 770 年建立東周後的 60 餘年裏，周王室依靠晉、鄭等國的支撐，過了一段比較安穩的日子。

鄭莊公「小霸」

鄭國是一個晚起的封國，但它的地位卻非同一般。西周晚期，周宣王封其弟桓公友於鄭（今陝西華縣北），這就是鄭國。後來，鄭國漸次強大，遷都新鄭（今河南新鄭北），成為中原地區的一個大國、強國。

在周末的宣、幽二代，鄭國與周王朝的關係是十分緊密和友好

的。幽王亂政，鄭國成為周王朝唯一最有力的支柱。周平王得以東遷，也離不開鄭國的護衛和支撐。①可是，不知為什麼，護送平王東遷的秦、晉二國都得到了贈予，而鄭國卻一無所獲，空手而歸。這多少使當政的鄭武公心存不平。雖然周平王讓他擔任了舉足輕重的卿士（相當於相國）一職，鄭武公終究還是不高興，一氣之下滅了鄶、東虢兩個小國，也算是對周平王未加贈予的一個回應。

這時，周王朝也感到了與自己接境的鄭國對自己是一個不小的威脅，於是想法削弱鄭國在中央的權力。周平王晚年，開始信任和重用西虢公，實際上是對鄭的分權。鄭莊公馬上作出反應，要平王解釋此事，平王深感自己的地位岌岌可危，馬上予以否定。平王為了表示對鄭莊公的信任，同意讓王子狐到鄭國、鄭公子忽到周，互換人質，這就是《左傳》所說的「周鄭交質」。

周平王去世後，桓王即位，準備給虢公以實權，設兩卿士。鄭莊公知曉後，馬上給了周王一回臉色看：乘月黑風高之夜派人把屬於周王室的一大片已經成熟的莊稼給收割了。要知道，這可是周王室唯一的生命線啊！可有什麼辦法呢？周王室力薄勢單，周桓王也只得忍氣吞聲。但當第二年鄭莊公去朝見周桓王時，年輕的周桓王故意冷淡了他，只與其他諸侯熱乎，把鄭莊公冷落一旁。

周桓王想削弱鄭的權力。先是正式封虢公為卿士，與鄭莊公平起平坐。後又奪取鄭的一些重要封土。最後，完全剝奪鄭在朝的權力。作為一種回應，鄭不再朝見周天子，也不再進貢。這時，周桓王準備作最後一搏：集結蔡、衛、陳、虢四國軍隊，討伐鄭國。鄭國似乎早有所備，馬上起兵應戰。雙方在繻葛（今河南長葛北）開戰。戰爭一開始，鄭的左右軍就揮動大旗鳴鼓攻擊周的左右軍，蔡、衛、陳的軍隊還沒怎麼打就迅速潰退。周軍發生混亂，鄭馬上合擊周王師。周軍戰敗，周桓王落入了鄭軍的重圍之中，鄭將軍鄭祝聃拉起滿弓對準周桓王就是一箭，正中桓王的左肩。桓王「啊呀」一聲，差點從車上摔下。眾人竭力護衛，才讓桓王突出重圍，向西落荒而去。鄭祝聃正想

乘勝揮師追擊，頗識時務的鄭莊公知道如果將桓王殺了，罪名擔當不起，假惺惺地說：「君子不能逼人太甚，何況是對天子。」

十分有趣的是，當天晚上，鄭莊公還派出使者祭足去慰問周桓王，裝出一副尊王的樣子。[②]

繻葛之戰以後，周天子的威信一落千丈。周不只政治上失去權威，在經濟上也不如一個小國。由於失去了進職貢納的收入，周平王死後，連喪葬費都拿不出，而要請魯國贊助，這就是歷史上有名的「求賻」。繼任的周桓王窮得連乘車都沒了，就私自向魯國「求車」。桓王死後，由於財政窮竭，7 年後才得以安葬。周王室的權威名存實亡了。

與周室的衰微形成鮮明對照的是鄭的威勢日隆。公元前 706 年，齊國被北戎侵擾，無力抵擋，只得求救於鄭。鄭太子忽率師大敗戎師，獲得敵軍官首級三百，獻給齊國。又隔一年，鄭糾合齊國等奪得周天子的兩座城池，周天子一點聲音也不敢發。公元前 701 年，齊、衛、宋和鄭會盟，這些國家都唯鄭之命是從。這說明這時鄭之國勢極盛，實際上成了春秋初期中原一霸。

齊魯長勺之戰

周莊王十三年（公元前 684 年），作為近鄰的齊魯兩國在魯國的長勺（今山東的萊蕪東北）交戰，在曹劌的策劃下，魯國以弱勝強。

雄心勃勃的齊桓公即位的第二年，也就是公元前 684 年，就發動大軍侵魯，長驅直入，只幾天齊軍就已經抵達魯境內的長勺。迫不得已，魯莊公只得親自帶兵前去迎戰。

魯莊公正在籌劃戰事，有人報告說有個叫曹劌的要求接見。還沒等魯莊公允許，曹劌已經衝了進來。他對魯莊公深深一鞠躬後，便直

截了當地問莊公：「君主，魯國是那樣的弱小，你憑什麼去與強大的齊軍抗衡呢？」魯莊公想了想說：「有衣有食我不敢獨自享用，常常分一點給別人，這些得到好處的人就會出力去打仗。」曹劌冷然一笑說：「這樣的小恩小惠你只能施予一小部分人，廣大的民眾是不會為你去賣命的。」莊公又說：「我按時祭祀祖先和神靈，祭祀所用的牛羊玉帛都是按規定的，一點也不敢馬虎，在這方面，我是守信用的。」曹劌擺擺手說：「單是守信於祭祀祖先和神靈，顯然還是不夠的，神靈也不會為此保佑你的。」莊公沉思了一會，說：「我做的最值得一提的事是：國內的大小訴訟案件，雖然不可能做到每件親自審理，但要求相關部門做到件件按實情處置。」曹劌高興地說：「如果你真能這樣做，那是老百姓最歡迎的。老百姓真心擁護你，何懼齊國？」

魯莊公被曹劌的一番話征服了，相信他是一個有政治頭腦的人，就與他一起驅馬來到了陣前。

這時，兩軍正對峙，戰前氣氛緊張，空氣像凍結了一樣，連一絲風也沒有。突然，齊軍仗着兵眾將多，首先擊鼓發起了衝鋒。這時，魯莊公也想擊鼓反擊了。曹劌馬上止住他，說：「不可。」當齊軍第二通擊鼓時，莊公問：「我軍可以擊鼓進軍了嗎？」曹劌搖搖頭，還是說：「不可。」很快，齊軍擂響了第三通進軍鼓，這時，曹劌奮然高呼：「可以擊鼓進軍了。」這時，魯軍如離弦之箭，直衝齊陣。齊軍竟經不起這突然的一擊，潰退了。魯莊公驚喜不已，馬上想下令追擊，曹劌卻加以阻止。他下車細看齊軍敗逃時的車軌印跡，又上車觀望敵軍的旗幟，最後才說：「可以追擊了。」一舉把齊軍逐出了魯國的國境。

戰爭結束後，魯莊公問曹劌戰勝齊國的緣由。曹劌回答道：「打仗，靠的是一股勇氣。一鼓作氣，二鼓就衰了，第三鼓就竭盡了。在敵軍三鼓後發起進攻是最妥當的，因為那時敵軍最倦怠。但齊國究竟是大國，有謀有勇的人多的是，我怕敵潰退中有埋伏，因此要上上下下觀察一番才敢追擊。」魯莊公一聽這些，完全信服了。

齊桓公用管仲為相

鄭國的「小霸」，只是曇花一現。鄭莊公一死，到了他的兒子手裏，就內亂不已，國力一落千丈了。而地處東方的齊國卻在經過一陣內亂後真正強大起來。

到齊襄公時，在打敗魯國的基礎上，齊國就較強大了。可是，正在這時，齊國國內出現了內亂。齊襄公在毫無防備的情況下為其叔父的兒子公孫無知所殺。在不得已的情況下，襄公的一位弟弟公子小白避居莒國（今山東膠州西南），他的師傅是鮑叔牙；另一個弟弟公子糾避居於魯國，他的師傅是管仲。

不多久，齊國國內的局勢發生了戲劇性的變化。自立為君的公孫無知出遊時被他手下的一個大夫殺死，國內頓時大亂起來。這時，齊國出現了無君的真空時段。填補真空的機會給了兩位公子。

聞知消息後，公子小白和公子糾都在其師傅的陪伴下急忙趕回國內。為了阻止小白的回歸，管仲受公子糾之命率軍阻擊小白。遠遠看到小白前來，管仲拉起弓就朝小白射了一箭，只聽小白「啊呀」一聲，手捂着胸口應聲倒下。管仲從小白手捂胸口這一點猜測，這一箭一定是射中了要害 —— 胸口，喪命是必然的了。管仲高興地去向公子糾復命了。公子糾錯誤地以為勝券在握，慢悠悠地行進，走了六天六夜還沒到齊國。

話分兩頭。其實那一箭並沒有傷着公子小白，「叮當」一聲只是射中了他的帶鈎。小白故意裝着倒下是為了迷惑對方。回營後，小白乘着夜色馬上急行軍，兩天一夜就回到了齊，並通過內應名正言順地即了君位，這就是赫赫有名的齊桓公。

齊桓公即位後，以迅雷不及掩耳之勢向魯國進軍，捉拿公子糾和他的師傅管仲。當時，齊桓公恨恨地說：「公子糾是我的兄弟，我不忍親自殺害他，讓魯國處置掉他吧！至於管仲，實在太可惡了，那是我

的不共戴天的仇人，只要我抓住他，非把他剁成肉醬不足以解我心頭之恨！」③

同時，修書一封，讓使者交與魯君，信上說：「我的意思很清楚，公子糾交給你們處置，召忽、管仲兩個大仇人交給我。」

魯君一看來書，心想：這不是最後通牒嗎？看來不依齊君是不行的了。於是，馬上讓人將公子糾在一個叫句瀆的地方處死了，又把召忽和管仲兩員重犯押解齊國。召忽自知不得善終，在半路上自盡了。而管仲似乎在等待着什麼似的，心甘情願地讓差役為自己戴上桎梏，一路上也顯得十分的平靜。

這時，作為齊桓公之師的鮑叔牙，正在與桓公促膝談心。

鮑叔牙問：「你真的要殺管仲嗎？」

桓公很氣憤地說：「當然是真的。管仲是我不共戴天的大仇人，那一箭之仇，不可不報。」

鮑叔牙仰天長歎一聲，站起身來，說：「我原以為你是個明君，現在看來我是錯了，你是個只知報私仇而不計國事的小人。」說罷，疾步要走。

桓公趕忙離座，拉住他，問道：「難道先生要我有仇不報嗎？」

鮑叔牙重又坐了下來，語重心長地說：「人世間有的仇可報，有的仇不能報。管仲這一箭之仇，萬萬不可報，萬萬不可報啊！」

「這是為什麼？」桓公驚異地問。

鮑叔牙請桓公歸座，恭敬而嚴肅地放慢語速說：「要知道，管仲是個了不起的人物啊！君主如果只求國家太平無事，社會安定，那麼用高傒和我鮑叔牙兩人就足夠了，如果要國富民強，稱霸天下，那非用管仲不可。」

桓公不做聲，認真地想了想，問：「真的嗎？」

鮑叔牙起身下拜，力重千鈞地說：「君前無戲言。我與管仲是從小相知的君子之交。他出身貧寒，孝敬老母；他飽讀詩書，學問非凡；他品格高尚，忠於職守；他閱歷豐富，深知治國方略；他對天下形勢

了如指掌，懂得霸王之道。他比之我鮑叔牙不知要高明多少倍，今天管仲為齊所得，真是千載一時啊！」

桓公又問了一句：「果真如此？」

鮑叔牙答得斬釘截鐵：「果真如此！」

雄才大略的齊桓公這時興奮地說：「好，聽先生的，我用管仲！」

於是，桓公派出鮑叔牙遠迎管仲。在魯國的北部邊境，鮑叔牙就親自為他解除桎梏，見齊桓公時，桓公優禮相待，封他為大夫，不久，就任命他為相。

管仲改革齊政

在管仲相府的廳堂前，一左一右放置着兩塊巨石，巨石上勒刻着用端莊的字體書寫的兩行文字 ——

倉廩實而知禮節

衣食足而知榮辱

走過相府的民眾總要駐足觀賞這兩行文字，從早到晚，絡繹不斷。一些民眾在巨石前議論紛紛。有的說：「相國說得對！國家的倉庫裏積滿了糧食，民眾才會懂規矩，社會才安定得下來。」有的說：「這是個再簡單不過的道理，要民眾知書達理，先得讓大家有飯吃，有衣穿。」還有人說：「吃飽穿暖了，誰還願意去幹壞事？即使有人幹壞事，也是少數幾個。」

民眾們在說這些的時候，管仲和其他僚屬正認真地在屏風後聽着呢！管仲對自己的好友鮑叔牙說：「看，老百姓是挺希望過倉廩實、衣食足的日子呢！」鮑叔牙答道：「當然希望，那樣的好日子怕就是在三

皇五帝時也難得過呢！」管仲滿有信心地說：「我們能夠把齊國治理得比三皇五帝時還富足。」

齊國是一個大國，在當時地多人少，但由於土地高度集中，還是有相當多的民眾無田可種。管仲對非法佔有者的土地進行了剝奪，再將土地按份額分配到戶，使齊國戶戶有可耕之地。這件事也做得不容易。在實施中，管仲選擇了齊大夫伯氏為典型。伯氏是個不大不小的土地所有者，他佔有不少土地，在這片土地上勞作的無地農民有 300 戶，是齊國國君給他的采邑。伯氏在上繳賦稅時有所隱瞞，那當然是一種犯罪。管仲從他那裏開刀，沒收了他的土地，解放了這片土地上的農戶，把土地分給農戶。管仲的妙處還在於，事情並沒有這麼簡單地結束，他親自去給伯氏做工作，讓他知道自己的罪行，心甘情願地放棄這片土地和土地上的民戶。後來，伯氏自己表態：「管仲做得對，我到老死也不會有怨言的，我要老老實實地自食其力，即使以後粗茶淡飯過日子，心裏也踏實。」④伯氏的話是真心的。

這是一個有說服力的典型。管仲適時地、恰到好處地宣傳了這個典型。最後不少人都交出了土地和人口，這一場「土地改革」開展得挺順利。

管仲把土地劃分為各個等級，不同等級的土地收取不同的賦稅。劃入下等類的土地，如果用戶着意改良了土地，得到了好收成，5 年之內不調徵。這樣，農民改進生產技術、改善土地品質、提高糧食產量的積極性就大大提高了。生產有利可圖，老百姓就不怕吃苦，老百姓不怕吃苦，國家就有希望。

在農業發展的基礎上，管仲還主張多種經營。他設立了「工正」、「工師」、「鐵官」等管理手工業的機構，大力推進冶銅、製鐵、紡織的發展。這樣一方面可以製作精良的武器，加強國防，另一方面改良農具，發展農業生產。

管仲十分懂得商業的重要性。他認為，一個中等的城市，就應該設立以交易為目的的「市」。「市」與「市」之間的交流，可以活躍國

家的經濟。他認為，齊國的強勢在於近海，可以坐收魚鹽之利。他尤其主張讓那些還處於貧困狀態的家庭去經營魚鹽，這樣就可以很快地脫貧。不只是脫貧致富，從中還會湧現出許多傑出人物來呢！

管仲提出了「四民」之說，並別出心裁地將「士」放在首位。這充分表明了管仲的一個思想：農是基礎，而士是先鋒。這一方面說明當時「士」在社會上已頗成氣候，人數上也足以形成一個階層。同時，也可看出管仲對「士」的重視。「士之子恆士」，這裏強調的是家學淵源，強調的是學術傳統。今本《管子》一書中有《弟子職》一篇，講的是弟子的學習常規，其中很難說沒有管仲的思想和觀念。

管仲的這些舉措，大受齊國人稱道。說他是「思民所思，好民所好」，他可說是中國歷史上能很好地解決民眾吃飯穿衣問題的少數政治家之一。有人問孔夫子：「管仲是何等樣人？」孔子說：「管仲可是個正派人啊，可是個正派人啊！他為老百姓做了不少好事，他可算得上是一個仁人了。」⑤

管仲的改革使齊國只花了五六年時間就強大了起來。

到齊桓公三十五年（公元前 651 年），齊桓公約魯、宋、衞、鄭、許、曹等國在葵丘（今河南蘭考、民權縣境）相會修好。周襄王派大臣宰孔賜桓公祭肉，桓公要下階跪接，宰孔說桓公年紀大了，加上有功勞，不要跪了，可桓公十分聰明得體地堅持要下拜。這年秋天，齊桓公又一次在葵丘結盟，桓公「挾天子以令諸侯」，成為中原霸主。這標誌着齊桓公的霸業達到了頂峰。

秦晉之好

差不多在齊桓公稱霸的同時，也就是平王東遷百年後，晉秦兩國悄然崛起。為了爭奪地盤，它們之間長期互相爭衡；為了某種共同的

利益，它們之間又常常聯姻通好。正是這樣一種愛恨交錯的局面，推動了兩國的發展。

平王東遷時，晉國是出了大力的，為此而受到了周王室的獎勵，命其與鄭國共同輔佐平王。但是，這之後，晉國一直處於內亂之中，直到晉武公時才結束了這種四分五裂的局面，建立了統一的軍隊和統一的領導層。不久，晉武公去世，繼位的晉獻公是個雄才大略的國君。他即位後做的第一件事就是與虢國共朝周天子，得到了普遍的讚賞，聲望日高。

同時，地處西陲的秦國也強盛起來。秦國的一大有利條件，它也是平王東遷的功臣，為此，秦還得到了大片的土地，還不斷地向周邊地區擴張。尤其是秦武公即位後，開始進軍華山之下，大軍直逼甘肅天水一帶，陝西寶雞、華縣一帶，並開始在那裏建立縣制。此時，秦的發展已與晉的壯大相衝突。到秦宣公時，就與晉國在河陽地區發生了戰爭，當時晉國內部發生了動亂，結果秦勝晉敗。

到公元前 659 年，富有遠見的秦穆公即位。雖然在他即位前幾年秦國打敗了晉國，但他知道，秦晉之間誰要吃掉誰都不可能，而且，長期的對峙對誰都沒有好處。

「我想娶晉君的女兒為妻，你們看如何？」一次，秦穆公這樣徵求幾個近臣的意見。

「國君，你這是？」近臣們被這突如其來的問訊弄得有點摸不着頭腦。

秦穆公解釋道：「我想，秦晉兩個大國之間的和解總要比對峙好吧。如果能結秦晉之好，使兩國之間的關係披上親情的面紗，那無論如何是有好處的吧？」

近臣們都表示了贊同。有一個近臣主動要求擔任向晉國求婚的使臣。

而在晉國，晉獻公也在謀求與秦國和解一事。當秦國的使者來到時，晉獻公真是喜出望外。他熱情地接待了秦國的使者，並同意了這

門親事。他要使者告訴秦君：「秦晉聯姻通好，是兩國共同的心願。」

晉獻公將自己的大女兒、太子申生的姐姐許配給了秦穆公作夫人。成親時的婚禮辦得隆重而體面。晉國專門派出聯姻大臣送獻公女兒去秦國，在陪嫁中還配備有新近從虞國俘獲的聰明絕頂的大夫百里奚。而秦穆公也十分看重娶自晉國的夫人，破例到秦晉交界處去迎候。⑥

這次帶有政治色彩的聯姻，不只給秦國帶來了安定，還意外地獲取了稀世奇才百里奚。作為陪嫁來到秦國的百里奚，初到秦國時，秦穆公也不在意，因此並沒重用他。百里奚看到秦君久無動靜，便出逃了，流亡到楚國，被當地的一個鄉下人收為家奴。這時，秦穆公才聽說百里奚是個了不得的大才，於是派專人到楚國去要人。那位鄉下人怎肯放手？那位使者説：「百里奚是秦公夫人的陪嫁，現在逃離在你這裏，我出五張公羊皮（所謂『五羖』）算是贖金，這樣總可以了吧！」鄉下人一聽可高興了，在當時五張公羊皮不是個小數目，就成交了。這時的百里奚已七十多歲，秦穆公委以重任，戲稱其為「五羖大夫」。百里奚又舉薦了一位叫蹇叔的名士，一起輔佐秦穆公。

這時晉獻公亡故，國內發生動亂。公子夷吾向秦求援，希望秦能護送其回國，如能當上君主，願以河西等八城相送。正是在秦的積極干預下，夷吾登上了君主之位，那就是晉惠公。可是，事成後，惠公又以大臣不允為由，堅決不予兑現諾言。秦晉失和，還導致了一場戰爭。結果晉敗，連晉惠公也成了俘虜，秦穆公還聲稱要殺掉晉惠公。

這時還是親情起了作用。秦穆公的夫人是晉惠公的大姐，大姐看小弟要被殺，豈有不救之理？她帶了兒女，哭哭啼啼地來到秦穆公身邊，求其釋放惠公。秦穆公心軟了，就放了惠公，惠公也獻河西地予秦，以作報答。

不久，晉惠公將太子圉送到秦國學習，秦穆公讓他當了大臣，並將自己的女兒嫁給了圉，又將所得的晉地作為陪嫁回贈給晉國。這門「回頭親」進一步密切了兩國的關係。以後，兩國時戰時和，但那份親

情總還是在起作用的。「秦晉之好」作為著名典故長期流傳，道理正在於此。

宋襄公的「仁義」

宋襄公在春秋時代的歷史上，扮演了一個十分有趣、可笑而滑稽的角色，值得一書。

宋襄公即位後的七年，獲「一時之霸」的齊桓公死了。宋周圍的陳、蔡、衞和其他夷族小國的力量都比宋國弱。魯國原先是一個大國，但當時正發生着內亂。最早「小霸」的鄭國也早已中衰，老天給了宋襄公一個似乎可以稱霸的機會。

齊桓公晚年在選擇繼承人上顯得有點猶豫不決。他先是想立公子昭為太子，並明確託孤給當時國力相當強盛的宋襄公，要他在自己亡故後幫助公子昭。可是，到最後，在易牙等人的鼓動下又答應改立無詭為太子。桓公死後，屍體好多天無人安葬，兒子們都把心事放在爭奪君位上。易牙等人立公子無詭為君，公子昭出逃向宋求助。公元前642年，宋襄公聯合衞、曹、邾等國，送公子昭回國。有四位公子不服，率齊軍與宋軍抗衡，結果齊軍大敗，公子昭即位。這一勝利衝昏了宋襄公的頭腦，他一心想當起霸主來了。

要稱霸，大國中齊國是不成問題的，因為國君是宋襄公立的，問題只在於被稱為南蠻的楚國。公元前638年，宋楚大戰於泓水（河南柘城西北）。

整個戰爭的形勢實際上是對宋軍有利的。宋軍搶先來到了泓水邊上，並佈好了陣勢，而楚軍匆匆而來，又急着渡河。楚軍渡河一半，司馬子魚（即宋公子目夷）一眼看出敵人在渡河中陣腳散亂，對父親說：「敵眾我寡，必須趁其渡河時發動進攻，可以獲取全勝。」宋襄公

自以為是地説：「我們是仁義之師，不能乘人之危。那樣即使取勝了，也算不得什麼。」公子目夷歎道：「多好的時機啊，眼看就要失去了。」

等楚軍大隊人馬過了河，但還沒有列好陣時，公子目夷又急着説：「敵人正亂作一團呢，此時攻擊正好。」宋襄公擺擺手道：「我説了，我們是仁義之師，為什麼要在對方還沒有佈好陣的時候出擊呢？那樣不是顯得不仁義了嗎？」公子目夷大呼道：「父親，你那樣講仁義，可只怕敵軍是不會對你講什麼仁義的。」

公子目夷的話音剛落，剛站穩腳跟的楚軍也不叫陣，也不宣佈開戰，一股腦兒地揮師向宋軍殺奔而來。這時，宋襄公才下令擊鼓進軍，但陣腳早被楚軍衝亂。宋軍散的散，逃的逃，敵軍一下衝到了宋的中軍，準備捉拿宋襄公。這時，宋襄公大驚，命令衛隊大力護衛。他的衛隊奮力戰鬥，結果整支衛隊慘遭覆滅。最後還是靠目夷奮力將他救了出來。在泓水之戰中，宋襄公遭受了重創，自己也受了傷。從此霸業也成了泡影。

國人因此埋怨宋襄公，可是，受着沉重創痛之苦的宋襄公躺在病床上還實施精神上的自娛自樂：「我們雖是亡國商人的後代，但我們是仁義君子，君子是不乘人之危的，在戰場上是不傷害受傷的對手的，也不擒拿頭上長着白髮的老人的，所謂『不禽二毛』。這些我都做到了，還有什麼遺憾呢？」

宋襄公泥守「古道」，使宋國國勢從此一蹶不振。不久，宋襄公因傷而死。其蠢豬式的仁義道德，成了千古笑柄，也留給人們深深的思索。

晉文公稱霸

宋襄公在泓水之戰中大敗於楚，六年後，晉國在晉文公的帶領下

強大起來，在城濮之戰中戰勝楚軍，稱霸諸侯。

在成為晉君之前，晉文公重耳真是歷盡艱辛，差不多走遍了當時的列國。

重耳是晉獻公的兒子，獻公時鎮守於蒲（山西隰縣西北）。當時，曾深得獻公寵信的驪姬為了讓自己的兒子繼位，陰謀毒死獻公。事發後，就嫁禍於太子申生和公子重耳。重耳得知後，就越牆逃跑，宦官緊追不捨砍了他的衣袖，於是逃到狄國。重耳在狄一住就是 12 年。後來，他的一個兄弟夷吾執政後，也想殺害他，他只得又從狄出逃。過衛，衛文公不接待。在五鹿地區沒糧吃，向農民要飯吃，農民把土塊放在器皿裏送給他，重耳發怒，他的隨從趙衰說：「這是好兆頭呀，土是國家的象徵，這是天賜國家的吉兆，你應該跪拜接受它。」重耳聽了這話，高興地向那農民深深地鞠了一躬。

到齊國，齊君對他是友好的，送給他 20 匹馬，又把公室女兒嫁給了他。在齊國，他一住就是 10 多年。這時，他已年過半百了。

到曹國，曹國的國君對他不加禮遇，還譏笑他的生理缺陷。只有曹國的一位大夫送給他一頓飯吃，還在食物下暗放璧玉。重耳接受了食物，把璧玉退還曹大夫。

在宋國的印象是深刻的。當時宋襄公剛被打敗，正在家中養病。一見晉公子到來，十分熱情，一下送給他 20 乘馬，還留他吃住。

到鄭，鄭文公對他不禮，他轉身就走了。

在楚國，他受到了隆重的接待，楚君讓他很優厚地在那裏住了一段時間。臨走前，楚君問：「我待你這麼好，假如你能回國，怎麼報答我？」重耳很策略地作答：「珍禽異獸，玉器絲綢，都是君王多餘的東西，楚國的物產那樣豐富，晉比不上楚，我真不知如何報答呢！」楚君說：「話雖這麼說，但你總得報答我啊！」重耳想了想回答：「如果日後楚晉交戰，我一定退避三舍（一舍為 30 里）。」這話使楚國的大將子玉很不高興，甚至要殺重耳，但最終還是被楚君制止了。

當時正當晉惠公死，在秦國為人質的太子圉不告而別，匆匆回國

繼君位去了，這使秦國很不高興。重耳到秦，得到出乎意料的隆重接待。重耳在秦也積極準備回國取代暴虐的公子圉。因為公子圉不得人心，重耳回國輕而易舉地奪得了政權。他就是晉文公，此時已經62歲了。

晉文公的霸業從維護周王室權威做起。公元前636年冬，周王室發生內亂。王子帶聯合狄人向父王周襄王進攻，一直攻進京都洛邑。周襄王只得出逃，逃到了鄭國，然後向兵強馬壯的秦晉求助。剛剛即位的晉文公二話不說，馬上率軍攻打狄軍主力，並很快將狄軍主力消滅。然後分兵兩路：一路到鄭國去迎接周襄王回洛邑；另一路攻擊王子帶，並輕而易舉地將他活捉，然後交給襄王處置。襄王殺死了王子帶。晉文公的這一舉動，大大提高了他在諸侯中的聲譽。周襄王為了報答晉文公的勤王之功，獎給他陽樊等四邑土地，晉這才有了太行山以南黃河以北的土地。這可以算作是成就霸業的基礎。

在成就霸業途中，最大的阻力當然來自楚國。晉楚難免一戰，一些小國也總是在晉楚間搖擺。公元前632年，子玉率楚軍北上，與晉的前鋒部隊相遇。晉文公為了報答楚君以前對自己的知遇之恩，實現自己曾許下的諾言，決定「退避三舍」。晉軍退到了城濮（今山東鄄城），楚軍馬上緊緊追上，並在城濮據險要地紮營。兩軍劍拔弩張，一場決戰在即。

在強大的楚軍面前，晉文公採取的是以智取勝的方略。晉軍先不去觸動楚軍的主力，而是集中兵力向與楚聯盟的陳、蔡軍隊進攻。晉軍在戰馬上蒙上虎皮，使敵軍見而生畏。這兩支軍隊本來就勢單力薄，很容易就被擊潰了。接着，當楚軍的主力部隊發起進攻時，晉軍採取退卻戰術。楚軍大舉挺進，狐毛率領的晉上軍馬上豎起兩面大旗，望風而逃。楚軍又向欒枝率領的晉下軍發起進攻，晉下軍也節節潰退。正當楚軍大踏步揮師前進時，先軫、郤溱率領的晉中軍突然如神兵天降，從城濮的山谷間殺出，一下把楚軍一截為二。這下楚軍亂了陣腳，前後的指揮系統也聯繫不上了。楚軍的左右兩軍差不多全軍

覆滅，只有主帥子玉帶領的中軍還有些實力，但也不敢戀戰，掉頭向南方撤去。楚國的敗軍退到半路上，傳來楚王的話：「子玉，你有何面目回來見楚地父老？」子玉自知楚王難以容他這個敗軍之將，就在歸途中自盡了。楚軍除少部分回到自己的國家外，十之七八被消滅了。

晉師凱旋。部隊回到鄭國的踐土（今河南原陽西南、武陵東南），在那裏築起王宮，以迎周王。鄭曾引楚軍擊晉，現在看到楚軍敗退，鄭公十分害怕，派使者向晉求和。晉文公顯得很大度，滿足了鄭公的和好請求，並從此結盟。晉文公把各路諸侯請到踐土，也請周王駕臨。晉文公將楚俘獻給天子，共有車百乘，步兵千人。接着，周王宴請了晉文公，賜給他大車，紅色弓 1 副、紅色箭 100 支，黑色弓 10 副、箭 1000 支，還加虎賁 300 人以及黑黍香酒、玉器等。又下詔稱晉文公為叔父，策命其為「侯伯」，也就是侯霸，即諸侯之長。眾多諸侯就在踐土會盟，宣佈盟約：同心協助周王室，不互相侵害，不違背盟約，誰若背盟將受到天神懲罰，使其兵敗國亡，禍及子孫和老幼。

「踐土之盟」是繼齊桓公的「葵丘之盟」之後又一次諸侯會盟。晉文公正式被命名為「侯伯」，這也是空前絕後的。

秦穆公霸西戎

與晉文公稱霸中原差不多同時，雄才大略的秦穆公大舉向西部發展，闢地千里，逐步成為雄踞西部地區的一方之霸。

秦穆公的霸業從網羅人才始。上面説到，秦晉聯姻對秦國來説獲取的直接利益是有了「五羖大夫」百里奚，百里奚又舉薦了正隱居於齊國山野之地的蹇叔。在長期征戰中，穆公又從晉國、楚國甚至戎人中物色到了一大批治國大才，對秦本國的可用之才如公孫支、內史廖等，也盡力起用。秦穆公正是靠這樣一個國際化人才集團的大力輔

佐，才得以成就霸業。

在當時，秦穆公的圖霸之心可以說是昭然若揭。他大力興建宮殿，名之為「霸城宮」。他把關中的一條原名為茲水的河流，更名為「霸水」。他揮鞭指着滾滾西流的河水說：「霸水流向哪裏，秦國的霸業就將指向哪裏！」

為了能集中精力消滅西戎，秦穆公先運用武力掃清了周邊地區。他先是向茅津之戎進攻。茅津之戎地處今山西平陸一帶，阻擋了日後秦向東發展的道路。這次進攻很快取得了勝利。之後，秦滅梁國（陝西韓城），又滅芮國（陝西大荔），接着又用武力把陸渾之戎（陝西武功縣境內）趕走。四方之患清除後，秦就把矛頭對準西戎了。

這時，西戎王聽說秦穆公有賢德，就派最有才氣的謀臣由余到秦國來觀察動靜。秦穆公接見了由余，並帶他去觀看了秦國都城中高大華麗的宮殿，以及種種豪華的生活設施。然後笑着問由余：「我們這裏的一切，你都看到了，怎麼樣？」

由余顯得不屑一顧地說：「你這些建築啊，如果是指使鬼神建成的，那麼我不客氣地說，太勞神了；如果是用人力築成的，那無疑是苦了百姓。如此勞神和苦民，其後果是可以設想的。」

秦穆公並不生氣。像由余這樣的人，長年居於戎地，能說出這樣的話，使秦穆公感到十分的奇怪和驚異。他以反問的口吻說：「中國歷來以詩、書、禮、樂、法度作為治理國家的政治手段，可是還時時出現混亂局面，現在戎夷之地連這些都沒有，要想達到大治，不是更困難嗎？」

由余笑着回了長長一大篇話：「單靠這些來治理國家，正是中原國家出現混亂的原因。黃帝制定了禮、樂、法度，自己率先執行，得到的是小治。到了後世，當政的人漸漸驕淫起來，要下屬按法度辦事，自己卻亂法失度，過着荒淫無度的日子，這樣社會怎能得到治理？而你所說的戎夷之地是不同的，他們雖說沒有什麼詩、書、禮、樂、法度，但在上位的人能飽含淳樸的大德待人，在下面的人能心懷忠信事

上，治理一國的政事如同治理自身，他們『不知所以治之治』，可說是真正的聖人之治了。」

這一席話竟說得秦穆公無言以對。秦穆公十分敬重這樣一個人才，決定要留下來他。

秦穆公聽取內史廖的意見，採用了離間計。先是把由余留在秦國較長時間，使戎國對他產生疑慮。同時，又派了一個由 16 名女子組成的樂隊到戎君那裏去，以消磨他的志趣。果然，戎王沉湎於聲色之中，終年不理政事。由余回去後，一再勸諫戎君，戎君就是不聽。由余在無可奈何的情況下，只得投奔秦國了。秦穆公十分高興，以上賓之禮迎接這位特殊的客人，並向他請教伐戎的方略。由余知戎王不可救，就一心助秦滅戎了。

公元前 623 年（周襄王二十九年），秦穆公用由余的計謀向西戎發動進攻，用各個擊破的辦法，逐個把 12 個西戎國消滅，闢地千里，實現了秦穆公稱霸西戎的目的。這時的周天子也十分無奈，看到秦國強盛了起來，就順水推舟，派出以召公過為首的代表團表示祝賀，並以金鼓作為賀禮。

兩年後，功名卓著的秦穆公去世了。當時的秦國在葬禮上還比較落後，還實行着殉葬制度。因為秦穆公在秦國歷史上是一個「廣地益國、東服強晉、西霸戎夷」的有為國君，葬禮也特別隆重，從死者多達 177 人，連秦國最優秀臣子子輿等 3 人也一起從葬了。這件事受到了後人的批評，認為這在秦國歷史上是十分可悲可哀的事。

楚莊王問鼎中原

春秋初年開始，楚國的勢力一直在發展。平王東遷後的 63 年，楚國國君因不滿周王的拒絕封號而自立為王，稱為楚武王，這時的周王

已經衰弱到難以征伐的地步，只能聽之由之。之後的楚文王把國都遷到了郢（今湖北江陵縣北），這就使楚國北上爭霸有了基地。到了文王之子楚成王時期，楚國已經完全有實力與齊桓、晉文對手爭霸了。繼承王位的楚穆王又吞併了一些周邊小國。到公元前 613 年楚莊王即位後，楚就直接問鼎中原了。

據說，楚莊王上台時面臨着十分複雜的國際國內形勢，因此就假裝沉湎酒色，以觀時局。即位時，他三年不聽國政，日夜作樂，並下令：「有敢諫者，殺無赦！」大臣伍舉入諫，他左抱鄭姬，右抱越女，坐在鐘鼓之間。伍舉問：「有鳥在於阜，三年不飛不鳴，是何鳥也？」楚莊王答曰：「三年不飛，飛將沖天；三年不鳴，一鳴驚人！舉退矣，吾知之矣！」過了數月，莊王的奢侈生活有增無減，大夫蘇從冒死再諫。這時，莊王似大夢初醒，誅殺一百多圖謀不軌者，重用伍舉、蘇從等人，「一鳴驚人」地實現了大刀闊斧的改革。這樣，在晉、齊兩國勢力中落的條件下，楚國一枝獨秀了。

楚莊王帶兵一舉擊敗了晉國，使鄭國臣服於己。公元前 606 年，楚的兵力大膽北進，達到了伊洛地帶，在周邊境陳兵示威。周定王慌了手腳，馬上派出大夫王孫滿帶了許多禮品，前去慰勞楚軍，這就發生了中國歷史上著名的「問鼎事件」。

楚莊王一面把禮品照單收下，一面問王孫滿：「聽說在周天子處藏有鎮國之寶九鼎，請你告訴我，鼎的大小輕重怎樣？」

王孫滿知道這一問實際上是別有用心的，儼然欲取天子而代之的架勢，就針鋒相對地回答：「周天子的權力在德不在鼎，沒有德就是有了鼎也沒用。況且天命在周，因此，鼎之輕重大小，任何諸侯是沒有資格過問的。」還說了鼎的變遷史：夏桀昏亂無德，九鼎才轉移到殷朝，享國五六百年。殷紂王暴虐無道，九鼎又轉移到周朝。如果君王德行清明，鼎雖小一定重得移不動；若是君王邪惡昏庸，鼎雖大一定輕得可移動。

楚莊王本以為周王室軟弱可欺，王孫滿一定會把鼎的有關實情如

數告訴他的。想不到王孫滿如此強硬，倒是一下被説得無言以對。轉而一想，如果與周王室鬧翻了，也是沒有什麼好處的。不多久，也就知趣地班師回國了。

楚莊王回軍後，整頓了內部，鞏固了後方陣地，然後又北向問鼎中原。楚軍先是破陳，然後又征服了鄭，接着就與強大的晉國軍隊短兵相接。雙方集結數十萬大軍於邲（今河南鄭州西北）。在這次戰爭中，內部矛盾重重、指揮不統一的晉軍被楚軍打得大敗。晉軍潰不成軍，殘部在夜間渡過黃河時，又死傷了不少。

邲之戰後，楚的力量和威勢暫時蓋過了晉國，在一段時間裏再也沒有哪個國家敢與楚國抗衡了。楚國達到了威服中原、稱霸諸侯的目的。

魯宣公「初税畝」

連年的國與國之間的征戰，受苦受難最多的還是中小國家及其民眾。中小國家的統治者不只要維持其龐大的軍事開支和服務於外交內政的官僚機構費用，還要定期地向大國朝貢財物。為此，中小國家的當政者傷透了腦筋。

當時處於較為深重的困境中的是魯國。

一些大國，如齊國、晉國、楚國等，都把魯國看成是俎上的一塊肥肉，什麼時候想「吃」，就會隨意地對魯砍上一刀。傷痕累累的魯國常常處於在大國間疲於周旋的困境。魯文公十五年（公元前 612 年），齊國不問情由地侵佔了魯國的西鄙，實在沒有辦法，魯公只得讓季孫氏到晉國去訴苦，史書上稱為「告難於晉」。晉國國君説：「我出面幫你討回公道。」於是，由晉國出面會集一些諸侯於扈地盟誓，起兵討伐齊國。這當然需要代價，魯國為晉公送去了不少禮品。但是，晉國

為首的盟軍走到半路上止步不前了，一打聽，原來齊侯得知情況後，派了慰問人員到晉國為首的盟軍，送去了更多更豐厚的禮品。這樣，晉軍怎肯再前進？稍後，也就乾脆退軍了。就因為這，齊君更不高興了，又派兵侵佔了魯的一些地方，直到魯國付出更大的代價求和為止。

除了人禍外，在魯宣公當政期間，又逢接二連三的天災。宣公六年，蝗災。宣公七年，旱災。宣公八年，大旱成災，魯民餓死不少。宣公十年，大水成災，又兼饑荒。宣公十三年，蝗災。宣公十五年，又是蝗災。

面對天災人禍、內憂外患，當政的魯宣公急得像熱鍋上的螞蟻，沒了主意。「怎麼辦呢？怎麼辦呢？」

一位大臣湊過來，輕聲細氣地對宣公說：「還是把孟孫氏、叔孫氏、季孫氏三人請來商量商量吧，他們對下面的情況了解。」

魯公心裏明白，雖然名義上是自己當政，但實際上是「三桓」（孟孫、叔孫、季孫）在當家，不把他們請來，再好的主意也實施不了。魯宣公同意了，就把三人請了來。

先是孟孫開了腔，他說：「現在，在我們國家實行的還是『籍田制度』，把土地分為公田和私田，私田授予耕種者，作為他們的生活之資；公田分攤到各農戶那裏，讓他們在那裏無償地耕種，收穫物歸公室所有。這一套，現在哪裏行得通？兵荒馬亂的，農戶走的走，死的死，還有誰在種公田？」

季孫接著說：「『籍田』本來就是一本不管用的老皇曆了。早在兩百多年前的周宣王時，就宣佈『不籍千畝』了。周王可以宣佈廢除『籍田』，我們為什麼不可以？」

叔孫說得更乾脆：「與其名存實亡，不如乾脆廢除了的好！」

魯宣公有點處於雲霧之中，不知所措地問：「那怎麼辦呢？」

孟孫說：「辦法還是有的，就是實行『初稅畝』。」

「什麼叫『初稅畝』？誰能解釋清楚？」魯宣公一點也不明白。

孟孫、叔孫、季孫三人顯然是事先串通好了的，對如何改革心

中都很明白，因此臉上都顯得很輕鬆得意的樣子。三人互相推諉了一陣，最後是叔孫作了解釋：「徹徹底底地取消公田，取消籍田制度。對全國的土地進行一番丈量，誰的就是誰的，誰佔有多少就承認誰有多少土地，然後根據土地的多少和土地的好差，決定稅收，用一句明白的話說這就是『履畝而稅』。這種既公平又公開的稅收制度是一定會得到大眾歡迎的。」

「那樣不是實際上承認土地私有了嗎？」魯宣公小心翼翼地發問。

「事已至此，總是那麼回事了。」孟孫顯得有點不耐煩，「你承認也罷，不承認也罷，私田制度是一種趨勢了。只有公開承認它，大家才能放心、大膽地幹農活，國家的稅收也才有保證。」

魯宣公想想也是，不承認有什麼用呢？還是承認吧！在魯宣公十五年（公元前 594 年）的初春，以魯宣公的名義發佈了「初稅畝」令。農民們拍手稱快，奔走相告。對農民來說，還有什麼比獲得土地更重要的呢？

春天到了，魯國的農民忙着在自己的土地上播種。

夏天來臨，魯國的農民高興地在自己的土地上耕耘。

秋風習習，魯國的農民唱着歌兒在自己的土地上收割。

冬天是休閒的季節，魯國的農民第一次嘗到了家有餘糧的滋味。

魯國的史官一直愁眉不展，但在「初稅畝」後的第二年，史官第一次用飽含激情的筆寫上：「大有年。」魯國獲取了大豐收的年成！

「普天之下，莫非王土」的公田制度實質上取消了，私有土地制度得到了承認。這在中國歷史上是一件大事。

向戌弭兵

周靈王二十六年（公元前 546 年），在宋國執政向戌的倡議下，

晉、楚等 13 國在宋會盟，達成了弭兵協議。「弭」是止息的意思，「兵」是指武器，「弭兵」就是大家通過協調和協商達成一致，放下武器，和平友好相處。

從公元前 606 年楚稱霸中原，到公元前 546 年，整整六十年，以晉楚為主進行了大小幾十次戰爭。大小國家之間的你征我戰，差不多年年都有，而受害最深的是中小國家。楚為了征服宋國，曾圍困宋都城長達 9 個月，據說城中糧盡，出現了易子而食的慘景。而晉、楚兩個大國也在戰爭中國力大為損耗。晉國的卿、大夫乘勢而起，實際上開始操縱國政，使公室大為削弱，再也無力爭霸。楚國的王權也衰微了，當時南方的吳國強大起來了，很大程度上牽制了楚國，楚國已無力北上爭霸。弭兵的客觀形勢已經具備。

這時，需要有一個人出來當「和事佬」，他就是宋國大夫向戌。

宋國在當時的列國中國力中等偏上，又是一個較為中立的國家。而當時宋國的執政向戌與晉楚兩國國君的私人關係都相當好，向戌的社會活動能力又是最上乘的。這些都使他順理成章地成為弭兵的首腦。

為了弭兵這件大事，向戌在大國間穿行。他先是到達晉國，找到了晉的執政趙武。趙武說：「這可是件大事，我得與大家商量商量。」於是，趙武把晉君和韓、趙、魏、范、中行、智六家的代表都找來開會。會上是韓宣子先開了腔，他認為：現在戰爭是天怨人怒，再打仗是不得人心的，還是同意弭兵的好。向戌再來到楚國，找楚國的令尹子木商量。楚國這些年也被戰事所困，落得送個順水人情，一口答應了。

到了公元前 546 年春夏之交，向戌就不失時機地召集晉、楚、鄭、魯、齊、陳、衛、邾、滕、蔡、許、宋、曹等 13 國的代表在宋都商丘召開「弭兵大會」。會上晉楚兩國仍然有些矛盾，但在向戌的勸說下，還是達成了共識。雙方表示以後永不言戰，互相尊重，友好相處。原先分別屬於晉楚兩國的屬國，從盟約生效之日起，都成為兩國

共同的屬國，聽命於兩國，向兩國同時繳納貢賦。

弭兵大會是順乎民心的，所以受到了普遍的贊同和支持。這次大會換來了晉楚之間將近半個世紀的和平相處，在經受了差不多二百年的戰亂之後，難得贏得了幾十年的太平時勢。從此，中原地帶的晉楚爭霸，被長江流域的吳楚爭霸所取代。弭兵大會後，各國便由過去的國與國的戰爭逐漸轉向國內鬥爭，一些侯國內部發生了政治經濟等方面的變化，舊制度也逐漸為新制度所代替。

子產「鑄刑鼎」

弭兵大會後三年（公元前 543 年）子產開始相鄭。他積極改革內政，在與晉楚兩個大國的周旋中，恰到好處地維護了鄭國的利益。

子產出身在鄭國國君家族之中，從小就表現出了政治遠見和治國的天才。他的父親子國是鄭國的執政。一次，他父親親自率領軍隊攻打弱小的蔡國，並俘獲了蔡國的公子。鄭國的領導層都很高興，為此還舉辦了慶功宴呢！此時，十五六歲的子產卻怎麼也高興不起來，他把父親從慶功會上拉了出來。

「父親，這件事不值得大事宣揚。」他衝着父親說。

「那是為什麼？」父親有點兒不快地反問。

子產要父親坐下，聽他好好講。他說：「我們鄭國是小國，小國有武功而無文德，那是一種禍害。你打敗了蔡國，蔡國是楚國的盟國，楚會輕易放過我們嗎？楚國不肯輕易放過我們，我們不得不傾向於楚，那樣晉國會放過我們嗎？從此以後，國家怕是沒有太平日子了。」

子產的父親子國正在興頭上，被兒子當頭一盆冷水澆得掃興透了，不耐煩地說：「國家大事由大臣處理，小孩多嘴什麼！」

可是，接下來的事實，不能不使子國這個當父親的徹底服膺於

這個十多歲的小孩子。不久，楚攻鄭，再後來，晉伐鄭。鄭國困難重重，內部的矛盾也表露出來了。

公元前 543 年，鄭子產在鄭國執政。一執政，他就實施種種改革。子產是幸運的，在數百年的戰亂時勢中，他執政時剛巧遇上了「弭兵」後幾十年的相對和平時期。他利用和把握住了這一有利的國際環境，發展了自己，也發展了鄭國，使自己成為了真正的歷史巨人。他想到的第一件事就是土地改革。

「我想過了，得把土地交給農民，讓他們有地可種，這是安定社會的最根本一着。」子產對熱心改革的同僚說。

子產說到做到。他組織了一個龐大的土地工作隊。先是劃定田界，清理田畝，核對戶口。田與田之間開出水渠，疆界明確，矛盾就少。誰侵吞了別人的田產，誰就得按照規定退回。有些農民失去了土地，在按照什伍體制編定戶口後，也可相應地得到土地。這件事讓老百姓拍手叫好，而一些貴族卻叫囂要「殺掉子產」。子產並不害怕，他說：「老百姓正高興着呢，我有什麼好怕的？」出入如常，竟沒人敢加害於他。

子產更大的舉動是取消當時還殘存着的奴隸制度，讓奴隸有地可種，有兵可當。這樣，實際上奴隸與一般人之間的差異無形中消失了。原來地位有點特殊的國人不高興了，說：「子產越來越不像話了，他把國家搞亂了。」子產笑着告訴大家：「我這樣做，不是要把國家搞亂，而是要使鄭國大治。奴隸有了土地，有飯吃有衣穿，他們還會造反嗎？奴隸可以拿起武器打仗，他們的身份不同了，就會自覺地起來保衛自己的祖國，還會怕敵人進犯嗎？」大家一聽，算是服了他了。

子產做的另一件驚天動地的大事，是在公元前 536 年「鑄刑鼎」。也就是制定相關的刑事法律條文，再把這些條文鑄造在刑鼎上，公佈出去，讓老百姓都知道。這件事的風波特別大。

「法律祕而不宣，是貴族掌握的，要是誰都知道了，成何體統？」不少貴族聲嘶力竭地反對。

「民眾知道刑事法規是一件大好事，那樣他們就有所懼怕，就不會違法亂紀了。」子產朗聲作答。

「民眾都知道了法律，他們反過來要求官僚怎麼辦？」有人憂心忡忡了。

「這也是件大好事，可以讓當官的有『如履薄冰，如臨深淵』的感覺，更加注意自勵自律。」對此子產早已成竹在胸，明確地作出了解答。

子產明白：過去的刑律是掌握在貴族手中的，他們不願把刑法公佈，怕的是喪失貴族那種家長制的生殺予奪的權柄。如今，子產為時勢所迫，為救世而甘冒天下之大不韙，竟把刑典公佈出來。

「鑄刑鼎」這件事在當時也產生了很大的國際影響，晉國的執政叔向專門讓人送來一封信，信上說：「子產，你可做了件大傻事。老百姓都知道了法律條文，他們就要說話，就要發議論，對上頭也會無所顧忌，人與人之間也會爭吵不已，那樣天下不就亂成了一鍋粥？子產你這小子，趕快收回你的成命吧，不然天下人都學你這樣做，事情就不好辦了。」遞上信件，送信人就想離去。子產讓人把送信人安頓住下，連夜趕寫了一封長長的回信，信中有這樣一些話：「讓大家不敢說話，是很不好、也很不聰明的做法。如同把河水堵住，一時可能沒問題了，但久而久之，河水決堤，危害就大了。不如細水長流，讓人有意見講出來，大家都按照法律條文辦事的好。」子產把這封信讓來人帶回，叔向看了信後，直搖頭歎氣：「真是沒辦法，看來天道也變了。」叔向雖然曾經竭力反對子產鑄刑鼎，然而由於時勢所迫，僅隔 23 年，叔向自己的晉國趙鞅、荀寅也「鑄刑鼎」了。

子產「鑄刑鼎」是一個大動作，對鄭國，也對當時的列國，產生了重大的影響。在他當政的 20 多年中，鄭國明顯比其他國家安定，民眾過上了比較富足的日子。子產死後，老百姓都哭了，像死了親人一樣悲傷。

伍子胥十年歸報楚王仇

弭兵大會後，中原地帶是相對平靜了下來，而南方卻戰事不斷。從公元前 538 年楚靈王會集諸侯於申（今河南南陽北），起兵進攻吳國起，到公元前 506 年吳軍攻破楚國都城郢，32 年間兩國戰事不斷。

在戰爭中，湧現出了藐視王權、仇視昏君、張揚個性的傳奇式人物伍子胥。

在楚國歷史上，楚平王是一個十足的昏君。他聽說秦國的女子很美，就命楚大夫費無忌到秦國去為太子建物色妻子。費無忌物色好對象以後，就先回國了，對楚平王說：「這個秦國女子漂亮極了，我看還是大王娶了她吧！」平王本是個好色之徒，聽費無忌一說，正合心意，真的就娶了這女子。此後，楚平王朝朝暮暮與那秦婦在一起，連朝都懶得上了。後來，費無忌又故意加害於太子建，說太子建因沒娶到秦女而日夜怨恨父王。平王一聽就火了，把太子建逐出京城去守邊。之後，費無忌又說太子之恨平王全是太傅伍奢教唆。平王一怒之下，就把伍奢抓了起來，並聽信費無忌的計謀，要把伍奢的兩個兒子伍尚和伍子胥召來，一併殺害。

楚平王對伍奢說：「你如果能把兩個兒子召到京城來，就還有一條生路，如不召來，只有死路一條了。」

伍奢鎮定自若地回答：「我可以召他們，但是，大兒子伍尚是會來的，而小兒子伍子胥肯定不會來。」

「那是為什麼？」楚平王不解地問。

伍奢回答：「知子莫若父，我是很了解自己的兩個兒子的。伍尚性格平和，慈孝仁愛，聽說回來後可以免父一死，必然要來。而伍子胥機智而好謀略、勇敢而好誇耀功勞，他知道，如果真的來了，無異於送死，因此一定不可能來。而一旦出逃，將來造成楚國憂患的就是他了。」

後來的事實完全證實了伍奢的話。伍尚來到郢都，最後與父親伍奢一起被害，而伍子胥遠走高飛，一路風塵，據傳他是一夜之間白了少年頭。他歷盡艱難險阻，來到了吳國，伺機報仇。

一轉眼，十年過去了，可伍子胥復仇之心未泯。

十年後，楚平王也死去，繼位的是不中用的楚昭王。而這時，雄心勃勃、且與伍子胥交往密切的闔廬當上了吳王。伍子胥推波助瀾，力主攻打楚國。

伍子胥為吳國制定了打敗楚國的謀略。

伍子胥向吳王推薦了大將孫武。

伍子胥出使被楚國欺壓的蔡國和唐國，經過一番周旋，很快就與兩國結成了反楚同盟，消除了攻楚的外部阻力。

公元前506年，吳王闔廬以孫武為大將、以伍子胥為軍師，親率大軍攻楚。經過五次戰鬥，楚軍大敗。吳軍勢如破竹，大軍一直攻取了楚國建都200年的郢，楚昭王倉皇出逃，先是到鄭國，鄭國人不收留他，又逃到雲夢澤，為盜所襲，最後逃到隨國去了。

伍子胥入郢後，親自掘開楚平王的墳墓，在楚平王的屍骨上狠狠地打了300鞭，實現了「十年歸報楚王仇」，即謂「十年報仇」的夙願。

楚國經此一難，也就衰落了下去。南方地區的吳楚之爭，被吳越之爭所取代。

勾踐臥薪嘗膽

與吳國交界的還有一個越國。越國傳說是夏朝國王少康庶子無餘封於會稽而建立的國家，之後傳二十多世，都沒有多大的作為和名聲。在春秋早中期，越國還只是吳國與楚國爭鬥棋局中的一個小卒子。可是，到公元前510年，當越王允常在位時，吳王闔廬攻打越

國，結果卻意外地被越國擊敗了。這使吳國上下十分吃驚。5年以後，越國趁吳兵攻入楚之郢都而國內空虛，就出兵偷襲了吳的後方基地，迫使吳軍從楚地撤了回來。從此以後，吳越兩國成了世仇。

公元前496年，越王允常死去，勾踐即位，吳國乘機伐越，越國奮起反擊，雙方大戰於檇李（今浙江嘉興），結果吳軍大敗。吳王闔廬的一個腳趾被砍去，傷勢日重，不久就死去了。兒子夫差繼位，決心報仇。

三年後，雙方又大戰於夫椒（今太湖椒山），吳軍大敗越軍，長驅直入，最後越軍退守會稽，士兵也只存下了五千人，越國的命脈不絕如縷。

站立在會稽山頭，勾踐仰天長歎：「我的一生就此了結了嗎？我就這樣成為越國的千古罪人了嗎？」

這時，大臣文種站了出來說：「不，你不能就這樣了結此生。為什麼大王一遇逆境就想到死呢？商湯被囚禁於夏台，周文王被拘禁於羑里，晉重耳逃奔狄國，齊桓公不得意而奔於莒，最後怎麼樣？他們不都稱王稱霸了嗎？」

勾踐問：「你是要我……」

文種字字擲地有聲：「我是要你奮起，做一個有大志向、幹大事業的人。不過，大丈夫能屈能伸，現在，你得屈膝事敵。」

勾踐低垂着的頭漸漸抬起，說：「我會的。」

不多久，越國向吳國派出了求和的使者，表示越王願為吳王臣僕，妻子願為吳王奴妾。吳王夫差經不住種種誘惑，不聽伍子胥的再三勸導，答應了越國的投降條件。吳王看越王可憐，還放勾踐回了越國。

勾踐回國之後，時時不忘復興越國。

勾踐看到亡國後的越國，江山破碎，民生困頓，他就不再吃肉，穿粗布的衣服，親自耕作，讓夫人親自織布，希望給全國的百姓做個榜樣。

勾踐住在十分簡陋的房子裏，睡在鋪着席草的木板上。他在自己睡和坐的地方的上方，都懸了顆苦膽。坐着，躺着，或吃飯、休息時，常常要抬起頭嘗嘗那苦膽，自言自語地說：「勾踐啊勾踐，你忘記會稽之恥了嗎？你忘記會稽之恥了嗎？」這就是中國歷史上著名的「臥薪嘗膽」的故事。

為了振興國家，勾踐十分重視任用賢能之士。范蠡說：「帶兵打仗，文種不如我，安撫國家，親近百姓，我不如文種。」於是，勾踐就把帶兵打仗的事交給了范蠡，把國家政事委託給了文種。

勾踐在國內提倡墾闢荒地，減輕賦稅，做到使民「戶戶有三年之食」。

勾踐實施獎勵生育制度。規定男子到 20 歲，女子到 17 歲，不結婚不成親的，就判其父母有罪，要加以處罰。如果生了兒女，公家就派醫務人員去護理。生了男孩，可以獎兩壺酒和一隻犬。生了女孩，獎兩壺酒和一頭豬。從當時的獎勵看，生男生女基本上還是平等的。如果一對夫妻生養兩個孩子，國家負責養一個，生三個，國家養兩個，以此類推。在這種積極的人口政策下，越國的人口在十多年間差不多翻了一番。

勾踐還努力發展冶鑄手工業，越國鑄煉寶劍的技術堪稱當時的天下第一。

勾踐還加強了軍事訓練，以閭為行政單位組織徵兵。要求士兵嚴守紀律，服從命令，勇敢殺敵，樂於立功。

在外交上，越國採取了「結齊、親楚、附晉」的方針，對吳國則在相當長時間內表示臣服。每年都要主動地為吳王送去許多玉帛珍玩，並選送了大美人西施、鄭旦，讓吳王夫差整日沉湎於酒色之中。還伐取大木為吳造姑蘇台，勞民傷財。假裝越國饑荒，向吳借糧，使吳國庫藏空虛。

越國在復蘇，在強大，而吳國君臣大多並沒察覺，唯有伍子胥是清醒的。他對吳王夫差說：「越人實在靠不住啊，給大王送那麼多金錢

美女是別有用心啊，大王，你得戒備啊！」夫差回答道：「沒有的事，不要疑神疑鬼！」過些時，伍子胥又說：「越國正在備戰呢，它是睡在吳國身邊的一隻虎，大王，不可不防啊！」夫差擺了擺手，說：「勾踐昨天還向我保證呢，說是永遠忠於吳。」根本聽不進去。伍子胥失望了。後來，他利用出使齊的機會，把自己的兒子託付給了齊國國君。這件事使吳王夫差大怒，要伍子胥自盡。伍子胥大笑道：「我輔佐你父親稱霸，我又立你為王，當初你要把吳國的一半分給我，我沒有接受，現在你反而聽信讒言殺我，你一個人必然不能獨自立國！」自盡前，又對左右說：「我死後，把我的眼睛挖下來掛在東門上，我要親眼看到越國軍隊是怎樣滅吳的。」

　　經過大約 20 年的準備，公元前 473 年，強大的越軍攻破姑蘇城，吳國滅亡，夫差自殺。勾踐佔有了整個吳國，版圖整整擴大了一倍。當時，齊、晉、楚等大國都已中衰，越國成為春秋最後一個霸主。

◆ 註釋：

① 《左傳・隱公六年》：「我周之東遷，晉、鄭焉依。」

② 《左傳・桓公五年》：「祝聃射王中肩，王亦能軍。祝聃請從之。公曰：『君子不欲多上人，況敢陵天子乎？苟自救也，社稷無隕，多矣。』夜，鄭伯使祭足勞王，且問左右。」

③ 《史記・齊太公世家》：「齊遺魯書曰：『子糾兄弟，弗忍誅，請魯自殺之。召忽、管仲仇也，請得而甘心醢之。不然，將圍魯。』」

④ 《論語・憲問》：「或問管仲。子曰：『人也。奪伯氏駢邑三百，飯疏食，沒齒無怨言。』」

⑤ 孔子讚揚管仲的地方很多。當有人問到「仁」時，他說：「桓公九合諸侯，不以兵車，管仲之力也。如其仁，如其仁！」當有人要孔子將子產與管仲作比較時，孔子讚管仲說：「人也。」

⑥ 《史記・秦本紀》：「四年，迎婦於晉，晉太子申生之姐也。」可見，當時秦穆公對這門親事是十分熱心的，他是跨越秦晉邊境去迎候夫人的。

第十八卷

儒墨顯學

　　春秋時期是一個亂世。在歷時三百年間，戰爭綿綿不絕，民眾備遭苦難。

　　春秋時期又是個偉大的歷史時期。難以數計的政治家、軍事家、思想家、文學家、教育家、社會活動家，馳騁於廣闊的歷史舞台，出演了一幕幕威武雄偉、業績赫赫、悲涼壯麗的歷史活劇，積澱了也許在平靜的社會生活中數千年也難以獲取的文化成果。

　　在林立的學派紛爭中，最後有兩大學派功成名就，成為世人矚目且被普遍認可的學派：儒家學派和墨家學派，號稱「顯學」。所謂「顯學」，也就是顯赫之學。

　　儒墨顯學陣容龐大，其領軍人物一為孔丘，一為墨翟。他們都既是私學的創始人，又是思想界、學術界的權威，一個被奉為「至聖先師」，一個被尊為「平民聖人」。他們的影響遠遠超越於他們所生活的那個年代。

　　孔墨是屬於他們那個時代的，也是屬於子孫後代的；孔墨是屬於中華民族的，也是屬於世界的。

學術下移

事情在發生變化。

到了春秋晚期，隨着地方勢力的強大，周天子的威望日益衰弱，原先在朝廷中當大官的，不少人沒落了，失去了原先的地位，而一些原先沒什麼地位的人，反倒掌有了實權。尤其是地方諸侯的勢力，不少超過了周天子。

這種局面反映在文化領域裏，就出現了所謂「學術下移」的局面。

有趣得很，原先那些很榮耀地在周天子轄下當樂官、禮官的人，現在一看形勢大變，都不太安分起來，他們走的走，逃的逃。用現代的話說：跳槽去了。

首先亂作一團的是樂府。

「王上，不好了，宮中的首席樂師太師摯出逃了！」周天子的貼身侍從氣急敗壞地衝到周天子的寶座前。

「什麼？你再說一遍！」周天子驚愕得失了態，不由自主地站了起來。

「太⋯⋯太師⋯⋯摯⋯⋯出⋯⋯出逃了⋯⋯」侍從結結巴巴地作答。

「快給我追！」周天子大聲命令。

侍從站在那裏不動。

「怎麼啦，去叫人追啊！」周天子有點驚異了。

「太師摯是與齊國串通好的，一出宮早被齊國派來的人接走了。哪裏追得了？」侍從膽怯地如實稟報。

周天子像泄了氣的皮球一般，癱呆在寶座上。

當然，這只是第一遭，以後這樣的事多着呢！不久，宮中的第二樂師逃到了楚國，第三樂師逃到了蔡國，第四樂師逃到了秦國，打鼓的方叔逃到了黃河一帶，搖小鼓的武去了漢水流域，擊磬的襄走得最

遠，到了大海之濱。^①整個周天子樂府幾乎都空了。

出逃的不只是樂官。禮官也出逃了。當時有一整套禮制和禮官，有主管冠禮的，有主管婚禮的，還有主管喪禮和祭禮的。這時，那些禮官紛紛外逃。據載，要不了多少時候，原先中原地帶的人都不懂禮了，懂禮的倒是原先的蠻夷地區了。^②

學官也出逃了。原先周王朝有一整套學官制度，名目繁多，有師、傅、師氏、太師、少師、太傅、少傅、太保、少保、祭酒等不同等級、不同職守的學官。此時，這些學官也都逃之夭夭了，有的不再司教，更多的是逃到民間從事私人教學了。^③

文化領域的新氣象正在形成。

文士蜂出並作

一批又一批原先在官府當樂師、禮師，在學校當教師的文化官員，因為有知識，有文化，因此最先感受到時代的變化。一旦他們走向民間，呼吸到來自社會底層的清新空氣，他們就表現得十分活躍，生氣勃勃。

他們開始根據自己的理解去闡述和發揮禮、樂、書、詩、易這樣一些古典文獻，這叫做「各引一端，崇其所善」^④。再與當時的現實生活一結合，在學術上就顯得生動多了，豐富多了。而這些原先的國家文化官員，也就成了中國歷史上最早的文士。這些文士通過招徒傳藝，又培養和帶出了一大批文士。這批文士中最有名望的一些人物，都是影響了中國整部歷史的大師級人物。

管仲是春秋初期的一位思想文化大師。他早年飽讀詩書，又經過商，從過政，對社會有着自己獨特的看法。他主張一手抓民生，使國家倉廩充實，百姓衣食富足，另一手抓社會道德。他最著名的話是：

「禮義廉恥，國之四維，四維不張，國乃滅亡。」把禮節、仁義、廉潔、知恥看成是維繫國家的四根繩子，有了它，國家才能興盛。

　　子產是活躍在鄭國政治思想舞台上的一位思想文化大師。他出生在貴族家庭，從小受到良好的教育，成長後幾度沉浮，懂得了治國平天下的真諦。有一次，人家問他政治是怎麼回事，他的回答只有四個字：「愛民如子。」要他講得具體一點，他解釋道：「政如農功，日夜思之。」其意是說，在中國搞政治的，只有把農民問題、農業問題、農村問題日夜放在心上，才會有好的業績。他後來在鄭國當政，就是這樣做的。

　　晏嬰是齊景公時代的一位思想文化大師。他身居高位，但十分注意節儉。齊景公要為他更換住宅，對他說：「你的住房靠近市場，又潮濕，又狹小，喧鬧多塵，不能住了，還是換換環境吧！」晏嬰不答應。一次，晏嬰出訪，齊景公就不容分說地把他的舊宅拆了，另建了新的，等他回來後，華麗的新宅已建成了。晏嬰對此很不高興，又把新宅拆了，硬是擠進了平民住的房舍裏。太史公司馬遷在《史記》中說他「以節儉力行重於齊」。

　　孫武是在軍事領域有所成就的一位思想文化大師。他認為，仁愛和威嚴，是治軍的兩個不可分離的方面。他說：「視卒如嬰兒，故可與之赴深溪；視卒如愛子，故可與之俱死。」當將帥的要懂得愛士兵，體恤士兵，那樣士兵才會視死如歸。他的《孫子兵法》一書，是公認的傳世之作。後來傳入日本，傳入歐美，是中外軍事學術史上的巨著。

　　老子是春秋時代最富於哲學思辨色彩的思想文化大師。他當過周王室的「守藏室史」，也就是國家歷史檔案館館長，兼圖書館館長。後來有人請他出來從政，他不幹，就乾脆連館長也不當，躲起來著書立說了。他比孔子年長，在當時名氣也比孔子大，孔子曾經向老子問禮，還稱老子為老師呢！他花了大半生的精力，寫了一部五千字的大著作，這就是《老子》。在那動亂的時勢中，不少人都不免有些偏激，

可老子的作品沒有片面性，他把美與醜、善與惡、福與禍、榮與辱、輕與重、高與下、長與短、曲與全、直與枉、虛與盈、智與愚、巧與拙、易與難、柔與剛、有與無、正與反，等等，都看作是互相依存的，一方不存在，另一方也就不存在。他的名言「禍兮福所依，福兮禍所伏」，教育了一代又一代的人們。

在這眾多的大師級人物中，最有威望和最具誠信度的要數孔丘和墨翟兩人了。他們各自帶領的學術流派稱為「儒家」和「墨家」，是當時並世的最顯赫的學術和教育群體，被人們公認為「顯學」。

學無常師的孔丘

孔丘出生在一個貴族家庭中，但由於家道中落，又加上父母早亡，因此他一開始就過着平民化的生活。

孔子從 15 歲開始，就到處求師問道。

孔子曾經拜老子為師的故事，千百年來一直為世人津津樂道。老子和孔子，應該說是中國歷史上兩位最偉大的思想家和學者，他們的地位都應該說是世界級的。從時間上說，老子大約要比孔子年長二十歲，就當時而言，老子的名氣要比孔子大。以孔子之好學，到老子處尋訪求學，甘為弟子，是完全可能的。

據有關書籍記載，年輕的孔子是在適周（東周實際已淪為一個無足輕重的小國）觀光的過程中，去拜訪仰慕已久的這位前輩思想大師的。

經人指點，孔子來到了周代國家圖書館管理員的休憩處，只見一個五十來歲的學者模樣的人正在悠閒自在地翻閱圖書，孔子知道那就是老子了，忙上去施禮：「老聃先生，後生這裏有禮了。」

老子把目光從書本上移開，笑眯眯地打量了孔子一下，說：「你大

概就是那位被稱為知禮的孔丘吧？」

孔子一迭聲地作答：「後生不敢，後生不敢。後生不遠千里前來見先生，正是為學禮而來。」

老子讓孔子在自己身旁的一塊草席上坐下，說：「你既然想向我學禮，那你先告訴我，你最崇拜歷史上哪位禮學大師呢？」

孔子回答道：「我最崇拜的歷史上的禮學大師是周公旦，他在幫助武王打天下的同時，就着手制禮作樂，使民眾相安無事，各得其所。他……」

「別講了，別講了。」老子打斷了孔子的話，「你所說的那個人，他的肉體和骨骸都已腐朽了，只有他的言論還留存着。況且，一個人如果得着政治機會就做官，就坐高貴的馬車，不得勢時，就像蓬草一樣沒精打采的，這樣的人稱得上是君子嗎？算得上是禮學大師嗎？」

「您的意思是？」孔子此時有點迷惑不解了。

老子說：「我聽說，會做生意的良賈，把寶貨嚴密地保藏起來，不讓別人看見，彷彿什麼都沒有似的。一個真正知禮的君子，他身有盛德，其容貌卻謙讓得像愚魯之人似的，要把驕氣與多欲，容色與淫逸都去掉。不這樣，就成不了知禮的君子。我要告訴你的，就是這些而已！」

在老子那裏，孔子住了好長一段時間，學到了不少東西。

孔子告別老子，心裏特別舒坦和高興。他對人說：「鳥，我知道它能搏擊長空；魚，我知道它能潛入深水；走獸，我知道它能在曠野奔跑。在曠野奔跑的走獸，可以用網去捉它；潛入深水的魚，可以釣它上來；在天空飛的鳥，可以用獵箭去射。至於龍，我不知道它是不是乘駕風雲而升天的。今天我見到老子了，他大概就是龍吧！」

應該說，孔子拜老子為師的故事是真實的，在孔子的學說中，有着明顯的老子哲學的印記。孔子除了向老子學人生哲學外，還向魯國樂官師襄子學彈琴。

為了認真學琴，他徵得師襄子的同意，搬到老師那裏去住。一連十天，孔子學習着同一首曲子，反覆地彈奏着，體味着，一點也不肯馬虎。

「我看是可以了，可以學下一首曲子了。」倒是師襄子反過來催促他。

孔子説：「老師，我還不能學下一個，現在我只是學了這個曲子的形式，它的節奏內容我還沒有學呢！」

師襄子點點頭，説：「好，那你就學吧！」

這樣又反覆學了好幾天，看到孔子大有長進了，師襄子又説：「你已學了曲子的節奏內容，現在可以學新的了。」

孔子説：「還不能，我還沒有理解樂曲的情感意蘊呢！」

師襄子點點頭，説：「好，那你就學吧！」

這樣再反覆學了好幾天，看到孔子更有長進了，師襄子説：「你已領會了樂曲的情感意蘊了，現在可以學新的了。」

孔子説：「老師，請原諒我，我還不能學新的，我還沒有體察到樂曲中描述的那個人物形象呢！」

師襄子點點頭，説：「好，那你就學吧！」

又過了好些天，孔子天天都在認真地體味，一天他興奮地對師襄子説：「老師，老師，我清晰地看到樂曲中描述的那個人物了，他的臉龐黑黑的，個子高高的，這人要不是周文王，能是誰呢？這樂曲是歌頌周文王的啊！」

師襄子極為高興地説：「這首樂曲描述的正是周文王的故事啊！我的學生中，會彈奏這首樂曲的人不少，像你那樣能深刻領會的人，還沒有呢！」的確，像孔子這樣學琴的人，是少見的。

孔子還是個歷史迷。他要了解夏、商、周三代的歷史，他要了解「十代」「百代」以上遠古時代的歷史，除了讀書之外，他就是抓住一切機會向別人學習，拜一切人為師。

首創私學

「學術下移」的一個直接後果是官僚和官僚子女的教育成了問題。他們需要填補這樣一個文化空缺，於是就有了貴族家教的出現。

當時魯國地位顯赫的大夫孟僖子跟隨魯昭公一起出使楚國，到了那裏，對楚國的風俗習慣既無所了解，也不知道該如何施禮交流。回來以後，孟僖子對魯昭公說：「我感到太不應該了，我沒有襄助您應付好禮儀，這是我的失職。」

溫和厚道的魯昭公說：「這也不能全怪你。現在學校也沒有了，其他教育機構也沒有了，誰還懂得禮儀？」

孟僖子說：「有本事的人還是有的，只是我們沒好好用他。」

魯昭公問：「你說的是哪位？」

孟僖子回答：「我說的是孔丘。孔丘可以擔當教育之職。」

還沒等魯昭公與孟僖子討論出個名堂來，孟僖子就病倒了。臨終前，他把自己的兩個兒子孟懿子和南宮敬叔叫到跟前，語重心長地說：「孔丘這個人，是聖人的後代。他的祖上個個都有道德，有學問，孔丘自己繼承了祖上的傳統，如今年紀輕輕的就博學好禮，是個了不起的人才。我是不久於人世了，我死了以後，你們倆一定要拜孔丘為師，才會有出息。」兩個小孩子同聲回答：「父親，你的話我們記住了，我們一定拜孔丘為師，認真地學習禮儀和文化。」

孟僖子死後，他的家人按照死者生前的意願，把孔子請到了家裏，讓孔子當孟懿子和南宮敬叔這兩個孩子的家庭教師。

這兩個孩子很可能是孔子最早的學生。由當家庭教師，引發了孔子的一個大膽想法：「現在原先的學校都已被毀了，各地的諸侯忙着打仗，爭地盤，哪裏顧得上去辦學校、興教育？如果我以個人的名義招收門徒，向年輕人傳授知識和禮儀，不就是為國家社會做了件大好事嗎？」

孔子首先把想創立私學的想法告訴了自己的兩個弟子孟懿子和南

宮敬叔。

「我想創辦一種私學，你們看行不行？」

「老師，我們不懂，什麼叫『私學』呢？」

「哦，你們不懂，可能絕大多數的人都不懂。」孔子緩緩地說，顯得十分的從容，「自古以來只有官學，一切的教育都是官辦的，而我現在想自己辦學，自己招收門徒，自己講學，我給這起了個名字叫『私學』，明白了嗎？」

「那行嗎？辦學校聽說是要花很多很多的錢的啊！」孟懿子首先發出質疑。

「錢嗎？我想那要看怎麼辦和為什麼辦了。」對這個問題，孔子看來早已考慮過了，「如果把辦教育看成是謀利的事，那的確要花很多的錢，也可賺很多的錢。但我的想法很不同，我不想賺錢，我只是想讓更多的人有文化，有道德素養，因此我不收學費，只要送上一條乾肉的見面禮，誰都可以成為我的學生。這一條乾肉叫『束脩』⑤，是象徵性的，誰都出得起的。」

「那好，那好，有先生這樣辦學，日後不只我們這樣的貴族子弟有書讀，就是窮人的孩子也有書讀了。」

「你說對了，你說對了。」孔子同樣興奮，「我的辦學，就是要讓更多的人能上學，富家子弟能上學，窮人的孩子也能上學，這就叫『有教無類』⑥——不分地位、財富的等類，都可接受教育。我想，將來不只是魯國的孩子可以到我這裏上學，別國的孩子也可以來我這裏上學嘛！」

「還有，我記得古書上說，人到七歲時上小學，二十歲弱冠了就上大學，這個規定還要不要？」南宮敬叔又問。

孔子大手一揮，說：「這些條條框框都不要了，只要願來讀書的，不管是剛懂事的娃娃，還是四五十歲的成年人，我都收！」

這是一次中國歷史上也許是最為重要的文化對話，孔子以後的私學模式在這裏已初見端倪了。

孔門十賢和弟子三千

孔子從三十歲開始收徒教學，一直到七十多歲的晚年，歷時四十多年。據說孔子有弟子三千，其中最有成就的有十人，世人稱為「孔門十賢」。

「孔門十賢」的說法，源於孔子自己的一番話。一次，在招收了一批新弟子以後，他對這些新弟子頗為得意地說：「不要看我有那麼多弟子，真正有成就的也就是那麼十來個。德行好的有顏回（顏淵）、閔子騫、冉伯牛、仲弓，富有外交才能的有宰我、子貢，能辦政務的有冉有、季路，熟悉禮儀文獻的有子游、子夏。」就這樣，「孔門十賢」就成了定評。

孔子的學生中，有貴者、富者，也有大量的貧者、賤者。被列於「孔門十賢」之首的顏回，就是從窮巷中發掘出來的奇才。從小死了母親、常常衣食無周的閔子騫也是他的愛徒。後來患有惡疾的伯牛，是出身於農家的子弟。那個仲弓在《史記》中明確寫着「仲弓父，賤人也」，地位是很低下的。可以說，在孔門弟子中，窮人家的孩子多，富人家的孩子少。

孔子的學生年齡級差也很大。顏路比孔子小 6 歲，子路比孔子小 9 歲，顏回比孔子小 30 歲，公孫龍比孔子小 53 歲。這樣的年齡級差在任何的公私辦學中是找不到的，連他的再傳弟子也要感歎於其門下的蕪雜了。⑦

孔子的學生來自當時的列國。有來自魯國的（如顏回），有來自衛國的（如子貢），有來自吳國的（如子路），有來自齊國的（如公冶長），有來自陳國的（如子張），有來自楚國的（如子石），有來自宋國的（如司馬牛），有來自秦國的（如子南），有來自晉國的（如子期），真正做到了五湖四海，這些都是前無古人，後無來者的。就這一點，孔子的偉大可見一斑。

在孔子的眾多弟子中，最受他青睞和器重的，無疑是顏淵其人。因此，人們習慣地稱顏淵為孔門「大弟子」。

孔子十分讚賞顏淵的好學精神。有一次，魯哀公問孔子：「你的學生中，哪些人可以稱得上好學？」孔子馬上回答：「在我的學生中，只有顏回一個人可以稱得上，除他之外，我還沒有看到誰是可以配稱好學的人。」在學習上，顏淵十分刻苦，一般地說，孔子在講課時，他是不大插嘴的，只是靜靜地聽，默默地想，有時你還會以為他是相當的「愚」呢。但是，下課後，問問他，他卻能說出一般學生說不出的道理來，甚至可以做到「聞一而知十」。顏淵是個老實人，凡是他學懂了的，就會照着做。孔子當着許多弟子的面說：「我每天都看到顏回在進步，從來沒有一天是止步不前的，你們哪一個能做到這樣？」大家對此是心服口服的。

孔子的學說被稱為「仁學」，而顏淵就是孔子所說的「仁」的標本。孔子把他的優秀學生分為幾種類型，顏淵是排在「十賢」之首的，是「德行」類的領軍人物。孔子對仁的解釋是：「仁者，愛人。」顏淵是愛人的榜樣。他愛老師，把孔子當作自己的父親一樣對待。他愛自己的同學，同學間從來不鬧矛盾。他愛一切的人，當孔子問弟子們志向時，他的答案是：「我願為一切人做好事，而做了好事以後，不張揚，不吹噓，也不以為自己有什麼功勞。」這樣的回答得到了孔子衷心的讚揚。孔子說過：「一個人一天兩天做到『仁』還是容易的，像顏回這樣『三月不違仁』的人，是最不容易的。」這裏的「三月」是永遠的意思，孔子是說顏回不管大事小事，不管在何處所，都能不違反仁的原則。

顏淵是個好學生。可是，這個「好學生」也有他的不足，那就是不注意身體健康。他生活上是艱苦的，學習上是刻苦的，但最後把身體搞壞了。史書上說，顏回「二十九，髮盡白」，他明顯地早衰了，不久也就因病死去了。這叫做「因學自毀」。歷代人對此批評甚多，其中

以王充在《論衡・命義》中的批評最中肯：「顏淵困於學，以才自殺。」在這點上，孔子多少有那麼點兒責任。

孔子嚴斥賴學的人

孔子待人接物的基本準則是溫、良、恭、儉、讓，在處事時，尤其是對待學生時，一般總是和顏悅色的，也就是所謂的「循循然善誘」。但也有例外，那就是當一些學生脫離學習軌道、不想好好學習的時候，他會急，會發脾氣。

「宰予晝寢」的故事大致是這樣的：孔子的學生來自四面八方，學生難以走讀，實行的是寄宿制。這裏說的「寢」，就是寢室。這樣當導師的就既要管學生的學習，又要料理學生的生活。就孔子而言，對學生的學習管理是很嚴格的。白天，是學習的時段。當時又沒有「課」的概念，一天下來，就是讀、讀、讀，寢室是不准去的。有一次，卻發生了一件孔子意想不到的事。

「宰我（宰予是『名』，宰我是『字』）呢？他人到哪裏去了呢？」孔子到處尋找，並向學生們打聽着。

「沒看見！沒看見！」也不知是真的不知道，還是另有隱情，同學們異口同聲地說。

「會到哪裏去呢？」孔子一面思索，一面自言自語。突然，一個念頭閃過腦際：「會不會到寢室去了呢？」

孔子有點不高興，氣呼呼地直奔寢室。一群學生也都尾隨而來。推門一看，不出所料，此時孔子簡直驚呆了：宰我正在呼呼大睡。孔子推推他：「宰我，宰我，你怎麼大白天的到寢室睡覺呢？」同學們也知道老師一定會為此很不高興，都幫孔子一起呼叫着他。

終於醒來了。宰我一睜眼，看到那麼多同學，還有老師站在身

邊，知道事情不好，一骨碌爬了起來，睡眼惺忪地叫了聲：「老師，我⋯⋯」

「宰予，你好糊塗！」孔子簡直被自己的這位一直認為不錯的學生氣昏了，不禮貌地直呼其名了（通常老師對學生只稱字，不呼名），「你大白天睡大覺，那簡直是腐爛的木頭沒法雕刻，糞土的牆頭沒法粉刷。對宰予這樣的人，我還有什麼可說的呢？」

這是孔子最惱怒的一次。

還有這樣一個故事：子路在孔子那裏學了幾年後，就去當魯國的實際統治者季氏的家臣。季氏需要有這樣一個粗中有細的人來幫他治理國家。一次，季氏對子路說：「費縣這地方的縣宰空缺了，你看可以推薦哪個充當？」子路爽直地說：「我老師那裏有個學生叫子羔，年歲小，但有點兒本事，可以讓他當。」

過了些天，子路來見孔子，說：「我已經向季氏推薦了，想讓子羔到費縣去當縣宰。」

孔子驚異地瞪大了眼睛，放大聲音問道：「像子羔這樣沒有讀過幾天書的小孩子，也能去當縣宰？」子路不以為然地說：「啊呀，老師您真是有所不知，有老百姓可以治理，有社稷活動可以參與，有俸祿可以養家活口，就可以了，何必一定要讀書呢？」

孔子站了起來，大聲責問道：「什麼，你再說一遍！」

子路看到老師當真了，有點兒心虛，結巴着說：「我是說⋯⋯我是說⋯⋯只要有實事幹，幹得好，就可⋯⋯可以了，何必一定要讀書才算學習呢？」

「噯，」孔子長長地歎了口氣，「我最憎惡你的花言巧語了，難道讓你和子羔多讀點書錯了嗎？」

子路想了很久，回答道：「老師，我想通了，我得聽老師的話，好好讀書。」

孔子就是這樣，對弟子要求嚴，但從來不一棍子打死。只要改了就好。後來，宰我和子路都列名於「十賢」。

文化尋根苦旅

孔子 55 歲開始了周遊列國之旅，一去就是 14 年。對此，眾説紛紜。有的説他因為在魯不得志，故而外出；有的説他是想外出求官求祿。其實，這些都不對。孔子的周遊列國，歷盡千辛萬苦，是一次非同凡響的「文化尋根苦旅」。他要帶着自己的弟子，到列國去走一走，看一看。他要讓弟子們在寬廣的生活中學會生活，學得更多的東西。

孔子一行進入衞國都城，就看到男女老少成群結隊地在街上走，有的地段還發生了擁堵現象，這在魯國是沒有的。孔子有點興奮，脫口而出：「啊呀，那麼多的人呀！」幫孔子趕車的弟子冉有回過頭來，問：「人口多了怎樣？」孔子回答：「那必定會富起來。」冉有又問：「富了以後呢？」孔子説：「富了以後，當然得更重視教育了。」

「先富後教」，是孔子周遊獲取的第一個心得。

孔子在衞國時，閒下來就打擊一種叫磬的樂器，這也是對學生的音樂教育。有一天，一個挑着草筐的農夫模樣的人走過，聽到樂曲聲就站定了。他説：「這個擊磬人，有心事啊！」過會兒又説：「從硜硜的磬聲中可以知道，他好像是在説沒有人了解他。其實這有什麼呢？人家不了解就獨善其身咯，好比是過河，水深就把衣裳脫下來，水淺就把衣服提起來。」孔子對學生説：「他的退隱之心很堅決呵！看來我是説服不了他，當然，他也是説服不了我的，我還是要知其不可為而為之。」這又是一種教育。在當時社會的各種思想模式和文化環境面前，孔子要學生們學會選擇。

孔子在衞國一件很重要的事是與大賢人蘧伯玉相會。蘧伯玉是當時名氣很大的一位思想大師，孔子自己向他學到了不少東西，包括學詩、學禮、學易。孔子晚年專注於易，其基礎就是在那時打下的。

孔子離開衞國後，想到更西邊的大國晉國去。但是，當孔子一行走到黃河邊上時，聽説晉國的兩個賢人竇鳴犢和舜華被當政者殺害

了。孔子想：「到這樣的地方去，對弟子們有什麼好處呢？」孔子在黃河邊上望河興歎了一陣，決定取消這次入晉之行。

後來，孔子聽說南方陳國的閔公禮賢下士，決定南下。半路上必要經過宋國。宋國是孔子的祖地，因此孔子感到十分親切。孔子一行在去宋的國都（今商丘）之前，先去了宋國的栗（今河南夏邑），參觀了許多名勝古跡，祭祀了自己的歷代祖先。後人為了紀念這件事，在那裏營建起「還鄉祠」。

宋國的大權被一個叫司馬桓魋的人把持着，他做了一口又大又沉的大石棺材，打製三年還沒有完工，累死了不少民工。孔子聽說後，很是氣憤，說：「這種人與其讓他活着折磨人，還不如讓他早一點死去。」這話傳到了司馬桓魋的耳裏，他發誓要對孔子實行報復。當時，孔子常帶着弟子在宋都的一棵大樹下讀書、演習禮儀。有一天，司馬桓魋就派人來把大樹砍掉了，並且放言：「孔子一行必須馬上離去，不然就要像大樹一樣被砍掉腦袋。」孔子一面鼓勵弟子不要害怕，說：「道理在我們這邊，他能把我們怎麼樣？」繼續在原地習禮。

在周遊列國過程中，孔子還到過齊國。在齊國最大的文化收穫是在不經意間聽到了韶樂。這是一種虞舜時代的古樂，原先在周天子的王宮中演奏，後來就失傳了。可是，在齊國卻有人在演奏。孔子聽得入了神，一面體味韶樂的神韻，一面把樂章記錄下來學習。他完全沉浸在古樂優美的旋律中了，竟至於三月不知肉味。這裏的「三月」是形容詞，是說好長時間。

來到陳蔡之間的地方，孔子師徒一行又經受了一次大的生死考驗。

孔子一行正在行進，忽有上百人將他們團團圍住，不准他們前去楚國，這些人以為如果楚得到了孔子，那就真正無敵於天下了。這些人也不傷害孔子他們，只是不讓他們南行。連續七天七夜被圍在那裏，孔子他們帶的乾糧也吃光了，很多人餓得站都站不起來了。孔子雖然年紀那麼大了，但還是支撐着，還要做好弟子們的思想工作。這時，心直口快的子路耐不住了，抱怨說：「夫子要我們做品位高尚的君

子，可是，君子也有窮於應付不能自拔的時候嗎？」孔子正色告訴他：
「君子和小人都有遇到極大困難的時候，但是，態度是不會一樣的。
君子在任何情況下都能堅持自己的信念，不會去做出格的事，而小人
呢，就大不一樣了，在窮極潦倒之時，由於素質差，那是什麼事都做
得出來的。」子路聽了老師的話，說：「老師，我明白了，我一定做能
堅守節操的君子。」

　　魯哀公十年（公元前 485 年），當春天來臨的時候，季孫氏向正在
衛國的孔子派出了以公華、公賓、公林三位大夫為代表的使團，拿着
豐厚的禮物，迎聘孔子歸國。這時，孔子已 68 歲，孔子和他的弟子長
達 14 年的在外周遊生活就此結束了。這是文化尋根的 14 年，由此，
孔子對中國的傳統文化又多了一份感性而直觀的認識。

孔子之謂集大成者

　　「集大成者」⑧，這是儒家後學孟子對孔子的評價，是說他聚集了
中華古代文化的精華，並加以發揚光大。

　　現在看來，這個評價大致上是中肯的。

　　高齡的孔子回到魯國後，得到了統治層的高度尊重。魯國掌權的
季康子為了利用他的名聲，鞏固自己的地位，特尊孔子為「國老」。這
時的孔子，對具體的現實國事已不甚關注，他要利用這一段相對平穩
的時日，邊讀書邊整理古籍，為自己鍾愛的國家和人民留下一份最為
可貴的文化遺產。

　　孔子花了很大的氣力來學習和整理《周易》。他看出，《周易》中
的「無過無不及」的思想是何等的重要，他認為，古聖堯、舜的「允
執厥中」的觀念，是治國之瑰寶，中庸、和平精神是立國之本。他學
習《周易》是極其刻苦的，不知讀了多少遍，直把穿連書簡的牛皮繩

子也翻斷過多次，這就是著名的「韋編三絕」（此「三」為多次的意思）。他學得很認真，邊讀，邊做筍記，邊加以整理。在讀《易》上，可以看出他是一位爐火純青的文化大師和古籍專家。

孔子還抓緊無多的時日「刪詩書、訂禮樂」，還有頂重要的是「作春秋」。

古代的詩是奏樂時配的歌詞，既有貴族廟堂上的頌詩，又有大量的廣為流傳的民歌。「詩言志」，詩歌是可以反映民心民情的，孔子十分重視。據說，當時流傳的詩歌有 3000 多首，經孔子整理、刪除，成為 305 首，後世稱為《詩經》。它大致可以反映出西周到春秋 500 年間的風貌和人民生活狀況，是中國最早的一部詩歌總集。

中國很早就有史官的設置。史官曾對統治者的言行作了簡約的記錄，也記錄有一些自然和社會現象，這是保留下來的最早也最珍貴的歷史檔案。由於社會的大動亂，這些檔案資料不少已經散佚，有的流落在民間。孔子在周遊列國時進行了大量的蒐集、整理工作，並加以重新編排，形成了《尚書》。這是中國唯一的一部反映中國上古社會政治思想狀況的歷史教科書。

古代的禮為史官所專，樂為樂師所掌。春秋時期，史官和樂師也都飄零四方，流落列國。孔子把最經典的周禮整落成喪、祭、射、鄉、冠、昏、朝、聘等八種禮節，下面又各分若干條目，把它作為人們的行為規範。中國是禮儀之邦，孔子在形成中華的禮儀體制過程中起着不可或缺的作用。

一部《春秋》，是孔子一生的代表作。春秋時期，禮崩樂壞，到處呈現出天下大亂的景象。孔子奔波一生，想提倡學術，恢復周禮，改變現狀，都沒有達到目的。於是，把大量的精力放到治學上，尤其是治史上。他希望通過經他刪改訂正的《春秋》一書，明辨是非，影響後人。孔子自己就把《春秋》一書看作是自己的代表作。孔子生前就預測：「將來後人了解我、讚揚我的，怕是因《春秋》一書而起；將來後人批評我、歸罪我的，怕也是因《春秋》一書而起！」孔子作《春

秋》，其用心可謂良苦矣！

經孔子之手整理、刪改的《詩》《書》《易》《禮》《樂》《春秋》，在中國歷史上被稱為「六經」。其中《樂》早已散佚，其他「五經」幾經輾轉，流傳後世，成為中國古代文化中最有價值的文獻。

孔子還把諸子的理論融合到自己的學說中去，可以很明顯地看出，在他的學說中融進了墨家、道家的理論。

孔子於魯哀公十六年（公元前 479 年）夏曆二月十一日與世長辭。享年 73 歲，在當時可以算是長壽老人了。

孔子死後，葬在離曲阜古城不遠的泗水旁。在孔子的墳墓旁，弟子們在三年守孝期間種上了很多樹，日久成林，名為「孔林」。後人又在孔子家世居的曲阜建造了廟堂，這就是世代為後人瞻仰和懷念的「孔廟」。

「平民聖人」墨翟

差不多與孔丘並世，出了另一個思想界的巨子：墨翟。如果説孔丘是代表上流社會的聖人，那麼，墨翟則是一個平民聖人。

墨子出生於魯國（今山東省滕州市）的一個手工技藝相當高超的家庭中。他究竟姓什麼呢？現今也鬧不太清楚。有人説他姓墨，又有人説他並不姓墨，只是因為他是一個勞動者，長年累月櫛風沐雨，艱苦勞作，於是膚色變得特別的黧黑，於是被人稱為「墨子」了。從思想感情上講，他也與臉色蒼黑的黎民百姓比較貼近，於是也樂得以「墨子」自命了。

從懂事起，墨子就跟隨父母在家中學藝。在數年間，他學得了一手好手藝，在當時的士人中流傳着「墨子大巧」的説法。少年學藝，使墨子成為有才華有能力的「賤人」，為日後成為勞動者的「聖人」奠定了基礎。

　　大約十來歲的時候，墨子開始了文化學習，當時儒道盛行，他就「學儒者之業，受孔子之術」。學啊學，他越來越感到不對勁了。

　　他對父親說：「儒家那一套禮儀，實在太繁瑣了，這也不能，那也不准，條條框框太多，又提倡厚葬什麼的，我不想學了。」

　　父親問他：「那你想學什麼？」

　　墨子回答：「我想學一點實際的。」

　　父親是個勞動者，並不反對。已經初通文墨的墨子從此走上了自學之途。他讀了不少的經典，對歷史尤其感興趣。他覺得歷史上的大禹是一個真正的英雄，真正為民辦事的偉人。從禹道生發開去，一點點形成了自己的理論和學派。

　　大約二十來歲的時候，墨子開始招收門徒，辦起私學來了。孔子是什麼人都收，而墨子收的則一色是窮人家的孩子。這樣，墨子很快成了當時顯赫的學派，被世人稱為「顯學」，與孔子的儒學並駕齊驅了。他招收的學生也很多，至少不會比孔子少。

　　當時遊學之風很盛，墨子也帶着弟子們四出遊說、講學。他外出時常常帶着幾大車的書，邊走邊讀，同時也結合實際著書立說。他的書使一些國君也讚不絕口，稱之為「良書」。孔子的主要活動範圍在北方地區，而墨子除了北方外，把重點放在南方。他一口氣跑了越國、吳國、楚國等，一面宣傳，一面招收門徒。很快，墨學在社會上，尤其是在勞動者中間流傳開來了，墨子也就有了「平民聖人」的美稱。

　　墨子有一個基本的觀念：天下亂成那個樣子，從根本上說是因為人間缺少一個「愛」字。他對他的學生說：「我的學說就是那麼六個字，叫做『兼相愛、交相利』，如果大家都按照這六個字去做，天下就可保萬世太平了。」

　　「這裏有兩層意思：一是說對人要『兼愛』。『兼愛』也叫『周愛』，就是普遍的愛，愛一切的人，也可說是博愛，此愛不分親疏、不分貴賤、不分古今、不分國別。第二層意思是愛是相互的，叫做『相愛』。愛別人，本身就包含着愛自己在裏面。一個不愛別人的人，怎麼可能

真正懂得愛自己呢？」

有學生進一步發問：「有些道理您已經講得很清楚了，但有一點我還不懂，時下普遍地把奴隸不當人，這樣做，對嗎？」

「這樣做，當然不對！」墨子表現得疾言厲色了，「奴隸怎麼不是人呢？人人都是天之赤子，人人都是父母所生，父母所育，正因為如此，人人都有愛和被愛的權利。奴隸不是他們生來低賤，而是某種環境驅使造成的。只有連奴隸都得到愛的社會，才稱得上是真正合情合理的社會。」⑨

墨子愛滿天下和愛無差的思想，在社會上產生了強烈的反響，受到處於社會底層的民眾的熱誠擁戴。

反戰宣言《非攻》

面對紛爭戰亂的現實社會，墨子想得很多很多。為什麼國與國之間戰事不斷？為什麼強國總是攻伐弱國？為什麼老是大國欺凌小國？為什麼就是大國之間也不能安然相處？他想着，想着，結論有了：其根子在於人與人之間缺乏應有的愛心。

無愛心則強凌弱，無愛心則大欺小，無愛心則動輒訴諸武力……

墨子把這些想明白了，就決心寫一篇名為《非攻》的文章。這是一篇反戰的宣言，他要告訴世人：人之所以為人，最重要的是有愛心，沒有愛心，人就會退化為禽獸，那是什麼壞事都幹得出來的；人的愛心是有層次的，有一己之愛，有家室之愛，有地域之愛，有國家之愛，更有天下之愛；不同層次的愛，反映着人的不同的精神境界；一個人單有一己之愛和家室之愛是不夠的，還得有國家之愛和天下之愛，那些好戰的人，就是因為不懂得天下之愛，以攻異國以利己國……

墨子正寫着，忽有弟子飛身前來報告：公輸般（魯班）正在為楚國製造攻打宋國城池用的雲梯，馬上就要成功了。聽罷，墨子立即放下手中的筆，站起身來，説：「你們幾個弟子馬上去宋國，幫助宋國進行積極的守禦，另外我將帶幾個弟子親自去楚國，制止這場攻城戰。」弟子説：「那你的《非攻》還寫不寫？」墨子十分堅決地説：「寫，不過那得止楚攻宋回來以後！」

墨子帶着三名弟子，步行十天十夜，來到楚國。先找到了公輸般。公輸般對墨子很尊重，説：「先生不遠千里而來，有何見教？」墨子一本正經地説：「現在北方有人侮辱了我，你是我的好友，我想請你去殺了他。」公輸般有點慌了，説：「我講仁義，從來不殺人！」墨子乘機切入，説：「你既然不殺人，為什麼要為楚國造雲梯，去殺無辜的宋國人？宋國沒有罪，而去攻打它，能説是仁義嗎？」公輸般無言以對，沉默了一會兒，只得説：「好罷，我帶你去見楚王罷！」

他知道，對楚王不能單靠言辭，還得來點實際的。墨子解下腰帶比作城池，用木片比作攻城的器械，在楚王面前與公輸般比試起攻守的技巧來。公輸般九次設計的攻城機變，都被墨子挫敗了。公輸般歎口氣説：「我還有能對付您的辦法。但我現在不説。」墨子説：「我知道您的辦法，我不説。」楚王問是怎麼回事。墨子説：「公輸先生的意思不過是殺我，讓宋無法防守。但我已有三百名弟子帶我的器械，到了宋國的城池，等待楚國的進犯。殺了我，也沒有用。」

楚王也歎口氣説：「我不再去打宋國了。」一場箭在弦上的戰爭被制止了！

強本節用的「兼愛」之路

墨子的「愛」，是十分實際的。沒有社會財富，你用什麼去愛人？

要真正達到愛人的目的，就得「強本」。他常對弟子們說：「人不同於禽獸，不同於飛鳥，不同於爬蟲。禽獸、飛鳥、爬蟲可以用羽毛當衣裳，用蹄爪作工具，以水、草、果品作食物，它們不耕不織也能活下去。人為萬物之靈，他『靈』就『靈』在不願意過這樣的生活，他要『賴其力者生』，講得通俗些就是人靠自己的勞力生存、生活，因此，人就得耕田、種菜、植樹、蓋房，誰破壞了這些，誰就是人類最大的罪人！」

後來，太史公在《史記》裏，說墨子的這一番「強本」之論，「雖百世不能廢也」，它的理論價值是永遠的。

「強本」之外，墨子還強調「節用」。

墨子是站在社會的最下層的，他清清楚楚地看到多少百姓在受苦、在凍餒、在死亡，因此，他大聲疾呼：「去無用之費！」把那些花費在「聚珠玉、鳥獸、犬馬」上的錢省下來，「以益衣裳、宮室、甲盾、五兵、舟車」，只有那樣做，老百姓才會得到實惠，社會才會安定，國家才會富足。在《墨子·辭過》一文中，墨子提出了一個千古命題：

「儉節則昌，淫逸則亡！」

墨子是以儉為美、以儉為榮、以儉為寶的。他和他的弟子是儉樸的身體力行者。他們吃的是粗糧，身上穿的是粗布衣服，腳下蹬的是草鞋，「日夜不休，以自苦為極」。為了實現自己的理想，他們日行千里……

◆ 註釋：

① 《論語·微子》：「太師摯適齊，亞飯干適楚，三飯繚適蔡，四飯缺適秦，鼓方叔入於河，播鞀武入於漢，少師陽、擊磬襄入於海。」

② 《漢書・藝文志》:「仲尼有言:禮失而求諸野。」意思是說:周天子失去了禮的控制權,要問禮只有到民間去尋找了。

③ 《左傳・昭公十七年》:「天子失學,官學在四夷。」說明這個時候周天子已經失去了對教育的控制權。

④ 《漢書・藝文志》形容當時的文化局面是:「(文士)蜂出並作,各引一端,崇其所善,以此馳說,取合諸侯。」

⑤ 《論語・述而》:「子曰:自行束脩而上,吾未嘗無誨焉。」

⑥ 《論語・衛靈公》:「子曰:有教無類。」

⑦ 荀子道:「夫子之門,何其雜也。」(《荀子・法行》)

⑧ 《孟子・萬章下》:「孔子,聖之時者也。孔子之謂集大成。集大成也者,金聲而玉振之也。」

⑨ 《墨子・小取》:「愛人待周愛人而後為愛人。不愛人,不待周不愛人;不周愛,因為不愛人矣。」《墨子・天志下》:「兼愛天下之人。」《墨子・大取》:「天下無大小國,皆天之邑也,皆愛之。」《墨子・小取》:「獲,人也;愛獲,愛人也。臧,人也。愛臧,愛人也。」墨子說的「獲」,是指奴婢。「臧」,是指男性奴隸。

戰國史詩

從公元前 475 年到公元前 221 年，這兩個半世紀的漫長歲月，史稱「戰國時代」。

這是個繼春秋時代後仍然動亂和災異紛呈的年代，同時也是個史詩般生氣勃勃的偉大時代，王夫之稱之為「古今一大變革之會」的時代。

在這個時代，由於牛耕和鐵器的廣泛使用，在形成自耕小農的基礎上生產有了巨大的發展。

在這個時代，原先貴族使用家臣統治的體制漸被廢止，代之以俸祿官僚政治制度，再加上郡縣制的普遍確立，為大一統創造了條件。

這個時代，由於兼併戰爭的需要，軍事科學深入發展，軍事著作大量湧現，軍事理論大大走在整個世界的前列。

這個時代，在列國縱橫捭闔的紛爭中，思想家們探索着人生的意義，國家的前途，出現了「百家爭鳴」的絢爛局面。這是中國歷史上生產發展步幅最大、思想最活躍、文化最繁榮的偉大時代。

三家分晉

　　春秋末期，晉國的政權為六卿所把持，到了周威烈王二十三年（公元前 403 年）韓、趙、魏三家分晉，就形成了三個國家，從此，中國歷史也進入了戰國時期。

　　春秋戰國之交，晉國的韓、趙、魏、范、智、中行六大卿族即「六卿」之間的爭鬥持續了將近一個世紀。這種爭鬥不只是政治的、軍事的，更是經濟的。為了達到保存自己、消滅對方的目的，六卿各自都不同程度地進行了經濟改革，漸漸不把國君放在眼裏，「晉益弱，六卿皆大」。一項重要的改革是土地制度和稅收的改革。當時六卿迎合時勢的發展，都取消了「步百為畝」的井田制，代之以擴大的田畝制和地稅制。當時范氏和中行氏採用最小畝制，以 160 步為畝，智氏採用 180 步為畝。這些對老百姓來說都有一些好處，但好處不太大。韓氏、魏氏採用大畝制，以 200 步為畝，趙氏採取最大畝制，以 240 步為畝。大畝制和最大畝制使老百姓得到的實利最大，最受民眾歡迎。也就是說，滅亡早的范、中行、智三家，田制小、剝削重、養士多、生活奢侈，因此不得人心，而韓、趙、魏三家，畝制大、剝削輕、養士少、生活節儉，所以得到民眾的支持。當時的大軍事家孫武看到晉國六卿的局勢後說：「別看六卿中智氏是那樣強大，最後要看的還是民心。我看范氏、中行氏得先亡，其次是智氏的滅亡，最後能保存下來的怕是韓、魏、趙，而最有希望的還是實行最大畝制的趙氏。」他的這番話，後來完全被歷史所證明了。此事從《銀雀山竹簡》中也得到證實。

　　六卿之間的大比拚是以趙氏家族內部的爭鬥為導火線的。當時，趙氏執掌着晉國的政權。趙氏攻打衛國後，獲取了衛國 500 家人的貢物。趙氏準備將這些作為貢物的人佔為己有，趙氏的一位族人不同意，這樣趙氏族人聯合中行氏、范氏進攻趙氏。當時，韓、魏、智三

家是站在趙氏一邊的。差不多進行了 40 年斷斷續續的戰爭，把中行、范兩家徹底打垮了，最後乾脆把這兩家的土地給瓜分了。

這樣自說自話的幹，使當時的晉出公感到特別的危機深重，他站出來說：「你們沒有通過我的命令自說自話，是不行的，做了也是無效的。」那四卿也生氣了，一下把晉出公趕跑了，結果這個不知好歹的晉出公氣死在外逃的路上。後來，勢力最強的智氏樹立了一個他的傀儡晉哀公。智氏以晉哀公的名義要其他三家各出 100 里土地及其土地上的人口「歸公」，韓、魏兩家明明知道所謂歸公實際上就是「歸智」，但迫於勢單力孤，只得順從了，唯有趙氏不交，說：「土地和人口是祖先傳下來的，哪能隨便送人？」這麼一來，智氏可不高興了，就強令韓、魏兩家一起攻趙。趙氏派出謀士到韓、魏兩家去說明利害，說：「你們知道脣亡齒寒的道理嗎？如果趙氏滅亡了，接下來亡的將是韓、魏兩家了。」韓、魏兩家一聽猛然醒悟，於是，調轉矛頭去與智氏作戰了。戰爭打得很艱難，最後算是把智氏給消滅了。三家一商量，把智氏的一大片土地給瓜分了，只留下絳州、曲沃兩座城池留給晉國的國君。從此，三家各自獨立，稱為「三晉」。

到公元前 403 年，經過周威烈王的所謂「冊命」，韓、趙、魏三家正式成為三個各自獨立的諸侯國，這就是中國歷史上的所謂「三家分晉」。

田氏代齊

齊國是西周分封的姜姓諸侯國。春秋中期以後，齊國的田氏（陳氏）漸漸地強大了起來。田氏用種種手法爭取民眾，發展勢力，經過長期的鬥爭，終於在周安王十六年（公元前 386 年）取代了姜齊。這個大變故，離「三家分晉」還不到二十年。

春秋初年，陳國國內發生大亂，陳國的公子完束逃至齊國。當時正是齊桓公當政的時候，政治清明，社會繁榮，並不排斥外來的人才，於是，任命公子完為工正，負責管理工匠。這樣，公子完就成了齊國田氏始祖。由於公子完及其子孫始終辦事認真，作風正派，很得齊公室的信任，與齊公室的關係也十分密切。

到齊景公當政時，齊國國君對民眾的盤剝苛重，民眾收成的三分之二要上交給國家，老百姓實在受不了。老百姓有所不滿，齊景公就採取高壓手段加以鎮壓。他動不動就實施刖刑，也就是砍掉腳的重刑。而田氏卻完全相反。在田氏管理的區域內，田氏製造了一種和諧平和的社會氣氛，在路上，不管你的身份如何，只要碰到老年人，都得讓道，鄰里之間也禁止為小事爭吵。尤其令老百姓高興的是，向民眾收稅時用小斗收，這樣可以少收些；而民眾向田氏借貸糧食時，用大斗貸出，借貸者可以多得些好處。這樣，民眾就紛紛逃向田氏那裏。有個思想家說：「民眾歸之如流水。」勞動力是生產力中最重要的部分，田氏所管轄的地方人口越來越多，生產也越來越發達，田氏在齊國的地位也越來越高了。到公元前 5 世紀的時候，齊國的相位已經是非田氏莫屬了。

但當時，齊國大權究竟屬於誰的鬥爭還是很劇烈。

到了公元前 481 年，田常與監止之間的鬥爭具有決定性的意義。當時在位的齊簡公十分信任監止（子我），讓田常和監止同時掌握政權，實際上是讓兩人互相牽制，以穩固自己的統治。但當時的局勢是雙方互不相讓，有一觸即發之勢。田常做好了充分的準備以後，就採用突襲的方法讓自己八個兄弟分乘四輛車去宮中把齊君劫持了去。監止見田常劫了國君，起兵攻打國王的宮殿，又得不到民眾的支持，就準備出逃。匆忙間，迷失了道路，誤入了田常的封地豐丘，被豐丘人捉住後殺死。這樣，齊國的政權基本上由田氏一家獨攬了。

田常是有遠見的，他大權獨攬以後，並不坐享清福，而是大力採取鞏固統治的政策：一是較為徹底地消滅齊國的舊貴族勢力，對有些

竭力反抗者，甚至採取了殺戮的極端手段，把權奪過來以後，再派田氏的同族兄弟到那裏去做采邑大夫，這樣，從地方到中央，田氏都控制了齊國的政權；二是擴大自己的封地，把安平（今山東臨淄東）至琅邪（山東諸城南）的一大片土地都劃為自己的封地，這樣田氏的封地大大超過了齊君佔有的土地。這不只是實力的表示，也在心理上壓倒了齊君。同晉國韓、趙、魏三家修好，表示在任何情況下互相支持。齊國原來佔有魯、衛等國的土地，一律歸還原有國，這樣不只改善了齊國的形象，更重要的是改善了田氏在當時列國中的形象。

田常死後，他的兒子田襄子又進一步擴大了自己的勢力。使田氏的勢力在齊國變得不可動搖了。田氏代姜齊，明眼人都知道只是個時間問題了。

到了田常後的第四代人田和手裏，田氏的勢力已經大到淹沒姜氏勢力的地步。這時，田和耍了個花招，讓「三晉」的諸侯出面，聯名向周天子申請，確認田氏為諸侯。公元前 386 年，周天子確認了田氏的地位，姜氏正式在政治舞台上消失了。

魏文侯改革圖強

魏文侯是從晉國中裂變出來的魏國第一代國君，表現得英武勇猛，心志高遠。他當政以後，一心勵精圖治。他設置了可以隨時任免將相的制度，用以統領百官。

魏文侯十分重視人才的羅致。可以說當時列國的一流人才大多匯集於魏國。他任命早期著名的法家人物李悝為相。招募著名軍事人才吳起為將，令他實行軍事體制的改革。同時又尊孔子的弟子子夏為師，並讓田子方（孔子再傳弟子、子貢弟子）、段干木（孔子再傳弟子、子夏弟子）協助子夏，等於形成了一個以儒家為主體的參謀集團。

李悝可以說是戰國時代的法家的始祖，魏文侯把他請來主持魏國的變革。魏文侯問：「先生，請問像我們這樣一個人口密集、地少人多的國家，如何才能國富民強呢？」李悝回答道：「人多並不是壞事，只要盡地力之教，是一定可以國富民強的。盡地力之教，就是要盡力開發土地的潛力。魏國的土地是少了點，但只要挖掘得好，還是沒有多大問題的。要鼓勵人民勤奮有為，要鼓勵人民精耕細作。人家耕作一遍，我耕作兩遍，還要把田間的雜草除乾淨，收穫的時候做到顆粒歸倉。這樣地力不是被開發出來了嗎？」

魏文侯說：「話是這麼說，但是，作物有大年小年，如果碰到災年怎麼辦呢？」

李悝答道：「這就要求我們在種植上有戰略觀念。一年與一年是不很相同的，災年也不會是什麼都災。今年可能稷是小年，而黍是大年，如果全都種了稷，不就壞事了？因此在種植上要做到『必雜五種，以備災害』，就是稷、黍、麥、菽、麻什麼都種一點，那災了這邊還有那邊呢，怕什麼？」

魏文侯說：「先生說的這些是對的，但魏國土地總是少了一點，這是難以彌補的大缺憾。」

李悝說：「正因為土地不多，對魏國來說，節約土地的意義就更大了。我到魏國的鄉間去走了一下，發覺可利用的土地還多着呢！比如，住宅的四周可以栽樹和種桑，這樣既美化了環境，又實用。俗話說，『十年樹木』，十來年就會有大量的可用木材，同時桑可養蠶，蠶絲可紡織絲織品。另外還可實行間種，種大豆的地面還可以種些蔬菜。每塊地的田埂更是可以利用，種豆類，種瓜果，都可以。這樣，凡是空閒的地方都利用起來的話，人手不是多了，怕還是少了呢！」

魏文侯信服地說：「照先生說的辦，看來百姓不怕沒吃沒穿的了。」

李悝對一切早有籌劃，繼續說：「為了經濟上讓老百姓得到實惠，還得實行『平糴法』。好年成和壞年成都把糧價分為上、中、下三等。好年成由官府按好年成的等級糴進一定數量的餘糧，這樣不會使糧價

暴跌；壞年成由官府按壞年成的等級平價糶出一定數量的平價糧，這樣使糧價始終保持平穩。」

魏文侯高興極了，站起來大聲說：「好！好！一切照你說的辦！」

魏文侯是個有為國君，他當了 50 年的君主，改革推行得紮紮實實。上面說的是李悝的農業政策，李悝還堅持法治。他所著的《法經》一書，是中國第一部系統的法典，對打擊盜賊，維持社會安定，起了很大的作用。魏文侯又任用吳起，實行「武卒制」，武卒實際上是專業士兵。士兵的待遇很豐厚，但訓練很刻苦。吳起又能與士兵同甘共苦，這樣戰鬥力自然很強了。一個強大的魏國，使雄心勃勃的秦國也望而生畏，史稱「秦兵不敢東向」。魏國是戰國初期最強盛的國家。

西門豹治鄴

也是在魏文侯時期的魏國，鄴縣令西門豹興建了為世人矚目的「引漳水溉鄴」的巨大水利工程，造福於時人，也造福於後人。

魏國的鄴縣（位於今河南安陽和河北臨漳一帶）地處魏趙兩國的交界處，戰略地位十分重要。而流經鄴地的漳水又常常泛濫成災，使田園荒蕪，民不聊生。在這種情況下，魏文侯就派西門豹為鄴令，主持治水大業。

西門豹一到鄴地，就深入民間了解情況，一些父老鄉親拉着他哭訴道：「苦就苦在為河伯娶親這件事上，使大家民窮財盡。年年河伯娶親，年年河災不斷，真是民不聊生啊！」

西門豹認真了解了「河伯娶親」這件事。原來漳河水春秋兩季都要泛濫。而地方官和從事裝神弄鬼的巫婆串通一氣，說漳河水泛濫是「河伯顯聖」，只要挑選美女送給河伯為妻，就可以平息水患。這樣，以為河伯娶親為名，每年都要搜刮大量民財。而且誰家的女子好看，

就要被河伯娶走。一些人為了躲避，不得不離鄉背井，遠走他鄉。西門豹了解情況後，不動聲色地說：「下次為河伯娶親時，請通知我，我也要去為新婦送行。」大家都不知新來的縣令要幹什麼。

到了河伯娶親那一天，鄉里父老、相關官員都到了，西門豹也如期到來，來觀看的民眾有數千人之多。

「河伯娶親」儀式開始前，西門豹發話了：「先把選中的河伯婦帶上來，看漂亮不漂亮。」有關人員就把那婦人帶了上來，西門豹假意看了看，說：「嘿，一點兒也不漂亮，不要了，放了吧！」又對身邊的巫婆說：「請你去通知一下河伯，新婦今天不能來了，下次等選中了再送上。」不由分說，把巫婆扔進河裏去，口中還說：「讓你去見河伯吧！」

過了一會兒，西門豹對身邊的屬員說：「這麼長時間了，巫婆怎麼還不回來？要不要讓人再去看看？」說罷，身邊早有人又把巫婆的一個徒弟扔進河中，邊扔西門豹邊說：「讓他也去見見河伯吧！」

又過了一大會，西門豹假意地對身邊人說：「這麼長時間了，怎麼巫婆和巫婆徒弟還不回來？要不要再讓人去看看？」巫婆的另兩個徒弟一聽此言，嚇得不得了，分開人群匆忙逃走了。觀看的人群看到巫婆的徒弟那狼狽相，大家也似乎悟出了點什麼，暢懷地大笑了起來。

西門豹回頭對平時幫巫婆為非作歹的地方豪紳說：「巫婆和她的徒弟們都不回來，你們要不要去看看？誰去催問一下？」這些作惡多端的人一個個都嚇破了膽，跪在地上把頭都叩破了，滿地是血。

來觀看「河伯娶親」的人群中發出一陣輕蔑的笑聲。西門豹站起來大聲對大家說：「現在大家都看清楚了吧，所謂『河伯娶親』完全是一場騙局，那些到河伯那裏去的人也不會回來了。我們要使河水不泛濫，只有齊心協力治河。」

為了根治鄴地的水患，西門豹發動民眾開鑿了 12 條水渠，並引漳河水灌溉農田，取得了很大的成功。西門豹主持修建的水利工程，一直到後代還在造福於民。

公仲連促趙侯改革

在魏國積極進行改革的同時，趙國也進行了相應的改革。

當時，趙烈侯愛好音樂，而且對流行歌曲情有獨鍾。後來，他結識了兩個叫槍和石的歌手，關係搞得十分火熱，常請他們到宮廷中來演唱。久而久之，對這些歌手產生了感情，而且想讓他們在宮中有那麼一席之地。

一次，趙烈侯問相國公仲連：「我有所愛的人，可以讓他高貴起來嗎？」

公仲連知道趙烈侯指的是那兩個歌手，便說道：「這種人如果讓他們富有一點還是可以的，但千萬不能給他們以地位。」

大約過了兩三天，趙烈侯突然對相國公仲連說：「按照您的可富不可貴的意見，我準備各獎給歌手槍和石一萬畝田，您去辦吧！」

公仲連的「富之」說法只是敷衍國君一下的，想不到趙烈侯當了真。他只得再敷衍着說：「好，讓我有點空就辦吧！」

公仲連決心促趙侯改革，而不要把心思集中在歌舞上。很快一個月過去了，趙烈侯也從代地出巡迴到了趙都，問：「您把土地賞給了兩位歌手沒有？」

公仲連只好再拖了，對趙君說：「您放心好了，我會辦的，只是還沒有找到合適的土地。」

過些時候，趙烈侯又想問這件事了，公仲連索性稱病不上朝了。趙烈侯看他老是拖着不辦，心中也多少猜到了幾分。

又過了個把月，有人從代地來，向公仲連推薦了牛畜、荀欣、徐越三人，並說明了三人都是有特長的改革家。公仲連一聽，病也好了，馬上要去見國君，把三人推薦給趙君，說：「國君啊，這三人才是利國利民的大才，才是真正值得國君獎勵的人才啊！」趙君聽從了公仲連的話，開始重用這三人。

牛畜對趙君説：「您要以仁義治國，實行王道。」

荀欣對趙君説：「您要選練舉能，以能力來任官職。」

徐越對趙君説：「您要在國內，尤其是官僚層中提倡勤儉節約。」

趙烈侯聽了很高興，對三人説：「三位都是我的老師，我要拜三位為師把趙國治理好。」不多久，趙烈侯任命牛畜為「師」，負責全國的教化事務；任命荀欣為「中尉」，負責指揮作戰和選拔中央及地方的高級官吏；徐越為「內史」，負責徵收田租和考核臣下成績。在三人的共同努力下，趙國的經濟政治很快走上了正軌。

過了些時候，公仲連趁人不注意時，悄悄地問趙烈侯：「獎給兩位歌手的兩萬畝土地有着落了，要不要馬上實施獎勵？」趙烈侯知道公仲連的用意，擺擺手説：「那個獎勵就作罷了吧！」

楚國吳起變法

吳起，衛國人，出生於「家累千金」的富有家庭。為在政治上求發展，把家產揮霍一空，為人譏笑。他於是離衛入魯，拜在孔門弟子曾參之子曾申門下。吳起母死不歸，曾申以為不孝，與他斷絕師生關係，於是，吳起開始學習兵法。一度當過魯國的大將，率兵打敗過齊軍。不多久就入魏，率軍打敗了秦國的進攻，被任命為西河郡守。大約公元前 390 年，因為受魏武侯的大臣王錯的排擠，吳起離魏入楚，先是任宛（今河南南陽）守，後提升為令尹，主持楚國的變法。

吳起到楚國時，楚國正處於內憂外患之中。當時楚聲王殘暴，激起人民的強烈不滿，最後被民眾殺死，其兒子繼位，那就是楚悼王。三晉趁新王剛立，兩次進犯楚國。而楚國內部的舊貴權勢極大，上逼主，下壓民。楚悼王深感危機重重，決心引進吳起實施變法。

吳起到楚國後，用大約三個月的時間了解情況。最後，他對楚悼

王説：「楚國的問題，不能簡單地用『貧』和『弱』兩字來概括。實際上，現在的楚國貧的是百姓，弱的是國家，而又富又強的是權貴，因此，唯一辦法是損有餘而繼不足。有餘的是那些舊貴，而不足的是國家軍政財政。楚國的問題在於大臣太重，封君太眾。這些大臣、封君橫行無道，虐待百姓，國家怎能不弱，民眾怎能不貧？現在應該實行任何大官三世就收其爵祿，那樣，可以鼓勵人人勤奮向上，國家也就再無無用無能之官。省下的錢就可以富民，可以強兵。」

吳起又説：「另外，楚國的特點是地廣人稀。可以把那些舊貴遷移到荒涼的地方去。一可防止他們因不滿而謀反；二可以加強對他們的控制，三可以讓權貴與其族僚一起去墾邊。一舉多得，何樂而不為？」

楚悼王説：「我覺得您説得很對，我照辦就是了。您看，除此以外還有什麼要注意的？」

「還有一條，是最為重要的。」吳起繼續説，「那就是官吏自身的品格和素質。要讓少私心多公心的人去充任官吏，他們對上忠心耿耿，不進讒言，對下體察民情，與民同苦樂，為了國家的利益，面對邪惡勢力不迴避，不懼怕，也不怕別有用心的人的惡意攻擊詆毀，一往無前地為事業而奮鬥。楚國有了這樣一大批人，還怕改革推行不下去？舊貴及其他惡勢力還怕打擊不了？」

吳起在變法過程中，曾遇到楚國舊貴的強烈反對，吳起除在輿論上壓倒對方外，還採取了一系列果斷的實際措施，對權貴鎮壓的鎮壓，放逐的放逐。變法終於有了結果，楚國也終於強大起來。在韓、趙、魏的進攻面前，楚國表現了很強的抗禦能力。在與秦國的戰鬥中，也屢屢取勝。

正在楚國改革的關鍵時期，楚悼王去世了。

風雲突變。

就在為楚悼王治喪的現場，舊貴們策劃了一場政變，他們準備現場殺害吳起。吳起受到這突然的襲擊，慌了手腳，他伏倒在楚王的屍體上，想用楚王的屍體保護自己，而舊貴根本顧不得這些，一箭向吳

起射來，吳起一躲，箭正中王屍。這時，吳起想逃也枉然，四面都是舊貴的人，怎麼逃得了？吳起被抓獲後，被車裂而死。一場轟轟烈烈的變法，以悲劇告終。

致力「俗之一改」的屈原

楚國是貴族舊勢力習俗特別頑固的國家。上文說到，楚悼王一死，在楚悼王的靈堂上，楚國貴戚大臣作亂而共攻改革家吳起。吳起跑到楚悼王的屍體下躲藏，貴族因射吳起而射中了王屍。楚國之法：「麗兵於王屍者，盡加重罪，逮三族。」群臣射王屍者，盡當其罪，因而被夷宗者 70 餘家。但變法也因楚悼王和吳起之死而受到挫折。當然，吳起死後，楚國的改革事業還在前進。大約 80 年後，具有卓爾不群人格的屈原繼承吳起的事業，重又舉起了「俗之一改」（意為風俗改革）的旗幟。

屈原出生在楚國的一個貴族之家。他從小飽讀詩書，尤其是在學習楚文化的基礎上讀了相當多的中原文化典籍，到 20 多歲時，就以「博學強志，明於治亂，嫻於辭令」而聞名天下。在位的楚懷王十分賞識他，任命他為左徒，「入則與王圖議國事，以出號令，出則接遇賓客，應對諸侯」，相當於掌握實權的副相。後來又一度讓他擔任三閭大夫，管理楚國主要的昭、屈、景三姓的貴族。

屈原一旦大權在握，就着力於變革朝政。最主要的當然是管理人員的任用。他宣佈：「一定得改變官職世襲的舊俗，以德任人，以才錄用。」他明確地提出了人才兩條標準：一是「內美」，也就是有志向，有高潔的品格，廉潔從事；二是「修能」，也就是不誇誇其談、譁眾取寵，而是有真才實學，會幹實事的能人。

屈原在一次朝議時，明確地對楚懷王說：「現在，最可怕也是對國

家危害最大的，就是那些『競進以貪婪』的人。什麼叫『競進』呢？即整天盤算着自己怎樣撈取更大官位的人。什麼叫『貪婪』呢？就是那些損公肥私、貪污腐化之徒。對這些人，非得嚴加懲處不可。」

楚懷王聽了，說：「你說得不錯，就照你說的去辦吧！」

屈原得了王令，就大刀闊斧地革除了一大批官員，一批年富力強而有真才實學的人才進入了朝廷。那些靠世襲地位坐在高位上而無實際能力的官員，被罷免了。那些庸庸碌碌、無所作為的官員，被調遣了。那些只是靠巧言令色撈取一官半職的無恥小人，全都被趕出了官場，真可謂是「俗之一改」啊！

由此，楚國的朝政為之一新。可是，那些楚國的舊勢力怎麼甘心退出歷史舞台？他們通過種種渠道向楚懷王進讒言。

「大王啊，那可不得了啊，屈原這樣做，就是結幫營私啊，你看他用的那些人……」一些人湊在楚懷王的耳邊說。

「大王啊，我們這些享世卿世祿的人都下了台，不就是把您大王給架空了嗎？」那些老官僚想盡辦法挑動楚懷王的心。

「大王啊，屈原是別有用心啊，他在外面說，楚國之所以有今天，全是他的功勞，那樣把大王放在怎樣的位置？」一些搬弄是非的小人在楚懷王面前大造謠言。

楚懷王本是一個沒有主見的人，一聽那麼多人說屈原的不是，就疏遠了屈原。

屈原的感情像火山一樣噴薄而出，於是，吟出了《離騷》這樣的偉大詩章。作品一開頭就寫道：

> 帝高陽之苗裔兮，朕皇考曰伯庸。攝提貞於孟陬兮，惟庚寅吾以降。

> 皇覽揆余初度兮，肇錫余以嘉名。名余曰正則兮，字余曰靈均。紛吾既有此內美兮，又重之以修能……

這段詩的大意是：我是天帝高陽氏的遠代子孫，我的先代的大名叫伯庸。我在寅年寅月寅日生，這是一個多麼美妙的日子啊！父親鑒於我初承大任，通過卜卦賜給我美名：我的名叫「正則」（堅持原則），我的字叫「靈均」（有神靈之氣）。我既有內心之美，又有修養和才能。

他是在表述自己的心跡，自己的志向。「吾既有此內美兮，又重之以修能」，這不只是在講他自己，更多的當然是一種期盼，一種嚮往。社會是多麼需要這樣的人來治理啊！

後來，楚懷王被秦國與奸臣欺騙，死在秦國。繼位的頃襄王和令尹子蘭流放了屈原。對國家對人民忠心耿耿的屈大夫，衣衫襤褸，流落在江南的大街、小巷，流落在田野、荒原，流落在澤邊、湖畔……在萬般無奈中，他終於「自投汨羅江以死」。

屈原其實是沒有死的。後代的人們，每當五月初五「端午節」時，就到江邊祭祀他。他永遠活在華夏子孫的心中。

申不害「修術行道」

在「三晉」中，韓國是最弱小的。它西面與強悍的秦國接壤，北面與東北面同魏國交界，南面是地域廣闊而有實力的楚國，剛好被大國包圍着。當時，韓國的局勢相當危急，經常受到鄰國的欺凌。韓昭侯執政後，任用鄭國人申不害，想通過變法來增強國家的實力。

申不害一到韓國，就對韓昭侯發出了驚人之語：「國君啊，韓國的局勢看來很是不妙啊！現在是，原先晉國時的舊法規沒有取消，新法規又產生了，兩者交叉在一起，讓人莫衷一是；還有，老一代君主的命令還沒有宣佈取消，新一代君主的命令又發佈了，叫國民聽誰的好？還有，在實施法令上，常常是大臣說了算，那樣不就亂了套？」

韓昭侯點點頭，說：「我也感覺到了，現在是有點兒亂。」

申不害點撥道：「國君感覺到了亂就好。首先是要梳理一下，一切都要以有利還是無利為取捨的原則。不管是舊令還是新法，都要分析一下，新法中有利於國家人民的，要留存，不利的，就取消；舊令中有利於國家人民的也要留存，不利的，也要取消。一切以利益為原則，重新頒佈一套變法令，這樣全國上下認識上就統一了。」

韓昭侯完全聽從申不害的，將全國大大小小的法令重新梳理了一遍，並加以頒佈，讓上上下下所有的人都知曉。

韓昭侯很是高興，說：「這樣，韓國的變法總可推行了吧，韓國總可由此富強起來了吧！」

申不害回答道：「還不行，因為國君還沒掌握最重要的一樣東西，那就是『術』。所謂『術』，就是掌握在國君手中的權柄，就是國君用以操縱臣下的種種權術。法令由誰去解釋？國君！臣下由誰來駕馭？國君！臣子的任用、監督、考核，由誰行使權力？國君！一國之內誰說了算？國君！國君平時要裝作什麼都看不見，什麼都聽不見，但暗地裏卻在考察、研究，因此實際上什麼都看見，什麼都聽見。國君可以知道臣下在想些什麼、做些什麼，但臣下卻不能知道國君在想些什麼、做些什麼。這就是十分高明的『術』。『術』就是要把權牢牢地掌握在國君一人手中。」

韓昭侯聽罷，擊掌大笑，說：「先生的論說太高明了，我照先生說的辦。」

為了把一切權力都掌握在國君手裏，為了出其不意地懾服臣下，不久，在申不害的導演下，韓昭侯實施了一次「術」的演練。

有一天，韓昭侯突然對臣下說：「我在南門外發現有小黃牛在吃禾苗，這是絕不允許的，有關官員應馬上下去查清黃牛踐踏禾苗的情況，火速從實報來！」

有關官員不敢怠慢，馬上趕到南門外，一番仔細查考後，官員回來覆命：「報告國君，南門外沒有發現踐踏禾苗的小黃牛。」

「胡說，怎麼會沒有？君上還會錯了不成？」韓昭侯大怒，把來者

重重地責打了五十大板，然後說：「還不再去從實查來！」

有關官員忍着疼痛，只得立馬前去查看。可是，查了大半天也不見所謂的「小黃牛」。這次那些官員實在不敢再馬上回去覆命了，於是，決定在南門外的僻遠處再查看一遍。經反覆查找，終於在很邊遠的一角找到了一頭正在飽食着禾苗的小黃牛。官員們驚喜異常，馬上牽着那頭小黃牛去見韓昭侯。韓昭侯見了，一本正經地說：「我是明察秋毫的，我說有小黃牛在吃禾苗，不是果真如此嗎？」然後，獎勵了這些「聽話」的官員。

這件事明顯是由申不害暗中操縱和導演的，但在那個時代，臣下們卻視為神奇，一傳十，十傳百，越說越神了。有的說：「韓昭侯料事如神。」有的說：「韓昭侯雖然平時少言寡語，但什麼都知道，什麼都看到、聽到了。」還有人說：「以後當臣下的，就得聽國君的，那樣肯定沒錯！」

在申不害「術」的思想驅策下，韓國的國君聲譽日高，國家的權力開始集於國君，生殺大權由國君一人執掌。由於中央集權的加強，政局比較穩定，國力一度強盛，出現了「國治兵強，無侵韓者」的可喜局面。

商鞅變法

商鞅（約公元前 390 年—前 338 年），衛國人，衛國的破落貴族出身，姓公孫，名鞅，因佐秦孝公變法有功，被封於商，所以稱商鞅，或稱商君。戰國中期前的秦國，發展緩慢，舊貴族勢力很是強大，常受外國勢力的欺凌。秦孝公即位以後，決心變法圖強，下了一道求賢令：誰能施以奇計，使秦國富強起來，我就一定用他，任之以高官，施之以厚祿，並封給他大片土地。

商鞅本是個志向高遠的人，看到這一告示，馬上星夜趕到秦國。他住在孝公的寵臣景監的家中，通過一番周折，終於以法家的富國強兵之道贏得了秦孝公的信任。但是，當時的秦國守舊勢力實在太強大了，秦孝公周圍一片反對聲，秦孝公決定讓改革者與保守派之間展開一場面對面的辯論，以明辨是非，並確立商鞅的地位。

在辯論會上，商鞅先發制人，搶先發言。他說：「現在秦國貧弱到這樣的程度，誰都可以欺侮秦國，怎麼辦呢？只有一個辦法，那就是變法！只有變法，才可以強國，只有變法，才可以富民。沒有什麼可以遲疑的了，要變法，就得下定決心！」

重臣甘龍馬上跳了出來，說：「國君啊！祖宗家法不可變啊！看，古來的聖君從來是嚴守成規，從來是不變法的。」

「胡說八道！」還沒等甘龍說完，商鞅厲聲斥道：「自有歷史以來，從來的有為之君，都是不盲目地效法古人的，也從來是不墨守成規的。商湯、周武，他們就是因為不遵循古禮而敢於稱王，才會有天下；而商紂、夏桀他們守舊，不想花氣力變革，最後就遭到了亡國之災！」

這時，老臣杜摯氣喘吁吁地跳了出來，用顫抖的聲音說：「有句老話說得好，利益達不到百倍，就不能變法，功效不超過十倍，就不要去改變原先的器用。效法古代，不會錯，還是照老規矩辦事吧！」

商鞅用一個指頭指着杜摯，說：「你說守舊遵古不會錯，是真的嗎？按照你那套做，魏攻秦國，秦兵望風而逃，只能獻上河西大片土地。楚攻秦國，秦國立馬敗北，漢中之地為楚所有。這些都是『沒有錯』嗎？變革雖說不一定馬上就有百倍、十倍的功效，但可使秦國擺脫困境、走上富強之路，那是肯定的。」他轉過身對着孝公說：「再不能聽這些人的胡說八道了，請國君馬上變法吧！」

秦孝公拍案而起，說：「我定了，變法！一切由商鞅說了算！」

就這樣，一場轟轟烈烈的變法運動開始了。

為了取信於民，商鞅親自導演了一齣「南門徙木」的活劇。商鞅

派人在城的南門放了一根三丈長的木杆，貼出佈告：誰能將此木徙到北門，賞金十兩。人們議論紛紛：「這能是真的嗎？十兩黃金，何等代價！」有人直搖頭：「不可能，不可能！」三日之內，商鞅看無人徙木，另貼佈告：「凡能將此木徙到北門的，賞金五十兩。」這時，有個大膽的人竟輕輕鬆鬆地把那木杆扛到了北門，商鞅不但不食言，還開了個慶功會，專門為這位壯士頒獎。這下可驚動了整個秦國，說明商鞅說話是算數的。

公元前 356 年，秦國頒佈第一次變法令。主要內容有：一、把居民按五家為伍、十家為什編為戶籍。各戶之間互相監督，如有一家犯法，而別家不告發者，就要同罪連坐。二、獎勵軍功，禁止私鬥，私鬥者按不同情節服不同刑罰。三、打擊舊貴族，廢除世卿世祿制，只能依據人的軍功大小決定爵位、田宅、奴婢和器用。四、鼓勵個體小農經濟，發展農業生產，一家有兩個以上成年男勞力的，必須分家，各立門戶。經營工商業或懶惰而貧困者，罰全家為奴。五、焚燒儒家經典，打擊儒家復古思想。

新法頒佈後，上下議論紛紛，尤其是舊貴及保守的人們竭力反對。當時鬧事的有幾千人，太子也犯了法。面對這一切，商鞅毫不手軟，他把這些鬧事的人全都遷到了邊遠地區，對太子犯法也作了相應的處理。因為太子是繼承人，又是初犯，因此不便用刑，但要予以警告，對其師傅公子虔和公孫賈則不客氣地處以肉刑。這樣，才算把一場風波壓了下去。

新法推行了十年，秦國出現了一派新氣象。生產得到發展，人們的道德品質也有很大的提高，所謂道不拾遺，山無盜賊，家給人足，老百姓個個「勇於公戰、怯於私鬥」。商鞅也因變法成功而升為大良造。

公元前 350 年，秦國把都城遷到了咸陽，同時下達了第二次變法令。

第二次變法觸及的問題更深刻，矛盾也會更尖銳。主要內容有：一、徹底廢除井田制，承認土地私有，實行土地自由買賣，按耕地多

少收取稅收。二、把當時的許多鄉、邑、聚、村，合併為縣，在全國設置了 41 縣。每縣設縣令一人，為最高長官；設縣丞一人，為民政總管；設縣尉一人，為縣級軍事長官。三、統一度、量、衡，大大方便了稅收和交換。四、革除陋俗，禁止父子兄弟同室居住。

第二次變法也遭到舊貴的反抗，太子又一次犯法，商鞅毫不客氣地對太子的老師又一次用刑。①

這次改革同樣是成功的。行之十年，秦國更強大。在公元前 340 年的一次戰鬥中，秦軍大敗魏軍，生擒魏將公子卬，迫使魏國交還一部分過去奪去的領土。商鞅因為這一大功，被封為商君。

但是，秦國舊貴的勢力還是強大的。公元前 338 年，秦孝公去世，太子即位，公子虔等馬上告發「商鞅欲反」。商鞅一看形勢不對，馬上逃回自己的封地商邑，並發兵抵抗，但是，終因寡不敵眾而被擊敗，被秦兵殺死於彤（今陝西華縣西南），並被處以車裂的酷刑。商鞅雖然被殺死了，但他的變法思想和變法措施，一直在秦國起着作用，正如有些思想家說的，商鞅真正地開拓了秦王朝的一代帝業。②

諸侯國先後稱王

在很長的一段時間裏，作為天下之王的只有周天子。平王東遷，周天子的權威衰微，周天子實際上已經不能控制全局，尤其是邊遠地區。在求封得不到滿足的情況下，春秋初楚國首先冒天下之大不韙，自稱「楚王」，周王也沒有力量去征討他，只能聽之任之了。可到了戰國中期，局面就大變了，魏、齊、韓、趙、燕、中山、秦等國都先後稱王。它們的目的都在於兼併他國，達到以自己為中心統一中國的目的。

中原地帶最早稱王的是魏國。魏惠王（公元前 369 年—前 319 年）

時，魏是各國中最強大的國家，一度攻破趙國的國都邯鄲，進而想伐秦，當時秦國也懼他三分。秦王為了討好魏國，也為了轉移目標，派使者對魏國國君說：「像魏國這樣強大的國家，不能只讓宋、衞、鄒、魯這樣一些小國聽從，應該要敢於伐齊、楚、燕、趙這樣的大國。為此，魏國可以稱王，秦是全力支持的。」聽了這話，魏國國君滿心歡喜，就立馬建王宮，造王車，穿王衣，自稱「夏王」。公元前 344 年，魏君率 12 個諸侯國朝見周天子，發起、支持了逢澤（今河南開封東南）盟會，在盟會上魏明確稱王，引起各國，尤其是齊、楚兩國的反對。秦國的目的也算達到了。

後來，魏國在戰爭中大為削弱。在魏國稱王後 10 年，魏王約請齊君在齊國的徐州（今山東滕州東南）相會，這就是有名的魏齊「會徐州相王」，即魏王與齊王相互承認為王，當然，由於當時魏國勢力在削弱中，實際上是魏向齊的讓步。

在這以後的 9 年，即公元前 325 年，秦、韓也相繼稱王。

再過兩年，魏國出於自己利益的考慮，發起「五國相王」，這五國是：韓、趙、魏、燕、中山。魏國這樣提出問題，是為了組織以自己為核心的聯合陣線。燕國雖大，但力弱，還容易說話。中山是小國，但有相當實力，可以成為國與國之間鬥爭的一隻棋子。

這樣，到公元前 322 年，被後人稱為「戰國七雄」的七個大國，再加上一個為他國利用的中山國，都稱起王來了。

八國稱王事件，實際上是擺開了戰國中後期兼併戰爭的新陣勢。

趙武靈王胡服騎射

戰國中後期，趙武靈王在趙國實行的「胡服騎射」，是當時最重要的一次軍事改革，當然也必然會觸及政治和思想上的變革。

在變革前，趙國在群雄中只能算是一個二流國家。趙國的東北與東胡和燕國為鄰，東邊與中山、齊接壤，北面與林胡、樓煩兩部落相連。南、西兩方與魏、韓、秦交界。趙國常受強國的欺凌，魏、齊、秦都曾打敗過趙國。而北方與東方的胡人部落又常對趙進行不間斷的掠奪戰爭，在對胡人的戰爭中，胡人身穿短衣，騎馬射箭，戰鬥力很強，而趙國軍隊主要是步兵、車兵，穿寬袖大袍，再加上笨重的盔甲，行動很不方便，因此在戰鬥中常常要吃虧。

公元前 325 年，年輕有為、雄心勃勃的趙武靈王登上了國君的位子，他就想進行一番大刀闊斧的軍事改革。

趙武靈王先找自己的兩個心腹交談。他對大臣樓緩說：「現在趙國腹背受敵，中山國在我腹心，北面有燕國，西有胡、秦、韓，沒有一支強大的軍隊，趙國就生存不了。我想讓我的軍隊改穿胡服，建立一支強大的騎兵，你看怎樣？」樓緩說：「這是個好辦法，是萬全之計，問題是許多大臣會想不通。」趙武靈王說：「可以慢慢來，但事情是非辦不可的。」

趙武靈王又找大臣肥義說：「百姓是軍隊的基礎，我想讓百姓也胡服騎射。但是，那樣做肯定又會受到世俗的非議，你看怎麼辦呢？」肥義說：「關鍵是大王要有決心和信心。有一句俗話叫做『疑事無功，疑行無名』。要真正搞改革，就不能懼怕舊勢力的非議。自古以來風俗習慣都是可以改變的。從前舜曾向苗人學舞蹈，禹也如此。大王只要自己不疑慮，事情一定辦得好。」

這兩次談話，使趙武靈王對改革充滿了信心，他首先自己穿上了胡服，學習騎射，還讓大臣們都來穿胡服，都來學習騎射。

這一改革在貴族中阻力很大，而在貴族中影響最大的是他的叔父公子成。趙武靈王託信去讓叔父胡服，叔父的回答是：「中原自古以來的禮教、習俗是不能改變的，我不能胡服。」趙武靈王再次催促他，他就以有病在身為由拒穿胡服。趙武靈王想，看來非得自己親自到叔父家做說服工作不可了。於是，他以探病為由，帶了不少禮品上門造

訪，這件事本身使公子成很感動。趙武靈王在叔父的床邊動情地說：「服裝為便用，禮義為便事，哪有不變的服飾？哪有不變的禮義？我主張胡服騎射，目的還是為了國家的強大，人民的安康。你叔父是否胡服是小事，而國家和人民的利害得失可是大事啊！叔叔，你想一想，相信你過些天會想通的。」公子成聽趙武靈王説得在理，又是情真意切，全都為國家人民着想，便從床上一躍而起，説：「我胡服！我胡服！」

第二天，公子成就穿了胡服上朝。

趙武靈王叔父的胡服帶動了一大批人。就在第二天，趙國頒佈了全國上下都必須胡服騎射的命令。這時，大多官員和民眾都願意胡服騎射了，只有王族趙燕遲遲不穿胡服。趙武靈王趁上朝時把趙燕留下，對他説：「你這樣做犯了大罪了，小心我嚴懲你！」趙燕怕趙武靈王動真格，也馬上穿上了胡服。

同時趙武靈王積極教士兵學習騎射。大約經過三年時間，訓練出了一支強大的騎兵隊伍，趙國也很快強大起來。

西帝和東帝

戰國中期以後，秦國通過蠶食「三晉」，使國力進一步強大起來，一度號稱「西帝」。

在戰國初期，魏國曾經是最強大的國家並也曾對秦國產生過一點威脅。但是，戰國中期以後，魏國漸趨衰微，尤其是在齊魏之戰中失敗以後，國勢更是一日不如一日。商鞅曾對秦孝公説，魏這個國家是不可等閒視之的。它據有黃河天險，獨攬山東之利，一旦強大，就是秦的心腹之患。現在應趁其衰弱之時，乘勢攻擊，可使其元氣大傷，

再無強盛之時。秦孝公聽信了他的話，一再對魏用兵，奪得了大片土地。

秦對魏用兵取得一系列勝利以後，就以主力出函谷關，大軍直指韓國，兩軍大戰於重鎮宜陽（今河南宜陽）。宜陽是韓的戰略重鎮，在那裏韓國駐有 10 萬大軍。秦軍經過一年多的苦戰，才攻下了這座城池，打通了走向中原的通道。接着，秦軍又大戰韓、魏聯軍於伊闕（今河南洛陽南），消滅韓魏聯軍 24 萬人。當時秦的軍隊實際上不到韓魏聯軍的一半，秦能取勝，主要是韓魏兩軍的不團結。後來，魏屢戰屢敗，被迫將河東 400 里割給秦。

通過連年戰爭，秦差不多蠶食了韓、趙、魏的一半土地，三國被極大地削弱。「三晉」之地再無力量與秦國爭雄了。

秦昭王十九年（公元前 288 年），大臣魏冉對秦昭王説：「現在稱王的國君不少，大王不應與此輩同列，可稱為更高一級的帝。」秦昭王想了想，説：「怕不太行，東邊還有個同樣強大的齊國呢！如齊國不同意，怎麼辦呢？」

秦昭王的憂慮是有道理的。當時的齊國風頭正健。齊國一舉大敗魏國和趙國，又趁燕國內亂之機，佔領燕國土地達三年之久。還幾次打敗了楚國。如果秦國貿然稱帝而不與齊通氣，後果是很難説的。想到這裏，秦昭王對大臣魏冉説：「看來，不徵得齊的同意是不行的。」魏冉點點頭説：「我早就考慮過了，這事得派使者到齊國去。」

使者到齊國去了一趟，帶回這樣的話：「要稱帝，齊秦兩國一起稱帝。」於是，秦稱為西帝，齊稱為東帝。

過不多久，謀士蘇秦對齊帝説：「齊稱東帝，實際上是尊秦。還不如取消帝號，聯合山東六國抗秦好。」齊帝一聽，很有道理，就馬上取消了東帝的稱號。秦一看齊取消帝號，覺得單是自己稱帝太孤立了，於是，不久也就取消了西帝的冠名。

合縱與連橫

到了戰國後期，統一的端倪已依稀可見。一些敏感的政治家、思想家甚至說出了這樣的話：統一是人民的心願，統一是歷史的大勢，天下很快就要統一了！但是，天下由誰來統呢？哪一個國家最具統一的條件呢？這就見智見仁，各不相同了。於是，就產生了戰國後期的合縱與連橫的種種活動和思想。

在戰國時期，各大國紛紛拉攏友好國家，開展激烈的軍事、政治、思想、外交鬥爭，從而產生了合縱、連橫活動。所謂「合縱」，就是「合眾弱以攻一強」，就是許多弱國聯合起來抵抗和攻打一個強國。所謂「連橫」，就是「事一強以攻眾弱」，就是由強國拉攏一些弱國來進攻另外一些弱國。這一鬥爭，最終導致秦的統一。

在公元前 3 世紀末葉到公元前 2 世紀前葉差不多半個世紀內，以秦、齊兩強為軸心、以其他五個弱國為輔助展開了形式多樣、紛紜複雜的鬥爭，其間高潮迭起，各色風雲人物登台導演了一齣齣威武雄壯的歷史活劇。

公元前 328 年，張儀任秦相，提出了連橫的主張。他極力慫恿秦王攻魏，一下攻佔了魏的大片土地，對山東各國造成了現實的危險，這樣，公孫衍就起而提出合縱口號。公元前 318 年，魏、趙、韓、楚、燕五國合縱攻秦，由楚懷王任合縱長。由於楚、燕兩國對此舉並不熱心，因此真正投入戰鬥的只有韓、趙、魏三國。三國與秦大戰於修魚（今河南原陽西南），三國軍隊大敗，8 萬軍隊被消滅。第一次「五國合縱」失敗。

第一次「合縱」失敗後，齊楚之間結成了聯盟，以抵禦強大的秦國。秦國派出張儀實施離間計。公元前 313 年，張儀入楚。張儀首先在楚收買了貴族靳尚等人，然後約見楚懷王。他對楚懷王說：「秦國國君十分仰慕於楚王，要我來向您問候。秦國國君說了，如果您肯與

齊國斷交，秦願獻商於一帶的土地 600 里給楚國。」楚王一聽，可高興了，馬上答應與齊國絕交。齊王聽到這個消息，大怒，馬上調轉頭與秦國結盟，來對付楚國。這時，楚王還在做美夢，派人去向秦國要 600 里的土地，張儀卻耍起無賴來，說：「楚王你是聽錯了，臣只有 6 里的俸邑，願獻給楚王。」為此，楚懷王大為震怒，出兵攻秦。楚軍在丹陽（今河南丹水北岸）被秦軍打敗，折精兵 8 萬，主將被擒。張儀的這次「連橫」活動，大大削弱了楚國，使秦進一步站穩了腳跟。

楚被削弱以後，秦齊兩強之間的對峙更加明顯。這時，蘇秦取代公孫衍登上了「合縱」的政治舞台。公元前 300 年，蘇秦至齊。齊湣王聽了他的話，決定聯合韓、趙、魏、燕五國一起伐秦，五國外，楚國雖沒有參加這次「合縱」，但也派使者去齊國表示支持。這次「合縱」行動由於內部不和，結果無功而終。當時，除齊國外，最積極的是趙國和燕國，其他各國都沒拿出什麼實際行動來。

由於宋國的內亂，齊國趁機滅宋，這就引起了各國的強烈不滿。公元前 284 年，發生了秦、韓、趙、魏、燕、楚六國聯合攻齊的重大事件。

◆ 註釋：

① 學界有秦太子犯法一次還是兩次之爭。這裏依《史記‧商君列傳》的說法。秦孝公六年，衛鞅為左庶長，下令變法，「令行於民期年」，太子犯法，衛鞅「刑其傅公子虔，黥其師公孫賈」。秦孝公十二年，衛鞅第二次變法，「行之四年，公子虔復犯約，劓之」。這裏的「公子虔復犯約」，肯定是因太子而起。

② 東漢大思想家王充說：「商鞅相孝公，為秦開帝業。」（《論衡‧書解》）

第二十卷

百家爭鳴

　　早在春秋時期，就有老聃、孔丘、墨翟、孫武這樣一些傑出的思想家、教育家活躍在文化舞台上，並且以儒墨兩大顯學為軸心裝扮出前所未有的文化景觀。進入「戰國時代」，文化園林裏更是氣象萬千，百花怒放，草木榛榛，形成了空前的「百家爭鳴」的景象。

　　說是「百家」，一點也不過分。有人作過統計，當時大的家派就有儒家、墨家、道家、名家、法家、農家、陰陽家、縱橫家、雜家和小說家，這些大的家派又分成若干個小的家派。就拿最有勢力的儒墨兩大顯學來說，到戰國時期，孔丘和墨翟的弟子和再傳弟子也隨之分化，據說是「儒分為八，墨離為三」。他們對老師學說的取捨有所不同，理解也有差異，而各自以為是「真儒」或「真墨」。這樣，大的家派之間的爭鬥，家派內部的爭鬥，錯綜複雜，形成了百家爭鳴的熱火朝天的場面。

布衣士成王侯師

時勢在變。出身於平民之家的布衣之士在社會上漸被看好。這裏有一個里程碑性質的故事：

晉國的趙襄子當政時期，任命一個叫任登的年輕人當中牟地方的長官。當時實行的是保舉制度，大致上是三年一保舉（稱為「大計之年」）。當保舉年到來的時候，任登向趙襄子舉薦道：「中牟地方有兩個很有才學的讀書人，一個叫膽，一個叫胥己，你見見他們吧！」

「不用了，我早聽說這兩人有學問，品行又好，我委任他倆為中大夫吧！」趙襄子說。

「您只是耳聞，還是親自見見他們，考察一下吧！」任登提醒趙襄子。

「是這樣的。」趙襄子說，「我當年用你的時候，不是既聽別人說，又親自考察了嗎？我信得過你，你舉薦的人錯不了，等於我親自考察過了。」

「這兩人都是布衣出身，家世貧寒呵！」任登還是不放心。

趙襄子仰天大笑，說：「貧寒有什麼，貧寒之士只要有才學、辦事更可靠、效率更高，這兩人我用定了。」

過了不多久，趙襄子召見膽和胥己。沒問幾句話，就把兩人留了下來，擔任了卿士的宮中要職，實際上相當於趙襄子的老師。

這件事一傳出去，竟然產生了巨大的轟動效應。

中牟地區沸騰了。有關文獻上記載，說中牟的老百姓有一半棄農從學了。[①]說「棄農從學」是一種歷史的誇大，事實上是那裏的老百姓不只從農，還從學了呢！因為他們感到讀書有出息。

整個晉國轟動了，人們發出這樣的心聲：布衣之士有出路了！布衣之士登上歷史舞台，使晉國的文化格局發生了根本性變化。

整個天下震撼了，人們都舉雙手歡迎這種社會新格局的出現。

禮遇智者的旋風

　　戰國時代，在許多國家，出現了布衣卿相之局和禮賢下士之風，智者成為千金難求的國寶。一些諸侯國的國君，颳起了一陣不大不小的「禮遇智者」的旋風。

　　當魏文侯進行改革時，有句名言：家中貧窮就想娶賢妻，國內混亂就想選良相。當時選擇相國，不是魏成子就是翟璜。翟璜先後推薦了樂羊、吳起、李克、西門豹、翟角五位智者，得到了重用。這些智者年歲都很輕，先前都沒有多大的名望，魏文侯相中的是他們的才。一旦起用，信而不疑。

　　魏成子的俸祿千鍾，十分之九用在他人身上，十分之一用在家裏，因此從東方招來了卜子夏、田子方、段干木推薦給國君。對這三個人，魏文侯給予極大的禮遇，他說：「卜子夏是我的老師，我要以師禮待他；田子方是我的朋友，我要以友禮待他；段干木是亦師亦友，我要以師友之禮待之。」

　　魯繆公聽說公儀休是個博學多才的人，就不管他家世多麼低微，讓他來參與管理國家。當時有許多人反對，說什麼：「他只不過是個窮讀書人，有什麼理由重用他？」魯繆公反駁道：「是的，他只是個窮讀書人，但他有本事，有什麼理由不重用他？」後來，公儀休治績優良，正直無邪，使有俸祿的士大夫不敢再與民爭利，當官的不敢再枉法胡為，人民拍手稱快。魯繆公又提升他當上了魯相。魯繆公還重用了子柳、子思這樣一些有才幹的儒家代表人物。

　　趙烈侯曾重用下層推薦上來的牛畜、荀欣、徐越等人，後來這些人成了治理趙國的中堅和柱石。

　　周威烈王不相信那些世家大族出身的王公貴族，而是把目光投向鄉鄙之地，最後拜農民出身的寧越為「師」。

　　這是一股知識文化的旋風，颳得人們開始把目光投向文化領域。

養士之風

　　戰國中葉以後，各國有權勢者興起了一股養士之風。他們依靠自己雄厚的經濟實力和政治權勢，大力招養各類士人，既為食客，又為謀士。平時閒散而養，急用之時即可為主人出謀劃策、奔走遊說，或經辦某些特殊事務，有的還為主君著書立說呢！

　　戰國「四公子」，是養士的名家。他們是：齊國的孟嘗君田文、趙國的平原君趙勝、魏國的信陵君魏無忌、楚國的春申君黃歇。除這「四公子」外，還有秦國的文信侯呂不韋。他們所養的食客都達三千人之多。可見養士風氣之盛。

　　「四公子」養士，講究的是禮遇。不管地位怎樣，才學如何，一進入其食客行列，就會得到同等的尊重。據傳，孟嘗君一次待客夜食，有一人蔽於火光後面，分食的人沒有發現他，因此沒有分食給他。此人大怒，就憤然離去。孟嘗君知道這件事後，馬上親自拿了飯食趕上去親手送給對方，並表示深深的歉意。從此，食客們人人感到孟嘗君待自己像親人一樣。

　　「毛遂自薦」的故事，說明所養之士中大有人才在。秦國圍趙之邯鄲，平原君去楚國求救，實施「合縱」。平原君想從門下的食客中選文武兼備的 20 人隨行，結果選來選去只選了 19 人，正在遲疑之際，毛遂挺身自薦。平原君將信將疑。但是，在與楚談判過程中，毛遂出乎意料地顯示了他的智慧和勇力，迫使楚王簽約出兵。回去後，平原君感歎道：「毛先生一至於楚，而使趙重於九鼎大呂。毛先生以三寸之舌，強於百萬之師。勝不敢復相士！」於是，就以毛遂為上客。[②]

　　養士之風中處處透出文化之風。「士」中有文化的交鋒、爭鳴。養士者依靠士人提升了自我的文化素養，形成自己的文化觀念。《魏公子兵法》《呂氏春秋》可以看成是戰國時期養士的文化結晶。

稷下學宮和稷下先生

為了招攬人才，戰國時代的各國都設立了一種教育學術機構，名為「學宮」。在學宮中聚集社會名流、學界巨子，而且諸子們「各著書言治亂之事，以干世主」。當時，以齊國的稷下學宮為最著名，有學者稱稷下學宮為中國最早的社會科學院。

齊國的學宮建造在齊國都城稷門外的稷山腳下，故稱「稷下學宮」。稷下學宮的初創時間是戰國初期的齊桓公田午時代，到戰國中期的齊威王、齊宣王時期達到了鼎盛。當時，一代學術大師鄒衍、田駢、慎到等都聚集在學宮中，尤其是孟子和荀子兩位超大師級人物的先後到來，更使這一學宮增添了異彩。這些大師和超大師級的人物，都稱為「稷下先生」。他們的待遇是十分優厚的，常常被賜以千金、車騎百乘。他們一面在學宮中講學，宣傳自己的學說和主張，一面廣收門徒，一些大師收徒往往是上百，以至上千。

最為可貴的是，稷下學宮為諸子百家提供了十分舒適、寬鬆的自由演講、自由爭論的平台，可以做到「百人百議」的自由程度。[3]當時的辯論是不拘形式的，不管對方接受與否，雙方處於完全平等的地位。當時，同在學宮的孟子和淳于髡就是否應該「男女授受不親」進行了一場大爭辯。淳于髡首先發難：「孟先生，男女一定得授受不親嗎？」孟子毫不含糊地作答：「是的，這是人生的大禮。」淳于髡不依不饒，說：「如果你的嫂子掉到井裏去了，也不能用手去拉她一把嗎？」孟子很冷靜、很機智地回答道：「那完全是兩回事，男女授受不親是一種人生禮節，把嫂子從井裏拉起來，那是為了救人，這是一種特殊情況下的權變，說得明白些，是一種人道精神，你怎麼連這點都不懂？」孟子顯然有點火了。可淳于髡憑着他的善辯之才，繼續發難：「你說要救人於危難之中，現在整個天下都在危難之中，你為什麼不去救一

救？」孟子看對方説得有點離譜了，這才站起來走了。

這樣的爭鳴在稷下學宮每天、每月、每年都在繼續着。

稷下學宮式的爭鳴十分自由，十分寬鬆，最後也不一定有結論，只是讓人們自己去思考就是。

儒分為八

「稷下學宮」反映的多為各大家派之間的爭鳴和辯白。其實，像儒家、墨家、道家這樣一些大家派內部，也不是鐵板一塊的。由於出身不同，經歷不同，氣質不同，就是同一家派中的學者的觀念也不可能完全相同。

像儒家這樣的大家派內部的爭鳴和分化可以説是勢所必然的。

早在孔子在世時，儒家內部的不同見解已初見端倪。顏回熱衷於做大仁人，子路尚勇尚武，冉求要學理財，子貢不想學那麼多經典，子游想當孝子。他們都強調了孔子學説的一個方面。孔子一死，勢必會各走各的路，而且走得更遠。

戰國時期，儒家分化為八個流派。這八個流派大致是：

孔子學生子張，在孔子死後，自立門戶，號稱「子張氏之儒」，這一支派的勢力很大，大約門生弟子很多，且都為賤人，因此被時人譏為「賤儒」。

孔子嫡孫子思，早在孔子在世時就小有名望，孔子過後，子思以儒家正宗的身份聚徒講學，號稱「子思氏之儒」。

早於孔子而逝的顏淵，看來也有自己的弟子和崇奉者，這些人大力張揚作為孔子第一得意門生顏淵的「仁人」學説，形成了「顏氏之儒」。

子思有許多門人，門人又招徒講學。子思門人的弟子中有一個叫孟軻的，他深研了孔子學説，自以為已得孔學之精粹，並以孔子之「私

淑弟子」自謂，大膽地改造和發展了孔子學說，稱為「孟氏之儒」。

孔子有一個學生叫漆雕開，孔子在世時名望不太大，但實際上很有能耐，自個兒著書立說，寫成《漆雕子》12篇，自稱「漆雕氏之儒」。

有一個叫仲良子的人，兼採曾子、子夏的學說，又精通《詩經》，其人可能與孟子同代，自成一派，號為「仲良氏之儒」。

被稱為「先秦儒家最後一位大師」的荀卿，他崇敬先師孔子，但又不拘泥於孔子學說，形成了別具一格的「孫氏之儒」。

孔子學生曾參的弟子中，有一個叫樂正氏的。其人以孝道聞名於世，又以誠信深得諸侯的欣賞。他所帶領的學派稱為「樂正氏之儒」。④

這八個儒家學派，都自謂是孔學正宗，相互之間爭鳴不已。比如，荀子就寫過《非十二子》，其中的「三子」就是衝着孔門後學的，而且毫不客氣地稱之為「賤儒」。而這些「賤儒」也以筆為槍，反唇相譏。這樣你來我去，當然是好事，實際上是發展了儒學。

曾子學派：孔門後學的主流

在孔子的後輩弟子中，以曾子的影響最大。曾子名參，字子輿，比孔子小46歲，是孔子弟子中最年輕的人之一，而且也是最認真地接受孔子學說的人。

曾子是以修身著稱的。他自己說過：「我啊，每天都要多次地反省自己。想一想：為人謀劃做事是不是盡力了？對朋友是不是誠信了？老師教給我的學問是不是認真複習了？」孔子聽他這樣說，十分高興，讚道：「還是曾參行，他捨得在修身做學問上下大功夫！」⑤聽了老師的讚譽，曾參越發努力了。

曾參在孔子死後，做了兩件大事。

一件是著述《大學》。孔子曾親口對曾參說：「你知道嗎，我宣揚

的『道』是一以貫之的。」曾子回答道：「我知道了。」出了講堂，曾參自己的學生問他：「孔老先生說的『一以貫之』的『道』，是什麼呢？」曾參說：「老師知道我是真懂的，所以不再追問了，老師所講的道，就是『忠恕』兩字。」孔子死後，曾參一直在琢磨「忠恕」兩字的含義，久而久之，終於有了感悟：孔子說的忠，就是辦事、待人都要誠信而盡力；孔子說的恕，就是推己及人，就是「己所不欲，勿施於人」、「己欲立而立人，己欲達而達人」。把這想通了，就以修身為本，道出了一篇修身、齊家、治國、平天下的大道理，這就是後來收在《禮記》中的《大學》。

另一件就是編輯孔子的遺言。參與編寫的除曾參本人外，還有他的弟子和其他孔門弟子，但曾參是主編，不然《論語》一書中不會有曾參那麼多的話。

曾參晚年的時候，把自己的學問傳授給了自己的得意門生、孔子的孫子子思。孔子曾說：「中庸是最高的道德境界，可是民眾間信奉和實施中庸的人越來越少了。」這是孔子的終身之憾。為了扭轉這種局面，也為了告慰先師和先祖，子思寫作了《中庸》一文。文中除仍然強調修身和忠恕之道外，還點出了「無過無不及」的中庸主題。

《大學》《中庸》的思想，作為中華優秀的傳統文化，其價值是難以估量的。

以孔子繼承人自居的孟軻

有一種說法，由孔子到曾子，由曾子再到子思，由子思再到孟子，一脈相承，在一百多年時間裏，孔子的學說得到了相當充分的發展和完善，也初步站住了腳跟。這種說法是有一定道理的。

孟子是孔子孫子子思的再傳弟子。他十分推崇孔子，說孔子是

文化上的集大成者，自有人類以來，沒有一個人是超得過孔子的。自己最大的遺憾是不能成為孔子的入室弟子，自己最大的心願是學習孔子，做孔子學問的繼承人。

孟子說的繼承，是一種發展。

孔子的核心理論是「仁」，教導弟子們要做仁人君子。孟子也一再說，有仁心之人才真正算得上是人，並且申言：「仁者無敵！」在這基礎上，又提出了「仁政」學說，認為「仁政」才是治國平天下的不二法門。孟子是把孔子的仁學充分政治化了。

孔子一再要人立志，孟子則在強調「志」的前提下，進而強調「氣」，形成了「志氣」這個新概念。

孟子是一個好辯的人。他的學生公都子對他說：「外面人都說先生您是個好辯的人，這是為什麼啊？」孟子回答道：「我哪裏是好辯呢？我是不得已而為之啊！」好辯就是爭鳴，孟子的學說是在爭鳴中形成的。

孟子的「浩然之氣」說，就源於他與公孫丑的一次論辯。

有一次，孟子與公孫丑講到了勇與大勇的問題。公孫丑說：「如果有人讓你去當齊國的卿相，你會動心嗎？」

孟子說：「我已經 40 歲了，我不會動心。」

公孫丑問：「不動心，有辦法嗎？」

孟子想了想說：「我舉出兩個有勇氣的人來，一個叫北宮黝，他是個勇者，刀把子架在他脖子上他都不會躲避；另有一人叫孟施捨，他養勇的方法是對待失敗像對待勝利一樣，他什麼局面都應付得了，他好在能守氣自持。」

「守氣自持？什麼意思？」公孫丑不懂了。

孟子解釋道：「一個人身上有兩件東西：一是志，一是氣。志是主宰，是掛帥的；氣充斥全身，表現為喜怒哀樂。我們既要守住那個志，又不要錯亂了那個氣。」

「先生，您的長處在哪裏呢？」公孫丑問。

孟子目光炯炯，洪聲答道：「我的長處在於：既擁有正義和大道，又善於養浩然之氣！」

主張「君子必辯」的荀子

與孟子一樣，荀子是戰國時代另一位儒家的超大師級人物。

荀子，名況，趙國人。15歲時到齊國國都臨淄的稷下學宮遊學，邊學習邊講學。後南遊楚國，到齊襄王時，重返稷下，成為最年老的老師。晚年曾入秦，又到楚國當蘭陵令，最後是居家著書。

荀子富於爭鳴精神，可以說是四面出擊，多所批判。他批判它囂、魏牟的理論助長了縱情任性、放蕩恣肆的行為，是禽獸之論；他批判陳仲、史鰌的理論抑制人性、偏離大道，有悖禮儀法度；他批判墨翟、宋銒的理論不知道統一國家的重要，也不知道建立國家禮法的重要，只是崇尚功利實用；他批判慎到、田駢的理論是表面上崇尚法制，但又不去建設法度，對上只聽從君主，對下又順從流俗；他批判惠施、鄧析的理論不效法古代聖王，不講禮儀，喜歡奇談怪論；他批判子思、孟軻的理論是假借孔子之名，而無孔子之實，真正是志大而才疏……

「老師，您這樣是不是說這些學派都一無是處呢？」一個學生大惑不解地發問。

「不，不，不！」荀子一看到學生發問總是很高興的，他和顏悅色地說，「我是把這些學派作為一面鏡子，使自己不再去犯這些方面的錯誤。其實，只要有所長、有所益的學派，我都是很尊崇的，我還要好好向他們學習呢！」

荀子是批判的大家，也是繼承和吸收的大家。

荀子的思想以孔子思想為支架和核心。孔老先生主張仁、義、禮、智、信，荀子差不多全都接受了，他強調做仁人，建仁兵，認為

「仁義之兵行於天下」，他強調「仁者愛人」；他主張「隆禮」，明確提出「禮以正身」的觀念；他主張「貴義」，要求把義實際化；他比孔子還強調「智」，主張一切的知識都是學習所得；他主張「信」，認為信是「君子之大本」。

荀子的出眾處在於，吸收儒家，但不排斥其他家派，可以說做到了「兼採百家」。

荀子吸收了道家學說。他把天看作是沒有意志的自然的天，顯然是吸收了老子的學說。他把道家的「清靜無為、養心治氣」，與儒家的「修身養性」天衣無縫地結合在一起了。

荀子也吸收了墨家學說的精華。當時天下學者往往是「非儒即墨，非墨即儒」，走極端，而荀子卻能糅合兩者。他把墨家的「尚賢」、「兼愛」、「非攻」這些積極思想融進了自己的學說，使自己的理論更有實用性，更面向民眾。

荀子吸收了名家和辯家的精華。他一面與惠施、鄧析、公孫龍這些大辯家激烈辯論，一面又向這些大辯家學習辯術。「君子必辯」是他一面鮮明的旗幟！

荀子吸收了法家思想的精華。儒家是不講法治的，而荀子這個大儒卻不同凡響，他力主「好法而行」，讓禮法並肩而行，成為維護社會安定的兩大柱石。這一點，足以使荀子名傳千古！

偉大的時代產生了偉大的思想家。戰國時代一方面是一個戰事頻發的「亂世」，同時又是催生和孕育偉大思想家的開放而自由的時代。在那個時代產生像荀子這樣的大師是毫不為怪的。

墨離為三

儒墨作為當時的兩大「顯學」，弟子可能都有上千人之多。儒家的

弟子來自社會各階層，有平民子弟，也有貴族後裔，而墨家的弟子則一色來自社會底層，甚至最底層。

在墨翟死後，墨家也分化了，「墨離為三」，也就是說分離成了三派。他們之間，也是既聯合，又鬥爭。

按照《韓非子‧顯學》的說法，墨家後來分成這樣三派：

第一派名為相里氏之墨。墨子有個再傳弟子（有的說是三傳弟子），名為相里勤，他身在北方，以勤儉力行為宗旨。由於他繼承了墨家的勤奮作風，後來成為北方之墨的首領。這裏說的「勤」，大概主要是「勤」於奔走，「勤」於勞作，也「勤」於非攻，這是墨者的本色。

第二派名為相夫氏之墨。這一派的情況不太清楚，很可能聚集了一些社會最底層人物。這些人只有活動，沒有多少文化知識，因此後世就沒有什麼記述了。據史家考證，墨家後學中的這一支派，因為處於社會最底層，後來又有不少人轉化為俠義家了。

第三派名為鄧陵氏之墨。鄧陵子主要活動在南方一帶，他也是墨子的再傳弟子或三傳弟子。鄧陵子一派與相里勤一派很有些不同，前者重實際，後者重理論。鄧陵子及其弟子大都是楚人，他們對《墨經》很有研究，有的還有自己的著作，可見，這些人的文化水準相對要高些，有的還有不少科學技術方面的知識。

有的學者認為，「墨分為三」是因為墨子有三個大弟子同時聽老師講學，各人都有自己的筆記和心得，因此《墨子》書中的許多篇章都有內容大致相同的上、中、下篇。久而久之，就成為墨家三大派了。這種說法也可供參考。

巨子制度

墨翟死後，墨家集團湧現出一些有相當權威的首領，這些首領稱

為「巨子」。巨子也稱聖人,是品格最高和能力最強者。巨子具有很高的權威性,他的職位由前任巨子傳給。在巨子的代代相傳中,漸次形成了巨子制度。

巨子領導下的墨家後學,有着嚴密的紀律。在墨家內部,個人服從集團,集團服從巨子,全體成員都得服從墨者的「家法」。

戰國時期,墨家的一位巨子住在秦國,為秦國的發展也立下了汗馬功勞。後來,這位巨子的兒子殺了人,按理應處死刑。

可是,秦王卻說:「先生,您是秦國的功臣,您已經老了,而且也只有一個兒子,我赦免您兒子的死罪了。」

這位巨子聽後,大不以為然,大聲抗爭道:「大王,那是怎麼也不行的。墨家有明確的家法:殺人者處死,傷人者處刑!⑥大王雖是好意,但我不能不嚴格執行墨者之法,這赦免萬萬不行!」

「先生,難道您一點也不痛惜您兒子嗎?」秦王還是想規勸他。

「痛惜自己的兒子或親友也許是人之常情,但必須有個度,那就是法規。我兒子觸犯了法規,不可原諒了。」這位巨子最後還是將自己的兒子送進秦國的牢房,並依法被處了極刑。

莊子的「逍遙遊」

莊子,名周,宋國蒙城人,長年在家鄉過着隱居生活,一段時間當着管理漆園的小吏。他重於著述,過着逍遙自在的詩化生活。在學術思想上,他是老子道家思想的繼承者。

莊子正在寫他的力作《逍遙遊》,忽有小童來報:「楚威王聽說先生有賢才,特派使者帶着厚禮來請,請先生出任楚相。」正說着,楚使者已經來到了他的面前。莊周笑着對楚國的使者說:「千金,是重利;卿相,是高位,但這些我都不要。你快帶着這些臭禮品走吧,不

要玷污了我的清白。我寧願在小水溝中遊戲自娛，也不願為當政者所束縛。我是終身不仕的，我只追求我的自由！」

把楚使驅趕走之後，莊子繼續寫他的《逍遙遊》：「北溟有魚，其名為鯤。鯤之大，不知其幾千里也。化而為鳥……」

正寫到關鍵處，一位名叫惠施的朋友到來了。惠施說：「我家有一棵大樹，是木質不太好的臭椿樹。樹雖大，但周身生有許多疙瘩，樹枝彎彎曲曲，難以剖成合用的材料，這棵大樹長在眾目睽睽的大道旁，可就是沒人看它一眼，就是匠人也不屑一顧。我為此心裏挺難過的。」

莊子說：「為何要這樣想呢？樹大而無用不是件壞事，相反，是件大好事啊！第一，你為何要讓大樹長在熙熙攘攘的大路旁呢？你應當把大樹移植到空寂、廣漠的原野中去，最好是無人過問，自個兒生活；第二，大樹的不成材是個福，成材了就要被人砍了伐了，不成材才能永久地、自個兒地生存。你惠施也可以傍着大樹散步，自由自在，其樂融融。」

惠施恍然大悟，說：「你說的是……」

莊子說：「孔丘主張『克己』，我比他徹底，我主張『無己』。一個人，一件物，只有無己、無名、無功，才能成全自己。我要告訴你的是：天地與我並生，萬物與我為一。」

說完這些，莊子再也不理惠施，自個兒寫他的《逍遙遊》了。

楊朱的「為我」學說

天下大亂，紛爭不已，會讓人想到：這究竟是為什麼？人究竟應該如何善待自己？一個叫楊朱的大學者給出了自己的答案。

楊朱帶着他的弟子遊歷各方，來到了魯國，住在一個姓孟的人家

裏。姓孟的發問：「一個人老老實實做人就夠了，要名氣幹什麼呢？」

楊朱回答：「不就是靠名氣發財致富嘛！」

姓孟的問：「已經富了不就得了，為何還不肯罷休呢？」

楊朱回答：「還要圖顯貴嘛！」

姓孟的又問：「已經顯貴了，為何還不肯罷休呢？」

楊朱回答：「為了身死之後。」

姓孟的還問：「人都死了，還要名幹嘛？」

楊朱回答：「為了子孫後代呀！」

姓孟的想了想，問道：「那樣，人的一生不是太苦了嗎？」

楊朱高興了，說：「你想對了，那樣是太苦了，那叫什麼？叫自苦！」

姓孟的不知所從了，說：「那，那，怎辦呢？」

楊朱頓了頓，說出一篇大道理來：「現在世人都為了名，為了利，為了顯貴，為了子孫後代，自苦着，掙扎着，何必呢？人應該擺脫這些，唯我是圖，要快快樂樂地生活，要吃就吃，要玩就玩，我這叫做『存我為貴』。」

楊朱的思想代表了戰亂之中相當一部分人的灰色心態和追求。

首席名辯公孫龍

公孫龍，趙國人，戰國時代的首席名辯家，早年是平原君的門客，與平原君有道義之交。

當時，魏、趙合力擊退了秦軍的邯鄲之圍，平原君是有功勞的。為此，目光短淺的遊說之士虞卿要平原君向趙王請求封賞。

公孫龍聽到這件事，連夜乘車趕來見平原君，說：「虞卿要你向趙王請求封賞，有這事嗎？」平原君如實回答：「有這事。」公孫龍說：

「這事最好不要答應。趙王提拔你當首相，已是人臣之極。如果再請賞封地，那人家會說什麼呢？會說你是趙王的親戚，所以才有這樣的厚遇，那樣對你的聲譽，對你的日後發展，都不好，還是不要請封吧！」平原君聽罷，十分感謝，從此兩人結為生死之交，公孫龍的一些著名論辯都是在平原君府完成的。

公孫龍是一個偉大的辯者。公孫龍曾經與「其書五車」的惠施相應而辯，在《莊子‧天下》中記載有所辯之「二十一事」，十分有趣──

卵有毛;雞三足;郢有天下;犬可以為羊;馬有卵;丁子有尾;火不熱;山出口;輪不蹍地;目不見;指不至，至不絕;龜長於蛇;矩不方，規不可以為圓;鑿不圍枘;飛鳥之景未嘗動也;鏃矢之疾，而有不行不止之時;狗非犬;黃馬驪牛三;白狗黑;孤駒未嘗有母;一尺之棰，日取其半，萬世不竭。

這二十一個辯題，在當時看來，都是不可思議的。據說，公孫龍與惠施辯論時，相辯終日、終月、終生，惠施都不能接受。但是，歷史將證明，公孫龍不只是一個偉大的辯家，還是個偉大的科學預言家。「孤駒未嘗有母」，不是已經被現代生化理論和克隆技術證明了嗎？「一尺之棰，日取其半，萬世不竭」，不也被物質無限可分的物理學原理證明了嗎？

熔法術勢於一爐的韓非

韓非的一生，充滿着傳奇色彩。他出生在韓國，是韓姓的同宗公子，但得不到王室的重用。他為人「口吃」，卻少言務實，多謀善斷。他師從荀子，最後卻轉向了法家。他面對風雨飄搖的韓國政局，憂心如焚，十次上書以「干韓王」，卻始終得不到重用。於是，他發憤著

書，成為法家的頂尖人物。他被迫出使秦國，最後被昔日同窗李斯所害，毒死在雲陽獄中。

韓非個人生命是一齣大悲劇，而他的學說和理論卻光照千秋。

先前的法家，有的重於法，有的重於勢，有的重於術，只有韓非把三者有機地結合了起來。

「法、術、勢三者，都是帝王手裏的工具，片面地只是強調一方面是不對的，帝王手中一定得同時有這樣三件治具。」韓非在他所著的《定法》一文中反覆強調了這一點。

在韓非看來，法是居中的，根本的，可以名之為「以法為本」。

在韓非看來，勢是憑藉，是力量和威嚴的表現。沒有氣勢，或者沒有權勢，法就推行不下去。高高在上的帝王，必須懂得藉勢推法，使不服從法的人有一種有形以至於無形的壓力。

在韓非看來，術是手段。帝王不能太老實，不能把自己想的和要做的全數告訴臣下，要有「權術」，用權術來調度、支配群臣。「術」使帝王猶如騰蛇遊霧、飛龍乘雲一般，使臣子似在雲中霧中，難以把握。

韓非雖然被他的同門兄弟李斯殺害了，但他的理論是光焰四射的。兩千多年來，韓非的法治思想若隱若現，極大地影響着中國社會。

「大出諸子之右」的呂學

戰國末期，在百家爭鳴中湧現出了一位最傑出的思想家，他就是被世人讚譽為「大出諸子之右」的呂不韋。呂不韋是名副其實的先秦諸子學說的集大成者。

在秦國，呂不韋可以說是權勢赫赫。嬴政即秦王位後，他被尊為相國，號稱「仲父」。但是，呂不韋並不滿足於這些。一次，他對身邊的人說：「天下有四公子，都以禮賢下士聞名於世，我們秦國是如此的

強大，如果不能做到這一點，真是羞煞人了。」

「相國的意思是……」身邊的人一時還摸不透他的想法。

「四公子能招致食客三千，我為何不能？」呂不韋大手一揮，高聲說。

「相國說得對，以秦之實力，不要說食客三千，就是四千、五千，都不在話下的。」那些食客也起勁了。

呂不韋在相府的廳堂中踱了一圈，說：「我不只要讓食客超過三千，還要物色各色人等，讓他們發表各自的見解，形成一種新的觀點，寫出一本新的書來，你們看行還是不行？」

「行的，一定行的！」身邊的人也被鼓動起來。

就這樣，一項巨大的、前無古人的文化工程，在呂不韋的親自帶領下開始啟動了。大約經過五六年的時間，一本「備天地萬物古今之事」的大書寫成了，名之為《呂氏春秋》。書寫成後，把文章公佈在咸陽城門口，貼出佈告，能夠增減一字的，可以得到千金獎賞。

這真是一部了不起的作品。《呂氏春秋》是中國歷史上「雜家」作品的代表作。它博採諸子之長，會集百家之精，融會貫通，雜而不亂，自成一家之言。改造後的道家思想是《呂氏春秋》一書的思想基礎。取道家之「柔」，將其理解為柔韌、不屈。以儒家的「仁」，來協調人與人之間的關係，構建和平、溫馨、美滿的社會環境。墨子的節儉、勤奮、孜孜以求，成為走強國之路的不二法門。孫臏的貴勢、王廖的貴先、兒良的貴後，糅合成古代的《戰爭論》。既同意「同法令」，又反對嚴刑峻法，體現了對法家思想的批判吸收。這些綜合在一起，鮮明地體現了「大出諸子之右」的呂學特色和優勢。

呂不韋在《呂氏春秋》一書中提出了一個觀點，認為宇宙萬物本身就源於「太一」。何為「太一」？實際上，「太一」的「太」就是「大」，因此，「太一」就是「大一」。在呂不韋看來，整個宇宙，整個天下，本身就是「大一」的，大一統是天下的本來面貌，而支離破碎的割裂局面是人為的，是與自然背道而馳的。

呂不韋看似在說世界的本源，在說大自然，實際上指的是現實社會。春秋戰國時代，大國侵吞小國，大國與大國之間惡戰不已，中華大地四分五裂，這些都是反「天常」的。要順乎「天常」，就得依「太一」而行，實現天下（當時所說的「天下」是指中華大地）的大一統。

呂不韋雖然最後命運不濟，但他不愧是先秦諸子百家的集大成者。就這一點，他是不朽的。

「天下定於一」的呼喊

在戰國時代的思想家中，明確地提出「天下定於一」的，是孟子。孟子提出這一觀念的時候，是戰國的中後期，離秦始皇統一全國還有100多年的時間。在惡戰不已的戰亂時期，能提出這樣偉大的預言，實在了不起。

這裏有一個故事。孟子與梁國的國君歷來有些交誼。梁襄王剛即位，孟子就去看他。兩人見面後，一會兒襄王有事外出了，孟子悄悄地對身邊的人說：「這個人啊，遠望就不太像國君，近距離接觸後也感到缺少威勢。」孟子剛說完這些，襄王走了進來。

「先生，您說說，天下怎樣才能安定下來？」梁襄王突然發問。

「要安定，就得天下統一！」孟子不假思索地回答。

「您看看，當今誰能統一天下？」襄王這樣問，顯然是想讓孟子對他說些好話。

「不嗜好屠殺老百姓的人才能統一天下。」孟子回答得十分乾脆。

「那樣做，誰肯歸順他呢？」襄王又問。

「那樣做，天下人都會歸順他的。」孟子不緊不慢地說，「大王知道禾苗生長的情況嗎？七八月間，如果天氣乾旱，那禾苗就會枯死。這時，如果有一場及時雨，那有什麼力量能阻止禾苗的蓬勃生長

呢？現在天下的國君都喜好戰爭和殺戮，只要有一個國君站出來以仁義之心待人，那大家肯定會把他當作救星，像大水向低處流一樣歸順他。」⑦

梁襄王聽了這一番話，若有所悟，默然不語。

在這場著名的宮廷談話中，孟子提出了「天下定於一」的偉大預言，這也是一種社會與民眾的呼喊，在百年後得以實現了。

◆ 註釋：

① 這一故事比較完整地見於《呂氏春秋‧知度》，在寫了趙襄子毫不遲疑地任用布衣之士後，作者評述道：「襄子何為任人，則賢者畢力。」可見當時的反響是很大的。另外，在《韓非子‧外儲說左上》中，說到「中章、胥己仕，而中牟之民棄田圃而隨文學者邑之半。」可能有些誇大，但總體上說，應該是真實的。

② 「親持飯食」和「毛遂自薦」兩則故事，見於《史記‧孟嘗君列傳》和《史記‧平原君虞卿列傳》。

③ 稷下學宮言論自由，《孟子‧公孫丑下》說是「無官守，無言責」。《墨子‧尚同》說是「一人而一議，十人而十議，百人而百議」。

④ 《韓非子‧顯學》：「自孔子之死也，有子張之儒，有子思之儒，有顏氏之儒，有孟氏之儒，有漆雕氏之儒，有仲良氏之儒，有孫氏之儒，有樂正氏之儒。」

⑤ 《論語‧先進》中有孔子對曾參的「參也魯」的評述，這顯然是一句讚語。「魯」直譯是遲鈍、動作不快，作為讚語則該釋為學得紮實，不浮誇，不單純追求速度。

⑥ 《呂氏春秋‧去私》云：墨者有一位巨子居於秦，其子殺人。秦惠王看他年已八十，想免予治罪，可這位巨子卻說：「墨家之法云：『殺人者死，傷人者刑』，此所以禁殺傷人也。夫禁殺傷人，天下之大義也。」「殺人者死，傷人者刑」一語，後來成為漢高祖劉邦入關「約法三章」的理論依據。

⑦ 《孟子‧梁惠王上》：「孟子見梁襄王，出，語人曰：『望之不似人君，就之而不見所畏焉。』卒然問曰：『天下惡乎定？』吾對曰：『定於一。』『孰能一之？』對曰：『不嗜殺人者能一之。』」

第二十一卷

大秦帝國

秦始皇二十六年（公元前 221 年），當秦國的軍隊在大將王賁的率領下，進入不戰而降的齊國都城臨淄的時候，也就最終結束了長達數百年的諸侯割據稱雄的時代。曾經稱雄一時的山東六國的國君，降的降，俘的俘，傷的傷，死的死。十年間，秦軍猶如秋風掃落葉一樣，勢如破竹，節節勝利。在中國土地上出現了空前的、統一的中央集權的第一個王朝。大秦帝國雖說是一個短命的王朝，但它在中國歷史上的作用是不可磨滅的。

始皇帝

當山東六國中的最後一國——齊國被消滅的消息傳到咸陽城的秦宮中時，秦宮中一片歡騰，對秦王嬴政的稱頌不絕於耳。

「大王，六國的被滅，全賴您的神力啊！」

「大王，從此天下大定，您真是洪福齊天啊！」

「大王，您打下的江山，將會千秋萬代，固若金湯！」

在一迭聲的「大王」歡呼聲中，秦王嬴政顯得難以抑制的興奮，他不停地在大殿中打着轉，有時還會莫名其妙地吼叫幾聲。直到深夜，群臣散去後，他才稍稍地平靜下來。

「王」、「大王」，原先只有商、周的君主才能稱，可是，到了戰國時期，大國的諸侯都自稱為「王」了，秦國稱「王」也已有百來年的歷史。秦王嬴政即位 26 年來，就天天被人稱為「王」，可是，從來沒有像今天這樣的如雷貫耳。

夜深了。他躺到了床上，可是，怎麼也睡不着。他細細品味着這個幾百年來被多少人夢寐以求的「王」字。突然，一個奇怪的念頭從腦際冒了出來：「王」這個字眼，六國的君主不也全都用過嗎？他們不全都成了我的階下囚嗎？可見，「王」這個名號並不怎麼好。

「得更改名號，一定得改！」想到這裏，秦王嬴政從床上跳了起來，親自草擬了一份「議帝號」令。①

丞相王綰、御史大夫馮劫、廷尉李斯馬上召集「掌通古今」的博士們商議，最後大家的意見是：古代有天皇，有地皇，有泰皇，泰皇最貴，因此請王更號為「泰皇」。

秦王嬴政似乎早已胸有成竹，讓大家議一議只是走過場。他說：「可以去『泰』保留一個『皇』字，採用上古『帝』位號，合起來稱『皇帝』。自古以來無一人稱『皇帝』的，我秦王嬴政是第一人，因此名之為『始皇帝』，後世以數計，稱二世、三世、四世，至於萬世，傳之無窮。」

秦始皇是統一全國的開國君主，功業赫赫，他定下了的名號，誰敢說個「不」字？不過，他所說的「始皇帝」倒是名副其實的，「至於萬世，傳之無窮」那只是他的美好願望和一廂情願罷了。實際上，秦的天下只維持了二世，短短的 15 個年頭。

建興安運河

滅六國的同一年，秦始皇就派精通水利的史祿將軍着手開鑿連接湘水與漓水、溝通長江水系和珠江水系的興安運河。人們一定會想，六國剛滅，百廢待興，為何要在如此偏遠的地方興建運河呢？

秦始皇是個永不知足的人。六國的消滅讓他高興，但他並不滿足。還有大片南方、東方、北方的土地沒有劃入秦帝國的版圖，他心有不甘。他把視線首先投向東南和南方的「百越」地區。就在秦始皇二十六年（公元前 221 年）的深秋時節，秦始皇命尉屠睢率軍 50 萬向「百越」地區進軍。可是，由於山路崎嶇、河道縱橫，軍糧運不進去，大部隊被阻途中，遲遲不能前進。

「實在太艱難了，陛下，是否可以暫時退軍呢？」尉屠睢派副使星夜趕回咸陽，向秦始皇請示。

「不行！」秦始皇聲色俱厲，「秦軍是從來不走回頭路的。」

這時，頗通水利的史祿將軍站了出來，他對秦始皇建言：「是的，秦軍是從來不走回頭路的，但是，我們可以擇路而行，陸路走不通，就走水路。水路如果一時走不通，還可以打通河道，開拓新的水路。」

「好，好，好！」秦始皇是個好大喜功的人，聽了史祿將軍的話連聲叫好，「史將軍，就命你帶兵去開山劈路、引水搭橋！」

史祿將軍不敢怠慢，領兵而去。他經過大約三個月的勘查，終於查明了那一帶的水路狀況，建議在湘水和漓水相距最近的興安地區修

一條運河。

「好，好，好！」聽了史祿的匯報和建議，秦始皇又是連聲稱好，「開鑿運河這建議好！既然在興安境內建造的，就定名為興安運河吧！歸根到底興建這條運河是為了國泰民安嘛！」

運河工程興建得十分艱苦。為了鑿去渠中礙舟之石，採用「燎石以攻」的辦法，即用柴薪燒渠中頑石，使之熱度增高，然後潑上冷水，使石頭由熱脹後突然冷縮而發生爆裂，然後鑿除。尤其是鐵爐村附近到始安水匯合處的五公里，全由人工一鑿子一鑿子鑿出來，有的地方為了建造分水壩，還得用巨石壘起六米多高的石壁。但是，在秦始皇的親自督導下，通過兩年多的努力，興安運河終於建成了。它不只是連接長江水系和珠江水系的紐帶，讓秦軍輕鬆自如地進入嶺南地區，後來在很長一段時間裏它一直為南北交通起着極大作用。[2]

開鑿「五尺道」

在西南地區，以滇池為中心，散居着氐、羌等族群。這些少數民族與內地民眾有着長期的交往和友好相處的關係。戰國末年，楚頃襄王曾使將軍莊蹻循沅江而上，經夜郎等地，到達滇池一帶。莊蹻在那裏傳播了先進文化，也安定了局面。正準備歸服楚王，適逢秦奪了楚的黔中郡，歸路被切斷，莊蹻便重返夜郎等地，並被擁戴為王。這樣，內地文化與西南文化之間的交融更為密切了。

秦滅六國後，始皇下令築馳道，以咸陽為中心修了多條大道，還有盤旋於高山峽谷之間的棧道。因地制宜，或鑿山為道，或修橋渡水，或依山傍崖構築用木柱支撐於危巖深壑之上的木構道路。

當時派出一員名叫常頵的大將出使西南地區。常頵出使不久，就回京覆命，他對始皇說：「路途實在太艱險了，怕是一時半刻難以到達。」

秦始皇似乎早有所料，他對常頞說：「你去的目的，不只是要那裏的人臣服，而是要打通這條通道，建千秋萬世之業。」

常頞若有所悟：「陛下，您是要我為長遠着想，修築一條直通滇池的通道嗎？」

秦始皇朗聲大笑：「對了，對了。不過穿山築道不易啊！我看，在險峻處築棧道，五尺寬足矣！」

「五尺道？」常頞重重地追問了一句。

「是的，五尺道足矣，那也不易啊！」秦始皇經歷得多，是知道事情的艱難的。

的確不易。大約歷時兩年，在西南山嶺間綿延數百里的「五尺道」才開築成功。「五尺道」於花崗巖懸崖上，向壁鑿出凹字形空間，路面寬五尺，工程異常艱險。也就是從秦代開始，人們一提起「五尺道」，就會想到蜿蜒在崇山峻嶺間的那窄窄的通道，它可是古代社會連接內地與西南少數民族地區的一條紐帶啊！

重設九原郡

燕人盧生奉始皇之命入海求仙，結果什麼有用的信息都沒帶回來，只神祕兮兮地帶回了一本談鬼論神的所謂「仙書」，並對「仙書」上的「亡秦者胡也」一語在始皇面前大加渲染。這一渲染極大地觸動了始皇的神經，他立馬把將軍蒙恬和公子扶蘇叫來，大聲宣佈自己的命令：

「以蒙恬為主帥，以公子扶蘇為督軍，發精兵三十萬，北征胡虜。」

這是不是秦始皇一時的心血來潮，或者說是聽信「仙書」一言之後的貿然發兵？不是的。當時的東北和北方，是「胡」人和匈奴人聚居和遊牧的地方。東胡分佈在遼河上游、老哈河一直到遼陽、錦西、

旅順一帶。匈奴人主要分佈在蒙古高原，南至陰山、北至貝加爾湖一帶。長期來，胡人與中原的華夏族有着密切的經濟、文化聯繫，關係也相當和諧。但是，戰國以來，胡人趁中原紛爭之時，不斷進犯。秦建立後，對秦帝國也造成了很大的威脅。秦始皇多次提出北征，都被李斯為首的臣屬勸阻了。其反對的理由：一是擊匈奴「難得而制」，二是擊匈奴「不足以為利」。秦始皇不同意李斯他們的看法，認為對待匈奴靠一般的防守是不行的，只有堅決出擊，才能使邊境安寧。而且認為，這次是一個機會。於是秦始皇就果斷地發兵征胡，主要是征戰匈奴。

戰爭打得很順利，只花了三四年的時間，就奪回了河套地區，接着趁勢揮師北進，又奪回了河套以北陰山一帶地區，在那裏設置了三十四個縣，重設九原郡。

「這樣一來，北方邊疆可以大定了。」一些臣僚認為可以高枕無憂了。

「要使北方邊疆真正得以大定，看來還得採取一些新的措施。」秦始皇是深謀遠慮的。

秦始皇所說的新措施，主要是指大規模移民實邊。他採用了「謫戍」和「拜爵」的辦法，將數以萬計的中原內地人遷徙北河、榆中屯墾。這樣做，不只安定了北方，對民族的融合也是有幫助的。

修築萬里長城

兩千多年前秦始皇時代建造的萬里長城留給了中國人民永遠的驕傲。

出於多重考慮，北擊匈奴以後，秦始皇就着手花費巨大的精力、財力、物力、人力建造氣勢恢宏的萬里長城。

「陛下，建造萬里長城是不是為了防止胡人的捲土重來？」當秦始皇宣佈這一重大的決定時，有臣子疑惑不解地問。

「對胡人的捲土重來，當然不能不備！」秦始皇昂着頭，胸有成竹地說，「建造長城更多的是為了維護天下的一統。我們一方面是把原有的燕、趙、秦的北方長城連成一片，加固、加高、加寬，另一方面是拆毀齊、韓、楚、魏之間的長城及其關隘。過去是諸侯稱雄割據，現在已經天下統一，還要那些幹什麼？這些不都是為了鞏固天下的一統麼？」

「建造長城真的可以抵禦胡人的鐵騎嗎？」有人問。

秦始皇回答：「你們只知其一，不知其二。築長城不只是為了禦敵，將來漢胡友好了，不可以沿長城開邊市，互通有無嗎？」

聽了秦始皇的這一番宏論，群臣紛紛稱是。

秦始皇這時談興正濃，接着他又說：「我們是泱泱大國，大國要顯示出大國之風。在塞北的群山間建起萬里長城，靠數十萬民工的雙手把長數丈、重千鈞的石條搬上崇山峻嶺，在高山峽谷的險要之處築起一夫當關、萬夫莫開的關隘，築起高、寬各數十尺的城牆，那是多麼雄偉，多麼氣派，多麼能展示中華的雄風！讓我們的子孫後代為我們而驕傲吧！」[3]

秦始皇說這些的時候，他簡直成了一位迎風高歌的詩人，他說這些時，也許當年的群臣沒有一人能理解他，但歷史已經、並將繼續證明，他所說的這一切都是正確的。

在秦始皇的執政年月裏，萬里長城奇跡般地建造起來了。長城西起臨洮，東至遼東，沿廣闊的黃河，依峻峭的陰山，經蒙古草原，蜿蜒曲折，全長萬餘里。除部分利用舊有長城、因河為塞外，多為新築，並在險要處建築許多屏障。長城修築後，雖未能阻擋匈奴貴族的南下，但在當時的歷史條件下，還是起過一定的防衛作用。同時，長城以其特有的雄姿向全世界展示着古老中國的文明。

長城的建成，象徵着中國多民族國家的形成。

「三公」、「九卿」制

秦始皇統一全國以後，倚仗着無上的權威，總攬朝政。當時天下的事情無論是大是小，最後都得由他定奪。他的案頭每天都堆着大量的以竹木簡製成的文書，他自己給自己作了個規定，每天要查看和批閱 120 斤（秦代稱為一石）的文書，否則，他是決不休息的。

秦始皇不愧是一個有為之君。雖然，許多事情得由他「定奪」，但縱然有天大的本事，他也不能事事躬親，包攬一切。很快，以皇帝為首腦的朝廷制度建立起來了。

處於最核心地位的是「三公」。

一是丞相，既為文官之長，又居三公之首，助理萬機，被稱為「一人之下，萬人之上」。他是政務的總理人。

二是太尉，武官之長。在秦皇朝建立前，如有對外戰爭，則由丞相、大將軍、大良造帶兵，事畢解除兵權，並無太尉一職。太尉在秦統一六國後始設。

三是御史大夫。這是十分特殊的官銜，上承皇帝詔令制書，下有監察百官之權，堪稱皇帝的耳目和心腹。

「三公」之下設「九卿」。「九卿」的職責比「三公」更具體，相當於一個個部門，有掌宗廟禮儀的奉常；有掌宮殿宿衛的郎中令和衛尉；有負責飼養和供給皇室車馬的太僕；有依法治罪的廷尉；有掌禮儀的典客；有管理邊遠地區事務的典屬國；有掌錢穀、租稅、收支的治粟內史，等等。

以皇帝為首的「三公」、「九卿」制，是中央集權制的政治核心，是絕對受制於皇帝並代行皇帝政務的最高權力機關。圍繞核心，向外輻射，就形成了遍佈全國的統治網絡。

廢分封，置郡縣

中央政權建立以後，應該採取怎樣的地方統治形式？在秦朝君臣中曾發生過著名的分封與郡縣之爭。

當時在朝廷中握有重權的丞相王綰首先站出來發難，他振振有詞地說：「現在諸侯剛剛被破除，天下還沒有真正實現治平，我看可以在離咸陽較遠的燕地、齊地、楚地，設置王位，仿效周代的做法，『封親建戚，以藩屏周』，請陛下加以考慮。」

秦始皇不動聲色，追問一句：「你的意思是什麼，要講明白！」

王綰從始皇的神色中窺視出皇上的一絲不滿，囁嚅着：「臣下的意思是請立諸子為王，這樣可以輔助皇上治天下。」

群臣以為秦始皇有二十餘子，理應效周，「皆稱其是」。

還沒等「是」的話音落地，廷尉李斯大聲呼道：「不可，萬萬不可！周文王周武王分封了那麼多的同姓諸侯王，這些姬姓弟子，分封之初當然是高興的，但一旦羽翼豐滿，就與周天子離心離德，甚至分庭抗禮了。他們之間相互攻伐如同仇人，就是周天子也奈何不了他們。陛下，王綰之論是亡國滅種之論，切不可採用啊！」

兩派劍拔弩張，爭議不休。李斯的發言，既有對歷史的回顧，又有對現實的思慮，還有安置「諸子功臣」、協調統治集團內部關係的籌謀。秦始皇看來不動聲色，實際上卻想得很多很多：他想到在自己的祖上秦昭王時，太后當權，大封宗室、貴戚以及寵愛之人，結果涇陽君、高陵君、華陽君、新城君等所謂的「四貴」鬧得天下大亂；還有昭王之子被封為安國君，結果國不但沒有因此而安，相反因爭奪王位而發生了叛亂；還有，對始皇來說有切膚之痛的是嫪毐和呂不韋兩大勢力的尾大不掉，差一點釀成大禍⋯⋯

想到這些，秦始皇拍案而起，對李斯建議當即予以肯定。他大手一揮，大聲宣告：「分封之事，切不可行，以後再也不准提了。天下長

期來苦戰不休，還不都是因為有侯王？現在是天下初定，決不可再立諸侯國了，還是以實行郡縣制為好。」

這是一個歷史性的決定，歷史會永遠記住它。④

秦始皇先是分天下為 36 郡，以後隨着邊境的開發，全國郡數最多時達 46 個。郡下設縣，它的行政和軍事長官都由中央直接任命，這是一大創舉，對中央集權的加強是大有好處的。但是，從三公九卿到鄉里什伍的一套龐大的、多梯級的統治機構恰似一座金字塔，高居塔尖的是封建皇帝，而壓在塔底的則是勞動大眾。

為吏資格

為了維護秦王朝的統治，需要有一個以嶄新面目出現的官僚集團，為此，秦始皇確立了一整套選拔和考察官吏的制度。也就是，在他看來，不是什麼人都可以當官的，為吏還得有一定的資格呢！在這方面，地下發掘的《睡虎地秦墓竹簡》中的《置吏律》和《除吏律》提供了直接的證據。

當時秦始皇定下的為吏資格至少有三條：

第一條是要有一定的家資。這也有其道理。在秦國，自商鞅變法以來，以功（尤其是軍功）論賞已成慣例。有無家資是與有無功績直接聯繫在一起的。如果你這個家窮得叮噹響，那就說明你無功於國，不得為吏也是理所當然的了。

第二條是要成年人。當時生命周期比較短，因此以 17 歲為是否成年的界限。只有 17 歲以上的男性才有資格當官。比周代的成人標準提早了 3 年。

第三條，也是最重要的一條，就是要有文化。在選擇官吏時，先得考考你是不是讀得通數千字的長文，然後再考你是否很熟悉法律條

文，是否懂得何者該賞，何者該罰，何者該赦，何者不該赦，如此等等。⑤

秦始皇有一句名言：「欲有學法令，以吏為師。」當官者必須知法，當了官以後，還得以法授業於年輕人。這樣輾轉相傳，法律知識自然就普及了。

另外，秦始皇還規定了一整套官吏管理制度，如大小官吏一律由中央任免，發現有私自任免的處以重刑。官吏離職、調動時，不准帶隨員，以防形成私人勢力；對官吏要進行一年一度的審計，切實查考實績。這些都是十分重要的。

事皆決於法

秦始皇着意要打造一個依法治理的國家，不允許任何人——包括國君在內——超越或凌駕於法律之上。秦始皇喊出的口號十分響亮：「事皆決於法！」

在秦始皇看來，任何人都得守法，這是自商鞅變法以來秦國的一個好傳統。記得秦昭王當年有病，百姓中有人很好心地賣掉耕牛為昭王做祈禱。秦昭王聽到這件事後很生氣，說：「這樣做是違背法規的，雖然是出於愛寡人的好心，但也得罰他出二甲，如果我不帶頭這樣做，怎麼能實施法治？」這個故事讓後來秦國的統治者——包括始皇帝都牢牢記住，他們要身體力行，實施法治。

在法律規範的要求上，可以說秦律是做到了細緻入微。

某人偷了人家的一頭羊，秦律規定要按照盜羊的相關法律處置。這時有人提醒道：「這頭羊頸上還有一根繩索呢！」在《法律答問》中寫道：這個賬也得算，加罰一錢吧！罰得不多，但那頂真勁讓人信服。

某人偷了人家的少量桑葉，怎麼處置？有人以為那是小事一樁，

何足道哉！但是，秦律本着輕罪重罰的原則，明確規定：那得服 30 天的徭役，不然他怎麼記得住犯罪的嚴重後果？

秦律對兩性關係也規定得十分嚴格和嚴厲。如果同父異母的子女間發生性關係，那就要處以殺頭並棄市示眾的重刑。[6]

秦帝國是中國歷史上第一個想實施依法治國的王朝，從秦始皇的主觀願望看，也許是認真的，但它的最大弱點在於沒有考慮實施這些法律條款的主客觀條件，因此它是不成熟的，最終造成的社會後果也是出人意料的。

使黔首自實田

秦始皇繼承了中國歷史上重農、以農為本的傳統，在掃平六國後的第五個年頭，就明令「使黔首自實田」，發展農業，安定民生。

黔首，指的是農民。農民整天在田野裏勞作，臉上被太陽曬得黑黑的，因此在秦時被稱為「黔首」。在戰亂中，有的黔首失去了土地，有的雖佔有了土地，但沒有得到政府的承認，就名不正言不順。現在好了，秦朝對黔首佔有的土地進行重新丈量，樹立界牌；對失去土地的給予一定的土地，讓他們安安心心地在土地上勞作。這叫做「使黔首自實田」。

農民有了土地，國家就要按規定徵收一定的田租。逃避田租的當然要受處罰，甚至沒收他佔有的土地。這樣做，一般來說，農民是歡迎的。農民有了實田，生活安定了，相對來說，也富足一些。

當然，小農畢竟是小農，在一段時間裏，乘人不備移動土地界牌的事時有發生。這是一種不安定因素，常常引起農戶之間的爭吵以至於發生械鬥。秦始皇充分注意到了這種情況的危險性，他對臣屬說：

「界牌是國家豎立的，怎麼可違規隨便移動？得有土地界牌方面的法規，來約束黔首的行為。」

法規很快就有了。法律明確規定凡是擅自移動田界的人，要按「盜竊」性質處以一種「耐刑」，服一定期限的徭役，或出一定的贖罪費，當然，如果一再重犯，那是要處以重刑的。

這樣，此類事再也不發生了。

重農而不輕商

秦始皇雖然在某些公開場合說一些類似「上農除末」之類的套話，但是，在實際處理上，他是不輕商的，甚至可以說還很重商呢！實例多得很。

在秦朝的法律中，對有技藝的人，是加以保護的，即使是奴隸也如此。在《均工律》中規定，凡是有技術的奴隸，不要讓他們從事雜役，要讓他們發揮自己的技術專長。在《軍爵律》中還規定，如果有技能高超的奴隸犯了死罪，可以減刑不殺，讓他當技術工戴罪立功。

有一個叫烏倮的人，他善於經營畜牧業，牲畜養得很多的時候，他看準時機，把牲畜全部賣掉，然後用賣掉牲口所得的錢去經營絲織業。他把絲織品運到西戎去，西戎的國王十分賞識，用大約十倍的錢買他的絲織品。這時，烏倮又回過頭來養殖牲畜，成了秦代初年少有的大富翁。秦始皇知道了這件事後，對烏倮大加讚揚，對大臣們說：「烏倮真了不起啊，你們不要看不起經商的人，他的才氣比雄踞一方的郡守還大呢！」每年，秦始皇都要召見郡一級的地方長官，烏倮也有幸列名其中，在謁見秦始皇的時候，還受到特別的禮遇呢！

還有一個名叫「清」的巴地寡婦，她的祖上以開採硃砂礦而得巨利，一連好幾代都壟斷着硃砂礦業。到她這一代時，不幸丈夫早逝，

她只好獨自擔起這份家業。這對一個女人來說，是多麼的不容易啊！可她就是巧妙地利用自己的財勢，守住並發展了祖業，獲得了很大的成功。

「這是一個了不起的女人！」秦始皇聽完她的故事，熱烈地讚揚起她來，「一個寡婦，憑藉自己的能力和才氣，善經營，巧應付，不使自己受到侮辱，這可算是一個真正的貞潔婦女了。」

為了表示對寡婦清的尊重，秦始皇多次以客禮招待她。寡婦清過世後，還為她建造了一座「女懷清台」呢！

統一貨幣

經濟的發展，商業的繁榮，要求流通工具——貨幣的統一。

秦統一之前，中華大地上的各諸侯國的貨幣實在太繁雜了，不只形狀、大小不一樣，就是計算單位也很不一致。在齊國和燕國，使用的主要是刀形的貨幣；而在魏國、韓國、趙國，主要流行的是鏟形的鏄幣（亦稱為「布幣」）；楚國使用的卻是形若海貝的蟻鼻錢；秦國和魏、趙兩國的黃河兩岸地區，都使用圓錢。不僅各國使用各國的錢幣，就是一國之內使用的錢幣也不盡統一。幣制相異、混亂，貨物如何流通和交換？

「貨幣必須改革，貨幣必須統一！」秦始皇對此下定了決心。

首先，廢止六國原先使用的舊幣，同時，規定凡珠玉、龜貝、銀錫等物，只允許作為器飾寶藏，一律不作為貨幣使用。

規定以原先的秦幣為基礎，製作一種圓形方孔的銅幣，重半兩，俗稱「秦半兩」。這種錢幣，形狀比較規範，易於使用和收藏。它的出現意義實在非同一般，從此，長達兩千多年，中國錢幣有了定式，在民間則稱之為「孔方兄」。除此之外，還在某種特殊場合使用一種金

幣，稱為「上幣」。

秦始皇還把鑄錢權收歸國有，規定任何個人不得私自鑄錢，凡私自「盜鑄」者，除「索其室」，沒收其所鑄之錢及錢範外，還應予以拘捕和嚴懲。《法律答問》上有一案例，說是某甲夥同某乙、丙一起，鑄造了一種所謂的「新錢」。官府發覺後，馬上將甲、乙、丙三人捉拿歸案，同時將其所鑄之錢如數熔化，並通報全國。秦始皇這樣重視，以後就少有此類事件發生了。

秦帝國是一個泱泱大國，地方大，當時交通又不便，錢幣全由中央政府鑄造，實在有點困難。於是，秦始皇又作了點變通，規定地方政府在中央政府授權下也可以鑄錢，但必須受中央所派官員的嚴格監督，並在所鑄錢幣上鑄上地名，那樣出了問題也可及時查處了。

統一貨幣，是秦始皇的一大歷史功勳。

統一度量衡

與統一貨幣具有同等重要意義的是度量衡的統一。

統一前的度量衡可說是雜亂無章。拿量器來說，秦國以升、斗、桶為單位，齊國以升、豆、區、釜、鍾為單位，魏國以益、斗、斛為單位。即使同樣名為「斗」，量值也很不相同，魏國的斗大約比秦國的斗大三倍多。在衡器上，不只名稱不同，連進位制也不同，秦國是十進位，韓、趙、魏是五進位，齊國則既用十進位又用五進位。不加以統一，怎麼得了？

秦始皇決定在原秦國度量衡的基礎上實施改革。

在度、量範圍內，充分確立了十進位的權威。度以寸、尺、丈、引為單位，以十為進；量以合、升、斗、桶為單位，也以十為進。只有衡器還有些亂，它的單位是銖、兩、斤、鈞、石，以 24 銖為 1 兩，

以 16 兩為 1 斤，以 30 斤為 1 鈞，以 4 鈞為 1 石。後來，在長達兩千多年的時間裏，16 兩為 1 斤制一直流傳了下來。

為了使統一度量衡切實可行，官府專門製作了相關的標準器，在標準器上再刻上銘文，以盡可能減少做假的可能。如果辦事人員玩忽職守，或營私舞弊，那輕則要實施物質處罰，重則對相關人員實行刑事處分。

兩千多年來，秦始皇推行的度量衡制度因為有利於生產事業的發展，受到了廣大民眾的歡迎，其形成的一套制度，也基本流傳下來了。

統一文字

秦始皇實施的「三大統一」中，意義最為重大的是統一文字。它對民族思想的統一、多民族國家的形成，有着難以估量的作用。

在秦統一之前，字體結構沒有統一規定，漢字形體十分紊亂，隨時都在變化。這對廣大民眾帶來了很大的不便。就拿一個「馬」字來說，在齊國就有三種不同的寫法，在楚國又有另兩種不同的寫法，在燕、韓、趙、魏還各有兩種新的寫法。文字的紊亂和分歧，不僅妨礙了秦朝政令的暢通，又不利於各地區之間經濟文化的交流。

秦始皇下令：「書同文字！」

具體措施主要有三：一、以秦字為基礎，廢除與「秦文」不同的原六國的異體字；二、簡化字形，斟酌簡省繁雜的史籀大篆，整理為小篆，作為全國規範化的文字；三、為推廣小篆，撰寫文字範本，作為標準的小篆範式。

其意很清楚，以後書寫一律要用同一種文字，必須廢除原有六國使用的文字，一律沿用秦篆。這件事由丞相李斯具體負責去做。李斯受命以後，不敢怠慢，他把原先使用的秦篆加以簡化，以前官方的文

書中有的字比較繁複，現在沿用民間的簡筆字，既便於書寫，又合乎情理。如原先大篆的「車」字，很是繁複，左邊是上下相疊的兩個「車」字，右邊是上下相疊的兩個「戈」字，用「車」「車」相疊和「戈」「戈」相疊來具體形象地描述戰車，雖然相當逼真和傳神，但失在太繁。李斯根據民間的簡筆寫法，直接寫成一個「車」字，很快就被廣大民眾接受了。

為了起到規範劃一的作用，當政者就親自着手書寫範文。傳世的《倉頡篇》《爰歷篇》《博學篇》就是由李斯、趙高、胡毋敬三位高官親自書寫的。另外，泰山刻石等銘文，也是李斯等人的傑作。秦始皇則是文字統一的最強有力的推動者和示範者，他一生巡遊八方，製作了許許多多歌功頌德的石刻碑文，那都是統一文字的範本。有了這些，學生讀書，百姓寫作各種類型的文稿，都有所依據了。毫無疑問，統一文字工作是卓有成效的。

秦小篆字體整齊劃一，佈局緊湊，筆畫勻稱，明顯改變了六國文字那種構造繁雜，難寫難認的弱點。秦小篆文字的規範，為後世的漢字打下了基礎。雖然在日常生活中已經被淘汰，但它創立的字形結構原則，使漢字形體走向了定型。

條條大道通咸陽

「若要富，先築路」，凡是有一點政治和經濟頭腦的人，都應當懂得這一點，雄才大略的秦始皇，更是深明此理了。在統一全國後的第三年，他就號令修築「馳道」，「馳」者，馬之奔馳也。「馳道」和後世稱的「馬路」是一個意思。讓作為首都的咸陽與四面八方暢通無阻。

真正是條條大道通「咸陽」。當時所築的大道，一條向東，直通齊、燕地區；一條向東南，直通吳、楚地區。馳道工程的標準很高，

道路要厚實，它的寬度一律為 50 步，每 3 丈距離要種上 2 棵青松。到始皇晚年，青松長得已掩映如蓋了。

在下令修建咸陽向東和向東南的馳道後的 7 年，秦始皇就着手修築九原直道，它的工程量比前者要大得多。大概當時的馳道工程已經完畢，秦始皇有足夠的人力、財力、物力來開始這樣一個大工程。這條直道由咸陽經上郡（今陝西榆林東南）、雲陽，直達九原（今內蒙古包頭西北），全長 1800 餘里，它的工程量僅次於修築長城。秦始皇的雄心很大，動員了幾十萬軍民上陣，花了兩年半時間就竣工了。翻山越嶺，填谷塞壑，這在工程史上不能不說是一大奇跡。

此外，還有貫通西南的棧道，直達南海的新道。大約十來年間，由咸陽出發通向秦帝國邊遠地區的道路，可謂四通八達了。

戰國時期各國為了割據一方，建立了許多關塞、堡壘、城郭。在建造馳道和直道過程中，秦始皇命令各路建築大軍毀壞城郭，決通川防，夷去險阻，蕩平關塞，為統一國家的建設創造了良好的條件。

焚書坑儒

隨着統一大業的步步成功，秦始皇的聲譽和權威也節節攀升，同時，他的獨斷獨行、專橫跋扈的一面也迅速膨脹起來了，終於引發了「焚書坑儒」事件。

秦始皇三十四年（公元前 213 年），也就是統一六國後的第八個年頭，秦帝國處於國勢強盛、社會相對穩定的登峰造極時期。為了慶祝國運昌盛，秦始皇在咸陽宮置酒宴飲，大宴群臣，另有 70 名博士也來向秦始皇祝賀 47 歲大壽，氣氛是相當的熱烈。

「以前，秦國地不過千里，人不足百萬，全賴陛下聖明，平定了海內，統一了全國，使日月所照，沒有不賓服的。」身為僕射的武臣

周青臣首先站出來歌功頌德，「陛下做得最出色的是，在全國設立了郡縣，這樣再無割據之虞、戰爭之患，定能傳之萬代、萬萬代，可以說，自上古以來，功德沒有一個比得上陛下的。」

這一番話說得秦始皇心花怒放，禁不住仰首大笑起來。群臣也順水推舟，紛紛頌揚起始皇帝的功德來。

「陛下，臣以為不然！」博士淳于越卻不知好歹地站出來唱反調了，「周代稱王天下一千多年，就是因為分封子弟功臣，使他們成為周天子的支輔。現在陛下統一了天下，可弟子沒有一點地位，如果天下一旦有事，誰來救助？辦事情不按照先代的慣例而能夠天長地久，我可從來沒有聽說過」。

本來分封郡縣之爭，早在秦朝初建時就出現過。眼下，淳于越舊事重提，秦始皇聽到這些話，很不高興，冷冷地說：「那大家可以議論議論嘛！」

敏感的丞相李斯一下聽出了秦始皇的話中之音，馬上義形於色地加以反駁：「五帝從來不簡單重複，三代也從來不因襲前朝，各有各的治理手段和辦法，那倒不是標新立異，而是時勢變了，治術也得變。現在，你們這些不識時務的讀書人一味地宣揚學古，實際上是非難當今，虛言亂世，為害極大。我建議，除了秦國的歷史書之外，其他各國的史書一律燒掉；百家爭鳴者的作品、言論，全數收繳；以前學校中讀的《詩》《書》《禮》《樂》等書籍，一律上交國家，私藏者殺頭，以古非今者滅族；只有醫藥書和占卜用書可以留存。」

秦始皇聽後，冷峻地說：「可以，就這樣！」於是，一場鋪天蓋地的焚書事件發生了，許多珍貴的諸子著作以及其他歷史文獻在熊熊的烈焰中付之一炬，這對中華民族來說，造成了多大的文化損失啊！

焚書事件的烈焰還沒有熄滅，緊接着又有了更為慘酷的坑儒事件。這事件是由幾個方士的畏罪逃亡引起的。

原來，秦始皇一直十分迷信方術之士，以為這些人可以為自己找到神仙真人，求得長生不老之藥。後來，他甚至自稱為真人。而侯

生、盧生這樣一些方士，實際上是一些江湖騙子。他們投秦始皇所好，自稱與神相通，可得奇藥妙方。但時間一長，他們的許諾毫無效驗，騙術總是會被戳穿的。經過多次受騙後，秦始皇也有點不耐煩了，他十分嚴厲地對方士們說：

「再得不到妙方，我就要殺掉你們這些人！」

侯生、盧生之輩本是一批十足的騙子，目的只在騙取錢財，哪有靈丹妙藥？聽到此言，馬上捲起鋪蓋出逃。

「侯生、盧生那一幫子人都出逃了。」負責招待這些方士的人急匆匆地向秦始皇稟報。

「什麼？」秦始皇萬沒想到這些人的行徑如此惡劣。

「外逃前還肆意辱罵皇上，說皇上剛愎自用、專任獄吏、貪於權勢，說對這樣的人不足以為之求仙藥……」

秦始皇勃然大怒，大聲說：「我如此恩待盧生等人，而他們恩將仇報，誹謗於我，我要把這些讀書人通通殺掉。」

「皇上，此舉萬萬不可！」始皇的長子扶蘇站出來進諫，「天下剛剛安定下來，如此重法治罪，怕會有變。」

「胡說！」秦始皇在盛怒之下把扶蘇趕出了咸陽城，接着就下令開始了對包括方士在內的儒生的大行抓捕。數天之內，抓捕了「犯禁者」460 餘人，統統坑殺在咸陽城下。同時還謫遷一批人至北方邊地。秦始皇焚書坑儒，意在維護統一的集權統治，但手段太粗暴，而且並未收到預期的效果。

建阿房宮和驪山墓

天下一統以後，秦始皇採取了一系列鞏固統治和加強統一的措施，同時為了滿足自己的私欲，大肆建造宮殿，供自己享用。短短的

十多年中，僅在咸陽及附近地區建造的宮殿就有數百座之多。⑦一座宮殿連着一座宮殿，彌山跨谷，連成一片。據文獻記載，單單渭南上林苑中的所謂朝宮就連綿 300 餘里，宮門口立着 12 個威風凜凜的大金人，它的前殿就是有名的阿房宮。

阿房宮是秦始皇居住和尋歡作樂的主要場所。它東西 500 步，南北 50 丈。這個宮殿十分高敞，殿下可樹五丈高的大旗杆。在這個宮殿的大堂中，可以同時坐上萬個人。宮殿通過閣道與各旅遊勝地以及其他宮殿相連，活動十分方便。

秦始皇就在阿房宮中縱情享樂，過着荒淫奢侈的腐朽生活。在宮殿中，充斥着從全國各地搜羅來的珍奇寶物。秦始皇貪戀酒色，說是宮中的年輕美貌女子有一萬多人，酒氣直沖雲天。秦始皇是迷信神仙的，他就常常讓他的宮女打扮成仙女，在宮中遊樂。秦始皇的歌舞班子也有千餘人，一些專業的宮女常年寄居在阿房宮中，供始皇玩樂。

巍峨的阿房宮是用勞動者的屍骨堆積起來的。為了建造包括阿房宮在內的眾多宮殿，秦始皇動員了 70 萬徒工，歷時數年才營造成功。其中有成千的徒工，就葬身在這一座座華麗的宮殿腳下。

秦始皇生前要享樂，死後也要安居。於是，在他登基之後就開始大規模地興建陵墓，名為驪山大墓。

大墓完全依據秦始皇生前的氣派建造。以宇宙萬物為背景，上具天文，下具地理，表明墓主人是宇宙的主宰者的非凡身份；大墓繪畫有統一後的江山全貌，其中的百川、大江、河湖，都灌以水銀，用以象徵滔滔之水；有秦始皇辦公的地方，由百官侍立在他的周圍，如眾星拱月一般；有秦始皇日常居處的地方，堆滿了奇器珍怪之物；為了防止當世或後人盜墓，還在地宮的機要處暗設機關，裝以強弩，一有動作，強弩便急速射出，將其殺死；大墓深藏於地層之下，號稱「穿三泉」……

最讓世人稱奇的是驪山墓東側的兵馬俑坑，坑中展現的是一個地下大兵團。

在 1 號兵馬俑坑中有 6000 餘件陶俑、陶馬。在 2 號兵馬俑坑中有戰車 89 乘，陶質車士 261 人，駕車陶馬 356 匹，騎兵武士俑 116 人，陶鞍馬 116 匹，步兵俑 562 人。在 3 號兵馬俑坑中有駟馬戰車 1 輛，武士陶俑 68 件。至今發掘的三個兵馬俑坑，面積有 2 萬多平方米，坑內的陶俑有步兵，也有騎兵，還有車戰兵，總數在萬人上下。這些武士陶俑，十分寫實和逼真，身高都在一米八上下，神態莊重，大有威武之師神韻，由此可見當年秦帝國國力的強大。

◆ 註釋：

① 《史記·秦始皇本紀》：「寡人以眇眇之身，興兵誅暴亂，賴宗廟之靈，六王咸伏其辜，天下大定。今名號不更，無以稱成功，傳後世，其議帝號。」

② 興安運河（靈渠）溝通了中國南方兩大水系──長江水系和珠江水系，成為中國古代南方交通的大動脈，它的作用長達一兩千年，明清時仍被稱為「三楚兩粵之咽喉」（《修復陡河碑》），它有力地促進了中原與嶺南地區的經濟文化交流。

③ 從現存的秦時長城的遺址看，當時長城的城牆平均高約 7.8 米，牆基平均寬 6.5 米，頂部 5.8 米。八達嶺長城砌牆的石條長達 2 米，重兩千多斤。在當時條件下，要將這樣重的石條運上高山，砌成石牆，困難是可想而知的，同時也可想見中國古代勞動人民的偉大創造力。

④ 司馬遷在《史記·李斯列傳》中，對秦始皇廢分封作出了公允的評價：「秦無尺寸之封，不立子弟為王、功臣為諸侯者，使後無攻之患。」

⑤ 《說文解字·敍》引《尉律》云：「學僮十七以上，始試諷籀書九千字，乃得為吏。」《睡虎地秦墓竹簡·為吏之道》強調為吏必須熟知律令。

⑥ 這裏舉的三個法律例證，都見之於地下發掘的《法律答問》中，具有極大的權威性和真實性，是當時法律應用和解釋的真實寫照。

⑦ 據《史記·秦始皇本紀》記載：「關中計宮三百，關外四百餘。」《三輔黃圖》說：「咸陽之旁二百里內，宮觀二百七十。」

楚漢之爭

　　在歷史的長河中，楚漢之爭只是短短的一瞬。從公元前 209 年（秦二世元年）初秋劉邦、項羽響應陳勝的號召先後起兵算起，到漢高祖五年（公元前 202 年）劉邦稱帝，前後也只有七八年的時間。

　　可是，就這七八年，在中國歷史上地位之重要是難以估量的。它面臨的嚴峻課題是：堅持統一和進步，還是走向分裂和倒退？楚漢之爭的本質就在於此。

　　在這段時間裏，風雲變幻無窮，戴着不同面具登上歷史舞台的傑出人物層出不窮，讓人們永遠不能忘懷的歷史故事比比皆是。就是流行在民間的棋盤上，也會標上「楚河漢界」的字樣。

始皇帝死而地分

　　秦始皇雖然諱言「死」字，但滿朝文武，以至於普通百姓，都在思索着一個最嚴峻的問題：這位氣吞日月的始皇帝死後，天下將是怎樣的呢？

　　人們儘管不說，但心中都有一個答案——只是答案並不相同罷了。

　　秦始皇三十六年（公元前 211 年）某天的夜晚，在東郡一帶從天際墜落下一塊偌大的隕石，次日天明，大家好奇地圍攏來一看，只見石上有一行大字。

　　「始皇帝」一個中年人讀到此，再也不敢讀下去了。

　　「始皇帝死而地分！」[①]一個小孩讀出了隕石上的全部文字。童言無忌，眾人大驚失色。聽到小孩讀出的聲音，小孩的父親大驚失色，第一時間把小孩的嘴捂上了。

　　消息馬上傳到了秦始皇那裏。最犯秦始皇忌的是兩件事：一是說他要死，二是說要分裂。秦始皇為此大怒，他派出負責刑律的御史，逐家逐戶地盤查，最後還是一無所獲。秦始皇雖然迷信，但理智和經驗告訴他：隕石上的字決不可能是來自上天的「天書」，而是那些對他不滿的謀反者惡意刻上去的。他要儘快地查出肇事者。

　　「把隕石四周幾個鄉的人，不管老的少的，都抓起來，殺掉！再把那石塊用火燒了。」秦始皇用最嚴酷的手段來對付裂地而治者。

　　同一年，竟有人在華陰的平舒道（在華陰縣附近）攔截秦始皇的使者，對這位使者說：「今年祖龍死！」「祖龍」就是秦始皇的外號，有人公然希望秦始皇馬上死掉，那還了得！秦始皇下令抓這個攔截者，但沒有抓到。

　　這可以說只是統治者和反抗者間一場大的較量的預演，更大更酷烈的鬥爭還在後頭呢！一旦秦始皇真的死了，鬥爭必然會更加激烈。

大澤鄉的烽火

秦始皇的濫用民力和橫徵暴斂，使全國的老百姓再也難以生存下去了。雖然秦始皇統治嚴密，但地下的怒火還是越燒越旺了。

秦始皇三十七年（公元前 210 年），秦始皇在最後一次巡遊中死去，秦二世即位。燃燒已久的地火馬上衝上了地表，匯成了燎原之勢。而首舉烽火的是當時的兩個貧苦農民 —— 陳勝、吳廣。

秦二世元年（公元前 209 年）的七月，陳勝、吳廣同九百貧民一起被徵發去戍邊，並被推為屯長。行至大澤鄉（今安徽宿縣東南 20 公里處）時，滂沱大雨，不能行進。按秦法規定，戍卒不能如期到達，必斬無疑。死亡威脅着每一個人。

「苦苦地趕到那裏，要被處死，如果逃亡出去，也最多是個死。弟兄們，不如造反了吧，那倒可能是一條生路！」陳勝、吳廣舉起那粗壯的臂膀，高聲向大家發出號召。

「好，我們聽你們兩位的！」下面是山呼海嘯般的贊同聲。

陳勝雖是農民出身，但他是有一定見地的。他覺得起義得有個說法。他想了想，這裏原先是楚地，而楚國的將軍項燕愛士兵、愛國家，在民間威信很高。項燕雖然在抗秦的戰鬥中已被殺害，但大家都還不太知道他已離開了人世。陳勝決定利用項燕的威名，以興楚為由發動起義，以「伐無道，誅暴秦」為旗幟，以「大楚興，陳勝王」為口號，起兵西進。他們還採取各種方式，製造反秦輿論，用丹砂寫了「陳勝王」的帛書，悄悄塞進魚腹裏。當義軍發現這種帛書，甚感神奇；夜裏又讓人學着狐狸嗥叫「大楚興，陳勝王」。義軍們紛紛傳說有關帛書和狐鳴的奇聞，這些顯然為陳勝、吳廣起義增添神奇色彩，增強了號召力。

大澤鄉起義的烽火被點燃了。

當時，全國的銅器已全部收歸國有。起義者，便以樹木作為兵

器，史稱「斬木為兵，揭竿為旗」！

　　起義如乾柴烈火，馬上燃燒起來。僅僅 10 天，起義軍橫掃數百里，當起義軍進入陳這座城市時，這支隊伍已擁有戰車 700 輛，騎兵千餘人，步兵數萬人了。陳地原是楚的首都，戰國末楚曾遷都於此。陳勝就在這裏建立了第一個農民政權 —— 張楚，也就是壯大楚國的意思。

　　起義的烽火飛速地蔓延到了全國大部分地區，原來分散在各地的革命力量很快匯集起來，形成一支巨大的洪流，最終埋葬了秦王朝。

「裂地稱王」勢力泛起

　　秦始皇死後，陳勝、吳廣在大澤鄉舉起了反秦的義旗，許多六國舊貴乘勢而起，加入了農民起義的隊伍。他們中有齊王田氏的宗族田儋，以及他的從弟田榮、田橫，有原魏宗室魏咎，有魏國的所謂名士張耳、陳餘。他們加入起義隊伍，目的是為了「立六國後」，回過頭來再走分裂之路。

　　在陳勝、吳廣起義軍順利發展的形勢下，這些六國舊貴蟄伏不動，但一旦認為形勢對他們有利，或革命隊伍處於危機狀態之時，他們就公然出來鬧分裂。

　　張耳、陳餘接受陳勝的委派，北略趙地到達邯鄲後，聽到陳勝的主力周文敗退的信息，馬上唆使北路軍的主帥武臣鬧獨立，張耳煽動道：「看來陳勝的稱王，是想自己佔有天下，『張楚』的意思是張大楚國，統一全國，將來也未必肯裂地而治。」陳餘應聲在旁煽動，獻策道：「您武將軍已攻下趙地數十城，為什麼不可以自個兒稱王呢？」

　　在兩人的鼓動下，武臣自稱為趙王。消息傳到陳勝那裏，他明知

武臣是擁兵自重，但出於無奈，只得派出使者表示祝賀，並促其揮師西下，助起義軍主力部隊周文一臂之力。這時，張耳、陳餘又對武臣說：「祝賀您為趙王，不是陳勝的本意，如果陳勝的部隊滅了秦，必加兵於趙。還是北向進軍，退可擁兵自重，進可擴張地盤。」由於武臣部隊的按兵不動，致使周文部全數被消滅。

武臣的部將李良在戰鬥中也一點點自大起來，他反過來舉兵反趙，殺死了武臣，趕走了張耳、陳餘，成為割地自重的一股勢力。

另外，起兵後的燕國舊將韓廣將兵北略燕地，亦在燕地貴人豪傑之士的慫恿下，自立為燕王。

先期進入農民起義軍隊伍的六國舊貴周市，也乘機擁立魏公子咎為魏王。最先加入陳勝起義軍隊伍的齊國宗族田儋更是振振有詞地說：「大家都在裂地稱王，齊為何不可稱王？齊是古國，我又是田氏，應當稱王！」他說到做到，就自立為齊王。

沉渣泛起。以六國故舊為主幹的舊勢力，紛紛裂地稱王。他們是想走回頭路，歷史又行進到了十字路口。

劉項薛城之會

陳勝領導的農民起義，其興也速，其敗也速，前後只堅持了 6 個月。究其原因，有秦王朝的殘酷鎮壓，有六國舊貴族的分裂割據和破壞，也有自身的軍事失誤。陳勝、吳廣都被殺害，張楚政權覆滅了。

分裂割據勢力奔走相告，額手相慶，以為割地為王的機會到來了。

他們高興得太早了。統一是大勢，為民心所向。劉邦、項羽順勢而起，接過了反秦暴政、堅持統一的大旗。

劉邦和項羽（先是他的叔父項梁）在陳勝起義後不久就投入起義隊伍。劉邦出身於農民家庭，後為泗水亭長，他響應陳勝在沛縣舉

義，號稱「沛公」。項梁是楚國名將項燕之子，當陳勝起義的消息傳到吳中時，項梁和項羽叔侄兩人就帶領子弟兵在會稽起事。不久，陳勝戰敗身亡。陳勝部將假借陳王令，拜項梁為上柱國，實際將兵權交付於他。項梁與項羽就率八千江東兵渡江而西，勢如破竹。這時，劉邦也投身於項梁麾下。

秦二世二年（公元前 208 年）六月，項梁得知陳勝已死的確切消息，為了穩定局勢，團結起義隊伍的各路人馬，在攻下薛城後，在那裏召開大會，共謀反秦大計。劉邦也專從沛地趕來參加這次會議。

在這次會議上，劉邦基本上無所作為，處於項氏叔侄的制約之下。在會上，項梁的謀士、七十高齡的范增提出了一個帶根本性的策略，他說：「俗語說得好，『楚雖三戶，亡秦必楚。』消滅暴秦，沒有楚這面旗幟不行。當時陳勝稱王舉的是這面旗幟，我們要立於不敗之地，也得舉這面旗幟。」

大家對這一策略性的提議表示贊同。不過，怎麼舉起這面旗幟呢？深謀遠慮的范增自有主張。他說：「為長久之計，可以復立原楚王之後。」

根據范增的建議，項梁找來了已流落在民間牧羊的楚懷王之孫熊心，立為楚懷王。項梁自號武信君，掌軍政大權，成為各路起義軍的實際首領。

薛城會議是秦末農民起義進入第二階段的標誌。在以後的一段時間裏，項梁成了起義軍的盟主。

鉅鹿之戰

秦二世二年（公元前 208 年）的九月，秦將王離率 30 萬精兵，渡河攻擊趙地，將趙歇、張耳的軍隊包圍在鉅鹿這樣一座不大的城邑中，秦將章邯也率 20 萬軍隊前來助攻。孤城鉅鹿危在旦夕。

當時，項梁已在戰鬥中陣亡，項羽代其叔成為反秦各路軍的首領。項羽知道得很清楚，如果秦軍消滅了趙地的勢力，接下來就會揮師南下攻楚，因此，救鉅鹿之圍，實際上也是一種自救。

他們決定出兵救趙，打的還是楚懷王的旗號。主將是宋義，項羽為副將。在戰爭策略上，宋、項之間發生了很大的衝突。宋義率軍至安陽便駐足不前，坐視秦趙之戰。而項羽主張「楚擊其外，趙應其內」以破秦。最後二人衝突發展到了頂峰，項羽斷然殺掉宋義，統領大軍救鉅鹿之圍。這樣做項羽雖然顯得有點唐突和粗魯，但當時是出於萬不得已，也是可以原諒的。

在鉅鹿之戰中，充分表現了項羽的英勇善戰。他先遣以勇猛著稱的當陽君英布率 2 萬人迅速渡過漳河，直奔鉅鹿，以突然襲擊方式斷絕章邯糧道，使王離陷於缺乏糧草的境地。接着，項羽親自統領全軍搶渡漳河。渡河後，立即下令把所有的船隻都鑿沉，把所有的鍋鍋盆盆都打碎了，隨即帶着三天糧食出發，準備與敵人作殊死戰鬥，這就是中國歷史上著名的「破釜沉舟」的故事。[②]項羽軍自斷後退之路，就似猛虎下山般撲向秦軍，包圍了正處於飢餓中的王離軍。項羽一共發起了九次進攻，一次比一次猛烈，秦軍兵敗如山倒，連秦主將王離也被俘獲了，章邯軍一看大勢不好，就引兵退卻了。

當時，燕、齊等各路軍來救鉅鹿，設壁壘於其周圍的有十餘家，但都不敢出來應戰。等項羽發起進攻時，全都龜縮在壁壘裏驚奇地觀望。人們被項羽的蓋世神武折服了。

從此，項羽被公認為各路反秦軍的首領。

項羽新安坑降卒

鉅鹿之戰的勝利，本來為項羽贏得帶領起義軍一統江山的籌碼，

但是，隨之而來的新安坑降卒，又把他推到了仁義之師的反面。

項羽全殲王離軍以後，又迅速追擊猶如喪家之犬的章邯軍，章邯節節敗退。這時，秦二世在趙高的唆使下，嚴責章邯。有官員又向章邯獻計道：「現在，皇上全聽趙高的，將軍如打勝了，趙高會嫉妒於你，打敗了，趙高會加罪於你。你進也不是，退也不是，不如降了項羽為上策。」

正當章邯猶豫不決的時候，項羽軍又兩度重創秦軍。章邯自知山窮水盡，別無出路，於是在殷墟投降了項羽。項羽接受了章邯之降，還封他為雍王呢！

怎樣來處置那麼多降卒呢？項羽想了很久，最後萌生一計。「你們這些士兵，大多是關中人，我現在把你們送回關中去。」項羽不動聲色地對降卒們這樣宣稱。

於是，20萬降卒浩浩蕩蕩地由殷墟出發，直奔關中而去。可是，當軍行至新安（今河南澠池西）時，項羽兇相畢露了，他對押解的將軍說：「這些降卒人太多，他們的心裏又不服，恐怕會發生變亂，不如殺光了之。」

於是，在一個風高月黑之夜，項羽採取突然襲擊的手法，把這些原本無辜的普通士兵全都坑殺在新安城外，成為了千古冤魂。

一夜之間，項羽的英雄形象褪盡了它應有的色澤和光華。人們疑惑着：這究竟是一個怎樣的人呢？

約法三章

秦二世二年（公元前208年）九月，楚懷王與各路將領約定：先入關中者為王。當時秦的兵力還相當強，許多將領不敢也不願入關，只有劉邦、項羽兩支部隊自告奮勇地表示願意入關。

劉邦走的是西征之路。從秦二世二年秋起，歷時一年，連克泗水、東郡、三川、潁川、南陽等郡的廣大地區，突破武關，直指關中。當時秦的主力如王離、章邯等部都被項羽吸引住了，因此，劉邦除與一些地方部隊交鋒外，阻力不算大。

當時，秦二世已被趙高所殺，公子嬰被立為秦王。劉邦逼近關中時，趙高派人來與劉邦聯繫，說如不進關可以「約分王關中」。劉邦沒有理睬他，率軍直入關中，駐軍霸上（今西安市東南），向秦王子嬰發出「約降」的最後通牒。即位剛46天的子嬰，煢煢獨立，無力抵抗，只得親至枳道亭旁向劉邦投降。

劉邦入關後，對民眾實行了安撫政策。隆冬時節，劉邦在霸上召集關中父老，當面向他們宣告：

「天下人被秦的暴政壓迫得夠苦的了，我帶兵到此，就是為了廢除秦的苛法，讓老百姓過上安穩日子，現在我跟大家約法三章：殺人者死，傷人及盜抵罪！」

這就是中國歷史上著名的「約法三章」。

劉邦叫人把此「約法三章」，用大字書寫在各縣、各鄉、各邑牆上，讓人人都知道。老百姓高興得不得了，紛紛殺牛羊、備酒菜來慰勞劉邦的軍隊，劉邦把這些慰勞品都退回去了，說：「現在大家都不富裕，還是不要這樣吧！」

老百姓真的感動了，信服了，唯恐劉邦離開關中，他們可從來沒看到過如此秋毫無犯的軍隊啊！

鴻門宴

這是中國歷史上極有名的故事。

項羽聽說劉邦率先進入關中，又氣又急，連夜命大軍西進。到了

函谷關,被關守軍所阻,項羽大怒,殺關將而入。很快,項羽大軍進入了關中。他的百萬大軍雄踞於鴻門(今陝西西安臨潼區東北),怒氣沖沖,非殺了劉邦不可。

這時,有人把項羽要殺劉邦的消息告訴了劉邦的謀士張良,劉邦急與部屬商議對策。張良說:「我了解項羽,現在只有一個辦法,就是你沛公(劉邦)親自到鴻門去,軟化他。」

有人說:「那太危險了,去不得。」

張良說:「去了,才能顯出沛公的誠意,他項羽再要怎樣,理上就虧了。」

有人說:「項羽是殺人不眨眼的,怕是去得了而回不了。」

張良說:「我陪沛公一起去,好見機行事。」

劉邦這時也說:「去,我去!」

項羽聽說劉邦要來,就假意設宴招待,用謀士范增之計,暗藏殺機。劉邦來到鴻門,對項羽低三下四地施禮,並十分真誠地說:「我與將軍一起戮力攻打暴秦,將軍戰於河北,我戰於河南,真想不到我會首先入關。到了關內,我不敢進入咸陽城,駐軍於霸上,為的是等待將軍的到來。」項羽無話可說,把劉邦一行請上了宴席。

在席間,范增一再以眼神向項羽示意,要他動手殺劉邦。可是項羽就是不動手。范增一而再、再而三地將自己所佩的玉玦舉起,項羽還是無動於衷。范增沒了辦法,就偷偷把項莊叫了出去,要他以舞劍為名刺殺劉邦。

項莊回到席間,對眾人施禮道:「項王與沛公豪飲,席間無所樂,請以舞劍助酒興。」說罷,就在席間舞起劍來,劍鋒不時指向劉邦。這時,項伯一看情勢不對,大吼一聲,說:「一人舞不足樂,兩人同舞才好看呢。」一面舞着,一面隨時以自己的身體護着劉邦,使項莊下不了手。

張良一看席間劍拔弩張的樣子,知道此地絕非久留之地。於是,讓劉邦以上廁所為由,逃離了鴻門。范增得知劉邦逃脫的消息後,仰

天長歎道：「看來項羽這小子是不能與他商量什麼的。等着吧，將來奪項王天下的，必定是劉邦無疑！我們這些人都將成為劉邦的俘虜了。」從此再不多說什麼了。

項羽分封十八王

進入關中以後，項羽逐步從農民起義軍的首領，蛻化成分裂割據勢力的總代表，這也就決定了他敗亡的命運。

鴻門宴後的數日，項羽便率軍至秦都咸陽大肆屠殺，殺了秦王子嬰，放火燒掉秦宮殿，大火燒了三個月都不熄。他還擄走了大批的財寶、婦女。他的所作所為，使曾經寄希望於他的秦民大失所望。

楚懷王當時表面上是起義軍的最高領袖。他曾說過，先定關中者為王。結果大出項羽所料，劉邦搶先一步進了關中。項羽於是去問楚懷王：「你看怎麼樣？」意思是要他改口，哪知楚懷王回答了一句：「照原先所說的辦。」這可使項羽十分惱怒，他假意把懷王封為義帝，讓他由彭城遷往郴地（今湖南省境內），在半路上又派人將他殺了。

公元前 206 年春，項羽實施大分封。他把那些愛將親信以及六國故王的後代召集到咸陽，說：

「當年發難的時候，大家齊心協力，披堅執銳，英勇殺敵，三年後，終於滅秦定天下，這都是大家的功勞。為獎掖大家的業績，決定實行分封，叫做『分其地而王之』。」

眾人震懾於項羽的威勢，誰敢說個「不」字？只聽得下面是一迭聲的「善」字。

封沛公（劉邦）於巴、蜀、漢中之一隅，稱漢王。

立降將章邯為雍王，王咸陽以西。

立項梁的故舊司馬欣為塞王，王咸陽以東至黃河一帶。

立當年勸章邯投降的董翳為翟王，王上郡。這三王之設，為的是「雍」死、「塞」死劉邦的出路。

又大封故六國王及其後代。封魏王豹為西魏王；封從張耳那裏分化出來的申陽為河南王；韓王成，仍封為韓王；封趙王歇為代王；封張耳為常山王；燕將臧荼隨項羽入關，封為燕王；齊王田市封為膠東王……

項羽一口氣封了 18 個王[3]，把一個統一的中國切割得支離破碎。而他自封為「西楚霸王」。

分裂者不會有好下場。全國譁然，一片責罵聲。

那些得到王位者不一定感激他，那些沒有封得王位的就群起而攻之。他們乘勢而起，挑起了新一輪的分裂戰爭。

故齊國的王室實力派田榮聽到項羽封齊王田市在膠東，又立原齊將田都為齊王，大怒：「如此不公，我反了！」他在齊地起兵，並自立為王。田榮又與梁地的彭越串通，鼓動他在梁地起兵。

差不多在同時，陳餘派使者到田榮那裏去聯絡，說：「項羽的分封不公平，把他的親信分在中心地帶，而原六國王都分在邊遠地區，我們不能容忍！」於是，打着「復趙王」的旗號，與田榮一起擊打常山王。

分封又造成了天下大亂。

劉邦率軍入漢

當項羽在咸陽當眾宣佈分封名冊時，劉邦憤怒得差一點衝上前去與這個不講理的「西楚霸王」拚了。他手下的眾將也摩拳擦掌，憤憤不平。要不是蕭何及時加以阻攔，那場面說不定是難以收拾，其後果也會十分嚴重。

回到軍營，劉邦的怒氣一時還是難以平息，他一拳狠狠地擊打在桌面上，說：「他項羽自封西楚霸王，佔梁、楚九郡，而把我置於荒僻、邊遠的巴蜀之地，他還講理不講理。我跟他拚了，大不了魚死網破！」

眾將也應聲大吼：「拚了！拚了！我們跟沛公一起幹！」

等大家發泄了一陣子，蕭何站出來篤悠悠地說：「好啊，去拚吧，不知你們眾位想過沒有，你們這樣拚啊拚的，最後十之八九是魚死而網不破啊！」

「魚死而網不破，真的這樣嗎？」有人驚訝地反問。

「是啊，事情只能是這樣的。」蕭何還是篤悠悠的，「眼下，項羽有多少兵馬？你沛公有多少兵馬？再加上他的黨羽，你去碰他，無異於以卵擊石，除了自己粉身碎骨之外，不會有別的結果。你想得好，魚死網破？項羽編織的那張大網可結實着呢，你一條不大不小的魚撞得破那張大而結實的網？結果只能是：網未破，魚先死！」

「那怎麼辦？」此時劉邦冷靜了一點。

蕭何把劉邦扶到一邊坐下，深謀遠慮地說：「現在只能是順着他，到漢中去，當那個漢王去，把那裏的地盤建設好，讓項王放下心來去與別人拚殺。等別的『大魚』把項羽編織的網折騰得差不多了，你漢王再待時而起，天下還怕不是你沛公的？」

劉邦奮然而起，擁着蕭何說：「先生真是我的好軍師，您的一席話，把我心頭的疑雲都撥開了！」

這時的劉邦根據蕭何的計謀，就順着項羽的安排率軍進入了漢中。關中的老百姓看到劉邦如此的仁義，真捨不得他離去，有幾萬關中人還跟着他來到漢中呢！

劉邦的軍隊從杜南入蝕中，過褒中（在秦嶺太白山內）時，劉邦又接受了張良的建議，燒掉了進蜀的棧道。這樣做，一是防備有些不安好心的人尾隨着來襲擊，二是似乎在告訴項羽，我劉邦是再沒有向東發展的意圖了。項羽聽到這個消息，高興地說：「看來沛公再無還

心，一心當他的漢中王了。」

劉邦進入漢中後，致力於養精蓄銳，保存實力，操練士兵，並派出張良，到項羽身邊去鼓吹「漢王無還心」，同時張良也四出遊說，為劉邦的復出製造輿論。靜臥漢中的劉邦正蓄勢待發，準備着與項羽決一雌雄。

蕭何月下追韓信

「蕭何月下追韓信」，雖說只是根據歷史文獻演繹的一齣京劇，但是，它的故事概貌，它的大致情節，都與《史記》所描述的史實相吻合，具有極大的歷史真實性。可以說，蕭何這一追，很大程度上決定了劉邦的命運以及整個中國歷史的走向。

韓信的故事在中國可以說是家喻戶曉。他少時家貧，不得為吏，也不願從事生產，曾乞食於漂母，也在家鄉受過惡少年的「胯下之辱」。秦末農民起義軍起，韓信隨項梁渡淮，項梁亡後，在項羽軍中任郎中。多次向項羽獻策，都沒有受到重用。當劉邦入蜀時，韓信由楚投漢。

在劉邦那裏，韓信仍然是個無名之輩。他幾次向劉邦上書，都沒有得到重視，只是給他一個治粟都尉的小官，為軍中籌備一點糧草而已。後來，韓信找到了蕭何，兩人有數度暢談，蕭何認定韓信是個可用的奇才，答應在劉邦面前力薦他，只是要找個機會。當時，劉邦初到漢中，軍心有點兒不穩，有些將領吃不了苦，逃亡了，前後有數十人之多。對此，蕭何也不太在意，不想好好建功立業的逃兵，走了反倒好。韓信在軍中閒着無事，心中悶得慌，一直沒有候得什麼好消息，以為蕭何的力薦不會有什麼好結果。

有一天，有人向蕭何報告：「韓信逃跑了！」

蕭何大驚，也來不及報告劉邦，就親自去追趕韓信了。好不容易才把韓信追上，好說歹說請了回來。蕭何氣喘吁吁地來向劉邦回報，劉邦卻一臉的不高興。

「丞相為何要逃亡？」原來有人誤以為蕭何追韓信是自己出逃而報告了劉邦，劉邦故而這樣責問他。

「臣不敢也不會逃亡啊！我是去追趕韓信啊！」蕭何大惑不解地作答。

「什麼？什麼？你再說一遍，你在追誰？」劉邦已經記不起韓信這個名字了。

「韓——信——！」蕭何一字一板拉長了聲音又說了一遍。

「韓信？他是個什麼樣的人？」劉邦驚奇地問。

蕭何把韓信的身世，韓信的政治主張，韓信的軍事才能，原原本本地向劉邦說了一遍。最後，蕭何說：「諸將易得，而像韓信這樣的國士卻舉世無雙。您沛公想稱王漢中，不一定用得着韓信，如果您沛公想爭天下，就非得用韓信不可。」

劉邦豪爽地說：「我哪裏想鬱鬱久居漢中，我用韓信為將吧！」

蕭何說：「您只是給他一個將位，他必不能留。」

「那我拜他為大將吧！」劉邦脫口而出。

蕭何道：「那很好。」

劉邦又說：「那就把他叫來好了。」

蕭何忙說：「您歷來對人傲慢無禮，拜大將怎能像呼小兒一樣。您一定要擇良日，設將壇，以禮拜之。」

劉邦聽從了蕭何的話，即日拜韓信為大將，統帥全軍，全權委之以部署出兵關中事宜。

事實證明，劉邦這一步是走對了。

明修棧道，暗渡陳倉

公元前 206 年七月，東方的田榮已經兼併了三齊之地，佔領了原齊國的全部土地，彭越又起兵，擊楚自立。這對項羽是一個極大的牽制。韓信看準了這一個極好的時機，他對劉邦說道：

「項王是不得人心的，他所過之處多所殺戮，天下多怨，百姓不親附。現在三秦地區所封王者，都是秦將，老百姓對這些人恨之入骨，全靠項羽撐着。目前，項王的絕大多數兵力都被齊軍牽制於東方，這正是您漢王東進的好機會。

「再說，您部下的將士，都是山東之人。他們都視巴蜀為暫居之地，日夜盼望東歸。只要您在這節骨眼上一聲號令，必定人心大振，三秦立時可奪。」

劉邦說：「行，聽將軍的！」

公元前 206 年的八月，劉邦起兵東進。這時，韓信又獻一計：「項羽此時還是有相當實力的，必須聲東擊西，才能出奇兵取勝。可以明裏大張旗鼓地修復以前燒絕、毀壞的棧道，把敵方的注意力吸引到那裏去，同時組織精兵從敵人兵力較弱的陳倉（今陝西寶雞東）進發，出其不意地擊潰敵軍。」

劉邦大喜，說：「將軍之計可行。」

於是，進出蜀地的原棧道處熱鬧非凡，旗幟招展，鼓聲喧天，漢工程兵日夜重築棧道，似乎不日就要由此東進似的。項羽得信，急令章邯等三秦諸王備戰，堵塞棧道出口，三秦諸王的軍隊重心移向了故棧道處。

而蜀軍暗地裏卻向陳倉處集結。劉邦令蕭何收集巴、蜀大量的糧食，以備軍用。一個月黑風高的夜晚，漢軍如利箭般走出陳倉口，奔襲章邯部，由於章邯部主力不在那裏，一連三戰，章邯部節節敗退。數天內，漢軍一舉攻佔雍地，雍王狼狽地逃至咸陽。漢軍又趁

勢東向北進，塞王欣、翟王翳望風而降。秦地三王全被消滅，「三秦」輕而易舉地歸入漢王的版圖。這就是歷史上有名的「明修棧道，暗渡陳倉」。

垓下之戰

正當項羽軍被牽制於東方之際，漢軍於公元前 205 年三月，從臨晉渡河，大舉東進。在取得一系列勝利以後，即南渡平陰津（河南孟津東北），到達了洛陽新城。在那裏，發佈了著名的對項羽的宣戰書。④

在那裏，有一名叫董公的「三老」要求劉邦接見，劉邦高興而有禮貌地接見了他。董公向他獻計道：「我聽說『順德者昌，逆德者亡』，『兵出無名，事故不成』。現在，項羽殺死了義帝，如果您以此出師，可說是師出有名。為此東征，四海之內都會信服的，請漢王三思而後行。」

劉邦聽此「善言」，高興極了，說：「老先生說得對極了，我一定會這樣做的，即刻以此聲討項羽的無道！」

這樣，劉邦一面親自為義帝發喪，在喪儀上，劉邦號啕大哭，顯得十分傷心的樣子。同時，以此為由頭，寫了一封告諸侯書，書中這樣說：

「義帝是天下人共立起來的，得到大家的一致擁戴。現在項羽暗殺義帝於江南，這是大逆不道的事。現在，我帶領關內的兵士，南浮江漢以下，願與大家一起討伐殺害義帝、罪大惡極的項羽！」

這封告諸侯書，實際上就是向項羽的公開宣戰書。從此劉邦與項羽成為勢不兩立的敵手。

楚漢相爭，楚軍一度處於強勢地位。但是，劉邦意在統一，很得

民心。再加上用離間計，除去了項羽最得力的戰將鍾離眛和最有才華的謀士范增，這樣，就使項羽處於徹底孤立的地位了。

公元前 203 年十二月，楚軍行至沛郡洨縣之垓下（今安徽靈壁南陀河北岸）時，漢軍出其不意地將其包圍在壁壘之中。楚軍長期東奔西突，疲於奔命。一旦被重重包圍，則完全喪失了戰鬥力。

入夜，劉邦令圍城之漢軍士兵大聲唱起楚歌。這時，處於驚慌失措中的楚軍，聽到悲涼的楚歌聲，軍心更加渙散。項羽半夜驚起，以為楚軍盡為漢所虜，飲酒帳中，問左右：「難道漢軍已經佔領了全部楚地？不然，為何有那麼多的楚人在唱悲歌呢？」

左右避而不答，紛紛作鳥獸散。

項羽自知末日來臨，撫着他心愛的烏雖馬悲歌慷慨，泣數行下。美人虞姬邊舞邊歌，為其壯行。夜半，項羽親率壯士 800 人，策馬突破重圍南走，邊戰邊走，傷亡十分嚴重。天明後渡過淮河，從騎只有百來人了。

項羽行至陰陵（今安徽鳳陽南），突然迷路了。於是就去向路旁一老農問路。老農故意指給他錯誤的方向，使這一小股殘軍陷入大澤之中而不能自拔，而漢軍的輕騎馬上追趕了上來。

項羽引兵東向，跟隨的只有二十八騎了，而追擊的漢軍有數千人。項羽邊戰邊退，來到了烏江邊上，烏江亭長要用船載他過江，項羽不肯，說：「我帶江東子弟八千人渡江而西，現在無一人生還，我無顏再見江東父老了！」

於是，下馬步行，與漢軍作短兵相接的戰鬥，最後身負十餘處傷，自刎而死。

項羽的自殺身亡，意味着楚漢戰爭的基本結束，不久，劉邦稱帝，建立起了在中國歷史上有着巨大影響的漢王朝。

◆ 註釋：

① 《史記·秦始皇本紀》：「三十六年 …… 有墜星下東郡，至地為石。黔首或刻其石曰：『始皇帝死而地分』。始皇聞之，遣御史逐問，莫服，盡取石旁居人誅之，因燔銷其石。」

② 《史記·項羽本紀》：「項羽乃悉引兵渡河，皆沉船，破釜甑，燒廬舍，持三日糧，以示士卒必死，無一還心。」

③ 據《史記·項羽本紀》載，項羽所封十八王為：漢王劉邦，雍王章邯，塞王司馬欣，翟王董翳，西魏王魏豹，河南王申陽，韓王韓成，殷王司馬卬，代王趙歇，常山王張耳，九江王黥布，衡山王吳芮，臨江王共敖，遼東王韓廣，燕王臧荼，膠東王田市，齊王田都，濟北王田安。如果再加上項羽這個西楚霸王的話，是封了十九王。此外，還有被封為所謂「侯」的，一共加起來有二十多個。

④ 關於劉邦向項羽宣戰一事，《史記·高祖本紀》和《漢書·高祖紀》都有記載，目的是號召各路諸侯團結在漢王周圍一致進攻「大逆無道」的項王，事實上也確實起到了孤立項羽、團結各方的作用。

第二十三卷

漢家氣象

　　漢高祖五年（公元前 202 年）「楚漢戰爭」結束後，中國廣袤的國土復歸於統一，建立起了一個強大的、朝氣蓬勃的大帝國，它就是西漢王朝。這一王朝延續了 200 多年。經過一段戰亂以後，由漢高祖劉邦的後裔劉秀建立起了仍稱為「漢」的統一新王朝，因其首都設在原「漢」王朝首都長安的東方洛陽，故稱為東漢，這一王朝又延續了將近 200 年。

　　西漢和東漢，合稱兩漢。

　　兩漢是中華民族初步形成的重要歷史時期。鐵工具的廣泛使用，牛耕的普及，使中華大地上作為立國之本的農業有了長足的發展。農業的發展，又推動了社會經濟的全面繁榮，推動了國內各地區之間聯繫的加強，推動了各地區、各民族之間的交流和融合，在此基礎上，開始出現了被東西南北各地的人們認同的「中國人」的新觀念。

　　兩漢時期中華文明的大格局漸次推出，這種格局甚至影響了整部中華文明史。中國被稱為「絲之國」，指的就是漢代。中國鋪天蓋地的小農經濟，也大致定格於漢代。還有漢字、漢服、漢代的禮儀制度和精神氣質，都影響了中國數千年。

由「漢王」到「漢皇」

垓下之戰後的三個月，迫於形勢，一些諸侯王聯合上書，請求劉邦稱帝。殊不知，這幕「上皇帝尊號」喜劇的總導演就是劉邦本人。在這之前，在劉邦的策劃下，蕭何、曹參、張良等謀臣四出奔走，一面是施壓，一面又是使各種地方勢力感到劉邦稱帝是勢在必行。

「得讓那些頭上長角的地方勢力牽頭上書。」劉邦對自己的心腹這樣交待。所謂「頭上長角的地方勢力」，當然是指那些迫於形勢追隨漢王，而內心裏別有所圖的地方勢力。這些人一牽頭，誰還敢說個「不」字？

在蕭何等謀臣們的恩威並用下，最具反叛性的楚王韓信、韓王信、淮南王英布、梁王彭越、衡山王吳芮、趙王張敖、燕王臧荼等不得不聯名上書，「請求」劉邦稱帝。

富有喜劇意味的是，看到各地諸侯王的上書，劉邦雖然心中竊喜，但並不喜形於色，相反，卻裝模作樣地召集群臣，着力地「推讓」了一番。他說：「大家擁戴我當皇帝，我哪裏配得上呢？皇帝是德高望重的賢者，我離這個標準可遠着呢！大家看還是選別人吧！」謙虛地表示不願接受「皇帝」這一至高無上的尊號。

這些諸侯王雖然各懷鬼胎，有的也明明知道劉邦是在演戲。但為了保住自己的既得利益，不得不陪着劉邦把這出戲演完。他們集合起來，用更為忠誠懇切的言辭，又一次上書，書中說道：「大王的恩德施於四海，這是天下的臣民有目共睹的事實，我們這些諸侯王說也說不完。大王居於帝位是最適宜的了，這也是上天的昭示，願大王不要辜負上天的昭示以及天下百姓的期盼。」

劉邦再一次謙讓，各地的諸侯王再一次上書勸進。最後，劉邦似乎實在推脫不了，才答應了下來，他說：「諸侯王如果真的以為這樣做有利於天下百姓，那麼，我就只好登上皇帝位了。」

這種有人勸進、本人一再「謙讓」、最後半推半就地登上帝位的模式，成為中國此後 2000 年封建社會中開國之君故作姿態的先範。

劉邦成功地登上帝位後，先是建都於「氾水之陽」的定陶，後遷都於洛陽，最後定都於當時的所謂「天下之中」的關中長安。

劉邦的「五湖四海」

劉邦戰勝項羽後，在洛陽南宮大開筵宴，招待功臣將領，開了個像模像樣的慶功大會。酒行數巡，劉邦忽然向大家提出個問題：

「我原先是那樣的弱小，最後為什麼能得天下？而項羽一度是那樣的強大，為何會失天下？列侯諸將不要有顧慮，要講真話！」提出這一問題時，劉邦顯得有點神采飛揚。

謀士將領們聽了，各抒己見。有的說，那是陛下英明，有能耐。有的乾脆說，那是天命所歸。劉邦覺得群臣「知其一，未知其二」，都沒有說到點子上，只好自己站出來說話了。他說：

「據我想來，成敗得失，還得從用人上找原因。試想：運籌於帷幄之中，決勝於千里之外，我不如張良；鎮國家，撫百姓，我不如蕭何；統兵百萬，戰必勝，攻必克，我不如韓信。這三個人都是當代的豪傑，但是，我能全心全意重用他們，這就是我能得天下的道理。而項羽只有一個范增尚且不能用，這就難怪要被我消滅了。」

群臣聽了劉邦這一番話，隨即下座拜伏，言稱極是。結果，原先設定的慶功會，開成了經驗總結會。劉邦十分中肯地評價了「漢初三傑」為創建西漢王朝所立下的卓著功勳。

劉邦在用人上是搞「五湖四海」的。劉邦原先只不過是個在官僚層中根本排不上號的「泗水亭長」，家中雖略有田產，但其父母得自己參加田間生產勞動，他自己連欠人的酒錢也無力償還。再說，他所

交往的人也多為社會下層人士，這就決定了漢初「布衣將相」的基本格局。他手下的主要謀臣將領中，蕭何、曹參、夏侯嬰等當過下層官吏，陳平出身寒門，樊噲是屠狗的，灌嬰是個小商販，周勃以編席為生，兼為人辦喪事當吹鼓手，婁敬靠拉車賣藝過日子，各行各業，樣樣都有。

劉邦是沛縣人，他後來雖委重任於蕭何、曹參、樊噲這樣一些「豐沛集團」的人，但總體上來說，用人絕不以同鄉為限，他們有的祖籍高陽，有的出生武陽，有的世居淮陰，東南西北，各處都有。

劉邦起事後，有的同時起兵，有的中途相識，有的沾親帶故，有的來自敵壘，對這些人，無論親疏遠近，劉邦都一視同仁，都能為自己所用。這些人在統一中國的過程中，各自起到了自己應有的作用。

正是從「五湖四海」匯攏的這樣一些英雄豪傑，支撐起了大漢王朝的天下，成為漢王朝的第一代領導核心。

巧除韓信

項羽敗亡以後，掃除了劉邦統一全國的最大的、公開的障礙。但是，他知道還有一個隱患未除，那就是表面上受他統轄，而實力比他還大的韓信。

韓信這個人可謂實力很大，野心不小。在楚漢戰爭的關鍵時刻，劉邦好不容易把他爭取了過來，可他受命擊敗了齊國後，就派使者來見劉邦，說：「齊國就靠在楚國的邊上，如果我的權勢太輕，恐鎮不住它，請漢王封我韓信為假王。」當時項羽的軍隊將劉邦圍困在滎陽，形勢十分危急。劉邦一聽使者的話，就勃然大怒，罵道：「我被困在這裏，日夜盼望你韓信來救我。你倒好，只想着自立為王！」這時，張

良、陳平在下面踢踢劉邦的腳，附在他耳邊悄悄説：「現在與韓信鬧僵了會壞大事，不如暫且滿足他的欲望，讓他安下心來共同對付項羽。」劉邦一聽頓時醒悟了過來，當着來使的面假作很生氣地高聲説：「大丈夫要當就當真王，當什麼假王？！韓信是一位了不起的將軍，我封他為齊王！」接着，馬上派張良到韓信營地去，一面是探個虛實，一面送去了齊王的封印和服裝冠帶。韓信的欲求暫時得到了滿足，就死心塌地地跟着劉邦打項羽了。在這期間，韓信也曾有過「三分天下，鼎足而居」的設想。當時，他迫於形勢，不敢公然提出來，因為他雖手握重兵，但威望是怎麼也不能與劉、項兩人相比擬的。應當説，韓信在楚漢之爭過程中起了極為重要的作用。

但由此劉邦心中埋下了一念：韓信這個人非除掉不可！

項羽敗亡後，劉邦就着手剪除韓信勢力的準備工作。漢高祖六年（公元前 201 年），有人上書告發韓信謀反（這當然也可能是劉邦自己設定的圈套）。當天上朝時，劉邦把告發韓信謀反的書信拿在手中，故作姿態地垂問左右：

「你們看該怎麼辦？」

臣下一片喧嘩聲：「討伐！討伐！」

這時，只有謀士陳平不作聲，等群臣退朝後，劉邦把陳平留下，問：「大家都説應討伐韓信，你為何一聲不響？」

陳平説：「那樣做不是會重新招來天下大亂嗎？」

劉邦問：「那你看該怎麼辦？」

陳平答道：「依臣下之見，可仿先聖巡狩會諸侯故事，將韓信拿下。」

劉邦大笑，説：「此舉正合我意！」

於是，這年的十二月，中央政府通知各地諸侯王，近日皇上將巡狩南方，會諸侯於雲夢大澤。各路諸侯得此消息，紛紛會集於雲夢地區。韓信雖然略有遲疑，但自度無罪，還是按時到達了指定地點。哪知，一到那裏，韓信就被武士拿下，解除兵權，押上囚車，直解京

城。在囚車上，韓信悲憤萬狀地說：「兔子死光了，捉拿兔子的獵狗也就該被斬殺了。現在天下已定，我是當殺了。」[1]

劉邦不在乎韓信說些什麼，解除了韓信兵權後，把韓信押到京城，再宣佈赦免他的罪，封給他一個沒有任何實權的淮陰侯。韓信自此怏怏不快，稱病不朝。當然，劉邦對他還是一百個不放心，過些年又以「謀反」罪把他殺了。

叔孫通定朝儀

在劉邦初稱帝時，朝廷的禮儀法規很不齊備。上朝時亂哄哄，下了朝更是亂作一團。臣子見了皇上，也沒有個規矩。更有甚者，一些大臣喝了酒，便在大庭廣眾之間爭功論賞。酒喝得多了的，就在廳堂上亂吼亂叫，有的還拔出利劍擊砍庭柱，弄得漢高祖劉邦既難堪又煩惱。

這時，一位叫叔孫通的老資格儒生來到劉邦身邊，對他說：「這樣不行，看來得制定朝儀才好。」

劉邦回答道：「你說得對。但由誰來制定呢？」

叔孫通回答道：「靠一般只懂得讀書的人來制定朝儀怕是不行，我想去魯國徵召那些儒生，加上我自己的學生，共同來制定朝儀。」

劉邦又問：「將來實行起來，會不會有不好辦的地方？」

叔孫通回答道：「五帝時代，夏商周三代，那時的禮儀和樂章都是不同的，當時人都是依據先前的禮儀和樂章，根據時勢加以損益制定出來的。我們把古禮和秦禮作為參照，主要根據現今的實際制定禮儀，那樣實行起來就不會有困難。」

劉邦高興地說：「那樣就好，要簡單、易行。」

叔孫通在魯地徵得了 30 多位懂禮儀的儒生，加上自己的 100 多位學生，再加上皇上左右的一些學者，開始了朝儀的籌建工作。他們先是討論，有了一個大致的規劃後，就實地操作起來。

他們在野外進行實地操練。拉起一根長繩，讓用茅草紮成的人一直線站在繩線上，然後根據需要變換隊形。朝儀排練了一個多月，叔孫通就對高祖說：「皇上可以前來試看一下了。」高祖看了操練的全過程，點頭稱是，說：「這些我都能做得到。」並命令朝臣去學習一些基本的禮儀規矩。

漢高祖七年（公元前 200 年）十月，長安舉行長樂宮建成大典，就是按照叔孫通所定的儀式。

整個典禮由謁者（相當於司儀官）統一主持和指揮。文武官員嚴格按尊卑次序分別列隊拜見皇帝。天剛剛放亮的時候，百官已在宮外肅立等候。從殿中到廷中，有手持軍械的步卒保衛着，閒雜人一律不得入內和隨意走動。上朝的時辰到了，就由謁者宣佈「百官依次入廷」。於是，功臣、列侯、將軍、軍吏，依級別大小列隊於左邊，面向着東方。而文官、丞相依級別大小列隊於右邊，面向着西方。文武兩隊列隊後，百官再也不得走動，全都垂手低頭肅立在那裏。其中有極少數不按儀式做的，被謁者請了出去。天子上朝時辰一到，皇帝就坐着天子的專車從寢宮出來，引贊官（相當於儀仗隊）在前面傳呼開道。皇帝在最中央的寶座上坐定以後，謁者帶領群臣三呼「萬歲」，並從級別最高的諸侯王開始直到年俸六百石的官吏，趨前向皇上恭賀。恭賀畢，皇帝宣佈臣下可以奏事，奏事畢，皇上舉行盛大的酒宴，酒過九巡，謁者宣佈：「酒宴到此結束，百官退出！」整個過程有條有理。事後，漢高祖高興地說：「我到今天，才知道當皇帝的尊貴啊！」

叔孫通由此被拜為太常。他所定下的朝儀，代表了等級制度下尊卑有序的政治體制，它的基本模式，在中國一直沿用了 2000 多年。

文帝躬行節儉

由於長期戰亂，漢初 60 年的社會經濟是十分困難的。當時的統治者適應時代的要求，採取了發展生產和提倡節儉的政策，連皇帝自身也節衣縮食。在這點上，漢文帝是一個難得的典範。

每年春天到來的時候，漢文帝就帶頭在皇家擁有的籍田上親自扶犁耕作。這時，觀者成千上萬。文帝從小在民間長大，懂得耕耘農田之道，犁起田來像模像樣，引得那些老農也嘖嘖稱是，讚歎不已。犁了好長時間，文帝已是滿頭大汗，他一邊擦汗，一邊對圍觀的民眾說：「農是天下的根本，農業搞好了，衣食有了保障，就什麼都不怕了。朕在籍田上親耕，決不是擺擺樣子，朕帶領百官都耕作，朝廷官員的衣食是可以自給的。民眾都這樣做，還會愁吃愁穿嗎？」[②]文帝這樣做和這樣說，極大地鼓舞了民眾。

文帝最為寵愛的是慎夫人，但對她生活上要求卻很嚴格。規定她穿的衣服不得因為追求美觀而長裙拖地，為的是節省布料；睡的幃帳上不得有文飾；還讓她親自織布，為萬民做出了榜樣。

文帝在位 23 年間，皇宮後苑中的玩物一直沒有增加過。有一次，文帝想在驪山上建一個觀賞用的露台，先讓工匠來計劃一下，看要花多少錢。工匠回答說，再精打細算，也得花費一百兩黃金。文帝一聽「百兩黃金」連連搖頭，馬上做出決定，說：「一百兩黃金，相當於中等收入十戶的家產，那樣太奢華了，不能幹。我現在住在先帝營造的宮室裏，時時擔心幹出羞辱祖宗的事呢，還造什麼露台啊！」

帝王往往都在生前建造墓穴，文帝也不例外。在建墓穴時，他明確規定：學習古人的純樸風氣，因山為墓，不堆土為墳。建造高高的墳地，得花大量的民工，太煩民了。在墓穴裏，不放置任何金、銀、銅、錫的器物，一律以泥土燒製成的瓦器代替。這些都是為了讓老百姓能夠安心生產。2000 多年後，人們發掘其墓地時，看到埋葬文帝的

霸陵的情形與他說的完全吻合。

文帝躬行節儉，後被繼任的景帝進一步發揚光大。

文景兩代，史稱「文景之治」。武帝時經濟繁榮，國力強大，在征戰和興建工程上有點大手大腳，但整個統治集團包括武帝本人還算是相當節儉的。武帝后的昭帝、宣帝時期之所以得以持續發展，也與帝王自身的節儉有關。有漢一代的節儉之風，成為整個中國歷史上的一道放射異彩的風景線。

巨犁時代

一個特別值得引起注意的史實是，漢代出現了前所未有的巨型鐵犁鏵。20 世紀 50 年代於遼寧遼陽三道壕出土的一件巨型鐵犁鏵，長 40 厘米，寬 42 厘米，高 13 厘米，斷面呈三角形，重量約在 21 公斤。

這是一個了不得的發現。在巨犁的背後，隱藏着幾多歷史的故事呢？

巨犁代表了整整一個時代 —— 鐵器時代。在一次討論鹽鐵的會議上，有人就振振有詞地說：「鐵器，民之大用也。」這裏所說的「大用」，是指鐵器既用於生活，又用於生產。秦漢以前，也有鐵器，但不夠普及。漢代是鐵農具盛行的時代，鐵農具中，除錢、鎛、耜、銚、鐮、椎、錛、钁、鍬、鑱外，最重要的就是犁了。犁的普遍使用，標誌着粗放農業的終結和精耕細作農業時代的到來，而從中小型的鐵犁鏵到大型以至於巨型鐵犁鏵的出現，更是說明了農業的飛躍性發展。

犁具有象徵意義。聯合國廣場上「化劍為犁」的圖像中的「犁」意味着和平、美滿、繁榮。漢代巨犁，告訴人們的是那個時代的繁華景象。史書上說的武帝時代「民人給家足，都鄙廩庾盡滿，太倉之粟陳陳相因，充溢露積於外，腐敗不可食」[③]的興旺景象與巨犁的出現是

分不開的。因為巨犁不只可以直接用來耕地，還可用來開溝修渠，改善農業生產的環境，大大提高勞動生產率。

值得注意的是，漢代這樣的巨犁時不時地有所發現。在東北的遼寧，在華北的河北，在沿海的山東，在南方的福建，都有所發現。它們是輾轉相傳，還是獨立的創造，現在一時還難以定論。但是，由巨犁可以證實，在當時，精耕細作的農業已經在廣袤的中華大地上出現了。

有人作了估算，這樣的巨犁再壯實的大個漢子也是難以拖動的，就是最有能耐的單頭牛也不可能拉動，至少要有兩頭或兩頭以上的牛才能牽動它。這就反映出漢代的牛耕已經發展到「二牛抬扛」以至於「多牛抬扛」的相當先進的耕作階段。

授牛安民

「授牛安民」是漢王朝的政策常規。

在漢代，不只鼓勵私人畜養耕牛，就是公家也畜養了大批的耕牛。這些公家畜養的耕牛按時按批地分送給缺乏耕牛的地區或農戶。這種以國家名義無償地贈送耕牛叫做「受（授）牛」，目的當然是為了發展生產，安定民眾。

武帝在征戰過程中設立了武威、酒泉、隴西等三郡，稱「三邊」。為了開發這些邊遠地區，武帝下令徙民屯田。有大臣奏道：「把大批民眾遷徙到那裏去還不太難，難的是缺乏耕牛，擔心生產一時發展不起來。」武帝想了一想，說：「那好辦，就由國家無償地授予耕牛吧！」那大臣問：「有那麼多耕牛可授嗎？」武帝大手一揮，很有氣派地說：「把現有的公家養牛都授予三郡，再趕緊畜養一批，事情不就解決了嗎？」在武帝時期，「授牛安民」的政策一直沒有變。

昭帝是武帝的小兒子，繼位後繼續執行這一政策。元鳳三年（公

元前 78 年），發生了嚴重的自然災害，昭帝馬上下令把國倉打開，以周濟那些缺衣少食的災民，同時，他也想到了那些更加貧困的邊民。他問身邊的大臣：「向邊郡授送耕牛這件事落實了沒有？」大臣如實説：「不太清楚。」昭帝果斷地説：「這件事非同小可，一定要辦好，而且不能收取任何費用。」昭帝時代被稱為「中興時代」，這與「授牛安民」很有關係。

平帝時代，漢朝已是一派衰敗氣象，但是，「授牛」還是在繼續着。元始二年（公元 2 年），全國大旱，青州地區災情特別嚴重。平帝動員王公大臣獻出自己的財產田宅，同時，在原準備建造遊樂場所安池苑的地方，設立了安民縣，動員貧民遷到那裏去居住，並無償地給予鐵犁和耕牛。④

東漢時期基本上延續了西漢的政策，獎勵牛耕更廣泛，使用牛耕的地區也更普遍。東漢的統治者甚至規定，私自殺牛者要處死，盜牛者要重罰。東漢末年，曲周地方有一戶人家，父親病重，情急之下，男兒把耕牛給殺了，以牛作為禱告鬼神的祭品。這件事被縣官知道了，驗明正身以後決定將那男子殺頭棄市。這時有一位叫陳矯的有識之士知道了，即刻向皇上進了一表，認為這是孝子行為，應赦免他。⑤皇上一想，也是，孝子之舉雖不妥，但實在也是情有可原的，決定赦免他。但是，這件事本身告訴我們，在當時人看來，殺牛是一件挺大的甚至是難以原諒的大事兒。

小農的汪洋大海

中國的古代社會，是小農經濟的汪洋大海，這種社會經濟模式，起於戰國和秦，而成於漢代。⑥

戰國時期最著名的思想家孟子設想的「五畝之宅，樹之以桑」的

經濟就是小農經濟。商鞅變法規定的「民有二男以上不分異者，倍其賦」，要求發展的也是以一對夫妻加上幾個子女的小家庭為基礎的小農經濟。秦始皇統一中國後，強化的也是「男樂其疇，女修其業」的男耕女織的小農經濟。漢承秦制，漢代鞏固並發展了小農經濟的地位。

漢高祖五年（公元前202年），發佈了「復故爵田宅令」，雖說這對地主是有利的，但得益的更大層面在於小農——許多失去土地的小農，重新有了土地；許多原先沒有土地的人有了土地，加入了小農的行列；就是原先的奴僕，也得到了解放，成為有相當自由的小農。

在昭帝時代，有過一次御史大夫桑弘羊與賢良文學就「假公田」問題的大辯論。賢良文學認為，把公田、苑囿、池澤租給農民耕種不好，政府的得利不多。而桑弘羊則認為這樣做國家既可以得到貢賦，佃農又可以得到實利，應該堅持。辯論的結果桑弘羊贏得勝利。以租佃形式出現的依附農民的地位甚至比自耕農還穩定。

此外，在中國廣大的農村，自漢代始還有數量相當可觀的僱農，稱之為「傭」或「傭作」。在農忙季節，不僅地主有傭工，農民也有傭工。在傭工中有一種人是自由身份，地位相當於自耕農，稱為「市傭」、「賣傭」。魯迅筆下的阿 Q 就是。另一種是帶有依附性的傭工，有些農民由於種種原因，遠走他鄉，投靠大族，以「隸傭」為生。但他們的生產和生活方式仍然都是小農式的。

小農經濟的汪洋大海一旦形成，就綿延了 2000 多年，成為中國社會的一大特色。小農雖然在歷史發展中時有沉浮，但總體的格局是不變的。

張騫與「絲綢之路」

漢代陸路交通的最高成就，莫過於「絲綢之路」[7]的開闢了。

「絲綢之路」是由張騫通西域而開闢的由漢長安通往中亞的運輸線，後經東漢人班超進一步打通，成為世界上最古老的聯結歐亞的國際商道之一。

這條商道由許多條道路組建而成。東面由西漢的首都長安出發，向西北經河西走廊、出玉門關後即分為兩路：北路經吐魯番、庫車、阿克蘇和喀什；南路一條穿西藏北部高地和沙漠邊緣之間，經安迪爾、和闐等地，在喀什同北路會合。從這裏再向西，越過世界屋脊帕米爾高原進入中亞地區，再向西經撒馬爾罕、布哈拉等地，經伊朗、伊拉克到達地中海沿岸。古代的船隻從這裏把商貨運往羅馬和亞歷山大。另一支路在塔克拉瑪干盡頭離開南路，經阿富汗，通往印度。

通過「絲綢之路」西去的物品主要是絲綢，而由西向東運輸的物品有黃金、羊毛、象牙、寶石等。

「絲綢之路」的東西兩頭連接着當時世界上兩個最強大的國家——中國和羅馬帝國。公元前 106 年，第一個絲綢商隊從中國，經波斯，進入了羅馬帝國。羅馬帝國的皇帝完全被神異的絲織品迷住了，他甚至穿上漢人的絲綢服裝出現在大庭廣眾之中。

「絲綢之路」溝通了中西文化，加速了人類文明的發展，大大提高了古代中國在世界上的聲望，同時也極大地開闊了中國人的眼界。

昭君出塞

漢元帝的時候，由於昭君的出塞，漢與匈奴之間的關係上了一個新台階。

漢元帝竟寧元年（公元前 33 年）春正月，匈奴的呼韓邪單于親自來到長安，求見漢元帝。漢元帝十分熱情地接待了他。在相見之時，呼韓邪單于對漢元帝說：「我極願意做漢皇的女婿，不知皇上是否允

諾？」漢元帝馬上爽快地作答：「如能這樣，漢人與匈奴之間必能世代友好。」

漢元帝就在宮中選擇適宜出塞的人。這時，已經入宮多年的良家女子王嬙（字昭君）自告奮勇，願意出塞扮演「和番使者」的角色。漢元帝親自對王嬙進行考察後，讓王昭君以漢皇室公主的身份出塞。

昭君到匈奴後，成為呼韓邪的妻子。呼韓邪單于對昭君十分敬重和愛憐，稱她為「寧胡閼氏」，意思是安寧漢廷也安寧匈奴的絕好女子。在昭君的住處，還樹立了「單于和親」的標誌牌，表示漢匈將世代友好。兩年以後，呼韓邪單于死去，根據匈奴的習俗，昭君又成為了呼韓邪長子的妻子。

昭君是個有志氣和有遠見卓識的女子，在匈奴住穹廬，披氈裘，食獸肉，飲熏酪，騎戰馬，從不叫苦。她以自己的青春和生命，換來了漢匈之間的和睦和安定。

昭君在匈奴生了一男兩女。男的後為左日逐王，長女和次女也都在匈奴族的王宮中當家。他們日後都為漢匈友誼做出了貢獻。

歷史的認同：我是中國人！

國家的統一，經濟的發展，對外聯繫的加強，促進着人們思想觀念上的變化，尤其促成了對自我及生活在其中的社會群體的認識的加深。

在廣袤的中華古土的疆域裏，從遠古開始就居住着各個族種的人民。由於風俗、習慣和長期形成的人文條件的差異，他們之間不可避免地會產生矛盾，會有鬥爭，但更多的是溝通和融合，是友好的相處。人們要問：他們之間從何時開始認同「我是中國人」的呢？這似乎是個難解的謎。

對此，大思想家、大學問家司馬遷作出了圓滿而確切的回答：漢代，正是漢代，有了「我是中國人」的極為明確的意識和觀念。司馬遷早年「行萬里路，讀萬卷書」，他 20 歲開始從長安出發，壯遊大江南北，他到過汨羅江畔、上過九嶷山巔，尋訪過大禹葬身的地方，涉足於普通百姓之家。成年以後，又奉命出使過祖國的大西南，到過僻遠的夜郎地區。他了解中國，了解漢王朝。他撰寫《史記》，說到底，是要寫出中國人的心。

當司馬遷在山西考察了竹、穀、木材、玉石等物產，在山東考察了魚、鹽、漆、絲等物產，在江南考察了薑、桂、金、錫、丹砂等物產，在龍門、碣石以北考察了馬、牛、羊等物產後，感慨萬千地寫道：「這些物品，都是中國人民所喜歡和愛好的，各地的人們雖說風俗習慣有所不同，但是，他們把這些當作自己衣着、飲食、養生、送死所必需的東西，可是一樣的。」

在這裏，司馬遷以千鈞之筆寫出了「中國人民」四個大字。

「中國」一詞是發展變化的。[⑧]在遠古時期，「中國」指的是帝王（堯舜等）的京師地區。到了夏、商、周三代，中國主要指中原的發達地區，與相對落後的蠻夷地區相對。到了漢代，由於國家的大一統，由於交通的改善，各地人民之間的交往和走動頻繁了，甚至有相當部分人實現了地域性遷徙，這樣，「中國」的範圍就大大擴展了。

司馬遷筆下的中國和中國人民，囊括了太行山以西直至巴蜀的大片土地，太行山以東直至大海的廣闊疆域，長江以南直到閩越的大好河山，龍門、碣石以北為遊牧者所居的地區，大致涵蓋了黃河流域、長江流域、珠江地區以及長城內外的極為廣大的土地。可以說，在司馬遷筆下，不，在漢代人的心目中，「中國」一詞成了漢帝國有效統治地域的一種提法。

這是一種由於國家大一統形成而帶來的新觀念，原先被視為蠻夷的地區，現在都囊括進了「中國」的範疇；居住在這些地區的人們，現在都認同為「中國人」，這在歷史上是一個巨大的進步。同時，「中

國人」這一觀念又是相對於外國人而言的，這是只有在眼界充分開闊以後才會有的新觀念。

特別值得注意的是，長期以來，人、民是有嚴格區分的。「人」指的是有一定地位和教養的人，而「民」指的是奴隸，因刺其目而盲，名為「氓」，衍為「民」。隨着社會的發展進步，人、民的界限在逐步縮小、消失，司馬遷在《史記》中「人民」或「民人」連用，正是漢人心目中人際平等觀念的體現。

把生活在中華大地上的人們統稱為「中國人」，這就是漢人的氣度和心態。這正說明了漢代中華民族大家庭初步形成了。

一日三餐

有人會想，「一日三餐」這樣的話題也值得一寫嗎？很值得一寫！有道是，一日無食則飢，一日無衣則寒。人們苦心經營、不倦奮鬥，從一定意義上講，不就是為了吃得好些、穿得好些嗎？那麼漢代的統一、繁榮，必然會在人們的日常生活上有所反映。

在原始社會，茹毛飲血，食不果腹，説不上是一天食幾餐。總的情況是，有物則食，無物捱餓。經過夏、商、周三代的發展，經濟條件改善了不少。在漢以前，一般是一日兩餐。《睡虎地秦墓竹簡‧倉律》所規定的秦代罪徒早晚各一餐，應該是前朝生活狀況的反映。

隨着社會經濟的發展，事情在發生變化。處身於春秋晚期的孔子，就主張一日要吃三餐，那樣對人的身體才有好處。⑨不過，絕大多數的學者認為，在當時條件下，普通老百姓是不可能一日三餐的，孔子是沒落貴族家庭出身，自己又是事業挺興旺的教書先生（史稱「弟子三千」），他一日三餐是可能的，但整個社會要達到這一水平，還要過上數百年。到了漢代，種種跡象表明，那時普通老百姓家才有了一

日三餐的生活狀態。

當時，帝王為了表示自己的與眾不同，定為一日四餐，即早晨食早餐，中午食午餐，傍晚食晚餐，夜間又要食一餐夜宵。一日四餐又與陰陽五行聯繫在一起，使帝王的飲食制度也抹上一層神祕色彩。這也可以反證當時在民間的確已經存在着一日三餐制了。

漢代的許多生活習俗和制度定格在了民族文化百花園中，漢代的「一日三餐」制，一直延續至今。

主食三種：飯、粥、餅

漢時，人們的主食原料的種類已大為豐富，五穀食糧常見的有黍、稷、稻、粱、大豆、小豆、麥、麻、瓜。這些原料可以製作成各類品種的主食。

「飯」是漢人主食中最常吃的。把食物原料加工淘淨後，加上適量的水，在陶製或鐵製的鍋內用火煮熟後，就成為香噴噴的飯。當然，中國地域廣大，各地所食的飯是不盡相同的。在關中地區主要以粟、稷為飯，江南和巴蜀地區主要以稻米為飯，西部邊境地區則往往以青稞和胡麻子為飯，北部地區以蕎麥和高粱為飯。

漢人也食粥，一般人大約每天食一頓粥，通常是夜晚吃，那樣比較節儉，同時對養胃也有利。漢代老年人有終日食粥之風。據說，漢宣帝詔徵很有學問的被公，讓他為自己教《楚辭》。當時，被公年紀已不小了，且其老母還健在，被公每誦讀一篇「楚賦」，宣帝就大加讚賞，並獎給他一桶粥。得到御賜粥後的被公十分興奮，就向宣帝告假，說：「皇上賜我的是好粥，我不能一人獨食，得趕快趁熱送給我老母去喝！」宣帝看他如此孝順，也就允諾了。後來，宣帝想，這樣既麻煩又費時，因此又下了一道聖旨：每當賜予被公一桶粥時，也給

其老母送去一桶粥。可見，在當時，對老年人來說，食粥並非生活艱辛，亦不是難為情的事，相反，還是養生之道呢！

漢人還好食餅。大約自西漢始，麵食之餅進入了主食行列。首先是麥子的大量種植和食用，二是製餅方法從西部傳入。餅又稱為胡餅，可見它是從西域傳入的。到西漢時，人們學會了把麥粒打磨成麵粉，再將麵粉加水糅合製成餅，再用蒸、烤、煮等法，製作成熟食品，就可食用了。

餅因其可口和攜帶方便，深受漢人的喜愛。有一個故事說，漢靈帝一次在宮中吃到了一隻胡餅，大驚道：「這是什麼物品，這樣好吃？」左右告訴他：「這是胡餅，麥麵裏加了糖和果品，再用圍爐烤製出來的。」靈帝大為興奮，以後每天都要食幾個胡餅。皇上一提倡，整個京師的老老少少都食起胡餅來了。在京城的大街小巷，老老少少、男男女女，都邊走邊咬嚼着香甜可口的胡餅，那景象當是十分好看的。

漢人留給後人的飯、粥、餅的主食模式，不是直至今天還留存着嗎？

豆製品

豆製品的製作和食用，是漢代人在飲食文化上的一大發明，也是中國人對世界飲食文化的一大貢獻。

在漢之前，人們已經食豆，但豆製食品並不太被重視，豆的功能也沒有被開發出來。「豆飯」被看成是粗茶淡飯的代稱，甚至將食豆飯與食糟糠並提。當時的食法也相當單一，就是把豆磨成粉（稱為豆屑）與其他主食合在一起食用。到了漢代，豆已是食品中的一個大類。有大豆、小豆、黃豆、青豆、綠豆、白豆等，人們開始想到在「豆」字上有所突破。

首先是有人把豆製成色香味俱佳的豆豉。它的製法實際上很簡單。先把豆蒸煮成熟食品，再密封促其發酵，加茴香、花椒，再加一定量的醬油，就成了極為美味的豆豉。這種豆豉既可作副食，又可作調味品。據《漢書‧貨殖列傳》載，有樊少翁、王孫大鄉兩戶人家，率先製作豆豉，大受歡迎，後來成了大富商。

漢代也已經有了豆芽的發明。先將豆用水浸泡，再用草席覆蓋其上，不時灑上水，等其長出長長的豆芽來，再拿到市場上去賣。豆芽嫩而味鮮，深得民眾的喜愛。從史料可見，在漢代，豆芽成了重要菜肴。

最重要的是豆腐的發明。豆腐，據傳是漢代的淮南王劉安和他的幕僚所發明。製作方法並不複雜：先將豆浸透，磨成豆漿。再將豆漿煮開，加進石膏或鹽鹵，根據需要壓去一部分水分，就成了又白又嫩的豆腐。淮南王有三千幕僚，其中有不少人具備一定的科學知識，豆腐發明於淮南王門下，並不奇怪。淮南王治下的八公山，據說就是他的豆腐製作場所。「八公山豆腐」至今名揚天下。河南新密打虎亭一號漢墓畫像石上，有一幅豆類加工圖，專家考證其為中國最早的豆腐作坊圖。

有人說，豆腐的「腐」是別字，應寫作豆脯，以其類乎肉脯而名之，實際上是說豆脯是一種素肉，營養上不亞於葷肉。

蔬食和肉食

蔬食和肉食，在相當長的一段時間裏，是兩種相互對立的生活狀態。蔬食，就是以草菜為食，是平民階層的生活狀態，謂之為「布衣蔬食」，長期以來一直如此。肉食，以肉類為食，有勢力、有地位的人才能肉食。《左傳‧莊公十年》說的「肉食者鄙，未能遠謀」，就是指

那些居高位、享厚祿的人眼光狹隘短視。

時代在發展，飲食情況也在一點點地發生變化，蔬食的「蔬」的品種也大量增加。漢人食用不少傳統的蔬菜，如葵、芹、芋、韭、薺、筍、蘿蔔、葫蘆、藕等，但也敢於和善於接受外來的蔬食，如黃瓜、西瓜、菠菜、蔥、蒜。

原則地說，六畜中的馬、牛、羊、豬、狗、雞都可成為肉食對象。但是，馬在邊區是必不可少的代步工具，又是騎兵的最重要裝備，因此馬不可肉食。漢政府大力提倡農耕，禁止宰殺耕牛，因此牛也不可肉食。常被食用的是後四種，其中又以食豬、狗肉為最常見。漢人以宰豬屠狗為業者大有人在。食用豬肉和狗肉也十分講究，一般是選幼不選壯，選壯不選老，這可從馬王堆出土的肉食標本中得到證實。此外，也有很多人養食鴨、鵝。漢人也喜食「下水」，尤其是西北地區，舌、心、肺、胃、腸、肝、頭、蹄，無所不食。這個傳統一直留承了下來。這與西方人的普遍不食「下水」形成鮮明的對比。

漢代因為民眾生活水平的普遍提高，大多數人步入了葷素雜食的階段。普通百姓也開始成了肉食者。老的豬、狗，富人不食，就成了窮人的美味食品。窮人吃不起好的肉，就吃「下水」。《東觀漢記》上說，有一個叫閔仲叔的人客居於安邑，他年邁多病，又沒有什麼正當職業，但還是想吃一點肉食，於是，每天買一點豬肝之類的下水吃吃，也算是飽口福了。

四二八

肉食敬老

漢代生活水平相比前朝有了大幅度的提高，因此有了葷素雜食的可能性。就是在普通百姓家庭中也有了肉食。但是，總體上說，肉食還是不多的。如果一個家庭中肉食不多，那麼依照漢代提倡孝道的做

法，就應該把肉食省給老人吃。

中國歷來認為「死者為大」。對已經去世的長者以至祖宗，也要優禮相待。家中再有困難，祭祖時都得有肉食，有好酒。祭先祖時，宗族團聚，子子孫孫恭恭敬敬地送上肉食類供品，送上酒食，然後行禮如儀。

據《後漢書》記載，有一個名叫孔奮的讀書人，十分清正廉潔。他家裏很窮，夫妻倆整天都吃蔬食，而把僅有的一點兒肉食省給老母吃。有一次朋友請客，有肉食，那時大約也有分食制，他便把分給自己吃的那份肉食藏在衣袋裏，拿回家去孝敬老母。孔奮的孝行，得到了社會上人們的敬重和傳頌。

漢文帝是「以孝治天下」的肇始者。他即位後的第一道詔令就是《養老令》，在詔令中，文帝說：老人沒有帛布就不能暖身，沒有肉食就不能飽肚，今後每年歲首時，第一件要務就是要慰勞長者和老者，給予一定的酒肉之賜。他說到做到，下令每一縣級官府負責每年給 80 歲以上的老人每月米 1 石、肉 20 斤、酒 5 斗。後來，漢武帝又規定，90 歲以上的老人享受更為優厚的待遇。每年的八月間，還要給高齡老人賜以牛、酒或羊、酒。這些，對社會尊老風氣的形成是有作用的。

群庶崇飲

中國社會飲酒之風的大盛，大概是始於漢代的。生產的發展，社會的繁榮，為造酒業的昌盛提供了必要的條件。

河北滿城西漢劉勝夫婦墓內耳室中，陳放着 33 個大陶缸，發掘時，可以清楚地看到酒液蒸發後留下的痕跡。每個陶缸高約 70 厘米，口徑有兩人之圍。部分陶缸上寫着「黍上尊酒十五石」、「甘醪十五石」、「稻酒十一石」等字樣。據估計，這些陶缸的總貯酒量達到如今

的 5000 公斤以上。

一個皇家貴族如此，整個社會就可想而知了。

據史料記載，漢代的將相百官常飲酒。曹參為相的時候，日夜飲醇酒。所謂「醇酒」，在當時是指米酒。曹參是漢初大功臣，有時喝酒多了，連上朝都忘了。一些屬僚和賓客到他那裏議事，他也每每讓來者飲酒，而且讓人一醉方休而去。

那些文人儒士，也常豪飲不休。西漢的王式被徵為博士官，高興得不得了，就把那些大夫博士邀集到自己的居舍，暢飲通宵。東漢的盧植是一位名士，他能飲酒一石。漢末的經學大師鄭玄，則能飲酒一斛，簡直無人匹敵。當時據說不只男子善飲酒，女子也好飲酒，有些女子甚至比男子還能飲，謂「女子海量過男人」。

《漢書‧食貨志》中說：「有禮之會，無酒不行。」飲酒文化成為中國傳統文化的一個有機組成部分。娶妻生子，待客會友，祭天祭祖，都要敬酒、祝酒。現在出土的大量漢代磚石畫像、帛畫、壁畫，不少是以宴飲為題材的，它生動地反映了漢代「酒流猶多，群庶崇飲」的情景。

「峨冠博帶」貴族裝

漢代是等級制度漸次形成的時期，這也反映在服飾上。作為貴族，多為峨冠博帶，寬衣大袖，為的是表示豪華和尊嚴。誰要是違反規定，那是要受到相應的懲處的。

在漢武帝時代，曾經發生過一起因穿衣不當而被查辦的案件。以外戚身份當上太尉的武安侯田蚡，行事為所欲為，甚至連皇上都不在他眼中。漢武帝早就想除掉他，就是抓不到把柄。田蚡病死後，由其子田恬繼任武安侯。這個年少氣盛的田恬比他的父親更為放縱。元朔

三年（公元前 126 年）的某一天，武安侯竟然大飲而醉，沒穿朝服，只穿着一種短內衣進入皇宮，還大搖大擺地朝見皇上呢！漢武帝為此大怒，說道：「穿着短內衣上朝，簡直是大不敬！把武安侯田恬的封爵廢除！」就這樣，田氏從此再沒有抬頭之日。

這個故事說明在漢代服飾上已是等級森嚴，誰要是輕舉妄動，是要受到嚴厲懲處的。尤其是貴族，非得按規定穿戴不可，絕不可犯「不敬」之罪。

漢代的帝王稱為天子，戴通天冠，高九寸。衣着為最上等衣料製成的黑紅色上衣，紅色下裳，內穿鑲紅邊領袖中衣，紅色綺襪，足登絲履，外套名貴的玄色長袍。文武百官按等級各有自己的服飾。

到了東漢時，官服的體制更完善，百官的服色分為青、紅、黃、白、絳五種，按不同季節變換。官員穿的朝服和祭祀穿的服裝有十分明顯的標誌，以區分其身份。袍上的花紋有日、月、星、辰、山、龍、花、蟲、藻、火、粉、黼黻等區分，稱為十二章。皇帝的大袍上用的是全份十二章，諸侯、大臣以下分別用八章、六章、四章不等。大袍長拖地三寸，以示華貴。

內衣：襯衫和汗衫

漢代的普通外衣有襟而無領，內衣才有領。內衣的領有方領和圓領之分。一般人都穿圓領內衣，只有士人（知識分子）才穿方領衣。因此，在當時，方領衣又稱為「學者之服」。大概有知識的士人知書達理，行為方正，所以才特許穿方領服。

一般內衣有領但無袖。有領，就能防風沙，也能防止蟲類的侵入。無袖，則穿着更貼身，也更舒適。即使有袖，也是不太長的袖。漢代人對內衣的要求特別高，在用料上甚至比外衣還考究。長沙馬王

堆漢墓出土的一件內衣，由上等絲織成，衣長 128 厘米，總共只有 49 克重，還不到現今的一市兩，可見其面料是十分講究的。

重視內衣，本身說明漢代在穿戴上的一大進步。

內衣，在漢代又稱為襯衫或汗衫。襯衫之名，是由內衣衣着的部位而得名。這種衣衫襯於外衣的裏層，於是自然而然地被稱為「襯衫」了。而「汗衫」的稱呼就有些來歷了。有這樣一個典故：相傳漢高祖劉邦當年與項羽大戰，項羽武藝高強，劉邦拚死抵擋，每每戰罷回到軍帳中時，內衣早被汗水浸透。劉邦脫下內衣，便戲稱：「此汗衫也。」從此，「汗衫」之名被人們傳開了。

開襠和彌襠

現代人一般小孩穿開襠褲，而大人穿彌襠褲，其中的道理是不言自明的。但是，在人類的童年，有相當長一段時間是有衣無裳的，上衣長長的，下身可沒有褲子穿。後來有了褲子（稱為袴），但有褲而無襠，這種情況大約到漢代才有了變化。

這裏有兩個故事。

一個故事與孔子有關。孔子外出去辦事，在路上，遠遠看到一個人衣衫不整，披頭散髮地坐在地上，把兩條腿叉開，呈八字形，顯得十分的不雅。孔子走近一看，是原壤那個老頭。他大概知道孔子外出必經此道，便守候在那裏，準備跟孔子胡攪蠻纏一通了。孔子走近去，鄙夷地用手杖敲了敲原壤的小腿，對他說：「把腿合攏吧，那麼大年紀了，不要在大庭廣眾之下出醜了吧！」哪知原壤根本不理不睬，反而把兩腿叉得更開。孔子這時怒火中燒，恨恨地罵了一句：「老而不死，是為賊！」原壤不過是把雙腿叉開了，孔子為何發那樣大的脾氣？原來，當時人穿的袴是無襠的，因此一般情況下在袴外要套裙，而原

壞這個無恥之徒既不穿裙，又在大庭廣眾之下張開雙腿，人體的下部不就一覽無餘了嗎？所以，孔子見此狀才會發大火。另一個故事是說：韓信年少時，淮陰的一些惡少年常侮辱他。對他說：「你雖長得高高大大，但內心裏是個膽小鬼！」一個惡少張開雙腿，對他說：「從我的兩腿間鑽過去，我就饒了你！」韓信審視了一下情勢，覺得「無礙」，真的鑽了過去。這就是有名的「袴下之辱」的掌故。時當楚漢之交，那惡少張開雙腿讓韓信鑽過去，此時十之八九褲子是有襠的了，不然，從情理上似乎說不太過去。

開襠與彌襠的交叉，恐怕有相當長的一段時間。但趨向是走向彌襠，因為那樣比較符合文明發展的大勢。根據漢代的文明發展狀況，成年人應該是進入彌襠時代的了，尤其是在公眾場合。從漢代磚刻人像看，他們應該穿的是有襠褲，不然實在是太有失雅觀了。有人根據《漢書》上說到宮女服「窮袴」一語斷定漢代男性之袴有襠，而女性之袴無襠。這也是一種妄斷。宮女穿「窮袴」，不等於所有女子都穿「窮袴」。從情理而言，女性比男性更注重性器官的隱蔽，在日常生活中怎麼可能是相反呢？

平民的短打服

漢代的社會分化已十分明顯，在服飾上的分野也相當鮮明。短打平民裝的普及，就是這種分化的一個明證。

從漢磚的畫像看，漢代平民短打服的第一個特點是上衣與下裳的分明。上衣長則垂至膝下，短則在腰間。也許是為了勞動方便的需要，穿短打服者腰間都束有一根腰帶，有的還束上兩根呢！

平民短打服的又一個特點是貼身，不像官服那樣寬袖大袍的。一般頭上戴的是圓形（有舌或無舌的）的小帽、斗笠，有的則是在頭上

裏一巾子。穿的上衣下服也緊貼在身上，為了勞作的方便，一些人還把袖子卷起，那樣就利索得多了。

漢代的法律還有一條規定，平民（包括農民）只能穿本色的麻布衣，不許穿彩色或雜色的衣服。平民中的商人更是連絲織品都不准穿的。但是，事實上，這種規定早已成為空文，平民穿青色綠色衣服的多的是，在喜慶場合穿紅色的也會有。在這種情形下，到了西漢末年的成帝永始四年（公元前 13 年），朝廷又下了這樣一道詔令：「青綠民所常服，且勿止。」這不能不說是一種歷史性的進步。

小康民宅：一堂二室

住宅是整個社會生活狀況的現實寫照。當然，社會是分階層的，社會階層中的貧民、貴族、富室，各有不同的住宅居室條件，而小康之家的居住狀況可以看成是整個社會生活水準的縮影。

秦漢時期，小康民宅的基本形式是三間房：一堂二室。

《睡虎地秦墓竹簡》和《漢書》中都記述了小康人家民宅的「一堂二室」構架。這種小康之家大致上是兩代人的五到七口之家，一對夫婦與若干子女共居於一個「家」之中。這種民居的平面圖成曲尺形——外面是一個院子，由院子處叩開戶門，即進入堂室。堂室是迎賓接客的地方，一般不是最為親密的人士只到堂室。「二室」一般都有一大一小。大者為正室，為戶主夫婦的居室，小者為側室，為子女所居的地方。

一般在院子的背陽角落裏，家家戶戶都蓋有廁所和豬圈。如洛陽金谷園出土的明器中，就有一件廁所、豬圈的陶器製品。其西半部為廁所，中間有一矮牆將其分為兩間，東半部即為豬圈，豬圈邊上還自南向北放置有一長條豬槽，圈中有公豬母豬各一，小豬七隻，一般農

戶大致都如此。

　　這種一堂二室的小康家園，除少數採用承重牆結構外，大多數採用木結構。牆壁用夯土築造，屋頂為囤式頂。每個房間都有窗，形式分為方形、橫長方形和圓形，有的還別出心裁地製作成三角形。有的房間做到四面有窗，使室內分外亮堂。

　　漢代「一堂二室」的小康民居這種模式，一直延續了 2000 多年，是中國古代社會民居的範式。

席地而坐

　　漢代登堂入室，不管是主人還是客人，都要席地而坐。席地而坐是一種生活狀態，也是一種生活規格和禮儀。當然，如果是一個赤貧家庭，連吃穿都顧不上，哪有條件席地而坐？因此可以這樣說，有席地而坐資格和習慣的，至少是小康之家。

　　小康之家以上，坐臥飲食起居，都離不開席。席是居家必備之物。席一般用蒲草或藺草編織而成，這是草席。此外還有竹席，當時會稽的竹席特別好，地方上有獻竹席供御用的，謂之「貢席」。開始是偶然的機緣，皇上用了覺得舒服，就成了慣例，年貢「會稽席」一次，地方長官是不會忘記的。最為上等的是獸皮席，有些貴族還製作貂皮、虎皮等材料不一的席。

　　所謂坐席，實際上就是後世的跪。將足向後屈，以雙膝抵住席面，臀部則依在腳後跟上。如果伸足向前，則稱為箕踞，那是很不禮貌的，也是沒有教養的表現。當時，大約在客人或長者面前，都要席地而坐，在私密的狀態下，或在並不嚴格遵守禮教的人群中，坐並不一定會席地的。《後漢書》上有一則記載，一群農夫在田間耕作，突然一陣大雨，農夫們都到大樹下避雨，這時只有一人膝着地而坐，其餘

的都作箕踞狀，或蹲在那裏，誰也沒説什麼。對於一般農夫來説，怎樣休息好就怎樣坐，再則又處於緊急狀態時，哪管得了許多。

從坐次看，漢時以東向為尊，即坐西朝東之位為尊。在家中，在社會上，尊者必有專席。家中為長者設專席，在學校中為老師設專席，在宮廷中為帝王及皇后設專席。專席一般要比其他席好些。除專席外，其餘依南向、北向、西向為次。凡同席者，身份應當相當，不然被視為不恭。

同席而坐，同席而食，同席而學，是友誼的表示，如果一方對另一方有所不滿，往往斷席。《世説新語》中記述，管寧與華歆同席而學，是很好的同學。有一次外面有華麗的車子經過門前，華歆就離席去看熱鬧了。管寧很不高興，就拿出刀子把席割開，分席而坐，説：「你不是我的學友！」這就是「管寧割席」的著名典故。一般來説，割席相當於斷交，是很嚴重的事。

床、榻、几

睡眠一般都要用床，不過當時的床都比較矮，屬木製品，在睡面上鋪木板。木板上一般都施以席，只有清貧者才睡光板床。

床上用品為三大件：枕、被、褥。枕的形狀與功效與當今相同，枕中置棉絮，用以枕頭。古人在生活實踐中懂得了將頭部適當墊高，比較舒服，也有利於血液的流暢，所以才有「高枕無憂」之説。被是睡眠時蓋於身上以防着涼的織品，一般人家用布被，富有者用錦被。褥是冬季墊身用品，在被套中填以棉絮即是褥，富貴人家有皮褥。

東漢的時候，西域的胡床傳入中原，稱為榻。榻一般比較窄長，寬只有現今的七八十厘米。比床要低矮，近地，佔地小，可以隨便移動，還可以將其懸掛起來。西漢的武帝和東漢的靈帝都特別喜愛睡

榻，猶如現今的人喜歡西式家具一樣。由於帝王的提倡，榻的身價也就高了起來。漢時，一般人都跪坐在榻上看書、交談、飲食，坐累了，才斜倚在「几」上，即半躺半坐「憑几」休息。

「几」是一種木製或竹製（富貴人家也有玉製的）的窄而長的憑依物，只在閒憩時使用。獨處時，或是與家人共處時，可「憑几」。有客人在的時候，除非是特別要好且特別熟悉的，一般不「憑几」。後來，「几」的功效有了發展，客人來到後，先敬果品，交談，送客的時候，獻上茶，這茶就放在「几」上，茶几之名由是而生。

榻的身價逐漸提高後，它與床在交際中的功能有了分工。一般客人來，仍坐床，而貴客臨門時，則必坐榻不可。因此，有的人家平時將榻收起，罩好，只在特殊的場合使用。尤其是在家中宴飲時，常常是主客各坐一榻，中間設一食案，一邊飲用食品，一邊交談，有錢的人家還可同時欣賞歌舞。

不管是坐床、坐榻，在漢代都要屈腿正襟危坐。説明漢人的生活還比較嚴謹規矩。魏晉後，人的思想得到了大解放，才有了在床和榻上垂足而坐的習慣。唐宋以後有了椅子，人在坐立中的自由度就更大了。當然那都是後話。

條條道路通長安

秦漢人的交通是空前的暢通方便的。當時修建道路的目的也許是為了帝王控制全國的需要，但最終這些道路卻利於國家，亦利在百姓。

秦皇漢武，都十分注重於道路的建設。馳道是秦漢時的道路網主幹，它始建於秦始皇二十七年（公元前 220 年）。馳道本為天子專用道。為安全起見，馳道兩邊還建有牆垣，所以又稱為甬道，相當於如今的全封閉高速公路。馳道由黃土夯築而成，路面平整，每隔一段路

程便種有樹木，十分便於交通。從秦始皇起，經兩漢 400 年的修建和不斷修葺，陸上道路交通網絡基本建成了。

秦漢時的馳道，自京師東出函谷關，經洛陽，抵定陶，直達臨淄，形成了東西貫通的幹道。由這一幹線，又分支出自洛陽北向的東北幹線，以及向長江流域延伸的東南幹線，並與水上交通連接。

除馳道外，還有全長 900 多公里的直通北境的直道，通向巴蜀和西南的「金牛道」和「子午道」，通向南粵的嶺南新道，以及被後人稱為「絲綢之路」的直抵中亞、南亞的國際通道。

中國人好言「修身、齊家、治國、平天下」，但是，長期以來，「天下」也只是那些思想家、政治家、軍事家眼中的列國而已。水陸交通的暢通，使中國人的「天下」觀念發生了巨大變化。

牛車和馬車

史書有這樣兩則有趣的歷史記載：一則是，漢初，經濟凋敝，當時，皇上要配齊同一毛色的四匹馬都辦不到，而將相這樣的高官，上朝時也只能乘坐牛車了。另一則是，東漢末年，長期戰亂，馬匹都徵用到戰場上去了，宮廷御駕和官車也多用牛車，漢獻帝出入京城，也不得不乘坐牛車了。

漢代主要的交通工具有兩種：牛車和馬車。

牛車，主要做貨運車，當然也可將就着兼做載人的車。牛車是廂式車，因其裝載量相當大，在秦漢時又俗稱大車。當年孔子周遊列國，據傳大部分時間坐的就是牛車。孔子有那麼多學生，又帶着那麼多書卷，又有行李什麼的，坐牛車又便宜又省事，那也是可以理解的。據說，漢代的一些卸職官員，有的步行外出，有的乾脆乘牛車外出，以示儉樸。

牛車因為是廂式，車上的空氣一定不太好。普通人坐坐尚可，有地位有勢力的人是不太願意坐牛車的。當時社會上看不起商人，規定他們只能坐牛車，不能坐馬車。可是，一些商人「發」了以後，還會偷偷摸摸地乘坐馬車呢。

馬車除了作戰用車之外，一般用作載人車。它只能坐人，不能載貨，容量小些，因此又俗稱小車。

馬車分為輶車、軒車、輼車、軿車等類型。所謂輶車，就是一馬駕駛的無蓋小車。輶，遙也。因為沒有蓋，就可以看得很遙遠。它沒有座位，只能站着。馬車被稱為「乘」，而不稱為「坐」，可能就是從輶車的無座位引申出來的。我們平時外出坐車稱「乘車」，也由此而來。軒車是有蓋但不密封的一馬或二馬拉的小車。軒，言其敞開也。輼車是一種相當舒服的大馬車，有多馬拉，大概也可乘多人。輼，廁也，大概這種車可坐可臥，可休息，還有大小便處。軿車是專供婦女或夫妻同坐的車，也是相當舒適的。軿，屏也，就是有所屏蔽，不被人看到隱私的車輛。四種車中的後兩種車，大約是漢代的貴族所乘坐的。

漢代從西域引進了驢，於是也就有了驢車。驢這種動物，當時人沒有見過，一見到此物覺得很有趣，也覺得很新奇。據說漢靈帝在宮中西園駕驢車，躬自操縱，驅馳周旋，以為大樂，公卿貴戚也爭相仿效。但驢車的實用價值只在於運物，量也不大。

「木牛流馬」獨輪車

讀過《三國演義》的人，都知道諸葛亮發明了「木牛流馬」。故事大概是這樣的：諸葛亮六出祁山，大軍駐紮於祁山大營，而糧米皆在劍閣，沿途都是山路，人伕牛馬搬運不便。正在焦急之時，諸葛亮胸

有成竹地説:「對此，吾已運謀多時了。前時吾收買了大量木料，教人製造木牛流馬。這種牛馬，皆不吃東西，但可輕運，晝夜不絕。」不多久，在諸葛亮的指導下，「木牛流馬」真的製造出來了，解決了山路運輸的大問題。

這是真的嗎？

事實上，「木牛流馬」不是什麼神祕得不得了的東西，它就是獨輪車。它的出現要大大早於諸葛亮所處的三國時代。

其實，早在漢代就有人製作了獨輪車，並用獨輪車裝載物品。據説漢時有一個叫杜林的人，他在獨輪車上裝滿了祭祀物品，推車去為自己的親人奔喪。因獨輪車車身狹小，車的寬度僅可供一鹿穿行，這種車在當時又稱為「鹿車」。

《後漢書‧趙熹傳》中有一則很生動的故事：趙熹與友人在避難途中，友人的妻子很有美色，怕被賊人強暴，因此想藏在路人家。趙熹認為那不行，他説只要以泥塗面，再假裝有病就行了。於是，就將友人妻臉上塗滿泥水，讓她坐在獨輪車上，由趙熹推着。每逢到賊人時，婦人就裝做病得很重的樣子，終於躲過了一劫。用獨輪車推着病人在路上走，賊人不以為怪，説明當時這種車輛已相當普及，説諸葛亮發明「木牛流馬」，完全是小説作者的無稽之談。

大風歌

一個時代有一個時代的精神風貌。漢代人好歌舞，精神昂揚，意氣風發。劉邦的《大風歌》集中反映了那個時代的精神風貌和人們的精神境界。

劉邦稱帝後，繼續周遊宇內，征討那些圖謀不軌的地方勢力。路過他的故鄉沛縣時，在那裏住了好幾天。他邀集故鄉的父老鄉親舉行

了一次盛大的宴會。在宴會上，他請鄉親們一起暢飲。酒過數巡，劉邦帶着幾分酒意縱情高歌起來：

> 大風起兮雲飛揚，
> 威加海內兮歸故鄉，
> 安得猛士兮守四方。

劉邦在醉意朦朧中引吭高歌。這時，他想到了自己戰勝項羽和其他地方分裂勢力過程中的種種血腥場面，想到了日後治理國家會有更多的艱難險阻，想到應有更多的猛士為自己鎮守四方，情緒更為激昂。他一遍又一遍地重複着這幾句歌詞，並且像一個大指揮家一樣揮舞雙臂讓宴席上的所有沛縣少年跟他一起高唱《大風歌》，彷彿這些少年在他帶領下一下都成了「壯士」似的。

劉邦歌意興起，情不自禁地仗劍起舞，把人們的情緒引向了高潮。

應該說，《大風歌》的精神是一種漢代的時代精神，在那樣一個大時代，具有那樣昂揚的鬥志、崇高的精神境界的絕不止劉邦一個人。漢代志士所言的「大丈夫當雄飛，安能雌伏」、「丈夫生不五鼎食，死則五鼎烹」、「大丈夫居世，生當封侯，死當廟食」，以及張騫、班超的「鑿空」探險精神，都是這種「大風」精神的延續和光大。

不棄糟糠

漢光武帝劉秀（公元前 6 年—公元 57 年）是漢高祖劉邦的九世孫。9 歲喪父，寄養在叔父家。王莽天鳳時曾往長安學習過儒家經典，家中養有許多賓客。時值王莽末年，天下騷動，劉秀遂與兄劉縯舉兵於宛，後與綠林軍合。劉秀等大敗莽軍後以恢復漢王朝為號召，取得

舊臣以及義軍的支持，力量進一步壯大。

建武元年（公元 25 年）六月於鄗稱帝，沿用漢的國號。即位後移都洛陽。趁赤眉軍和綠林軍衝突之時，劉秀鎮壓了義軍，接着又削平了地方割據勢力，統一了天下。建武二年至十四年（公元 26—38 年）前後六次頒佈釋放奴婢的詔令，三次頒佈禁止虐待奴婢的詔令。建武六年（公元 30 年）下令裁併郡縣、省減吏員，並在中央削弱「三公」的權力，加重尚書台的職權，使其成為皇帝發號施令的機構。軍事上廢除郡國都尉，取消地方軍；經濟上減輕賦役，興修水利，並組織軍屯；思想上提倡儒學，宣佈圖讖。

劉秀即位後，於建武二年（公元 26 年）封其姐姐為湖陽公主，不久湖陽公主的丈夫死了，湖陽公主一直守寡在家。

宋弘是東漢初年大司空，他為人正直，做官清廉，對皇上直言敢諫。曾先後為漢室推薦和選拔賢能之士 30 多人，有的官至相位。光武帝劉秀對他甚為信任和器重，封他為宣平侯。

此時，劉秀也有意為姐擇偶，便在朝臣中議論，微察意向，試探臣心。有一次議論到大司空宋弘時，公主傾慕地説：「宋公（指宋弘）威容德器，群臣莫及。」其意謂，宋弘儀表不凡，氣宇軒昂，德才兼備，群臣沒有一個能夠比得上他的。

劉秀得悉湖陽公主的意願後，欲搭鵲橋，便專意召見了宋弘，並設宴招待了他，又讓湖陽公主坐在屏風後面。

劉秀從朝廷之事説起，先問：對朝廷政務有何高見？

宋弘道：一切順從天意民心。

劉秀又問：家中父母安泰？

宋弘道：承蒙鴻恩！

席間，劉秀故意用話來考察和暗示，説：「諺言『貴易交，富易妻』，人情乎？」其意是：俗話説，人貴了就得更換朋友，人富了就要更換妻子。這也是人之常情！

宋弘一聽，便猜到這是皇上為他姐姐再嫁來試探自己的。按理

說，這本是一椿攀龍附鳳的好事，而宋弘卻在劉秀面前嚴肅地回答：
「臣聽說，貧賤之知不可忘，糟糠之妻不下堂。」其意是說，在貧賤時
結交的朋友，不能因為自己的地位變了而忘記，同自己一起吃糠咽菜
過苦日子的妻子，不能因為自己富貴了就拋棄！

　　光武帝劉秀甚為感動，認為此話十分有理，只好勸姐姐另行選
偶。他把對宋弘不遺棄共過患難的妻子的恩愛稱為「愛垂竹帛」，並賜
匾額，予以彰揚。後人根據這個故事，把與自己生死相依、同甘共苦
的妻子稱為「糟糠之妻」。

立「熹平石經」

　　漢靈帝劉宏（公元 156—189 年）是漢章帝玄孫，名宏。漢桓帝
無子，皇太后與城門校尉竇武迎劉宏於宮中即帝位，時年 12 歲。劉宏
即位後，竇太后臨朝，竇武掌朝政。竇武嫉惡宦官，起用黨人。宦官
誣告竇武欲廢帝謀反，靈帝大興黨獄，殺李膺、范滂等一百餘人，禁
錮六七百人，捕太學生一千餘人，製造了歷史上第二次黨錮之禍。

　　靈帝在位期間，在文化典籍上做了一件很有意義的事，即立「熹
平石經」。

　　漢武帝採納董仲舒「罷黜百家，獨尊儒術」建議後，儒家書籍被
奉為經典，法定為教科書，設專門博士官講授，成為判斷是非標準與
決策的依據。

　　儒學被定為官學，必須有一部標準本作為評定正誤的依據，然
而，皇家藏書樓裏的標準本「蘭台漆書」卻由於腐敗而遭偷改。

　　有一次上朝時，大臣奏章說法不同，各據經典，靈帝不知所措。

　　原來，漢代立五經於學官，置十四博士。各家經文皆憑所見，
並無供傳習的官定經本。多次博士考試，各據經典，固持己見，引起

紛爭。

對經文的解說不同，是兩大學派之間的根本分歧所在：今文經學家認為六經皆孔子所作，其中寓含着他的政治理想和思想精華，可以垂教萬世，所以，解經多着意於闡發其中的「微言大義」。古文經學家認為「六經皆史」，孔子是「述而不作，信而好古」的聖人，六經不過是他將前代史料加以整理，作為傳授弟子後人的教科書而已，所以解經多側重說解章句訓詁、名物典章。

漢代的博士考試亦常因文字異同引起爭端，進而行賄改「蘭台漆書」經字。此事引起了靈帝的關注。該怎麼辦？

此時，蔡邕想了一法，他向漢靈帝提出校正經書、刊刻於石的奏請。

蔡邕，經學大師。他認為經書典籍流傳已久，文字轉抄多有謬誤，有的穿鑿附會，臆解經文，貽誤後學。熹平四年（公元 175 年）與五官中郎將堂谿典，光祿大夫楊賜，諫議大夫馬日磾，議郎張訓、韓說和太史令單颺等上書靈帝，要求正定六經文字（一說五經）。靈帝隨即下詔諸儒正六經文字，並命蔡邕寫六經文字。

在下詔之前，朝臣也有一番爭論。

「誰來定奪？」

「以何為本？」

靈帝作了裁決，命蔡邕用隸書體書丹於碑，使工人鐫刻之。蔡邕主持校訂六經工作結束後，以小字八分將校正的經文書於石碑，因始刻於熹平四年，故稱「熹平石經」。歷時 9 年，共刻 7 部經典於 46 塊石碑之上，字體一律採用隸書，故又稱「一體石經」。

「熹平石經」立於洛陽城南的開陽門外太學講堂（遺址在今河南偃師朱家圪垱村）前。碑高 1 丈許，廣 4 尺。當時前來觀看摹寫者甚眾，每天不下千輛車子，大街小巷常為之擁堵。此為中國最早的官定經本。所刻經書有《周易》《尚書》《魯詩》《儀禮》《春秋》和《公羊傳》《論語》。除《論語》外，皆當時學官所立。石經以一家本為主而各有

校記，備列學官所立諸家異同於後。《易》《書》《禮》三經校記不存，無可考；《詩》用魯詩本，有齊、韓兩家異字；《公羊傳》用嚴氏本，有顏氏異字；《論語》用某本，有毛、包、周諸家異字。共計 200911 字。這對糾正俗儒的穿鑿附會、臆造別字，維護文字的統一，起了積極作用。石碑已毀，北宋以來屢有殘石出土。近人馬衡匯為《漢石經集存》，存 8000 餘字。考證其源流的有顧炎武《石經考》萬斯同《石經考》和張國淦的《歷代石經考》等，可供參考。

「熹平石經」從某種意義上可以理解為印刷術發明前的一種圖書編輯出版活動，無論在內容上還是在形式上都產生了巨大的影響。這不僅訂誤正訛、平息紛爭，為讀書人提供了儒家經典教材的範本，成了雕版印刷術的先驅，同時開創了用刻石向天下人公佈經文範本的先河，自後有魏三體石經、唐開成石經、宋石經、清石經。佛、道等諸家也刻有石經，構成中國獨有的石刻書籍林。

不讓白首空歸

漢獻帝劉協（公元 181—234 年）是漢靈帝中子，名協。母為王美人，被何后殺害。中平六年（公元 189 年）九月，董卓逼少帝退位，擁立劉協即帝位，時年 9 歲。即位後，東漢政權已名存實亡，漢獻帝成了軍閥董卓的傀儡。關東的豪強見董卓專權於己不利，便結盟抗拒，並推袁紹為盟主，出兵討伐董卓。董卓挾持劉協西遷長安，並將舊都洛陽付之一炬。初平三年（公元 192 年）董卓被部將呂布殺掉，其部將李傕、郭汜旋即攻陷長安，控制獻帝和公卿大臣，隨後李、郭發生矛盾，互相攻殺，漢獻帝成了雙方爭奪的對象。此後，逐漸形成了袁紹、曹操、孫策、劉備等軍閥。建安元年（公元 196 年）漢獻帝被曹操挾持到許昌，又成為曹操的傀儡。曹操殺伏皇后，挾天子令諸

侯，逐漸形成了割據局面。

漢獻帝初平四年（公元 193 年）九月，有 40 餘名儒生在長安參加考試。考試結果分三等：成績上等者賜給郎中，成績中等者為太子舍人，成績下等者全部罷免歸家。結果大多數頭髮斑白、年逾六十的老儒屬「成績下等」，什麼也沒有得到，都得歸家，謂為「白首空歸」。對此，漢獻帝劉協甚感同情，認為應該給這些老儒「功名」。

侍臣問：「何以功名？」

劉協道：「苦讀功名！」

侍臣問：「何以為之？」

劉協道：「以彌苦讀一生！」

侍臣不以為然說：「僅此而已！」

劉協說：「豈止，還可以勸儒生勤讀！」

於是，漢獻帝特下一道詔令，詔令這樣寫道：

「今老儒年過六十者，遠離本土，營求糧資，不得專業，從孩童之時入學，到頭髮白空手而歸，未取得一官半職，這樣便被長期遺棄於農野之中，永遠斷絕了榮望之路，朕非常憐憫這些人。那些原來依照規定該罷歸家者，現在可補為太子舍人。」

詔令下達後，使得老儒們個個歡喜欲狂，因為此詔令讓許多老儒有了功名，有了糧資。

所以，長安有這樣的歌謠在傳誦着：「頭白皓然，食不充糧。裹衣襄裳，當還故鄉。聖主憫念，悉用補郎。捨是布衣，被服玄黃。」

「自衒鬻」氣概

據史書記載，漢武初年，徵召天下品格崇高、才學出眾人士參與國家治理，說明可以不按常規加以選拔。徵召書一發佈，來自四面八

方應徵的人極多，其盛況當時被稱為「自衒鬻者以千數」。

這是一種「以天下為己任」的自我獻身氣概。

這裏有必要對「自衒鬻」作一點解釋。「衒」，由「行」和「玄」兩部分組成，而「玄」同「言」，因之，「衒」字為「有言有行」之義。「鬻」的初義為出賣，可轉義為奉獻。這樣，「自衒鬻者」的意思很明確了，就是願意以自己的言行為國家作出奉獻的人，相當於時下的志願者。一時有那麼多人志願為國效勞，絕不是一種偶然的現象。

以滑稽人物著稱的東方朔讀到武帝的徵召啟事後，馬上作出了回音，他在自薦書中寫道：「我很早就失去了父母，由兄嫂撫養長大。13歲開始讀書，文史知識學得不少。15歲開始學劍，也頗有造就。16歲開始學習《詩》《書》，誦讀心得寫了22萬言。19歲開始學習《孫子兵法》，在佈陣列隊進軍退兵方面也寫了22萬言心得，我的創作已有44萬言之多。我身高九尺三寸，伶牙俐齒，能言善辯，論勇敢可與孟賁相比，論才思敏捷可與慶忌相比，論廉潔可與鮑叔相比，論信譽可與尾生相比，像我這樣的人，當可成為天子的大臣了吧？！」武帝接到這封「文辭不遜、高自稱譽」的自薦書後，不只不生氣，相反，「上偉之」，認為這是個了不起的有點氣概的人物。東方朔進入朝廷後，相隨武帝數十載，為武帝出了不少好主意。

勇於自薦，以天下為己任，這是漢人的大氣概，大精神！

尚武與習文並重

有漢一代，培養了大批的士人。這些士人與後世的文弱書生大異，他們大多既能舞文弄墨，又能擊劍帶兵，是文武全才。當時的武將可事文職，文臣亦常常可將兵征戰。漢人把騎射、擊劍，看成是成長中的基本功。

可以舉「漢代文章兩司馬」的司馬相如和司馬遷為例。

司馬相如是蜀地成都人。從小就愛好讀書，並學擊劍。乳名犬子，因慕戰國時趙國大臣藺相如的為人，而更名為司馬相如。他年少時就才氣橫溢，所著的《子虛賦》，使他文名滿天下。一次，漢武帝與主管獵犬的楊得意在一起讀《子虛賦》，武帝感歎地説：「真可惜啊，我不能與《子虛賦》的作者同時生活！」楊得意也是蜀地人，便告訴武帝説：「《子虛賦》的作者還在，便是我的蜀地同鄉司馬相如。」武帝大驚，馬上派人將司馬相如請來，當面問他：「這作品是不是你寫的？」司馬相如回答：「是的。那是寫諸侯之事。現在我可以為皇上賦天子遊獵，立馬賦成奏上。」一會兒工夫，就寫成了。上奏天子，天子大為高興，封司馬相如為郎將。漢武帝元光五年（公元前 130 年），司馬相如以郎將的身份出使巴蜀，很好地完成了使命。之後，又以中郎將的身份作為武帝特使出使西南夷，一年後回報天子，武帝認為他使命完成得很好。

「讀萬卷書，行萬里路」的司馬遷也是文武兼備的大才。他花 20 多年的時間，寫成了傳世名著《史記》，開創了中國古典史學的新時代。同時，他又是位能征善戰的將領。司馬相如出使西南夷後的 20 年，司馬遷又奉武帝之命行進在通向西南邊陲的大道上，他是「奉使西征巴蜀以南」的功臣。他闢山道，通夜郎，定滇南，繪地圖，功業赫然。回朝報命後，深得武帝的讚賞。祖國西南地區的開發，有司馬遷的一份功勞。可以説，他在武事方面的功勞一點也不遜色於他在文化上的貢獻，只是以往這方面沒有做多少宣傳罷了。

蔡倫造紙

蔡倫是東漢和帝時代的一名小太監。長大後任尚方令，專門負

責監製宮中皇家用的器物。那時皇宮中集中了一批來自全國各地的能工巧匠，都歸蔡倫管。蔡倫讓他們搞出些發明創造來，受到漢和帝嘉獎，蔡倫也不貪功，把獎勵的財物分給大家，大家也就樂意與他一起幹事。

蔡倫在宮中感到最不方便的是文書的笨重。當時，宮中的文書還都是竹片製成的。一篇短短的文稿，就得一大疊竹片，讓人搬來搬去，實在不便，有的拿都拿不動。蔡倫是個聰明人，他肯動腦筋，總想改進這一笨重的東西。

據《後漢書‧蔡倫傳》的記載：「倫有才學。每至休沐，輒閉門絕客，暴體田野。」這一段史料透露了有關蔡倫的重要信息，說蔡倫每到休息天（休沐）的時候，就「暴體田野」，一面是出去透透空氣，一面又是到民間去了解下情，從民間學到些新東西。

蔡倫是個有心人。一次，他帶着宮中的幾個小夥伴來到一個僻遠的鄉間，只見那裏的人們正在把一些破爛的麻頭、布條、樹皮，放在一個大鍋子裏燒，再把燒得稀爛的漿糊狀物品瀝乾，攤平在桌面上，曬乾後，就成了一張張薄膜。

「這是做什麼用的？」蔡倫好奇地問。

「用處可大着呢！可以包裹東西，識字人也可以在上面寫字嘛！」那鄉下人邊說邊幹活兒。

蔡倫如獲至寶。他覺得今天的收穫實在太大了。都說能工巧匠在宮中，哪裏知道真正的能人可在民間哪！這從樹皮、麻頭等物中瀝出來的一層薄膜，可是一個大發明啊！回到宮中，蔡倫馬上如法炮製。宮中物品多，他所用的材料就更多，有樹皮、麻頭、破布、魚網，還有原先當書寫用的竹片和竹片上刮下來的竹青，攪和在一起，加以精心製作，造出了比民間更加精細的真正意義上的紙來。

蔡倫把這一發明上報給了皇上。蔡倫是個平和而有德性的人，他並不貪天之功，在奏本上就寫明「此法來自民間，倫只精細加工而已」。皇上覺得這個蔡倫可愛、實在，發現了民間的創造，又加以改

進，很了不起，就承認了他的發明權，封他為「龍亭侯」，稱這種紙為「蔡侯紙」。

紙的發明是對世界文明的極大貢獻，被世人譽為中國的「四大發明」之一。

張衡發明地動儀

公元 119 年 2 月，中原地帶大地冰封，春寒料峭。一天凌晨，天地間突然轟然一聲巨響，洛陽一帶山搖地動，樹木連根拔起，成排的房屋頃刻之間成了一堆堆瓦礫，成千上萬的百姓死於非命。

京城內外到處都是號哭聲。人們沉浸在極大的恐慌之中。朝廷為了安撫百姓，在地震後的第三天，馬上舉行了盛大的祭天儀式，文武百官都懷着發自內心的極大誠意登上了祭台，讓老天爺來保護普天下的蒼生吧！

只有一位官員坐鎮在自己官署裏，沒有參加這一祭天儀式。可能是當時局面慌亂，連皇上也沒有發現文臣隊伍中少了一個他。

他是誰？他就是主管天文曆法的當朝太史令張衡。

張衡沒有參加祭天儀式是有道理的。因為，他清楚地知道，要抗禦地震帶來的災難，單靠祭天是沒有用的。他手頭的資料表明，從當年的洛陽大地震往上推的 50 年間，洛陽和隴西（今甘肅一帶）先後發生了 33 次較大的地震和 13 次山崩，每次震後都是勞民傷財的祭天，可是結果又怎樣呢？

「得發明一種儀器，可以測定地震的方位和烈度，那樣可以及時救災。」張衡對太史署中的工作人員說出了自己的想法。

「對，對。這樣才是辦法。」大家都這樣以為。

以後的年月裏，張衡和太史署裏的人們幾乎是閉門不出，只有一

些不時被召喚進署的工匠進進出出，忙個不停。他們一直在設計着、思考着。在張衡的辦事署裏，草圖堆了滿滿的大半屋子。廢棄的實驗材料則更多。人們觀察到，張衡辦事的處所，常常是徹夜燈火通明。

時日流逝，十多年過去了。

到得漢順帝陽嘉元年（公元 132 年），由張衡出面宣佈了一個驚人的消息：可以精確地測定地震的地動儀製造成功了。

這是一台完全用精銅鑄成的地動儀器，形狀像是一隻大酒樽。上大下小，有四尺多高，直徑有二尺六寸，四周的銅壁上刻着篆文，還鑄有八條倒伏着的銅龍，按東、東南、南、西南、西、西北、北、東北八個方位排列着。龍尾上翹，龍頭外昂，彷彿龍是從雲天外飛騰下來的一般。龍頭的嘴中都含着一顆銅球，龍頭的正下方都蹲着一隻銅蟾蜍，好像等待着龍嘴裏的銅球落下來似的。

「這八條龍是幹什麼的？」

「龍嘴中為何要含球？」

「地上怎麼蹲着銅蟾蜍？」

人們好奇地問。張衡一一作了解答：八條龍代表八個方位，只要哪個方位有地震，哪個方位龍嘴裏的球就會落到下面的銅蟾蜍中去。由於靈敏度高，就是千里之外的地震也能測量出來。

這是多麼偉大的發明！要知道，這是世界上最早的測定地震的儀器啊！西方發明同類的儀器，要在千年之後。

漢字：中國「第五大發明」

沒有漢字，也就不會有輝煌燦爛的中國古代文明，可以説，漢字是中華文明之母。從這個意義上説，令國人自豪的「四大發明」都是漢字這第五大發明的衍生物。

漢字之所以稱為「漢字」，是因為它成形於漢代。

漢字有一個歷史的發展過程。早在 3300 年前的殷商時期，就產生了刻在龜甲和牛骨上的甲骨文。這是一種古老的文字。之後又有刻在青銅器上的金文。在那時，文字很不統一，不同地方的人表達同一個意思，可以有不同的表述法。甲骨文中單是「龜」字，就有 50 多種寫法。而金文中的「鼎」字，我們現在看到的也有 70 多種寫法。

到春秋戰國時期，列國稱強，各國的字體也很不相同。在秦國使用的叫大篆，秦始皇統一六國後，實行「書同文」，字體比以前的大篆更簡略，並淘汰了甲骨文、金文中的大量異體字，稱為「小篆」。小篆相傳是秦丞相李斯所書。

到了漢代，隸書成為書寫的主要字體。秦時也有隸書，是流行於民間的一種簡便的書寫方法和文字體例。到了漢代，把流行於民間的這種隸書規範化，並進一步簡化，就成為漢代官方確認的漢字。文字學家把漢字分為兩個階段：自甲骨文到小篆，稱為古文階段；自隸書以後，稱為今文階段。

漢朝末年，出現了楷書。「篆書如圈，隸書如蠶，楷書如站。」楷書改變了隸書的波折之勢和挑法，筆畫平直勻稱，字體明晰方正，是名正言順的「楷模之書」。由此，真正意義上的「方塊漢字」形成了。

這種「方塊漢字」一直延續到今天。今天在使用漢字時，不能不想到 2000 年前的漢代祖先。

中國第一部分析字形、說解字義、辨識字音的大型字書《說文解字》產生於東漢時期，它的作者是許慎。許慎是漢明帝時代的大學問家。他前後用了 20 多年的時間，完成了這部析字訓詁之書。《說文解字》一書是古代語言文字學的集大成者，在該書中，保留了大量珍貴的文字資料和古代社會各個領域的重要史料。《說文解字》首創的漢字部首檢字法，以及字音、字義、字形綜合研究法，一直被傳承了下來。有人把許慎在析字訓詁上的成就與孔子在思想上的地位相比擬，也是有一定道理的。

　　《說文解字》一書在總結前人經驗的基礎上，確切地提出了「六書」之說。「六書」是對漢字獨特的造字、用字法則的總結。具體地說是指：一是象形。象形是中國文字的基礎。比如「鳥」字，其字形與所表述的字義同，其頭部的一點，就是鳥的眼睛。可「烏」字就不同，因烏指烏鴉，通體墨黑，眼睛看不清，因此頭部就無一點。二是指事。就是用象徵性符號組成指事字。「刀」是象形字，在刀口處加上一點，就成為指事字「刃」。三是會意。就是把兩個或兩個以上的實物形體會合起來，表示一種新的、通常是抽象的東西。如把「日」和「月」加起來，造出的「明」字，就是會意字。四是形聲。形聲字由「形」與「聲」兩部分組成。如「忍」字，「心」是形，「刃」是聲。五是轉注。文字是發展的，為了在字形上反映這種變化，就給本字加注或改換聲符，這就是轉注。「豕」是豬的象形字，但各地讀音不同，有些地方讀作「者」，為加注，寫成了「豬」）。六為假借。由於某種原因而假他字用作本字。如「請柬」，應為「請簡」，意為把請帖寫在竹簡上，後有人借「柬」字用上，本字反而不用了。

　　「六書」對理解中國文字的形成和使用也很有意義。

◆ 註釋：

① 《史記·淮陰侯列傳》：「上令武士縛信，載後車。信曰：『果若人言，狡兔死，走狗烹；高鳥盡，良弓藏；敵國破，謀臣亡。天下已定，我固當烹。』上曰：『人告公反。』遂械繫信。至洛陽，赦信罪，以為淮陰侯。」

② 《史記·孝文本紀》：「正月，上曰：農，天下之本，其開籍田，朕親率耕，以給宗廟粢盛。」

③ 《漢書·食貨志》。

④ 《漢書·平帝紀》：「罷安定呼池苑，以為安民縣。起官寺市里，募徙貧民，縣次給食。至徙所，賜田宅什器，假與犁、牛、種、食。」

⑤ 《三國志‧魏書‧陳矯傳》：「曲周民父病，以牛禱，縣結正棄市。矯曰：『此孝子也。』表赦之。」

⑥ 按照白壽彝《中國通史》的提法，「小農主要是從生產規模方面說的。自耕農必然是小農，而小農則除自耕農以外，還包括各種依附農民和僱農。」

⑦ 「絲綢之路」這一名詞，是 19 世紀的德國學者迪南德‧范李奇索芬男爵所創造發明的。

⑧ 《史記》最早使用「中國」這一概念是在堯舜時期，堯讓位於舜後，「舜而後之中國踐天子位焉」（《史記‧五帝本紀》）。而實物史料（金文）要到周代時才出現「中國」這一概念，上距司馬遷在世有 1000 年的時間。

⑨ 《論語‧鄉黨》：「食不時不食。」意思是吃飯要定時，不到該吃的時候，不該吃；到了該吃的時候，就得吃。食定時，就是食定餐也。那麼一日定為多少餐呢？漢代的鄭玄注：「一日之中三時食。」也就是一日三餐。

第二十四卷

漢武雄風

漢王朝剛建立的時候，經濟困難，民生凋敝。據說，當時要為皇上拼湊純色的四匹馬都不可能，而宰相只能坐牛車了。針對這種情況，從漢高祖劉邦開始，一直到漢景帝，一連五代，都採取「無為而治」和「與民休息」的政策，經過 60 多年的整飭，到武帝時，經濟發展，社會安定，民眾富足，西漢王朝達到了它的鼎盛期。一個強大的西漢王朝，如麗日經天，輝耀於世界的東方，成為當時世界上最為強大的國家。武帝時的強勢發展，一直延續到之後 40 年的昭、宣兩朝。

漢武帝是中國古代社會有數的具有雄才大略的帝王。在他統治中國長達半個多世紀的歲月裏，在政治、經濟、軍事、文化、思想、外交領域裏實施了一系列大刀闊斧的改革，取得了空前的成就。正是在這時，中國開始走向了世界，世界開始認識了中國。

漢武雄風，是強盛的西漢王朝的一個縮影。

16歲的少年帝王

漢武帝名劉徹，是漢景帝劉啟十四個兒子中的第九個。劉徹的母親姓王，出生在沒有什麼社會地位的平民家中。後來，她被選入宮中，得到了寵幸，被封為「王美人」。帝王常常是「後宮三千」，「美人」是宮中地位不算太低的妃妾，已經有機會接近皇上了。就在劉啟即位的景帝元年（公元前 156 年）七月，生下了劉徹。

劉徹 4 歲那年，被封為膠東王。膠東地區是儒家思想的發源地，雖然漢初以來，都提倡道家的「無為而治」的思想，但是，在膠東地區儒家的思想氣息仍然很濃郁。這使劉徹從小就喜歡上了文學，能夠背誦《詩》《書》《禮》《春秋》這樣一些儒家經典。經過十來年的學習，他成了一個既天真活潑又彬彬有禮的少年。①

有人一定會問，一個皇家子弟去讀孔孟之道，去學道家以外的東西，難道他父親景帝被蒙在鼓裏嗎？不是，絕對不是。劉徹學習的情況景帝應當說是了如指掌的，但他有意放縱，並有所贊同。景帝自身的思想，其實也在變，在向儒家方向轉。有這樣一個故事：一次，極端喜好道術的竇太后把大學問家轅固生請來，問他《老子》書中的一些道理，轅固生說：「那不過是庶人之言罷了，與治國無關，要治國還得靠儒術。」竇太后大怒，把他放到野豬欄中去與野豬搏鬥。漢景帝不敢與母后抗爭，但為了保護這位大儒，偷偷給了他一把利刃，轅固生藉此殺死了野豬，保全了自己的性命。景帝敢於偷偷幫一個儒生脫險，當然也不會干預劉徹的學儒了。

劉徹原本只是十四個王子中的一個，要想登上皇位，實在是難上加難。但是，說來也巧，機遇終於有了。原來景帝有一個同胞姐妹叫劉嫖的，生有一女，名喚阿嬌。劉嫖想在王子中物色一位德才兼備的人成為自己的乘龍快婿。她把十四個王子比了又比，最後覺得還是劉徹最為「合適」，人長得高挑、挺拔、英俊，性格明快、豪爽、大氣，

又知書達理，懂得待人接物。一來二去，她喜歡上了劉徹。她決心要把劉徹扶上太子的寶座。於是，她憑藉皇上姐姐的特殊身份，常在皇上面前說太子劉榮及太子母親的壞話，又時時抬舉劉徹。後來，景帝終於廢掉原太子劉榮，而改立劉徹為太子了。

長期在竇太后陰影下生活的景帝只活了 48 歲，早早地離開了人世。劉徹就名正言順地登上了皇位，這就是漢武帝。那年，他只有 16 歲。

舉賢良

可別小看了這個少年君主，他登位的第一年就有驚人之舉 —— 下令大規模徵召有才能之士，名之為「舉賢良」。

就在漢武帝登帝位的這一年的十月，這位 16 歲的少年帝王發佈了他的一號詔令 —— 此時，離他登「九五至尊」之位僅僅只有三個月。這一詔令就是歷史上負有盛名的「舉賢良」詔。詔令說：

「你們這些身居要津的官員 —— 丞相、御史、諸侯、九卿、郡守 —— 都給我聽着：每年都應該認真地推薦品質高尚、才能出眾、敢於說真話、敢於批評時弊的人，供國家使用，有了一大批這樣的幹才，正氣才能張揚，社會才能安定，國家才能昌盛。」

這一詔令的口氣是嚴肅的，語調是強硬的，充分表現了這位少年君主革新政局、革除時弊、物色士俊的決心。可是，出乎漢武帝意外的是，反響並不怎麼強烈。也許，在那些丞相、御史、諸侯和一大批老臣的眼中，那時的漢武帝只是個無足輕重的娃娃，娃娃的話，頂得了什麼？

漢武帝並不氣餒，也並不發太大的火 —— 少年漢武了不得，他沉得住氣。

第二年，宣佈要建立「明堂」。「明堂」是相傳古代聖明君主宣明政教的地方。凡朝會、祭祀、慶賞、選士、養老、教學等大典，都在明堂舉行。漢武帝決心學一學古代聖君，在明堂選士，這也可以看成是政治公開化的一個高招。

再過三年，設立五經博士，決定通過考試選取合格人才。到他登位第六年的時候，也就是元光元年（公元前 134 年），命令各郡國舉孝廉各一人。孝是孝敬父母和長者，廉是廉潔自律。並且規定，被推舉上來的人，要交政論文一篇，交給漢武帝親自過目，並由他親自察問後方能錄用。這一次最大的收穫是，大儒董仲舒和公孫弘都以治《春秋》被舉薦上來，董仲舒則在對策中提出各郡每年要選出優秀的官吏和民眾各兩人，供皇上選用，這就使所舉「賢良」的面更廣。

當漢武帝登位十年的時候（元光五年），漢武帝又一次徵招賢才，特別強調要徵招「明當世之務」者。

在「舉賢良」上，漢武帝真可謂三令五申、求賢若渴。可是，效果還是不太明顯，一些官員就是找種種理由「不舉」。這下，漢武帝動了大怒，在元朔元年（公元前 128 年）冬十一月，下詔對這種現象嚴加督責，明確規定，要追究「不舉者罪」。[2]如此，中央大臣和各級地方長官才慌了神。在漢武帝的高壓下，「舉賢才」這件事才走上正軌，各種人才才源源進入國家管理機構。

「異人並出」的氣象

漢武帝的一張張「舉賢良」詔令，無異於一次次破冰之旅，使人才凍結的現象為之一掃。在這位「千古一帝」的大力倡導下，很快就出現了「異人並出」的新氣象。這在整個中國古代社會中也是極少見的。[3]

第一個「異人」是公孫弘。

公孫弘，年少時曾經當過獄吏，後來犯了法，被革去了公職，就去做一點小生意糊口度日，生活過得很艱辛。他是個聰明人，上了40歲還自學起《春秋》來，學得像模像樣，頗有心得，在社會上也有了點小名氣。

漢武帝即位後，下詔舉賢良，公孫弘被舉為賢良之士，馬上又徵為博士，當時他已經60歲了。漢武帝讓他出使匈奴，沒有完成使命，被武帝怒斥了一頓，他就順勢稱病回歸田里，仍自個兒學他的《春秋》去。

十年以後，漢武帝又一次大規模徵召賢良之士，那時公孫弘已經年屆古稀，但他所在地區還是推薦了他。他一再固辭，說自己已經試過了，證明不合適，還是推舉別人罷。可是，上上下下都定要舉薦他，盛情難卻，他又一次面對漢武帝。公孫弘在對策中，提出了著名的「治國八策」。他說：

「治國又難又不難，如果能抓住『八策』，則不難。一要按照才能任用官員，讓他們各人幹好各人的。二要去無用的言論，提倡苦幹加實幹。三要提倡勤儉節約，改善民風。四要抓住時機，發展生產，讓百姓富起來。五要提倡德教，讓有德者受到重用，無德者受到冷遇。六要以功論賞，無功者備受鄙視。七要強化法制，讓犯罪者受到應有的懲罰。八要普選社會賢達，讓他們成為國家棟梁。這八條是治國之本，治民之本。」

公孫弘的對策使漢武帝大為興奮，對他破格重用，由博士接連晉升，很快當上了「一人之下，萬人之上」的丞相，還被封為平津侯。為了招攬人才，在漢武帝的授意下，他在相府中建起客館，開了方便出入的東門，延請天下賢人共商國事。

在此以後，便「異人並出」了。

卜式，原本只是個山野的牧羊人，被漢武帝看中後，賜為關內侯，後進而成為御史大夫。

兒寬，一個治《尚書》的窮文士，被武帝發現後，官至御史大夫，還為漢武帝主持了盛大的泰山封禪大典呢！

連匈奴的降將金日磾也受到重用，常隨於漢武帝左右，成為他的一員愛臣。

漢武帝的「舉賢良」，使得人才輩出，這是社會發展的首要條件。

尊崇儒學

少年的漢武帝一即位，就在尋找一種社會的主流文化，用以支撐龐大的漢帝國。他很早就學習儒學，深明儒學與明教化、凝人心相通，對提高官員以至民眾的思想素養大有好處。因此，他尊崇儒學，並把它作為治國安民的思想基石。

漢武帝即位後，任命好儒術的竇嬰為丞相，田蚡為太尉，提拔他當太子時的儒學老師王臧為郎中令，主管宮內事務。但是，礙於竇太后的威勢，漢武帝還不敢有更大的動作。建元六年（公元前 135 年）竇太后一死，武帝立即大批徵召儒生，準備改變漢初半個多世紀實施的「無為而治」的思想方針。

此時，正好董仲舒向他建言道：「現在，人們的思想亂得很，各種學派的人都在宣傳自己的學說，提出自己的治國方案，使人們不知怎麼辦好。看來還得有一個統一的說法，統一的思想支柱，這個思想支柱就是孔子的學說。」[④]

這就是後世所謂的「罷黜百家，獨尊儒術」。

漢武帝一聽，正合心意，立即大筆一揮：「可。」這一揮非同小可，那可是確立了整個漢代以至兩千年封建社會的正統思想。

「那麼，如何實施儒術獨尊呢？」武帝繼續詢問。

董仲舒一一道來：「要實施儒家獨尊，就要着力培育儒學人才，要

培育儒學人才，最好的辦法莫過於辦太學。而要辦好太學，就得延請名師，用以教導天下的學子。」

漢武帝又是大筆一揮：「可。」

於是，在京城建起了國家的最高學府——太學，由國家任命的五經博士進行教學，學生被稱為博士弟子，教學的內容是儒家的經典。學生學成後，經考試由國家量才錄用。這一制度後來也被長期沿用下來了。

當然，漢武帝不愧是一位有主見的有為之君，他對董仲舒建議的採納是有限度的。他把儒學提高到社會主流文化的地位，同時也沒有把其他思想學派斬盡殺絕。像被武帝稱為「千里駒」的劉德，是一個知足常樂的老子學說擁護者，照樣受到重用，照樣著書立說，照樣招徒講學。尤其是像汲黯這樣的一些法家人物，還頗受漢武帝賞識呢！

內多欲而外施仁義

在滿朝文武中，汲黯是一個相當特殊的人物。他性格直爽，敢說敢為，常得罪於皇上，皇上又離不開他。這裏有一個著名的歷史掌故。

當時，漢武帝剛剛聽從董仲舒之議，大力崇尚儒術。一次，武帝又在群臣面前大談儒道。冷不防汲黯站了出來，冷冷地說：

「陛下實際上是內裏多所欲求，只是外表上施行仁義罷了，再何必去仿效古聖堯舜那種治理辦法呢？」說罷還冷笑了兩聲。

大概是汲黯的話點出了漢武帝治術的真相，使他頗為尷尬，下不了台。漢武帝先是默然不語，接着是大怒，滿臉通紅地說：「罷朝！」

群臣沒有一個敢站出來說話的，都匆匆離去，生怕招來什麼禍害似的。大家心裏只有一個念頭：「這下子，汲黯可要倒大霉了，皇上非整他不可！」

讓群臣散盡以後，漢武帝的氣也消了一大半，他環視左右，問：「你們看汲黯這個人怎麼樣？」

左右都不敢言，只有個別人在那裏喃喃着：「是……是……個……不識時務……的人啊！」

漢武帝看群臣都那樣，原先的氣全消了，他笑着打趣地說：「汲黯這個人啊，我說他真是做得太過分了，何必那樣頂真地衝着我呢？又是在巍巍的朝堂之上那樣做，實在太過分了。我說，他實際上是個大憨大啊！」⑤

漢武帝這樣說，實際上也就承認自己「外施仁義」只是表面文章，內底裏還是有所為，甚至是崇尚法治的。說漢武帝既尊儒，又尚法，一點也不過分。他所用的人，往往是儒法兼備的，包括公孫弘在裏面。⑥

事後，武帝也沒有一點怪罪汲黯的意思。

以法輔德

武帝時期，一面是大力倡導德治，用儒家思想提高民眾的思想道德水準，同時又輔之以法治國。武帝即位後十年，他就着手請一些資深的法律專家制定和修正法律，那個時代的法律在中國古代大概要算是最完備的。律令條目繁多，大大細化了法律規範，為的是便於人們的實際操作。

當時，法律形式大致有四類：一是律，那是比較穩定的法律形式，規定法律適用的基本範圍；二是令，主要是皇上的詔令，也有地方政府頒發的文告之類；三是科，是法律條文的細目，條目就十分多了；四是比，就是可作為法律規範的典型案例。這樣看來，當時的法律是相當完備了。

在武帝時期的法規中，有不少涉及維護社會和諧、促進經濟文化發展的條款。

為了確保人們的文化學習，法律明文規定：17歲以上的人，如果想當官，那就要有一定的文化條件，這個條件就是能諷誦9000字的經典文稿，不只能讀，還要講解，並能加以詮釋，有自己獨立的見解和看法。這些都要經過有關部門的考核驗證。如果考核成績優秀的，就可以成為尚書。如果在學習上特別差，那就要受到批評教育，乃至於訴諸法律，予以處分。

水為生命之源，漢武帝時代的法律在用水上也「具立法令」。這倒主要不是指生活用水，而是指生產用水。誰如果以鄰為壑，或壟斷上流水源，是要受處分的。

漢武帝時的法規禁止宰殺耕牛。凡是宰殺耕牛食用的，要受到嚴厲的懲處，當然，病牛不在此例。

嚴密的法網，使漢武帝時期的社會基本處於平穩發展的佳境中。

任用酷吏打擊豪猾

任用酷吏，委酷吏以重權，是漢武帝用以推進法律的實施、維護社會的安定和平穩發展的重要舉措。

被漢武帝委以重任的酷吏，自身往往是清正廉潔的。酷吏張湯生前位至三公，經手的案件不下千宗，可死時全部的家產還不到五百金，據說全部是為官俸祿的積餘，此外也沒有經營什麼產業。死後喪事也辦得很節儉，用一牛車把盛屍的棺材拉到墓地就是，一點兒也不張揚。

被漢武帝委以重任的酷吏，剛正不阿、不徇私情。大酷吏趙禹任官以來，家中沒有食客。一些公卿邀他去赴宴，他只是應付應付罷

了，而從來不回請人家。對知友賓客的請託，連一件也不予以答應。眾人都說他是「孤立行一意而已」，用通俗的話說就是「一意孤行」、六親不認。

被漢武帝委以重任的酷吏，辦事果敢、不畏權貴、不懼黑惡勢力。身為御史的王溫舒，到達廣平以後，先把那裏的豪門奸詐之人的情況了解得一清二楚，然後着手整治。他自備了私馬 50 匹，每殺一批犯法的權貴，就飛馬向遠在長安的天子稟報一次，奏書往還，只要兩天，這種雷厲風行的作風是不多見的。他到那裏不到三個月，整個社會就安定了，地方惡勢力銷聲匿跡了，老百姓為此拍手稱快。

酷吏是武帝太平盛世的壯觀一景，如果沒有酷吏，那些豪猾之徒將會如何興風作浪，社會能不能保持平穩發展，都是一個未知數。

鹽鐵官營

漢初，政府一任鹽鐵私營，一些富商大賈、豪強地主，往往佔有山海，或採礦冶鐵，或煮海製鹽。有的人辦鹽鐵業發了大財，家裏使用的工人有多至上千人的。這些人的存在，不僅影響了中央政府的財政收入，還很可能成為割據勢力的社會基礎。

「必須把鹽鐵業收歸國有！」漢武帝不止一次地這樣提出問題。

身為大農丞的東郭咸陽和孔僅，還有在侍中的桑弘羊，共同向武帝提交了一個鹽鐵官營的計劃。這個計劃主要有三個方面的內容：一是將煮鹽、冶鐵的權利收歸國有，所得的收入，以充賦稅之不足；二是由官府召募人員煮鹽和冶鐵，國家提供一定的器具和費用；三是對敢於違令，擅自煮鹽和冶鐵的人，進行重罰，還要在經濟上加以制裁。

桑弘羊等人的鹽鐵官營計劃一出台，社會一片譁然。

「這不是不讓人活了嗎？」那些靠鹽鐵發了大財的「浮食之民」明明家有萬貫之財，也偏偏在那裏大歎起「苦經」來。

「這是與民爭利，不符合祖宗古訓！」連一些士人也在那裏瞎起鬨。

聽此說三道四的議論，漢武帝大氣凜然地對群臣說：「的確，鹽鐵官營這是古來不曾有過的事，但是我要問：前人不曾做過的事，我們為何不可以做呢？只要利國利民，我們就是要做，這就叫前無古人，超乎古人！」漢武帝不為輿論所左右，毅然決然地批准了桑弘羊等人的提議，並於元狩六年（公元前 117 年）春，委派孔僅、東郭咸陽為總代表到全國各地去選用有經驗的人擔任鹽鐵官，並着手建立鹽鐵專賣機構。由於行動果斷，措施實在，推進的速度特別快。

在以後的兩年間，全國建立鹽官的有 27 郡，建立鐵官的有 40 郡。這樣，從北到南，從東到西，都設置了鹽鐵官，全國的鹽鐵生產和銷售都控制在中央政府的手中了。經濟命脈一經掌握，中央政府對地方的控制也強化了。

瓠子負薪

元封二年（公元前 109 年），47 歲的漢武帝又一次率領大批人馬東去，準備封禪泰山。行至半途，有快馬來報：黃河的瓠子口（在今河南濮陽縣北邊）決堤，情形十萬火急。漢武帝想了一下，便決定馬上率百官折道到瓠子口治河工地去實地考察。

漢武帝一行匆匆來到治河工地，只見黃河水猛漲，淹沒了四處的一些小山頭，沖決了黃河的第一道堤岸，狂暴的浪濤如千萬頭猛獸，正呼嘯着向 10 萬民工塞河的第二道堤岸奔來。往遠處看，水面上都是被沖刷浸泡透了的物品和人畜屍體。在一大捆已經發黑了的茅草上，馱着一具被水浸漬得鼓脹了的女屍。她仰面而臥，披散着的長髮隨水

波起伏着，那對大睜着的雙眼，似乎訴説着死者在被洪水吞沒時的怨憤、悲哀、恐慌。

漢武帝的臉上掛滿了悲哀，口中訥訥問道：「怎麼會這樣呢？怎麼會這樣呢？」

群臣百僚一個個垂手肅立，連大氣都不敢出，尤其是負責治河的兩位大員——汲仁和郭昌——更是一身泥水地跪倒在武帝跟前，不住聲地求饒：「皇上，臣下罪該萬死，沒把治河工程辦好，請皇上處置我們吧！」

這時的漢武帝忽然變得溫和起來，他讓人把兩員治河大臣扶起，説：「這麼大的洪水，責難誰都沒用，現在重要的是馬上想辦法把黃河治理好！這是最重要的！你們知道嗎？」

群臣一口稱：「是！」

漢武帝不愧是一位有作為的英明君主，霎時間，他一下轉換成了治河總指揮的角色。他命人從不遠處的淇園運來大量長竹，把這些竹子編成籃子裝泥，以建造牢固而結實的治河大壩。

他命令調集百萬民工和軍隊緊急修建河堤。養兵千日，用在一時，軍隊被充分地調動了起來。

他命令百官一律脱掉官服，參與治河工程。他宣告：自己要在這裏住一段時間，親自挑泥推車，負薪建堤，為治河出一份力。

這樣，治河工程大大加快了。經歷一個多月的努力，一座堅固結實的瓠子口河堤巍然矗立在黃河岸邊了。興風作浪數十年的黃河終於被鎮住了。

漢武帝太興奮了。他命令官員在瓠子口岸邊上建造一座宮殿，名為「宣房宮」。宮殿建成後，他親自在殿堂裏主持了一次祭河大典。他把白馬和玉玦沉入河底，表示對河神的祭祀，同時，又高聲吟誦了自己的新作《瓠子之歌》。

悲壯的歌聲在黃河岸邊迴響，使參加祭河典禮的官員和百姓感動得流下淚來。

衞青奮於奴僕

從元光二年（公元前 133 年）開始，漢武帝下詔反擊匈奴。

在對匈奴戰爭中，多次建立奇功、被漢武帝提拔為大將軍的，是出身於奴僕的年輕將領衞青。

衞青是平陽人。他的父親鄭季當過一段小官吏。後來被委派到平陽侯家中去辦事，在那裏與平陽侯家的女僕衞媼好上了，有了一個私生子，那就是後來大名鼎鼎的衞青。

衞青因為是私生子，名聲不好，又沒有什麼靠山，因此生母一方和生父一方都不認他。父親鄭季辦完事後，把他帶回了家。但鄭家有許多弟兄，都不認他這個小弟弟，反而把他當奴僕來使喚，父親也不太管他，就讓他去牧羊。

長大後，衞青先是在平陽公主那裏當一名家騎，常騎着馬保衞平陽公主。但是，事有湊巧，衞青雖不得志，但衞媼的一個小女兒衞子夫（應該算是衞青的同母異父姐姐）卻被漢武帝選中了，衞青藉着這個天造地設的機緣跟着衞子夫進入了宮中。武帝一看這年輕人，心中一喜：「好英武的小夥子！」就讓他當了個宮中的衞士。他雖然沒有什麼身份，但因為衞子夫的關係，人們還是另眼看待的。

不多久，衞子夫懷孕了。皇后得知這一消息，十分忌恨，但不敢對衞子夫怎麼樣，只得把怒氣發泄在衞青身上。她派人把衞青抓起來，準備殺害他。漢武帝知道這件事後，出於對這個英武的年輕人的憐愛，親自出來干預。不僅不准傷害他，還提升他為宮中的建章監，幹得好，又加以賞賜。當衞子夫正式成為衞夫人時，衞青也提拔為大中大夫了。

元光六年（公元前 129 年），衞青以車騎將軍的名義被委任出擊匈奴。在幾路大軍中，公孫賀無所獲；公孫敖被匈奴擊敗，損失萬人；名將李廣慘敗雁門關，隻身逃回；只有衞青一支，率兵出上谷，直搗

龍城，斬虜敵人數百。漢武帝很是興奮，賜衛青關內侯。第二年，衛青率 3 萬騎兵乘勝追擊，收回了「河南」（河套一帶）。「河南」一地是秦末被匈奴佔領的，80 餘年後，由衛青收回。

元朔五年（公元前 124 年），漢武帝派衛青率 10 萬大軍由朔方出高闕關北進，行 700 餘里，突然出現在匈奴左賢王駐地附近，尚在睡夢中的匈奴軍全軍潰敗，1.5 萬多人被俘，漢王朝取得了巨大勝利。漢武帝聽到這一消息，興奮異常，當時，衛青還沒有班師回朝，漢武帝迫不及待地說：「我要創一個先例，不等回朝，就在軍中封衛青為大將軍，統帥全軍。」天子的特使馬上出發，在軍中封衛青「大將軍」號（在漢代一度是最高職位，權重於丞相），加封六千戶。還封衛青年幼的兒子為宜春侯。

衛青一回到皇宮，就對武帝說：「我要感謝皇上的恩寵。但是，我的孩子尚在繈褓之中，沒有一點功勞，如何可以封侯？請皇上免封！」

漢武帝想了一想，說：「好，聽你的！」

衛青又說：「這次勝利，全靠三位大將的合力拚殺，也靠全體將士的努力，我覺得獎勵他們比獎勵我還要重要！」

漢武帝哈哈大笑：「你怎麼知道我不獎勵他們呢？我會的。」接着，除加封三位主要將領外，還犒勞了出征的全體將士。

此時，一個奴僕出身的衛青，事業達到了登峰造極的地步。

匈奴未滅，無以家為

元朔六年（公元前 123 年），漢武帝又一次部署對匈奴的反擊戰，派衛青率 10 萬騎兵由定襄（今呼和浩特）向匈奴進攻，一直向北推進了數百里。在這一戰役中，一位年輕的將領像一顆新星一樣升起，他

就是 18 歲的霍去病。

當時，霍去病單獨率八百精騎出擊，大獲全勝，斬殺或俘虜兩千餘人，而且斬俘了單于的祖父、叔父及許多重要的首領。凱旋之後，霍去病得到了漢武帝的極大讚賞和嘉獎，因為他功冠全軍，被封為「冠軍侯」。

封侯的第三年，霍去病又被封為驃騎將軍，率萬人遠征敵後。霍去病轉戰千里，捷報頻傳，共消滅敵軍近萬人，殺死匈奴的兩個王爺，奪得了祁連山地區的大片土地。又過了兩年，匈奴軍又來犯，霍去病又率軍北行，這次又消滅敵軍八九萬人，俘獲匈奴的三個王，還有將軍、大臣 83 人。經此一戰，匈奴再也站不住腳，便逃到漠北去了。霍去病轉戰兩千餘里，全勝而歸。

為嘉獎霍去病的赫赫戰功，漢武帝決定為他造一座雄偉的私人宅第。為了給他一個驚喜，漢武帝故意事先不讓他知道。宅第初建成，漢武帝就派人通知霍去病，讓他去看看是不是滿意，如不滿意，還可改建。霍去病一聽，大為驚異，連夜跑到武帝那裏，長跪不起。武帝問他有什麼話要說，他只說了短短的八個字：「匈奴未滅，何以家為！」[⑦]

其意是說：匈奴還沒有被消滅，我怎麼可以一心建設自己的小家庭呢？他堅決不肯收下漢武帝特為他建造的宮殿。漢武帝看他那樣的堅決，那樣的真情，也就作罷了。專門召集文武百官，在金鑾殿上公開表彰了這位功蓋全軍又不肯貪圖享樂的年輕統帥。

天不作美，如此一位具有偉大軍事天才的統帥型人物，卻英年早逝，病故時只有 24 歲。

聽到霍去病死去的消息，漢武帝十分震驚和痛苦。為了追念他的軍功和為人，就派大將為他送葬。霍去病的陵墓被特許建造在漢武帝陵的近旁，以示自己對他的最大恩寵。陵墓封土堆成祁連山形狀，墓前又放置了「馬踏匈奴」的石塑像以張揚霍去病的千秋功業！

蘇武牧羊

　　武帝天漢元年（公元前 100 年），漢與匈奴間出現了和解氣象，雙方交換了長期戰爭中的戰俘，使者也來往頻頻。在這種背景下，名將蘇建之後蘇武，作為漢武帝的使者被派往匈奴。

　　由於說不清道不明的原因，也許還由於積怨太久所造成的種種誤會，匈奴單于的態度一下變了，把蘇武扣留下來，要他投降，並用種種利害誘迫他。蘇武威武不屈，富貴不移，他說：「我是堂堂漢使，決不做沒骨氣的賤人！」

　　匈奴單于對他沒了辦法，就把他流放到條件極為艱難的北海（今貝加爾湖一帶）去放牧公羊，不投降就不准回來。北海是個沒人煙的地方，匈奴又不給他提供吃的，他只得每天掘些地洞中的草籽充飢。牧羊的時候，他還是不忘自己是漢使，早晚不肯放下手中的那根節杖。年復一年，節杖上的牛尾毛都脫光了，成了一根光杆子，可他仍牢牢地緊握在手。他始終沒有忘記自己的神聖使命。

　　後來，漢朝派使節多次要求匈奴放回蘇武，可匈奴單于推託說蘇武已經死了，再也回不來了。一天，漢朝使節說，漢的上林皇家花園中射下一隻大雁，發現腳上拴着蘇武的一封親筆信，說他在北海牧羊，正等待着漢廷的召喚。漢廷以此與匈奴交涉，匈奴單于仰天長歎：「蘇武真了不起，他的忠義連飛鳥都感動了，我還有什麼可說呢？」於是，只得放蘇武重歸故土。

　　蘇武去時是一個 40 歲的壯漢，而過了 19 年歸漢時，已是鬚髮皆白的老人了。去時隨行者 100 多人，歸時也只有三四人了，這一點，不能不使蘇武感到傷感。

張騫「鑿空」

漢代人把玉門關以西今日新疆及其以西（包括中亞以至更遠的地區）的廣大地域，稱為西域。武帝時代的張騫是通西域的第一人。

漢武帝建元三年（公元前 138 年），張騫應募率 100 餘人西行，目的是聯合大月氏攻打匈奴。這是有着極大危險的、陌生而充滿神祕色彩的遠行。不幸的是，當他們走出隴西剛進入匈奴的勢力範圍時，就被匈奴俘獲了，他們一行人馬被押送到單于王庭。單于一聽説欲去西域，當然不再肯放行，一下扣押了 10 餘年。匈奴也不殺害他，相反給他娶妻生子，通過籠絡手段，試圖讓張騫為其所用。可張騫始終手持漢節，西行之志未變。

利用一個難得的機會，張騫終於逃脱了出來。經 10 多天的西行，越過蔥嶺（今帕米爾），來到了大宛國。大宛國國王對漢使十分友好，送給他許多禮品，並將他護送到康居國，再由康居轉到了大月氏。

不料，在 10 多年間，大月氏一路西遷，來到了土地肥沃、無敵騷擾的帕米爾以西地區，過着安居樂業的和平生活。他們再不願捲入戰爭的漩渦之中。張騫一行在大月氏、大夏盤桓和逗留一年多，了解了那裏的許多情況，結識了不少朋友，然後返回。張騫是個勇於冒險的人，回漢走的是一條新路，試圖沿塔里木盆地南邊和柴達木盆地繞道東行，不料又被匈奴扣留。一年後匈奴內部發生內訌，張騫趁機帶領妻子逃回。他們回到長安時，已是漢武帝元朔三年（公元前 126 年），其間過去了整整 13 年。

漢武帝元狩四年（公元前 119 年），張騫以中郎將的身份率 300 多人、馬 600 多匹、牛羊萬頭，並持大量金幣財物，浩浩蕩蕩地直奔烏孫，進行第二次通西域之行。

張騫到達烏孫之時，恰逢烏孫國內亂，國內分成三派，互相攻擊。但是，他們對遠道而來的漢使都十分熱情，將張騫一行送回，同

時回贈數十匹馬給漢天子。到長安來的烏孫使臣，看到漢王朝的興盛景象，十分高興，回去後進行了宣傳，這樣，大大促進了漢與西域地區的友好關係。

漢、烏、匈「三方和親」

中華大地上的各族之間，在歷史發展中會有這樣那樣的矛盾和鬥爭，但是，和解和友好始終是主旋律。漢武帝時期，漢、烏孫、匈奴的三方和親，本質上反映的就是中華民族之間的這種深情厚誼。

在張騫通西域過程中，烏孫始終是積極配合者，並且數度派使者進入長安，一面是了解情況，一面又是表示友好的情誼。到了元封五年（公元前 106 年），烏孫使者送來了書面的和親請求書，上面是這樣寫的：

「烏孫王昆莫問漢武皇帝安好，烏孫王極願以漢公主為妻，並與漢皇結為兄弟，望漢皇能夠允諾。」

對於此事，漢武帝很是重視，專門組織了一次朝議。朝臣們根據烏孫十年來歲歲派友好使者入京的情況，一致認為這一和親請求是真誠的，最後漢武帝一錘定音：

「選賢惠、美貌、年輕的宗室女子去烏孫，這件事切不可草草了事。」

得到漢王朝允諾和親的消息後，烏孫王昆莫即派使臣入長安迎聘漢皇室女，聘禮是千匹優等的烏孫寶馬。到元封六年（公元前 105 年）春暖花開的時候，漢宗室女江都王劉建的女兒作為烏孫王的妻子被隆重迎到了烏孫國的都城。烏孫王昆莫當時已年近 70，他看到年輕美貌的漢公主，十分高興。他說：

「我老了，我不能耽誤了年輕美貌的漢公主，還是讓她與我的孫兒

結為夫婦吧！」

這樣，這一曲和親的樂曲演奏得越發美滿了。

得到漢與烏孫和親的啟示，匈奴王也提出要與烏孫和親。烏孫王很爽利地答應了這一請求，同時也許配給了他的孫兒。為了表示真誠，將漢公主定名為右夫人，而匈奴公主定名為左夫人。

漢武帝「罪己富民」

漢武帝長期的對周邊戰爭，一方面顯示了漢帝國的強大，同時也消耗了大量的人力物力。到了漢武帝晚年，他開始認真反思自己的所作所為。

征和四年（公元前 89 年），真是多事之秋。這一年，漢又遣數萬騎兵出擊匈奴，雖說是捷報頻傳，但士兵的傷亡情況也十分嚴重，這對長年征戰又已到 70 高齡的漢武帝來說，心頭不免投下了些許陰影。而搜粟都尉桑弘羊與丞相、御史此時聯合上奏，提出增派軍卒到西域的輪台（今新疆輪台縣以西）屯田，說這樣可以威震西域，穩固江山。如果同意意味着還得在北方投入大量的人力、物力，國家和民眾承受得了嗎？武帝正在猶豫間，傳來了他的愛將貳師將軍慘敗並投降匈奴、將士死傷數萬的消息。於是，他經過一番痛苦的深思，決定停止戰爭，把重心移到恢復經濟上來。這一年，漢武帝發表了著名的輪台「罪己詔」。他這樣寫道：

「這些年來的戰爭，有得有失，但將士傷亡如此之大，財力損耗如此之巨，的確是我的過錯。回過來想想，我的心情可用一句話概括：『悔遠征伐！』我本不該花那麼大的精力、財力、物力去對匈奴用兵。在戰爭中死了那麼多人，使我傷心不已。

「這次貳師將軍的深入匈奴腹地征戰，是我親自發的命令，死傷那

樣慘重，應該說是我的罪過。經此一難，我決定改變政策，力求減輕民眾的負擔，發展農業生產，使社會安定平穩地發展，使老百姓儘快地富裕起來。」

漢武帝的輪台「罪己詔」，是他一生中的極為重大的決策，對漢王朝的繼續發展有着決定性的意義。一個雄才大略的帝王，能在晚年反躬自問，罪己自責，實為不易。史家對此予以極高的評價。[8]

同一年，漢武帝封主張「無為而治」、關心民生的丞相田千秋為富民侯，並明確宣告：「我這樣做，目的只有一個，就是明確規定以後要以與民休養生息為宗旨，讓老百姓過上富足的好日子。」

接着，漢武帝又任命在農業技術上有特長的趙過擔任搜粟都尉，推行他的「代田法」。這種耕作技術主張深耕細作，加強農田管理；開溝作壟，壟溝互換，輪番使用，保持地力；把作物播種在溝裏，幼苗出土後，及時中耕除草，並及時施肥，把壟上土鏟下培壅在禾苗的根部，使根紮得深，既防風又抗旱。

代田法先是在關中試行，取得了成功後，馬上推向全國。由於栽培得法，又調動了農民積極性，經濟很快得到了恢復和發展。這一系列卓有成效的措施，使漢王朝的興盛局面又延續了幾十年。

◆ 註釋：

① 翦伯贊先生對漢武帝的形象有過極生動的描述：「說到漢武帝，也會令人想到他是生長得怎樣一副嚴肅的面孔。實際上，漢武帝是一位很活潑、很天真、重感情的人物，他除了喜歡窮兵黷武外，還喜歡讀書，喜歡音樂，喜歡文學，喜歡神仙。漢武帝，是軍隊英明的統帥，又是海上最經常的遊客，皇家樂隊的最初創立人，文學家最親密的朋友，方士們最忠實的信徒，特別是他的李夫人最好的丈夫。他絕不是除了好戰之外，一無所知的莽漢。」（轉引自上海人民出版社出版的《秦漢史》）

② 《漢書‧武帝紀》：冬十一月詔云：「朕夙興夜寐，嘉與宇內之士臻於斯路。故旅耆老，復孝敬，選豪俊，講文學，稽參政事，祈進民心，深詔執事，興廉舉孝，庶幾成風，紹休聖緒……且進賢受上賞，蔽賢蒙顯戮，古之道也。其與中二千石、禮官、博士議不舉者罪。」規定了嚴格的處罰條例：「不舉孝，不奉詔，當以不敬論。不察廉，不勝任也，當免。」

③ 《漢書‧公孫弘卜式兒寬傳論》：「是時……上方欲用文武，求之如弗及，始以蒲輪迎枚生，見主父而歎息。群士慕向，異人並出。卜式拔於芻牧，弘羊擢於賈豎，衛青奮於奴僕，日磾出於降虜，斯亦曩時版築飯牛之朋已。漢之得人，於茲為盛。」

④ 《漢書‧董仲舒傳》：「今師異道，人異論，百家殊方，指意不同，是以上亡以持一統；法制數變，下不知所守。臣愚以為諸不在六藝之科孔子之術者，皆絕其道，勿使並進。邪辟之說滅息，然後統紀可一而法度可明，民知所從矣！」

⑤ 《漢書‧汲黯傳》：「上方招文學儒者，上曰吾欲云云。黯對曰：『陛下內多欲而外施仁義，奈何欲效唐虞之治乎？』上怒，變色而罷朝。公卿皆為黯懼。上退，謂人曰：『甚矣，汲黯之戇也！』」

⑥ 《漢書‧公孫弘傳》：「（公孫弘）習文法吏事，緣飾以儒術，上說之。」

⑦ 《史記‧衛將軍驃騎列傳》：「驃騎將軍為人少言不泄，有氣敢任。天子嘗欲教之孫吳兵法，對曰：『顧方略何如耳，不至學古兵法。』天子為治第，令驃騎視之，對曰：『匈奴未滅，無以家為也！』由此上益重愛之。」

⑧ 司馬光在《資治通鑑》中評論說：「孝武能遵先王之道，知所統守，受忠直之言，惡人欺蔽，好賢不倦，誅賞嚴明，晚而改過，顧託得人，此其所以有亡秦之失而免亡秦之禍乎！」

英雄時代

　　三國鼎立的時間不長，總共只有半個多世紀（公元 220 ─ 280
年），如果加上它的準備期，也只有七八十年的時間。但是，它在中
國歷史上的影響力，卻遠遠超過通常情況下的一個世紀，乃至幾個世
紀。在以後的近兩千年間，說三國，唱三國，演三國，品三國，喋喋
不休，層出不窮。每個時代的人，都可以從三國這段歷史中獲取他想
得到的東西。

　　三國時代是英雄的時代。三國之所以在中國歷史上如此地出彩，
是因為有一部《三國志》，還有一部《三國演義》。《三國志》寫出了
歷史的真實，《三國演義》「演」《三國志》之「義」，使歷史的真實演
化成了藝術的真實，使三國英雄的形象永遠地活在了中國人民乃至世
界人民的心頭。

　　「滾滾長江東逝水，浪花淘盡英雄。」《三國演義》的這句卷首語
常使人感慨萬千，難以忘懷。在三國之前，有英才之說，有雄才之說，
到三國時代，才有「英雄」的觀念和說法。大致與三國時代相終始的大
思想家劉劭，晚年作《英雄篇》，指出，「聰明秀出謂之英，膽力過人
謂之雄。英可以為相，雄可以為將，若一人之身，兼有英雄，則可以長
世。」三國時代，一人之身兼有英雄而可以長世的，簡直難以數計！

黃巾起義

東漢末年，朝廷的腐敗，地主豪強的壓迫，再加上接二連三的天災，逼得老百姓沒法活下去了，紛紛起來反抗。

這時，鉅鹿郡（今河北寧晉西南）有兄弟三人，老大名叫張角，老二叫張寶，老三叫張梁，他們決定利用一種叫「太平道」的宗教把群眾組織起來。他們兄弟三人都懂得一點醫道，於是，一面周遊全國各地為民治病，一面傳道，準備起義。大約花了十年時間，教徒發展到了幾十萬人。他們祕密約定，「甲子年」（公元 184 年）三月初五，在京城和全國同時策動起義，口號是：「蒼天已死，黃天當立，歲在甲子，天下大吉。」「蒼天」指的是東漢王朝，「黃天」指的是頭戴黃巾的太平道。

黃巾軍是漢末第一批真正以自己的血肉之軀獻身於國家社稷的英雄豪傑。起義軍攻打郡縣，火燒官府，打開監獄，釋放囚犯，開倉放糧，懲辦豪強。本來就搖搖欲墜的漢王朝再也難以支撐下去了。漢帝下了一道詔令：各州各郡各縣都可以自己招募人馬，對付黃巾軍。這麼一來可不得了，各地的宗室貴族、州郡長官、地主豪強，都藉着打黃巾軍的名義搶奪地盤，擴張勢力。當然，那些有志之士，也乘勢而起，為的是重鑄江山，再造社稷。有道是，「天下大勢，分久必合，合久必分」，英雄豪傑們暫時的「分」，還是為了將來的「合」。

頭披「黃巾」的英雄們被強暴者鎮壓了下去，而東漢王朝卻再也維持不下去了，群雄蜂起的局面一時難以收拾。一時間，袁紹崛起於冀州，曹操現身於兗州，劉表盤踞於荊州，袁術固守於揚州，劉備活躍於徐州，孫策經營於江東，韓遂、馬超割據於關中，還有張繡、張魯、呂布、張邈、陶謙、公孫瓚這樣一些不可小視的地方勢力。

天下大亂，在紛亂的局勢下，究竟誰是真英雄，一時似乎難以分辨。

長安街頭的歌謠

在社會的動盪中，漢王朝的故都長安，已經破落得不像樣子。原先繁華的集市不見了，往日富麗的宮廷衰敗了，只有時不時現身於街頭的蓬頭垢面的少年浪子，口吟着一首悲涼的歌謠匆匆而過：

「千里草，何青青；十日卜，猶不生。」

這是一首寓意歌謠，它惟妙惟肖地道出了當年漢王朝的一個悲慘而血淚斑斑的宮廷故事。歌謠中的「千里草」，隱含一「董」字，「十日卜」，暗指一「卓」字。「何青青」，言其一時的猖獗，「猶不生」，預言其必然敗亡的結果。民眾對一度把持朝政殘忍暴戾的董卓恨之入骨。

鎮壓黃巾農民起義軍的直接惡果是，一方面地方武裝勢力蜂起，另一方面中央政權進一步腐敗和分裂。在東漢，外戚與宦官勢力的明爭暗鬥由來已久，到東漢末年，已經到了水火不相容的地步。當時是皇帝年少，何太后臨朝。為了鎮壓黃巾軍，何太后必須給外戚大將軍何進以實權，而何進一有了實權以後，首先想到的是鏟除政敵宦官。他與祖上四世三公的袁紹密謀，把大宦官、禁衛軍頭目蹇碩抓起來殺了。

「一不做，二不休，此時何不乘勢召集有實力的地方兵馬進京，把宦官殺它個乾乾淨淨，那才叫痛快呢！」袁紹給何進出了個主意。

「好！」何進極力贊同，「那召誰呢？」

袁紹想了想，說：「召董卓，他手中的涼州兵兇狠，下得了手。」

何進點點頭同意。事情就被這兩個執掌大權的人定下了。但哪知，宦官一邊也在積聚力量。宦官們假傳何太后的密旨，召何進進宮，何進一進宮，就被宦官圍住殺了。袁紹聽到何進被殺，就召自己的異母同父兄弟袁術進京報復。袁術是個粗漢，他進京後一把火把王宮的大門燒了，又衝進宮裏見宦官就殺。這樣，宦官與外戚之間的矛

盾進一步尖鋭化了。

最粗魯的是董卓這家夥，他進京後，縱容部下燒殺搶掠，一下子把洛陽城攬得不像樣子。並且大權獨攬，對主張召他進京的袁紹也不買賬。在廢立的問題上，兩人鬧翻了，差一點又當場火併，最後還是袁紹「識相」，主動退出了京城，並且號召起了一支討伐董卓的聯合部隊。

董卓趕走了袁紹後，就馬上廢掉漢少帝，另立劉協，即漢獻帝，還任命自己為「相國」。之後，他帶頭到處燒殺搶掠。一次，洛陽郊外舉行廟會，百姓都到那裏趕集，董卓就驅兵把廟裏的男子全殺光，擄掠了所有財物和婦女，供自己享用。後來為了對付反董大軍，他又把漢獻帝和上百萬洛陽民眾強遷到長安。走時一把火，把洛陽的宮室、官府、民房全部燒光，到長安後又對長安進行大洗劫。

長安街頭的歌謠再好不過地反映了民眾對董卓的憤恨。

多行不義必自斃。董卓的倒行逆施逼得天怨人怒。最後，在司徒王允的策劃下，被收為董卓乾兒子的呂布用他那柄長矛刺穿了董卓的喉頭。百姓聽説董卓死了，奔走相告，有的還典當掉家中僅有的一點衣物，當成節日慶賀！

曹操起兵

董卓進了洛陽以後，為了籠絡人心，用高官收買了一些官員。曹操是一個年輕有為的將軍，當然也在他的搜羅名冊之中。

曹操 20 歲那年，當上了洛陽北部尉，負責京城北部地區的治安工作。他一上任，就叫工匠做了 20 多根五色大棒，懸掛在衙門左右。他立下禁令，誰要是犯了禁，不管是豪門大族，還是平頭百姓，一律繩之以法，大棒責打。那時，大宦官蹇碩有個叔父，是個出了名的惡霸。他橫行京都，誰都不敢惹他。曹操當了洛陽北部尉後的一天，他

在深夜帶刀亂闖，觸犯了禁令。曹操也不問是誰，一頓棒打，竟把那家夥打死了。蹇碩當然對曹操恨之入骨，但也拿他沒辦法。從此以後，曹操就名聲在外了。

董卓以為像曹操這樣的青年將領是可用之才，就提升他為驍騎校尉。但曹操是個明白人，知道在倒行逆施的董卓手下辦事，遲早要完蛋。他一方面虛與周旋，表面上對董卓表示尊重，一方面準備待時機成熟，一逃了之。

在一個月黑風高的夜晚，曹操逃出了董卓控制的洛陽地區，來到他父親所居的陳留（今河南陳留縣）。得到父親的支持，曹操開始招兵買馬。當地有個財主，也願意出錢幫助他。不久，曹操的堂弟曹洪帶一千人來投奔曹操。曹操終於聚集了五千人馬。他一面操練兵馬，一面派人四出打探動靜。

當時袁紹身邊集結了一大批人馬，打出的旗號是反董。曹操也很快加入了這支隊伍。這支反董聯軍，是臨時拼湊起來的，沒有多少戰鬥力，而且各人心中都有着一把小算盤，因此隊伍雖然匯攏來了，但互相觀望，按兵不動。曹操實在看不下去了，他在一次袁紹大營召開的會議上激昂慷慨地對大家說：「大家起兵，為的是討伐逆賊董卓。董卓劫走天子，屠殺百姓，天怨人怒。只要眾志成城，董賊必敗無疑，諸公為何還要猶豫不決呢？」

曹操雖然說得聲情並茂，但座中的將領沒有一個為之所動的，連作為盟主的袁紹也不作任何表示。曹操一氣之下，獨自帶領自己的五千兵馬直奔成皋（今河南滎陽汜水鎮）前線。在半路上就與董卓的部屬發生一次遭遇戰，曹操的軍隊受到重創，他自己也為流矢所傷，所騎戰馬也受了重傷。幸虧曹洪沿汴水找來了一條船，才趁夜色渡河逃走。

曹操經這次挫折，感到自己的軍隊兵力實在太少了。他派自己的親信到揚、徐二州招募軍隊。同時，曹操利用當時各派地方勢力的明爭暗鬥，在夾縫中發展自己。尤其在農民起義軍被鎮壓和擊潰的情況下，他不失時機地收編了這支隊伍，名之為「青州兵」，這也是他後來

轉戰中原的主力部隊。他擊敗了呂布、張繡等地方勢力，在兗、豫兩州（今河南省及山東省的西部）站穩了腳跟，有了逐鹿中原的地盤。

挾天子以令諸侯

建安元年（公元 196 年）二月，曹操驅兵攻下了豫州重鎮許縣（今河南許昌），派重兵駐紮在那裏，並在短時間內對這一縣城加以修葺整固，準備把這座縣城建設成自己的軍事政治重心。

在許縣，足智多謀的曹操一直關注着漢獻帝的動向和命運。

自從公元 192 年王允計殺董卓後，董卓的原部將李傕、郭汜、樊稠、張濟等聯軍攻破長安，漢獻帝就落入他們的手中。後來，李傕與郭汜自相火併，漢獻帝又被李傕所劫持。李傕的部將楊奉叛變，就擁帝至陝縣（今河南陝縣），其後又北渡黃河退至大陽（今山西平陸東北），這時，跟上漢獻帝的朝臣只有幾十人了。

漢獻帝到達大陽時是建安元年（公元 196 年）十二月，那時朝廷的秩序已經蕩然無存。皇帝的儀仗隊不成個樣子，皇帝的乘輿常停在野草堆中，連門戶也沒有。皇帝與大臣們相見的時候，士兵伏在籬笆上暗自好笑。皇帝有一頓沒一頓的，一些好心的將官帶了酒菜去給皇上吃。[①]但日子還是過不下去，於是，又只得返回到洛陽。

這時，最關注漢獻帝動靜的有兩個集團。

一是袁紹集團。謀臣沮授勸袁紹：「迎大駕到鄴都來，這樣一來可以挾天子以令諸侯，二可以吸收有才華的士人。」袁紹想了想，搖搖頭，說：「不要，皇帝來了，什麼都要請示他，太麻煩了，還是我自個兒作主好！」袁紹是個沒有遠見的人，只圖一時的快活。

二是曹操集團。曹操攻下許縣是公元 196 年初。這年的年底，許縣已經建設得頗具規模了。一聽到漢獻帝回到了洛陽，曹操的謀臣荀彧

馬上獻計：「奉迎天子到許縣來，讓他建都在許，這樣我們就主動了。這事辦得要快，要果斷，如果被別人佔了先，事情就難辦了。」曹操笑道：「你説的和我想的完全一樣，我建設許縣，就是為了迎駕天子啊！」

曹操派大將曹洪先行，然後自己親自趕到洛陽，朝見天子。他對漢獻帝説：「皇上，洛陽太破舊了，現在皇上您是缺糧少食，居無安處，皇上過這樣的日子，我實在太痛心了。我把許縣建設好了，那裏有的是糧食，宮廷雖説不上華美，但供皇上安居是不成問題的。到了那裏，百官的吃穿住用也有了着落。我勸皇上就暫且將許縣作都城吧！」

漢獻帝是個沒多大主意的人，聽曹操説得實在，態度也懇切，就同意了。

公元 196 年底，曹操把漢獻帝迎到了許縣，從那時起，這座縣城就成了東漢王朝的都城，稱許都。從此，漢獻帝成了曹操手中的傀儡。曹操以漢獻帝的名義任命自己為大將軍。袁紹出來反對。曹操知道袁紹的實力，就把大將軍銜讓給了袁紹，自己當三公之一的管行政和土地的司空，行車騎將軍事，這樣一來，行政和軍事大權集於曹操一身了，真正能「挾天子以令諸侯」的就不是袁紹，而是曹操了。

割據江東的孫策

曹操手中有了漢獻帝這塊王牌以後，政治上佔了極大的優勢。建安二年（公元 197 年），袁紹的異母同父弟袁術在壽春稱帝。原先與袁術關係密切的孫策堅決反對，並與之絕交。這時，曹操趁機拉攏業已佔有江東六郡的孫策，讓漢獻帝封他為討逆將軍，並封為吳侯。這樣，孫策就名正言順地割據江東了。

孫策的父親是著名的破虜將軍、長沙太守孫堅。在討伐董卓的大戰中，孫堅戰功卓著。在與董卓的首戰中，孫堅立馬斬殺董卓的愛將

華雄，連董卓也不得不說：「關東軍各路首領，一個個都是我的手下敗將，只有孫堅這個小傀頭，值得畏懼。」後來的小說家為了塑造關羽的英雄形象，把「溫酒斬華雄」移花接木到了完全不搭界的關羽身上。可惜後來孫堅在一次大戰中中箭身亡，死時只有 37 歲。孫堅死後，接替他的是同樣勇武善戰的 17 歲的兒子孫策。

孫策於興平元年（公元 194 年）投靠壽春的袁術。袁術既賞識孫策，同時又很有戒心。袁術兩次許諾任孫策為九江太守、廬江太守，而又兩次悔而改授自己的親信。孫策也知袁術無大氣，隨時準備離他而去。這時，孫策的舅舅吳景遭揚州刺史劉繇的攻擊，處境相當困難。孫策就以此為理由向袁術要精兵三千，跨江南去。這就是歷史上所謂的「袁術放虎歸山，孫策如魚得水」。

孫策以曲阿（今江蘇丹陽）為根據地，東衝西突，只一年多工夫，就平定了江東六郡，自領會稽太守。到曹操以獻帝名義任命其為吳侯時，算是修成正果了。

不多久，袁術在惶惶不安中病死。袁術的餘部早就心儀孫策，袁術一死，紛紛投向孫策。收編了袁術殘部後，孫策更強大了。

煮酒論英雄

《三國演義》中的第 21 回，名為「曹操煮酒論英雄」，是整部書中最精彩的篇章。應該說，這一篇章是以基本的史實為依據演義而成的。②

建安三年（公元 198 年），實力正日益壯大的曹操大舉向呂布進攻。劉備審時度勢，決定在這場鬥爭中站到曹操一邊，這直接導致了呂布的敗亡。由此開始，到建安五年（公元 200 年），劉備一直在曹操麾下任職。先是曹操以漢廷名義任命劉備為豫州牧（因之當時人稱劉備為「劉豫州」），不久，又任命他為左將軍。

劉備投靠曹操後，表面上曹操對他十分尊重，有什麼珍奇物品，總要送一份給他。平時進進出出，常要劉備陪着他。當然，曹操也知道劉備是胸有大志的人，絕不願久居人下，因此也暗地裏防備着他。一次，以關心為名，派人去打探，只見劉備正自個兒在菜園子裏種菜澆水。曹操知道這些後，稍稍放心了一些。

又有一次，曹操派人去請劉備喝酒。劉備應邀到了那裏，一盤青梅，一樽煮酒，早已備好，曹操也早早地迎候在那裏。於是兩人對坐，開懷暢飲。酒至半酣，話也就多了起來。

曹操首先發問：「玄德（劉備字）久歷四方，想必知當今有哪些英雄，請藉此次酒興，一一道來！」

劉備當時寄人籬下，事事小心，此時並未喝醉，從容地答道：「劉備是肉眼凡胎，哪裏識得英雄？！」

曹操還是要他說，催促他：「你也不要過分謙虛了，照實說來吧！」

劉備還只是推託，不肯說出自己的心裏話。他只說：「我雖得到您的恩庇，在朝中當官。但天下的英雄，實在不知！」

曹操又一次緊逼，說：「即使沒有親謀其面，但有哪些英雄，總是聽到過的吧！」

這下子劉備無辭推託了，只得試探性地說：「如一定要說，那淮南袁術，兵糧足備，可以稱得上是英雄了吧？」

曹操笑了起來，不屑一顧地說：「那不過是墓中的枯骨，早晚會被我擒拿的。」

劉備又說：「河北的袁紹，四世三公，門多故吏。現今虎踞於冀州大地，部下能辦事的人許多，可算是英雄嗎？」

曹操大笑道：「袁紹這個人啊，表面上很兇狠，內底裏膽小如鼠。幹大事不肯盡全力，見小利卻拚着命去做，這種人怎能稱為英雄！」

劉備見曹操把上面說的人都一一加以否定了，就試探地問：「劉表這個人有文化，有武功，名列八俊，威鎮九州，可當得起英雄名號？」

曹操還是笑着說：「劉表是有名無實，不算英雄！」

劉備還說了一些，都被否定了。最後，他說：「除此之外，劉備實在想不出了。」

這時曹操才說：「所謂英雄，胸懷大志，腹有良謀，有包藏宇宙之機，吞吐天地之志。」

劉備問：「這樣的英雄，現今誰能當之？」

曹操略一沉吟，然後先用手指了一下劉備，然後又指指自己，說：「天下英雄，只有你我兩人啊！」

據說，劉備聽到這話，吃驚得手中所拿的筷子都跌落到地下去了。這時剛巧有一聲驚雷，算是把劉備的驚慌之情掩飾了過去。

後來，曹操派劉備帶兵去截擊袁術，劉備乘機遠去。這時，劉備參與的外戚董承謀殺曹操案告破，劉備更不敢再回曹操處安身，又偷襲佔據了徐州。

官渡之戰

曹操自以為真英雄，而把袁紹排斥在英雄的行列之外。而袁紹卻不這樣認為，他以為自己才是真正的英雄，而對付曹操之輩，把他們消滅掉，如翻手一樣容易。雙方誰都不服誰，曹袁之間的戰爭只是早晚的事了。③

袁紹一面是小看曹操，一面又感到曹操的存在對自己是個威脅，一定要消滅他不可。建安五年（公元 200 年），袁紹集中了十萬精兵，從鄴城出發向曹操進攻。曹操的軍隊最多只有三萬多人，處於絕對的弱勢。袁紹氣勢洶洶地派大將顏良渡過黃河，進攻戰略要地白馬（今河南滑縣）。

曹操聽說白馬要地被圍了，準備親自去救。他的謀士荀攸勸他說：「敵人兵多，我們兵少，不能跟他們硬拚。不如分一部分人馬去延津

（今河南延津西北）一帶假裝渡河，把袁軍主力引向西邊，然後派一支輕騎到白馬，把他們打個措手不及。」曹操採納了荀攸的意見，來個聲東擊西。袁紹是個無能之輩，聽說曹操要渡河，果然派大軍去堵截，而在白馬的袁軍一點也沒防備，結果被打得一敗塗地，連大將顏良也被殺。

白馬之戰的失利，使袁紹心急火燎起來。他不聽部下的勸告，下令傾全軍之力渡河追擊曹操，企圖一口氣把曹操壓垮。並派大將文醜率六千騎兵打先鋒。而曹操則邊戰邊退，一點也不着急。聽說袁軍來追，就把六百餘名騎兵埋伏在延津南坡，叫士兵解下馬鞍，讓馬在山坡上溜達，把武器盔甲丟得滿地都是。文醜騎兵看到敵軍如此樣子，認為曹軍已望風而逃，就收拾地上的「戰利品」。正在此時，埋伏的曹軍一齊殺出，袁軍大敗，一代名將文醜也糊裏糊塗地丟了腦袋。

這兩仗，使袁紹失去了兩員大將，袁軍士氣低落。可是，袁紹還是不聽手下謀士的勸告，把大軍開到官渡，非得與曹操決戰不可。

曹操知道自己的軍力根本比不上袁紹，因此不去硬拚，採取了堅守營壘的策略。袁軍每天都在挑釁，曹操只是不予理睬。這樣，曹袁兩軍在官渡相持了一個多月。日子一久，曹操的軍糧有了問題，軍隊也顯得疲勞不堪。而袁紹兵精糧足，並在離官渡 40 里的烏巢一地囤有十分充足的糧草，而且大批軍糧正在從後方源源不斷地運來。

正在緊要時刻，袁紹的謀士許攸前來投奔曹操，給曹操出了個火燒烏巢糧倉的妙計。曹操讓曹洪守住大營，自己親自帶領五千騎兵，星夜向烏巢進發。他們打的是袁軍的旗號，每逢沿途崗哨盤問，都說是來增援烏巢防務的，因此一路並沒有受到多大阻力。到了烏巢，一把火就把那裏的糧草燒個乾乾淨淨。袁軍的兩員主將張郃、高覽平時就不滿袁紹的專斷，這時看大勢已去，就投奔曹軍了，並得到了曹操的重用。

袁紹的軍隊看到主將投降，有的跟着投了曹軍，有的四散走了。袁紹和他的一個兒子帶着八百騎餘部，北逃了。又過了兩年，袁紹病

死。曹操又花了大約七年的時間，掃平其他割據勢力，統一了北方。

曹操身邊的「四大謀士」

曹操之所以能以弱勝強，打敗袁紹，最後統一北方，這與他身邊有一個龐大的士人智囊團是分不開的。這個智囊團的核心就是所謂的「四大謀士」——荀彧、荀攸、程昱、郭嘉。

荀彧是三國時代一流的謀略家，是智囊團的領軍人物。他比曹操小8歲，投奔曹操後既沒有帶過兵，也沒打過仗。但曹操慧眼識英雄，當荀彧棄袁紹而投奔他時，他高興地說：「我的子房（昔日劉邦手下的張良字子房）來了！」厚禮相迎，並引為軍師。從公元191年到212年的22年間，荀彧「七出奇計」，所立功勳，無與倫比。其中迎漢帝於許都、官渡堅守、反對分封復古等，都具有決定性意義。無怪乎曹操會說：「天下之定，彧之功也！」

荀攸也是曹操的一員大軍師。當時，曹操要攻打張繡，荀攸對曹操說：「張繡與劉表之間是既聯合又有矛盾，攻張繡太急了，他們會聯合起來，不好辦，不如等一等，坐觀其變。」曹操不同意，結果打了個大敗仗。之後，曹操對荀攸說：「不聽你的，我吃了大虧，以後當多聽聽你的高見。」曹操說到做到。此後，活捉呂布、策斬顏良、離間袁氏家族、協調曹軍上下，荀攸的功勞都是第一等的。曹操常說：「荀攸這個人啊，外表看來並不聰明，內心卻明白；外表不氣勢逼人，但內裏有定見。不枉自誇耀自己，真可謂『智可及，愚不可及』也。」

郭嘉字奉孝。每次出征，郭嘉都是曹操的隨從參謀。官渡之戰後，袁紹死，曹操乘勝進攻袁譚、袁尚兄弟，並大破二袁。將領們個個摩拳擦掌，要求曹操一舉消滅袁氏勢力。當曹操徵詢郭嘉時，郭嘉卻說：「現在二袁各擁重兵，如果急於進攻反而是促其聯合，那仗就不

好打，只有緩一緩，等一等，讓他們自相殘殺，最後由曹公來收拾他們。現在是四個字：靜觀其變！」曹操不聽眾將的，聽了郭嘉的，回軍西平（今河南西平縣）。不久，袁氏兄弟果然大打出手，曹操揮師北攻，各個擊破，輕而易舉地取得全勝。郭嘉比曹操小十多歲，兩人算是忘年知己，可惜郭嘉英年早逝，曹操大為傷心，哀傷地說：「哀哉奉孝！惜哉奉孝！」

程昱被稱為「世之奇士」。曹操起兵之初，一度境況十分困難。曹操東征徐州時，地方實力派張邈、陳宮等突然反叛曹操，而迎呂布入主兗州，當時，兗州的大部分地方都響應了反叛。程昱不慌不忙，私下到東阿等三城去做工作，他對三城的縣令說：「方今天下大亂，英雄並起，中間必定有足以平定天下的真英雄。曹操就是這樣的真英雄！」在程昱的開導下，東阿等三城沒有倒戈，保住了曹操的一塊立足之地。曹操從徐州歸來，拉着程昱的手，動情地說：「不藉助程公之力，我就沒有地方可以立足了！」曹操後來一統北方後，一次飲酒時說：「沒有程昱，哪有我的今天啊！」

三顧茅廬

官渡之戰時，劉備正依在袁紹帳下。劉備是個志向高遠之人，當然不會與袁紹這號人同心同德。後來袁紹派他去汝南，與劉表取得聯繫，以夾擊曹操。這使曹操很惱火，因此官渡之戰結束後，曹操馬上率軍打劉備。劉備無奈，只得南奔荊州依附了劉表。劉表收容了他，但不重用，讓他屯兵於新野，以抵禦曹操。

劉備在劉表處一待就是五六年，其間最大的收穫是得到諸葛亮出山作為自己終生最得力的助手。

劉備知道諸葛亮，是得力於司馬德操和徐庶的推薦。[④]劉備是個求

賢若渴的人，一聽說諸葛亮如此了得，就一定要得到他，於是就有了「三顧茅廬」的傳世故事。

諸葛亮的老家在琅琊郡陽都縣（今山東沂水南）。他年少的時候，父親就亡故了。他的一個叔叔諸葛玄跟劉表是朋友，而且都很有文才。叔父就帶他到了荊州來。不久，叔父也死了，諸葛亮就在隆中（今湖北襄樊西）定居下來。他搭了個茅屋，一面耕種莊稼，一面苦心讀書。等劉備「三顧」時，他已 27 歲，學問淵博，見識豐富，朋友們都很欽佩他，他也每每自比古時候的管仲、樂毅。但他看到天下紛亂，劉表也不是能用人的人，所以長期隱居在隆中，過着恬淡的生活。

劉備為了發展自己的霸業，決定親自帶着關羽、張飛兩位將軍到隆中去請諸葛亮這位了不起的相才出山。

諸葛亮聽說劉備要訪問他，故意避開，實際上是要試一試劉備的誠心。一顧茅廬，讓劉備他們撲了個空。

劉備決定二顧茅廬。出發前，張飛發脾氣來說：「諸葛只不過是一村夫，有什麼了不起的，何必你親自前去，使人把他叫來便是了。」劉備批評張飛：「你那樣做，必然壞了大事。諸葛亮乃是當今天下的大賢，怎麼可以隨便聽你召來？你們願意同去便去，不願我就自己去。」張飛、關羽看劉備那樣當着一回事，也就不說什麼了。走不多遠，天下起鵝毛大雪來，張飛又提出回新野避風雪，劉備卻說：「冒雪而去，方顯得我們是一片誠心。」可第二次諸葛亮又不在，只是讓他的弟弟見了他們三人。臨走，劉備留下了一封情懇意切的信。

過了幾天，劉備一行又去了，即為三顧茅廬。這次諸葛亮雖在家，可是大白天在家睡大覺，讓劉備乾等了半天。諸葛亮起來後，見有「俗客」來訪，便到後堂更衣，又是半天，方整衣彈冠出來迎接客人。劉備誠心誠意地請教，諸葛亮也就心悅誠服地講出了他對時局的真知灼見。

隆中對

　　諸葛亮見劉備那樣的虛心求教，就在隆中推心置腹地跟劉備談出了自己的識見和主張。那一番交談，就是中國歷史上著名的「隆中對」。

　　兩人雖說是初次見面，但都顯得十分的坦誠。劉備虛懷若谷，他向諸葛亮請教：「備奔走半生，志在匡扶漢室，但智短術淺，雄心難酬，先生有何以教？」

　　諸葛亮從曹操與袁紹入手分析天下大勢。他說：「自從董卓之亂以來，豪傑並起，跨郡連州者不計其數，但成其氣候者無多。拿曹操與袁紹相比，原先是名位低微，力量也十分薄弱。但最後能克袁紹，化弱為強，固然與天時有關，主要是依靠了人謀。現在曹操擁百萬之眾，其人又大氣，足智多謀，又有挾天子以令諸侯的政治優勢。以將軍之力，實在難以與曹操爭鋒。」

　　劉備點了點頭，覺得這個年輕人說話實在、有分寸。雖說只是一介書生，卻十分明白社會的大勢和各派勢力的內裏。

　　諸葛亮頓了一頓，又說：「在長江流域，現在有孫權、劉表和劉璋三股勢力。其中，孫權據有江東，已經歷三世。那裏地形險要，民心穩定，賢能之士為其用，局面已經鞏固。劉表據有的荊州，北據漢、沔，利盡交、廣，東連長江下游，南接巴、蜀，是個用武之地，只可惜劉表是個平庸之輩，只知保境，沒有遠謀。劉璋所在益州是四塞之地，沃野千里，天府之國，往昔漢高祖據此而成帝業，但劉璋懦弱無能，北受張魯據漢中的威脅，又不知體恤百姓，內部矛盾重重，智能之士欲得明主而事之。」

　　諸葛亮如此一路講來，劉備一股勁地點頭稱是，真是如魚得水，十分投合。待諸葛亮將天下大勢分析完，劉備迫不及待地問道：「處此境況，劉備該如何動作？」

　　諸葛亮似乎早已胸有成竹，他一下奉獻出三條計策：「第一步，

先奪取荊州，利用孫權難以獨力抗曹的弱點，與之結好，搶得先機；第二步，規圖劉璋，奪取巴、蜀，西和諸戎，南和夷越，繼續結好孫權，穩定局勢；第三步，靜觀時勢，一旦天下有變，即由荊州兵進宛（今河南南陽）、洛（今河南洛陽），由益州進擊秦川，兩路鉗擊，則霸業可成，漢室可興矣！」

「隆中對」是千古絕唱，是中國歷史上定天下大計的典型方略，三國鼎立局面的藍圖如此一來已經基本繪就。這使劉備為之五體投地。從此，諸葛出山，力輔劉備，幹出了一番轟轟烈烈、驚天動地的大事業。

張飛長阪揚威

曹操平定北方以後，於建安十三年（公元 208 年）七月，南征劉表，八月，劉表病死。劉表的兒子劉琮看到曹軍聲勢如此浩大，嚇破了膽，馬上派人求降去了。這時，劉備在樊城據守，聽到曹操南下，決定聽從諸葛亮的計謀退守江陵（今湖北江陵），那裏是軍事要衝，又備有充足的軍糧。荊州地區的百姓聽說劉備要走，都要求跟着走。劉備心軟，同意了百姓的跟隨。同他一起撤退的竟有十餘萬人。

曹操趕到樊城，只見劉備已主動撤退。聽說劉備要走向江陵，一下急了，於是催促軍隊急行軍追趕。劉備的軍隊有百姓，有家小，一天只走 10 里路，而曹操的軍隊一天就行軍 300 里。很快，曹操在當陽長阪坡追上了劉備。

劉備的隊伍雖說處於絕對的弱勢，但戰鬥得還是十分英勇。劉備的虎將張飛更是表現得神勇非凡。他隻身斷後，面對曹操的雄師，毫不畏懼。他怒目橫矛，立馬於長阪橋頭，大吼：「吾乃燕人張翼德也！誰敢與我決一死戰？」

曹操的軍士聽其聲如巨雷，全都不寒而栗，不敢向前。曹操則對左右的隨從諸將說：「我以前聽關雲長說，張飛在百萬軍中取上將首級，如探囊取物般容易。諸位都不可小視他啊！」

這時，又聽到張飛睜怒目大喝：「燕人張翼德在此！誰敢出來決一死戰？」正在遲疑間，張飛又吼：「戰又不戰，退又不退，卻是何故？」頗有策馬衝陣的態勢。曹操一看情勢不對，疑有伏兵，就指揮大軍後退。張飛的英雄氣概，後人有詩讚道：

> 長阪橋頭殺氣生，橫槍立馬眼圓睜。
> 一聲好似轟雷震，獨退曹家百萬兵。

退不到一刻時光，曹操的大將張遼、許褚趕到，說：「丞相（曹操此時已任漢丞相），並無伏兵，急急回軍，劉備可擒也。」曹操此時方覺上當，馬上回軍追趕。這時，張飛已將長阪橋拆毀，隨劉備而去了。

劉備乘着夜色從小路斜投漢津，然後與關羽的水軍會合，又與來迎接的劉表長子江夏太守劉琦會合，一同到夏口（今湖北武漢）暫住，總算有了一個立足之地。

英雄際會：孫劉聯盟

曹操征荊州和劉表死的消息傳到江東後，在各地引起巨大的反響。這時，孫權以弔喪為名派大謀士魯肅去荊州察探軍情。魯肅到荊州時，曹操已驅兵南下。魯肅與劉備會於當陽，同至夏口，商談得還可以。後來，劉備派諸葛亮隨魯肅去吳，在柴桑（今江西九江市）見到了孫權。

諸葛亮到東吳，可謂是一次群英會。

諸葛亮對孫權説：「現在曹操攻下了荊州，馬上就要進攻東吳了。將軍如果決心抵抗，就趁早與曹操斷絕關係。要不然，乾脆向曹操投降算了。」顯然，諸葛亮使的是一種激將法。

孫權反問道：「那麼，眼下劉將軍已慘敗於曹操，為何不投降呢？」

諸葛亮回答道：「劉備的軍隊雖敗於長阪，但還有大將關羽、張飛、趙雲，有精兵兩萬。曹操遠來，兵將疲乏，且北方之人，不習水戰。荊州之人，雖被征服，但決不心服。劉備才氣蓋世，怎能投降曹氏？」

孫權説：「既然劉備有如此大的能耐，就一定能獨自擊敗曹操的了？」

諸葛亮站了起來，神色莊重地對孫權説：「我絕不是這個意思。我要説的是，孫、劉兩人誰都離不開誰，只要我們同心協力，一定能打敗曹軍。」⑤

孫權高興極了，説：「我要聽的就是這樣一句話，孫劉同心，必能擊敗曹軍！」

孫權與諸葛亮交談後，信心足了起來，他馬上召集群臣，商討抗曹大計。但是，大臣們大多主和，主投降。尤其是重臣張昭，認為曹操力量不可抗禦，如果一味對抗，反會招致滅頂之災。

在東吳集團中，力排眾議堅決主張聯劉抗曹的是魯肅。為了壯大抵抗派的力量，魯肅建議把正外出在鄱陽的周瑜召回。周瑜得到消息後，火速趕回。他分析了當前的形勢，當眾宣佈：「只要真心聯劉，不僅能遏制住曹操的攻勢，若發展得好，還能擒獲曹操呢！周瑜願得精兵三萬，與劉備一起破曹。」周瑜的話大大鼓舞了東吳集團上下的信心，張昭等投降派也就不敢再多説什麼了。

孫權聽從了周瑜、魯肅、諸葛亮的話，振作了起來，為了表達自己的決心，他拔刀砍去面前奏案的一角，説：

「以後哪一個敢説要投降曹操的，就像這奏案一樣！」

到這時，孫劉聯盟真正建立起來了。

赤壁大戰

　　建安十三年（公元 208 年），大江南北戰雲密佈。曹操大軍從江陵水陸並進，孫、劉聯軍溯流而上。兩軍相遇於赤壁（今湖北赤壁西北），展開了三國鼎立的關鍵性戰役 —— 赤壁大戰。

　　戰爭打響前夕，孫權任命周瑜為都督，撥給他水軍三萬，叫他協同劉備抵抗曹操。

　　正像諸葛亮預測的那樣，曹操帶領的北方軍隊不習水戰。他們一站到戰船上，遇到風浪就受不了。不知誰出了個餿主意，用鐵索把戰船都串連在一起，那樣站在船上是平穩多了，但是卻埋下了致命的後患。

　　周瑜的部將黃蓋看到曹操的船都串連起來了，就向周瑜獻了個計：「敵人的兵多，我們的兵少，打得時間長了，對我們不利。眼下敵人的船都串在一起了，我們可以用火攻的辦法一舉消滅他們。」

　　周瑜覺得黃蓋的主意實在好，就同意了。兩人商量了一下，讓黃蓋派人送了一封信給曹操，表示要脫離東吳，投降曹操。曹操收到信後，很是高興。

　　黃蓋叫兵士偷偷地準備好了十艘大船，每艘船上都裝着引火用的枯枝，還澆足了火油，在外面裹上布幕，插上旗子，與一般的船隻沒有什麼兩樣。另外，又準備了一批輕快的小船，拴在大船的尾部，這樣在大船點着火的時候，船上的士兵可以迅速地撤走，避免發生傷亡。農曆的隆冬十一月，天氣突然變暖，颳起了東南風。當天晚上，黃蓋帶領一批將士分乘十艘大船乘風向北岸駛去，前頭的一艘船還隱隱可見一個「降」字。船隊到江心後，扯滿了風帆，像飛箭般向江北駛去。

　　曹操水兵以為東吳的降將到來，都放鬆了警覺。哪裏知道東吳的十艘大船到江北岸不遠的地方突然同時起火。火借風勢，風助火威。

十艘大船猶如十條大火龍衝進了曹營。曹營的戰船都是連在一起的，一條燒着，其他戰船很快都着了火。一眨眼工夫，曹營燒成了一片火海。一大批曹軍被燒死，慌亂跳進水裏，大多淹死了。

東吳的統帥周瑜一看北岸起火，就按照原先的計劃率軍渡江。吳軍實際上並不多，但他們勇力百倍，把戰鼓擂得震天價響，北岸的曹軍不知有多少敵軍，嚇得全線崩潰了，自相踐踏而死的不計其數。

曹操帶着他的殘兵敗將向華容（今湖北潛江縣西南）小道逃走，那是一條全是水塘泥坑的小道，騎兵簡直沒法通過，曹操趕忙讓老弱兵士在路上鋪草，那些士兵也大部分死在路上了。曹操逃到南郡（今湖北江陵），幾十萬大軍大約損失了一半。曹操讓大將曹仁、徐晃、樂進留守襄陽地區，自己帶兵回北方去了。

赤壁一戰，三國鼎立的局面就大致形成了。曹操佔有了襄陽，以及以襄陽為中心的荊州北部地區；孫權佔有江陵、夏口、陸口，也就是荊州的東半部；劉備得到了荊州南部的零陵、桂陽、武陵、長沙四郡，以油口為駐軍地，後改名為公安。三分荊州是三分天下的一個縮影。

劉備取益州

諸葛亮在「隆中對」中就有先據荊州，再取益州（今四川、雲貴等地），進而興漢的戰略圖謀。赤壁一戰，劉備出力最少，主要是諸葛亮在孫劉之間起協調作用，而戰後得益卻是劉備最大，他至少在荊州的南部地區有了相對穩定的立足之地。這無論對作為敵手的曹操來說，還是作為盟友的孫權來說，都是不甘心的。這一點，雄才大略的諸葛亮心中很明白。

稍稍安頓以後，諸葛亮就及時地提醒劉備，說：「現在雖然有了荊南立足之地，但要看到，北有曹操之強敵，東有孫權大軍的緊逼，危

險還是很大的。」

劉備一下緊張起來，問：「那該怎麼辦？」

諸葛亮顯然早已成竹在胸，他不緊不慢地說：「現在的要務是走我們設定的第二步，也就是跨據益州。」

劉備同意了自己軍師的看法。問題的關鍵是要等待機會。

原來東漢末年劉焉、劉璋父子入蜀時帶去南陽和三輔地區流民數萬家，其中的上層後來成了劉璋父子的統治核心，其與益州地區的土著地主之間一直存在着矛盾。劉璋是一個無能的人，不善於處置兩者子弟間的關係。益州土著的排外性特別強，先後發起了三次起義，起義被鎮壓了下去以後，他們就轉向利用外力來推翻劉璋政權。而這時漢中的張魯恰好又構成了對益州的威脅。劉璋不得已，就想藉外力來鞏固自己的統治。開初，劉璋看重的是曹操，派出了張松作為談判代表。其時曹操勢力正盛，認為自己能攻下江東，再直奔益州，因此對其貌不揚又態度傲慢的張松相當輕視。張松盛怒之下離開曹操，在回程中，途經劉備駐軍的公安，諸葛亮認為這是一個千載難得的機會，與劉備一起熱情地接待了張松，從此張松成了劉備攻取益州的內應。張松回益州後，也力促劉璋拒曹聯劉。

建安十六年（公元 211 年），曹操率軍進取關隴，矚目漢中，劉璋惶迫，張松抓住機會力促劉璋以謀臣法正為使聯合劉備。於是，法正便率軍四千帶着厚禮赴荊州禮請劉備。劉備一看機會難得，就命關羽、諸葛亮留守荊州，自己親率數萬步兵，以龐統為軍師，不畏艱險，奮然逆江西進。

但一旦進軍益州地區，戰爭還是十分激烈。邀劉備入益州打張魯，不只益州的土著不願，就是劉璋手下的官員大多也不願。但劉璋還是一意孤行，甚至親自至涪縣（今四川綿陽）迎接劉備。兩人相見，相互推奉，一起歡宴 100 多天。最後，劉璋說出了心裏話，要劉備率軍征張魯。老謀深算的劉備欣然上路，兵至葭萌關（今四川廣元）便駐軍不前，如此持續了一年多。之後，藉口荊州告急，突然回兵，劉

璋這時突然醒悟，殺張松，並與劉備鬧翻，雙方在雒城（今四川廣漢）相持一年多。其間軍師龐統中流矢身亡。諸葛亮將荊州交與關羽，自己與張飛、趙雲等入蜀支援，與劉備會師於成都郊外。劉璋內外交困，抵抗了一陣，舉城投降了。前後戰鬥有 3 年時間。

劉備得益州，地域廣闊，又相當富足，在歷史舞台上算是站住了腳跟。三國鼎立的局面最終形成了。

曹劉爭漢中

建安二十年到二十四年（公元 215—219 年），曹操與劉備之間進行了嚴酷的漢中（今陝西秦嶺以南地區）爭奪戰。漢中是益州的北大門，漢中不取，益州不安，同時，它又是出兵雍、涼，進擊中原的必由之道。對劉備集團來說，漢中是必爭之地。

劉備得益州後，曹劉的矛盾激化了，力量雄厚的曹操搶先一步進擊漢中。陽平關（今陝西勉縣西北）一戰，張魯弟張衛敗北，張魯聞風逃竄。在曹操的威脅利誘下，不久張魯投降曹操，被押解到鄴地去了，張魯在漢中經營了 30 餘年就此結束。司馬懿建議乘勝席捲巴蜀，但曹操考慮到蜀道艱難，劉備又非等閒之輩，加上內部為立世子爭吵得不可開交，就只得班師回鄴了。

為奪回漢中，建安二十二年起劉備主動出擊。為得漢中，劉備舉國徵發。提倡男子力戰，婦女運輸。由於劉備在益州採取了安撫民心、與民休息的政策，兵源和給養都十分充裕。而曹操雖然兵多將廣，但運輸線太長，後方基地太遠，而且對曹操來說，如果暫時無法實現統一，漢中倒是可以放一放的，曹操戲稱漢中之地是「棄之可惜、食之無味的雞肋」。於是，在幾經征戰之後，曹操放棄了漢中。

不過，曹操是絕對不願將一個完好、富庶的漢中留給劉備的。曹

操在建安二十四年（公元 219 年）五月拔營起寨時，把十餘萬有生產能力的民眾掠至關中和河北，並對漢中的經濟進行劫掠性破壞。這樣，當劉備在戰火中從曹操手中接管漢中時，往昔的繁榮不見了，留下的是瘡痍滿目、殘破不堪的漢中。當然，這一地盤無論如何還是必要的，是劉備的立國之地啊！

「一身都是膽」的趙子龍

在曹劉爭奪漢中的定軍山大戰中，湧現出了無數的戰鬥英雄，劉備麾下的五虎將之一的趙子龍（趙雲）就是這樣一個「一身都是膽」的英雄。

常山趙子龍的威名始於當陽長阪一戰。劉備兵敗，甘、糜兩夫人和阿斗都失散。趙子龍在亂軍中找到甘夫人後，殺開一條血路，將甘夫人送至張飛處，然後又折身回舊路去找糜夫人和阿斗。找到時，已經受傷的糜夫人不願拖累阿斗和趙雲，投井自盡了。趙雲孤身一人，懷抱阿斗，揮劍挺槍，突破重圍。這一場惡戰，前後在曹營中七進七出，殺死曹操的有名望的將領 50 多員，砍倒曹營大旗兩面，連在山頂觀戰的曹操都歎道：「真虎將也！」並關照下屬不許放冷箭，要捉活的。

建安二十四年（公元 219 年），劉備與曹操爭奪漢中達到白熱化的程度。定軍山是兩軍爭奪的要衝之地。先是蜀將黃忠力斬夏侯淵，佔領了定軍山。於是，曹操帶領大批人馬從關中殺來，兩軍爭奪激烈。曹軍運來米糧數千萬囊至北山下，黃忠領兵想去奪取，趙雲帶領少數騎兵去接應，中途突然與大隊曹軍遭遇，趙雲所帶部隊損失慘重。趙雲身陷於曹軍的重重包圍之中，但毫無懼色，他在重圍中左衝右突，如入無人之境。趙雲每一衝鋒，曹軍被迫潰散。當曹軍又一次匯集攏來時，趙雲再一次衝鋒。趙雲且戰且退，半個時辰以後，直退到自家

營寨門口。

這時，趙雲突然命令將士將自家寨門洞開，他自個兒匹馬單槍，立於營外，偃旗息鼓，好像什麼事都沒發生一樣。曹軍中大將張郃、徐晃領兵至曹營前，見如此情景，疑有埋伏，不敢進攻，並急令後退。這時趙雲才擂響戰鼓，並用號箭射擊曹軍，曹軍潰退，自相踐踏，落漢水死者無數。這一切都被高處的曹操窺見，驚問左右：「敵營中這是何人呀？」有人告訴他：「這是常山趙子龍。」曹操歎道：「昔日當陽長阪的英雄尚在啊！」忙告誡下屬，以後遇到趙子龍切不可大意啊！

第二天，劉備、諸葛亮來到趙子龍的營地察看，了解到他設「空城計」智退曹兵，十分驚喜地說：「子龍真是一身是膽啊！」

從此，「趙子龍一身是膽」的故事傳開去了，後人認定趙雲乃是三國時代智勇雙全的第一號真英雄。⑥

曹操三下「求賢令」

曹操是一個有雄才大略的領袖型人物，他知道，事業的興衰成敗，最後還是決定於人才。他在與劉備的對壘中，見到一身是膽的趙子龍，頓生惜才愛才慕才之心。就在與劉備爭奪漢中的前後，曹操三下「求賢令」。

第一個「求賢令」發佈於建安十五年（公元 210 年）春。當時，離赤壁之敗還不遠，在曹操的腦子裏，老是迴旋着這樣一個問題：我兵多將廣，為何反敗於弱小的孫權、劉備？為什麼有人會出把戰船連鎖在一起的餿主意？他想來想去，覺得赤壁之敗主要還是敗在人才上。一天，他把書記官叫來，讓他們起草「求賢令」文稿。第二天，文稿出來了，曹操一看，說：「主要的意思是有了，但還要加上兩點：

一是要強調，當今天下未定，為統一天下計，必急於求賢；二是要寫上『唯才是舉』四字，就是只要你有一方面的才能，我就用你，各地方各部門也都可舉薦之。」

第一個求賢令發出後，反響熱烈。各色人才都被舉薦了上來。

第二個「求賢令」發佈於建安十九年（公元214年）冬。當時，曹操正率軍進兵關隴，擊潰韓遂、馬超也成定局。這時發生了幾起軍中的典獄執法不當的事件，曹操知道後甚為生氣，說：「現在的典獄根本不懂法，實在是用非其人，讓這些人來執掌三軍的死生大權，實在太危險了，要選派明達法理的人來擔當典獄重任，成立專門機構『理曹掾屬』來管理此事。」曹操的謀士進言道：「現在明達法理的人實在太少了，請曹公明斷。」曹操堅決地說：「看來還是要招賢，原則是一句話：不要求全責備！只要有這方面專門知識且有進取心的士人，就可用，至於他有這樣那樣的缺陷，不要去管他。」按照曹操的這一主旨，就發佈了第二個「求賢令」。

第三個「求賢令」發佈於建安二十二年（公元217年）夏。征戰漢中告一段落，曹操準備安定下來建設北方，這時，他又想到了人才問題。在這份「求賢令」中，他着重寫上了這麼一段話：「負污辱之名，見笑之行，或不仁不孝而有治國用兵之術，其各舉所知，勿有所遺。」這是一種反世俗的觀念，必能使大批被世俗視為「不仁不孝」的有為之士破格得以錄用。

關羽敗走麥城

荊州一直是個極敏感的地方，早在建安十五年（公元210年），為了孤立曹操，在魯肅的建議下，孫權將南郡、江夏的一部分「借」給劉備。此舉對曹操的打擊頗為嚴重。當時曹操正在寫信，一聽到這

消息，驚得筆都掉落於地。他這時才知道，東南暫不可圖，還是先取關隴，經營北方吧！但是，荊州對曹操、孫權和劉備來說，都十分重要，曹操策略性地暫時退出，實際上是一種戰略，他想坐視孫權與劉備之間矛盾的激化，來個「漁人得利」。果不出曹操所料，後來，孫權與劉備在荊州問題上的矛盾尖銳起來，最終導致了關羽的敗亡。

孫權為了北拒曹操，需要聯合劉備。孫權也知道關羽非等閒之輩，向他頻送秋波。每當年終歲初，還讓魯肅送禮品去，以示友好。最有意思的是，孫權還派人去為自己的兒子與關羽的女兒說媒，想建立一種政治聯姻。這本是件大好事，可驕狂的關羽卻當着來使的面大罵：「虎女豈能嫁犬子！」孫權雖沒馬上發作，卻暗暗地把仇恨埋在了心底。

不久，孫權這邊親劉備的魯肅死了，接替他統兵的是雄才大略的呂蒙。呂蒙一登台，馬上根據孫權的旨意規劃襲取荊州。

建安二十四年（公元 219 年），劉備打敗曹軍，取得漢中後，關羽趁勢舉兵北伐，向曹仁駐守的樊城進攻。曹操也有點兒慌，急派大將于禁去樊城增援。恰遇那一帶大雨大水，樊城內平地水深五六尺，城外的于禁營地被淹。關羽乘大船進擊，曹操手下的勇將龐德被斬，號稱百戰百勝的于禁被擒。關羽威名大振，曹操甚至想從許昌遷都洛陽，以避關羽。關羽在軍事上達到了全盛。但是，對關羽來說，極大的危機也潛伏着，只是他沒看到沒想到而已。

關羽北上節節勝利，呂蒙卻看到了他後方的空虛，這正是襲取荊州的最好機會。呂蒙為了麻痹關羽，裝病回東吳，推薦當時還沒有什麼名聲但卻很有才幹的陸遜接替自己。有人對關羽說，遠離荊州北上，一旦東吳發兵，難以自救。關羽仰天大笑，說：「諒黃毛小子陸遜也不敢！」關羽一向主觀專斷，他這樣說，部屬也就不敢再說什麼了。

這時，假裝有病的呂蒙，會同陸遜率大軍神不知鬼不覺地發兵荊州。關羽平時從不體察下情，這時部下走的走，逃的逃。重鎮南郡的守將不戰而將城池獻給東吳。關羽大驚，匆匆率軍回荊州，與以逸

待勞的吳軍一交手，馬上敗下陣來。這時，孫權又親率大軍來援，關羽更是兵敗如山倒。關羽又向上庸地區的蜀兵呼救，不料，那裏的守將劉封、孟達正在內爭，平時又看不慣關羽的驕橫，於是坐視不救。關羽陷入了四面楚歌的境地，一路上將士逃散，潰不成軍。關羽只得入麥城，馬上又被包圍，最後在突圍中被吳將潘璋所擒。孫權殺了關羽，把頭送給了曹操。

曹操「決不稱帝」

孫權擒殺關羽後，曹操藉漢獻帝的名義封他為驃騎將軍、荊州牧，名義上確定了荊州的歸屬權。為了對付怒氣沖沖的劉備，孫權也一再地向曹操示好。就在建安二十四年（公元 219 年）歲末，孫權遣使到許都入貢，公然向曹操稱臣，在上表中要曹操代漢稱帝。這時雖顯得老態龍鍾的曹操頭腦卻十分清醒，他把孫權的上表讓朝中的群臣傳閱，要大家發表自己的見解。

侍中陳群首先站了出來，說：「漢代自安帝以來，氣勢已絕。雖說有漢之名，但沒有尺寸土地，一個子民。曹公取而代之，理所當然。」

尚書桓階更是引經據典，振振有詞，他說：「早在桓、靈年間，那些明知圖緯的人就說過，『漢行氣盡，黃家當興。』這『黃家』，暗指的就是曹公。臣以為虞、夏不以謙辭，殷、周不吝誅放，畏天知命，曹公是用不着再推讓的。」

兩人一帶了頭，群臣都來了勁，紛紛上前湊趣。這時的曹操卻一本正經起來，說：「我知道，你們都是好心，但卻是只知其一，不知其二。孫權這小子是極聰明極有心計的人。他急匆匆地要我稱帝，還不是想把我放在火爐上烤！」⑦

聽曹操這麼一解釋，大家都不再說什麼了。曹操卻略作停頓後說：

「假若天命真的在我的話，我也只能當周文王了。」意思是自己不能稱帝了，讓自己的後代來追認吧！

建安二十五年（公元 220 年）正月，曹操帶兵還師洛陽，當時他已經病得很重了。他當着兒子曹丕的面立下遺囑，説道：「天下還沒有安定，一切從簡吧！葬禮要儘量簡單，大殮時我只要穿時服就可以了，墓中不得藏有金玉珍寶。葬禮完畢，一切人都馬上除去喪服，有關人員都要堅守自己的崗位，不得因辦喪事而隨便離開職守。」就在這個月，曹操病死在洛陽，終年 66 歲。

當年的十月，曹丕代漢稱帝，國號為魏，追尊曹操為太祖武皇帝。劉備看到曹丕稱了帝，也於第二年（公元 221 年）的四月正式稱帝，國號為漢。孫權實際上已據有江東，但一方面迫於曹氏政權的威力，只得表面上俯首稱臣，另一方面也怕劉備來報關羽之仇，不敢張揚，直到 8 年後的公元 229 年，趁諸葛亮北伐、魏漢大戰之時，才宣告稱帝，國號為吳。

劉備殞身白帝城

自從關羽被孫權殺害以後，劉備一直想報仇雪恨。他在章武元年（公元 221 年）四月稱帝，七月就要起兵征吳。

當時，蜀漢內部分為主戰和主和兩派。在張飛等眾將領主戰的鼓噪聲中，老將趙雲聽到劉備要出兵東吳，星夜從駐地趕到成都，他力排眾議，聲淚俱下地對劉備説：

「現在關羽新敗，這仗是打不得的。若一定要打，則該打的是國賊曹操父子，而不是孫權。只要養精蓄銳，能徹底擊敗曹魏，那麼，孫吳就不征自服了。當務之急是重修蜀吳之好，征伐曹魏。」

此時的劉備怎麼也聽不進去，他不耐煩地揮揮手説：「將軍下去休

息吧，我意已定，不必再多言了。」

趙雲還是不死心，找到了以深謀遠慮著稱的諸葛亮，要他出面力阻劉備出兵東吳。諸葛亮歎道：「能勸止主上東征的，看來只有法正一人，可惜他已病死了。現在主上征吳之志已定，將士們又是一個個聲稱要為關將軍報仇，就是我說了也沒用的。」趙雲知道此事已難挽回，歎息着離開了成都。

於是，劉備親率四萬餘大軍沿長江，浩浩蕩蕩，直撲江陵。劉備接連打了幾個小勝仗以後，就沿長江南岸緣山截嶺，捨舟登陸，樹柵連營，準備與孫權的主力部隊決一死戰。而這時東吳率軍的是大都督陸遜。陸遜多謀略，集中五萬精兵，只是堅守不出。他是在觀察形勢，等待時機。

雙方在猇亭（今湖北宜昌西北）相持了半年多，任憑蜀軍如何挑戰，吳軍就是堅守不出。七八個月過去了，蜀軍已是疲憊不堪，遠離後方，糧草又跟不上。時值盛夏，陸遜決定採用火攻戰術。他命東吳將士各執一把火，向蜀軍發起攻勢。包圍了蜀軍以後，就一面放火，一面進擊。蜀軍大敗，4萬餘人大部死於火海。劉備在部將的奮力護送下，衝出重圍，抄羊腸小道倉皇逃往白帝城（今重慶奉節縣東）。

在白帝城，一敗塗地的劉備病倒了。他自知不久於人世，臨終前把駐守成都的諸葛亮請到白帝城，要他輔佐嗣子劉禪。諸葛亮哭着說：「我一定竭盡全力，效忠貞之節，死而後已！」到章武三年（公元223年）四月，劉備病死於白帝城。從此，蜀漢開始了諸葛亮輔政的新歷史時期。

諸葛亮「七擒七縱」

劉備一死，其後方基地就大亂起來。當時，南中四郡中的益州郡

（今雲南晉寧）、牂牁郡（今貴州貴陽一帶）、越巂郡（今四川西南部）相繼發生了叛亂。諸葛亮見情勢危急，先是採取安撫政策，待政局穩定以後，才分三路進軍南中地區，取得勝利以後，再集中兵力圍攻叛亂中心益州。這時益州的叛軍首領是孟獲。

諸葛亮出行征戰時，前來送行的參軍馬謖對他說：「南中地區偏遠，常常是今日征服，明日又反。看來用兵之道，攻心為上，攻城為下；心戰為上，兵戰為下。願宰相能服其心。」

諸葛亮聽了，連連稱是。進入益州地界以後，諸葛亮就下了一道死命令：「對孟獲，只可生擒，不可傷害。」

孟獲雖是高級的勇將，但少謀略。諸葛亮採取誘敵深入的手法，讓孟獲陷入包圍圈，並將其擒獲。事後，諸葛亮親自為他解縛，帶着他到蜀漢軍營的各個營地去觀看，故意問孟獲：「這樣的威嚴之師，你能打得贏嗎？」

孟獲很不服氣，昂着頭倔強地回答：「我是不知虛實，被你用計打敗。如果……如果……」

孟獲一時語塞，說不下去了。諸葛亮大度地揚揚手，慢悠悠地說：「你說吧，如果怎樣啊？」

孟獲是個硬漢子，突然沮喪地低下了頭，帶着哭聲說：「要殺就殺，現在已沒有什麼『如果』的了。」

「不能這麼說嘛，」諸葛亮坦然以對，像是與朋友交談似的說，「你可以說出你的心裏話，只要合情合理，一切都可商量。」

孟獲一下抬起了頭來，長久地注視着諸葛亮，說：「如果你能放我回去，我們認認真真打一仗，我一定能打敗你！」

諸葛亮聽了他的話，笑了笑，爽快地放他回去了。

孟獲回去後，集合好部隊，果然又來交戰。但結果又是戰敗被抓。諸葛亮見他還是不服氣，又放他回去。如此一捉一放，前後有多次，民間也就演繹出了「七擒七縱」的故事。最後一次諸葛亮又要放他回去，孟獲着實被感動了，他說：

「孟獲現在真正心服了，從此，南人再也不反了！」

諸葛亮讓孟獲留在原地管理益州地區的少數民族，同時又在成都給了他一個不低的官位。這種民族政策受到後人的盛讚。

孟獲降服後，諸葛亮運用同一模式，與少數民族的上層結好，穩定了蜀國的統治，也為日後的民族大團結奠定了牢固的基石。

揮淚斬馬謖

建興六年（公元 228 年）春天，諸葛亮趁曹操之子曹丕新亡之際，親自統領大軍，發動了多次北伐戰爭，這就是歷史上有名的「六出祁山」。

在公元 228 年的一場血腥大戰中，出現了為後人永遠津津樂道的「失街亭」和「斬馬謖」兩大事件。

諸葛亮進軍中原，使魏國朝野震動。魏明帝坐鎮長安，一面派大將軍曹真防禦趙雲的進擊，一面又派名將張郃率五萬大軍抗拒諸葛亮雄師。諸葛亮知道張郃不可小視，立即派馬謖扼守要地街亭（今甘肅秦安縣）。馬謖自幼熟讀兵法，能說會道，但缺乏實踐經驗。劉備臨終時曾對諸葛亮說：「馬謖言過其實，不可大用。」但諸葛亮對劉備的勸告不以為然，還經常與馬謖一起談論兵法，有時通宵達旦。所以，這次北伐讓馬謖充當先鋒，又將守街亭的重任託付給他。

馬謖到街亭之後，沒聽副將王平的勸告，棄山下不守，捨水上山。張郃一看，正中下懷，馬上切斷了水源，並進行圍攻。蜀軍因為缺水，飢渴難耐，不攻自亂。張郃乘機帶兵出擊，結果蜀軍大敗，馬謖狼狽逃出，街亭由此失守。虧得王平帶領的 1000 餘人沒有上山，在山下與馬謖的殘軍呼應，才把馬謖救出。諸葛亮所派出的幾路軍馬都不順，又失了軍事要衝街亭，見勢不妙，只得帶兵退回漢中。

諸葛亮回漢中後，嚴厲追究了失街亭的責任。馬謖雖是他的親信，但街亭一役的失利，大大挫傷了蜀軍的銳氣，罪不可饒，於是當眾宣佈「斬馬謖」，還將勸導並救援有功的王平提升為討寇將軍。最為重要的是，他宣佈自己用人失當，導致敗績，因此上疏請自貶三等，代理丞相事。

海峽兩岸的交往

在三國時期，中國國內各地區之間的聯繫大大加強。東吳地處長江流域，東部瀕臨大海，與祖國的寶島台灣（當時稱為「夷洲」）隔岸相望。在孫權黃龍二年（公元 230 年），台灣的高山族與大陸居民之間有了正式的接觸。

這是一件值得大書的大事。

據有關史料記載，夷島在中國大陸的東南部，氣候溫暖，沒有雪霜，華木不死。當時的夷島上的高山族，大約處於原始氏族制社會的末期，內部分成若干部落或部落聯盟，「各號為王，分割土地人民，各自別異」。農業和漁業是他們的主體生產事業。「土地饒沃，既生五穀，又多魚肉。」他們同大陸早有了貿易交往。

黃龍二年（公元 230 年），當這一年的春天到來的時候，在歷史上被稱為「英人之傑」的吳主孫權，派出大小船隻上百艘，士兵上萬人，由將軍衛溫、諸葛直兩人率領，浩浩蕩蕩地向令人神往的夷島進發。

經受了幾多風浪，他們終於來到了這個神祕之島。他們在這個島上停留了多久，有些什麼交往，史料上無記載。但是，留下不少傳說，最後有數千人跟着返回的船隊來到了大陸，卻是肯定的。[8]

諸葛亮病逝五丈原

　　諸葛亮多次北伐，魏國的大將軍司馬懿基本上採取防禦的政策。倒不是魏的實力不如蜀，而是司馬懿想採用防禦的手法來拖垮諸葛亮。這也是諸葛亮在出兵中遇到的最大難題，諸葛亮最後的「壯志未酬身先死」的症結也在於此。

　　魏國青龍二年（公元 234 年），諸葛亮動員蜀軍，作最後一次北伐。司馬懿採取「堅壁拒守」的方略，任憑諸葛亮一再挑戰，他就是不應戰。情急之下，諸葛亮向司馬懿送了一套婦人的衣服和首飾，譏笑他膽怯得像婦人一樣。司馬懿卻一點也不生氣，出人意料地把衣服首飾都收下了，反而向來使打聽諸葛亮的起居生活，當使者回答說到諸葛「事多而食少」時，司馬懿說：「如果那樣，怕是活不長了。」果不出司馬懿所料，不久，諸葛亮在進退維谷中病死在五丈原，這正是：「出師未捷身先死，長使英雄淚滿襟。」

　　公元 207 年諸葛亮 27 歲時出山輔佐劉備，到公元 234 年病死軍中，恰好又是 27 年。諸葛亮的前半生修身養性，是他立志用世的準備階段。他隱居隆中，靜觀時變，不北依曹操，也不南歸孫權，而是選擇了一條以復興漢室為己任的艱難道路。諸葛亮後半生操勞，致力於明法、治軍、和吳、正身，真正做到了在《後出師表》中說的那樣「鞠躬盡瘁，死而後已」。

　　諸葛亮病死前，給劉禪上了一個奏章，唯一也是最後一次談了自己的生活和家境。他說，他自己的成都家中，有桑樹 800 株，薄田 15 頃，供家族中的子弟生活沒什麼問題了，不需要什麼特殊的照顧。因為自己常年在外征戰，衣食全賴國家，是沒有其他積蓄和產業。也不讓自己有多餘的財富，致使有負皇帝。他死後，經清點，果真如其言。他是個清廉純正的人。

扶不起的阿斗

說起阿斗，大家都知道是指劉備的寶貝兒子劉禪。從公元 223 年劉備病死，到公元 263 年蜀漢政權被司馬氏鏟滅，阿斗整整做了蜀漢的 40 年皇帝。可是，這個阿斗，庸庸碌碌，一無所為，正如民間所說，是個「扶不起的劉阿斗」。

在諸葛亮秉政期間，一切內政外交都由諸葛亮執掌，蜀國雖貧，阿斗照樣在成都過着清閒的日子。諸葛亮死後，接着主持大政的蔣琬、費禕、姜維，都沒有什麼大作為，而阿斗卻寵信起宦官黃皓來，同這些人整天混在一起，在醉生夢死中打發日子，全然不顧國家的命運前途。

公元 263 年，司馬昭派鍾會、鄧艾統軍十八萬，大舉進攻蜀漢。兩路大軍進軍到雒（今四川廣漢），離成都只有 80 里了。這時，阿斗召集群臣開會，問大家怎麼辦。

有的說：「遷都。」

有的說：「趕快到東吳去。」

還有人說：「乾脆投降為好。」

阿斗想了想，說：「好，那就投降吧！」倒是他的一個兒子劉諶有點血性，先是力勸父親不能投降，得不到結果，到祖廟大哭一場後，自殺了，以此來抵制投降。

阿斗投降時，也實在狼狽得很。他自己將自己反剪着捆起來，出北門十里而降。身後的車上載着一具棺材，表明自己是該死了。就這樣，蜀漢政權滅亡了。司馬昭封了他一個有趣的名號，叫做「安樂公」。為了防止出什麼事，司馬昭把阿斗及其下屬遷到魏的京城洛陽看管起來。

司馬昭是個很有心計的人。對阿斗一面是控制，一面生活上又相當優厚，讓他享盡「安樂公」的榮華富貴。一次，司馬昭舉辦盛宴，

也把阿斗和蜀漢的一些將相「請」了去。席間奏的是魏樂,跳的是魏舞,蜀漢的一些降官不免傷心淚落,唯有阿斗嬉笑自若。酒過三巡,司馬昭來到阿斗的身邊,問:「還想自己的蜀地嗎?」阿斗傻乎乎地回答道:「這裏快樂,一點都不想蜀地了。」引得司馬昭及眾人哄堂大笑起來。阿斗在中國歷史上就成了這樣一個沒出息的丑角。

司馬昭之心

在三國後期的歷史進程中,三國中最強大的魏國也在發生變化。曹操死後,其兒子曹丕還是有些能耐的,可惜掌權僅六年就病故了,接下來都是少主當政,這樣,大權就漸漸地旁落到了司馬氏的手中。

曹操、曹丕父子相繼去世後,一度曹氏勢力與司馬氏勢力處於此消彼長的相持階段。正始十年(公元 249 年),司馬懿趁掌實權的大將軍曹爽到離洛陽 90 里的高平陵去祭祖的機會,發動政變,殺掉曹爽及大批曹氏黨羽,這樣,曹氏權力就大大削弱了。

司馬懿死後,他的長子司馬師為撫軍大將軍、錄尚書事,代其父主政。嘉平六年(公元 254 年),司馬師又清除了一大批曹氏忠臣,還廢除了漸漸年長起來、不太聽話的曹芳,另立曹髦為帝,改年號為「正元」。

正元二年(公元 257 年),司馬師死去,他的弟弟司馬昭秉政,他比父兄還要有手腕。在平定了諸葛誕的謀反後,便痛痛快快地將曹氏黨羽全數剪除乾淨了。可憐 14 歲的少帝被他當傀儡隨意差使。

當了 6 年的傀儡,已經長到 20 歲的曹髦忍無可忍,甘露五年(公元 260 年)四月,曹髦決心與司馬昭一拚。他召集自以為都是忠於他的近臣侍中王沈、尚書王經、散騎常侍王業,對這「三王」說道:

「現在是司馬昭之心，路人皆知了！我不能坐等着被廢或受辱，今日就與各位愛卿一起共討此賊！」

尚書王經是忠於曹髦的，他苦苦地規勸曹髦，說：「皇上，還是不要這樣吧，現在的大權都在司馬氏手中，上上下下都是司馬昭的人，還是忍着吧！」

曹髦此時血氣方剛，站起身來大聲說：「我已決定了，就是死有什麼好怕的？總比活受罪好些！」說罷，曹髦將討伐司馬昭的詔書用力地扔在地上，說：「我決心已定，諸卿同心協力去做吧！」

曹髦哪裏想得到，正當他將此事稟告皇太后的時候，他所相信的「三王」中的王沈、王業已跑去把消息告訴了司馬昭，要他早作準備。司馬昭其實早已得到消息，他派兵包圍了皇宮，其死黨毫無顧忌地一刀把曹髦給砍死了。從此，曹魏政權真正是名存實亡了。不久司馬昭派兵滅了蜀，這在上面已經說到。

滅蜀後的第二年，司馬昭就死了。他的兒子司馬炎推翻了曹魏政權，開始自己稱帝，改元泰始（公元 265 年），西晉開始。又過了 15 年，出兵滅吳，成就了「分久必合」的天下大勢。

◆ 註釋：

① 《後漢書・獻帝紀》：「（其時）群僚饑乏，尚書郎以下自出採稆，或饑死牆壁間。」《魏書》：「乘輿時居棘籬中，門戶無關閉。天子與群臣會，兵士伏籬上觀，互相鎮壓以為笑。」

② 在史書中，曹操自以為稱得上英雄，又稱劉備是英雄的記述是有的。《三國志・魏志・武帝紀》說道，劉備初投曹操時，曹操的謀士對曹操說：「觀備有雄才而甚得眾心，終不為人下，不如早圖之。」意思是把他殺了的好。曹操沒同意，卻作了這樣的回答：「方今收英雄時也，殺一人而失天下之心，不可！」《三國志・蜀志・先主傳》說道，劉備在許，甚得曹操器重，曹操曾經對劉備說：「今天下英雄，唯使君與操耳！本初（袁紹字）之徒，不足數也。」

③　在進攻曹操前，也有人說曹操難打，袁紹及其謀士們卻以為：「今以明公之神武，連河朔之強眾，以伐曹操，其勢比若覆手。」（《後漢書‧袁紹傳》）

④　《襄陽記》：「劉備訪世事於司馬德操，德操曰：『儒生俗士，豈識事務，識事務者在乎俊傑，此間自有伏龍、鳳雛。』備問：『二人為誰？』曰：『諸葛孔明、龐士元也。』」

⑤　《三國志‧蜀志‧諸葛亮傳》：「亮曰：豫州軍雖敗於長阪，今戰士還者及關羽水軍精甲萬人，劉琦合江夏戰士亦不下萬人。曹操之眾，遠來疲弊，聞追豫州，輕騎一日一夜行三百餘里，此所謂『強弩之末，勢不能穿魯縞』者也，故兵法忌之。且北方之人，不習水戰，又荊州之民附操者，逼兵勢耳，非心服也，今將軍誠能命猛將統兵數萬，與豫州協規同力，破操軍必矣。」這段話，為後面的「赤壁之戰」定下了基調。

⑥　金庸在論史文稿中說道：「《三國》人物中，我最喜歡的是趙雲。我一直覺得他遠遠勝過關羽、張飛。他在長阪的曹軍中七進七出，勇不可擋，比之關公斬顏良、誅文醜、過五關斬六將難得多，也精彩得多。同時趙雲人品很高，精細而有智謀。」金庸先生的說法應當說是精當的。

⑦　「孫權上書稱臣，稱說天命。王以權書示外曰：『是兒欲踞吾著爐火上耶！』」（《三國志‧魏志‧武帝紀》注引《魏略》）

第二十六卷

文化融合

　　自公元 265 年司馬炎代魏稱帝，建立西晉起，到公元 581 年楊堅逼周靜帝讓位，建立隋朝止，其間 300 餘年，是中國古代社會由天下大亂走向天下大治的歷史時期。其間西晉王朝只存在了 40 餘年（公元 265—317 年），偏安東南的東晉王朝存活時間也只有百來年（公元 317—420 年），與之對峙的「十六國」政權更是轉瞬即逝。到南北朝（公元 420—581 年）時，南方政權更迭了宋、齊、梁、陳四朝，每朝長則五十多年，短則二三十年，北方的政權也不怎麼穩定，北魏政權最後分裂成東魏和西魏兩部分，東西魏之間爭戰不已，互不相讓，可說局面慘不忍睹。

　　這是個分裂的時期，也是個戰亂的時期，不過，又是個文化融合的時期，表現為中原的漢文化和北方少數民族文化之間的融合，長江以北的文化與長江以南的文化之間的融合，儒家文化與道家、佛家文化之間的融合。而這種文化的融合，又正是國家重新走上統一的必不可少的前提條件。

世族特權

　　晉武帝司馬炎出身於權傾一時的大世族。他靠自己身邊的士族階層，發動宮廷政變取得了政權。因此，他一上台，就制定了允許世族大家擁有特權的官品佔田和蔭人的制度。

　　法令規定：官品一至九等，各以貴賤佔田。第一品可佔田50頃，以下每低一等，遞減5頃，至九品，也可佔田10頃。這樣一來，即使只按規定，天下的土地就大部分為特權者所佔有了，更何況那些士人是貪得無厭的，哪肯滿足於只佔明令規定的數額？

　　除田畝外，士人又可各以品第高低蔭其親屬，多者及九族，少者三世。官吏還可蔭庇食客和佃戶。官至六品以上，得蔭衣食客3人，第八品的可蔭2人，第九品可蔭1人。第一、二品的，可蔭佃戶50戶，第三品可蔭佃戶10戶，以下遞減，到第九品，蔭1戶。而實際上哪止這些呢？被蔭者實際上成了家內奴隸，生殺大權也都操在主子們的手裏。

　　在這個社會中，皇帝是最大的特權者。皇帝靠政變得來政權實在太容易，根本不懂得珍惜。晉武帝滅吳後，在宮廷的豪奢上學起了腐敗的吳君來。他把後宮一下擴展到了數萬人，其中宮姬後妾就有上萬人，其中受寵幸的不計其數。反正每到夜晚，晉武帝就乘着羊車，到他寵幸的女人那裏去行樂。那些被告知皇帝將至的宮姬，就在戶門前插上竹葉、門前以鹽汁灑地，以引領帝車。這樣的皇上，還能辦什麼國事？

　　皇上做出了樣子，那些大小官員就競相淫奢。一些官僚每天花在吃飯上的錢要成千上萬，但還是對人說：「怎麼一到餐桌前，就找不到合胃口的東西呢？都不知如何下筷！」錢花光了，就賣官，在當時賣官是普遍而公開的現象。有些正直的人，衝着晉武帝的面說：「漢末靈帝、桓帝的時候賣官得來的錢，還要入官庫，現在是每況愈下，賣官錢都中飽私囊了。」晉武帝見怪不怪，嘿嘿一笑，不了了之。

石崇王愷鬥富

在整個特權者階層中，稱得上是豪富的，一個是晉武帝的舅父王愷，一個是侍奉皇帝左右的散騎常侍石崇。兩個人的背景都很深，權勢很大，田宅遍天下，家財不計數，家奴成百上千。

石崇和王愷過着奢侈腐化的生活，對家內的奴婢自有生殺大權。一次，王愷家大宴賓客，讓一名女藝人在席間演奏笛子。也不知是吹笛人緊張還是其他原因，演奏過程中忘記了一小節曲子。王愷勃然大怒，命下人將這一女藝人拉到台階下當場打死。石崇更是一個混世魔王，每當要辦宴席的時候，他就要那些家奴中的美女出來敬酒和陪酒，如果客人不能盡興，就要殺掉陪酒女。有一次有一個客人堅決不肯飲酒，石崇就連殺三個行酒女子。[①]其殘暴可想而知。

石、王兩人曾為鬥富而無謂地消耗大量的錢財。

有人告訴石崇，王愷家是用麥芽糖清洗鍋子的，石崇聽後，很不服氣地說：「那有什麼，我們家用蠟燭當柴火燒呢！」這件事傳出去，大家都說石崇大約比王愷富有。

王愷不服氣了，為了炫耀自己有錢，他在家門前的大道兩旁，夾道 40 里，用紫絲編織了屏障。誰要到他家去，非要途經這異常華美的 40 里屏障不可。這樣的排場，使整座洛陽城為之轟動。這下輪到石崇心裏不舒暢了，他用了幾天時間，在自己家門外沿途 50 里用更加名貴的紫絲織成屏障，用以迎賓接客，使王愷又輸了一陣。

王愷哪裏甘心，他拉出皇帝來幫忙。晉武帝覺得這樣的鬥富很有趣，就把宮裏收藏的一株兩尺多高的珊瑚樹賜給了王愷。王愷喜出望外，特邀一大批文武官員來家觀賞。為了氣氣石崇，把石崇也「請」來了。酒過三巡，王愷叫侍者鄭重其事地捧出那株珊瑚樹，頃刻發出一片叫好聲，正當大家在興頭上，石崇冷笑一聲，拿起案頭的一支鐵如意，朝珊瑚樹砸去，珊瑚樹馬上成為碎枝殘葉。眾人大驚失色，王

愷氣得話都說不出來，石崇早有準備，嬉皮笑臉地說：「不要生氣，我還你一件就是。」話聲剛落，石崇的家人已把家中幾十株珊瑚樹統統搬來，其中竟有四尺多高的，說是讓王愷自己從中挑選中意的。

王愷惘然若失，半天說不出話來。他這才知道，自己的錢財的確比不過石崇家。這場比富的鬧劇也就這樣收場了。從這場鬥富中也可看出當時權貴們的無聊和無恥。

司馬炎三臨辟雍

在魏晉洛陽故城址，出土了一塊大型碑石，它就是著名的《大晉龍興皇帝三臨辟雍皇太子又再蒞之盛德隆熙之頌》之碑，碑名實在太長了，後人又簡稱為《臨辟雍碑》。此碑中稱的「大晉龍興皇帝」即是指晉武帝司馬炎，親臨辟雍②的時間是公元 265—268 年的四年間，碑文是十年後的咸寧四年（公元 278 年）刊刻的。

司馬炎剛剛從曹氏家族手中奪得政權，為何要匆匆忙忙跑到辟雍去，而且是一而再、再而三地去，而且還要他的那個出了名的「白癡太子」一同去，這究竟為的是什麼？

碑身正面刻寫的 1500 餘字的碑文，揭開了內中的祕密。

原來司馬氏從曹氏家族中奪得政權後，心中總是感到忐忑不安，總覺得有人在背後指指點點。於是，有謀臣向他獻策：「皇上，漢代能立基業四百多載，靠的是崇孔學、興儒術，大晉要能天長地久，莫過於設立學官，興辦學校了。」司馬炎雖然在生活上極其奢華，但頭腦卻像他的祖父司馬懿和父親司馬昭一樣，是十分靈通的。被屬下這麼一點，他就知道該怎麼辦了。他關照有關部門：「即日起就在洛陽曹魏太學舊址處着手興建太學的殿堂房舍，並重立學官。」

皇帝一聲令下，群臣萬馬奔騰。不到一年的工夫，被稱為辟雍的

學宮建成了。接着就擇吉日舉辦開學盛典。聽說皇上親臨，百官全數都來了，王公卿士全數來了，西晉 15 個州、70 餘個縣的行政首長全部到齊，各地的風流文士都到了，辟雍的學官、博士、助教、禮生、弟子也全數到了……

當日氣候也正好宜人，400 餘人排成十行，齊嶄嶄地列隊站立在辟雍前的廣場上，接受晉武帝司馬炎的檢閱和訓示。晉武帝的話不多，他說道：

「朕今日重建辟雍，為的是宣儒教，講經學，重禮儀，獎勤學。眾生員都要修德行、習通藝，研精好古，務崇國典。」

很清楚，晉武帝司馬炎是想通過重振太學、重立學官來恢復儒學的權威，以鞏固這個新政權的思想基礎。可是，司馬炎自身的行為和當朝群臣的腐敗，早已用鐵的事實把司馬炎精心打造的「研精好古」的夢境打得粉碎。「好古」者少知音，儒家一統的局面必然被打破，多元的文化局面正在「亂世」中形成。

竹林七賢

「竹林七賢」是魏晉政權交替之際朝野七位著名的文化人的合稱，他們是嵇康、阮籍、山濤、向秀、王戎、劉伶、阮咸七人。他們一改士人直道而行、直言強諫的作風，或走向清靜無為的緘默，或崇尚玄妙虛無的「清談」。

可以說，東漢末年以來的亂世，讓天真樸實的儒學之士吃足了苦頭。漢末桓、靈年間的兩次「黨錮之禍」，以「清議」為能事的士人入獄的入獄，流放的流放，被殺的被殺，連在太學生中傳頌一時的「天下楷模李元禮（李膺）」和「不畏強禦陳仲舉（陳蕃）」都不能倖免。三國後期，在曹魏和司馬氏的長期仇殺中，不少文人名士被捲入，甚

至被滿門抄斬。可以說，那時有點名望而又有正義感、敢於說話的，幾乎沒有一個不遭迫害。③於是，文士們一是學乖了，二是開始尋找新的思想武器，這樣，儒家一統的局面就被打破了。

士人們轉向了，從臧否人物、憤世憂國、議論朝政的「清議」，轉向到了自然無為、放言玄妙的「清談」。「竹林七賢」就是最著名的代表。「七賢」都以老莊玄學思想為精神寄託，悠遊於山間泉畔、竹林茅舍，以縱酒談玄、高尚其志著稱於世。

「七賢」中應推嵇康為第一人，他與曹魏家族有聯姻之誼，司馬氏掌權後，形勢對他很不利，他就以尚奇任俠、好言老莊自娛和自衛。一次，朝中司馬昭的權臣鍾會來看望他，這時嵇康正在赤着膊打鐵，滿頭是汗，全神貫注，旁若無人。「七賢」中的另一位正在起勁地為他拉風箱，也好像什麼事都沒發生一樣。鍾會站了半天，自覺沒趣，正想要離去時，嵇康突然發問：「何所聞而來？何所見而去？」鍾會只得回答：「聞所聞而來，見所見而去。」對話一點沒有實質性的內容，彼此都抓不到對方什麼。

與嵇康齊名的是阮籍。阮籍出身於文化世家，其父就是著名的「建安七子」之一的阮瑀。阮籍自幼博覽群書，崇好老莊。他對儒家禮法的批評更尖銳，他寫《大人先生傳》，抨擊那些藉名教「出媚君上、入欺父兄」的小人，斥那些禮法之士是褲襠裏「饑則齧人」的虱子，說儒家的禮法是幫助賊人作惡、讓人走向死亡的理論。他終生不屈於權貴，當司馬炎向其女兒求婚時，阮籍根本不予理睬，而是以狂飲大醉60天不醒的手法，硬是拒絕了這門皇家親。

「七賢」中的劉伶也是以不得意而酗酒聞名。他常常乘車攜酒出遊，讓隨行的人帶着鐵鍬緊隨其後。他對隨行人說：「我如果在哪兒喝酒醉死了，你隨地把我埋了就是！」他甚至裸體喝酒，客人來了批評他，他卻笑着說：「我以天地為屋，以屋為衣，你們這些人怎麼鑽到我的褲子裏來了呢？」在他身上憤世之情轉化成了放蕩形骸的玩世不恭。

「竹林七賢」的這種藐視禮法的態度可謂是前人不能想象的，恐怕後人也難以理解吧。

葛洪家族修仙傳道

魏晉以來，政風險惡，士族名士少有能自全者，致使山林隱逸階層迅速擴大，神仙道士日益增多。神仙道教的興起，打破了儒家在思想領域的一統天下。為神仙道教奠下理論基礎的，是晉代的葛洪及其家族。

葛氏道教世家，從漢末三國起，直到東晉末，前後兩百年傳承不絕，而且都有理論上的創造。

葛洪的祖父輩人物葛玄，是道教史上很有影響的人物。他 15 歲開始學道，遊歷名山大川，學道凡 20 年，拜著名道家人物左慈為師，一起在深山中煉丹，求長生不老之術。左慈 80 餘歲隱去時，授葛玄以《九丹金液仙經》。之後，葛玄辭去孫權的當官之邀，堅持在江南一帶傳道。後來，葛玄的道術，由弟子鄭思遠傳到了葛洪手裏。

葛洪 21 歲時，就隨師鄭思遠入霍山煉丹。鄭思遠歸隱後，葛洪想北上洛陽「廣尋異書」，當時正是晉室內部大亂的時候，向北的道路走不通，他就南下廣州，在羅浮山修道煉丹，並寫成了在道教史上有劃時代意義的《抱朴子》一書，成書後，又回到家鄉丹陽句容（今江蘇丹陽縣）。在丹陽一帶傳道一兩年後，聽說交趾（今越南）出產上等的丹砂，便不顧年老，帶領子侄、弟子多人南行，準備遠涉重洋去那裏煉丹。但到了廣州之後，為廣州刺史鄧岳所挽留，於是就又重回羅浮山修道。一面優遊閒養，煉製金丹，一面進一步完善他的傳世之作《抱朴子》。

葛洪的道教神學理論，衝破了方仙道教中一些不合時宜的老規矩

和舊思想，為士族道教向社會佈道開闢了一條新道。尤其值得一提的是，葛洪的道教理論開了儒道合流的先河。他在自己的書中寫道：「欲求仙者，當以忠孝、和順、仁信為本。」這實際上調和了神仙道教和儒家禮教的關係，增強了道教的社會教化作用。葛洪在道教發展史上是一位承前啟後、繼往開來的大師級人物。

佛教東來

佛教的東來，與東漢一個動人的傳說故事有關。

故事是這樣的：漢明帝永平七年（公元 64 年），明帝遣郎中蔡愔、博士弟子秦景等赴佛教聖地天竺國（即今印度、尼泊爾一帶）取經。兩人十分認真，不只在那裏取得了真經，還宣明了中國的國策，深得那裏佛教徒的信任。三年學成回國時，天竺國君命攝摩騰、竺法蘭兩位高僧同行，護送經卷到洛陽。沿途有着說不盡的千難萬險，虧了那匹負經的白馬，翻越萬水千山，有時除背負經卷外，還要作為病者的坐騎。到洛陽後，漢明帝十分感激，除將兩位高僧留下，繼續讓他們傳授經術外，還決定在洛陽門外建造寺廟，以藏經卷。白馬因勞累過度，不久死去，為紀念它，此寺定名為「白馬寺」，並將白馬的形象塑造在寺前的廣場上。後來，來自佛國的兩位高僧圓寂後，據說也被安葬在白馬寺通道的兩側。

白馬寺究竟建於何時，難以考釋，但徐州地界的塔寺確實造於東漢末。當時徐州地區（今山東南部和安徽北部、江蘇北部一帶）的一個名叫笮融的糧食運輸督管是佛教信徒，利用職權之便，把徐州地區的運糧收入的大部分用於建造了一座佛教塔寺。這是一座多層樓閣式的塔寺。這所塔寺中，供奉着妝金飾彩的金像和銅像，建築規模之大前所未有，可供 3000 人同時膜拜頂禮，學習佛家經典。笮融所造之佛

寺，不像以前那樣佛陀與黃老同供，而是獨尊佛祖，所課誦之經，也只是佛經。這說明，此時的中國化佛教已大大前進了一步。

魏晉時代，最大的進步是佛家真經的譯出和通俗化，這方面功績最大的是康僧會。

康僧會是來自交趾的佛教代表人物。他的祖先是康居人，後世一直居住在印度，對佛教非常熟悉。後來，他父母因經商來到交趾，但是不幸的是，康僧會 10 歲那年，父母雙雙去世，康僧會就出家從佛，經過刻苦研讀，成了交趾地區最有名望的佛學家。於是，他來到中國的江南地區從事傳教工作。

康僧會首先博覽中國的儒家經典和方術圖書，他知道，只有將佛理與中國本土的儒、道兩家的學說結合起來，才能使東傳佛教收到實效。他了解到，處於苦難中的中國民眾，對佛教所講的因果報應和三世輪迴是會認同的。「好有好報，惡有惡報」，這是善良的中國民眾的心裏話。那麼怎樣去行善呢？康僧會又搬出了講「施」講「戒」的理論。「施」就是施捨，作為善人要肯於施捨。「戒」就是戒除惡習，有所謂「五戒」——不殺生、不偷盜、不邪淫、不妄語、不飲酒。

這些淺近的佛理，對普通百姓來說，真是一點就通。康僧會，及其眾多的同伴、弟子，在江南傳道 30 多年，出入於普通百姓家中，教其燒香祈禱、誦經念佛、自我反省。在他們的努力下，佛教在民間大大傳播開來了。

胡華雜處

魏晉時期是少數民族與漢民族雜處最為密切的時期。當時所謂的「五胡」（匈奴、鮮卑、羯、氐、羌）和漢人之間進行了頻繁的接觸——其間有壓迫與反壓迫的鬥爭，有互相之間的摩擦和抗爭，但更多和更

重要的是民族與民族之間的交融。

內遷各族中，以匈奴人為多。當年曹操將內遷的匈奴人分為五部，讓其中有才氣的匈奴人當帥，又選漢人為司馬，實際上是起監督作用。後來，到晉武帝時，塞外的匈奴地區發水災，這樣匈奴人又湧進了平陽、西河、太原、新興、上黨、樂平等地（今山西省境內）。當地的父母官向朝廷報告，怎麼辦？晉武帝回答道：「讓他們到中原地區居住吧，他們背井離鄉的，也有難處，能幫人家就幫人家一把吧！」這樣，在太原等郡居住的匈奴人達幾十萬人，比中原的本鄉本土人還要多。

當時所說的關中，主要指的是秦嶺以南的漢中、巴蜀，還有陝北、隴東等地，是秦、漢帝國的發祥地。但是，經漢和三國時期的戰亂，關中人口一則是死亡多，二則被掠走。曹操攻漢中，撤走時就帶走了幾十萬有勞動能力的人，這樣，關中的人口就顯得奇缺了。西方的氐、羌等民族就趁虛而入，大量湧入關中地區。史書有載：到晉代時，關中的人口大約是 100 萬，其中漢人和少數民族各佔一半。

胡漢雜處中，那些漢族的地主、豪強常常欺壓少數民族的民眾。太原地區的豪強以匈奴人為田客，有的多達千人。他們還買匈奴人為奴婢，有的還公開掠買人奴。匈奴的右賢王劉宣憤恨地説：「晉為無道，奴隸御我！」你把人家當奴隸般差使，積怨久了，人家怎會不反抗？一旦條件成熟，胡人必反！

西晉王朝很快走到了它的盡頭。司馬懿、司馬師和司馬昭、司馬炎，這三代人聰明絕頂，可是，到了第四代，卻是一個白癡皇帝。除了吃、喝、玩、樂之外，什麼都不懂。這就為皇后的專權和大臣的橫行騰出了空間。這個白癡皇帝一死，八位司馬姓的皇室人員為爭奪皇位就大打起內戰來，這就是歷史上有名的所謂「八王之亂」。對少數民族來說，這是一個好機會，那些長年來有着一肚子氣的少數民族貴族，馬上順勢而起，開始了推翻腐朽的晉王朝的鬥爭。有意思的是，這種鬥爭又恰恰加速了漢民族與其他少數民族之間的文化交融。

這就是歷史的辯證法。

「漢氏之甥」劉淵

面對西晉王朝的腐敗，第一個起兵反晉的是匈奴人劉淵。劉淵是匈奴的貴族。王浚、司馬騰討成都王司馬穎時，司馬穎拜劉淵為北單于，參丞相軍事，發匈奴兵抵抗王浚和司馬騰。不到半月，就聚集軍隊五萬餘。公元 304 年，劉淵在左國城（今山西離石北）即漢王位。登基的時候，他說了一番意味深長的話：

「在我看來，帝王從來是變化不居的，今天命在此，明天天命又可能在彼，也不在於你是華族人，或是其他族類人。大禹出於西戎，周文王生於東夷，後來他們不都成了天下的共主嗎？大家記得嗎，漢高祖的時候，就將宗女下嫁給匈奴王，互為相約，永結兄弟，正因為此，匈奴單于的子孫就姓了劉。我作為漢皇的外甥，繼承漢廷的基業，有什麼不可以呢？」

劉淵說的這一套話，應該說是很符合漢人的倫理道德觀念的。

晏平三年（公元 308 年），劉淵又改稱皇帝，建都於平陽（今山西臨汾西南），國號仍然稱漢。他按照漢代的構架設置了官職：丞相、御史大夫、太尉、大司徒、大司空、大司馬、大司農，只有極少部分是匈奴建制。為了證明自己是承繼漢統的，追尊劉禪為孝懷皇帝，立漢高祖以下三祖五宗神主而祭之。

劉淵為何對華夏的一套官制能了如指掌呢？原來，他從小就苦學漢文化。他拜當時著名的經學家崔游為師，學習《毛詩》《易經》《尚書》，尤其愛好左氏春秋、孫吳兵法，對《史記》《漢書》以及諸子百家之書也經常綜覽。他曾對一起學習的同門說：「我每學習書傳，常鄙薄隨陸的無武，絳灌的無文。大道是要由人來弘揚的，一物之不知，乃君子的恥辱也。」劉淵除學文外，後來又學武。還曾到洛陽見過司馬昭，兩人一交談，對對方都很讚賞。司馬昭感到劉淵此人了不起，並料定其將來必能成就一番事業。

繼劉淵位的劉和，也是少習《毛詩》《左氏春秋》《易經》，漢化是比較深的。在他執掌政權的時日裏，也大致執行漢化政策。

劉淵的另一個兒子劉聰，也自幼深受儒家思想影響，他身邊的主要謀臣，也主要是漢人。劉聰掌權後大興土木，他的大臣陳元達上疏諍諫：「臣聞古之聖王，愛國如家，故皇天亦佑之如子。你兵疲於外，人怨於內，這能算是為民父母嗎？」劉聰聽了，覺得很有道理，馬上把原定的浩大工程取消了。

王與馬共天下

西晉政權被劉淵起兵摧垮後，南逃的中原人，在北方世家大族率領下擁立琅邪王（治所在今山東臨沂市東北）司馬睿為帝，在建康（今江蘇南京市）建立了東晉政權。南下的世家大族中，王導是代表人物。

司馬睿為了在江南站住腳，移鎮建業（今南京）。可是，南方的大族豪強的代表人物，一個都沒來朝賀。司馬睿有點急了，王導馬上安撫他，對他說：「主公祖上沒立過大功，又是皇室的遠支，江南士人不了解你，也在情理之中，得慢慢來！」當時正值春天，三月三日是江南的所謂「麗人節」，王導決定利用這一傳統節日來抬高一下司馬睿的身價。

王導為司馬睿特意打造了一副極其富麗堂皇的肩輿（也就是南方人所謂的轎子）。三月三日那天，正當建業城中百姓傾城而出觀看祭水典禮的時候，司馬睿的肩輿出現在城市的最繁華地段，只見司馬睿坐在肩輿中，十分端莊威嚴，而北方來的王導等大族領袖騎着高頭大馬，緊隨其後，好不威風。三吳大族的代表人物紀瞻、顧容看到這種情景，想不到司馬睿在北人頭腦中有如此地位，又驚又懼，馬上拜倒在道旁。

回到宮中，王導馬上向司馬睿獻策：「要趁熱打鐵，應該引薦這些江南名流出來做官。」司馬睿即派王導為代表，親至紀瞻和顧容府上拜訪，並邀兩人出山。兩人正在慌忙之中，一看到司馬睿誠意相邀，也就馬上答應了。

王導對江南士人表現出了極大的誠意。他曾向江東士族的頭面人物陸玩請婚，陸玩卻傲然地說：「小地方長不出大松柏，香的薰草不能與臭的蕕草放在一個容器裏，我陸玩雖然不才，但這門親事我不能答應！」此話對王導來說，是極大的侮辱，可王導卻不當一回事，依舊與陸玩友好相處，後來陸玩病了，王導還搶先去看望他呢，使陸玩感動得不知說什麼為好。

為了與江南人士拉近距離，王導主張北人要學一點吳語，他自己就帶頭學。有一次，江東名士劉惔到王導家去，時值盛夏，只見王導光着膀子，在客廳裏走來走去，口中唸唸有詞。劉惔好奇地問：「王公在做什麼啊？」王導一本正經地回答說：「正在學吳語，你來得正好，你說說，『真涼快』該怎麼說呢？」劉惔看他學得那樣的頂真，着實也被感動了，就把讀音告訴了他。後來，劉惔逢人便說王導學吳語的故事。大家聽了，也對王導執意要與江南百姓一起建國立業的心情多了一份理解。

司馬睿初到江南時，腐敗的晉王室的壞習氣難改，嗜酒成性，常常喝得酩酊大醉。王導認認真真地找他談了一次，要他以國家社稷為重。司馬睿聽了，回答道：「你讓我再喝一次吧！」王導回答道：「行！僅此一次！」喝了一杯，司馬睿把酒杯翻過來往桌上一扣說：「從此不再喝了。」王導順勢提出了勵精圖治的四條主張：一，接納士人要謙虛；二，日常開銷需節儉；三，為政要力求清靜；四，南北之士人應安撫。這四條，後來得到南北士人的一致擁戴。時日一久，人們都有了一個共識，東晉王朝的天下是司馬氏與王姓共同支撐起來的，以至於民間有「王與馬，共天下」的直白說法。

大興元年（公元 318 年）三月，西晉的最後一個皇帝被殺，南北

士人一致勸進，讓司馬睿即皇帝位，那就是晉元帝。元帝登極那天，鳴鐘擊玉，百官陪列，大典隆重。這時，司馬睿突然作出一個怪異的決定：邀請王導共升御座，王導再三推辭說：「如果太陽與大地上的萬物等同，老百姓怎能得到陽光的普照？！」這樣，司馬睿才只好作罷。

一代書聖王羲之

王羲之的父親是淮南太守，宰相王導的兄弟。在「王與馬，共天下」的大格局下，王氏一門不少人都選擇了從政，唯獨王羲之一再辭官。一次，晉穆帝要王羲之到中央任護軍將軍，這等於是中央政府的城防司令，其地位是十分崇高的，可是，王羲之不為所動，說：「我不想當護軍將軍！人各有志，此職留給他人吧！」

王羲之想幹什麼呢？他的回答是：我要學書法。

王羲之學書法，真是到了癡迷的程度。一次，書童幾次請他用飯，他只「嗯嗯」了數聲，仍然習字不停。書童只好端來一盤饅頭放在桌上，讓他抽空吃。不料過會兒書童到書房來一看，只見他右手執筆在那裏專心致志地寫字，左手則拿着饅頭，邊蘸着墨汁往嘴裏送，弄得滿嘴都是黑墨了。

晚上睡覺，王羲之也不「老實」。他常常在夢中寫字，在被子上寫，在自己的身上寫，結婚以後還在老婆的身上寫，常常弄得老婆也無法入睡。

幾年後，他對妻子說：「我想出去遊歷一下，親眼看看古人的原碑真跡，追尋書法的本源，你看怎樣？」

妻子是知書達理的，支持他說：「司馬遷走遍名山大川，寫出來的文章才有奇氣。我想書法也應該是師法自然的。你放心去吧，路上多多保重。」

王羲之渡過了長江，遊覽了北方的許多名山，到了許昌等地，見到了蔡邕的《石經》真跡，真使他愛不釋手，久久不願離去。他在泰山見到了秦代李斯所題的石刻，懂得了什麼才叫真正的古樸典雅的書法藝術。雄偉的山河，美麗的田園，大大豐富了他的生活感受，使他悟到了中國書法與中國人所處的自然和人文環境之間有着某種密不可分的聯繫，而這種聯繫又是不可言傳只可意會的一種靈感。

北遊以後，王羲之的書法大有長進。經過潛心學習，終於一變漢魏以來質樸的書風，創造出了一種優美、流暢、方便的新書體 —— 王體。王體書法將草、楷兩體有機結合起來，形成了一種別具一格的行書，開闢了一個全新的書法時期。而他每寫一字，都融入了自己的感情，後人評價他是「羲之萬字不同」，是有道理的。

王羲之把書家寫字比作是一場嚴肅的軍事活動。他說：「夫紙者，陣也。筆者，刀矟也。墨者，鍪甲也。水硯者，城池也。心意者，將軍也。本領者，副將也。結構者，謀略也。揚筆者，吉凶也。出入者，號令也。屈折者，殺戮也。」王羲之對中國文化的理解真是達到了出神入化的程度。真可謂「書聖」！

石勒讀《漢書》

在晉元帝即位的同一年，匈奴族建立的漢國的國君劉聰病死了，漢國的內部發生了動亂和分裂。漢國的原大將石勒（公元 274 — 333 年）趁勢而起，出兵佔領了平陽、洛陽，自稱趙王，定都於襄國（今河北邢台）。

石勒是上黨郡武鄉縣（今山西榆社縣）的羯族人。他原先有一個很怪異很難叫的羯族名，「石勒」是一位謀士為他起的漢姓漢名。他年輕時，老家鬧饑荒，餓死了不少人。他自己與同部落的人失散了，

曾經被迫給人當奴隸、傭人。有一次，石勒被亂兵捉住，關在囚車裏。正好囚車旁有一群野鹿跑過，亂兵都去追捕鹿群了，石勒乘機而逃。

在此以後，石勒受盡了人間苦難，最後選擇了從軍一途。在協助匈奴族劉氏父子推翻西晉的戰鬥中，石勒是立了大功的，同時也漸漸壯大了自己的勢力，在這過程中，有一大批漢族知識分子集結到了他身邊，其中有一位叫張賓的最著名。他建議石勒把有知識者組織起來，為軍事鬥爭所用。石勒聽從了他，組成了以漢族的「衣冠人物」（實際上還是知識分子）為骨幹的「君子營」。從此，石勒這支部隊成了最為多謀善戰的軍事力量，最後取匈奴族國君而代之，建立了以他為首的後趙國。

石勒原先不識字，在與「君子營」的人們的交往中，他深感學習文化的重要，便開始刻苦地學習漢文化。他最喜歡讀的一部書是《漢書》。他文化水平低，讀不了，就在行軍的閒暇時讓人讀給他聽。

有一次，當陪讀者讀到謀士酈食其勸漢高祖劉邦立六國之後時，石勒大驚説：「這個提議大錯了，要是立了六國之後，如何得天下？」陪讀者馬上告訴他：「好在另一謀士張良諫止了這一建議，劉邦沒那樣做。」這時石勒才鬆了口氣，説：「看來劉邦的得天下，全賴此一諫！」又環顧周圍的人説：「我石勒有今天，也全是因為有我的『張良』張賓啊！」石勒學漢文化算是學出了名堂。

建立起自己的國家後，石勒仿照周代的體制，在都城襄國的城西建造了明堂、辟雍、靈台，進行教學活動，並在學校中號召學生讀漢人的經典。石勒稱王的第六年，他親自到襄國的大、小學，考查學生的經義，對其中成績優異的，立即加以獎勵。後來又規定，不只大小學生要讀經，孝廉、秀才也要讀經、考經。他設立了「經學祭酒」、「律學祭酒」、「史學祭酒」、「門臣祭酒」，目的都是為了提倡學習漢文化。他特別頒發詔令，明文規定：「不得侮辱衣冠華人，以後號『胡』為國人。」這些都是為了讓漢族文化與少數民族文化得以溝通交融。

慕容氏收容「流人」

前燕的慕容氏，是鮮卑族的一支。曹魏時期，入居於遼西。魏晉之際，遷居遼東北，在其部落首領慕容廆以及他的兒子慕容皝的苦心經營下，建立了燕國（史稱前燕），發展了生產，尤其值得稱道的是收容了來自中原的所謂「流人」，為民族融合做了一件大好事。

西晉之時，中原大亂，中原地區的民眾除了向南方遷移外，不少是向遼西地區流亡，稱為「流人」。當時，流向遼西的人口有數十萬。慕容廆採取與西晉政權和睦相處的策略，遼西整體上比較平穩。但隨着大批「流人」的湧入，遼西社會的平穩局面被人為地打破了。

「是不是要關閉通道，杜絕中原漢人的湧入？」有人向慕容廆請示。

慕容廆表現得十分的大氣，他說：「不要關閉通道！漢人的湧入是利多弊少。一則可以引進他們的耕作技術，二則可以學習漢人的文化風情。沒什麼不好的，重要的是在於引導。」

在收容和引導「流人」上，慕容廆及其兒子真可謂是高手。

一是認認真真地把「流人」組織起來，讓他們有地方居住，有飯吃。當時來自冀州（今河北地區）、豫州（今河南地區）、青州（今山東地區）、并州（今山西太原一帶）的流人雜居在一起，常有矛盾，有的甚至發展為械鬥。慕容廆找到他們的頭領，要求他們按原籍歸併在一起住。這樣，就組建起了冀陽郡、成周郡、營丘郡、唐國郡。各郡推選有聲望的士人作為郡長，實行相對的自治。後來，各郡發展很順當，還相互走動和通婚呢！

二是給來歸的漢人以土地、耕牛，使他們從事農業。原先當地用官牛的二八分，用私牛的三七分，現在為了獎勵漢族流人，改為「四六開」和「五五開」。這對流離失所的漢人來說，是極大的寬容了。而對高麗、百濟的流人就沒有那樣客氣了。

遼西地盤不太大，一下來了那麼多「流人」，土地一度成了問題。

慕容氏父子就主張將原先王家及大族的苑囿全數拆除，變成農田，供流民使用。另外，大興水利，大量開墾荒地，這樣可耕土地一下多了十分之四。這些都可說是大手筆，是應該永遠記入史冊的。這樣做，當然是大得民心的，慕容氏也乘勢把燕的疆域拓展到了中原一帶。

苻堅與王猛

慕容氏最強大時，佔領了中原的東半部，差不多同時，氐族的首領苻洪起兵，以長安為中心，建立起了秦國政權，史稱前秦。中國歷史上著名的苻堅，就是他的孫子。

苻堅自幼聰明好學，深得祖父的喜愛。苻堅 8 歲時，主動要求讀書，苻洪高興地說：「我們氐族人世代只知飲酒和射箭，你卻知道讀書，好啊！」為此，祖父專門為他聘了一位漢族的家庭教師，讓他學習漢族文化。到十四五歲的時候，苻堅已經以「博學多才」著稱了。公元 357 年，苻堅 19 歲的時候，當上了秦國的國君，只八九年的工夫，便統一了北方，這同苻堅與漢人王猛的合作是分不開的。

王猛是北海劇縣（今山東壽光縣）人。他出身貧寒，小時候曾經當過小商販，長大以後，以博學而擅長兵法著稱，一班庸俗的貴族輕浮弟子瞧不起他，他也不願與這些人為伍。苻堅急於要物色人才，有人就把王猛推薦給了他。兩人一見面，談及國家大事，馬上一拍即合，苻堅大喜道：「我遇見你，就像劉玄德遇見了諸葛孔明一樣。」可見當時「三國」故事已深入人心了。

氐族的上層貴族苻堅與漢族寒士王猛的密切配合，使兩種不同文化中的精華部分得以相融相會。

在氐族發家的始平縣，氐族貴族豪強飛揚跋扈，從上到下形成了一股強大的社會惡勢力，危害極大。他們大多是隨苻洪起事的人，自

恃有功，無法無天。苻堅派王猛去那裏當縣令，到任第一天就殺掉一名作惡多端的王親。苻氏官僚層大嘩，反而強行將王猛押解回京。苻堅問是怎麼回事，王猛回答：「陛下不嫌棄我，派我去治理混亂的始平縣，如今我只殺了一人，該殺的還多得很呢！」接着歷數此人的罪狀。眾人先是氣勢洶洶，看王猛搬出一大堆那人的作惡事實，都不敢說什麼了。苻堅見大家都不作聲了，便說：「王景略（王猛字）是管仲、子產式的人物，我支持他！」

王猛日益受到苻堅的信任，朝中的宗戚勳舊妒火中燒。樊世是個當年立有大功的人，他對王猛恨之入骨，當面衝着王猛說：「我一定要把你的腦袋掛到長安城的城門上去，不然，我誓不為人！」王猛將此事告訴了苻堅，苻堅非常生氣，說：「必須殺了這個老氏，文武百官才會有規矩！」正在這時，樊世來到殿前，他根本不把苻堅放在眼裏，聽到王猛在告發他，拉住王猛就打，苻堅忍無可忍，就將樊世推出去給斬了。從此，公卿以下的官員沒有一個不怕王猛的了。

不久，王猛領京兆尹。京兆是氏族貴族聚居之處，社會惡勢力也非常集中。強德是苻堅兄長的妻弟，他經常酗酒滋事，在光天化日之下也強搶民女，強奪民財，老百姓恨之入骨。王猛一上任就將他逮了。強太后出來說情，苻堅也只好下詔赦免，可等使者趕到，強德早已陳屍街頭了。王猛接着殺了百多個豪強，如此一來，京城太平了，天子的威信也樹立起來了。苻堅感喟：「現在我才知道法的重要，才知道天子的尊嚴！」王猛36歲那年，一年中五次升遷。

在王猛的倡言下，苻堅十分重視文化建設。他廣置學官，教授公卿以下官吏的子孫。他親臨太學主持考試，評定學生優劣。他經常提一些《五經》中的問題考問博士。他說：「朕一月三次到太學親行賞罰，這樣做，也許孔學不至於失傳，漢代的盛世可以再現吧！」

建元十一年（公元357年），正當盛年的王猛一病不起。在臨終前，他一再對苻堅說，不要對江南用兵，還是和為好！王猛之死，使苻堅悲痛萬分。他們君臣的合作，是民族合作治國的典範。

夷狄應和

　　在魏晉南北朝時期，不只漢族與各少數民族之間在接觸中達到了互融互解，就是各少數民族之間也表現出某種和解精神。在鮮卑族和氐族的恩怨歷程中，在兩族的此消彼長中，有遠見的政治家身上也會時時透出那種可貴的民族和解精神。

　　公元 4 世紀中葉，北方鮮卑人建立的燕國和氐人建立的秦國，曾經並峙過一段時期。一度是燕大秦小、燕強秦弱，但終究因秦政治修明、經濟發展、社會安定，最終戰勝並消滅了政治腐敗、經濟衰落、社會窮困的燕。

　　苻堅滅燕後，有人曾建言殺掉燕帝及其王公大臣，苻堅的回答卻是：「現在天下正處於多事之秋，仇殺總不是好事。我在想：老百姓應得到安撫，夷人與狄人之間的芥蒂宜解不宜結。天下原本是一家，燕國的君臣已投降了，又何必斬盡殺絕呢？」[④]

　　苻堅的說法和做法，表現了一個大政治家的豁達氣度和胸懷，也表現了他的學識和政治遠見。人家目前處在危難中，並不斷定他日後一直處於這種境地！

　　苻堅沒有殺掉燕帝，也沒有殺掉燕國的王公大臣。他仍讓他們當官，仍讓他們享受一定的榮華富貴。

　　前燕降於前秦是建熙十一年（公元 370 年）。13 年後，苻堅發動了中國歷史上有名的淝水大戰，結果大敗。他所率的號稱足以「投鞭斷水」的百萬雄師，逃回洛陽時只有殘軍十萬，其中最精銳的三萬人馬是鮮卑人慕容垂所率領（當年如果苻堅將其斬盡殺絕，也就不會有這個慕容垂將軍了），而真正屬於苻堅自己統領的只有一千餘騎。不得已，苻堅只得投奔慕容垂。原燕國的王公大臣中的一些人，這下可得意了，紛紛要求恢復燕國，最起勁的是慕容垂的兒子和弟弟，要求把13 年前將燕國滅掉的苻堅殺了。可慕容垂卻堅持說不可，他說：

「當年慕容氏內部鬥爭時，我連置身之地都沒有，逃到秦國，苻堅收留了我，而且以國士之禮待我。這樣的恩惠，如何能忘？再說，燕被滅後，如果苻堅把燕國皇親國戚都殺了，哪裏還有今天的我，殺苻堅是不義的，不可為！」

對這段歷史，說法種種，評述不一，但苻堅和慕容垂所奉行的「夷狄應和」的觀念，無論如何是正確的。

儒、法、佛並舉的姚興

羌族和氐族是關隴地區的兩個較大的民族。公元 4 世紀中葉，氐族在苻氏的帶領下趁勢而起，建立了強大的前秦政權。在相當長的一段時間裏，姚氏的羌族依順於苻氏氐族。當時的姚興曾經當過苻堅的太子舍人，相當於皇太子的家庭教師，講的是儒學，可見他的儒學根底是很深的。太元九年（公元 384 年），姚興的父親脫離氐族苻氏，自稱「萬年秦王」（其政權史稱後秦）。之後的 10 餘年間，姚興父征戰在外，姚興以皇太子身份鎮守長安，與漢族的儒家學者建立了融洽的關係，並深受他們的影響。父親病故後，姚興就成了後秦政權的一代君主。

姚興實施的是頗具創意的儒、法、佛並舉的治國方略。姚興一登台，就大興「講論經籍」之風。各地的碩儒名士，皆應命而至長安。一時間到長安學習儒學的人有萬人以上。姚興自己作為一個儒學的飽學之士，與學者們一起閱讀經典，一起探討經典的奧義。遇到自己弄不明白的，就向學者們請教。他的虛心好學，推動了儒學的發展。

洛陽城中的碩儒胡辨，是個遠近聞名的大學者，單弟子門生就有千餘人，關中不少學者慕名前去求學。從關中到洛陽，中間有不少關卡，都在姚興的管轄範圍之內，有人提議將那些青年儒生截住，不讓他們去洛陽。姚興不同意，他發佈命令：「對來往的儒生，一律都應放

行，關卡不得刁難。誰要刁難，定予處置。」這樣一來，長安儒生的集結勢頭不僅沒有被減弱，反而更盛。

中國傳統文化是強調「以農為本」的，而羌族文化是遊牧文化。入居關中又學習了中國傳統文化後，姚興也十分重視興農。他的部隊解甲歸鄉後，他就鼓勵部下致力於耕作，並給予適當的獎勵。以前因窮困而淪為奴婢的，一律予以解放，並給予土地。對租稅也大為減輕。這樣，後秦時期的經濟有了很大的發展。除了發展生產外，姚興還強調厲行節約，禁止過多的宗教祭祀，禁止辦事鋪張，禁止厚葬。他自己的馬車也從不用金銀飾物。

姚興對法家理論深有研究。他在長安設立了律學。調集各地郡縣的官吏來京學習。讓他們學成後，再回原郡縣。有些疑案，他甚至親自過問。在守法上，他也頗能作出榜樣。當時的城門校尉王滿聰對姚興的出遊晚歸很不滿意。一次，姚興夜半而歸，王滿聰以天黑不能辨奸良為由，拒開城門，迫不得已，姚興只得從旁門而入。第二天，大家以為王滿聰一定要大難臨頭了，想不到姚興反而表彰了王滿聰的忠於職守，還特意提升了他的官職。這樣一來，還有誰敢違法亂紀？

姚興也頗能吸收異域文化。鳩摩羅什是天竺著名的佛學家，初學小乘，後改學大乘，精研《十二門論》等經典。隆安五年（公元 401 年）姚興攻破後涼，迎接已經 58 歲的鳩摩羅什到長安，不久，又在長安開闢「逍遙國」，作為他的譯經場。他的弟子、助手、門徒有三千人之眾。鳩摩羅什精通漢語，發覺原先的漢譯文與原意相差甚大，就在姚興幫助下重譯佛經，姚興也親自參與譯經。經鳩摩羅什譯出的經卷共有 98 部，425 卷，在中國佛學史上這是件大事。大乘學說的主要經典由他譯出，小乘佛學的不少經典也出於其手。他不只促成了佛學在中國的發展，而且奠定了中國翻譯文學的基礎。

在姚興的倡導下，舉國上下都信佛，一時寺院佛塔林立，僅長安一地僧人就有 5000 多人，各地事佛者達到「十室而九」的地步，這似乎又顯得過頭了。

寒族皇帝劉裕

在戰亂中，北方的局勢在變，總體是在進步。南方的局勢也在變，總體也是在進步。進步的一個方面是掌權者由世家大族走向庶族寒門。

東晉時期，門閥大族發展到了頂峰，他們既掌政權又掌兵權。渡江以後權力最大的是王家，王導掌握朝中大權，王敦領兵屯駐荊州，居戰略要地。王氏之後，有庾氏，庾亮在朝廷任宰輔，庾翼、庾冰領兵。庾氏之後是桓氏，桓溫領兵，桓家子弟都領兵。桓氏之後是謝氏謝安掌政，謝玄、謝石領兵。這是世家大族的末世了。

末世的世家大族輕視世俗事務，脫離實際，逐步喪失了處理政務的能力。《世說新語》記述了在桓府中任騎兵參軍的王子猷的一副愚蠢醜陋相——

桓氏問王子猷：「你在哪個官署幹活啊？」

王回答道：「不知哪個官署，只看到常有人牽着馬匹來，好像是馬曹。」

又問他：「有多少馬？」

王不倫不類地用孔子的話答道：「『不問馬』，因此不知馬多少。」

又問他：「馬死去多少？」

王又用孔子的話胡亂回答道：「『不知生，焉知死』！」

這也許是演義小說，但多少反映了當時大族末世的狀況。如此愚蠢之人，又怎能治國平天下？

在這種情況下，庶族寒門乘勢而起，劉裕就是一個傑出的代表。

劉裕（公元 363—422 年）的小名叫寄奴，先祖居於彭城（今江蘇徐州），後遷居京口（今江蘇鎮江）。劉裕幼年家境十分貧困。他年輕時，幹的是誰都看不起的力氣活，有時還出門做點小買賣，賺錢養家糊口。當時，京口有一家刁姓大族，有錢有勢，魚肉鄉里，人稱「京

口之蠹」。一次，劉裕與刁家人賭博，結果輸了，又還不起賭債，竟被縛在馬椿上，受盡了恥辱。從此，劉裕恨死了世家大族。

成年後，劉裕一登台就氣度非凡。在戰場上，他一馬當先。在一次戰鬥中，他率領的百名敢死隊，脫去甲冑，手執武器，鼓噪着直衝敵陣，使上萬敵軍為之喪膽。在平定桓玄之亂中，他雖然已是主帥，但還是親率大軍衝鋒陷陣，這是多少年沒看到的景象。後來的北伐南燕，進軍長安，直至稱帝建宋，都表現出一種人們久違了的英雄主義氣概。

劉裕稱帝後，仍然保持着細民作派。他衣着簡樸，常常穿着短打衣衫外出，拖着連齒的木拖鞋，大搖大擺地走在大街上，帶的隨從也很少。他睡的床，帳子是土布做成的，牆頭掛着布做的燈籠，以及麻繩做的拂塵掃把。他的兒子也説老子像個窮酸透頂的「田舍公」。

有一次，寧州地方官吏獻上一個「虎魄枕」，説是睡了可以壯虎膽、健虎魄，又能治病強身，且十分精緻美觀。可是劉裕聽説琥珀可以治刀箭創傷，他不願自己獨自享用，馬上命令左右把它搗碎，分給下屬的將士們。

劉裕平定關中時，得姚興的侍女，十分漂亮，也十分善解人意，劉裕對她分外寵愛，如此一來，連政事也有點荒廢了。一個大臣當着眾大臣的面諫道：「皇上志在經國治世，怎能為一女子所誤！」劉裕聽後，沉思片刻，説道：「卿言極是。」下朝後，馬上讓人把那女子給趕走了。

親授經籍的蕭衍

梁武帝蕭衍（公元 464—549 年）實在是南北朝時期的一個奇人，他的親授經籍和親為僧人，可説是中國帝王史上的一大奇觀。

蕭衍相傳是漢相蕭何的後裔，父親是南齊開國皇帝蕭道成的族弟。蕭衍年輕時便作衛將軍王儉的東閣祭酒（顧問），王儉對人誇讚道：「蕭郎三十歲之內就能當上宰相！」

蕭衍自幼好學，文武之道兼而習之，有文武之才。在與北魏的戰鬥中，他屢建奇功。蕭衍後被委任為司州刺史，在任期間，威望日高。曾有人贈馬給他，蕭衍堅決不肯收。贈馬人遂偷偷地將馬拴在蕭衍房前的柱子上，也不留名姓。第二天，蕭衍見到馬後，就寫了一封措詞十分懇切的信，拴在馬頭上，叫人把此馬趕出城外，希望其主人認領。不料，不久又被人送回蕭府。如此三番五次，才最後把馬退還。

蕭衍稱帝建梁後，長期保持着勤儉精神。他上台伊始，除了將宮女兩千賜與將士外，又下詔將凡屬於後宮、樂府等處的婦女全部放遣民間，並禁絕一切禮樂浮華費用。他提倡節約，經常只穿布衣，吃的也常常是素食。他詔令在公車府設立木、石函各一，想對在位者所未注意的政事有所議論者，可投謗木函；如果有誰因功勞、才能、冤屈未為人所知，可投石函。對此他自己常常親自過問，解決了許多官民的切身問題。他勤於政務，在冬天也四更天起身，點起蠟燭批閱文件。他還自己起草文件，至今留存的由他親自起草的文稿就有 120 卷之多。

蕭衍即帝位後，就大興儒學，制禮作樂。天監元年（公元 502 年），蕭衍自製了四種弦樂器，名之為「通」。後來，他又自製十二笛，輔以鐘器，厘正雅樂。天監四年（公元 505 年），始設五館講授儒學，並分遣博士祭酒到各州郡立學。他是個經學上的通人，憑藉其才學，他經常親自講授國學，策試生員。天監十一年（公元 512 年）製成五禮，共 1000 餘卷、8019 條，頒佈施行。他博通儒玄，當了皇帝以後，日理萬機，仍學而不輟，常常在燭光下通宵達旦，手不釋卷。他著有《制旨孝經義》《周易講疏》《樂社義》《毛詩答問》《春秋答問》《尚書大義》《中庸講疏》《孔子正言》《老子講疏》等，凡 200 餘卷，在中

國歷代帝王中無疑首屈一指。更為難能可貴的是，他還具有高貴的學術民主精神，朝臣對他的釋義凡有不同意的，都可以奉表質疑問難，他十分樂於答問。

蕭衍信佛，提出了「三教同源說」，認為孔子、老子實際上是佛的學生。佛教是太陽，儒、道是眾星，三教之中，佛教最高。他以苦行僧自居，每晚都去佛寺禮拜。普通七年（公元 526 年），63 歲高齡的他，突然表示要出家當和尚，在寺殿待了 4 天才回宮。過了兩年，他再次捨身，群臣出錢 1 億才將他贖回。72 歲高齡時，他又一次捨身同泰寺，群臣出錢 2 億才將他贖回。73 歲那年，第四次捨身，在寺中待了 37 天，群臣又花了 1 億贖回。蕭衍信佛，直接影響了對國家的治理。在蕭衍的親自倡導下，江南一度處處是佛寺，信奉佛教的人多達全體民眾的一半以上。舉國崇佛，花費的錢財比日常的財政開支還要大得多。他幾次捨身的「同泰寺」，後來被一把大火燒掉。梁武帝蕭衍花巨資重造 12 層高塔，歷時數年，用人 10 萬，這樣，國家的財力、人力、物力在佛事中大量消耗掉了。

范縝著《神滅論》

正當佛教之風大盛時，南朝的著名唯物主義思想家范縝站了出來，以鮮明的立場，宣傳無神論思想。

范縝出身於士族家庭，但到他這代時，家道已經中落。他一生下來就失去了父親，母子兩人相依為命。他孝順母親，刻苦勤學。10 多歲時，就被名儒劉瓛收為弟子，並受到十分的鍾愛。劉瓛的門生多為「車馬貴遊」的權勢子弟，而范縝在求學的數年中，一直穿着布衣草鞋，上下學都是步行，從未自卑自愧。他刻苦學習，研究儒、道、佛各家經典，據說，由於他過於努力，29 歲時已是滿頭白髮，有他當時

寫的《白髮詠》一詩為證。

由於范縝以文才名世，在南朝的宋、齊、梁三代，他經常是王公貴戚的座上客。齊朝的宰相蕭子良，有聚會名士的雅好，因此范縝也常在被邀之列。永明七年（公元 489 年），39 歲的范縝又一次被邀到蕭府，這次實際上是佛門信徒的一次大聚會。在席間，蕭子良大談人的生前身後，他說道：「人的靈魂是不滅的，人死後，靈魂就轉移到他的後代或其他人身上去了。」

范縝聽了蕭子良反反覆覆說那一套，就衝口而出道：「你所說的人的靈魂，其實是不存在的，人死如燈滅。」

在座的佛門信徒譁然了。

有的說：「人死了沒靈魂，那人活着還有什麼意思？」

有的說：「你說靈魂不存在，那你的祖宗還存在不存在？」

范縝鎮靜自若地回答：「人活着就是要追求現世的幸福，至於死後，就如燈滅了一樣，就什麼都不存在了。不只是我的祖宗的所謂靈魂不存在，就是在座諸位祖宗的靈魂也是不存在的。」

這時，蕭子良再也忍不住了，大聲斥責范縝是「不忠不孝」，是「辱沒祖宗」，還說：「靈魂不滅、因果報應，是人們的通識，你范縝是中了邪了。你敢說因果報應也是虛無的嗎？」

范縝霍然而起，說：「我當然敢說，因果報應原本就是騙人的把戲！」

一個僧人指着范縝的臉說道：「你不信因果報應，那你說說為何世間有富貴貧賤？」

范縝略一思索道：「人生如同樹上的花，它們同時開放，但境遇不同。當這些花隨風飄落時，有的落在廳堂裏，有的落在糞坑裏。你殿下就像落在廳堂裏的花，有幸成了富者貴者，而我猶如落在糞坑中的花，成了貧者賤者。」這一番妙喻，使蕭子良無言以對。

這場靈魂和因果有無的大爭論，使范縝覺得有必要將自己的無神論觀點寫出來，此後，他就埋頭於《神滅論》的寫作。

《神滅論》問世後，影響巨大。梁武帝先是勸說，范縝不聽。於是梁武帝嚴厲地處置了他，將他流放到了當時還十分荒涼的廣州。公元504年，梁武帝下詔：「大經中說道，有九十六種，唯佛一道，是為正道，其餘九十五種，名為邪道。公卿百官侯王宗室，宜反偽就真，捨邪入正。」這實際上是宣佈佛教為「國教」。一時，朝野人士，無敢言佛外事。這時，55歲的范縝，在流放中將《神滅論》又一次充實完善，修訂定稿，廣為傳播，向佛教發起了又一次挑戰。

祖沖之精求圓周率

祖沖之是中國南北朝時期最著名的科學家。他在多方面都有傑出的成就，尤其對數學可謂是情有獨鍾，史書上說他是「專攻數術，搜煉古今」，其中最突出的貢獻是在圓周率的計算上所取得的成就。

說祖沖之是「搜煉古今」，那倒是實在的。他把前人的數學成就加以總結，並大大推進了一步。中國古代最初採用的圓周率是「周三徑一」，也就是周長為直徑的三倍。隨着生產和科學的發展，「周三徑一」越來越顯得不夠精確了。公元1世紀，新莽王朝時的圓周率是3.1547，公元2世紀初，東漢的張衡計數為3.1466。三國時天文學家王蕃的說法是3.1556。這些比起「周三徑一」來都是個進步，在當時的世界上也是處於領先地位的。

「這些都還不夠，得想辦法突破。」從小對數學產生濃厚興趣的祖沖之暗暗下了決心。他出生在科技世家之中，他的祖父擔任過朝廷的大匠卿一職，是專門管理建築工程的官員。後來他的父親也承襲了這一職位。青少年時代他常由祖父和父親帶着出入於各種設計場所和建築工地。到20多歲時，他被推薦到了高級學術研究機關「華林學省」工作，這樣，研究圓周率的條件就更好了。

在整理前人資料的過程中，他讀到了魏晉之際的大數學家劉徽《九章算術注》，裏面講到了用「割圓術」求得圓周率可得 3.1416。

「割圓術」？祖沖之的思路一下被打開了。「割圓」，不就是一次次地對圓用直線去切割嗎？

祖沖之是個聰明人，他的思想一下開了竅。「周三徑一」，實際上就是將一個圓「割」成一個正六邊形（六個半徑就是三個直徑，即「周三徑一」中的「三」）。那麼，如果用 12 邊形、24 邊形……去「割」，不是更精細了嗎？

祖沖之決心用這個「笨」辦法去不斷地「割」。6 邊形、12 邊形、24 邊形、48 邊形、96 邊形、192 邊形、384 邊形……

窮年累月，算下去，算下去！經過數千次的切割，祖沖之一直計算到上萬邊形。最後，他得出了這樣的結論：

圓周率在 3.1415926 與 3.1415927 之間。

整整花了 10 年的心血，才得出這樣一個看上去似乎並不複雜然而卻是了不起的結論，這意味着中國古代的一位科學家登上了當時數學天地的巔峰。西方的數學家登上同樣的巔峰，得要在 1000 年後。15世紀的中亞數學家阿爾·卡西（AL－Kashi）和 16 世紀法國數學家韋達（F.Veta）才能真正望其項背。無疑，這是中華民族的光榮，中國人的光榮！

魏孝文帝的改革

公元 420 年，南方的劉裕代晉建宋，南北對峙的局面由是開始。在北方，鮮卑族的拓跋氏漸漸強大起來，建立了北魏，到拓跋燾時，基本上統一了北方。傳到第六代，出了一個具有雄才大略的卓越人物，他就是魏孝文帝拓跋宏。

魏孝文帝決心實施改革，而改革的第一步就是遷都洛陽。

北魏長期都於平城（今山西大同一帶），這裏偏北地寒，六月飛雪，風沙常起，當時有人作《悲平城》詩，詩中寫道：「悲平城，驅馬入雲中。陰山長晦雪，荒松無罷風。」惡劣的氣候條件，難以適應經濟的發展；偏北的地理位置，更不利於北魏對整個中原地區的控制。魏孝文帝決心遷都。

為保證遷都的順利進行，魏孝文帝作了周密的安排：先召集百官，宣稱要大舉征伐南方的齊國，這樣，在南伐過程中造成遷都的既成事實。在朝會上，讓掌管宗廟祭祀的官吏占卜，卜得的是「革卦」，魏孝文帝馬上解釋道：「『革卦』講的是『湯、武革命，應乎天而順乎人』，沒有什麼卦比它更吉利的了！」群臣見狀，不敢多言，就是有少數頑固派出來反對，也成不了什麼氣候。

公元 493 年 6 月，孝文帝帶領三十萬人馬，離開平城南進。大軍行至洛陽，連日淫雨不止，但孝文帝仍堅持進軍南向。這時，尚書李沖等出來反對，説：「當今的南征是人們都不願的，只有陛下在一意孤行，我作為臣下，願請陛下停止錯誤的南下行為。」魏孝文帝聽了，大怒道：「我現在剛剛開始經營天下大計，你們卻出來阻撓。如果你再説泄氣話我就不客氣了。」這時，皇室的一些人也都跪地痛哭，苦苦哀求。魏孝文帝見狀鬆口道：「如不南伐，就須在此洛陽建都！」並立即宣佈：欲遷者左，不欲者右！群臣害怕南征吃苦，只得答應了下來。

遷都成功後，魏孝文帝就着手進行全面的改革，其核心是漢化，是文化上的變革。太和二十年（公元 496 年），孝文帝下詔改姓，改鮮卑姓為漢姓。這可是一件頭等的大事。「姓」是家族繁衍的印記，將鮮卑姓改為漢姓，是在明白無誤地告訴人們：鮮卑和漢本來就是一家親。

改姓先從改魏的皇族姓做起。公元 496 年，孝文帝在改姓詔中，明確改「拓跋」姓為「元」姓。他是這樣解釋的：「中國北方的人們，歷來以『土』為『拓』，以『后』為『跋』，因此，『拓跋』實即『土后』。

魏國的祖先不是別人，而是黃帝，以土德王，因此稱為『拓跋氏』。土地是黃色的，它是萬物的最基本元素，拓跋氏應當改為元姓。」⑤這樣的改姓，可以說既入情入理，又煞費苦心。拓跋氏的人們一聽是這樣，也都心服了。後來，以此為例，改乙旃氏為叔孫氏，改丘穆氏為穆氏，改獨孤氏為劉氏，改素和氏為和氏。這在中國的民族發展史上應該說是一件大事。

公元 495 年，孝文帝一回洛陽，不顧鞍馬勞頓，馬上召集群臣議禁絕胡語問題。

孝文帝問群臣：「你們想使魏朝與殷、周比美嗎？」

群臣回答：「當然想。」

又問：「要想超越前代的聖朝，是因循守舊好呢，還是變易風俗好？」

群臣回答：「當然是變易風俗好。」

又問：「這樣做，僅僅是為了自身呢，還是為了子孫後代？」

群臣回答：「當然是為了子孫後代。」

孝文帝說：「好，既然大家這樣認為，我就要定出規矩，禁絕胡語，學習漢語。」

緊接着就頒發命令：以後一律運用漢語交談。30 歲以上的可以慢慢來，30 歲以下的得馬上改用漢語。凡朝廷中人，一律不得使用胡語。誰明知故犯，必嚴懲！

改了姓，禁了胡語，孝文帝又下令禁穿胡服，改穿漢服。孝文帝對禁穿胡服是下了很大的決心的。公元 499 年，孝文帝從作戰的前線回到洛陽，他坐在車中，留意着路上行人的服飾，見仍有不少人穿着鮮卑服在街上大搖大擺地走，心裏很不高興。第二天，他對群臣說：「朕昨天入城的時候，看到不少人仍然穿着胡服，尤其是婦女，對這種現象，當尚書的為什麼不察舉？」尚書馬上出隊，誠惶誠恐又答非所問地說：「現在穿胡服上街的是極少數，大部分人是守規矩的。」孝文帝立即予以駁斥：「這話說得太奇怪了，你難道還想讓滿城人都穿胡服

嗎？」為此，孝文帝重新任命了尚書管理此事，明令：「以後誰膽敢再違令穿胡服，必嚴懲不貸！」

後來，孝文帝又規定：凡遷到洛陽的鮮卑人，死後要葬在河南，不得還葬平城。這樣，從代郡遷到洛陽的鮮卑人，全都成了河南郡洛陽縣人了，連祖籍也改了。他們開始過上了定居的農業生活。孝文帝還提倡學習漢代的文化典籍，他自己也身體力行，在漢學上是個很有修養的人。⑥

宇文泰創立府兵制

東晉滅亡後，南北長期對峙。在祖國的北方，先是鮮卑族的拓跋氏建立了北魏政權，這個政權維持了百年後，到公元 534 年，正式分裂成東魏、西魏兩個國家，東西魏的軍政大權分別掌握在高歡和宇文泰手中。

宇文泰（公元 507—556 年），代郡武川鎮（今內蒙古武川西）人。他的家世有點特別。他的先世是匈奴族宇文部的一位首領，後來，匈奴從東漢末起漸次衰落，宇文部就加入了鮮卑的一個部落聯盟，歷時 300 來年，已經完全鮮卑化了。魏本身是鮮卑族建立的政權，對宇文氏來說是有利的，北魏初年的漢化措施，宇文氏也是參與實施的。這樣看來，在宇文氏身上，兼有漢族、匈奴族、鮮卑族三者的血脈優勢。

東西魏一建立，兩國間的戰爭持續了 10 多年，投入兵力之多，持續時間之長，戰鬥之慘烈，都是歷史上不多見的。在這場戰爭中，東魏佔有的關東地區，地盤大，人口多，歷來是中國經濟較發達地區；而西魏佔有的關隴地區，人口少，經濟不發達，一直處於弱勢。為了尋找生路和出路，宇文泰決心走改革之路。宇文泰採納了漢人士大夫

蘇綽的建議，以「愛民如慈父，訓民如嚴師」的治國思想，實行了一系列的改革，建立府兵制就是極為高明的一招。

初創時的府兵制，脫胎於鮮卑中期部落的一種兵制。按這種兵制，氏族部落的每一個成年人都是戰鬥員，統一在部落首領的率領下。既是同一部落的，那麼他們之間就有着血親的關係。宇文泰建立的府兵制就是強化了這一點。府兵制的情況大致是這樣的：

把府兵看成是一個特殊的集團，它不再由所屬的郡縣管轄，而是直屬於被稱為柱國大將軍的宇文泰統率，下設 8 個柱國，相當於部落首領。其下所統的軍隊，一律改從柱國的姓，為的是說明他們之間是同一血統的。

府兵內部的關係猶如同姓兄弟，內部團結好、組織好，大家的目標不僅是為了個人，還是為了柱國統領下的府兵的整體。這樣，部隊戰鬥力就強，常常能以寡克眾。

南北朝時期，兵的身份一般都很低，他們是沒有人身自由的依附民。而現在的情況大為不同了。這些府兵的身份是部落成員，是自由人。他們年輕時當兵，年歲稍大後，政府保證他們的仕途通達，也保證他們有田種，衣食無憂。這樣的士兵戰鬥力當然是強的。

府兵制淡化了兵將關係。士兵的最高統帥是皇帝（實際上是宇文泰），有戰事，命將出征，戰罷「兵士歸府將歸朝」，這樣在很大程度上解決了一些人擁兵自重的弊端，保障了中央對軍隊的充分控制權。

府兵制使西魏由弱而變強，最後擊敗了東魏，為統一北方打下了基礎。這種制度後來被大部分統治者採用，一直維繫了 200 多年。

北周武帝滅佛

西魏的宇文泰行改革，建府兵，拓疆域，可惜他 50 歲時在征戰中

染病而亡。公元 557 年執掌朝政的宇文泰侄宇文護立宇文覺為帝，建立北周政權。560 年宇文泰的第四個兒子宇文邕（公元 543—578 年）接過其父的政權接力棒，這就是中國歷史上有名的北周武帝。

南北朝時，佛教在中國興盛起來。北朝佛教的勢力更大，北魏末年有佛寺 3 萬餘所，僧尼達 200 萬以上。北齊佛風更灼，境內佛寺 4 萬多所，僧眾 200 萬。僧侶不僅干涉政治，也干涉經濟生活，寺院經濟日益發展，寺院佔有大量土地、佛圖戶、寺戶。寺院不僅享有免除賦役的特權，內部還形成了等級森嚴的教階體系和教律，僧尼除殺人要受國家懲處外，其餘一切都由寺院自行了斷。這不只嚴重影響了國家財政，還攪亂了政令法令。宇文泰和宇文護都信佛，在父兄的影響下，最初周武帝也信佛。但是，面對嚴重的兵源和財源不足，加上當時處於周、齊、陳三國鼎立的非常時期，最後周武帝在大臣們的力促下，斷然決定實施滅佛。他向公眾宣告：「滅佛事大，不滅佛不足以興國安民！」

公元 567 年，有一個叫衛元嵩的佛教徒，給周武帝上書。他在信中寫道：「在唐堯、虞舜那個時代，不搞什麼佛教，不建什麼寺廟，大家好好生產，國家是安定的；而到了當代的齊、梁，到處都建有寺廟佛舍，結果鬧到國亡家破的田地。看來我們需要的是佛心而不是佛寺佛廟。大建佛寺佛廟，是勞民傷財的事，還是取消為好。」身為佛教徒而提倡滅佛的衛元嵩雖然是另有所圖，但這一建議卻正合周武帝的心意。周武帝將這封信公之於眾，告訴大家，連佛教徒本身也認為信佛是一個騙局，那滅佛還有什麼可以非議的？

周武帝很懂得輿論的重要性。他先後召開了幾次大會，召集百官、道、僧聚集一堂，討論是否應該滅佛。儘管周武帝滅佛之意已經十分明顯，但討論了四次，在「是否要滅佛」上仍無結果。那是因為當時佛教已經相當深入人心，一時難以扭轉，而且當時朝政還是掌握在擁兵自重的宇文護手中，他可是個虔誠的佛教徒，滅佛之事，阻力首先來自他。

公元 572 年，周武帝誅殺宇文護，把軍政大權收到自己的手中。第二年的十二月，又召開道士、百官、僧人大會，先不談滅佛，要大家排定三教位次。討論結果是：儒為首，道為次，佛為末。有了這一結論，周武帝就伺機大刀闊斧地進行滅佛了。

公元 574 年，周武帝下令滅佛。沒收寺院的一切財產，收歸國有；佛家佔有的大量土地，分給農民耕種；焚燒佛教經典，禁止宣傳佛教教義；僧尼一律還俗，以生產為務。在以後的四年中，有 300 萬僧徒還俗，一切佛塔都被鏟平，不少的寺廟，都賜給了王公大臣作為宅第；那些佛像也被砸碎用來製作錢幣。這些措施，當時就受到稱道，有一位名士說：「武帝此舉是有遠見卓識的，它是強國富民的上上之策。」

可是，佛教勢力對周武帝的威脅並沒有完全解除，他們隨時準備伺機反撲。當時有位叫慧遠的僧人求見武帝，說：「今陛下恃帝王的權力滅佛，可是，佛家的阿鼻地獄是不分貴賤的，你死後不怕下地獄去受苦嗎？」

周武帝鎮靜地笑笑，回答道：「只要百姓能得到歡樂，我是不怕下地獄之苦的！」[6]

周武帝下決心滅佛，雖受後人的唾罵，但在當時條件下具有相當的積極意義，它在經濟上和政治上為以北周為基礎統一全國準備了條件。

◆ 註釋：

① 《世說新語・汰侈》：「王愷宴客，命女伎吹笛。吹笛人有小忘，君夫（王愷字）聞，使黃門階下打殺之，顏色不變。」「石崇每要客燕集，常令美人行酒，客飲酒不盡者，使黃門交斬美人。」

② 辟雍，本為西周時的大學，校址圓形，圍以水池，前門外有便橋，後來歷代都有辟雍，以為高等學府和最高統治者舉行禮儀活動的地方。漢班固《白虎通·辟雍》：「天子立辟雍何？所以行禮樂宣德化也。辟者，璧也，象璧圓，又以法天，於雍水側，象教化流行也。」

③ 《晉書·阮籍傳》說：「魏晉之際，天下多故，名士少有全者。」

④ 《晉書·苻堅載記》：（苻堅回答苻融道）「今四海事曠，兆庶未寧，黎元應撫，夷狄應和，方將混六合以一家，同有形於赤子，汝其息之，勿懷耿介。」

⑤ 魏孝文帝在太和二十年（公元 496 年）發佈的改姓詔書中宣稱：「北人謂土為拓，后為跋。魏之先出於黃帝，以土德王，故為拓跋氏。夫土者，黃中之色，萬物之元也。宜改姓元氏。」（《資治通鑒》卷一四〇）

⑥ 僧人慧遠道：「陛下今恃王力自在，破滅三寶，是邪見入。阿鼻地獄不簡貴賤，陛下何得不怖？」帝對曰：「但令百姓得樂，朕亦不辭地獄之苦！」（《廣弘明集》卷十《敘釋慧遠抗周武帝廢佛教事》）

下冊

中華一萬年

隋唐
——中華民國

> > > > >

郭志坤
陳雪良

著

中華書局

下冊目錄

第二十九卷　兩宋格局

第三十卷　百年蒙元

第三十一卷　專制皇權

第三十二卷　帝國末路

第三十三卷　振興中華

第二十七卷

短暫隋代

　　歷史常常會有驚人的相似之處。秦漢和隋唐，是中國古代文明發展史上極為重要的歷史時期。秦朝建立前，有長達 250 多年的戰國時期，秦的建立最終結束了戰亂和紛爭；隋朝建立之前，有長達 270 餘年南北朝時期，隋的建立重現了大一統的局面。秦非常強大，但二世而亡；隋也非常強大，亦二世而亡。這兩個王朝都是在農民大起義的烈火中，結束了它們的統治。漢承秦制，又鑒於秦的暴政，與民休息，發展生產，出現了長期的繁榮安定的局面。唐承隋制，亦鑒於隋的暴戾，居安思危，安不忘危，成為中國歷史上最強盛的一個朝代。

　　我們常說「以史為鑒」，秦隋兩朝的借鑒意義是最為深刻的。

隋文帝一統天下

從公元 5 世紀末到 6 世紀中葉的短短半個世紀中，北方政局不穩，戰事連連，政權更迭頻仍。

一直追隨於北周武帝的楊堅，統一北方後，因戰功而晉升為柱國大將軍。大象二年（公元 580 年），22 歲的周宣帝病死，7 歲的周靜帝立，翌年（公元 581 年）二月，楊堅迫使周靜帝退位，自立為帝，改國號為隋，年號為開皇，建都長安，這就是中國歷史上有名的隋文帝。

這時偏安江南的陳國也傳到陳後主陳叔寶。他是個只知喝酒享樂的人。他大興土木，造起了三座豪華的樓閣，挑選了 1000 多個美艷的宮女為他演唱戲文和供他享樂。他的窮奢極欲，逼得老百姓的日子過不下去了。有些大臣向他上勸諫的奏章，他一不高興就殺人。

北方的隋國實施了一系列改革，逐漸強大起來。經過一系列的準備，開皇九年（公元 589 年），隋文帝下令伐陳。隋文帝造了大小上千艘戰船，派其子楊廣和總管楊素為元帥，率五十一萬大軍，分兵八路南下。發兵前，隋文帝對臣下說：「要造足輿論，讓百姓都知道陳後主必亡，我們是仁義之師。」隋文帝親自草擬了聲討陳後主的詔書，列舉了他的 20 條罪狀，抄寫成 30 萬張傳單，派人到江南一帶去散發。

陳朝的百姓本來就恨透陳後主，看到了隋文帝的詔書，人心更加動搖起來，有的罵道：「陳後主早該死了！」有的咒道：「這是天道使然！」

楊素率領的水軍從永安出發，乘上千艘黃龍大船沿着長江東下，只見滿江都是旌旗，戰士的盔甲在陽光下閃閃發光。南陳的江防守兵看了，都嚇呆了，哪裏還有抵抗的勇氣。江邊陳軍守將告急的警報接連不斷地送到建康。

陳後主正跟寵妃、文人們醉得七顛八倒，他收到警報，連拆都沒

有拆，就往床下一丟了事。

後來，警報越來越緊了。有大臣一再請求商議抵抗隋兵的事，陳後主這才召集大臣商議。

一些忠心耿耿的大臣說：「隋軍馬上要過江了，得趕快組織抵抗！」陳後主卻帶着斥責的口吻說：「東南地區是一片福地，從前北齊來攻過三次，北周也來了兩次，都失敗了。這次隋兵來，也同樣是來送死，沒有什麼可怕的！」

他的寵臣孔範馬上附和着說：「陛下說得對。有長江天險，隋兵又不長翅膀，難道能飛得過來！這一定是守江的官員想貪功，故意造出這個假情報來。」

大家你一言，我一語，根本不把隋兵進攻當作一回事，笑話了一陣，又照樣叫歌女奏樂，喝起酒來。

幾個忠臣看局勢已無法挽回，歎着氣偷偷溜走了。

隋軍一路打到陳都建業（今南京），陳後主還在雲裏霧裏，直到有人報告：「城門攻破了！」陳後主才慌了神，與他的愛妾一起跳進了後宮的一眼枯井中，陳國滅亡了。陳後主從枯井中被打撈出來，成了隋國的俘虜。

長期的分裂局面終於結束了。

隋初「二聖」

隋文帝的皇后獨孤氏，是北周功臣獨孤信的女兒。獨孤氏 14 歲嫁給了楊堅，兩人感情一直很好。由於她特殊的鮮卑族身份，使她成了作為漢人的楊堅與鮮卑宇文氏、獨孤氏貴族間的一座思想上和感情上的橋樑。楊堅得以在北周王朝中步步高升，靠的是獨孤氏的穿針引線，在建國後十餘年間平定北周貴族的反抗鬥爭中，獨孤氏也起着不

可小視的作用。

　　獨孤氏特別提倡節儉，這是隋開國之初得以興盛的一大因素。有一次，幽州總管來到宮中，對獨孤氏說：「在與突厥的互市中，得到一篋價值八百萬的名貴明珠，那是稀世之寶，我勸皇后可以將它『買』下。」

　　獨孤氏知道，所謂「買」下，只是無償收下的一種隱語。如果收下了這一篋明珠，那整個官僚層就會群起效尤，皇后可收受巨額財物，其他人為何不可以照此辦理呢？獨孤氏十分清醒，她說：「名貴的明珠，我不需要，皇上也不需要！」

　　幽州總管不解，再三勸道：「名貴明珠，不易獲得！」

　　獨孤氏回話：「不易獲得，作為皇后更不得自得！我看，還是將這價值八百萬的明珠分賞給有功的將士吧！」於是，獨孤氏將一篋明珠分賞給了有功將士。這件事受到了上下的一致讚譽。

　　獨孤氏的節儉極大地影響了隋文帝楊堅。楊堅也是以節儉名聞天下的。他一即位，就明確宣佈：「凡是犬馬玩物，一律不得獻上！」當時，有一些官員用布袋獻上一些乾薑或一些香料，隋文帝以此大做文章，說：「那樣不是太花費了嗎？還是不要奉獻的好，以後再發現這種情況，定當嚴責！」有些官員以為文帝只是說說罷了，還是偷偷地送上，結果引得隋文帝大為惱火，那官員差點掉了腦袋呢！這些做法，一般認為都是與獨孤氏在幕後操縱有關的。

　　獨孤氏還積極參與政事。隋文帝也常常徵詢她的意見。文帝臨朝時，獨孤氏常一同前去。她坐在閣內，派宦官了解情況。如果決策有所不當，她會馬上出來匡正。因此，宮中戲稱其為「二聖」。

三省六部制度

　　隋文帝的一個歷史性重大功績，在於創建了「三省六部」的中

央集權制度。說到這一制度，不能不說一說當時擔任少內史職務的崔仲方。

崔仲方出身於將門，其祖上有人當過荊州刺史。他從小好讀書，被時人稱為「有文武才幹」的奇人。15歲的時候，有一次見到了周太祖，周太祖見他才思敏捷，就讓他到太學中學習，這時楊堅也在那裏讀書，日子一久，兩人的關係也就密切起來了。

北周末年，楊堅時任丞相，與崔仲方常相見。崔仲方見楊堅有大氣，決心投靠楊堅。一次兩人交談到深夜，談到周宣帝的腐敗，崔仲方為楊堅獻上計策，從十幾個方面審視，讓楊堅處理好各方關係，準備條件成熟時取而代之。周宣帝亡後，崔仲方不失時機地對楊堅說：「你現在眾望所歸，時下宣帝剛亡，靜帝新立，是應天受命的時候了。」楊堅於是巧妙地用受禪的方式兵不血刃地奪取了政權。

楊堅做皇帝的第一年，崔仲方就提出建議：「應當取消北周純粹照抄《周禮》的不實用的六官制度，參照歷代制度得失，建立嶄新的朝政機構和制度。」楊堅此時正在為建立怎樣的朝政制度發愁，便急不可耐地催促他：「你快說吧，該採取何種朝政機構？」

崔仲方說出了一套完整的朝政機構設想來，這套朝政機構就是「三省六部」制。

所謂「三省」是指中央最大的三個朝政板塊：尚書、門下、內史。尚書省總管行政，一切國家大事都由尚書省管理和實施；門下省掌管對皇帝詔令的傳達，還擁有對詔奏的封還和駁正之權，甚至連對皇帝的決定也可以進行評議；內史省負責起草皇帝的詔令，基本上可算是個決策機構。

「三省制，實際上是朝政權力的鼎足三分。」崔仲方解釋道，「內史省直接對皇上負責，表達皇上的意願；尚書省負責實施，努力將皇上的詔令落實貫徹好；門下省負責督責，看詔令本身是否完備，實施過程中有無疏失。三省在權力上平起平坐，互不相屬，同時又互相促進，也互相牽制。」

楊堅讚道：「這一朝政構架好！不過從運轉角度來看，它的核心還是該在尚書省吧？」

崔仲方也興奮起來，說：「皇上說得完全對，整個朝政運轉的核心還是在於尚書省，因為它是辦實事的行政機關，因此在尚書省下應設立六部，也就是六個辦事部門。」①

崔仲方所言「六部」指的是：吏部（負責管理官僚）、禮部（負責內外禮儀）、兵部（負責管理軍隊）、刑部（負責司法）、戶部（負責管理民政）、工部（負責公共建設事業）。六部的總管稱為左右僕射，是尚書省的負責人。

楊堅這個人是聽得進別人意見的，他差不多將崔仲方的見解照單全收。當時尚書省定員 54 人，門下省 191 人，內史省 16 人，整個朝政機構僅 250 多人，就輕輕巧巧地運轉起來了。隋的六部制度是精簡而高效的典範。這一制度一直運轉到清代，持續了 1000 多年。

改變「十羊九牧」局面

除了在中央實施「三部六省」制外，隋文帝楊堅還大刀闊斧地實行地方職官的精簡。這一改革的起因在於當時河南的一名叫做楊尚希的官員的一折奏書。

楊尚希是楊堅的遠房同宗，曾在地方任職多年，也曾代表皇上巡視過山東、河北、相州等地，對下情比較了解。開皇三年（公元 583 年）他在河南任上向隋文帝楊堅上了一份言辭懇切、內容充實的改革地方職官制度建議書。②在建議書中他明確指出：現在的郡縣，實在太多了。一是因為長期戰亂，當道者為了結好下屬，胡亂冊封，使郡縣的數量多於秦漢時的數倍。再則是，有些地方勢力，憑藉自己稱霸的一方，自立郡縣，當道者為了免生是非，也只得默認了。一個地無百

里的小地方，卻設置三四個縣治，還不滿一千戶的區域內，由兩三個郡分而治之。那樣一來，不只國家加重財政負擔，也易於造成地方割據。楊尚希的結論是：「地方機構要去閒設，併小為大！」「閒設為懶散、腐敗滋生之地，不可不廢！」

隋文帝楊堅馬上同意了楊尚希的建議，下達命令：廢去郡一級機構，由州、郡、縣三級制改為州、縣兩級制，這樣就裁掉了一大批冗員；對州、縣兩級實施清理，去重複，併細小，這樣又裁去了一大批冗員；精簡機構，每一州縣實行定員制，這樣更是改變了人浮於事的局面。

與地方職官的精簡改革配套的是，開皇五年（公元 585 年）開始了地方戶口整頓。當時厲行堅決，一旦查出有謊報、缺報者，基層官吏保長、里正等都被流徙遠方，並鼓勵民眾互相檢舉。

通過上述這樣一些措施，國家的財政有了保證，農民相對安定，有了生產的積極性，生產也發展起來了。去郡、併州縣，削減了大約 1/3 的官員，使政府的財政負擔大為減輕，工作效率大為提高，國家機器的運轉正常化了。

制定《開皇律》

開皇元年（公元 581 年）和開皇三年（公元 583 年）隋文帝兩度派高熲、鄭譯、楊索與蘇威、牛弘等人根據齊、周以來的種種法律，制定成了中國歷史上著名的《開皇律》。這一法律比起前代法律有不少進步的地方，不僅廢除了一些殘酷的刑法，更為重要的是賦予冤者可上訴的權利，而且可以一訴再訴一直可以申訴到中央大理寺（最高司法機構），這在歷史上是破天荒的。

隋文帝任用了一大批嚴格執法的官員。趙綽就是這方面的典範。

趙綽是個性格質直剛毅的人物。楊堅剛當上皇帝時，他擔任大理丞，在中央司法審判部門協助工作。由於考績一直是第一，兩三年之間官位直線上升，由大理正，進一步升為大理少卿，成為隋王朝司法審判的最高長官。他有一句名言道：「律者天下之大信，其可失乎？」其意是說，法律是整個國家的最高信條，怎麼可以隨便更改呢？為了嚴正執法，他甚至不怕冒犯皇帝的天威。

有人告發刑部侍郎辛亶曾經穿着一種怪誕的花衣褲出入於市井，隋文帝得知後認為，這是藉助於旁門左道祈求除災降福，以致災禍於人，是不能容忍的，便下了一道嚴厲的詔令：「該員當處斬！」並責令趙綽執行。

趙綽覺得與事實有出入，便馬上去面見隋文帝，說：「辛亶那樣做確實是不對的，但說他搞旁門左道，是缺乏根據的。辛亶沒有死罪，我不能奉詔！」

隋文帝感到自己的權威受到了挑戰，大為惱火，說：「你這樣為辛亶說話，難道不考慮你自己的身家性命嗎？」

趙綽昂然回話：「陛下可以殺我，但不可以殺辛亶！」

隋文帝一時在氣頭上，竟命左右把趙綽的官服給剝了，將他五花大綁，準備處斬。臨斬前，隋文帝派人去向趙綽問話：「給你一個最後的機會，你認罪不認罪？」

趙綽臉不改色，朗聲回答：「執法就要一心一意，為了法之尊嚴，我不惜一死！」

有人勸說道：「你就認個錯，這又不傷皮肉！」

趙綽回敬說：「雖不傷皮肉，但傷帝威，有損法嚴！」

派去問話的人把趙綽的答話回報了隋文帝。隋文帝默默沉思了一陣子，對左右說：「還是放了他吧！」

第二天，隋文帝單獨召見了趙綽，對趙綽說：「你做得對，我應該感謝你。」為了嘉獎趙綽的嚴正執法精神，隋文帝召集群臣，當眾賜給他上等織錦三百段，並要求上上下下都向趙綽學習。後來趙綽死

時，隋文帝親臨祭奠，痛哭流涕。

《開皇律》是中國古代歷史上最重要的法律之一，它是唐代律法的先聲和基礎。

大索貌閱

最使隋文帝傷透腦筋的是戶口問題。在長達數百年的戰亂中，豪強地主把大量的朝廷編戶變成了依附佃客，還有些農民為了逃避沉重的賦役負擔，故意把年齡報大，有的故意把年齡報小，有的索性投到豪門家中做依附農民，使自己的戶籍「沒」掉。到隋文帝時代，戶口數量只有南北朝最盛時的三成上下。這樣一來，不只生產難以發展，連賦役的來源也成了問題。

「人口是朝廷的命脈，必須進行戶籍整頓！」開皇五年（公元 585 年），隋文帝在一次朝會時把問題提了出來。

曾經協同隋文帝制定《開皇律》的大臣鄭譯出班奏道：「隱瞞戶口是多少代的事了，實在是積重難返，看來還是得制定法規，依法行事。」

當時某些持保守態度的官員站出來說：「要把戶口弄清楚，實在太煩難了，弄不好勞民傷財，反而影響社會穩定。」

鄭譯堅持道：「查處隱瞞戶口，感到不穩定的只是那些豪富，廣大民眾是會贊成的，這是一件關係國家存亡的大事，非幹不可！」

隋文帝當即表態：雖為大舉之事，可對課稅及社會穩定大有益處，非馬上推行不可！

隋文帝令鄭譯帶領一班人馬上着手制定相關法規，由他親自批准後實施執行。

他們制定保閭制度。以五家為一保，設保長；五保為閭，設閭正；四閭為族，設族正。由保長、閭正、族正們負責編定戶籍、組織勞力

和徵集稅收。

可還是不行。一是那些地主豪強把屬下的戶口瞞著不報怎麼辦？另外，保長、閭正、族正辦事不力怎麼辦？隋文帝的回答斬釘截鐵：「進行一次戶籍大調查，凡隱瞞人口、謊報年齡的，一律依照法律從重處置！」

這就是中國歷史上有名的「大索貌閱」。就是讓民眾先自報戶籍，要求大家一定要如實申報。申報以後，再挨家挨戶將登記的戶籍與本人的體貌一一核對。如查出有問題的，不只本人要處重罰，就是保長、閭正等也要處以流放。隋文帝還鼓勵民眾互相檢舉，舉報者有功，可獎以田畝，而被舉報者查實後將處以更重的懲處。

這一舉措也實在有效。這一年的「大索貌閱」，就一下「閱」出了44.3 萬丁，164 萬餘口，比原先所登記的戶口多了近一倍。這是除少數不法者之外人人稱快的事。戶籍把人們安頓在自己的土地上，安安心心地生產和生活，社會出現了一派欣欣向榮的景象，正所謂是「倉廩實，法令行」。[③]

「朝野屬望」的楊廣

楊廣是隋文帝楊堅的第二個兒子，也就是後來的中國歷史上著名的隋煬帝。據史書記載，楊廣其人體貌長得漂亮，很有威儀，又十分聰慧靈敏，因此，從小就得到其父楊堅的鍾愛。楊堅稱帝的時候，楊廣只有 13 歲，被立為晉王，當時就表現得深沉凝重，為朝野人士所矚目和看好。

圍獵是帝王經常舉行的活動，既可看成是一種禮儀，又可視作是尚武精神的體現。有一次，隋王朝正在舉行大型的圍獵活動，突然，天下起大雨來了，站在左右保護楊廣的人忙送上了蔽雨的油衣來，楊

廣卻説：「將士們都在雨中淋着，我一個人獨自穿上油衣，説得過去嗎？」叫左右把油衣馬上拿走了。歷史上對這件事的評價很不相同，有的説他是一種「仁心」，有的卻説是「矯飾」、故意作秀。無論評説如何，歷史確有這樣的記載。

開皇八年（公元 588 年），當時 20 歲的楊廣已是出色的青年將領，其父隋文帝任命他為行軍元帥，統領五十萬大軍，全面負責南征滅陳事宜。

當時朝臣有疑，認為楊廣太年輕了，無力承擔大任。

隋文帝不這樣認為，他説：「正是楊廣的年輕才有為，怎説無力！」

朝臣又諫：「得皇上輔助，方得功成！」

隋文帝説：「戰事在於勇，楊廣年輕有智有勇，定能成功！」

果真，楊廣智勇雙全，率大軍飛渡長江天塹，數月間滅掉陳國，統一了全國。這也是年輕的楊廣的一份大功勞。

更為難能可貴的是，在滅陳後，楊廣果斷地就地處決了原陳國湘州刺史施文慶等一大批誤國害民的官員，將這些民眾恨之入骨的敗類斬殺於建康城的城門下。當時觀者如雲，民眾無不拍手稱快。同時，他下令將士不得侵犯百姓，不得掠奪民財，不得奸淫婦女，體現了王者之師的軍容軍貌，史稱：「封府庫，資財無所取，天下稱賢。」

由於楊廣的出色表現，後來他取代太子楊勇，被立為皇太子。隋文帝楊堅去世後，他即皇帝位，是為隋煬帝。

營建東都

隋煬帝即位後的第一件大事，就是着手營建東都洛陽。

隋煬帝是一個相當有政治謀略的帝王，他曾經北登邙山（在今河南省洛陽市東北），遠望伊洛，無限感慨地讚歎道：「山河控戴，四域

相圍，萬方輻輳，何其壯闊，可謂形勢甲於天下了，只可惜自古帝王都未曾留意於此！」

大臣楊素附和道：「是啊！洛陽北界黃河，有太行之險；南通宛葉，有鄂漢之饒；東臨江淮，食湖海魚鹽之利；西馳瀍崤，據西嶽關河之勝。這些前聖都沒有看到，只有皇上聖明，看到了這一點。」

此時的隋煬帝頭腦還比較清楚，他回答道：「也不是什麼都沒有看到，只是當時或者因為山河還未曾一統，不得而為之；或者是因為府庫困乏，難有作為。現在不同了，可以着手辦這件事了。」他心中有一把算盤，是想通過營建洛陽更好地控制南北各地。

仁壽四年（公元 604 年），也就是煬帝即位的這一年，他下令以洛陽為東都。在洛陽附近的洛口、回洛建糧倉，作為備荒之用，是年年底，營建東都的工程也開始了。他命尚書楊素為營建東都太監，納言楊達為副監，宇文愷為將作大匠。

營建東都工程開始時，煬帝下了道詔令，引經據典，要求「今所營構，務從節儉」。但是，好大喜功的隋煬帝在建造過程中胃口越來越大，結果在漢魏洛陽故城以西 18 里處建造起來的這座都城，規模空前的大。新城南對龍門，北依邙山，洛水穿流其間，都城分為宮城、皇城、東城、含嘉城、圓壁城、曜儀城和外廓城等。當時營建東都的太監楊素，役使兩百萬民丁日夜辛勞着。經一年的奮鬥，東都就建成了。

正在江南巡遊的隋煬帝聽說東都竣工了，即速從江都出發，四月到達東都洛陽。接着六宮百官也遷居洛陽。洛陽遂成為全國政治、經濟、文化和交通的中心。人口過百萬，富商數萬家，城西的西苑是全國最大最美的花園。

東都建成以後，隋煬帝邀請西域諸國的國王和巨商，到洛陽城來觀光和交易。為了誇耀國家的富庶，事先要求整飭店肆，店面大致上要一致，有陽光的處所要盛設帷帳，貨物要充足，尤其要有高檔次的物品。那些胡商來到洛陽，住宿和酒食一律免費。這些炫耀豐饒之舉，對促成東西方的友好往來是有好處的。

督修圖書館

隋煬帝在營建東都洛陽、修建宮殿和西苑的同時，還着力關注修文殿、觀文殿的建造。

對於兩殿的興建，大臣中也有不同意見，認為戰事在前，武功當首。隋煬帝不同意這種說法，他認為，亂後有治，治國必以文治，而文治又必以「教學為先」。

為此，他多次下詔「勸學」，在大業元年（公元605年）發佈了《勸學詔》，詔中寫道：「君民建國，教學為先，移風易俗，必自茲始，而言絕義乖，多歷年代，進德修業，其道浸微……」

隋煬帝的《勸學詔》，蘊含着撥轉戰爭年代世習「尚武」的精神，而漢晉祕藏興衰之運亦為有隋太平之世「佑文致治」所取。隋煬帝「勸學」、崇尚文治的思路非常明確——

文治該始於何處？隋煬帝認為，應該從「進德修業」着手。「進德修業」該怎麼辦？隋煬帝認為，應該「教學為先」。那麼，「教學為先」又該如何操作？隋煬帝認為，應該先從整理經籍圖書開始，把經籍圖書的整理推向「教學為先」的前台。在中央機構的變動中可以得到見證。大業三年（公元607年），中央官制作了改革，《隋書·百官志下》載：祕書省降監為從二品，增置少監1人，增著作郎階為正五品，減校書郎為10人，改太史局為監，進令階為從五品，又減丞為1人，置司辰師8人，增置監侯為10人，其後……連校書郎員也增40人，還加置楷書郎員20人，掌抄寫御書，等等。

中央機構人事組織明確後，即刻進行修文殿、觀文殿的建造，以儘快解決圖書的收藏問題。兩殿的建造甚為講究，觀文殿書堂裝潢豪華，堂內書櫥精美，「皆飾以雜寶」，室內櫥前之機關臻盡其善，所藏書籍「裝剪華淨，寶軸錦褾」，堪稱中國古代卷軸圖書裝潢藝術首創。觀文殿殿後妙楷、寶跡二台所藏曰「古跡、名畫」，應為特藏無疑，觀

文殿「櫥中皆江南晉、宋、齊、梁古書」，則説明觀文殿所藏已不盡在副本而集有江左歷代的善本，其故紙書香的溫潤洋溢着六朝文化的流風餘韻。東都修文、觀文兩殿是建築優美的大型藏書殿。這種過於雕飾斧鑿的宮廷建築，正是南朝文化的格調。隋的統一，促使南北文化大交流。隋煬帝受南朝詩風熏染至深，他也頗富文才，他的《宴東堂》《嘲司花女》等詩作，是標準的南朝宮體詩，而《江都宮樂歌》《江都夏》形式上則非常接近唐代的七律，因而説「有唐三百年文學之盛，實由隋煬帝奠其基礎」，實不為過。

據《資治通鑒》載：隋煬帝命令祕書監將 37000 餘卷精選書籍收藏在東都（洛陽）的修文殿。煬帝在觀文殿前設 14 間書室，書室的窗戶、床褥、櫥幔，都極為華麗。每三間書室開一個雙扇門，垂下錦質的幔帳，上面有兩個飛翔的仙人，室外的地面上設置機關。隋煬帝駕臨書室時，有宮人手捧香爐，走在前面踏踩機關時，飛仙就會下來將幔帳緩緩地捲上去，窗扉和櫥扉都隨之自動打開，煬帝離開書室，則窗扉櫥扉及幔帳又自動地垂下關閉起來。古代帝王中像煬帝如此喜愛圖書字畫、如此保護古籍名畫是少有的。

隋代對圖書搜求廣泛而別庋典藏精到，其氣派之闊大豪華與隋煬帝好讀書著述有着極大的關係。史稱：「帝好讀書著述，自為揚州總管，置王府學士至百人，常令修撰，以至為帝，前後近二十載，修撰未嘗暫停，自經術、文章、兵、農、地理、醫、卜、釋、道乃至蒲博、鷹狗，皆為新書，無不精洽，共成三十一部，一萬七千餘卷。」

其實，早在開皇三年時，隋文帝採納了祕書監牛弘的建議，頒發徵集圖籍詔令，明文規定：「每書一卷，賞絹一匹，校寫既定，本即歸主。」（《隋書‧經籍志》）並派遣人員到各地去搜訪異本。不久，「民間異書，往往間出」，至平陳之後，「經籍漸備」，收集到大批散佚的經典。隋煬帝即位後，繼承父皇的旨意，對圖書又作了進一步的整理，並親自督建修文殿、觀文殿，以作收藏、閱讀典籍之用。

開鑿南北大運河

開鑿貫通南北的大運河，是隋煬帝當政 12 年中的一件頭等大事，也是這個頗具爭議的帝王對中國歷史的一大貢獻。

早在隋文帝楊堅時，就注意到了興修水利工程，用以運輸山東及江南之糧食以接濟關中這樣一個大問題。開皇四年（公元 584 年）命宇文愷率領水工鑿渠，引渭水經大興城東至潼關，300 餘里，名之為「廣通渠」。大業元年（公元 605 年），也就是隋煬帝登極的那一年，他發出詔令：「改廣通渠為富民渠。」表面上是為了避帝諱，實際上包含着隋煬帝深刻的水利思想。在他看來，對已經實現了大一統的隋王朝來說，欲強國富民，必須興修水利，這也是千百年來對隋煬帝何以要那樣勞民傷財地開鑿南北大運河之謎的最佳答案吧！

在 270 多年的南北分裂和戰亂中，關隴地區的生產相對停滯甚至衰退，而江南地區卻開發成了富饒之區。可以說，中國的經濟重心已經逐步轉移到了南方。然而，隋王朝的政治、軍事重心仍在北方。隋煬帝的水利「富民」說，實際上就是為了把南方的經濟重心和北方的政治軍事重心協調和聯繫起來，使南北成為一個真正的統一整體。南北大運河工程可以說順應了時代和社會的要求，即使隋煬帝不開鑿，日後也會有另一個有為之君來帶領民眾開鑿。

開鑿南北大運河，隋煬帝真可說是雷厲風行、不惜工本。這條運河以洛陽為中心，共分為四段：

第一段是通濟渠。當時是發河南諸郡百萬男丁開渠。從洛陽的西苑引穀水、洛水入黃河，引黃河入汴，再引汴水至山陽（今江蘇淮安）。從大業元年三月二十一日開工，到同年八月十五日隋煬帝乘龍舟遊江都，前後不過 171 天。

第二段是山陽瀆。從山陽起，利用春秋時吳王夫差所開鑿的邗溝故道，加以疏浚擴大，引淮水入長江。全渠廣四十步，兩旁均築御

道，種柳樹。

第三段是永濟渠。大業四年（公元 608 年）又發河北軍民百萬開永濟渠，引沁水至黃河，又連衞河通涿郡（今北京西南郊）。史書上記載：「丁男不供，始役婦人。」（《資治通鑑·隋煬帝大業四年》）。

第四段是江南河。大業六年（公元 610 年）又開江南河。從京口（今江蘇鎮江）引江水到餘杭（今浙江杭州），入於錢塘江。

在短短的 6 年時間裏，以洛陽為中心，北起涿郡，南至餘杭，長達 4800 多里的大運河開通了。這不能不說是一大奇跡。這是一項舉世罕見的偉大工程，它溝通了海、河、淮、江、錢塘五大水系，貫穿了河南、河北、山東、安徽、江蘇、浙江六省，是世界上開鑿最早、航程最長、最雄偉的一條人工運河，它的歷史功績也是難以估量的。④

創置科舉制

隋煬帝為了鞏固集權統治，他多次下詔，以科舉制度選拔人才。這在中國文化發展史上是值得大書的一大創舉。

魏晉南北朝時，世家大族已經十分腐敗，而當時選拔人才卻仍然是以門第取人的「九品中正制」。當時，各州郡都設有「中正」官，負責察訪、評定本地人才，按其才德聲望劃為九品：上上、上中、上下、中上、中中、中下、下上、下中、下下，結果是「上品無寒門，下品無勢族」。取得了政權並實現了統一的隋文帝楊堅清楚地知道，要使國家繁榮昌盛，就要衝破「九品中正制」，建立解放人才的制度。隋文帝一登極就下令「罷中正」、「廢鄉里之舉」，把選拔人才的權力收歸中央。這事阻力很大。當時很受隋文帝寵信的盧愷任吏部尚書，他表面上贊同隋文帝的新的人才舉措，但暗地裏仍以是否名門望族作為選取

人才標準。對此，有人向隋文帝作了揭發。

隋文帝十分生氣，當面責問了盧愷：「在選取人才上，你是否口是心非？」

盧愷一點也不掩飾，他說：「以名門望族取才，乃祖宗家法！」

隋文帝說：「就是祖宗家法，也是可變的嘛！」

盧愷仗着自己是老臣，強橫地說：「陛下，祖宗家法，不宜變更！」

隋文帝盛怒之下，當廷宣佈：解除盧愷的吏部尚書一職，「除名為百姓」。

盧愷受不了這重重的打擊，沒有多久，就死去了。之後，堅持「九品中正制」的高官薛道衡、陸彥師也被解除官職。

隋煬帝楊廣一上台，繼承父志，下死力摧垮九品中正制，於是就大刀闊斧地推行科舉制。大業元年（公元605年）七月，就發出詔令：州縣官員應採訪和舉送「在家及現入學者」，而後由朝廷「隨其器能」，加以「選擇任用」。這裏很明確，有兩種人都可以任用：一種是「現入學者」，就是在現有的各級官辦學館中學習的生徒，他們中的優秀者不管是什麼出身，都可錄用；另一類是「在家」者，也就是沒進過官辦學校，自學成才的，只要是優秀的，也可加以錄用。

過了兩年，即大業三年（公元607年）四月，隋煬帝又下了一道「十科舉人」的詔令，詔令規定：只要在家孝順父母、友愛兄弟的，個人注重修身養性的，講求氣節和道義的，操行廉潔足為世之楷模的，強毅而正直的，對法規有獨到見解並能堅持執法的，學業優秀深明儒道的，文才美秀能寫出一手好文章的，有將帥之才懂得軍事的，力大無比善於戰鬥的，這十個方面中，只要有一個方面出眾的，就可為朝廷所選用。這一詔令的公佈，給久受壓抑的廣大中下層士人帶來了極大的希望。不少讀書人，只要帶着名為「牒」的身份證明，就可上京應試了。隋唐時代人才輩出，道理也在於此。

又過了兩年，即大業五年（公元609年），煬帝又下了「四科舉人」詔令。此「四科」是指：一為「學業該通，才藝優洽」，二為「膂力驍

壯，超絕等倫」，三為「在官勤奮，堪理政事」，四為「立性正直，不避強禦」。從這裏可以看出，以科取士的味道越來越濃了。

隋煬帝時代創立起來的科舉制度，把讀書、應考、任官三者有機結合了起來。這樣，一方面人才的選拔權回歸到了中央手中，另一方面使幾乎所有的人都有了通過科舉考試晉升的機會，大批有用的人才也湧現出來了。由此，大大促成了社會的進步、發展和繁榮。

原本名不見經傳的孔穎達，就是以精通《左氏傳》《鄭氏尚書》《王氏易》《毛詩》《禮記》，並兼善算曆，而且能寫一手好文章，在隋煬帝時代上京應考，而被選拔上來的。他在中國文化史上取得那麼高的地位，也有隋煬帝的一份功勞。

煬帝之死

經濟的發展，事業的成功，國家的強大，使原本好大喜功的隋煬帝忘乎所以起來。也許，他並不知道，他所做的一切，從某種意義上講，是在自掘墳墓。

築長城，開運河，建宮殿，動用的勞力有數百萬之多。在這過程中，全國大約有一半的家庭在服役中喪失了親人。

重新打通西域之道，是隋煬帝畢生事業中的一件大事，為此，他長年對突厥和吐谷渾用兵。在通西域方面，從一定意義上講是成功的。他在吐谷渾故地設置了鄯善（今新疆若羌）、且末（今新疆且末）、西海（今新疆柴達木盆地一帶）、河原（今青海西海地區）四郡，並大開屯田，捍衛了通往西域的通道。當然，所付出的代價也是巨大的，有幾十萬將士喪身異域他鄉。

更為慘重的損失是三次對高麗的戰爭。漢朝時，曾在朝鮮半島設立四郡，後來的歷代王朝或在此設郡，或封其為王。隋統一中國後，

認為應該收拾舊的疆土，而高麗王卻不願來朝，而且派間諜滋事。於是，隋煬帝就想用武力解決。大業八年（公元612年），一次對高麗之戰就動員了水陸兵丁110多萬人。這一支隊伍，浩浩蕩蕩，鼓角相聞，綿延長達900多里，史書上稱「近古出師之盛，未之有也」。而這樣大規模的戰事，所消耗的人力、物力也是可想而知的。有史家認為，「隋王朝之亡，亡於高麗戰事」，此說是有一定道理的。這場戰事還直接引發了農民起義。

隋煬帝的三次巡幸江都（今江蘇揚州），其目的主要是為了控制江南，鞏固大一統的局面，但是，付出的代價也是巨大的，再加上煬帝的日益追求享樂，更是給民眾帶來不堪忍受的重壓。一次巡幸，出動的船隻上萬艘，隨從數萬人，單是拉纖的纖夫就有七八萬人，還有數十萬其他的役使者。第三次巡遊時，北方各地農民起義已風起雲湧，煬帝自知帝國的大廈已難以支撐，便準備偏安江淮，做殘守半壁江山之夢。

隋煬帝在江都一住就是一年多，在那裏過着醉生夢死的腐化生活。江都「迷宮」有百餘房，裝飾華麗，美人充塞其間。他每日令一房為主人，輪流前往享受。他與屬下狂飲，每天有千餘從姬常醉。正當他沉醉於紙醉金迷之中時，一次兵變正在籌劃中。

原先煬帝寵信的虎賁郎將司馬德戡，承擔着江都城守衛之職。這時，司馬德戡反戈一擊，率師自玄武門直闖帝宮。煬帝聞亂，換上便服出逃，結果被其下屬捉着，而反叛的司馬德戡立馬趕到。

司馬德戡持刀在手，準備殺煬帝。煬帝歎道：「我何罪？至於被弒？」

貼身而立的一位將官馬文舉說：「陛下不在京師守宗廟，而到處巡遊不止。對外征戰不已，對內窮奢極欲，百姓不得安生，怎能說沒罪？」

煬帝沉默良久，說：「我實在對不起百姓，至於你們，榮祿兼及，怎麼會這樣！今日這事，誰為首領？」

司馬德戡應聲道：「你之作為，普天同怨，何止一人！」

隋煬帝知眾叛親離，自己的統治再也難以維持，自縊身亡了。時年 50 歲。

◆ 註釋：

① 尚書省是核心機構，當時有明確的說法。所謂「朝之眾務，總歸於台閣，尚書省事無不總」（《隋書‧百官志》）。高熲當時在開皇初即任尚書左僕射，「論者以為真宰相」（《隋書‧高熲傳》）。

② 「高祖受禪，拜（楊尚希）度支尚書，進爵為公。歲餘，出為河南道行台兵部尚書，加銀青光祿大夫。尚希時見天下州郡過多，上表曰：『自秦併天下，罷侯置守，漢、魏及晉，邦邑屢改。竊見當今郡縣，倍多於古，或地無百里，數縣並置，或戶不滿千，二郡分領。具僚以眾，資費日多，吏卒人倍，租調歲減。清幹良材，百分無一，動須數萬，如何可覓？所謂民少官多，十羊九牧。琴有更張之義，瑟無膠柱之理。今存要去閒，併小為大，國家則不虧粟帛，選舉則易得賢才。敢陳管見，伏聽裁處。』帝覽而嘉之，於是遂罷天下諸郡。」（《隋書‧楊尚希傳》）

③ 《隋書‧高祖紀》稱：當時是「倉廩實，法令行，君子咸樂其生，小人各安其業，強無凌弱，眾不暴寡，人物殷阜，朝野歡娛」。

④ 在歷史上，有識見的人們對隋煬帝開鑿南北大運河都給以積極的評價。唐代宗的宰相劉晏說：「浮於淮泗，達於汴，入於河，西經底柱、硤石、少華，楚帆越客，直抵建章、長樂，此安社稷之奇業也。」（《唐會要‧轉運鹽鐵總敘》）唐憲宗時的宰相李實甫說：「煬帝巡幸，乘龍舟而往江都。自揚、益、湘南至交、廣、閩中等州，公家運漕，私行商旅，隋氏之作雖勞，後代實受其利焉。」（《元和郡縣圖志‧河南道》）唐代的皮日休說：「隋之疏淇汴，在隋之民不勝其害也，在唐之民不勝其利也。」（《皮子文藪‧汴河銘》）

第二十八卷

大唐盛世

　　唐帝國的建立，標誌着中國的封建社會走上了全盛時期。唐朝的統治者總結了隋二世而亡的歷史經驗，建設清廉政治，協調社會關係，致力於發展經濟，努力改善民生，致使政治上強大，經濟上繁榮，文化上絢爛。唐代不僅在中國歷史上佔有重要地位，在世界歷史上也有很大的影響。在當時，唐帝國不論在政治、經濟、文化還是在綜合國力上，都是世界上最先進的國家。

　　唐代實行的對外開放的國策，不只改變了中國自身的形象和面貌，同時，也極大地改變了世界的某些面貌。

唐王朝的建立

　　唐王朝的建立者是李淵。李淵是西魏八柱國之一的李虎的孫子。李虎因有功於西魏而死後被追封為唐國公。李淵的父親李昞，稱柱國大將軍，襲封唐國公。父死後，李淵又襲封為唐國公。大業十一年（公元 615 年），隋煬帝以李淵為山西、河東撫慰大使，目的是讓他鎮壓農民起義軍。而李淵此時眼看隋帝國將亡，便乘機積蓄力量，收羅人才，準備條件成熟便取而代之。

　　大業十三年（公元 617 年），李淵為太原留守。就在這一年，他起兵於太原。

　　當時，隋王朝在北方的軍事力量已經空虛，李淵可以說輕而易舉地取得了北方大片領土，也招降了大部隋朝官員。是年七月，李淵率三萬大軍入關，十一月便攻破了長安。當時直接奪取政權的條件尚未成熟，就迎楊侑為帝，即所謂的隋恭帝，遙尊楊廣為太上皇。李淵自己則以尚書令、大丞相身份掌握了實際的大權。

　　當時，全國各地稱王稱帝的極多，李淵得一個一個地將其剪除，以實現統一。

　　統一事業的第一步是平定薛舉與李軌。當時，薛舉割據於隴西一帶，號稱有三十萬大軍。唐軍以防守拖垮了對方，在對方糧盡的情況下，一舉消滅之。李軌號稱河西大涼王，唐軍利用其內部矛盾，發動兵變，然後將其俘獲。

　　唐統一全國的第二步是擊敗劉武周，以鞏固太原。劉武周時為馬邑太守，這時，他勾結突厥，圖謀依附突厥，進而率兵向南，「以爭天下」。當時他佔據了有充足食糧和庫絹的晉陽，攻陷了河東大部。留守太原的李元吉棄城而逃，回到了長安。唐軍李世民部不得不急渡黃河，先堅壁高壘，待劉軍撤退後追擊，一夜行軍 200 多里，大敗「軍無蓄積，以擄掠為資」的劉武周部將，奪回太原。劉武周逃到突厥，

結果卻被突厥人所殺。

唐統一的更重要一步是攻取當時為全國政治中心的、最繁榮的城市洛陽。隋煬帝死後，洛陽落入了大將王世充的手中，王世充當了自命的鄭國的皇帝。唐軍平定劉武周以後，傾全力攻取洛陽。經過激戰，迫使王世充軍退入城內，唐軍隨後趕到，把城團團圍住。這時，河北起義軍的竇建德起而增援王世充，使唐軍面臨腹背受敵的危險。此時，唐軍之一部繼續圍困王世充，將最精銳的李世民部抽出，仍然是攻守結合，用突然襲擊的方法將竇部消滅。然後再回過頭來對付王世充。王世充走投無路，只得投降。

自此，中原、河北一帶為唐統一了。唐軍馬不停蹄，揮師南下。此時，人心思治，人心思定，人心思統。唐軍又很快消滅了長江中下游的割據勢力，完成了統一大業。

唐高祖「撥亂反正」

隋煬帝死後，李淵稱帝，建立唐朝，年號為武德。武德年間（公元 618—626 年），擺在唐高祖眼前的一大任務是完成全國的統一，消滅割據勢力；同時，又要及時地改變隋煬帝晚年的種種錯誤政策，使社會回到正常的軌道上來。

這種重回正軌的舉措，唐初君臣名之為「撥亂反正」①。

武德元年（公元 618 年），萬年縣的一位負責司法訴訟的官員孫伏伽，向唐高祖李淵連上三摺。一個相當於科級的小官吏，敢於這樣做，本身就很不簡單。他的第一摺是針對當時有些人「今天向皇上獻琵琶，明天又向皇上獻弓箭，還有人向皇上獻山珍」這類的不正之風，認為要嚴加打擊。他指出，這種吹吹拍拍的行為都是「前朝之弊風」，應予掃除！第二摺針對五月五日準備在玄武門舉行的慶典，用的是百

戲散樂，實際上是黃色音樂。他說得很直白：不要把這看成是一件小事，實為隋末之淫風，這樣做實在是「非貽厥子孫謀，為後代法」。第三摺強調要選好皇太子左右的僚友，那些「專作慢遊犬馬聲色歌舞之人，不得使親而近之也」。三個奏摺秉筆直書，直來直去，令人有耳目一新之感。

唐高祖看了孫伏伽的奏摺後，大為興奮，他把手中的奏摺揚了揚，問群臣：「你們知道嗎？他在奏摺中說的是什麼？」

群臣無言，沒有一個答得上來的，也沒有一個猜得出來。

唐高祖站起身來，十分莊重地告訴大家：「三份奏摺，總起來說的就是四個字：撥亂反正！大家聽清楚了沒有？就是撥亂反正啊！」

有位大臣問：「何謂『撥亂反正』？」

此時，孫伏伽已應詔在殿前，他朗聲作答說：「撥亂反正出典於《公羊傳》，謂『撥亂世，反諸正』。」

唐高祖進一步解釋說：「撥亂反正，就是消除混亂局面，恢復正常秩序！」

接著，唐高祖給大家講起了歷史故事：秦始皇晚年自以為是，聽不得不同意見，結果鬧到亡國滅身的地步。漢高祖劉邦執政後，做的一件大事就是「撥亂反正」，恢復從善如流的作風。北周和隋代晚期，主政者也聽不得不同意見，上下相蒙，直弄得忠臣結舌，誰都不敢講話，直鬧到亡國了事。最後唐高祖說：「現在，朕取得了政權，建立了大唐帝國，心裏還是很不踏實的，總感到自己才寡德薄。朕想，要使國家興旺起來，唯一的辦法就是聽取像孫伏伽這樣的敢於直言的忠臣的話，實施『撥亂反正』。其實，治國的好辦法原本是有的，只是秦始皇、隋煬帝把它丟掉了，我們要把這些好東西重新拾起來，根本用不着挖空心思另搞一套。」

此後，武德年間的一系列舉措都是圍繞「撥亂反正」四個大字的。租庸調制和均田制，本是前代人創造的讓農民獲取土地的好辦法，只是隋煬帝時沒認真實施，現在要把它恢復過來。隋代的《開皇律》是

一部好法典，到隋煬帝時又加進了許多嚴刑峻法的條款，現在得把這些條款去掉，在此基礎上形成《唐律》。隋代的三省六部體制是個好制度，隋煬帝時破壞了這種制度，變成隋煬帝一個人說了算，現在也要予以恢復，讓吏、戶、禮、兵、刑、工各部各司其職。科舉制度也是隋代創辦的選拔人才的好辦法，只是由於戰亂，沒有好好實施，唐高祖一入長安，就提出要恢復科舉考試。

「撥亂反正」口號的提出，使初唐政權既充分吸納了前代的治國安民的經驗，又有所創新。社會很快又走上了正軌。

開元通寶

武德四年（公元 621 年）七月，李淵在平定了竇建德、王世充割據勢力，大致統一了北部中國以後，馬上宣佈「廢五銖錢，行開元通寶錢」。當時百廢待興，唐高祖李淵為何在天下未定的狀況下匆匆忙忙地實行錢幣改革呢？

話要說到四年之前。當時李淵起兵於太原，到這年的年底，他率三萬大軍進入隋王朝的首都長安。大軍新來乍到，要吃，要穿，要住，這些都離不開個「錢」字。可是，當時長安城內的錢幣紊亂不堪。千錢說是重二斤，可是，實際上只有一斤，有的一斤還不到。有的甚至以鐵葉、皮紙代替錢幣。主管財貨的官員處置不了，常常狀告到李淵那裏。當時，李淵就憤憤地說：「待政局初定，第一着就得變革幣制！」

四年過去了，政局的變化很大，李淵成了唐帝。他沒有食言，他想到了幣制的革新。

當時有官員問：「還是恢復使用五銖錢吧，它從漢武帝起流通了七百多年了。」

李淵説：「新朝不能恢復舊幣！」

官員説：「五銖錢已有信譽了。」

李淵回答得十分堅決：「舊朝已失民心，還有什麼信譽，使用極不方便，不能再用五銖錢了，得創造一種新的幣制。」

説到五銖錢，它起始於漢武帝時期。五銖錢的流通有兩個條件：一是中央政府要有絕對的權威，要控制得住錢幣的鑄造、流通、回收等環節，這也大約只有在強大的漢武帝時代能推行。第二個條件是商品經濟還不太發達，因為五銖錢的幣面面值太小，是與實際的金屬重量相等的。如果交換頻繁，帶那麼多、那麼重的錢幣叫人怎麼受得了？再説，歷經七百年，五銖錢也早已名不副實。現在出土的隋五銖錢，只相當於一點七銖，即實際重量的三分之一。同時，隋末假幣、劣幣充斥市場。幣制改革勢在必行。

唐高祖李淵讓大家議定一個方案。大家議論的結果是：漢代以來的衡量制度，以二十四銖為一兩，不方便，難以折算，還是以十進位的好，新幣可以以十文為一兩；不必要求貨幣的面值與實際重量一樣，定出一個標準後，可以加以換算。建議新幣徑八分，重二銖四，積十文重一兩，一千文重六斤四兩。

有人把設想中的新錢幣樣品呈上。唐高祖李淵將錢幣在掌心中掂了掂，笑着説：「好，好，這錢幣的輕重大小，最為折中，外出帶在身邊也很方便。」當有人要他為新錢幣起個名時，他不假思索地説：「就叫『開元通寶』吧！『開元』，就是開國，就是開闢新紀元，『通寶』，就是流通的寶貨。」

群臣高興得歡欣雀躍，齊聲説：「的確，我們是在開創新紀元啊！」

「開元通寶」錢的流通，在中國的貨幣發展史上具有劃時代的意義。它改變了以重量為幣值的傳統。同時，以錢為寶，也反映了人們對貨幣作用有了進一步的認識，把貨幣當作財富的觀念是大大增強了。

玄武門之變

武德九年（公元 626 年）六月初四，唐高祖李淵的次子秦王李世民伏兵玄武門，誅殺太子李建成、齊王李元吉，脅迫其父讓出帝位，史稱「玄武門之變」。

李淵的元配夫人竇后育有四子，長子建成，次子世民，三子元霸（早夭），四子元吉。太原起兵，主要是李世民之謀，當時李淵就曾對世民作過許諾：如能得天下，由世民為皇太子。李淵即皇帝位以後，仍遵封建法統，以建成為太子。唐朝建立後，世民先後平定了王世充、竇建德等地方勢力，為統一全國奠定了基礎。再說，世民周圍羅致了一大批人才，文有房玄齡、杜如晦等，號稱「十八學士」；武有尉遲敬德、秦叔寶、程咬金等。這就對建成的太子地位形成了直接威脅，於是，建成和元吉聯合起來，想除掉世民。

除掉世民可不容易，因為世民手下良將謀士多，難以對付，於是，他們就想出了分化的計策。建成私下給世民手下的勇將尉遲敬德送去一車金，表示要與他交好。可是，尉遲敬德不為所動，對建成的使者說：「我是秦王的部下，如果私下跟太子來往，對秦王三心二意，我就成了貪利忘義的小人。這樣的小人，對太子又有什麼用呢？」毫不客氣地把一車金給退了回去。

建成等人一計不成又生一計。當時，剛巧唐王朝與突厥之間發生戰事。建成向父親李淵建言，讓四弟元吉代替世民出征，並將尉遲敬德、秦叔寶、程咬金等勇將劃歸元吉指揮，這就等於剝奪了李世民的兵權，把他逼到了死地。這時，李世民手下的長孫無忌、尉遲敬德等人都勸李世民：「先下手為強！」

當天夜裏，李世民向唐高祖李淵告了一狀，說太子建成藉送元吉出征之機要謀害於他。實際上是給誅殺太子埋下一伏筆，讓其父有心理準備。李淵不知就裏，答應第二天一大早叫兄弟三人進宮，由他親

自查問調停。

　　第二天，天蒙蒙亮，李世民已叫長孫無忌和尉遲敬德帶領精兵埋伏在皇宮北面的玄武門了。沒多久，建成、元吉策馬到來，感到那裏的氣氛不對，調轉馬頭準備回去，這時伏兵亂箭射出，把兩人射殺於馬下。

　　這時，唐高祖李淵正在皇宮中等着三個兒子來朝見，忽見尉遲敬德汗涔涔地拿着長矛衝進宮來，忙問：「出了何事？」尉遲敬德説：「太子和齊王作亂，秦王已經把他們誅殺了。秦王怕驚動皇上，特派我來保駕。」

　　唐高祖李淵聞言，嚇得不知説什麼好。

　　這時，宰相蕭瑀站出來説：「建成、元吉的功勞本來就沒世民大，又時時施用奸計，不足為人主。現在秦王既然把他們殺了，這是好事。陛下應把國事交給秦王，就什麼事也沒了。」

　　到這個田地了，唐高祖李淵要反對也沒用了。只好命令各府將士一律歸秦王指揮，各府人員不得起事，誰要起事，作謀反論。過了大約兩個月，唐高祖李淵就正式讓位於秦王李世民，自己做太上皇。李淵當太上皇一直當了 10 年，他親眼目睹了貞觀時的太平景象，對「玄武門之變」這樣不痛快的事，也就不説什麼了。

　　李世民即雄才大略的唐太宗。

官在得人，不在員多

　　唐太宗曾對他的宰相房玄齡説過：「官在得人，不在員多。」此話講於貞觀元年（公元 627 年），可以看作中國歷史上第一個號召「精兵簡政」的宣言。

　　唐初的官僚機構走了個「之」字形。大亂之中，人們不樂仕進。

因此，武德初年，「官員不充」的現象十分嚴重。剛建立起來的朝廷，官員有所缺額。唐高祖李淵曾多次派員到各州府補選官員，並立即推行科舉制度。這樣，官僚層就迅速擴大了，而且顯得有點龐雜，連舊官僚裴寂這樣的人，一轉身就成了唐帝國的要人。唐太宗李世民即位後，面臨的已經不是缺員的問題，而是官員太多、太雜了，一些地方甚至出現了「民少吏多」的怪現象。

在一次早朝時，唐太宗發出聖旨：「如今不在員多，而在得人，唯『省官』，才能政清。」

有的大臣不同意「省官」，說：「百廢待興，極需官員，『省官』將誤事！」

唐太宗向滿朝文武明確宣告：「現在必須大刀闊斧地來一番省官，道理很簡單，官多了，百姓負擔就重，社會也安定不了。再說，官多了，也不一定能辦事，相反效率不高。這個道理相信大家是能理解的。」

唐太宗說幹就幹。他任命房玄齡為這次「省官」的總指揮。「省官」分中央和地方兩級進行。中央一級原有文武官員 2000 餘人，現在經過併省，只留 643 人，一下砍去了七成。對地方一級的官員，唐太宗要求房玄齡「大加併省」，意思是比中央裁員還要多。房玄齡不敢怠慢，一個州縣一個州縣地查審，最後把原來 7000 多人的州縣一級的主要官員裁到 1500 多人，裁去了八成，完全符合了唐太宗說的「大加併省」的要求。

唐太宗的選官也不以親疏為標準。有些人在秦王府（李世民原封為秦王）奉事多年，但除了少數真能辦事的外，有的被「除官」了，有的被降職了，而有些來自原先的建成太子府或元吉齊王府的人，反而當了大官。尤其是魏徵，曾經要太子建成伺機殺了世民，就是在世民當政後，也多次犯顏直諫，有時弄得太宗下不了台。可這樣一個人卻與房玄齡一起當上了官至極品的左右僕射（宰相）之職，總領六部，紀綱百揆，除了最重要的事要奏請皇上裁決外，其他一切事務都可由

他兩人決定，真是有職有權。這樣做不少人不理解，唐太宗的回答是：「我設置官員，是為了能為老百姓辦事，為此當然要擇賢才而用了，怎麼可以以新交故舊為劃分用與不用的標準呢？」

他這樣一說，大家也就無話可說了。[②]

太宗與魏徵

唐太宗與魏徵，可以說是中國古代君臣關係的典範。三國時的劉備，三顧茅廬，終於把多謀善斷的諸葛亮請出了山，劉備喻之為如魚得水。唐太宗看了魏徵給他寫的幾份諫書後，也說：「你陳述的意見，使我知道了自己的過失，我將把這些看成座右銘，永遠放在案頭。你的行為，使我懂得了君臣之間什麼叫如魚得水。」[③]

魏徵出生於書生門第。他早年曾投身於李密為首的農民起義軍，後又被竇建德所俘獲。竇建德敗亡，魏徵被引薦到唐太子李建成門下，成為東宮的座上客。魏徵事奉太子，可以說是竭智盡力。他見李世民位望隆重，嚴重威脅到太子的地位，常常勸說太子快想對策，李世民也風聞此事。武德九年六月，玄武門事變，李世民誅殺了太子及齊王元吉，召來魏徵，責問他：「為何離間我兄弟？」魏徵卻毫無懼色，直言不諱地答道：「皇太子若從徵言，必無今日之禍！」李世民當時雖然很生氣，但器重魏徵才幹和耿直，以禮相待，並引薦他為詹事主簿，掌管太子的家事。李世民當上皇帝後，又馬上任命他為諫議大夫，參與議論時政，規諫諷喻。在這個崗位上，他盡心盡責，深得唐太宗的歡心，在實際的事務中，兩人漸漸成了知己。唐太宗有要事之時，屢屢將魏徵引入自己的臥室，「訪以得失」。這時，魏徵也「喜逢知己之主，思竭其用，知無不言」。

貞觀初年，原太子和齊王的一些黨羽，還在地方上作亂，尤其是

山東地區。唐太宗就命魏徵去宣慰山東，並說：「我不定什麼條條框框，你看怎麼行就怎麼辦吧！」魏徵到達磁州（今河北磁縣），正遇上州縣押解原東宮官員李志安、原齊王府官員李思行的隊伍。魏徵說：「他們並沒有什麼罪，放了他們吧！如果連他們都要處置，人人自危，天下怎麼安定得下來？」押解官說：「沒有皇上的命令，我們不能放。」魏徵強硬地說：「皇上給了我權力，現在是我說了算，我說放就放。」把人全都放了。李世民知道這件事後，對魏徵不避嫌疑、忠心奉國的精神深表敬佩。

有一次，唐太宗問魏徵：「歷史上的人君，為什麼有的明智，有的昏庸？」魏徵回答說：「多聽各方面的意見，就明智；只聽單方面的話，就昏庸。」他舉堯、舜為例來說明兼聽的好處，還舉秦二世、梁武帝、隋煬帝為例說明偏聽的壞處。最後，魏徵歸納道：「治理天下的人，如果能夠採納下面人的意見，那麼下情就能上達，誰想蒙蔽人君也蒙蔽不了了。」唐太宗聽了這一番話，點頭稱是：「你說得太好了！」

又有一天，唐太宗讀完隋煬帝的文集，跟他的左右大臣說：「我看隋煬帝這個人，學問淵博，聰明，也懂得堯、舜好，桀、紂不好，為什麼會幹出那麼多荒唐事來？」魏徵接口說：「一個當皇帝的光憑聰明和學問淵博不行，還應該虛心傾聽下面的意見。隋煬帝自以為才高八斗，驕傲自大，說的是堯、舜的話，幹的是桀、紂的事，到後來越來越糊塗，就必然註定自取滅亡了。」唐太宗聽了，歎息道：「真是前事不忘，後事之師啊！」

貞觀六年，唐太宗的「九成宮」建成，大宴群臣。長孫無忌當着眾人的面半開玩笑半當真地說道：「當年王珪、魏徵這些人在太子建成那裏辦事時，我們相見時就像見了仇敵一樣，想不到今天也能在一起參加宴會！」這話被唐太宗聽到了，他說：「魏徵昔日確實是我的仇敵，但是，他那種盡心盡力的精神，是很值得稱道的。魏徵到我這裏以後，他常常不顧情面懇切勸諫，不許我做錯事，這是別的臣子做不

到的。朕所以特別器重他。在用人唯賢這一點上，朕自以為面對古聖人也毫無愧色。」魏徵下拜道：「陛下引導我提意見，我才敢把心裏話和盤托出。如果陛下聽不進臣下的意見，我又怎敢去犯龍鱗、觸忌諱呢？」太宗聽了十分高興。

魏徵對唐太宗常面折廷爭，有時會弄得唐太宗面紅耳赤，下不了台。一次罷朝後，唐太宗餘怒未息地說：「魏徵每每廷辱我，有機會我定當殺了這田舍翁（意為鄉下佬）！」當時，在朝的官員都為魏徵捏着把汗。但是，太宗回到內室後一想又不對，馬上整理衣冠到魏府去道歉，態度十分懇切，使魏徵感動不已。第二天早朝時，太宗還主動重提此事，向魏徵表示歉意。

魏徵還經常提醒太宗要保持即位時的孜孜以求的作風。貞觀十三年（公元 639 年），魏徵自覺不久於人世，乘太宗詔五品以上官上封事之機，上了《十漸不克終疏》，全面系統地批評太宗在勞役百姓、疏離君子、崇尚奢華、頻事遊獵、無事興兵等十個方面不如貞觀初年，提醒他要「慎終如始」。

太宗看完奏疏後，欣然接納，並當堂對魏徵說：「你這樣提醒我、批評我，好得很！朕一定知錯必改，以終善道。」

朝會散去後，太宗親自把魏徵批評的十條寫成屏條，置放在自己的住處，這樣，可以朝夕見到，對照執行。

唐太宗嚴懲「貪腐人」

唐太宗李世民正式當上皇帝的第一個年頭，有一次，他突然問侍臣：「我聽說西域的一些商人，得到名貴的珍珠之後，就剖開自己的腹腔，把珍珠藏在腹裏，真有這樣的事嗎？」侍臣回答說：「確有此事。」針對這一點，唐太宗就藉題發揮了一番，說：「這些商人啊，真是蠢笨

到了極點，如果剖腹而死，那再珍貴的珠寶有什麼用呢？那種愛珠而不愛身的做法實在不可取。」而後，唐太宗話鋒一轉說到了當官者，他說：「在我們當官者中間，像那些愛珠而不愛身的人有沒有呢？我看是會有的，諸君可得用心防範啊！」

魏徵聽後，旁徵博引，指出古來「愛珠而不愛其身者」，到頭來都身敗名裂，為後人留下的只是千古笑柄。這段有價值的史料，留在《資治通鑒》中，十分珍貴。

事情總是不以人的意志為轉移的，儘管唐太宗一再警示，但是，「愛珠而不愛身」的悲劇還是時有發生。

就在太宗警示群臣後不久，大臣長孫順德「受人饋絹」案發，他用不正當的手段獲取大量財物，犯了貪污罪。這着實讓人大吃一驚。長孫順德在戰爭年代可以說是建有不朽之功業。他是文德皇后的族叔，一起追隨李淵、李世民在太原起兵。最初的萬餘人那支部隊，還是長孫順德牽頭募集起來的。之後他平霍邑、破臨汾、下絳郡，一直打到洛陽，真可謂戰功赫赫。唐高祖李淵即位，拜其為左驍衛大將軍，封薛國公。可是，就是這樣一位在戰爭年代英武不屈的大英雄，到了和平的年月為何「貪冒如是」呢？

當時的主管刑獄的大理少卿胡演說：「順德枉法受財，且數額巨大，罪不可恕！其咎不律。」

唐太宗思之再三，一方面「惜其功，不忍加罪」，同時，又要以此案例教育群臣，因此，當場將順德之罪公佈於眾，並將其從官員名單中除名，削職為民了。後來，唐太宗每每檢閱開國功臣圖，就會對着長孫順德的圖像歎息不已：「你實在不該，你實在不該，我當年對你罰之應得啊！」

還有一例是太宗的太子承乾。他原先是接班人，可就是很不爭氣，喜歡聲色犬馬，常常不學習政事而外出田獵，甚至多日不歸，還與一些不三不四的人混在一起，做了不少的壞事。唐太宗一再訓斥，都不見效。最後，竟發展到與人一起偷盜老百姓的馬牛，並宰殺煮來

吃。唐太宗聞知後，大為光火，最後採取斷然措施，「詔廢太子承乾為庶人！」

有些大臣為太子說情，說道：「念其初犯，就饒太子一次吧！」

唐太宗毫不留情地說：「再饒，就會再犯！」

大臣又進諫道：「廢立太子可是一件大事啊，得鄭重處置呵！」

唐太宗說：「我意已決，不可更改！」

太子承乾就這樣被廢為庶人，也算是唐太宗反貪防變之措施。後來，司馬光在評論這件事時說：「唐太宗不以天下大器私其所愛，以杜禍亂之源，可謂能遠謀矣！」

貞觀之治

貞觀時期（公元 627—649 年），由於唐太宗李世民的勵精圖治、政治清明，社會安定、經濟發展、文化繁榮，國勢極為強盛，出現了中國歷史上備受美譽的「貞觀之治」。

「貞觀之治」的歷史經驗永遠值得記取和加以認真的總結。

如果說隋文帝創設了「三省六部制」的話，那麼，唐太宗是認真地實施了「三省六部制」。實施比創設更艱難，意義更重大。唐太宗時時提醒中央官員，要知道，設立三省六部制，正是為了分工明確，為了相互制約。當官的要兢兢業業，不得以個人之「小情」，鑄成國家之「大弊」。一次，唐太宗特意把主管監察的黃門侍郎王珪找來，十分嚴肅地對他說：

「我聽說，中書省所草擬頒發的文告命令，你們門下省頗有不同意見，有時還發現了錯誤的地方，你們有沒有提出來加以糾正？現在設置中書、門下省，本來就是為了相互制約，防止發生重大的錯誤。

人的意見有不同，這是正常的，也是好事，提出來，不是跟某人過不去，而是為了公事。如果護短，講私情，搞關係，那可是亡國之政啊！我希望當官的要堅守直道，不要只有一個聲音，不要『上下雷同』，這樣才有希望。」④

唐太宗的這番話，可以看成是貞觀時期治官之綱。他對地方官的治理也很嚴格，他經常把都督、刺史的姓名寫在屏風上，對他們的吏治和政績進行考察。

貞觀時期除注重治官外，特別注重治民。唐太宗牢牢記住了魏徵說的「君，舟也；人，水也。水能載舟，亦能覆舟」這句話，並且反覆吟誦，警示自己要「居安思危」，做一個「勵精之主」。貞觀十一年（公元637年）七月二十日，洛陽地區暴雨成災，唐太宗聽到這一消息，馬上下詔令把原先明德宮、飛山宮圈的大片土地分給失去土地的農民。太宗還經常派農官到鄉間農舍了解下情，幫助解決農業上的問題。他還特別規定，農官下鄉不得迎送、不得擾民，不得收受財物。這樣，對社會的安定起了很大的作用。

貞觀時期也是教育事業大發展的時期。唐太宗命令在朝廷設置國子監，下隸國子學、太學、四門學、書學、算學、律學六種學校。另有弘文、崇文兩館，專為皇親國戚和大官僚子弟而設。在地方設京都學和府、州、縣學。這些學校的門類、數量、規模，都是前代所不能比擬的，特別是專科性質的學校的出現，在中國教育史上具有重要的地位。

貞觀時期的社會安定和繁榮還表現在各民族的友好相處上。當時，唐太宗提出了「四夷可使如一家」⑤的口號，十分注意吸收各民族的代表人物參政。唐平東突厥後，將突厥降眾安置在內地，讓他們保持原有的生產和生活習慣，突厥首領在長安任為五品以上將軍、中郎將的官員有100多人，定居長安的突厥人有一萬多家，一直能和平相處，很長時間都未發生令人不悅的事端。

玄奘西天取經

貞觀三年（公元 629 年）三月間，長安發生饑荒，朝廷同意僧侶外出就食，29 歲的被稱為「釋門千里之駒」的玄奘乘機離開長安，私自跟一些商人一起，踏上了西行的漫漫長途。玄奘來到了涼州（今甘肅武威），涼州都督李大亮為執行朝廷有關規定，逼令玄奘回京。幸得當地高僧慧遠的幫助，才得以偷偷西行。

玄奘晝伏夜行，經張掖（今甘肅張掖西北），抵達瓜州（今甘肅安西東南）。這時，朝廷的訪牒（或作「訪牌」，相當於通緝令）也已到了瓜州，嚴令押解玄奘回京。瓜州係天高皇帝遠的邊遠地區，瓜州州吏李昌為玄奘的立志求經的精神所感動，毅然放行。

途中玄奘碰到一位熟悉西行地理狀況的老者。老者告訴他：「西途險惡，沙河阻遠，鬼魅熱風，幾無生還者。」意思是要他作罷。玄奘則表示：「自己已下決心，不到天竺不回頭，就是死在路上也決不後悔！」老人被感動了，便將一匹往返伊吾（今哈密）十五次的老馬贈送給了他。

在由天山南麓過蔥嶺時，吃不了大苦的唯一一名向導藉故離玄奘而去，玄奘不得不獨自一人繼續西行。在茫茫的荒野上，玄奘憑藉着一堆堆駝馬糞和動物骸骨的痕跡前進，過了四座烽火台，便進入了大戈壁。路途足有 800 里，上無飛鳥，下無走獸，險途莫測。玄奘迷失了方向，匆忙之中又倒翻了水袋。走了四五天，由於找不到水，玄奘昏倒在了沙漠之中。半夜裏冷風把他吹醒，他又騎上馬前行。而老馬識途，終於在附近找到了水源，玄奘度過了一劫。

出了大沙漠，玄奘來到了高昌國（今吐魯番）。高昌國王篤信佛教，也久聞玄奘的大名，一定要留玄奘於高昌。玄奘不從，高昌國王就不准他出境。玄奘以絕食表示自己的決心，高昌國王終於被感動了，放他西行。

玄奘西行中到達了凌山地區（今天山山脈的騰格里山）。凌山高入雲天，山頂冰雪不化，登攀極為困難。玄奘就轉道中亞地區，爬過了艱難程度高於凌山的大雪山（即阿富汗的興都庫什山），翻越黑嶺（阿富汗興都庫什山南面的一座大嶺），終於在第二年的夏末進入了北印度。

玄奘從高昌國到達印度，經過大小 20 多個國家，歷時一年，其遭遇的困難是常人難以想象的。

玄奘進入印度後，印度僧、俗兩界人士對這位來自大唐的高僧表現了極大的尊敬，並給予熱誠的歡迎。玄奘並沒有陶醉於初步的成功之中，而是馬不停蹄，到處瞻仰佛教聖地並隨處求學，足跡遍及北印度、中印度的 40 餘國。貞觀五年（公元 631 年），他進入中印度的伽耶城（今印度比哈爾邦加耶城），前往著名的那爛陀寺學習。

在那爛陀寺刻苦學習五年後，玄奘又到南印度等地考察學習，在外六年後，又重返那爛陀寺。這時玄奘的學術已達到極高的水平。戒賢對玄奘也極為欽佩，安排玄奘以留學生身份主持講席，為全體僧眾講授《攝大乘論》《唯識抉擇論》等佛學經典。該兩論是那爛陀寺以外的宗教思想體系，戒賢讓玄奘主講此兩論，足見那裏學術空氣的自由活躍。

當時，戒賢的高足子光，對玄奘所持的學說有異見，他從東印度請來著名高僧，慫恿其來院與玄奘辯論。誰料這位高僧來此聽了玄奘講論的佛經後，心悅誠服，不單不參與辯論，反而附和玄奘的學說。這樣，玄奘的聲譽進一步提高了。

當時的印度大、小乘佛教爭論不休，大家把統一佛法的希望寄託在了玄奘的身上。五印度的十八位國王，決定在曲女城召開學術辯論大會，請玄奘主講。通曉大、小乘佛教的僧人 3000 多人，婆羅門教 2000 餘人，還有那爛陀寺的僧人 2000 人參加了大會，真是人山人海，前所未有。這是印度歷史上空前的佛教學術大會。玄奘以主持人的身份宣讀了自己寫的《會宗論》《制惡見論》，闡發了大乘精義。在場數千僧人只有數人提出問題，一經玄奘解釋也就沒了異議。18 天過

去了，再也無人能難倒玄奘。大會結束後，由高貴的大臣陪同騎在大象背上的玄奘巡遊四方，並宣揚：「支那國法師大乘義，破除異見，成為普見！」

玄奘在印度的學術地位牢牢地樹立起來了。

玄奘在印度贏得了最高的榮譽，那裏的一些國王和佛學界人士，也有意留他。可是，他學成回國的心從未改變過。貞觀十七年（公元643年），玄奘帶着多年來蒐集的佛經、佛像，以及自己的創作，離開印度，踏上了回歸祖國的途程。

貞觀十九年（公元645年）正月，玄奘終於回到了長安。從貞觀三年偷偷摸摸地離開長安，到貞觀十九年風風光光地回到長安，時間已經流逝了整整16個年頭。去時是29歲的青年人，回來已是45歲的壯年人了。可以說，玄奘把人生最美好的時光獻給了「西天取經」的事業。

玄奘在御賜的弘福寺安頓下來。那裏有按唐太宗指令的護衛日夜守衛着，的確比較清靜。玄奘從印度帶回佛家真經520篋、657部。歸國後的19年間，他孜孜不倦地譯出了梵文經典74部，共1335卷，比歷代高僧譯出的總量還要多，而且質量是不可同日而語的。

日本「遣唐使」來華

唐代社會是一個開放的社會，不只大批有為之士走出去，到世界各地去學習和取經，還敞開大門讓世界各國的人們走進來。在唐代，尤其是貞觀年間，日本多次派遣遣唐使來華，就是一個明證。

中日交往，源遠流長。東漢初年，倭奴國（約在隋大業年間國號為日本）曾遣使入貢。隋朝建立後，日本先後三次派遣隋使來華，隨同遣隋使來華的留學生高向玄理和僧文，分別在中國留學33年和25年，回國後，擔任日本國的重要職官。唐朝建立以後，日本國來華的

積極性更高，從貞觀四年（公元 630 年）到昭宗乾寧元年（公元 894 年）的 264 年間，日皇派遣的「遣唐使」有 19 批之多，當然主要還是集中在貞觀年間。

日本遣唐使團，設大使、副使，均由貴族且文化素養高的人擔任。下設判官、錄事數名。除譯員、醫師、船匠、水手等大批人員外，每次都有留學生 20 名上下，留學僧數十名。日本遣唐使團少則百餘人，多則 500 多人。

大唐帝國對日本的遣唐使團十分重視。使團一踏上大唐國土，有關地方當局就會優禮相待，安排食宿等一切事宜。地方上報唐廷後，唐廷就會安排他們沿大運河北上長安。到了長安，唐廷會派專人接待，並以優禮相待，住入「四方館」內，並由遣唐使將攜來的貢物進獻給大唐皇帝。皇帝表示感謝，並予以接見。

隨團而來的留學生和留學僧，對中國與日本的文化交流起了很大的作用。大唐高僧玄奘從印度傳入法相宗，在中國一時風行，這一教派也很快由留學僧傳入日本。爾後，華嚴宗、律宗盛行於唐，也成了日本最有影響的教派。唐政府對留學生十分優待，在學習期間，食宿、衣被都由唐廷供給。有一名叫吉備真備的留學生，在唐 17 年，精通中國的歷史和文化典籍，回國後向 400 多名學生講授《史記》《漢書》《後漢書》三史，導致了日本國後來《大寶令》有關學制方面的改革。他講的《五經》，對日本文化影響也至深至大。

文成公主入藏

唐太宗貞觀十五年（公元 641 年），唐宗室女文成公主赴吐蕃，與吐蕃贊普松贊干布和親，揭開了漢藏兩族友好關係的序幕，具有重大的歷史意義。

吐蕃，藏族的祖先，活動在今西藏和四川西部一帶。公元 7 世紀，吐蕃人在傑出的贊普（即「王」）松贊干布的帶領下，統一了西藏，遷都於拉薩（古稱「邏些」），建立了吐蕃王國。松贊干布仰慕唐朝的風情與強大，力求與唐朝建立和平親睦的關係。

貞觀十四年（公元 640 年），松贊干布命大相祿東贊為正使，率領隨從百餘人，攜聘禮黃金 5000 兩，珍玩數百件，赴長安求婚，太宗經過反覆考慮以後，決定許以自己長期收養的文成公主為藏王的妻子。

貞觀十五年初，文成公主踏上了全長 5800 餘里的去拉薩的途程。唐太宗命江夏王李道宗以長者的身份作為送親使者，護送文成公主入藏，帶去了豐厚的妝奩，包括珍寶、金玉飾物、金玉書櫥、綾羅綢緞，以及大量的書籍、食物、飲料、藥物、日用品，以及一尊釋迦銅像。隨行的侍女有 25 名，還有許多樂隊、工匠。為了表示誠意，松贊干布親自率兵到黃河源頭附近的柏海來迎親。

文成公主的入藏，對西藏人民來說，簡直是盛大的節日。沿途既有地方官員的迎送，更有大量民眾的熱情歡迎。文成公主到達拉薩那天，是藏曆的四月十五日，那一天拉薩成千上萬的民眾傾城而出，爭相一睹這位漢家公主的容貌。這以後，藏曆的四月十五日，成了藏族人民的傳統節日。

為了安頓這位崇高的文成公主，松贊干布特地為她建造了一座華麗的宮殿，這就是布達拉宮。現在的布達拉宮中還保存着他們結婚時的洞房遺址，還有文成公主帶去的那尊釋迦佛像，以及他們夫妻兩人的塑像。

文成公主入藏在漢藏交往史上是一件大事。她帶去了漢族人民的先進文明，犁耕、紡織、建築、造紙、製墨、製陶、冶金等技術傳入了西藏。文成公主是一個篤誠的佛教徒，佛教在西藏的傳播和發展與文成公主的努力是分不開的。同時，西藏的打馬球、女子椎髻等習俗和遊藝也傳入了中原地帶。唐代詩人陳陶作詩道：「自從公主和親後，一半胡風似漢家。」確實如此。

唐高宗的「貞觀遺風」

貞觀二十三年（公元 649 年），唐太宗因病去世，太子李治繼位，那就是唐高宗。唐高宗做了 34 年的皇帝，其間基本上政局穩定、經濟發展、社會繁榮，當時在世界上可以與強盛的唐王朝相比擬的，只有東羅馬帝國和阿拉伯哈里發帝國（大食帝國）。

唐高宗時代的強盛，是與當時的統治階層能固守「貞觀遺風」分不開的。

高宗初即位的時候，召集群臣，開誠佈公地說：「朕剛剛即位，許多事情可能不太了解，大臣們對於那些不利於民生和百姓的事，盡可以奏陳，不要有任何的顧慮。」高宗主政做得十分細緻實在，他勤於政事，大一點的事都要親自抓。他主張一個州一個州地解決問題。永徽、顯慶年間，年富力強的高宗每年讓十個州刺史來京，親自詢問百姓的疾苦，商討如何解決問題。在高宗的親自過問下，那些州長官也不敢怠慢，對下屬的縣吏也嚴加督責。如此層層推進，高宗一代的吏治大致上比較清明。當時的人口比唐初大約增加了一倍，可見民眾是能安居樂業的。

高宗也比較注意納諫，聽得進不同的意見，就是逆耳之言也能傾聽。永徽五年（公元 654 年）十月，高宗已經登基五個年頭，國家的整個發展趨勢也很好，於是，就下令大興土木，僱傭雍州地區的 4 萬多民工準備修築長安外郭城。雍州參軍薛景宣進諫道：「皇上還是不要大興土木的好，當年漢惠帝大築長安城，最後倒了大霉，連命也送掉了。當今國力雖強，但也經不起大舉築城這樣的大折騰的，弄得不好會出大亂子，請皇上三思。」當時有一個叫于志寧的官員霍然站出來，義形於色地說：「薛景宣危言聳聽，故作驚人之語，罪該當死！」高宗卻說：「景宣態度雖然顯得有點狂妄，但說的卻是真心話，說得也有道理。如果因為態度不好而獲罪、被殺，那以後誰還敢犯顏直諫？」高

宗不只按照薛景宣的意思馬上停止了工程，還重重地嘉獎了他。

高宗在位期間，尤其是他當政的 20 來年，表現出一種積極進取、務實求真的精神狀態。高宗即位的第二年，當年曾蒙騙過唐太宗的娑婆寐又來到了長安，向高宗推銷他所謂的「長生不老藥」。高宗果斷地說：「自古以來哪裏會有神仙？哪裏會有長生不老藥？秦始皇、漢武帝花那麼大的力氣去追求，結果除勞民傷財外，什麼都沒有得到！世間哪裏有不死的人？有的話站出來讓我看看！」這時，大臣李勣站出來作證，說：「娑婆寐這個人，先帝在世時我就見過他，那時身體尚行，沒過多少年，現在頭髮白了，身體也衰敗得不成樣子了。這樣的人，哪裏能讓人長生不老，是個騙子是肯定的了！」於是高宗就把這個騙子驅逐出了宮廷。不久，娑婆寐病死在長安街頭，證實長生不老只是荒唐的夢想。

永徽六年（公元 655 年）十月，也就是高宗登基後的第六年，他做出了一件非常之舉：廢名門出身的王皇后，立庶族出身的武則天。

廢立的消息一傳出，出現了一場「皇后廢立」之爭。反對得最屬害的是兩位德高望重的顧命大臣。一位是長孫無忌，他是太宗長孫皇后的兄長，高宗的舅舅。當年高宗以太宗第九子的地位立為太子，長孫無忌起了關鍵的作用。另一位是參與過太宗很多軍政大事決策的「忠烈之臣」褚遂良，他與長孫無忌一起被太宗列為顧命大臣。他們堅決反對廢王皇后而立武皇后，還搬出了三條理由：其一是「王皇后名家」，在長孫無忌這樣一些名門權貴看來，皇后是非名門莫屬的。退一萬步，就是王皇后不行（王皇后未生育），也應「妙擇天下令族」。其二，王皇后乃「先帝為陛下所娶，廢后，違先帝之命」。違先帝之命，是一條大罪狀。其三，武氏出身低微，因此「何必武氏」。

不搬出三條倒罷，搬出這三條更使高宗堅定了廢立的決心。他雖沒明說，但內心裏很明白，這次廢立，倒不在乎誰上誰下，而在於要把士族的殘餘勢力掃除掉，真正樹立起帝王的權威。

針對長孫無忌和褚遂良所言「何必武氏」，高宗作了明確的回答：

「必在武氏！」

「這是為什麼？」

「因為她是庶族出身的一個傑出女子！」

「僅僅是如此？」

「還因為我是君王，君王之威！立武氏是作為君王的朕定下的。」

在廢立上，高宗很講究策略。他先把比較隨和的同樣是權臣的李勣找來，推心置腹地對他說：「朕想立武昭儀為后，可是，顧命大臣長孫無忌、褚遂良堅決不同意，你看該怎麼辦？」李勣是善於察言觀色的，他知道高宗廢立之意已決，便順水推舟地說：「這是陛下的家事，何必要問外人！」有了李勣這一句話，高宗就放心大膽地行廢立之事了。

堅決站在世族一邊反對廢立的元老派長孫無忌被貶到邊遠的黔州（今四川彭水），並被逼自殺。褚遂良則被貶於愛州（今越南清化），老死在那裏。就在永徽六年的十一月，武則天為后。

武則天執政

顯慶五年（公元 660 年）以後，高宗經常頭暈目眩，影響了處理政務。這時的武則天就開始插手政治，參與國家大事。如果從與高宗共理朝政算起，到唐中宗復位武則天退出政壇止，那她前後執政達半個多世紀。她是是中國歷史上唯一正式稱帝的女人。同時對中國歷史的正面影響不可低估。

武則天執政後，第一件大事就是積極支持高宗打擊以元老派為代表的世族勢力，培植新生的、富於朝氣的寒族勢力。宰相上官儀反對武則天干預政事，請高宗廢之。當時，武則天尋找出上官儀的種種劣跡，將其打入了牢籠，最後死於獄中。為培植寒族勢力，她建議高宗

設立了「北門學士」，目的在於削弱宰相的權力。北門學士根據政治需要編撰必要的書文，成為武則天名副其實的政治助手。從此，「北門」與「南衙」（以宰相為首的朝廷機構）相對，「北門」常常據於上風。

上元元年（公元 674 年），武則天向高宗「建言十二事」。[⑥]當時高宗已經步入他生命的晚年，武則天是個聰明人，她要在高宗在世的時候，推出她的執政綱領。「十二事」涉及的範圍極廣，包括政治、經濟、軍事、社會生活各個方面，其中五條是關於提倡農業、減免賦役、與民休息的內容的。這「十二事」也是考察州縣官吏政績的依據，如果所轄地區「田疇開闢，家有餘糧」，則加以獎勵；如果所轄地區「為政苛濫，戶口流移」，則加以懲處。

唐高宗病逝後，武則天又立了幾個李姓皇帝，都不中意，最後於天授元年（公元 690 年）九月，宣佈改唐為周，自稱聖神皇帝，建都洛陽。

一段時間裏，武則天在用人上有點濫。當時凡是負責巡行天下、視察政治和民風的「存撫使」引薦的人都使用，高者試鳳閣舍人、給事中，次試員外郎、侍御史、補闕、拾遺、校書郎，試官制度由此開始。當時社會上流行這樣的諷刺詩：「補闕連車載，拾遺平斗量。欋推侍御史，碗脫尚書郎。」一位名叫沈全交的舉人再續了兩句：「糊心存撫使，眯目聖神皇。」這首詩不只譏刺那些「存撫使」，還直接諷刺到「聖神皇」武則天頭上來了，那還了得？御史紀先知到處捉拿，最後把沈全交擒獲了。這位御史以為可以大受讚賞了，不料武則天大笑道：「這有什麼呢？如果你們這些當官的人不選官太濫，人家怎會寫那樣的諷刺詩呢？問題在朝廷這裏，不在人家，應該馬上把那舉人釋放！」武則天在政治上顯得是那樣的大度和大氣。

武則天還廣開言路，對於實事求是的官員深表讚賞。長安元年（公元 701 年）三月，當時春氣已發，萬物復甦，天突然下起了大雪。這時大臣蘇味道聲稱是瑞雪，率領文武百官向則天皇帝朝賀。只有一個名為王求禮的御史不賀，他朗聲對武則天說：「如果三月雪為瑞雪的

話，那麼可不可以說臘月雷為瑞雷呢？」武則天並不因為他的話掃了興而不高興，相反和顏悅色地要他講下去。王求禮說：「現在已是三春時節，草木已經發榮，下了這樣一場大雪，只會摧殘農作物，造成災害，哪裏說得上一個『瑞』字呢？藉此祝賀的人都是拍馬諂諛之徒，是不可信的！」武則天首肯了王求禮的話，馬上宣佈罷朝，再不搞什麼「瑞雪朝賀」了。

武則天執政的半個多世紀，基本上是沿着「貞觀之治」的路線前進的，因此，史家稱其為承前啟後的武周政權，之後的「開元之治」很大程度上得益於武則天的治理。

開元之治

神龍元年（公元 705 年），有為且高壽（她活了 82 歲）的「則天大聖皇帝」在洛陽上陽宮去世後，他的兒子唐中宗親自護送靈柩回長安，將其與唐高宗合葬在乾陵，並在陵前樹立起了一塊高高的「無字碑」。這位風雲半個多世紀的女皇帝的一生的功過是非，只能讓後人去評說了。

經過七八年的爭鬥，政權落到一脈僅存武則天的小兒子李旦手裏，他就是睿宗。延和元年（公元 712 年）睿宗禪位給他的第三子李隆基，改元先天，一年後，又改元開元，他就是在中國歷史上有名的唐玄宗（唐明皇）。

開元這一年號一直維持了近 30 個年頭，那是唐代經濟繁榮、政局穩定的太平盛世，也是中國封建社會的鼎盛期，史稱「開元之治」。再加上之後的天寶年間的 14 年，這將近半個世紀的歲月，史稱「開元盛世」。

唐玄宗很注意從歷史中總結經驗，吸取教訓。他自己閱讀史書，

為了讀懂讀通史書，特設置了侍讀一職。馬懷素、褚無量就是他最早的侍讀。在這點上，玄宗繼承了太宗「以史為鏡」的傳統。

唐玄宗即位後，即將被貶為同州刺史的姚崇調至京師，拜為宰相。玄宗勵精圖治，遇事多與姚崇商量。姚崇對玄宗的獻策是16個字：

「抑制權勢、虛心納諫、嚴格選官、不受貢獻。」

對此理政名言，玄宗牢記在心頭。玄宗又任盧懷慎為相。盧懷慎與姚崇配合默契，嚴懲侵害百姓的貴戚，由是使貴戚束手。開元四年（公元716年），代替姚崇為相的宋璟，隨才授任，使百官各稱其職、刑賞無私、敢犯顏直諫。宋璟從廣州都督任調回京師，廣州吏民為他立「遺愛碑」。宋璟知道後，認為這是一種拍馬的作風，斷不可長，請玄宗下令禁止。這樣其他州都不敢為長官立碑了。

開元年間，唐玄宗提倡節儉。要求從皇帝的服飾、車輦上的金銀器玩起，一律銷毀。宮廷中的所有金銀物品也加以銷毀，熔化後的金銀原料，供軍國之用。他甚至走了極端，要求把宮廷中的珠玉、錦繡這些以往的帝王視為珍品的東西，付之一炬。在他看來，這些都是讓帝王將相走上腐化蛻變的誘因。在日常生活中，他穿着常人所穿的衣服，吃的東西也十分簡單。開元二十二年（公元734年），他親自在苑中種了一片麥，平時澆灌、養護都由他與家人自己料理。到收割的時候，就動員家裏的皇太子等一起來幹。事後，他對皇太子等人說：「這些糧食是要用來祭祖宗的，我們得親自栽培。同時，親自種一點糧食，就能知稼穡之艱難了。」

開元時的宰相都很清廉。姚崇為相，在京城無宅第，就寓居在大寧坊中的罔極寺中。接替姚崇的宋璟同樣不置個人宅第，同樣住在罔極寺中，終老致仕時，同樣家無餘錢。宰相盧懷慎不置產業，所得俸賜，全都散給親舊，妻子不免饑寒，所居不蔽風雨。張嘉貞不營產業，有人勸他購買田宅時，他說：「我貴為將相，何憂寒餒！若自身或子孫有罪，雖有田宅，還會有什麼用呢？看歷史上和現實中，有些人廣佔良田，身故之後，不過成為無賴子弟酒色之資罷了。那樣的事，

我是不做的。」

有這樣好的宰相行政，是出現「開元之治」的重要條件。

人們習慣於將唐太宗時的房（玄齡）、杜（如晦），與唐玄宗時的姚（崇）、宋（璟）相提並論，這實在是很有意思的。⑦如果太宗一朝沒有房、杜，那將不可能有彪炳千秋的「貞觀之治」；如果玄宗一朝少了姚、宋，那也不會有政治、經濟、文化登峰造極的「開元之治」。

鑒真東渡

玄奘西天取經後大約一百年，唐玄宗時代，又出了個偉大的僧者，那就是鑒真和尚。他東渡日本的事跡，同樣催人淚下，在中日友好史上，添上了重重的一筆。

鑒真俗姓淳于，揚州人。他父親是個虔誠的佛教居士，經常到大雲寺參禪拜佛。在家庭的影響下，幼年的鑒真對佛教產生了濃厚的興趣，14 歲那年，他在大雲寺出了家，取法名鑒真。從此，他勤學苦修，並到長安、洛陽等地遊學，學習了聲明、工巧、醫學、語言、文學、思辨、建築、雕塑等多方面的學問，成為公認的學問家。開元元年（公元 713 年），鑒真回到揚州，成為大明寺的大師。後來的數十年間，鑒真和尚一直在大明寺修行，當然他的盛名已經遠遠越出揚州地區，甚至在國外也享有很高名望。

當時，從中國傳入日本的佛教已在那裏紮根，且相當盛行。可就是缺少大師級的人物為那裏的佛學掌舵。開元二十年（公元 732 年），日本派遣遣唐使時，專門有兩位「具有跨海學唐朝之志」的青年和尚榮睿、普照加入。他們一到唐朝，就馬上在各地物色能到日本傳道的名僧，最後相中了鑒真。榮睿和普照在回國途中，來到了揚州大明寺，問他能否到日本去弘法。當時鑒真已經 54 歲，見對方「辭旨懇

至」，為了弘揚佛法，就不顧生命危險，決定前行。

第一次東渡失敗了。先是當鑒真徵求弟子們的意見時，竟無一人願意隨行，主要是怕遠洋航行不安全。但是，鑒真堅定地說：「我冒險東渡不為別的，是為了法事也。為弘揚佛法，就是死了，也是值得的。你們不去，我去。」弟子們被感動了，有 21 個弟子願隨師父前去。但這時遇到了麻煩，有人告發他們偷渡，還認為隨行者中有的人行為不端，並抓捕了日本來的榮睿、普照，沒收了海船。就這樣，首次東渡失敗了。

不久，鑒真個人出錢 80 貫買下一條退役軍船，僱用 18 名水手，準備了種種佛事用品，除正式東渡的僧人外，還備了畫師、雕刻師、鐫碑師等，共百餘人，天寶二年（公元 743 年）十二月啟程，但一出發就遇上大風，第二次東渡又失敗。

第三次東渡船行至舟山群島，又遇大風，船觸暗礁沉沒，鑒真一行被困荒島三天三夜，後被人發現救至明州（今寧波）阿育王寺安息。

第四次東渡鑒真一行偷偷來到福州，準備在不太為官方注意的地方出海，不料又被官府知曉。鑒真船剛出海，就被官方發現，後押送回揚州。

鑒真沒有因為一次次的失敗而放棄。他在揚州繼續做東渡準備。天寶七載（公元 748 年）六月二十七日，鑒真與僧眾 30 人從揚州出發，出長江口後遇大風，船一直在海上漂了 14 天才着岸，有人告訴他們，他們是來到了海南島。在那裏，留居了 1 年多。隨去的日本和尚榮睿因病死去，普照吃不起苦，不告而別。鑒真受了酷熱，兩眼十分模糊，雖醫治不見好轉，而最得意的弟子祥彥又死去。鑒真在磨難中，仍不改東渡之志。

天寶十二載（公元 753 年）日本的第十次遣唐使來華。日方希望鑒真隨行。這次，鑒真終於如願以償。船隻從十一月十六日出發，到十二月二十日終於到達了日本。在日本，民眾熱情地歡迎這位中國人民的友好使者，他得到了「傳燈大師」、「大僧正」的稱號。天寶十三

年（公元 754 年）四月初，在鑒真的指導下，在東大寺大佛像前築起
了戒壇，成為日本舉行受戒儀式的主要地方。鑒真首先為天皇舉行戒
禮，接着是皇太子、皇后。400 餘沙彌受戒，開創了日本佛教徒登壇受
戒的先例。鑒真在日本弘法 10 年，一直到 76 歲高齡時安詳圓寂。他
的奮鬥精神，他的獻身精神，永遠為中日人民記取。

「科聖」一行和尚

　　盛唐時期，人才輩出，差不多在各個文化領域裏都湧現出了登峰
造極式的人物。有「科聖」一行和尚，有「藥聖」孫思邈，有「史聖」
劉知幾，有「畫聖」吳道子，還有「詩聖」杜甫。這裏先説説一行和尚。

　　早年的唐玄宗，為了國家的發展和社會的繁榮，特別重視科學人
才的發掘。在古代，農業是根本，而農業的發展又有賴於科學和科學
人才。當時使用的曆法是高宗時制定的《麟德曆》，但根據這部曆法推
算的日食，多次失準，在農時上誤差也相當大。唐玄宗為此傷透了腦
筋。他想找一個真正懂得天文曆法的人來主持制定新法。

　　有人告訴玄宗，在天台山國清寺（在今浙江天台）有一個一行
和尚，因不滿武三思等人的專橫，就躲進深山修行。此人不僅道行深
厚，在天文學與數學方面也有超乎常人的造詣。玄宗聽説之後，甚為
高興，當即就派要員去請一行出山，並答應讓他做管理天文曆法方面
的官員。但是，一行決意不肯做官。開元五年（公元 717 年），玄宗特
意把一行安排在長安城內的華嚴寺。玄宗明確告訴一行：「這樣安排，
一是可以讓你安心在這裏研究天文和翻譯佛經，同時朕也可以隨時來
看望你，詢問治國安民之道。」

　　玄宗這樣説，使原先孤高自傲的一行感到很溫暖，也很踏實。

　　玄宗説到做到，時不時地來到華嚴寺看望一行。兩人年歲相當，

雖說一行還年長兩歲，可在一起交談時，還稱兄道弟。在最初的幾年間，玄宗親自造訪一行竟有數十次之多。

開元九年（公元 721 年），玄宗詔令一行改造新曆，以糾正舊曆的失誤。一行很爽快地答應了。

一行先製造了黃道遊儀，以確定黃道的進退。接着，用其測量了二十八宿與天體北極的度數。在實際測量中，一行發現二十八宿的位置與古籍記載的不同，從而證明了恆星的位置是不斷移動的。得出這一偉大的結論，要比英國天文學家哈雷在 1718 年提出恆星自行的學說早了將近 1000 年。

一行的另一科學成就是首次測量了子午線的長度。一行使用自己設計的「覆矩圖」儀器，利用勾股圖計算，得出了南北兩地相距 351 里 80 步（約合今 129.22 公里），北極高度相差一度的結論。一行等人實地測量了子午線的長度，不僅在中國天文史上是一次創舉，在世界上也是首次。一行所測子午線長度，與現代值相比，也僅相差大約 11.8%。國外測定子午線長度要在一行之後的大約百年。

一行在用黃道遊儀測定二十八宿與天體北極的度數，以及測量子午線長度的基礎上，參考歷代曆法，寫出了《大衍曆》的初稿。在這期間，玄宗一直關心着一行的事業，為他取得的每一個成就而高興。兩人的交談內容不僅在於天文曆法方面，還涉及到農業、商業、文化以及政治。開元十五年（公元 727 年），一行將《大衍曆》的初稿呈給玄宗，玄宗仔細地審閱着，還不時在文稿的天頭上寫下自己的心得。有些不甚了了的，就派人去向一行請教。這時，恰逢玄宗有事須東去洛陽，玄宗就邀一行同行。也許是長期辛勞的緣故吧，一行途中突發暴病，搶救不及，死於途中的新豐（今陝西西安臨潼區新豐鎮），年僅 45 歲。玄宗為此甚感傷心，也甚為愧疚，馬上詔大臣張說與曆官陳景玄一起寫定《大衍曆》，完成了一行未竟的事業。

一行的事業是不朽的。後人評述道：「一行造《大衍》，非聖人而何？」他是完全配得上「科學聖人」稱號的。

「史聖」劉知幾

唐中宗景龍三年（公元 709 年），自稱「三為史臣，再入東觀」的大史學家劉知幾毅然決然地向史館監修蕭至忠提交了辭職信，那時他已年近五旬。在辭職信中他嚴厲批評了當朝史館的五大弊端，以為在這樣的機構中辦事是難以忍受的。史館當局知道劉知幾是個大才，對辭呈不予批准。而劉知幾去意已定，自個兒打點行囊，回到長安的家中，埋頭著述。在玄宗的開元年間，劉知幾除了「再入東觀（指皇家藏書館）」外，基本上是閉門謝客，埋頭寫作。他用了自己生命的最後十年，寫出了皇皇史學批評巨著《史通》。

《史通》一書，對過去的史學作出了批判性的、建設性的全面總結，為他抑鬱不得志的一生，樹立起了一座永遠的豐碑。

劉知幾依照流派和體例，將眾多的史書概括為「六家」和「二體」。所謂「六家」，是指《尚書》家、《春秋》家、《左傳》家、《國語》家、《史記》家、《漢書》家；所謂「二體」，是指「紀傳體」和「編年體」。「二體」中，「紀傳體」的編纂技術更為複雜，《史通》對它的分析也更細緻，對「紀傳體」的「本紀」、「世家」、「列傳」、「表曆」、「書志」，多所剖析，且具體到某篇某章。如《史記》中的《陳涉世家》，劉知幾就認為欠妥。陳勝起義僅 6 個月即兵敗身死，子孫未嗣，封地也無，「無世可傳，無家可宅」，太史公作《陳涉世家》實在「名實無準」。這樣的批評，大致上還是中肯的。

劉知幾提出了史家「三長」說 —— 即「才」、「學」、「識」俱長。對此，他與一位禮部尚書之間有過一段對話。

禮部尚書鄭惟忠問：「自古以來，文士很多，但史才不多，是何道理？」

劉知幾作了長篇大論的回答：「這也是不奇怪的，因為史學人才要有三長：才也，學也，識也。如果有學而無才，就像家有良田萬頃，

黃金萬兩，但主人是不懂得營生的蠢人，結果還是不能增值。如有才而無學，即使是像魯班那樣難得的巧匠，若沒有斧頭鑿子這樣一些工具，也是建不了屋宇的。一個史家，一是要有才氣，二是要有學問，三是要有識見。三樣中一樣也不可少。」

鄭惟忠：「請先生對史識、史才、史學作具體一點的解釋。」

劉知幾回答：「具體地說，史識是指正確的觀點、見解和秉筆直書的精神。史才是指編纂史書、述說史事的能力。史學是指掌握豐富的史料，學問淵博。優秀的史家應該具備這三長。」

鄭惟忠問：「這三長中，哪一長更為重要呢？」

劉知幾回答：「都重要。但如果一定要說何者更重要的話，那就是史識。才能是可以培養的，學問是可以積累的，唯有識見最難得。史學中有史識者百無一人。」

《史通》一書奠定了中國古代歷史編纂學、史學史研究、史學批評學的基礎。《史通》的誕生，標誌着中國古代史學批評已形成全面的理論系統。宋人黃庭堅將它與《文心雕龍》一起視為文史領域的「雙璧」。

「醫聖」孫思邈

歷經高祖、太宗、高宗三朝的藥學大師孫思邈，在當時就有「三不應詔」的美譽。

武德之初，高祖起兵於太原。當時孫思邈就在境內。高祖早就聞其醫德大名，要他隨軍，並任這位正當盛年的「蒼生大醫」以四品高官。可是，他固辭了，理由是為了普濟蒼生，他必須遊歷四方，居無定所。

貞觀初，太宗急如星火地把孫思邈徵召來京，見面後，答應授以

高爵。孫思邈立即婉言謝絕，他對太宗説：「皇上對草民的厚愛，我會一直銘記在心，但草民只知為民治病，別無他長，實在不值得陛下垂青。」太宗看他無意仕途，也就罷了。這次，孫思邈沒有馬上離開長安。長安有諸多醫藥圖書，他要藉此機會閱讀，長安有諸多醫家，他要向他們學習。這次他接觸了長安的針灸大家甄權，得益匪淺。後來深州刺史成君綽患急症，頸部腫脹，喉中閉塞，滴水不進已三日。孫思邈見了，與甄權一起會診，最後使其痊癒。

顯慶四年（公元 659 年），唐高宗召見孫思邈，欲授以諫議大夫一官。當時，孫思邈已年近八旬，面對高宗的封官，他仍然不為所動，他説：「草民老矣！來日無多，還是讓我把更多的時間花在救治蒼生上吧！」高宗沒有相強，但要他住在長安，隨時可以諮詢。孫思邈答應了，並一住就是 16 年。

武德、貞觀年間，當時孫思邈年歲還不太大，他基本上穿行於城鎮鄉間，足跡遍歷關中山川，並在貞觀年間南下四川考察風土人情、採集藥材、煉製丹藥，並沿途施診。在此期間，他曾在峨眉山道士處得高子良服柏葉法，在江西治癒湘東王的腳氣病，為梓州刺史李文博治癒消渴病（今謂糖尿病）。其間，他親自為 600 多麻風病患者作過治療，療癒者達十分之一。

到了高宗的顯慶、龍朔年間，孫思邈年邁體弱，主要住在長安整理著述。他曾對人説：「人命至重，有貴千金，一方濟之，德逾於此。」因為身體重於「千金」，因此他把自己的著作定名為《千金方》與《千金翼方》。可以説，這兩部書是中國早期的醫學百科全書。

永淳元年（公元 682 年），101 歲高齡的孫思邈與世長辭。人們為了紀念他，尊其為「醫聖」、「藥王」，將他晚年隱居的五台山稱為「藥王山」。在「藥王山」上的一塊石碑上人們寫道：「鑿開徑路，名魁大醫。羽翼三聖，調和四時。降龍伏虎，拯衰救危。巍巍堂堂，百代之師！」

「畫聖」吳道子

唐玄宗開元年間，民間流傳着這樣一則有趣的故事：有一次，名畫師吳道子去訪問某僧人，想討杯茶喝，不意這個僧人不予理睬，白眼相視。吳道子很不高興，迅即隨手在僧房的牆壁上畫了一頭驢子，然後馬上離去。不料一天晚上，他畫的驢子一下變成了真驢走下畫來。驢子性格暴躁，滿屋子地亂跑、亂跳、亂叫，把僧房的家具雜物踐踏得亂七八糟，一片狼藉。那僧人只好去懇求吳道子，請他把壁上的畫給塗抹掉。吳道子來到僧人居處，僧人熱情款待，吳道子再不好意思作弄，就把那畫抹掉了，一切就相安無事。

畫上的驢會變成真的，當然只是民間的傳說故事，不過卻說明吳道子的畫作有着非同一般的傳神之筆。

這個傳說被頗有文才的玄宗皇帝聽到了，他要見識見識這個非同凡響的畫師。原先，吳道子當過一段時間縣裏管治安的小差使，後來畫興來了，就辭官不幹，浪跡洛東。皇上要找吳道子，也不好找，洛陽那麼大，到哪去找？只有貼文書讓大家一起找，終於在郊外的一個地方把他找到了，匆匆送到宮裏。玄宗讓他當堂作畫，見果然是個奇才，就把他留下了，並宣佈：「吳道子的畫太玄了，以後吳道子更名為吳道玄。他從此入宮供奉，充任內教博士，奉詔作畫，非詔不得畫。」

吳道子常隨玄宗巡遊各地。一次來到東都洛陽，會見了將軍裴旻和書法家張旭。玄宗要三人各自表現自己的絕招：裴旻武藝非凡，當場走馬如飛，將劍拋向天空數十丈，落地如電光下射。張旭善於草書，揮毫潑墨，作書一壁。吳道子奮力作畫，俄頃而就，有如神助。洛陽士庶，觀者如雲，人們一日之中，親睹三絕，真是大飽眼福。

開元十三年（公元 725 年）唐玄宗東封泰山，吳道子隨行。事畢後還至潞州（今山西長治），車駕過金橋，玄宗見千里之中三十萬大軍隨行，甚是壯觀，十分興奮，就要吳道子、韋無忝、陳閎三人共同合

作《金橋圖》。於是，陳閎主畫玄宗真容及所乘照夜白馬，韋無忝主畫狗馬、騾驢、牛羊等動物，而吳道子畫橋梁、山水、車輿、人物、草木、雁鳥、器杖、帷幕等。《金橋圖》繪成後，玄宗稱為「三絕」。

天寶年間，一天，唐玄宗突然想起，蜀中嘉陵江山清水秀，遂命吳道子乘驛傳赴嘉陵江去寫生。這倒是個好機會。到了嘉陵江上，吳道子縱情漫遊，此地好山好水，一幕一幕地在眼前掠過，甚是快意。在那遊山玩水的日日夜夜裏，吳道子竟沒有畫一幅草圖。隨行的人都為吳道子捏了一把汗：你回去如何向皇上交差呢？回到長安，玄宗皇帝急着要看草圖，吳道子回答道：「臣無粉本，都記在心裏、畫在心中了。」玄宗顯然有點不高興了，說：「那好吧，你就馬上給朕畫在大同殿的殿壁上吧！」吳道子不慌不忙，把嘉陵江的一山一水、一丘一壑的勝景引人入勝地畫了出來。他畫的不是表面羅列的嘉陵江景觀，而是嘉陵江三百里風光的高度概括。他凝神深思，一揮而就，玄宗看了，嘖嘖稱讚，說：「吳道玄的畫真是玄妙無窮，堪稱神來之筆！」

後人評論吳道子的畫技多有創新，他寫蜀道山水，始創山水之體，自為一家。至於禽獸鳥蟲，台殿草木，皆有神來之筆，堪稱國朝第一。他被歷代畫工尊為「師祖」、「畫聖」是有道理的。

「詩仙」李白

李白是中國歷史上偉大的詩人。他一生縱遊祖國的名山大川，並從中汲取養料和精氣，融會在自己的血液和經脈中，發而為詩章，人們稱之為「詩仙」。

李白出生在蜀地的一個文人家庭中。據說，幼時他在溪邊看到一位老婆婆，正半跪在那裏磨一根鐵杵。老婆婆已滿頭白髮了，李白好奇地問：「老婆婆，你磨它做啥啊？」

老人頭都不抬，邊磨邊說：「我要把這鐵杵磨成一根繡花針。」

李白簡直不相信自己的耳朵了，反問道：「這麼粗的鐵杵，何年何月才能磨成繡花針啊？」

老人抬起頭望了一眼李白，說：「若要工夫深，鐵杵定能磨成繡花針！」

這件事對李白啟發極深。從此，他認真攻讀詩書，打下了深厚的文化根底。他 5 歲時就能把當時的一些童蒙讀物背得滾瓜爛熟，並能發表自己的獨特見解。10 歲時「遍觀百家書」，「通五經」，到十五六歲時，就「精於詩書」，能寫出同齡的孩子寫不出的好詩美文。

開元十三年（公元 725 年），李白 24 歲。他覺得自己長大了，應該出去看一看精彩的世界。從此四方遊歷一發而不可收。他的一生中，除了少數幾年當過不大不小的京官外，都是在遊覽名山大川中度過的。

他來到風光秀麗的峨眉山，瞻仰了「相如台」、揚雄故宅。

他登上蜀道，寫下了「蜀道之難，難於上青天」的千古麗句。

他攜琴佩劍，順江東下。他來到了武昌，登上了文人際會的黃鶴樓，正想揮毫作詩時，眼中映入了崔顥的題詩。李白再也不敢落筆。當別人問他究竟時，他謙虛地說道：「眼前有景道不得，崔顥有詩在上頭。」

42 歲時，李白在京城長安當過短期的官，但很快就辭官不做了。猶如雁回長空，龍歸大海一般，他又回到壯遊全國的軌道上來。面對滾滾奔流的黃河，寫下了氣勢磅礴的壯麗詩篇：「君不見黃河之水天上來，奔流到海不復回……」

他在遠遊中，結識了同為大詩人的杜甫、高適。三人結伴而行，同遊了梁（今開封）、宋（今商丘）等地，吟誦唱和，成為中國歷史上文人結交的佳話。

李白被稱為「詩仙」。對於此「仙」，人們會有種種解說。我們認為，所謂李白身上的「仙氣」，更多的是一種靈氣，而這種靈氣，又源於對祖國、對祖國山河的熱愛和鍾情。

「詩聖」杜甫

唐代是詩歌的時代。

300 年間，詩人數以萬計，詩歌數以十萬計，而被公認為「詩聖」的是偉大詩人杜甫。

杜甫可說是生逢其時，他來到這個世界的時候，正當「開元全盛日」。當時，國家經濟繁榮、文化發展，交通也很便捷，所謂「九州道路無豺虎，遠行不勞吉日出」。當時，青壯年的讀書人風行漫遊全國，杜甫從 20 歲到 35 歲，就有三次壯遊的經歷，這為他日後的成就打下了基礎。

第一次是南遊吳越。江浙的山水人物，引發了他無窮無盡的想象。這一次雖然沒留下什麼詩作，但應當說對其成長還是大有好處的。

第二次是漫遊齊趙平原。這時他的父親正在兗州做司馬，他在兗州一帶過了四五年的「裘馬輕狂」的生活，也留下了現存最早的幾首詩，如《登兗州城樓》《畫鷹》《房兵曹胡馬》，還有一首最重要的，就是《望嶽》，可算是其中的傑作了，結尾兩句千古流傳：「會當凌絕頂，一覽眾山小。」

第三次是天寶三、四載（公元 744、745 年）間的事。天寶三載，杜甫在東都洛陽遇到了被唐玄宗賜金放還的大詩人李白。這一年，李白 43 歲，杜甫 32 歲，兩人雖然相差 11 歲，卻一見如故。同年秋天，同遊梁（今開封）、宋（今商丘一帶）。天寶四載，又在齊魯相見，兩人還互贈了詩篇。只是可惜，兩人就此一別再未相見。

三次壯遊，是杜甫一生中最快意的歲月。以後的歲月都是在艱難困頓中度過的。

天寶五載（公元 746 年），杜甫西回到了長安。當時，玄宗詔令天下，讓通曉一藝者到京城就選。但是，當時把持朝政的是宰相李林甫，這是個口蜜腹劍的人。他深深地知道，如果讓那些真正通曉一經

和數經的士人進入了朝廷，那就會危及他們一夥人的根本利益，那是萬萬行不得的。因此，在玄宗下詔後的相當長一段時間內，竟無一布衣之士被提拔到中央的重要崗位上來。杜甫在長安困守 10 年，一無所獲。

等待着這位有才氣有抱負的大詩人的更大的災難是「安史之亂」。安祿山起兵范陽，攻下東京洛陽，接着又攻陷潼關，玄宗皇帝匆匆奔蜀，長安淪陷。杜甫帶着妻子兒女東奔西跑，一度被賊人所獲，強行驅趕回已經零落不堪的長安。爾後，又從長安逃出，見到了繼位的唐肅宗。當時杜甫的境況是相當狼狽的，「麻鞋見天子，衣袖露兩肘」。他被任命為左拾遺，擔當天子的諫官。此時，他的心情是很激動的，所謂「涕淚受拾遺，流離主恩厚」，他想好好幹一番事業。但現實又一次教訓了這位天真的書生。當時的天子不再是盛唐時的聖明天子，朝廷紊亂，朝綱不舉，很快，杜甫被不知不覺地捲入了黨爭之中，他莫名其妙地被貶到華州（今陝西華縣）去當一個司功參軍。後來又流落到了成都，「五載客蜀郡」。到成都後的第二年他開始經營浣花溪西岸的草堂住宅，在戰亂中奔波多年的杜甫總算有了個棲身之所了。但是，他是個「窮年憂黎元」的詩人，他仍關心着國事。中原的形勢一天天好轉，他的一個個朋友都「下峽」、「歸京」、「入朝」了，而他仍「自憐猶不歸」。再後來，他又舉家流落到了湖南，在那裏度過了人生最後的歲月。

杜甫十分痛恨魚肉民眾的權貴，乃至當今皇上。他批評窮兵黷武的戰爭給民眾帶來了無盡的災難，在《兵車行》中憤怒指責：「邊庭流血成海水，武皇開邊意未已！」在《麗人行》中，他鮮明地點出：「炙手可熱勢絕倫，慎莫近前丞相嗔！」

杜甫極其愛憐戰亂中流離失所的貧困百姓。在《石壕吏》一詩中，他讓一老婦來控訴戰亂給民眾帶來的痛苦：「三男鄴城戍，一男附書至，二男新戰死，存者且偷生，死者長已矣！室中更無人，惟有乳下孫！有孫母未去，出入無完裙。老嫗力雖衰，請從吏夜歸。」一個原

本完好的家庭就這樣被戰亂給毀了。他多麼希望千家萬戶都過上安居樂業的生活呵，他在《茅屋為秋風所破歌》中寫出了自己的心聲：「安得廣廈千萬間，大庇天下寒士俱歡顏，風雨不動安如山？」

杜甫是一個憂國憂民的大詩人，他十分熱愛自己的祖國。《春望》一詩，讀來動人心魄：「國破山河在，城春草木深。感時花濺淚，恨別鳥驚心。烽火連三月，家書抵萬金。白頭搔更短，渾欲不勝簪。」他在《聞官兵收河南河北》一詩中寫道：「劍外忽傳收薊北，初聞涕淚滿衣裳。卻看妻子愁何在，漫捲詩書喜欲狂。」他自己則多麼希望為祖國獻身，建功立業，「許身一何愚，竊比稷與契。」「窮年憂黎元，歎息腸內熱。」

杜甫是不朽的。作為唐代最偉大的「詩聖」，他的詩與祖國同在，他的詩與他所鍾愛的民眾同在！

萬國都會

隋文帝建國後，就在昔日漢王朝都城長安的東南建造新都大興城（後更名長安）。唐代繼續以此地為都城，並作了大規模的修建。長安城面積為 84 平方公里，分為宮城（皇帝居住及處理朝政處）、皇城（政府機關所在地）、郭城（居民區和商業區）三大部分。郭城採用中軸對稱的佈局，以寬約 155 米的朱雀大街為中軸線，11 條南北向的大街和 14 條東西向的大街把整座城市分為 108 坊，有如棋盤。郭城設有東西兩市，手工業和商業都集中在此。考古發掘表明，東市較大，市的周圍有圍牆，四面各開兩門，也就是說整個東市有八道門。市內東西、南北均有街兩條，交叉成井字形。西市較小，周圍不築圍牆，但市內也有交叉成井字形的街道。各街道考古實測寬為 30 米以上。

長安城擁有大量住戶和外來人口，據估計，常住人口當在 100 萬

以上，是當時世界上無與倫比的大都會。[8]

唐代大都會的特色在於它的國際化。唐代的長安堪稱「萬國都會」，城中居住着數以十萬計的外國使節、商人、留學生、僧侶。當時，與唐朝建立使節往來關係的，至少有 70 國，包括日本、新羅、大食、羅馬、天竺、真臘、林邑等，有時一年中來華的使節多達萬人。這些來華的客人中，不只有亞洲人，還有歐洲人、非洲人。在長安出土的一孩童陶俑，頭髮高度鬈曲，嘴唇十分厚實，專家認定這是來自非洲的黑種人。

與長安相類似的國際化大都市，還有好幾個。

唐代的洛陽也十分繁華。它有南、北、西三市。南市即隋代的豐都市，佔據了兩個坊的面積，市內有 120 行，商家 3000 多家。西市即隋代的大同市。在洛陽除匯集了全國的富商大賈外，也有大量的外國商人。

長江下游的揚州，因為處於南北大運河與長江的交匯處，成為唐中葉以後的一大都會。一些外國史家甚至稱「8 世紀時，揚州是中國的一顆明珠」。在唐代詩人張祜的筆下，揚州呈現「十里長街市井連，月明樓上望神仙」的一派繁華景象，甚至到晚上，商業活動仍未停止。一些外國商船通過水路運來的貨物，都要經揚州換船，所以這裏也是世界各地商人的聚集之地。

地處南地的廣州市也在唐代發展了起來。唐建立以後，阿拉伯和東印度群島的商人紛紛將他們的商船駛向廣州。那些皮膚黝黑的外國人在廣州出售從熱帶帶來的木材和各種神奇的藥材，以換取中國的絲綢和瓷器。由於外國商人發了大財，更吸引了大批外商到來。

這樣繁忙的外事活動，要求唐帝國的政府機構與之相適應。中書省本身就有外交職能。唐朝發出的外交文書，都由中書省負責起草，而對方的文書也相應發送到中書省。中書省還負責接受國書與貢獻，負責外事翻譯。同時，門下省、尚書省等也有各自的外交職能。在中書省下，專設外事機關四方館，四方館又分為東、西、南、北四個方

位的部門，專門負責屬於自己方位的外交事務。在各地方，也都有各
自的外交職能部門。

當時的唐王朝完全是以開放的姿態迎接四方賓客的。對返程的使
節常還發給糧食和路費。不少人到了長安以後，不願回國，於是便讓
他們在長安購買田宅，娶妻生子，長期居留下來。新羅的崔致遠、波
斯的李密醫、大食的李彥升，還在朝廷中擔任了官職，以至有唐朝的
大臣說：「近日中書盡是番人。」這當然是一種略帶誇大的說法，但一
定程度上反映了當時的情況，這裏也是國際大都市。

大唐境內的外國人

唐是一個強盛的國度，也是一個開放的社會。在古代社會，從來
沒有一個王朝像唐那樣吸引了那麼多的外國人的到來，其中有外交人
員，有僧侶，有文化人，尤其是留學生，還有為數更多的商人。他們
對這片神奇的土地表現出了極大的興趣。現在已經難以對當時在大唐
帝國境內的外國人作出確切的計數。

不少學者估計，在長安城 100 多萬的人口中，外國人至少有
二三十萬之多。在這些外國人中，有相當部分是顯赫的使臣。他們來
到大唐，當然是為了保護自己國家的利益。波斯王伊嗣俟三世的兒
子，長期居於唐都長安，受到唐王朝高官的禮遇，一方面視為是一種
榮耀，另一方面也提高了自己國家的身價。據說，「到唐朝來乞求恩
惠」的外國使節還真不少。其中有一些外國政要來到中國後，看到經
商有利可圖，便也經起商來。突厥王子做起了珠寶生意，貞觀年間日
本的一些參拜者開始轉向與西方人做生意。

另外，來唐帝國居住的相當部分人是各國僧侶，唐王朝在執行宗
教自由政策這一點上，使外國宗教界人士十分滿意。太宗貞觀五年（公

元 631 年），太宗應波斯祆教徒之請，在長安建立了祆寺，使他們可以自由傳教。貞觀十二年（公元 638 年），首批景教徒（基督教的一支）來華，唐太宗了解他們的教義後，馬上為他們建造了首個教堂。甚至顯得有點兒怪誕的摩尼教徒也得到了恩寵，他們的教義被破天荒地允許帶進唐朝的宮廷。這實在是太吸引外國傳教士的眼球了。

當然，更多的是外國來華的商人。

在唐朝時，中國沿海的各港口中擠滿了遠涉重洋而來的航海商船。唐朝人對這些體積如此龐大的商船表示驚訝，將這些商船稱為「波斯舶」、「南海舶」、「南蠻舶」、「崑崙舶」、「師子舶」等。對這些商船，大唐帝國極有氣度地一視同仁，都能友好相處。當時風頭最健的是來自錫蘭的「師子舶」，他們的商船長達 200 英尺，可以載六七百人，許多船還拖着救生艇，並配養了信鴿以傳信息。

在作為唐朝政治中心的長安，居住着數以十萬計的外國政治家、學者、商人。長安的外來居民主要是北方人和西方人，如波斯人、突厥人、回鶻人、吐火羅人、粟特人，而其中又以波斯人為主，唐朝政府甚至專門為波斯居民設置了「薩寶」（意為「商隊首領」）來監管和保護他們的利益。在長安西市區裏，一排排的屠宰市、金屬器皿市、衣市、馬市、藥市後面站立的常常是碧眼金髮的外國人。唐中葉以後，飲茶之風大盛，波斯商人得風氣之先，搖身一變又成了茶葉商人。

廣州的外國人居住在行政當局劃定的居住區內。外國人一般由德高望重的長者管理。各個國家的人們居住在一起，和平相處，有秩有序，來自印度的佛教僧侶與什葉派穆斯林之間也能友好相處。每當午時鼓聲敲響時，居住在廣州的各種膚色的外國人以及唐朝的漢人一起湧向市場，進行各種緊張的討價還價的交易，每當日落鼓聲再響起時，他們又各自散去，回到了自己的居住區。有些人當然還會到夜市去。

揚州對外國人來說是個好去處。從廣州運來的鹽、茶、寶石、香

料和藥材，從四川運來的珍貴的錦緞、織花毛毯，都集中到了揚州，然後再轉運到全國各地。揚州還是一座手工業城市，揚州的青銅鏡、氈帽、刺繡，尤其是精緻的蔗糖，著稱於世。外國人在揚州設立的店舖常常佔了大半條街。

可以說，唐代的外國人無孔不入地進入了中國的城鎮，以至於鄉村。美國教授謝弗形象地說：「不管是在哪裏，只要是有利可圖的地方，你就會發現外國人在美麗的中國活動的蹤跡。」

在富庶的川中流域，或者在洞庭湖附近的低濕地區，都會發現求購綢緞的外國商人。在邊遠的涼州，也有外國商人出沒，那裏的主政者常常以舞獅、舞刀的表演來款待外國商人。在發達一點的城市郊外的鄉間，也時不時地可以看到外國人在那裏遊蕩。

一份外來文明的清單

大唐帝國以它的繁榮和文明吸引着世界各地的來客，同時，勤勞勇敢的中國人民又從紛至沓來的外國來客身上吸收着文明的養料。唐代的外來文明有哪些，一直是個難解的謎。前些年，謝弗在厚達 800 頁的《唐代的外來文明》一書中，為讀者開出了一份較為詳盡的外來文明清單。

作者將唐代的外來文明分為十八大類：

第一類：有着一定技藝的人。這包括的範圍似乎很廣，有一定技能的家內奴隸，他們大多被外國的有錢有勢的人們貢獻給唐的當權者。這些家內奴隸有的充當婢女，有的作為獵場的看守人。還有能表演的侏儒，以及樂人、舞人，帶來的是異域音樂與舞蹈。唐玄宗的「霓裳羽衣曲」，實際上就是中亞一帶「婆羅門曲」的改寫本。

第二類：家畜。馬——唐太宗在征戰中的坐騎「六駿」，大都具

有西方馬的血統。唐朝人又將康國（西域）出產的馬引進中國，作為繁殖戰馬的種馬。駱駝——杜甫詩中有「胡兒制駱駝」的說法，可見當時有大量駱駝品種來自西方，牧駝人、馴駝人也都來自中亞等地。此外還有西方品種的牛、羊、驢、騾、犬。著名的「波斯犬」、「波斯貓」就是在唐代中葉引進的。

第三類：野獸。作為動物界最強大、最可怕的獅子，給唐人留下了深刻的印象。貞觀九年（公元635年），唐太宗得到了一頭由康國貢獻的獅子，太宗命虞世南作賦讚譽，這位詩人寫了一首辭藻華麗的《獅子賦》，表現了當時的中國人對獅子的敬畏態度。其他獸類還有大象、犀牛、豹、獵豹、黑貂、白貂、瞪羚、小羚羊等。

第四類：飛禽。唐代的統治者常將飛禽中的猛禽與自己手中的權力聯繫在一起，唐太宗尤其如此。因此，地處東北亞的外國人就為太宗獻上了鷹中之王「金雕」，後來，有外國人又為他送來了白色的「格陵蘭」鶻，唐太宗十分高興，為它起了個大名叫「將軍」，可見其何等地重視。飛禽類還有印度孔雀、鴕鳥、頻伽鳥等。

第五類：毛皮和羽毛。唐高祖李淵取得政權的第二年，西突厥葉護可汗將一張活剝的完整的獅子皮，從千里之外送到了唐都長安。唐高祖十分高興，因為他知道，獅子皮是真正有名望的人或大力士的紀念品，送獅子皮代表着對唐政權的認可。以後，獻皮時有發生，所獻有鹿皮、馬皮、海豹皮、貂皮、鯊魚皮、獸尾皮、鳥羽，等等。

第六類：植物。貞觀二十一年（公元647年），唐太宗別出心裁地要在各國獻給唐朝的「土貢」中，徵集外國植物新產品。於是，外國使者紛紛獻上自己國家的特產，其中最受到重視的是一種所謂的「金桃」。它金燦燦的色澤使唐太宗愛不釋手，於是，太宗就下令在皇家果園中開始種植金桃，並獲得了成功。此外，還有與金桃對應的銀桃，還有棗椰樹、菩提樹、娑羅樹、鬱金香、佛土葉、水仙、蓮花、青睡蓮等。

第七類：木材。貞觀二十一年（公元647年），一個叫隋婆登的

印度尼西亞群島的小國向唐朝貢獻了一種高檔的「白檀」，這種白檀可治鬼氣、殺蟲，還可治腸胃病。唐太宗高興地接受了這批木材。在此以後，進入唐帝國的木材有欄木、烏木等，大都產自南亞。

第八類：食物。中國長期以來製作發酵飲料的原料是粟、稻和大麥，用葡萄製作酒類那是唐代的事。貞觀二十一年（公元 647 年）春天，西域的葉護可汗向唐太宗貢獻了長長的名為「馬乳葡萄」的紫色葡萄，並贈送了以此釀造的美味葡萄酒。也不知道唐太宗是否有勇氣喝下這種葡萄酒，人們只知道這種優質的葡萄後來種植到了長安禁苑的兩座葡萄園中。而後來的楊貴妃是真的喝了用玻璃杯裝着的「西涼葡萄酒」的。此外進口的食物還多得很，如菠菜（俗稱波斯草）、甘藍菜、苦菜、千金藤、甜菜、新羅松子、文魚、胡椒、胡芥、蔗糖。

第九類：香料。唐朝上層社會的男男女女都生活在香雲繚繞的環境之中。他們的身上散發着香味，浴缸中加有香料，而衣服上則掛着香袋。庭院住宅內，幽香撲鼻；公堂衙門裏，芳香襲人；廟宇寺觀，更是香煙嫋嫋了。連皇帝閱覽大臣的章疏，也必須首先「焚香盥手」。這些都起始於唐代，而唐代的這種種「規矩」實屬外來文明，香料也大多來自國外，有沉香、欖香、樟腦、蘇合香、安息香、爪哇香、乳香、沒香、丁香、青木香、茉莉香、玫瑰香、甲香等。

第十類：藥物。有人依據最權威的醫藥著作推算，唐代合成的藥物已經多達上千種，而其中大約有 1/5 的藥物來自異域。有來自伊朗的肉桂、五倍子、丁香、密陀僧等；有來自印度的胡椒、犀角等；有來自錫蘭的斑蝥等。更為重要的是外國醫藥理論對中國的影響。公元 7 世紀翻譯出版的印度醫藥學巨著《千手千眼觀世音菩薩治病合藥經》對唐代中國的影響尤大，其中既有醫療藥方，又有特殊效驗的印度眼科醫學。當鑒真和尚行腳到達廣州時，就請一位印度醫生治療眼疾。

第十一類：紡織品。9 世紀中葉，有個叫「女蠻國」的國家。這裏的人瓔珞被體，危髻金冠，所以又被稱為「菩薩蠻」。女蠻國向唐帝國

進貢時，貢品中就有一種叫「明霞錦」的紡織品。唐人歷來以紡織品精美自炫，看到這些貢品後才自歎弗如。使唐人大開眼界的織品還有來自大秦（羅馬）的石棉製品，來自西部吐火羅的金衣，來自安南國王的妻子獻給唐皇后的毛毯，來自小婆羅門國的越諾布，來自波斯的彩飾絲綢，來自朝鮮的朝霞布。

第十二類：顏料。原先唐朝宮廷中染工公認的是五種官方確認的顏色：青、絳、黃、皂、紫。可是，到唐代中後期，又有了一種名為「猩猩血」的緋色。有一則唐人故事說，在安南武平縣封溪中，有一種如美人、解人語、知往事的猩猩，用這種猩猩的血製成顏料，就是所謂「猩猩血」紅。唐人十分喜歡以這種顏色為織品染色、作畫料、作時髦女人的口紅。除此之外的顏料有：紫膠、龍血、蘇方、骨螺貝、青黛、婆羅得、藤黃膠脂、雌黃、扁青等。

第十三類：工業用礦石。中國有豐富的礦石資源，但在對外交往中，當發現有同類更純正更有效力的礦石時，同樣會吸納進來。當時吸納的礦石大致有：鹽、明礬、硼砂、硝石、樸硝、芒硝、硫黃、雄黃、純城、金剛石等。

第十四類：寶石。外國首腦似乎很懂得唐國君的心理，要想得到唐國君的好感，送寶石是一種妙法。這方面的實例不少。武德二年（公元 619 年），西方某國獻寶帶（鑲有小寶石的腰帶）；貞觀元年（公元 627 年），西突厥獻寶鈿金帶；永徽元年（公元 650 年），吐蕃獻「金銀珠寶十五種」；先天元年（公元 712 年），大食使臣送「寶鈿帶」；天寶三載（公元 744 年），大食、康國、史國、西曹國、米國、吐火羅等國向「唐獻馬及寶」。天寶五載（公元 746 年），錫蘭向唐貢獻多件珠寶。尤其一些西方國家在製作玻璃器皿上要比中國先進，因此常將玻璃來冒充寶石。這些寶石大致是指：玉、水晶、孔雀石、天青石、金精、玻璃、火珠、象牙、犀角、魚牙、珍珠、玳瑁、珊瑚、琥珀、煤玉等。

第十五類：金屬製品。唐朝從域外進入的最顯赫的金屬製品是黃金製品。這多少與佛教的發源地印度有關。在印度人心目中，黃金意味着永恆、輝煌和價值。印度、波斯的精美的金製品，極大地影響了唐帝國。此外還有紫金、白銀、黃銅，公元七八世紀時，西域一些國家已使用金幣和銀幣，還有西域商人手中的羅馬金幣和波斯銀幣。在長安郊外的一座唐墓中發現有拜占庭的金銀幣，説明對當時中國有一定程度的影響。

第十六類：世俗器物。唐宣宗大中七年（公元853年），日本王子給大唐帝國的皇帝帶來了一些寶器，如銀飾刀、腰帶、書寫用具。這些本來是十分普通的世俗器物，但由於來自異域，造型又奇特，因此深得唐皇的喜愛。從此，世俗器物源源而來。有各種器皿，如盆、罐、刀、壺，有的外國人還向唐皇送棋類物品。還有燈樹、盔甲、弓、箭等。

第十七類：宗教器物。在相當長一段時間裏，唐代人對宗教物品的追求不亞於對世俗物品的求索。其來源一方面是外國宗教人士帶入中國，另一方面是一些人主動外出搜求。唐高僧義淨，從廣州出發，去印度等地搜求佛家物品，歷24年之久，於晚年回到洛陽，歷三十餘國，得梵本經、律、論四百部，舍利（佛家聖者、高僧的骨殖）三百粒，還得到一些佛家圖像，自認「不虛此生」。宗教器物中最被看重的是舍利、佛像、經文。

第十八類：書籍。唐人有藏書之風。貞觀二年（公元628年），由魏徵負責檢查新收藏的圖書，從事編目工作。唐朝的國家圖書館當時藏有2萬多卷圖書，這些圖書中有相當部分是外來品，其中宗教圖書特別多。現存的一份由梵文翻譯的佛典目錄中，就具列了2480種不同的著作。外國進口的書籍以內容分目大致有：旅遊書、地理書、宗教書、科學書、兵書、地圖冊等。

「胡風」勁吹

　　唐朝人是大氣、開放、崇尚新奇的。唐朝人追求外來物品的風氣，滲透到唐朝社會的各個階層和日常生活的各個方面。在各式各樣的家庭用具上，都出現了伊朗、印度和突厥人的畫像和裝飾式樣。胡服、胡食、胡樂，遍地皆可說是「胡風」勁吹。「胡裝」成為時裝，尖錐形花錦帽、條紋褲、翻領小袖長衣及烏膏注脣、黃粉塗面到處可見。唐代詩人元稹所寫的「胡音胡騎與胡妝，五十年來競紛泊」就是對當時「胡風」的最佳寫照。

　　這可能影響了中國整部歷史。

　　唐朝東西兩京的風尚尤其注重效仿突厥和東伊朗的服飾。7世紀中葉，伊朗的婦女開始從面紗中解放出來，外出時喜歡戴一頂帶有垂布的寬邊帽，使女性顯得風姿綽約而華貴美麗，這就是所謂的「胡帽」。這種帽子一傳入大唐，馬上為東西兩京的時尚女性所追逐。她們騎在馬上招搖過市，得意極了。這件事引起了朝野的矚目，連相當大氣的唐高宗也受了影響，他於咸亨二年（公元671年）發佈了一道詔令，試圖禁絕那些「深失禮容」的女騎手。但是，似乎人們沒去理會這道一點也沒有剛性的詔令，到後來，頭戴「胡帽」，甚至穿着男人們騎馬時着的衣服靴衫在街市上策馬馳騁的女子比比皆是，唐高宗只得以歎氣口吻説道：「任意！」隨它去吧！

　　追求突厥人的生活習俗的熱情，讓一些文化人也過起了實際上並不舒服的帳篷生活來。唐代最著名的詩人之一白居易，在長安城裏有着一套相當舒適的住房，可是，他偏偏要在自己家的後院搭建一個帳篷，甚至把自己寫作的桌椅也搬到了帳篷中，以體現域外的草原生活。每當客人到來的時候，他總要把客人引進他那厚實的氈帳中，還不無得意地對客人説：「帳篷太舒適了，冬暖而夏涼。」其實，冬季裏帳篷中還是寒風習習，遠沒屋宇中舒適，但聽他説得那樣真情，客人

們只好笑而不言了。

最熱衷於刻意學習突厥人的氈帳生活的，要算唐太宗的兒子承乾太子了。他所表現出來的行為時尚可謂是「放縱」了。他背着父親，把自己打扮成突厥可汗的樣子，坐在帳篷前的狼頭纛之下，親手將煮熟了的羊肉用佩刀割成一片一片的，在侍從面前大嚼大吃起來。他還讓專人教他突厥語，讓自己身邊的人也學突厥語。他們這些人在一起的時候，誰都不許講漢語，為的是過上地道的突厥人生活。承乾太子的這些行為被其父親視為縱欲，從而受到了斥責。後來他被廢為庶人，從表面上看似乎與一件皇兄弟之間的暗殺案有關，實際上他的放蕩不羈的行為早已為他自己的敗亡埋下了禍根。

當時，從外國傳來的食品很受民眾的歡迎。最流行的是一種「小胡餅」。製作胡餅的都是西域人，賣者也都是西域人，而食用者則大多是唐人，後來連唐皇的宮廷中也食用了。比「小胡餅」高一個檔次的是一種叫「千金碎香餅子」的食品，因為加了相當高級的香料，因此味美，而價格自然也不菲。

文化人崇「異」

在「胡風」勁吹的社會背景下，文化人也開始對胡人的生活習俗產生某種程度的好感和興趣，於是，在宮廷裏和社會上，漸次湧現出了一大批以反映外來事物為創作主題，並崇尚異國風情的詩人、文學家和藝術家。可以這樣說，在貞觀時期以及以後的相當一段時間裏，在繪畫和其他文學形式中，外來題材最為流行。

在唐代，胡瓌和他的兒子胡虔是以擅長描繪邊荒絕域的狩獵場面以及外來的馬、駝、隼而著稱於世的。為了了解異域風情，父子倆不辭辛勞，遠赴西域，深入到胡人之中，以寫實的手法描繪其生活。

在 7 世紀，表現外來題材的畫家中名氣最大的是閻立德。閻立德是閻立本的哥哥。閻氏兄弟齊名，閻立本曾以圖寫唐太宗本人的真容而享有盛譽。在外來題材的畫作中，閻氏兄弟是無可匹敵的。中書侍郎顏師古曾向朝廷引薦過一位來自南亞的土著居民。為了表述所謂的「聖德所及，萬國來朝」的精神，唐太宗讓閻立德把此人描畫出來，結果獲得了很大的成功，閻立德由此而得到了聖上的嘉獎。貞觀十七年（公元 643 年），閻立本受命繪畫太宗一朝的「萬國輸誠納貢圖」，這是一幅既寫實又需有豐富的藝術想象的畫作，閻立本畫得非常成功，附帶他還創作了兩幅《西域圖》，也受到了唐太宗的表彰。閻立本還繪有一幅《職貢獅子圖》，據傳，畫面展示的是西方人獻上關在大鐵籠中的雄偉的獅子，然後躬身向大唐的皇帝致禮，大唐皇帝也微笑着向對方回禮。這是多麼莊重而有意義的畫面，可惜這些畫早已失傳。

另外，張南本創作的《高麗王行香圖》、周昉的《天竺女人圖》、張萱的《日本女騎圖》，也都向大唐民眾準確地傳遞了域外的信息。

唐代的一些畫家為真實地描述異域人奇特的相貌，與工匠一起創作了惟妙惟肖的赤陶小塑像。他們塑造的頭戴高頂帽、神態傲然的回鶻人，濃眉毛、鷹鈎鼻的大食人，頭髮鬈曲、皮膚黝黑、啟齒微笑的非洲人，很有象徵意義。而這些作品的背後傳遞出的一種對異域人種的友好情感。

唐代的大詩人李賀，把自己的大部分才華傾注於域外文化。他在詩歌創作中，喜歡以「琥珀」指代「酒」，用「冷紅」借指「秋花」，表現了他對域外文化的尊重和好奇。他在《崑崙使者》一詩中，對一名鬈髮、碧眼的胡人兒童表現出極大的興趣和愛撫，這種情懷是只有在一個開放的社會中才會有的。

唐代文化人對域外文化有着巨大興趣，但又對其高深莫測的文化底蘊了解不甚真切，於是，就演繹出無數生動而離奇的傳奇故事來。唐代的傳奇故事是最富生命力的，它植根於唐人對域外文化的極端的

好奇心理。傳奇故事說：來自龜茲的一件貢品，是由一塊酷似瑪瑙的光滑的石頭製作而成的。貢者告訴唐天子，有幸能用這塊奇妙的石頭做成枕頭在上面睡覺的人，就可以在夢中四處漫遊，海洋陸地，無所不至，甚至還能到世俗凡人聞所未聞的仙境中去遊歷。這塊寶石後來據說是流失了，誰能找到它，將萬分幸運。這樣的傳奇故事是把域外和域外之人神祕化了，同時也使唐人更嚮往彷彿虛無縹緲的域外神奇世界。

有位美國學者說，七八世紀初唐和中唐時代的中國，是國際的時代、進口文明的時代、融合中外的時代，也是黃金的時代。這一評述是正確的。

晚年唐玄宗

唐玄宗晚年，是唐帝國由盛而衰的轉折期。一個曾經勵精圖治、大興文治、重視科學的唐玄宗，到了晚年，變得拒諫飾非、寵信奸佞、縱情聲色。如果不把歷史聯繫起來看，簡直令人難以置信。

然而歷史就是這樣告訴我們的。

晚年的唐玄宗，驕侈心替代了求治心，過去「焚錦緞毀珠玉，矢志儉樸」的作風被拋到了一邊，代之以窮奢極欲、揮霍無度。他越來越崇好神仙，以為從此天下太平，自己也可以安享太平日子了。

在開元後期，玄宗已經顯現出驕惰荒政的跡象。開元二十一年（公元 733 年），玄宗已年近五旬，主政唐王朝也已有 20 多年。他開始聽不得忠逆之言了。當時是剛正不阿的韓休為相，只要玄宗「小有過差」，他即據理力諫，弄得玄宗面子上很過不去，以至於「殊瘦於舊」。玄宗雖然口頭上稱「吾貌雖瘦，天下必肥」，內心裏卻十分厭惡他，韓休只做了 7 個月的宰相，就被趕下了台去。

開元二十四年（公元 736 年），玄宗要用牛仙客為尚書，張九齡極力反對，勸諫不止，玄宗就不耐煩了，勃然大怒道：「事皆由卿耶？」意思是，國家大事，你說了算、還是我皇上說了算？這樣，張九齡也被罷了相職。崔群在一篇文稿中說到，開元二十四年，罷張九齡相，專用李林甫，是由治轉亂的開端。這是很有道理的。

聽不得逆耳忠言，就必然寵信奸佞之徒。「口蜜腹劍」的李林甫因善於迎合而被提升為宰相，並且玄宗一度認為，現在是天下無事，可以把政事委託給李林甫，而自己坐享那無為而治的太平日子了，後經人勸阻才沒有這樣做。而李林甫卻一天比一天猖獗，甚至威脅那些諫官，說：「現在是明主當道，群臣都順着他，你們這些當諫官的何用多言。你們沒有看到宮前那些充儀仗用的駿馬嗎？它平時可以不聲不響地食三品官的食料，但如果亂鳴一下，就不可能再有充儀仗的地位了，非斥去不可！你們可得當心啊！」在他的威逼利誘下，一些朝臣明哲保身，再也不敢說什麼了。李林甫在相位 19 年，朝政烏煙瘴氣，是造成天下大亂的一大原因。

50 歲以後的唐玄宗，明顯走向碌碌無為。生活上懶懶散散，處理政事也缺乏原則。當年太宗有規定，「內侍省不置三品官」，為的是怕內寵奪取高位。玄宗卻對心腹宦官輕易地授予三品上下的左右監門將軍，穿朱紫之服的高級宦官竟多達千餘人，這時的宦官已不是受人驅使的家奴，而是主宰政事的大臣了。

在宦官群體中，高力士是最受玄宗寵信的。高力士善騎射，在誅滅韋武集團和太平公主黨羽的鬥爭中曾建有大功，因此遷為右監門衛將軍、知內侍省事。玄宗對他深信不疑，常說：「力士當班，我寢則安。」後來，各地送來的奏文，也必先要送高力士，高力士除大事上奏外，一般都自行決定，幾乎成了玄宗的代言人。

玄宗身為一國之主，而不理政事，國家安有不亂之理？

唐玄宗和楊貴妃

這裏得另寫一篇，意在說明：凡是敗國之君，除了生活上奢侈無度、怠於政事外，往往還沉湎於女色。

唐玄宗晚年迷戀楊貴妃的姿色，一切以楊氏是非為是非，也是造成天寶之亂的一大因素。

楊貴妃，小字玉環。她從小在洛陽長大，在叔父的調教下，能歌善舞，通曉音律，又嫻熟各種器樂。開元二十三年（公元 735 年），她 17 歲那年，被選為玄宗第十八子的妃子，從此過起了宮廷生活。

開元二十五年（公元 737 年）十月，50 周歲的玄宗的寵妃武惠妃死去，他為此十分傷心，後宮數千人，竟無一人是他中意的。高力士深知主子的心思，就外出尋覓。終於在玄宗的第十八子的後宮中找到了楊玉環其人。

開元二十八年（公元 740 年），玄宗行幸驪山溫泉宮，經高力士的引薦，命人從壽王邸中召來了楊玉環。玄宗一見，十分滿意，馬上別賜湯沐。沐浴後的楊玉環，更是別有風情，在她進奏《霓裳羽衣曲》時，舞姿翩翩，楚楚動人。玄宗高興極了，當晚就贈以香物定情，還到梳妝間親自為她戴上金首飾。

作為一種過渡，見過玄宗的楊玉環出家為女道士，先與玄宗之子脫離關係，進入宮中修道。天寶四載（公元 745 年）的八月，也就是初見楊玉環後的整五年，玄宗於鳳凰園冊封楊玉環為貴妃，位在諸妃之上，僅次於皇后。

楊玉環被冊封為貴妃後，真是一人得道，雞犬升天，楊門上上下下個個都飛黃騰達。她的亡父受到追贈，她的母親封為涼國夫人，他的叔父擢升為光祿卿，兩個族兄也封為侍御史。貴妃的三個姐姐都被接到了長安，賜給良第，大姐封為韓國夫人，二姐封為虢國夫人，三姐封為秦國夫人。三姐妹在京城大炒房地產，大造豪宅，相互比富，

一旦發覺比不上人家，馬上不惜工本拆除。而玄宗見了這三個女人，親昵地稱之「姨」。

最為有趣的是，一向為族中人所不齒的、楊氏家族的一個遠房兄長楊國忠，也因楊氏姐妹的引薦而像模像樣地當起官來了。此人不學無術，吃喝嫖賭倒是行家裏手。這時的唐玄宗已經完全失去了理智，因為愛楊玉環，楊家的什麼人都看着順眼。明明是個無賴，玄宗一照面就封他為金吾衞曹參軍。「金吾衞」這一機構，在唐代是掌宮中和京城晝夜巡視的。楊國忠本是個雞鳴狗盜之徒，叫這樣的人來管宮中和京城的治安簡直是兒戲。不過，這也不要緊，因為這一組織本身無定員、無定編，楊國忠當了這個官照樣可以優哉遊哉，還可以披着虎皮嚇人呢！也許流氓管流氓特別地在行，也特別地有效，玄宗對這個遠房的小舅子特別地垂青，一年之間，着實讓他兼領了十五職。後來，連老奸巨猾的李林甫也耍不過他，他硬是從李林甫手中奪得了相位。

玄宗得了楊貴妃以後，曾對宮人說：「朕得楊貴妃，如得至寶也。」為此，還特意譜了一支《得寶子》的曲子。所謂「天寶」這個年號，也許與楊貴妃有些關係。

楊貴妃常常輕舒廣袖，翩翩起舞，引得龍顏大悅。貴妃還善彈琵琶，所用琴弦，是末庫邏國貢獻的。貴妃還善擊磬，玄宗就命人去採藍田綠玉，磨製成玉磬。又專門做了兩個金獅子，以為磬座。楊貴妃極度奢華，宮中供楊貴妃院織錦刺繡的女工就有 700 人之多，為她雕刻熔造的又有數百人。楊貴妃小時在四川生活，喜吃荔枝。嶺南的荔枝色香味俱佳，玄宗就不惜千里迢迢，每年命嶺南馳驛傳送，就是盛夏酷暑，荔枝送到長安也不變色。楊貴妃也善於迎合玄宗的心意，整天與他嬉戲調情。於是，玄宗就蛻變成了一個只知享樂調情、不理國事的昏君。

作於元和年間的白居易的《長恨歌》，就是有感於唐玄宗和楊貴妃的故事而作的。這首千古流傳的長詩的主題就是「長恨」兩字。「重色思傾國」的唐玄宗和「回眸一笑百媚生，六宮粉黛無顏色」的楊貴

妃，兩人全不顧國家社稷，只求個人花天酒地，結果既斷送了國家的命運，使萬民塗炭，同時也斷送了他們自己。「春宵苦短日高起，從此君王不早朝」，樂是樂了，可這樣的君王的政治生命就完了。正像這首詩的最後一句說的：「天長地久有時盡，此恨綿綿無絕期。」這樣的歷史教訓是永遠值得人們記取的。

安史之亂

唐玄宗天寶十四載（公元 755 年），兼領范陽、平盧、河東三鎮節度使的胡人安祿山，與其部將史思明發動了叛亂，一度攻陷洛陽、長安。這次動亂，史稱「安史之亂」。經過七年，叛亂才平息下去。「安史之亂」標誌着唐帝國由盛轉衰。

玄宗晚年，與朝政混亂互為表裏的是邊鎮的失控。唐初，全國有軍府 634 個，而單是京師就有軍府 270 個，即所謂的「內重外輕」。而到天寶年間，邊鎮兵達 49 萬，京師宿衞不到 20 萬，形成「外重內輕」之勢。當時，危機四伏，但沉湎於女色中的玄宗一點也不覺得，他甚至說：「朕今老矣，朝事付之宰相，邊事付之諸將，夫復何憂？」高力士提醒他：「邊將擁兵太盛，陛下何以制之？一旦禍發，不可復教，何得謂無憂也！」玄宗卻一點也聽不進去。

「外重內輕」的重中之重是兼領三個節度使的安祿山。他看唐玄宗年老，中原無武備，日益驕恣。天寶十四載十一月，安祿山率所部十五萬精兵，以討楊國忠為名，在范陽郡發兵叛亂。

安祿山所部叛軍，自博陵郡至常山郡，一路南下。自靈昌郡（今河南滑縣一帶）渡黃河，攻武牢。玄宗臨時組織起來的抵抗軍一敗塗地，叛軍攻陷東京洛陽，安祿山就在洛陽稱帝，自稱大燕皇帝。

第二年正月，玄宗任命朔方節度使郭子儀發朔方軍攻打東京，

另任李光弼為河東節度使，攻常山郡。郭、李軍一度大敗安祿山部將史思明，形勢有望好轉。但這時，在駐守潼關的攻守問題上，發生了分歧。玄宗採納了楊國忠的意見，主張由潼關引兵出擊，結果一敗塗地，潼關也失陷了。潼關一失，長安大門洞開了。

這下玄宗急了，上朝請百官議事，結果官員到者不到十分之一。玄宗知事不可收拾，就放棄長安直奔成都而去。安祿山在長安大索三日，恣意搶掠，把千年京城給全數毀了。這時，安祿山又被其子安慶緒所殺，安慶緒自立為大燕皇帝了。而其部屬史思明擁兵自重，不服安慶緒。叛軍內部出現了裂痕。

這時，宦官李輔國向太子李亨獻計，請分玄宗部分軍北趨朔方，以圖復興。玄宗接受了這個建議。在得到部分地方勢力的支持後，至德元年（公元 756 年）的七月初九日，太子李亨在靈武（今寧夏靈武縣）即位，即唐肅宗。唐肅宗主要依靠朔方、隴右、河西、安西諸鎮的力量，東山再起。

至德二年（公元 757 年），在天下兵馬副大元帥郭子儀的統領下，北方諸鎮的軍隊大多集結，肅宗到達了鳳翔（今陝西鳳翔縣）。這時又請回紇軍助陣，從三月一直到十月，戰鬥都在艱難地進行中，但總體上局勢是在一點點好轉。直到十月二十三日，肅宗才又回到長安。不久，玄宗也回到了長安。

收復長安，戰爭還沒有結束。叛將安慶緒盤踞在鄴城（今河南安陽），還有很大的勢力，時時準備捲土重來。郭子儀等九節度使圍攻鄴城，久攻不下，從乾元元年（公元 758 年）十月，一直打到乾元二年（公元 759 年）二月，還未攻克。史思明又派兵來助安慶緒，形勢十分微妙。九節度使圍鄴失敗，最後損失的兵馬在十萬以上。

寶應元年（公元 762 年）十月，肅宗以雍王李适為天下兵馬元帥，分三路攻佔洛陽。叛軍史朝義北逃至范陽，叛將李懷仙拒其入城，史朝義自殺於叢林中。叛將餘部眼看形勢極為不利，紛紛率部降唐。歷時七年的「安史之亂」這才告結束。

馬嵬驛之變

　　唐天寶十五載（公元 756 年），玄宗在逃往成都途中，在馬嵬驛（今陝西興平縣）發生了一次帶有預謀性的兵變，史稱「馬嵬驛之變」。

　　六月十三日凌晨，天空下着細雨，隨玄宗出逃的只有楊貴妃姐妹、太子、皇孫、公主，以及楊國忠、韋見素、魏方進等朝臣，再加上龍武大將軍陳玄禮和他統領的禁軍、親隨宦官。一行人天明時分過了西渭橋後，楊國忠便下令將橋焚毀，以防叛軍追蹤而來。到達咸陽望賢宮時，宮中已空無一人。午夜到達金城（今陝西興平）時，得到了潼關失守的消息，更是人心騷動。有人曾勸玄宗殺楊國忠以謝天下，沒有得到玄宗的同意。玄宗一行繼續西行。

　　十四日一早，至馬嵬驛。軍士飢疲交加，群情為之激憤。率軍的陳玄禮恐士兵猝然發難，遂通過東宮宦官李輔國向太子李亨請示解決辦法，李亨不置可否。陳玄禮於是對士兵說，今天這種局面，都是楊國忠克剝百姓、積怨朝野所致，如果不殺楊國忠，就無法平息天下人的怨恨。軍士受其鼓勵，表示都有此念。當眾人看到吐蕃使者 20 人攔住楊國忠在驛門交談時，將士們便大呼：楊國忠與蕃人謀反！馬上有人衝上去圍追而殺之。楊國忠的兒子楊暄、楊氏姐妹韓國夫人、秦國夫人及御史大夫魏方進同時被殺。宰相韋見素亦遭誤傷，幸虧被人認出，才免於一死。

　　這時，群情更是激動，禁軍士兵將玄宗圍在驛中不肯散去。玄宗聞驛外喧嘩，問是怎麼回事，回答說是楊國忠叛亂，已被將士處決。玄宗無奈，只得走出驛門，對將士表示慰問，並令將士速速歸隊。軍士不應。

　　這時，玄宗不得不派高力士出面，詢問士兵們還有什麼要求，這時，陳玄禮代表將士出面回答：「國忠謀反，貴妃也不宜再侍奉陛下，願陛下割恩正法！」

　　玄宗情緒極為低沉地說：「讓我自己來處置吧！」返身進入驛門，

支杖呆立在那裏，久久不言如何處置。良久，自言自語道：「貴妃常居深宮，安知國忠謀反！」

這時，驛門外將士的喧嘩聲又起。宰相韋見素的兒子、京兆司錄韋諤上前勸道：「眾怒難犯，安危在片刻之間，望陛下速決。」

玄宗迫不得已，強忍着巨大的痛苦，走進行宮，扶着貴妃出廳門，至馬道北門口與她訣別。貴妃泣涕嗚咽，語不勝情，最後說：「妾誠負國恩，死無恨矣。乞容禮佛。」高力士將貴妃縊死在佛堂前的梨樹下，經六軍將士驗明已死後，將屍體埋在西郭外 1 里多遠一條道路的北坎下。那時貴妃是 38 歲，而玄宗已是 71 歲高齡了。

天寶之亂（或稱安史之亂）的確是唐代社會的一個轉折點。之前的大唐帝國，如日中天，繁榮昌盛，之後的唐代社會衰弱多故，災異四起。從時間上看，從武德元年（公元 618 年）起到安史之亂止，只有 137 年，而安史之亂後，到唐帝國的滅亡，卻有 150 年之久。但是，從歷史學的角度看，後 150 年簡直難有可書之處了，它留給人們的只是恥辱和苦難。

郭子儀擊鼓退敵

安史之亂後，吐蕃的勢力強大起來，他們不只佔領河西、隴右之地，還深入至鳳翔（今陝西鳳翔縣）以西、邠州以北的廣大地區，逼近長安。廣德元年（公元 763 年）十月，吐蕃佔領了涇州，涇州刺史高暉投降，帶着吐蕃軍向長安進發。當時吐蕃軍有 20 萬之眾，彌散數十里，浩浩蕩蕩渡渭水而來。唐帝國的京師危在旦夕。

唐代宗面對強敵，只得率宮廷中人逃出長安，暫往陝州安頓。十月七日，代宗逃離長安。九日，吐蕃便尾隨而至，進入長安後，就大肆劫掠財物和人口。長安蕭然一空。唐代宗想起了名將郭子儀，馬上

命他組織力量抗擊。

郭子儀在安史之亂中就是平息叛亂的一員主將。安史之亂平定後，由於多種因素，郭子儀被解除了兵權，一直閒居在家。此次受命，他匆匆招募了騎兵 20 人，來到咸陽面君，然後踏上征途。

郭子儀知道，唐軍的六軍散卒大都流落在商州一帶，如把這些散卒動員起來，倒是一股不小的力量。他來到商州，對散卒們曉以利義，散卒們一聽說名將郭子儀來組織他們，也就紛紛來投軍了。數日間，果然集合起 4000 餘人。經過短期的訓練，算是一支像樣的軍隊了。郭子儀憑藉自己在軍隊中的影響，號召蒲、陝、商、華各州的將士合力進擊吐蕃軍。並請人籌措充足的軍糧。

一切佈置好後，郭子儀使左羽林大將軍長孫全緒率 200 騎出藍田觀察形勢，相機而行。長孫全緒是個足智多謀的人，他率軍至韓公堆一地時，並不馬上進擊，而是日夜擊鼓，大張旗鼓，大造聲勢。郭子儀也命光祿卿殷仲卿聚眾千人，保藍田，與長孫全緒互為呼應。這時，長安百姓傳言：郭子儀自商州率數萬大軍正向長安開來！入夜，長安百餘名少年擊鼓大呼於朱雀街。

吐蕃軍大為恐懼，連夜帶着搶劫來的財物和少量人口，逃離長安城。郭子儀乘機組織軍隊追擊，取得了全勝。

這一年的十二月十九日，唐代宗回到了長安，郭子儀率城中百官出城迎候。代宗執着郭子儀的手，激動地說：「不早用卿，故及於此！」廣德二年（公元 764 年）正月，郭子儀出任朔方節度使。

唐與回紇的和戰

回紇是祖國北方的以遊牧為生的民族，是維吾爾族的祖先。回紇應唐帝國之邀，幫助平定了安史之亂，立下了不小的功勞。但在之後

的歲月裏，還是戰和不定，當然，其間「和」始終是發展的主流。

安史之亂發生後，唐肅宗即位，遣敦煌王李承采出使回紇，求援軍懷仁可汗遣其太子葉護領其將帝德等兵馬4000餘眾，助討安慶緒，配合朔方軍收復了長安。郭子儀也率軍收復了洛陽。這為平定安史之亂奠下了基礎。

自此以後，唐與回紇之間的交往密切起來。為了嘉獎回紇的平亂之功，唐肅宗每年送回紇2萬匹絹，還有其他雜物。而回紇也常常遣使以回紇馬與唐的絲織品互市。當時的比例為，馬1匹調換絹40匹，交換的數額十分巨大。見於記載的有，貞元六年（公元790年），德宗賜馬價30萬匹。文宗大和元年（公元827年）以絹20萬匹充回紇馬價。這兩筆交易，交換馬都在近萬匹。

在晚唐，有過一次唐與回紇間的和親。唐肅宗對回紇的助討安史等叛賊，十分感激，便將自己親生女兒封為寧國公主，嫁給回紇的毗伽闕可汗，希望唐與回紇之間永「寧」。回紇對此也十分重視，派專員至長安迎接公主。這在中國歷史上以「天子親女」和親，還是第一次。

唐與回紇之間也有種種摩擦，而一些聰明的政治家和軍事家善於化解矛盾。永泰元年（公元765年）秋，回紇起兵十餘萬，進犯奉天、禮泉。唐大將郭子儀聞此消息，只帶了數騎直接來到回紇營，見其大帥藥羅葛，直截了當地對他說：「回紇對唐有大功，唐對回紇也不薄，為何負約，侵入唐境，並騷擾京城諸縣？這樣做，結果會搞得前功盡棄，結下怨仇。還是以和為好吧！」藥羅葛說：「有人告訴我，唐天子已被驅離京，你郭公也已經不主兵，聞此，我才敢來。今天知道情況並不是這樣的，我就再也不敢犯唐境了。」

這時，郭子儀先執酒杯，對天起誓：「大唐天子萬歲！回紇可汗萬歲！兩國將相萬歲！若起負心違背盟約者，身死陣前，家口屠戮！！」

接着，藥羅葛也舉杯起誓：「定如令公約，如有違約，願受重責！！」

此後，唐與回紇之間和平相處了好長一段時間。

兩稅法的推行

　　德宗即位以後的第一件大事就是在建中元年（公元 780 年），聽從宰相楊炎的建議，廢除租庸調及一切雜徭，改作「兩稅法」。「兩稅法」是中國古代租稅制度改革的重大成果，使唐後期國家收支情況大為改善，使唐政權又能延續統治了 100 多年。

　　德宗即位後，楊炎被任命為宰相。楊炎是一個有頭腦的政治家，他對當時國內的戶籍和稅收情況作了調查。發覺由於連年的戰爭，人口的確有某種程度的減少，但是，更嚴重的是不少農民在戰亂中逃亡，「蕩為浮人」，這樣，在冊的戶口只是實際人口的百分之三四十，國家的財政當然便成問題了。

　　楊炎想：這個局面若不改變，國家的財政就好轉不了，社會也安定不下來。他在給德宗皇帝的上疏中說了三個改變：「丁口轉死，非舊名矣；田畝移位，非舊額矣；貧富升降，非舊第矣！」其意是說，人口走動的走動，死傷的死傷，與原先的花名冊很不相同了；田畝從此人轉移到彼人手中，與原先的額定數很不相同了；家中的境況，原先貧的有的變富了，原先富的有的變貧了，門第之變大得很呢！因此，按老辦法收稅是行不通的。

　　德宗同意楊炎的看法，問他怎麼辦，楊炎說：「實行兩稅法。」

　　「兩稅法」中的一稅是戶稅，以前以土戶（也就是當地戶口）計戶，現在客戶（主要指外來流動人口）也要計入。另一稅是田畝之稅，也要按現在已經變動了的實際情況計稅。具體辦法是：

　　一、「戶無土客，以見居為簿」。這是針對各州縣大量存在客戶而制定的稅收原則。不管你住在哪裏，是土戶還是客戶，一律在居住地登記戶口，編為民戶，加以徵稅。居人之稅，秋夏兩徵之。

　　二、「人無中丁，以貧富為差」。這是兩稅法的主要原則，廢除租庸調制時以「丁身」計數的人頭稅，改為以耕地、資產為主要徵收對

象的資產稅。

三、州縣的「行商」，徵收三十分之一稅。在商業有相當發展的唐代社會，這也是一筆不小的收入。

為了實施「兩稅法」，政府設立了黜陟使。當時初設的黜陟使有 11 人，由他們巡行全國各地，制定兩稅定額，監察實施情況。這樣一來，第二年，戶口就多了大約一倍，國家的財政當然也就大大好轉了。

「兩稅法」為唐以後各朝所認可與使用。後來，明代的「一條鞭法」，清代的「攤丁入畝」，都是「兩稅法」的繼承和發展。

「二王八司馬」事件

永貞元年（公元 805 年），唐順宗即位後，提升韋執誼任宰相，朝廷大權由王伾、王叔文掌握。這為唐德宗舊臣所不容，他們迫使順宗退位，二王被貶斥，並死於貶所。韋執誼等 8 人被貶於遠州，任州司馬，這就是「二王八司馬」事件，因為事情發生在永貞年間，史稱「永貞革新」。

「二王」在順宗為太子時，都曾在東宮值班，為太子侍讀，從而受到太子的寵信。一般地說，侍讀是只能「讀」不能「議」的。但是，有着某種革新意識的「二王」常在太子面前議政，不只議政，還臧否人物，實際上是為順宗即位以後的改革埋下伏筆。「二王」還向太子推薦了一大批具有革新意識的人才。

順宗即位，馬上提拔韋執誼為尚書左丞、同平章事（宰相），王伾為左散騎常侍、翰林待詔如故，王叔文為翰林學士，柳宗元為禮部員外郎，劉禹錫為屯田員外郎，判度支、鹽鐵案。順宗即位後得風疾，不能言，這樣，表面上是順宗旨意，實際上都由王叔文定可否，再由中書省的韋執誼承而行之，再由柳宗元、劉禹錫等「謀議唱和」。就這

樣，一場革新的悲喜劇開了場。

「二王」革新的矛頭直指執掌大權、猖獗一時的宦官。長安城中的「宮市」是宮中的宦官以宮中需要為由，低價強買乃至掠奪民間財物的機構，「二王」強行取消「宮市」，給宦官物質上的打擊。同時，提出取消「進奉」，除了常規的貢獻外，不准有外加的進奉，這矛頭當然也是對準宦官的。另外還要「罷五坊小兒」，五坊指的是雕坊、鷂坊、鶻坊、鷹坊、狗坊，這些「五坊小兒張捕鳥雀於閭里者，皆以暴橫以取人財物」，這些被稱為「五坊小兒」的無賴之徒，大多與官府有聯繫，取締這些人，實際上就是取締社會惡勢力，對端正官風也是有好處的。

革新的最重頭戲是削奪宦官的神策軍的指揮權。王叔文派韓泰、朝廷大將范希朝至奉天縣，接管駐紮在那裏的、由宦官一手指揮的神策軍。因為王叔文等也知道，一個政權，手裏如果沒有軍權，那是什麼事都辦不成的。

事實上，事情並沒有這些文化人想象的那樣容易。宦官的勢力是強大的。他們與朝廷內、社會上的保守勢力勾結起來，反對這次改革。再說，這些主張改革的人，本身沒有任何的政治經驗。當一些人以納賄為事、以求官為能時，他們不會識別真偽，結果常常受騙上當，面臨嚴峻形勢時，又不會採取果斷的措施。比如，當范希朝去接管神策軍時，神策軍諸軍竟以無人出席為形式加以抵抗，這是違抗君命的行為，王叔文等完全可以採取斷然措施。但這時的「二王」表現得十分懦弱，只是連呼：「奈何！奈何！」結果坐失了良機，讓對方有了反撲的時間。朝中的舊勢力馬上與宦官勢力勾結起來，輕而易舉地擊敗了革新勢力。王伾經不起驚嚇，一下中了風。王叔文告假歸第。等着他們的只能是貶斥邊地。當年的十一月，貶韋執誼為崖州司馬、韓泰為虔州司馬、韓曄為饒州司馬、柳宗元為永州司馬、劉禹錫為朗州司馬、陳諫為台州司馬、凌準為連州司馬、程異為郴州司馬。這就是所謂的「八司馬」。

永貞革新的失敗具有必然性，當時的唐王朝氣勢已盡，任何具有新氣象的改革註定是要失敗的，另外，「二王八司馬」都是一些有政治熱情但沒有政治經驗的人，他們在朝中沒有生存和發展的基礎，他們大多是士人，也就是讀書人，手中又沒有一點兒兵權，這樣的革新，是不可能成功的。

牛李黨爭

從唐憲宗元和三年（公元 808 年），到唐宣宗大中初年（公元 850 年前），以牛僧孺、李宗閔為代表的官僚集團，與李德裕為代表的官僚集團之間展開了一場尖銳的鬥爭，史稱「牛李黨爭」。「牛李黨爭」是唐朝後期政治生活中的重大事件，唐文宗曾經慨歎不已地說：「去河北賊（指河朔三鎮）非難，去此朋黨實難！」

牛李黨爭源起於唐憲宗元和三年的策試賢良方正科。當時的伊闕縣縣尉牛僧孺、陸渾縣縣尉皇甫湜、華州參軍李宗閔在時事對策中痛陳時政之失，無所諱避。主考、複試官都極為滿意，唐憲宗也很欣賞。可是宰相李吉甫卻認為牛僧孺等人的對策是在攻擊自己。憲宗不得已，只得免去考官職務，考生牛僧孺等也不予升遷。這件事在牛、李之間種下了仇恨的種子。

13 年後，即唐穆宗長慶元年（公元 821 年），右補闕楊汝士與禮部侍郎錢徽主持進士錄取事宜。西川節度使段文昌受人之託，結果他所託之人沒有錄取，而錄取名冊中有主考官楊汝士的弟弟楊毅士和中書舍人李宗閔之婿蘇巢。這引起段文昌的極大不滿，就向穆宗告了一狀。穆宗問三名翰林學士李德裕、元稹、李紳，都說：「誠如文昌所言。」穆宗就令錄取者進行複試，結果只有 4 人進士及第，而其中的

10人落選。為此，主考官錢徽、楊汝士都受到了貶斥的處分。這樣，牛、李兩黨的矛盾更尖銳了。

牛李兩黨在唐文宗時代，鬥爭最為激烈。皇帝有至高無上的地位，再就是一人之下、萬人之上的宰相了。因此，牛李兩黨都竭力爭奪宰相之位。唐文宗大和六年（公元832年）西川節度使李德裕奉調到朝廷，文宗準備用為宰相。時任宰相的李宗閔（牛黨骨幹）百般阻撓，但沒有奏效。這時京兆尹杜綜也是牛黨，獻計道：李德裕做官沒有經過科舉，這是他的一大憾事，是否可以讓他當主考官，他就不會爭宰相了。對此，李宗閔也不同意。後來牛黨商量讓他當御史大夫。可是，由於某種機緣，李宗閔反而外調為江南西道節度使，這樣李德裕很順當地當上了宰相。

唐代後期，翰林學士的地位日益提高，不僅接近皇帝的機會多，而且對朝廷的決策起重要作用。因此，牛李兩黨又在翰林學士問題上爭吵不休。大和八年（公元834年）文宗欲以李仲言為諫官，進入翰林。李仲言是牛黨成員，過去犯過錯誤受到了處罰。這次宰相就拿此事大做文章。李德裕對文宗說：「李仲言這個人的可惡，陛下都是知道的，怎麼可以置之近侍？」文宗說：「那些我都知道，但不允許人家改過也不行啊！」李德裕說：「李仲言這個人本性極壞，怎麼能改？」文宗說：「宰相李逢吉推薦的，我已經答應了，我不想食言。」李德裕說：「李逢吉身為宰相，怎麼可以薦這樣的壞人，連他也應該革職。」文宗用商量的口氣問：「翰林不行，做其他官職總該行罷？」李德裕說：「這個人壞透了，幹什麼都不行！」文宗感到李德裕太不給自己面子了，很不高興，最後將他外放了。李德裕不願外放，文宗也奈何不得他。當時的皇帝實在是有名而無實。

牛李黨爭，多側面地反映了晚唐社會的面貌。一面是官場明爭暗鬥，一面是百姓的受苦受難，同時中央的權威喪失殆盡，連皇帝也為牛李兩黨所左右。唐帝國在風雨飄搖中掙扎着。

唐武宗滅佛

會昌年間（公元 841—846 年），唐武宗下詔禁絕佛教，大刀闊斧地在全國拆除寺廟，下令僧尼還俗，這就是歷史上著名的「武宗滅佛」。

唐朝的中後期，佛教信徒日益增多。由於寺廟有免交賦稅、僧尼有免出賦役的特權，以致寺廟的耕地日益擴大、僧尼的數量日益增多，極大地影響了國家的財政收入。唐代的出家人有了「度牒」才算合法，有的地方官吏利用頒發「度牒」的職權大發橫財。唐敬宗時，徐州節度使王智興以慶祝皇帝誕辰為由，在泗州置僧尼戒壇，百姓只要交納一定數額的銀兩，就可得到一張「度牒」。這樣，一些意在避免王徭、蔭庇資產的人，就紛紛來交錢領牒，有了「度牒」，也就有了免出賦役的特權。當時任淮南節度使的李德裕為了弄明真相，親自在算山渡口進行察看，一日中有百餘人為了取得「度牒」而經過此渡，而其中只有 14 人曾當過僧尼，其餘都是蘇、常二州的百姓。這樣一來，國家的日子怎麼也過不下去了。唐武宗大張旗鼓地實施「滅佛」，目的就在於去除這種禍國害民的社會現象。

唐武宗滅佛大致上分三個階段。

第一階段是會昌二年（公元 842 年）十月，唐武宗下令：過去有犯罪記錄的僧人，為逃避兵役而入佛門的人，以及入了佛門但並不修戒行的人，都要勒令還俗。沒收其所有的財產，包括田地、莊園、糧食、錢物。但是，主動還俗者則可以免收。於是，有很多的僧尼都紛紛還俗了，編為兩稅戶，說明這一法令是收到了實際效果的。

第二階段是會昌三年（公元 843 年）二月，唐武宗又下令：拆毀天下所有的寺廟、佛堂。這是個大規模的行動，據說當時單單長安城裏拆毀的佛堂就有 300 餘所。佛堂拆毀了，那些僧尼就得一律還俗。當然，在當時的社會條件下，真要「拆毀天下所有寺廟、佛堂」是不可能的。

第三階段是會昌五年（公元 845 年）三月，唐武宗又下令：長安、洛陽兩都兩街各留二寺。長安左街留慈恩、薦福二寺，右街留西明、莊嚴二寺。長安各寺留僧 30 人，洛陽每寺則只能留 20 人。天下各節度使的治所以及同、華、商、汝四州，可以各留一寺。寺分三等，上等留 20 人，中等留 10 人，下等留 5 人。其餘限期拆毀，拆下的建築材料，充作為官舍的修繕，銅像等熔化後鑄成錢幣。這可以看出，會昌五年的命令是對會昌二年、三年命令的調整，在一些重要的地區，都可以合理合法地留存少量的寺廟了。這種調整，在當時也許是完全必要的。

經過會昌二年、三年、五年的滅佛，據說，天下毀寺廟 4600 餘所，歸俗僧尼有 26 萬人，拆毀天下館州縣的招提、蘭若 4 萬多所，合計各類僧尼共 30 餘萬，收回良田也在千萬頃以上。

應該說，唐武宗的滅佛是有一定的社會意義的。它針對的不是一種宗教，而是一種腐敗的社會現象。但是，滅佛只是短暫的現象。會昌六年（公元 846 年），唐武宗一死，唐宣宗即位，第二年就放寬了佛禁。

黃巢大起義

唐朝末年，相繼爆發了多次農民大起義，其中規模最大、歷時最長、影響最深遠的當首推黃巢農民大起義了。

僖宗乾符元年（公元 874 年），河南連續數年發生水災旱災，民眾痛苦不堪。可是，唐政府還是用兵不息，橫徵暴斂，弄得民不聊生。在這種情況下，王仙芝聚眾數千人在長垣（今河南長垣縣）揭竿而起，號稱「天補平均大將軍」。第二年六月，王仙芝軍攻陷了河南的一些地區，大敗官軍，這時黃巢在冤句（今山東菏澤）聚眾響應王仙芝，兩人立誓共同推翻腐朽的唐統治。在農民起義軍的沉重打擊

下，各地州縣官吏都聞風喪膽。唐政權準備授王仙芝大官，王仙芝也準備接受招安條件，黃巢為此大怒，斥責王仙芝：「當時共立大誓，橫行天下，今獨自當官去，讓五千多將士怎麼辦？」於是，黃巢與王仙芝分道揚鑣。

黃巢的軍隊發展很快。王仙芝被唐軍所殺後，其餘部已併入黃巢軍，黃巢也接過了「天補平均大將軍」的大號，起義軍縱橫中原。在中原地帶沉重打擊了唐軍。接着起義軍向唐王朝勢力相對薄弱的南方地區進攻，從浙江，到福建，一直打到嶺南，還佔領了廣州。沿途燒官府，殺官吏，唯主張保護儒者。後來，又離開廣州，一路向西北進發，攻取廣西桂林後，又攻下湖南衡陽、長沙，然後進軍江浙，揮師北上。僖宗廣明元年（公元 880 年）十二月，黃巢軍克洛陽，破潼關，勝利進入長安城，唐僖宗西逃成都，起義軍實現了「沖天香陣透長安，滿城盡帶黃金甲」的夙願。十二月十二日，黃巢進入太清宮，第二天即皇帝位，國號「大齊」。黃巢宣佈：「黃王起兵，本為百姓，百姓可安居無恐。」他們把土地和財產分給貧困的人們，而那些唐宗室、官吏、地主、土豪被打翻在地，有不少被起義軍殺了。老百姓揚眉吐氣了。[⑨]

當然，黃巢軍在戰略和戰術上是缺乏經驗的。進長安後，沒有及時追擊敵人，使僖宗為首的唐王朝有了從容組織力量反擊的時間；此外也沒有多少安定人心的實際措施出台，又沒有建立根據地。在四面受敵的情況下，起義軍退出長安。堅持到中和四年（公元 884 年）黃巢行至泰山狼虎谷身亡。

黃巢從揭竿而起到失敗身亡，歷時 10 年之久。他的活動範圍東起山東，西至陝西，轉戰南北，沉重打擊了唐朝腐朽的統治。黃巢打着「天補平均大將軍」的旗幟，表明了農民樸素的平均主義思想，對最終摧毀世家大族的統治也起了不可估量的作用。在黃巢起義軍的打擊下，唐王朝的末日也就不遠了。

◆ 註釋：

① 唐高祖李淵讀了孫伏伽的奏摺後，下詔曰：「秦以不聞過而亡，漢高祖反正，從諫如流。」二年，高祖謂裴寂曰：「隋末無道，上下相蒙，主則驕矜，臣則諛佞。上不聞過，下不盡職，至使社稷傾危，身死匹夫之手。朕撥亂反正，志在安人。」(《舊唐書‧孫伏伽傳》) 當時的大臣姜謨曰：「唐公有霸王之才，必為撥亂之主。」(《冊府元龜‧將帥部‧佐命六》)「撥亂反正」成為唐初的一個核心口號。

② 太宗曰：「設官分職，以為民也，當擇賢才而用之，豈以新舊為先後哉！必有新而賢，舊而不肖，安可捨新而取舊乎！今不論賢不肖而直言嗟怨，豈為政之體乎？」(《資治通鑒‧唐太宗貞觀三年》)

③ 貞觀十一年，太宗手書答魏徵曰：「省頻抗表，誠極忠款，言窮切至。披覽忘倦，每達宵分……公之所陳，朕聞過矣。當置之几案，事等弦、韋。必望收彼桑榆，期之歲暮，不使康哉良哉，獨盛於往日，若魚若水，遂爽於當今。」(《貞觀政要‧君道》)

④ 貞觀元年，太宗謂黃門侍郎王珪曰：「中書所出詔敕，頗有意見不同，或兼錯失，而相正以否？元置中書、門下，本擬相防過誤。人之意見，每或不同，有所是非，本為公事。或有護己之短，忌聞其失，有是有非，銜以為怨。或有苟避私隙，相惜顏面，知非政事，遂即施行。難違一官之小情，頓為萬人之大弊。此實亡國之政，卿輩特需在意防也。……卿等特須滅私徇公，堅守直道，庶事相啟沃，勿上下雷同也。」(《貞觀政要‧政體》)

⑤ 太宗曰：「夷狄亦人耳，其情與中夏不殊。人主患德澤不加，不必猜忌異類。蓋德澤洽，則四夷可使如一家；猜忌多，則骨肉不免為仇敵。」(《資治通鑒‧唐太宗貞觀十八年》)

⑥ 《新唐書‧武后傳》：「上元元年，進號天后，建言十二事：一，勸農桑，薄賦徭；二，給復三輔地；三，息兵，以道德化天下；四，南北中尚禁浮巧；五，省功費力役；六，廣言路；七，杜讒口；八，王公以降皆習《老子》；九，父在為母服齊衰三年；十，上元前勳官已給告身者無追核；十一，京官八品以上益稟入；十二，百官任事久，材高位下者得進階申滯。」

⑦ 司馬光對唐代的兩代賢相作了十分精到的對比和評述，他說：「崇（姚崇）善應變成務，璟（宋璟）善守法持正；二人志操不同，然協心輔佐，使賦役寬平，刑罰清省，百姓富庶。唐世賢相，前稱房、杜，後稱姚、宋，他人莫得比焉！二人每進見，上輒為之起，去則臨軒送之。」(《資治通鑒‧唐玄宗開元四年》)

⑧　白壽彝著《中國通史》以為：「長安城在唐代的正式戶口有八萬餘戶，以一戶五口計，大約四十萬人。再加上貴族、官吏、僧道、胡商等，長安城的人口當不下百萬。」而美國加州大學教授謝弗在《唐代的外來文明》一書的估計，認為「長安城的納稅人口將近二百萬人，其數量相當於位於這條漫長的水道和運河網絡另一端的廣州的納稅人口的十倍。」

⑨　黃巢建大齊政權後，有人寫詩道：「自從大駕去奔西，貴落深坑賤出泥。扶犁黑手翻持笏，食肉朱脣卻吃虀。」

第二十九卷

兩宋格局

唐朝滅亡以後，中國陷入了五代十國分裂割據的混亂局面。中原地區先後出現了後梁、後唐、後晉、後漢、後周五個朝代，史稱「五代」。各代歷史很短，最長的 16 年，最短的只有 4 年，總共 54 年。在山西和南方出現了北漢、前蜀、吳、閩、吳越、楚、南漢、南平、後蜀、南唐等十個割據政權，史稱「十國」。

公元 960 年，後周的大將趙匡胤發動兵變，奪取了政權，建立了宋朝，定都於東京（今河南開封），史稱北宋。公元 1127 年，原居於中國東北地區的女真族建立了金政權，攻破宋的東京，擄走徽、欽二帝，北宋滅亡。宋欽宗的弟弟趙構在南方建立宋的新政權，南遷臨安（今浙江杭州），史稱南宋。

兩宋政權連綿 300 餘年，政治、經濟、軍事、文化等方面都出現了一系列新格局。宋代實施「重文輕武」的國策，使宋代的士大夫擁有前所未有的優越地位，「棄武學文」成為一時的社會時尚。宋代文化的繁榮和興盛也是值得大書的，一度出現了新的「百家爭鳴」的局面，與漢、唐一起被史家稱為「後三代」。宋代的科技也達到了前所未有的水平，中國「四大發明」中的三大發明就出現在宋代。

這種種新格局的出現，深刻地影響着整部中國歷史。

吳越王錢鏐

公元 907 年，盛極一時的大唐政權滅亡。從此，到公元 960 年宋朝建立的 54 年間，中原地區先後出現了梁、唐、晉、漢、周五個政權。另外，還出現了十國割據的局面。這十個政權，除北漢在北方外，其他前蜀、後蜀、吳、南唐、吳越、閩、楚、南漢、南平等九個政權都在南方。這些政權的首腦人物中，吳越王錢鏐可謂是佼佼者。

錢鏐原為唐末杭州刺史董昌的部將。後來，董昌據越州（紹興）稱帝，唐以錢鏐為浙東招討使討伐董昌，董昌兵敗自殺，錢鏐遂據有兩浙，所轄區域大致相當於今浙江省及上海市、江蘇省蘇州地區。後來他被封為越王、吳王，最後定為吳越王，建元為天寶。

錢鏐據兩浙共 41 年，他一生活了 81 歲，這在當時亂世為王者中是少有的。他為後世人傳誦不忘，在「五代十國」的統治者中也可說是第一人。

錢鏐的功業在於興修水利，發展農耕。

天寶三年（公元 910 年），他主持了築捍海塘的大業。錢鏐當時已年屆六十，為了築海塘，他還親自參與謀略。浙江臨海，怒濤洶湧，決塘是常有的事。開初試行版築法，用泥土為塘，結果很容易就被沖決。於是，錢鏐就改為竹籠法。史載：「以大竹，破之為籠，長數十丈，中實巨石，取羅山大木長數丈，植之，橫為塘，依匠人為防之制，又以木立於水際，去岸二九尺，立九木，作九重，由是潮不能攻。」

錢鏐治海的成功，使老百姓得到了實利，老百姓稱頌他，給了他一個雅號，叫做「海龍王」。

過了五年，65 歲的錢鏐為了進一步落實水利事業，專門建立了主管水利的「水營使」。這是一個軍事性質的機構，有近萬人。這支軍隊，平時「常為田事」，自己生產，自給自足，不讓百姓增加負擔。一旦有事，就「治河築堤」。這支隊伍做了許多實事，最大的有三件事：

一是治理吳淞江；二是治理澱山湖；三是開通了東府南湖，也就是今天的天下聞名的西子湖。

錢鏐的功業為後人傳誦不已。他曾經在百忙中回老家一次，作《還鄉歌》：「三節還鄉兮掛錦衣，父老遠來相追隨。牛斗無孛人無欺，吳越一王駙馬歸。」詩中有幾分得意，但更多的是一顆坦蕩的愛民護民之心。

詞壇才子李後主

在五代十國時期，除了錢鏐值得一書外，南唐末王李後主也是足以著之竹帛的。

李後主本名李煜，原本該是個政治人物。他的祖父李昇在戰亂中奪取了一塊地盤，因與原先李唐政權的國主同姓，就在金陵（今南京）建立了唐政權，史稱南唐。其人稱為南唐前主。他主政時，政治清明，經濟得以發展，所建廬山白鹿洞書院成為後世著名書院。李昇死後，其子李璟即位，號為中主，其人一無所為，史書上只是說他「好讀書，多才藝」。最倒霉的當是後主李煜了。

南唐先是臣服於後周，後又對北宋稱臣納貢。李煜 25 歲任南唐國主，史稱李後主，一共做了 14 年的小皇帝。在位期間，對北宋卑躬屈膝，不斷以金帛珠寶巴結宋朝皇帝。他小心翼翼，但宋統治者對他還是不放心。

史傳，宋太宗派人日夜監視在李後主的住處。李後主沒有什麼辦法，只得以作詞自娛。一日，監聽者聽到李後主在唱「小樓昨夜又東風」和「一江春水向東流」，報告了宋太宗，宋太宗大怒，不久，就把他毒死了。

李後主雖說在政治上無所作為，可在詞的創作上卻可謂是一顆耀眼的星辰。王國維在《人間詞話》中說：「詞至李後主而眼界始大，感

慨遂深，遂變伶工之詞為士大夫之詞。」這個評價是極為精當的。以往的填詞只是為了戲曲，為了演唱，而從李後主開始，作詞多與社會生活緊聯一起了。無論從形式到內容，都衝破了「花間派」的樊籬，走向現實，開創了詞史上的一個新時代。

李後主的詞，相當部分表現了他對「故國」、「江山」的戀念，感情強烈，撼人心魄，催人淚下，正如王國維所言：「後主之詞，真所謂以血書者也！」

李後主的《浪淘沙令》寫道：

> 簾外雨潺潺，春意闌珊。羅衾不耐五更寒。夢裏不知身是客，一晌貪歡！
> 獨自莫憑闌，無限江山！別時容易見時難。流水落花春去也，天上人間！

李後主的《虞美人》寫道：

> 春花秋月何時了？往事知多少！小樓昨夜又東風，故國不堪回首月明中！
> 雕闌玉砌應猶在，只是朱顏改。問君能有幾多愁，恰似一江春水向東流。

歷史是無情的，「浪淘盡千古風流人物」，一時的「風流」可能很快會被歷史的塵埃所埋沒。歷史又是有情的，只要你真的對歷史作出過某種貢獻，你就會在青史上留下永不褪色的筆墨。李後主就是這樣。他的政治生涯是可悲的，也是不足道的，但是有了「流水落花春去也，天上人間」、「問君能有幾多愁，恰似一江春水向東流」這樣的千古麗句，有了為有宋一代開清新詞風的無可爭議的貢獻，人們就永遠記住他了。

陳橋兵變

　　後周顯德七年（公元 960 年），後周掌握禁軍大權的趙匡胤，在陳橋（今開封市郊陳橋鎮）黃袍加身，發動兵變，逼後周的幼帝讓位，建立了宋王朝，這就是中國歷史上著名的「陳橋兵變」事件。

　　這差不多是 9 年前郭威發動的澶州（今河南濮陽）兵變的複製。那時，大將郭威執掌着後漢的軍權。他謊稱遼軍南侵，便率軍北上。大軍行至澶州，一些將士把黃袍加在郭威的身上，擁立郭威為帝。郭威便率軍回後漢京師開封，即皇帝位，建立後周。在那次事變中，身為年輕將領的趙匡胤和楊光義、石守信、李繼勳等人結為「義社十兄弟」。這些年輕將領因擁立有功，都開始步步高升。

　　可是，過了沒幾年，北周帝位傳給只有 7 歲的孩童，封宰相范質、王溥為顧命大臣，統領軍國大事全局。可是，范、王兩人無軍權，不為軍界所服，後周的政局出現了不穩的跡象。於是，趙匡胤為首的「義社十兄弟」開始密謀，試圖效法郭威，以擁有軍權而自立。

　　趙匡胤先是買通了宰相和顧命大臣之一的王溥，許諾他如能自立，當委以重任。王溥表示願意效忠。顯德七年（公元 960 年）正月初一，趙匡胤指使他人謊報軍情，說契丹大軍南下，京都危在旦夕。後周宰相范質與王溥商議後，決定由趙匡胤率大軍前去應戰。在出軍之前一天，在京城散佈流言：「將以出軍之日策檢點為天子。」「檢點」是「殿前都檢點」的簡稱，當時擔任此職的正是趙匡胤。士兵和民眾聽到這一流言，怕京城又要大亂，紛紛出逃，只有皇宮內還不知外面發生了什麼。

　　正月初三，趙匡胤率大軍北上，當晚到達離開封約 40 里的陳橋驛，部隊突然駐足不前了。一些軍士聚於驛門，一會兒，這些人馬上又排列成整齊的隊伍，高呼：「我們要檢點當天子！我們要檢點當天子！」不少將士也都加入了那個隊伍。趙匡胤的心腹幕僚李處耘即向

趙匡胤的二弟趙匡義報告進展情況，表示一切滿意。兵變的預謀者之一趙普，還不放心，夜間專門到各營寨察看了一番，感到問題不大後，才向趙匡胤本人匯報，派心腹官員急馳入京，通知石守信等做好內應準備。

當大軍剛出城門時，有個號稱通曉天文的軍校苗訓指着天上說，他看到了兩個太陽在相互搏鬥，並對趙匡胤的親信楚昭輔說：「此為天命所歸。」這類說法無非是改朝換代之際慣用的伎倆而已，然而，這場煞有其事的談話迅速在軍中傳開，軍中將士議論紛紛：「當今皇上年幼，不懂朝政。我們冒死為國家抵抗外敵，也沒人知道我們的功勞。倒不如先立趙點檢為天子，然後再北征。」

當日夜裏，趙匡胤喝得醉意朦朧，擁被大睡。到了清晨時分，一夜未眠的將士們握刀持劍，早已環立帳前，呼聲四起。有些將士全副披掛，準備徑直入帳。守在帳外的趙匡義和趙普見狀，連忙進帳喚醒趙匡胤，擁他出帳。帳外將士一見趙匡胤出來，便大聲高喊道：「諸軍無主，願奉太尉為天子。」趙匡胤來不及回答，一件黃袍已披在他身上。眾將士一齊跪拜在地，三呼「萬歲」，呼喊聲震耳欲聾，數十里外也能聽到。趙匡胤假裝推辭，連聲說道：「豈敢！豈敢！」

眾將士不依，扶他上馬南行。

趙匡胤佯裝無奈，又對將士們說：「不得貪圖富貴！」

將士們說：「此為天意，不可違抗！」

趙匡胤說：「既強我為天子，你們就得聽我指揮！」

眾將士都答允。這時，趙匡胤便得意洋洋地穿上了黃袍，率軍向京城進發。在石守信的策應下，大部隊很快進入開封。只有城防司令韓通抵擋了一陣，但馬上被另一名守城的將官殺了。趙匡胤順順當當地奪取了政權。趙匡胤把事情的經過告訴了范質、王溥兩位宰相。王溥早已知情，范質無可奈何，都表示贊同。趙匡胤於正月初五，頒定國號為宋，改後周顯德七年為宋建隆元年。宋朝正式建立，這一年是公元 960 年。

趙匡胤一開始就顯現出了王者風範。在兵變這一點上，他與前朝的多次兵變沒有什麼兩樣。但是，他的目光比前人要遠大，他的心胸比前人要開闊。在即位前，他講了三條：「我如果即皇帝位，一不得凌辱後周太后、少帝及公卿大臣；二不得搶劫市民；三不得搶劫政府的倉庫。」這三個「不得」，正是他贏得軍心民心的基石。

一切照舊

留用後周時期的舊官僚，尤其是信任甚至重用原先的後周朝廷重臣，是宋太祖趙匡胤穩定政局的重要一着。

趙匡胤是穿着黃袍進入京城的。但是，為了不刺激三朝元老、首相范質，在面見他的時候，趙匡胤馬上脫掉了黃袍。范質當面質問他：「先帝養太尉如養兒子一樣，現在屍骨未寒，為什麼要做篡位之事？」

趙匡胤只得假裝哭喪着臉說：「我蒙周世宗的厚恩，哪裏敢忘？現在是受六軍將士的壓迫。走到這一步，實在愧負天地，叫我怎麼辦呢？」

這時，趙匡胤的衛隊如狼似虎地站立在一旁，大有要抓人之勢。而副相王溥則早已與趙匡胤串通一氣，馬上出來相勸，並表示自己願追隨順從趙匡胤。王溥說：「范相，有道是，識時務者為俊傑，事已至此，還是順從了新天子吧！」

范質一看大勢已去，就提出條件，要趙匡胤不殺後周天子及其親屬，要他行禪讓之禮。趙匡胤滿口答應，並真的舉行了隆重的禪讓大典，安置好了後周皇族。

新政權建立一個月以後，為了表示對像范質這樣的三朝元老的真心重用，趙匡胤特下詔令：范質可依前守司徒，兼侍中。[①]王溥可守司空，兼門下侍郎。這一任命非同小可。范質原任的司徒，名位雖高，但缺乏實權，只是管理教化事務而已，而現今授予的「侍中」一職，

不僅位極人臣，同時可隨皇帝左右，出入禁中，應對顧問朝中一切大事。至於王溥，原擔任的「司空」一職，主管土地、水利、工程，雖說有實權，但說不上權力很大，現又兼以「門下侍郎」一職，那權力要大得多了。

還有一大批重臣都加了官、晉了爵，最次等的也能保住原先的官職。

中央穩住了，地方才能穩。據說，當時宋太祖派出大批使者到各地去通報情況，以告「去周代宋」的實情。那些州吏首先要問的是：「宰相是哪一位啊？」「樞密使是哪一位？」「擔任軍職的是誰？」使者告訴他們：「一切照舊！」

這時，那些地方長官放心了，因為沒有危及自己，於是，紛紛下拜稱臣。

杯酒釋兵權

其實，趙匡胤怕的倒不是那些舊朝重臣，而是那些方鎮大將。他們手中有着強大的軍權，退可守一方之土，進可威脅中央政權。唐中葉一直到五代末 100 多年間興風作浪以至於引起王朝頻繁更替的，就是這些兵權在握的方鎮。

北宋建隆二年（公元 961 年）閏三月，宋太祖首先廢除了掌管精銳部隊禁軍的殿前都點檢這一要害軍職，將任殿前都點檢的慕容延釗外放任節度使，邁開了皇帝親掌禁軍的第一步。不久，又採納趙普的建議，對禁軍重要將領「收其精兵」，將石守信等人解除了禁軍軍職。接着就是「杯酒釋兵權」了。

建隆二年七月初七日晚，宋太祖留石守信等武將晚宴。酒過三巡，宋太祖以神祕而又親切的語氣，對石守信等低聲說：「我能當上皇帝，全靠你們出了大力，我非常感謝你們。可是，你們哪裏知道，當

皇帝也難得很，我天天睡不着覺呐！」

石守信等是他的「義社十兄弟」成員，即便不是其中的成員，也是趙匡胤奪取政權的鐵哥們，他們根本不知是計，都説：「皇上有什麼難處，説出來聽聽！」

趙匡胤用鋭利的目光掃視了一下在座的各位，一字一頓地説：「難就難在我這個皇位怕難以坐穩啊！要知道，誰人不想當皇帝呢？你們説呢？」

這時，石守信等才知道趙匡胤葫蘆裏賣的是什麼藥，嚇出了一身冷汗，莫不是皇上怕自己篡位？他們紛紛向趙匡胤表忠心，説自己是會永遠永遠效忠於皇上的。石守信更是信誓旦旦，説：「皇上當上天子，是天意所在，我決不會有異心。」

趙匡胤假意地歎一口氣説：「我也相信你們不會有異心，但是，誰能保證你們的部屬不會為了榮華富貴，將黃袍加在你們的身上？」

聽趙匡胤這麼一説，石守信等都覺得十分害怕，忙説：「我們可都沒想到這一層，還望陛下為我們同生死共患難的兄弟指一條出路！」

趙匡胤沉吟片刻，説：「人生在世，無非是榮華富貴幾個字，這也是為子孫造福。我為你們設想，最好的辦法是放棄軍權，離開京城這個是非之地，到外地去當個閒官，享清福，買田造屋，以享天年。那樣，我與你們之間，也不用猜疑，上下相安，豈不樂哉！你們想想，這樣做行不行？」

石守信等聽了趙匡胤這番話，知道再也不能執掌軍權了。第二天，武將們一個個都稱病，要求解除自己的軍職。趙匡胤馬上爽快地批准了他們的「請求」，改命石守信、高懷德、王審琦、張令鐸、周彥徽等人為節度使（此時的節度使是虛銜），並給予重賞。

中央禁軍問題解決後，趙匡胤又着手解決地方武裝問題。他召王彥超等掌軍權的地方藩鎮入朝赴宴。席間，趙匡胤對他們説：「你們都是功臣宿將，長期在地方忙於公務，非常辛勞，我對你們也照顧不周。今後，我要讓你們少管事、多享福！」

王彥超等心領神會，馬上答應願依石守信等的做法。他們說：「我們這些人本沒多少功勞，全靠皇上的提拔重用。如今我們也老了，還是告老歸鄉吧！」於是，他們交出兵權，原先的職官由文官來充任。

宋太祖的「杯酒釋兵權」是個偉大的創舉，他沒有以武對武，而是以喝酒談心的方式解決了一個唐中葉以來長期沒解決的擁軍自重、藩鎮亂政的問題。此舉，保證了有宋一代 300 多年的內部統一和安定。自宋以後，少有擁軍割據混戰的現象發生。宋太祖趙匡胤的這一聰明絕頂、深謀遠慮的做法，值得大書。

趙普的「方鎮三策」

當時的方鎮 —— 主要指節度使，權力很大，集軍、政、財、監權力於一身，那絕對不是一次酒會所能解決的。宋太祖趙匡胤憂心忡忡。建隆二年（公元 961 年），他在與謀臣趙普的一次閒談中提出：「趙普啊，你是跟我一起打天下的人。你我都知道，唐朝末年以來的數十年間，帝王變易了八姓，民眾實在受苦不少，你看是什麼原因？」

趙普似乎早已成竹在胸，他說：「皇上，事情是很清楚的，那完全是因為地方勢力太強大，而君主實權太少的緣故。」

趙匡胤又問：「我想平息天下的戰事，為國家立長久之計，你看有什麼辦法？」

趙普說：「臣有方鎮三策：一是一點點削弱其權力；二是切斷這些人的經濟命脈；三是將其精兵收歸中央所有。」②

趙匡胤仰身大笑，高興地說：「有了這『三策』，看來天下太平不會成問題了！」

趙普「方鎮三策」中的第一策是：「稍奪其權」。自唐代以來，節度使除治本州外，兼領「支郡」，也就是旁邊較小的州。現在，所謂

「稍奪」，首先不讓他染指「支郡」。具有諷刺意味的是，趙普提出的
「稍奪」的第一個對象竟是他自己。開寶六年（公元 973 年）八月，趙
普罷相，出為三城（今河南孟州）節度使，按例帶「孟、懷等州觀察
處置使」，但這時，卻宣佈懷州直隸京城，這明顯是一種「稍奪」。到
宋太宗時，所有節鎮的支郡三十九州全直隸中央。

　　趙普「方鎮三策」中的第二策是：「制其錢穀」。這是一種經濟制
裁。以前財權歸於節度使，所有賦稅收入全歸節度使，每年的「貢奉」
只具有象徵意義。建隆二年以後，賦稅收入，除地方用去部分外，要
全數交中央。

　　趙普「方鎮三策」中的第三策是：「收其精兵」。中央的禁軍從哪
裏來？就從地方的精兵強將中選拔而來。皇上平時派人對此督責，有
時則親自實行抽查，查到如有將精兵藏匿起來不上報的，定當重罰。
節度使手中的「役兵」只是備治安之用，要想謀反，也是辦不到的！

　　五代後晉的成德軍節度使安重榮曾經感歎說：「天子，兵強馬壯者
當為之，寧有種耶！」那個時代一去不復返了。

宰相須用讀書人

　　宋王朝實行「重文輕武」的國策。文化人和有真才實學的士大夫
受到空前的尊崇。政府的高級官員幾乎都由文人擔任，連中央主管軍
事的樞密使也多半是文人。武將出征時還常以文官做「監軍」，其目的
是徹底鏟除軍人亂政的根子。

　　宋太祖重用翰林學士竇儀就是一個例證。竇儀出身於世代書香之
家，其父禹鈞和其伯父禹錫都是著名的詞學家。竇儀 15 歲即舉進士，
周太祖郭威時即召為翰林學士。宋太祖趙匡胤即皇帝位的第一年，就
將這位「宿儒」召到朝中來，升任為工部尚書，並要他到中央最高審

判機關大理寺去就職，負責重定《刑經》，把制定刑法的重任也交給了這位大文人。當時的大理寺有職有權，在大理寺、刑部、都察院的「三司會審」中，竇儀都起了極為重要的作用。

當時，翰林學士王著剛巧因為喝醉酒後鬧事，被宋太祖貶官。宋太祖把德高望重的宰相范質找來，對他說：「翰林學士處於禁中，專掌內命詔敕，人稱『內相』，地位太重要了，應當讓竇儀這樣的宿儒來充任。」范質大概心中另有人選，便回答說：「竇儀清介重厚，人是不差的，但已經走出翰林院任外官，重入翰林院是沒有先例的。」太祖十分堅定，說：「我想定了，非此人不能善處禁中，你要理解朕的心意，馬上讓他就職吧！」范質還想說什麼，這時宋太祖一揮手，示意他閉嘴。就這樣，一錘定音，當天讓竇儀再進入翰林院。

太祖即位的頭三年，一切進展得很順利。用兵不多，但荊南、南漢、南唐、吳越等國相繼投降。當建隆三年（公元962年）十一月，投降後被任命為荊南節度使的高繼沖來朝進貢萬兩白銀時，宋太祖心花怒放，決定改元。他徵求了一些官員的意見後，決定用「乾德」這個年號。當時，翰林學士竇儀外出，未及垂問。宋太祖興高采烈地說：「這個年號好，天乾地坤，『乾德』即是天降大德的意思。」百官聽太祖說好，就誰都不說什麼了，眾官員還在當天奉獻上了書有「應天廣運仁聖文武至德皇帝」的玉冊。但是，不久滅了後蜀，看到蜀宮女用的鏡子背後有「乾德四年鑄」字樣，宋太祖忙問翰林學士竇儀。竇儀回答道：「這個年號在後蜀時用過，現在再用也未嘗不可。」宋太祖聞言，感歎道：「看來，宰相須用讀書人啊！」

每有大事，宋太祖總要垂詢於竇儀。乾德二年（公元964年），范質等三相並罷。過了三天，宋太祖任命趙普為平章事，相當於副宰相。當時有位名叫陶穀的尚書建議可以晉升趙普為相，太祖得到這一奏章後，拿不定主意，便問竇儀，竇儀回答說：「陶穀的建議不利於天下太平，皇上的弟弟趙匡義現在是開封尹，同平章事，可以升任為宰相。」太祖說：「竇儀的話是對的。」過不多久，提升竇儀為禮部尚書。

竇儀全家五兄弟都是大學問家，被世人稱為「丹桂五枝芳」，也有人稱其為「竇氏五龍」的。他們也多次受到宋太祖的青睞。可惜竇儀一代大才，只活到 53 歲就死了。宋太祖聽到消息，大哭道：「老天爺為何要那樣快地奪走我的竇儀啊！」

「儒將」曹彬

有宋一代，除了重用文人外，也鼓勵武人要學一點文化。

曹彬出身於武人門第，父親曹芸曾任成德軍節度都知兵馬使。在這樣的家庭氛圍中熏染長大的孩子，從小就具有武人的氣質。據傳，曹彬周歲時，父母讓他「抓周」。面前擺上百件好玩的物品，只見曹彬左手持干戈，右手取俎豆，還取了一顆大印。這個將門之子，既喜武，又喜文，還對象徵國家權勢的印章感興趣呢！

曹彬長大後，在成德軍中充牙將，後在周世宗柴榮身邊辦事，幹得十分出色。後來他出使吳越，事情辦理完了，就走人，吳越君王送給他諸多禮品，他一件都不取。吳越人用輕舟追趕他，他推辭再三不肯受。吳越人強行把禮品留下後走了。他歸京後，把這些禮品全數送交官府，自己分文不留。

宋朝建立後，曹彬以他的良好名聲留在禁軍中。他表現得很大氣，沒有公事，從不到宋太祖趙匡胤那裏去，有什麼宴會之類，他能不參加就不參加。一次，宋太祖問他：「我常想親近你，你為什麼故意疏遠我？」曹彬說：「我是前朝周室的近親，現在能忝列於禁軍之中，已了不得了，怎還想交結皇上？」他這樣說，太祖就更加器重他。太祖也常以「武人學文」之道教誨他，他也很用心地記下。

宋太祖對這個將軍特別有好感，有意培養其為文武全才。乾德二年（公元 964 年），封他為左神武將軍，接著又馬上兼樞密承旨。當

時，按宋制主管軍事的樞密院都由文人任職，讓曹彬到樞密院去是為了讓他學點文事。同年，攻伐後蜀，又讓曹彬為監軍，這也是文人的差事。在征蜀中，曹彬這個監軍幹得很出色。當時，攻佔了三峽地區的一些郡縣後，絕大多數將領主張屠城以煞其威風，曹彬堅決制止。兩川平定後，主帥王全斌等日夜宴飲，部下的人則到處搶掠，使蜀地人苦不堪言，造成了叛亂的發生。曹彬多次建言早日班師，諸將就是不聽。後來平亂後，諸將都取玉帛女子，唯獨曹彬分文不取，獨選了一些有用的圖書資料。回到京城後，其他將官都受到宋太祖的懲處，唯獨曹彬受到了表彰。曹彬對皇上說：「其他將士都獲罪，唯獨我受賞，恐怕不妥。」宋太祖說：「有什麼不妥的？你這個監軍立了大功，又不自誇，我不獎勵你，還可獎勵誰？」

在攻伐江南的南唐政權的戰役中，曹彬也立了大功。圍困金陵達數月，諸將欲速攻，曹彬主張圍而不攻，以等待時機。城馬上就要攻破時，曹彬突然稱病不能視事。諸將急了，都來問候，曹彬說：「我這個病不是藥石所能治癒的，只有大家在此誠心立誓，城攻破之日，決不妄殺一人，則我的病自然痊癒了。」諸將許諾，一起焚香為誓。金陵攻破後，宋軍秋毫無犯，南唐李後主也就心悅誠服地投降了。

雍熙三年（公元 986 年），當時曹彬已年過半百，卻依舊輾轉戰地。這一年，他奉命北伐，部下為了爭功在條件不利下催促進攻，又因為騎兵較弱不能保護糧道，結果被遼國大將耶律休哥打得慘敗。不過太宗沒有多怪罪曹彬，曹彬之子曹瑋也受重用，立下大功。

可惜，宋王朝的當政者雖時時提醒武人要讀書，可應者寥寥。像曹彬這樣的「儒將」只是屈指可數的極少數人。

經太祖、太宗兩朝的整頓，宋代文人政治的大格局已經形成，武人只是衝鋒陷陣、奮勇殺敵者而已，在政治上、軍事上都是無足輕重的了。這個格局極其深刻地影響了中國之後的一千多年。

半部《論語》治天下

趙普是與宋太祖趙匡胤一起奪天下、定天下的名臣。自乾德二年（公元964年）范質等三相同日罷去後，他就實際掌握了相權，一直到宋太宗時代。他沒有多少武功，是個十足的書生宰相。宋太祖曾當着他的面說：「國家事皆由你這樣的書生裁決吧！」

趙普也的確是書生氣十足，自己認定了的事，就敢於堅持。一次，他薦某人為官，太祖說：「此人不可用！」趙普第二天還奏，得到的答覆還是那句話。第三天，趙普再奏，太祖勃然大怒，說：「你這個人怎麼搞的，我說不用就不用了麼！」把趙普的奏章撕得粉碎，擲在地上。趙普把地上的紙一片片拼起來，補好後又遞上。宋太祖還是不答應，怒而離座，趙普緊隨其後，立於宮門久久不走，最終感動了宋太祖，起用了趙普推薦的人。後來證明，這是一賢能之人。

趙普是個真正肯讀書和能讀書的人。他早年曾受到宋太祖的鼓勵，叫他要好好讀書，以先聖之精神治國。對此，趙普一直銘記在心，直到晚年都手不釋卷。每天公事辦完回家後，就把書房的門一關，打開書箱認認真真地讀起書來，有時一直讀到深夜。

趙普每天打開那個書箱讀的那部書，是什麼了不得的寶書呢？一次，他的夫人在整理書房時，發現那書箱剛巧沒有鎖上，好奇地打開一看，原來是一部已經讀爛了的《論語》20篇。這事寫在了《宋史·趙普傳》中。

後來，有人在太宗面前毀謗趙普，說：「趙普這個人啊，人家都說他有學問，其實，這個山東人，只是讀了一本他山東老鄉孔子的《論語》罷了。」

宋太宗常到趙府閒坐，一次，宋太宗以打趣的口吻問趙普：「人家說你平生只是讀了一部《論語》，是這樣的嗎？」

趙普點點頭，平靜而坦然地回答道：「說得是不錯的，我只是讀了

部《論語》。」

宋太宗吃驚了，追問道：「人家是閒言碎語，我不信，你自己怎麼也這樣說呢？」

趙普回答道：「臣平生的智慧和才能，都出自於《論語》。往日，我是以半部《論語》輔助太祖定天下，現在，我是在以另半部《論語》幫陛下致太平。天下發生任何事，我以半部《論語》應付之，足夠矣！」

從此，「半部《論語》治天下」之說傳開去了。這也說明，宋代所謂的「文人政治」，實際上是以儒家的思想治理天下。

呂端大事不糊塗

太祖、太宗共統治天下 38 年，奠定了大宋王朝 300 年統治的基石。可是，當宋太宗因高梁河之戰的箭傷復發即將不治時，帝位繼承之爭又差一點動搖了社稷江山。這時，向來似乎辦事糊塗的宰相呂端站了出來，他力挽狂瀾，避免了一場一觸即發的宮廷政變，保住了政治格局的平穩過渡。當時，如果沒有呂端的「大事不糊塗」精神，宋代的歷史將會重寫。

呂端的父親呂琦是位軍人，在後晉時官至兵部侍郎，因此呂端稍稍長大後以門蔭充任了「千牛備身」之職，成為君主身邊的侍從。可是，自從實行「文人政治」以後，其父也決定把他培養成為一員文臣。呂端歷任國子主簿、太僕寺丞、祕書郎、直弘文館、著作佐郎、直史館、右諫議大夫、樞密直學士、參知政事，起起落落，但幹的基本上是文事，最後到宋太宗時，成為一人之下的宰相。

呂端的官聲一直很好。他曾出使高麗，使命完成後，歸來途中，突然暴風折斷了船檣，全船的人都驚恐不已，可呂端卻穩坐在船頭讀

書，像在書閣中一樣閒適舒展。他的鎮定自若，給全船人以信心，安然度過了一難。

由於他的耿直，也得罪了不少人，他的官位一直升降不定，但他從不介意，只是一心為民辦實事。向來與他關係不佳又長期任相職的趙普也不得不稱讚道：「我看呂公這個人實在了不起，他得了嘉獎並不大喜，受了抑挫也從不懼怕，他真是當朝找不出第二人的大才！」

到宋太宗中期，呂端真正得到了重用，被拜為參知政事，即副相。當時寇準也是副相，呂端主動請太宗把自己的位置安排在寇準之下。太宗說：「不行，還是你居上！」後來，太宗想提升呂端為宰相，有人對太宗說：「那是不行的，呂端為人太糊塗。」太宗馬上糾正說：「不，我了解他，呂端這人小事上糊塗，可在大事上不糊塗！」堅決地把他提上了相位，並告訴中書省（也就是政事堂），以後凡是有關決策性的文件，必須由呂端過目後才能公佈。在這種情況下，呂端反而更加謙讓。

在宋太宗晚年，繼位問題成了宋王朝的一個焦點。當時在確定太子問題上就一波三折。先是定長子趙元佐為太子。但這個長子與太宗政見不合，被廢為庶人。後立次子趙元禧為太子，可不幸他突發暴病而死。最後，才確定趙元侃為繼承人，並於至道元年（公元 995 年）八月，冊立為太子，此時，離太宗之死只有兩年不到的時間了。

太宗病危時，當年幫助太宗奪位的大宦官王繼恩串通副相李昌齡、知制誥胡旦謀立已被廢為庶人的趙元佐為帝。太宗的李皇后動搖不定，最後由王繼恩通知宰相呂端前去李皇后處議事。

呂端對王繼恩的陰謀早有察覺，他知道如果推翻太宗的成命而另立新帝，必然造成天下大亂。呂端決定先下手為強，把前來通知去李皇后處議事的王繼恩扣了下來，自己前去面見李皇后。經過一番勸說後，李皇后同意了按太宗的原計劃辦，立太宗三子趙元侃（即趙恆）為帝，這就是宋真宗。

呂端的確是個大事不糊塗的人。當時真宗尚年幼，因此，由李

皇后扶持着垂簾接見群臣。呂端深知宮中之事變化莫測,若有人「調包」,群臣一拜,一呼「萬歲」,就難以更改了。於是,當司儀官宣佈朝拜開始時,呂端卻平立殿下不拜。

呂端不拜,誰人敢拜?他要求司儀官將簾子掀起,待他看個明白,殿上坐的究竟是誰。司儀官只得捲起簾子,呂端看明白殿上坐的果真是趙恆,然後才率眾臣下拜,高呼:「萬歲,萬萬歲!」呂端可謂是宋代文官之首,史官給予其極高的評價。[③]

范仲淹與慶曆新政

宋代文明是在一波又一波的改革浪濤中推進的。宋仁宗慶曆年間實施的改革,史稱「慶曆新政」。變革的最主要人物是被時人稱譽為「一世之師」的范仲淹。

范仲淹出生在一個十分貧困的家庭中。2 歲喪父,母親無以為生,就改嫁了一個姓朱的人。范仲淹長大後,知道了自己的身世,便發奮苦讀,立志成才。當時門第制度和門第觀念已大為削弱,在 26 歲時,他以優異的成績考中了進士,同時也上表恢復了范姓。38 歲那年,他以一個讀書人的純樸之心,寫成了洋洋萬言的《上執政書》,認為武備不堅、內外奢侈、國用不足、缺乏賢能,必使天下危機四伏,生靈塗炭。他的改革意見雖未被採納,但給當時的宰相王曾留下了深刻的印象。

在此之後,范仲淹先後在亳州、泰州、河中府、睦州、蘇州、饒州、潤州、越州等地任地方官。他當官以養民為先,十分同情民間疾苦。在泰州任上,築了一條 150 里長的捍海堤,使千里瀉鹵之地變為良田。在蘇州任上,他導太湖之水入海。理學家張載年輕時愛談兵事,希望在疆場有所作為。范仲淹在陝西時與之一席長談,使張載懂

得真正的才能不在武功，而在儒學。張載從此發憤學習，建立了自己的學派。在禦夏戰鬥中，小將狄青作戰勇敢，范仲淹十分讚賞，親贈《春秋》《漢書》，在范仲淹的精心培育下，狄青後來成長為一代名將。

尤其在他以文人身份赴西北邊陲任軍事長官期間，在反擊西夏進犯過程中，確定了以防為主、攻守結合的正確方略。一方面加固邊城，作為屏障，另一方面選將練兵，招募善騎射的當地百姓當兵，又招募流民興墾營田，還親自巡視諸羌，與之約法三章共同對付西夏。范仲淹居邊三年，國防力量大為增強，終於在慶曆四年（公元1044年）達成了宋夏和議，夏還對宋稱臣。

慶曆三年（公元1043年），明智的宋仁宗開放言路，重用歐陽修、余靖為諫官，任名揚邊陲的范仲淹、韓琦為樞密副使，後又命范仲淹為參知政事，開始實行改革。宋仁宗很有信心，希望范仲淹儘快拿出方案。這年的九月，范仲淹拿出了《十事疏》，作為改革的基本方案，十事包括：明黜陟、抑僥倖、精貢舉、擇官長、均公田、厚農桑、修武備、減徭役、推恩信、重命令。仁宗看了這十條，說：「十事都很好，可頒行全國。」於是，一項項以詔令的形式頒佈出去，「新政」也就開始了。

這十條，涉及政治、經濟、軍事各個方面，但中心是限制恩蔭，懲辦貪官，嚴格按政績考核官員。事情辦得雷厲風行，九月頒新政，十月即派張昷之、王素、沈邈分別作為河北、淮南、京東的都轉運按察使，分赴各路考察官吏。當時就罷免了一批貪濁不才的官吏，對整個官僚集團震動很大。十一月，詔令大臣不得為子弟、親戚陳乞官職。第二年，又詔令天下州縣立學，更定科舉法。

新政受到了阻力，上上下下都攻擊改革派，甚至有人令女奴臨摹石介的筆跡，仿造了一封石介寫給富弼的信，還偽造石介代富弼草擬的廢皇帝的詔書。這給范仲淹他們造成極大的精神壓力，仁宗皇帝也知難而退了。一度火熱的「慶曆新政」不到兩年時間便消退了。

慶曆六年（公元1046年）范仲淹降知鄧州時，撰寫了一篇傳世之

作《岳陽樓記》，表達了「不以物喜，不以己悲。居廟堂之高，則憂其民，處江湖之遠，則憂其君」的寬闊胸懷，其中「先天下之憂而憂，後天下之樂而樂」的千古佳句充分表現了作為一個真正的讀書人的高潔情懷和志趣。

包青天

「包青天」指的是活躍於仁宗時期政壇上的清官包拯（公元 999—1062 年），他的作為顯示出文人政治下官吏層自潔自勵和嚴懲貪官贓吏的一線生機。包拯有兩個最能體現他為官品格的外號：一為「包彈」；二為「閻羅包老」。

「包彈」之稱，是說他容不得貪官污吏，不管什麼人，只要被他抓住污點，必加彈劾。他在任監察御史及知諫院時，為肅正綱紀，懲處了一大批貪官。他彈劾販賣私鹽以牟取暴利的淮南轉運按察使張可久，彈劾了役使兵士為自己織造 1600 餘匹駝毛緞子的汾州知州任弁，彈劾了監守自盜的仁宗的親信太監閻士良，這些人都紛紛落馬。

包拯彈劾案中影響最大的是王逵。王逵曾數任轉運使。轉運使可是個肥差，他負責一路的財賦收入，並考察該路的地方官吏和民情風俗，也就是說，他管得着別人，別人可管不着他。可作為監察御史的包拯偏要管一管這些人。王逵利用轉運使的職權，巧立名目盤剝百姓財物，激起民變後，又派兵捕捉，濫用酷刑，慘遭殺害者不計其數。此人民憤極大，旁人又奈何不了他。王逵是宰相陳執中的好友，且得到仁宗皇帝的青睞，有恃而無恐。可是，包拯偏要在太歲頭上動土，他一再上書彈劾王逵，到了第七次他直接指責皇帝，在上書中寫道：「正是皇上的縱容，王逵才敢冒天下之大不韙，才敢動用酷吏對付民變。天下如只有一個王逵倒沒什麼，如果天下人都如此，那天下將成

怎樣的天下？」大家都為包拯捏着一把汗，可仁宗皇帝反而決定罷免和處分王逵。這件事使朝野為之震動，從此，皇帝也要懼怕包拯三分了。

「閻羅包老」是說包拯在執法上的鐵面無私，可謂「六親不認」。包拯的鐵面無私在他知廬州時得到了充分的反映。廬州（今安徽合肥）是包拯的故鄉。他出任知州時，親朋故友認為可得到他的庇護，因此幹了許多仗勢欺人的不法之事。包拯決心大義滅親，以示警戒。恰在這時，包拯有一堂舅犯法，包拯不以「不近親情」為忌，在公堂上將其依法責撻一頓。自此以後，親舊皆屏息收斂，再也不敢胡作非為了。

包拯在當開封府長官的時候，做了件大快人心的事。當時惠民河常常漲水為患，危及沿河數萬人家。包拯到那裏一調查，原來河的兩岸都被一些皇親國戚、達官顯貴非法佔有了。他們在河兩岸建造了許多樓台館所，這樣使河道一年狹似一年，泛濫在所難免。包拯了解清楚後，就貼出告示，要求在河兩岸邊，甚至非法跨河所建的所有樓台館所在十日內全部拆除。人們都知道包拯的名聲，有些膽小一點的趕忙拆除了，但還有不少權貴頂着不拆，他們還拿出偽造的地券與包拯相爭。包拯也不讓步，他根據官府持有的地券存根，到河邊實測、驗證。對這些抗拒、作偽的達官顯貴，哪怕你是皇親國戚，一律上朝彈劾，加以嚴懲。這樣，惠民河水清了、流暢了，民眾的心中也舒暢了。

包拯知端州時，不僅革除了前任在貢硯數額之外加徵數十倍以飽私囊的做法，而且任滿後「不持一硯歸」。1973 年，合肥清理包拯墓地時，在其墓及其子孫墓中僅發現一方普通硯台而無端硯，佐證史載之確。

人們是極其愛戴這位「包青天」的。從南宋開始，以包拯為主題的故事、戲曲就廣為流傳。現藏的宋《開封府題名記》碑上刻 183 位開封知府的姓名和上任年月，而包拯的名字已被磨去。據說，這是因為人們在觀賞碑記時，由於敬仰包拯而都去用手撫摸它，天長日久，竟將碑字磨去了。

從死刑犯到樞密使的狄青

狄青是北宋中葉的一員虎將。他出身於一個普普通通的農民家庭，從軍後，偶因觸犯軍法，被判死刑。有幸的是，在臨刑前，剛巧被河南府的長官范雍發現，見他體魄雄健、相貌堂堂，便極力營救。最後以面部刺字免死，促其戴罪立功。後來，他在軍中屢建戰功，不斷得到提升，直到升為樞密使，也就是副宰相級的軍事主管，相當於國防部長。

一個貧家兒，後來淪落為死刑犯，後又因軍功被提升為樞密使，這說明宋朝政治上曾一度還比較寬鬆、清明。

宋仁宗寶元元年（公元 1038 年），西夏的統治者不斷騷擾宋的西北沿邊州縣，宋的駐邊將帥一再戰敗。這時，正當而立之年的狄青應詔從邊，先後在軍中任三班差使、殿侍、延州指揮使。前後四年，在大里、清化、榆林、木匳山、渾州川、白草、南安、安遠等地英勇殺敵，大小二十五戰，中流矢八次。有一次，戰鬥中頭盔都丟失了，他披髮戰鬥，所向披靡，激勵將士。

狄青的才略深得經略判官尹洙的賞識，並以「良將之才」向韓琦、范仲淹推薦。范仲淹一見，讚為「奇才」，並授以《春秋》《漢書》，對他說：「當將官的人，如果沒有文化，不懂得古今戰事，只是一勇猛的匹夫罷了。」從此，狄青用心讀書，認真研究了秦漢以來將帥之法。後在多次戰鬥中又屢建奇功。慶曆二年（公元 1042 年），他被提拔為最高軍事機構樞密院的副使。

當時的宋仁宗對狄青可說是恩寵備至。一次，宋仁宗望着狄青年輕時從軍所刺的字，心痛地說：「我可以請御醫為你臉上敷藥，消除掉那些字。」狄青卻說：「這我斷斷不敢奉詔。陛下以軍功提升我，不問門第，又不計前科，我已感恩不盡了。我之所以有今天，很大原因是臉上刺有那些字，我想到自己以前的恥辱，就更不敢懈怠了。留

着臉上的這些字，也可教育軍中的將士啊！」由此，宋仁宗更敬重狄青了。

後來狄青率軍平定了南方的叛亂，被升為最高軍事機關的首長樞密使。任上 4 年，一直勤勤懇懇，辦事縝密寡言。至和三年（公元1056 年）受謠言中傷，罷為護國節度使，同中書門下平章事。第二年，病死在陳州，年僅 48 歲。過了 11 年，宋神宗即位，他考察近世將帥，認為狄青以出身於平民之家，從一個士兵開始屢立戰功而成為全軍統帥，威震夏夷，而且能謹慎終始，實為奇才、偉才，於是，命畫家繪狄青像掛在皇宮中，並由皇上親撰祭文，以為永遠的紀念。

宋、遼、夏「三國鼎立」

宋王朝建立以後，是否統一了全國呢？沒有。

早在大宋王朝建立前 40 餘年，中國北方的契丹族就建立了遼國。後周顯德七年（公元 960 年）宋朝代周，這樣就與遼對峙成為南北朝。宋初經過 20 多年的經營，消滅了不少漢族的割據勢力，但遼國還是作為強大的勢力存在着。此外，中國境內還有一些地方民族政權的存在。北宋寶元元年（公元 1038 年），西北的党項族建立了夏國。這樣，中國境內宋、遼、夏「三國鼎立」的局面就正式形成了。

鼎立局面形成後，打打鬥鬥是不可免的。遼原是內蒙地區古老的民族，後來強盛起來，就向中原地帶進攻，從後晉石敬瑭那裏割得了燕雲十六州，並進而欲入主中原。宋王朝建立後，為了這燕雲十六州打得你死我活。西夏長期活動在黃河河曲一帶。宋初想乘建國之勢消滅西夏，遼統治者也想吞併西夏。處於宋遼兩大政權之夾縫中求生存的夏政權無奈地東搖西擺，戰事也綿綿不斷。

但戰事只是表象，像 800 年前的魏、蜀、吳「三國鼎立」一樣，

隱藏在充滿血腥味的戰事後面的是比和平時期更迅猛、更深刻的宋、遼、夏之間的文化交融。

宋建立後，就與遼開展了 40 多年的龍虎鬥。須知，這是整整一代人（中國古代一般以 30 年為代）之間的火拚啊！人員的傷亡不計其數，財產的損失難以統計。到後來，雙方的厭戰情緒都上升了，終於理性戰勝了情感。公元 1004 年，遼國雄才大略的承天太后率軍親征，南下攻宋。而宋國的真宗也御駕親征，率大軍北上澶州（今河南濮陽）抗遼。似乎一場惡戰即將爆發。後來，發生了一件意外之事──遼主將蕭撻凜在觀察地形時中了宋軍伏弩而亡。照理宋軍可以大舉進攻了。可是，就是這樣一個關頭，遼軍再無心戀戰，而宋真宗親率的宋軍也無意追殺。在宋使曹利用與降遼將軍王繼忠的周旋下，開始了和談，而且很快達成了中國歷史上著名的「澶淵之盟」。如果不是單純站在宋國的立場上，而是站在中華民族的整體利益立場上看問題，應該說這是一個結為「兄弟之國」的友好盟約，開拓了宋遼兩國長達 100多年的既對峙又和平相處的局面，從遼國來說，經濟得到了很大的發展，而且在大量使用漢人的基礎上吸納了先進的漢文化，提高了文明程度。

宋朝建立後，党項李氏政權（即西夏）周旋於宋遼兩國之間，「向背不常」。李氏政權有時「獻地」，有時抗宋；有時附遼，有時順宋。宋遼「澶淵之盟」議和後，李氏政權也順乎時勢，與遼、宋交好。第二年即與宋議和，之後「逾三十年，有耕無戰」，宋還冊封党項首領李德明為夏國王。遼也對夏示好，將宗室女嫁與李德明之子，同時也學宋的模式封李德明為夏王。

北宋末年，西夏進入了崇宗（乾順）的鼎盛時期。乾順帝十分熱衷於漢文化。他採納漢官御史中丞薛元禮的建議，在蕃學之外，特設「國學」。何為「國學」？原來就是漢學，乾順帝是把自己當中國人看的。設置了教授，派皇親貴族子弟 300 人進行學習。當時有許多党項貴族反對，乾順帝卻不改初衷。

宋、遼、夏「三國鼎立」過程中的又戰又和，又互相抗爭又互相融會，生動地體現了歷史的辯證法。

諫官歐陽修

為了讓知識分子有機會發表己見，諫進君主，議論時政得失，宋代專門成立了「知諫院事」，下設若干諫官。諫官的官秩雖然不高，但對國家卻十分重要。因此，諫官在宋代的政治生活中影響重大。

歐陽修可說是北宋最為出色的諫官。

歐陽修出身於一個貧苦家庭。從小父母雙亡，依靠叔父撫養成長。他刻苦自勵，23 歲便中進士，不久便與尹洙、梅堯臣、蘇舜欽等名士交遊，開始發動古文運動。

他 27 歲入朝為館閣校勘，是個標準的文職官員。當時，范仲淹因言事被貶，朝中的尹洙等紛紛上書論救，獨有諫官高若訥落井下石，以為可貶。歐陽修憤而作《與高司諫書》，在這篇文稿中，大聲斥責高若訥作為一個諫官既不能明辨是非，又隨波逐流，詆毀剛直忠良之士，認為高氏所為真可謂「不復知人間有羞恥事」，不配當一個諫官。這是年輕的歐陽修發出的第一聲獅吼，也是對諫官品格的第一次評述。

慶曆三年（公元 1043 年），范仲淹提為副相，施行新政，歐陽修同時被提拔為諫官。他在《上范司諫書》中，對當宰相與當諫官作了比較，認為宰相位雖高，諫官位雖低，但自己更願意成為一個諫官，「立殿陛之前，與天子爭是非者，諫官也」。[④] 諫官的職責是神聖的，沒有很高的才幹和高尚道德的人，不能為諫官。

歐陽修在諫官任上，連上奏疏，對內政外交，無不極諫。現存的《奏議集》中，當諫官的三年間的奏疏多達 10 卷，都是針對時弊和當務之急所發的議論。他對西北邊患，多次上書。在出外考察中，他廣

泛接觸了民眾，也對當時的官僚層有了更真切的了解，在為官之道方面，他也有許多高論。

慶曆五年（公元 1045 年），范仲淹、杜衍、韓琦、富弼等相繼罷官，新政失敗。當時，歐陽修還在諫官任上，他義正詞嚴地寫了《論杜衍范仲淹等罷政事狀》，正面與此前不久皇帝下的詔書相抗衡。在此期間，他還寫了著名的《朋黨論》，引古證今，從漢獻帝、唐昭宗所謂的「朋黨」而「亂亡其國」，說到當今的所謂「朋黨」，實為「同道」。他的諫議，震動了朝野。

以後，歐陽修的官位起起落落，嘉祐五年（公元 1060 年），歐陽修曾任樞密副使，掌握了最高軍事權力。嘉祐六年（公元 1061 年），歐陽修又任參知政事，為副宰相。位高而權重，但他仍不失當年諫官本色，「平生與人盡言無所隱」，仍不時與皇上對着幹，這種「耿直」精神堅持了終生。

王安石變法

「慶曆新政」夭折以後，要求變革的聲浪仍不絕於耳。20 年後，宋神宗慨然思革流弊，以實現「富國強兵」之計，終於促成了「王安石變法」的改革新浪潮。

王安石在文化上和政治上是早熟的，21 歲時就進士及第，任淮南節度判官廳公事。當時，文壇領袖歐陽修不僅積極創導古文（散文），還與范仲淹、胡瑗、石介等人一起對傳統的儒學 ——「漢學」進行革新，是創立新儒學 ——「宋學」的先行者，王安石也投身其中。開始了「宋學」三大學派中最早形成的「新學」學派的創建工作。

嘉祐三年（公元 1058 年）十月，王安石在歷任常州知州、江南東路提點刑獄之後，任財政機構三司中管理財政收支的主要屬官度支判

官，這使他能進一步了解當時的國家財政狀況及其弊端。這時他向宋仁宗上了著名的萬言《言事書》，全面闡述了改革思想，雖未被採納，但引起了執政大臣的重視。

嘉祐七年（公元 1062 年），王安石任知制誥，參與起草詔書，並兼糾察在京刑獄，複審判處徒刑的誤判案件。當時發生飼養鵪鶉者被盜，飼養人追趕盜賊時誤將盜者打傷致死事件。開封府處鵪鶉主人死刑，王安石認為此為錯判，主人追盜賊，乃屬「捕盜自衛」，雖將人過失打死，也不應抵命論死。這是宋律明文規定的。可是，後經審刑院、大理寺複議，以開封府所判死刑為準，而要追究王安石。宋仁宗下詔支持大理寺的審判結果，同時又下詔對王安石之過免予追究。按慣例，王安石要到殿前認錯、謝恩，可他認為自己按律辦事，無錯可認，堅決不去謝恩。宋仁宗也沒說什麼，執政的宰相以為王安石名氣大，也就不追問了。這可見當時的士大夫風氣。

宋仁宗去世後，英宗即位，四年後，英宗去世，宋神宗即位。神宗為太子時，韓維為太子庶子。每逢太子稱讚其言論時，韓維就說：「這不是我的見解，是我好友王安石的說法。」說得多了，神宗對王安石有了深刻的印象。熙寧元年（公元 1068 年）九月，王安石赴京任翰林學士，擔負起草重大詔令。第二年，出任參知政事（副宰相），着手實施改革。

宋神宗對王安石提出：「本朝祖宗守天下，能百年無大變，大致上是太平的，道理何在？」其實是要王安石拿出維持太平局面的方略來。於是，王安石進奏了《本朝百年無事箚子》，表面上是順着神宗的話說，實際上重在革除弊端。他着重分析了仁宗之世科舉、教育、吏治、農田水利、軍事、宗室、財政諸方面的問題，結論是：「大有為之時，正在今日！」

於是，成立變法的專門機構「制置三司條例司」，隸屬於中書門下。隨即派遣王廣廉、程顥等八人分赴諸路考察，改革祖宗之法，因被稱為「新法」。然而，這個工作班子一開始就矛盾重重。王安石深知

改革的艱難，他的思想可總結為：「天變不足畏，人言不足恤，祖宗之法不足守！」

變法主要有十項內容。一為「均輸法」。它首先在全國最富庶的東南六路實行，發運使根據「就近、就賤」原則進行購買、均輸，產生了很好的經濟效益。二為「青苗法」。在青黃不接之時，由政府給貧困者以借貸，以打擊高利貸者。三為「農田水利法」。鼓勵各地開墾荒地、興修水利，政府予以一定的資助。四為「免役法」。原先實施的是民戶按戶輪流赴州、縣當差，現改為官府出錢募人充役。五為「保甲法」。規定每十家為一保，五十家為一大保。所有主戶、客戶兩丁以上，出一丁為保丁。每一大保每夜輪差五人，在保內巡邏，實際上實行民兵制度。六為「市易法」。為的是平易市場、穩定物價，保證民生。七為「方田均稅法」。丈量土地，衡定田賦。八為「保馬法」。為解決軍馬缺乏，而令民戶養馬，主要在於增強軍事力量。九為「免行法」。原先官府所需物品強行低價供給，現只要交一定的「免行錢」後，各行不再低價向官府供應物品。十為「將兵法」。將轄區內的軍隊分成若干部，由固定的將官訓練，使兵將相知，提高軍隊的戰鬥力。

新法取得了一定的成就。比如均輸法，在北宋一些財經人才的支持下，基本上是成功的。農田水利法也廣受民眾歡迎，各地的水利事業從來沒有像變法那些年興旺。保甲法開拓了民兵的新時代，至熙寧九年（公元 1076 年），已編排的保丁有 700 萬人，其中有 56 萬人經受了軍事訓練，形成了一支有相當實力的民兵隊伍。但是，阻力也是巨大的。尤其是青苗法，它剝奪了豪民放高利貸的機會，因而受到官僚層中豪民利益代表者的猛烈攻擊。可歎的是，原先進入變法陣營的蘇轍等人，也反過來說變法的壞話。在保守派的攻擊下，神宗皇帝動搖不定，有時顯得無所適從。

熙寧二年（公元 1069 年）九月，推行青苗法後，不僅在朝的司馬光、范鎮等大臣不贊同，就是在外的三朝元老韓琦、富弼也群起反對。當時在大名府任職的韓琦，在自己的管轄區內拒不推行青苗法，

還放言青苗法是官府放高利貸之措，遇到荒年會虧蝕官本。王安石據理力爭，宋神宗還是動搖不定。

迫不得已，王安石只得在熙寧七年（公元 1074 年）四月，懇辭宰相，出知江寧，想以所謂的「護法善神」呂惠卿代自己繼續變法。哪裏知道呂惠卿有自己的算盤，只想按自己的一套辦，把王安石的改革宗旨抛在一邊，弄得整個國家上下騷動。10 個月後，神宗又只得起用王安石為宰相。那時王安石已 57 歲，他想投入自己餘年的全部精力大幹一番。但是，事與願違，這次阻力更大，連他的親信也與他離心離德，神宗皇帝也沒有改革初期那樣起勁了，再加上王安石痛失愛子，熙寧九年（公元 1076 年）十月，王安石第二次罷相。王安石退出改革行列以後，由神宗自己主持了一段時間的改革活動。

神宗去世後，年僅 10 歲的哲宗即位，政權完全控制在祖母、太皇太后手中。她重用保守派首領司馬光，主持廢除新法，所謂的「母改子之政」，即「元祐更化」。但是，新法是廢不盡的，正如蘇軾在一篇奉詔撰寫的制詞中說的，變法是應「天命」而行的「非常之大事」，而王安石是行此大事的「希世之異人」。

宋學

宋代是中國歷史上少有的思想、學術文化繁榮，學派林立的時代。宋學——新儒學的產生，對中國以後的歷史產生了重大的影響。在中國歷史上，以一個王朝的名字來定義其學術文化的，除了漢代的漢學外，只有宋代的「宋學」了。

儒學在漢代，重師承，重章句訓詁。據說，當時有些老師為了註釋經文，竟至於一字的經文訓義有數萬言的。魏晉迄隋，老、佛顯行，儒道不興。到唐代的韓愈，將《孟子》提到與《論語》相近的地位，並推

崇《大學》。其弟子李翱又推崇《中庸》，這為宋學的產生創造了條件。在宋代 300 年間，政治上比較寬鬆，知識分子都比較敢講話，而且講的是自己的話，以「新儒學」面貌出現的宋學就應運而生了。

宋學名為「新儒學」，它究竟「新」在何處呢？

一是「新」在疑經上。漢人讀經，立足點在於信經，所謂詮釋，只是「代聖人立言」罷了。把聖人的微言大義闡發出來，這是讀經、解經者的要務。而宋人讀經，其立足點在於疑經。宋代的陸游就說過：「自慶曆以來，諸儒發明經旨，非前人所及；然排《繫辭》，毀《周禮》，疑《孟子》，譏《書》之《胤征》《顧命》，黜《詩》之序，不難於議經，況傳注乎！」有人作過統計，宋代知名士人 130 多人，分別對 13 部經書進行了疑改。宋人不僅疑傳，還疑經；不僅疑經，還以己意解經。懷疑精神是宋學的靈魂。如果說漢學的經典之詞是「為聖人立言」的話，那麼宋學的經典之詞是「人皆可以為堯舜」了。

二是「新」在重踐行上。學是為了用，這在孔子的《論語》中有所論述，而宋人將這一思想大為發揚。宋代的大學問家張栻說得最透徹，他在《論語解》中說：「聖門實學，貴在踐履。」把儒學稱為「實學」，本身是一大創新，而認為它的主旨在於「踐履」，更是一大創新。這裏所說的「踐履」，不是一般意義上的生活實踐，更多的是關心社會、關心時事、關心民生的大事，因此，像王安石、范仲淹等文化人，既是學派的首領，又是改革事業的急先鋒。

三是「新」在開放性上。宋學是一個開放的體系。它較少門戶之見。不少宋儒雖然表面上是排斥佛、道的，但事實上他們在形成自己的思想和學術體系的時候，吸收了不少佛家和道家的思想和觀念。宋學學派林立，而學派與學派之間又常常交流、辯論、研討，在這過程中又相互交融。學派之間有論爭，但又常常不是全盤否定對方。二程對王安石之學多所批評，但又承認王學大大「高於世俗之儒」。朱熹對王學批評有時顯得有點過火，但他又說，要學到王學的好處，需花畢生之力。宋學的開放性，正是它繁榮昌盛的反映。

荊公新學

慶曆元祐之際，學派林立，有識之士都貢獻出自己的學術主張，其中最有影響、並居於主導地位長達近半個世紀的，就是王安石的「新學」，因王安石曾封為荊國公，又世稱「荊公新學」。它的學術地位，直到宋王朝南渡以後，才讓位於理學。

王安石曾對神宗皇帝說：「變風俗，立法度，最方今之所急也。」認為當今最急的是兩條：一條是「立法度」，這裏的法度顯然是指新法，立法度就是變法。二是「變風俗」，這裏的風俗特指學術文化領域裏的浮滑而不切實際之風。在王安石看來，「立法度」與「變風俗」兩者是互為表裏的。要使變法成功，必須改變經學的面貌。為推行新法，一定得建設新學，為變法造輿論。

王安石花了相當大的精力親自撰寫《周禮新義》，又讓他的兒子王雱起草撰寫了《詩經新義》《尚書新義》，自己再加以訓義，予以定稿。最後，把這《三經新義》讀本立於學宮，頒發於天下，先儒的傳注，一律廢而不用。還排斥《春秋》一書，認為這些只是「斷爛朝報」而已，沒有任何價值。對於《三經新義》，當時的學者沒有人敢不傳習的，因為主管部門考試取士用的就是《三經新義》上的傳注。

「荊公新學」有些什麼特色呢？下面三個故事大約可以給人一些啟示。

第一個故事發生在熙寧二年（公元 1069 年），王安石任參知政事。一次，神宗皇帝找王安石談心。神宗皇帝笑着對王安石說：「別人大約很難理解你，外頭有人說你只知經術，但並不懂得世務，你自己以為如何？」王安石也笑了起來，反問道：「這些人是不是把我看成書呆子了？」神宗皇帝說：「看來是這樣的。」王安石擺擺手，說：「真正的書呆子不是我，而是長期以來的那些讀經注經的所謂儒者。他們不只是書呆子，還是庸人呢，他們除了咬嚼和生吞活剝經文外，什麼世務都不懂，這樣就形成了一個錯誤的觀念，似乎經術不可施行於世

務。」神宗皇帝問：「那你的高見呢？」王安石明確地說：「後世人為何要研讀經術，正是為了世務。我的《三經新義》，新就新在世務上。」神宗皇帝點頭稱是。

第二個故事也是發生在熙寧二年。胡瑗的一位高足劉彝去見神宗，神宗問：「你說說看，你們的老師胡瑗與王安石相比，哪個更優秀一些？」劉彝說：「臣的老師胡瑗以道德仁義在東南教育學生時，王安石還在場屋中修進士業呢！」神宗說：「朕要你回答的不是先後，而是優劣。」劉彝回答道：「吾師講述的都是從經文中直接闡釋出來的有用於當世的學問，可稱為明體達用之學；而王安石是只講『用』，不太講『體』。王安石哪裏比得上吾師胡瑗呢？」應當說，劉彝所言是有一定道理的。客觀地看，王安石的學問比胡瑗更通脫，更面向現實。

第三個故事發生在大約十餘年後。作為後起之秀的二程兄弟舉起了「洛學」大旗，公然與已經興起許多年的荊公新學相抗衡。在某一場合，王安石與程頤發生了一場針鋒相對的爭辯。當時，王安石首先發難，說：「你那一套理啊、氣啊、道啊，難以實現，我好用一個比喻，公之學如上壁。」程頤年少氣盛，馬上反脣相譏，說：「你是為世務而附會經義，我也有一比喻，參政之學如捉風。」這話說得實在好，道出了荊公新學的特點。為了自圓其說，有些評價還引入佛老思想，蘇轍說：「新學以佛老之似，亂周孔之實。」此說符合實際。

蘇氏父子創立「蜀學」

蜀學是北宋中葉獨樹一幟的學派，它為蘇洵所創，其子蘇軾、蘇轍繼成。蘇氏父子為眉山（今屬四川）人，史稱「三蘇」。

蘇洵年少時沒有好好學習，到 27 歲時才開始認真讀書。布衣身份的蘇洵曾得到歐陽修的賞識，親自推薦給皇上。慶曆新政失敗後，

蘇洵仕途灰心，決定閉門讀書，深入研究六經及百家之說，晚年尤好《易》，寫成了《易傳》的初稿。臨終，囑兩子繼續研究《易》學。元豐二年（公元 1079 年）蘇軾被貶於黃州，築室於東坡，號東坡居士，開始進一步整理父親遺稿。這時，蘇轍亦將自己的讀《易》心得寄給蘇軾。蘇軾就集父子三人的心得正式出版了《易傳》，這標誌着「蜀學」學派的基本形成。

「三蘇」創導的「蜀學」，熔儒、墨、兵、縱橫家於一爐，形成了自己獨特的思想體系，在宋儒中獨樹一幟。

「三蘇」把《易》的思想與禮治結合起來。聖人觀天地之象、陰陽之變、鬼神之情而作《易》，那樣才能把握天下之心。但常人非聖賢，每每失於流俗，因此必須以禮加以制約，才能使大道不廢。禮治為仁政，而仁政又必須輔以法家的權、術。「三蘇」主張仁政要與威政熔為一爐，那樣才可能出現真正的太平盛世。這實際上是在批評宋王朝的諸君，仁則有餘，其威不足。

有趣的是，「三蘇」中的蘇轍曾批評王安石「新學以佛老之似，亂周孔之實」，可是，後期的蘇轍本人卻將佛老融入了自己的思想體系之中。他在強調老、佛之道與儒道有異的同時，也承認「老、佛之道與吾道同」。這多少與他的經歷有關。他說自己在元豐年間受到貶斥後，「既涉世多艱，知佛法之可以為歸也」。於是，他得到了這樣的感悟：「老、佛之道，非一人之私説也，自有天地而有是道矣！」這樣，蜀學的思想境界，自比韓愈、歐陽修的簡單而兇猛地辟佛要深刻得多。這也體現了中國思想界的一大進步。

「洛學」的興起

理學，在宋代又稱為道學，學術界一般以程顥、程頤、周敦頤、張載、邵雍為北宋理學五子。而洛陽人「二程」兄弟所創導的、又主

要在洛陽一帶活動的學派被人們稱之為「洛學」。

學界常將儒家傳統文化稱為「四書」、「五經」。「五經」的提法可說是古已有之，至少到漢代已被廣泛認同，而「四書」卻是宋代才有的新概念，把《論語》《孟子》，再加上從《禮記》中抽出來的《大學》《中庸》，合為「四書」，肇始者當推儒學大師「二程」兄弟了。

為什麼「二程」，尤其是「大程」（程顥），要把這四部書硬湊在一起呢？「小程」（程頤）的一番話道出了真情。「大程」亡故後，「小程」在懷念他兄長時說過，孔子死了以後，聖人之道由孟子來傳授，孟子死了以後，聖人之學中斷，聖人之道無人傳授了。直到孟子之後 1400餘年後，才有一人站出來發掘久已不傳的遺經，以興盛孔孟之道為己任。這裏所說的「一人」，就是他的兄長程顥。③

事情很清楚了，程氏二兄弟在「四書」中看到了「聖人之道」，這個「聖人之道」，就是「理」，就是「天理」，或者說是「定理」。程顥毫不掩飾地說：「吾學雖有所受授，天理二字卻是自家體貼出來的。」

「理」與「道」的意思基本上是一致的，合稱為「道理」。二程以為，「天有是理，聖人循而行之，所謂道也。」後來，朱熹說得更直接，認為「道即理也」。天下的萬物為何能生長、發展？是因為「理」在起作用。一物有一物之理，但是，一物之理最終還得歸結為萬物之理，那就是天理、定理。「天下之定理」，就是宇宙的秩序、世界的秩序、社會的秩序，直至人與人之間的秩序。二程的歸結點是：「人倫者，天理也。」

怎樣維護「人倫」這一「天理」呢？就要去「私欲」。程氏兄弟認為：「不是天理，便是人欲。無人欲，即皆天理。」由此，他們以為，要「存天理」，即需「去人欲」，甚至走向極端，提出「餓死事極小，失節事極大」的命題。程氏學說濃厚的倫理色彩，是其一大特點。當然，這一倫理觀現在看來是有偏頗的。

上面說的「存天理，去私欲」，與二程力薦的《大學》《中庸》有

什麼關係呢？在程氏兄弟看來，無論是「存天理」也好，「去私欲」也罷，對人來說都有一個態度問題，態度好才能「存天理，去人欲」。什麼叫態度好呢？就要「主敬」，對「天理」取「敬」的態度，才能「知」。為此，必須學習《大學》中說的「格物致知」。程氏兄弟對「格物致知」作了新解，認為「格物」就是窮究事理，「致知」，就是達到明道的境界。「主敬」就是要不斷反省，不斷自新，不斷去欲。

程氏有時為了成全自己的學說，對孔子的聖人之言也作修正。有弟子問：「愚的人可以變得聰明些嗎？」程氏答：「當然可以。」弟子又問：「孔子不是說『唯上知與下愚不移』嗎？程先生怎麼又說可變呢？」程氏沒有去否定孔子，只是說：「一個人肯學時，就有可移之性。」其意是，孔子說「不移」也是對的，那是指那些不好好學習的人。對肯認真學習的人來說，還是可移的。程頤論學道時指出：「君子之學，必日新。日新者，日進也。」這些看法也是很有積極意義的。

宋神宗後期，洛學繼新學而興。據說，當時是四方師之，以東南地區為最興盛，後來連科舉考試也一度用程氏對經典的註釋了。

張載與「關學」

北宋時期的理學，主要是「洛學」與「關學」兩支。「洛學」傳道於洛陽一帶，「關學」活躍於陝西關中地區。洛學強調「天理」，而關學提出了「太虛即氣」的命題。

關學的創始人張載出生在一個清寒之家。少年時代，興趣廣泛，尤喜言兵。21歲時，上書謁見范仲淹，呈述《邊議》九條，范仲淹仔細閱讀了文稿，認為一個有為青年，不應該只言兵，還要好好讀書，勸他讀《中庸》。張載回家去，不只讀《中庸》，還讀釋、老之書，但

沒有多少收穫，於是，又回過頭來讀「六經」，並與當時的二程相互交往、問難。嘉祐元年（公元 1056 年），張載至京師，恰巧程顥亦在京師，兩人同在興國寺設壇論道，為一時之盛事。從年歲上講，張載比二程大十餘歲，從輩分上講，張載是二程的表叔。但一談到學術，就毫不客氣，從善如流。

《宋史·張載傳》中記述了這樣一則故事：張載在京師坐虎皮椅上說《周易》，來聽講的人很多。一天，張載突然發現二程也來了，講說的也是《周易》。第二天，張載馬上撤去虎皮座椅，對門生們說：「我以前給諸位講的只是一得之見，皮毛得很，算不了什麼的。現在二程到這裏了，他倆深明《易》道，我無論怎麼也比不上，你們還是拜他們兩人為師吧！」於是，打點行裝，回老家去了。

雖說是故事，可能與事實有出入，但由此可見張載好學不倦、虛懷若谷的精神。

張載在自己的故鄉鳳翔郿縣（今陝西眉縣）橫渠鎮苦讀 6 年有餘。他說自己學習的目標是：「為天地立心，為生民立命，為往聖繼絕學，為萬世開太平。」

其志向不可謂不宏闊，其追求不可謂不高遠！他的追求和探索精神，不知打動了多少人，尤其是年輕人。一批學人紛紛師事張載，在關中形成了一個相當有實力的學術群體。呂大忠、呂大鈞、呂大臨，「三呂」兄弟為之執弟子禮，蘇丙、游師雄、种師道等，先後列門牆。關學由是大盛。

張載的關學強調一個「理」字，他說：「萬事只一天理。」但是，「理一分殊」，各物有各物之理，不能混同。更為重要的是，張載把「理」字具體化為「太虛即氣」說。天體是一個「太虛」，但太虛不虛，其本體為「氣」。太虛不能無氣，氣聚而為萬物，萬物散而為太虛。總之，氣是萬事萬物的本源，萬事萬物的變化是氣的變化。世界上的事物都有對立、不可分割的兩個方面，稱為「一物兩體」，這才促成了事物的發展，這裏顯現出了張載的辯證運動觀。

宋、金、夏的新「三國鼎立」

公元 1115 年，遼東部的女真族建立金，10 年後（公元 1125 年）滅遼，再二年滅北宋，宋王朝南遷，建立南宋王朝，這樣，就形成了宋（南宋）、金、夏（西夏）新一輪「三國鼎立」的局面。離前面「三國鼎立」的局面將近百年。

遼亡後，夏出使與金結盟，並得到了願將原為遼侵佔地的「陰山以南」大片土地轉讓給夏的承諾，之後又趁戰亂掠取了不少土地。但總體上宋夏關係和諧。1139 年，夏仁孝皇帝即位，夏國達到了它的鼎盛期。在仁孝在位的半個多世紀裏，對宋實施了親和政策，雙方也相安無事。仁孝帝在政治制度上模仿宋朝，實行的「新法」大多借鑒於宋廷。並仿宋實行科舉制度，在國內普遍設立「太學」、「內學」，「尊孔子為文宣帝」，尊崇儒學比中原更甚，也仿宋實行文官制度。這對中國西部地區的文明進化是大有益的。

面對衰亡的遼國，宋金之間有過一段短暫的結盟史。1120 年，宋金互遣使節，商議夾攻遼朝事宜，決定遼燕京由宋攻取，金兵攻取遼中京大定府（今內蒙古寧城），遼亡後燕雲十六州歸宋，宋將原納給遼的歲幣轉給金，這就是史稱的「海上之盟」。可是，遼亡後不久，金便找種種藉口發動戰爭。很快金軍便佔領燕山府（今北京），進圍重鎮太原，宋朝的昏君徽宗就帶領群臣南逃，並把帝位傳給太子，是為宋欽宗。靖康二年（公元 1127 年）金軍攻佔宋首都開封，擄去徽、欽二帝，標誌着北宋的滅亡，這就是所謂「靖康恥」。而南逃的趙構在應天府（今河南商丘）即帝位，這就是歷史上的宋高宗。他建立的宋，史稱南宋。

南宋建立後，金兵發動了一波又一波的南侵軍事行動。趙構由應天府逃揚州，又由揚州逃鎮江，再逃到海上。金兵還是緊追不捨，目的當然是為了徹底消滅宋王朝。但是，南宋的皇室雖不中用，而南宋

朝廷中的李綱、宗澤等堅決的抗金派卻表現出了非凡的英勇氣概，他們與兩河、兩淮地區的人民抗金武裝（稱「義軍」）聯合起來，出演了可歌可泣的鬥爭活劇。在這場鬥爭中，湧現出了抗金名將岳飛。在收復失地的口號下，岳飛舉兵北伐，一舉收復了潁昌（今許昌）、陳州、鄭州、中牟等地，距金軍的指揮中心開封只有 60 多里了。然後又攻佔洛陽。韓世忠、岳飛等名將在柘皋（今安徽巢湖市）一戰中擊敗金兀朮的 10 萬精兵，接着又揮師北上。在有利的情勢下，宋高宗苟且偷安，重用主和派秦檜，以「莫須有」的罪名殺害了岳飛及其子岳雲，成為千古之哀。

議和並沒有讓宋高宗高枕無憂，1161 年，完顏亮南侵，打到長江邊上。幸好來犒勞大軍的虞允文挺身而出，組織敗軍在采石磯擊敗了完顏亮。金朝內部也發生政變，完顏亮被殺，金軍後撤。南宋此時沒有抓住機會，反攻晚了半年，未能取勝。公元 1164 年，宋金之戰告一段落，「隆興和議」在宋孝宗與金世宗之間達成了。

「隆興和議」的達成，對宋、金都有利。宋孝宗在位期間，是有宋一代政治上最清明，經濟、文化最繁榮的時期，號稱「孝宗中興」。

金統治者一面大肆侵吞中原土地和財物，在戰爭中實施燒殺搶掠政策，一面又是不斷地自省，在金統治區內融入大量的漢文化。早在公元 1123 年，金就開科取士，之後沒有中斷過。會試題在《詩》《書》《易》《禮》《春秋》以及《論語》《孟子》的內容範圍內。對科舉的監檢極嚴，常派遣軍隊監督和巡護。金代吸納漢文化，但不拋棄女真文化，還以女真文字譯儒家經典。金熙宗（公元 1119—1150 年）時在政治上走得更遠，還斷然實施漢官的「三省六部制」。

金還大辦學校和書院。學校分為漢人學校、女真學校和官學、私學。在朝廷還設太學。地方則有府學、州學、縣學和鄉學四級。在州縣，都有孔廟，1190 年，還「詔修曲阜孔子廟學」。金還允許一些名士大夫創辦書院。

公元 12 世紀的宋、金、夏「三國鼎立」，是中國歷史發展中的

重要一環。從唐末，到元一統中華，中間以南北對峙、三國鼎立的形式分裂了 370 年。這段時間，一面是戰亂和苦難，一面又是融會和交往，中華民族正在走向更高層次的統一。

為岳飛昭雪

紹興十年（公元 1140 年），岳飛大敗金將兀朮，銳不可當，欲乘勝收復中原，直搗黃龍府。可是被金兵嚇壞的宋高宗與秦檜一心想求和，對主戰派橫加打擊，先令張俊、楊沂中班師，使岳飛失去左右翼，繼而高宗下詔，一日傳十二金字牌，讓岳飛迅速回師。岳飛對此很是氣憤地說：「十年之力，廢於一旦！」岳飛還師時，民眾攔馬慟哭，挽留岳家軍，岳飛悲泣不已。宋高宗與秦檜為了與金議和，將岳飛投進牢獄後殺害。岳飛在獄中曾拉開上衣露出背上所刺的「盡忠報國」，以示忠誠；還寫下「天日昭昭！天日昭昭！」八個大字。抗金名將韓世忠質問秦檜何以將岳飛下獄。秦檜說：「其事體莫須有（即大概有之意）。」韓世忠又質問道：「『莫須有』三字何以服天下？」後世以「十二金牌」作為緊急命令的代稱，又以「莫須有」指憑空捏造罪名。

宋孝宗趙昚（公元 1127—1194 年），南宋皇帝。為宋太祖趙匡胤第七世孫。其父為秀王趙子偁。高宗趙構無子，將其立為皇子。先後被封為普安郡王、建王等。1163 年即帝位。即位初年起用抗金將領張浚。當時宋孝宗召見張浚時說：金人又遣使者來求割地與歲幣，如此下去，不堪承受！寧抗不可順！

張浚說：抗金者被害了，誰人再敢抗金！

宋孝宗說：彼一時，此一時。如今當與金決一雌雄。

張浚就順其話題：彼時岳飛被害，有礙今時。

宋孝宗說：可昭雪！

於是，宋孝宗為了表示抗金雪恥之意，特為岳飛平反昭雪，追復岳飛、岳雲父子官爵，給岳飛加諡號武穆，將其遺骨改葬於杭州西湖畔棲霞嶺南麓。後來又在北山智果院修建岳王廟，大殿正門上懸「心昭日月」巨匾。

南宋孝宗時的「百家爭鳴」

宋高宗趙構南遷臨安後，毫無鬥志，只想保住半壁江山，任用投降派秦檜，殺害了主戰派岳飛，在對金的關係中一直處於屈辱的狀況，直到宋太祖趙匡胤的七世孫趙昚即皇帝位才有所改變。

宋孝宗在中國歷史上可說是個有為之君。他加強軍備，不願對金稱臣，主張宋、金間應平等相處。他還注重民生，發展經濟，屢次下詔減輕民眾負擔，親自督促地方官興修水利，重農而不抑商。此時是南宋時期經濟最發達的階段。當時的社會政治、經濟、文化狀況被稱為「孝宗中興」。孝宗還主張學術平等，兼收並蓄，共同發展，可爭鳴而不可互相攻擊，更不允許利用權勢抬舉一派、壓抑一派，在中國歷史上是繼戰國時期的又一次名副其實的「百家爭鳴」。

宋孝宗對新學有些看法，並時有微詞，但當理學派對新學進行肆無忌憚的攻擊時，卻又不予以支持。乾道四年（公元 1168 年）在太學中任職的魏掞之，上書攻擊新學，說什麼：「王安石父子當年以邪說迷惑了皇上，擾亂了人心，造成不小的禍害，請皇上廢除王安石父子從祀孔子的尊榮，而追爵程頤，列於祀典。」孝宗一看，氣得把奏章拋於堂下，貶除了此人的職官，將他外放到當時相對落後的台州去了。

乾道六年（公元 1170 年），蜀學派重要人物員興宗提出：「今蘇、程、王之學，未必盡善，未必盡非，執一而廢一，是以壞易壞，宜合三家之長以出一道，使歸於大公至正。」孝宗認為這個觀點甚好，在

學術上就得「大公至正」。沉寂了 30 多年的蘇氏蜀學，在孝宗即位後逐步重新興起了。宋孝宗還為《蘇軾文集》作序，並追贈其為太師，追諡其為「文忠」，這對蘇氏蜀學的發展起了推動作用。

當時，在學界執牛耳的朱熹要興「諸子之學」。在他提出的諸經注疏中，除理學派的之外，還有王安石的《易》《書》《詩》《周禮》四經的注疏，也有蘇軾的《詩》《書》二經注疏。在孝宗那種平和的社會環境中，朱熹是主張「博採眾長」的。

孝宗時除宋學三大派別外，理學派中還分化出由陸九淵創建的心學，陸九淵是江南西路金溪（今江西金溪）人，因此稱為江西學派。還有以張栻為代表的湖湘學派。與此同時，兩浙東路還形成了觀點龐雜的不少學派，如以陳亮為代表的永康學派，以葉適為代表的永嘉學派，以呂祖謙為代表的呂氏婺（今浙江金華）學派和以唐仲友為代表的唐氏婺學派。還有著名的文學家陸游、范成大、楊萬里、尤袤，著名詞人辛棄疾，他們都活躍在宋孝宗構建的「大公至正」學術平台上。說當時是「百家爭鳴」時期，一點也不過分。那個時代學術的繁榮，比之先秦時期的戰國時代，一點也不遜色。

東南三賢

朱熹（公元 1130—1200 年），是中國歷史上的大思想家、大教育家。徽州婺源（今江西婺源）人，後居建陽考亭（今屬福建）。紹興十八年（公元 1148 年）18 歲時便中進士，之後做過一些小官，在任內置義倉，興學校、明教化，主持救荒除弊，宋孝宗稱讚他「政事可觀」。但他的主要功業還是在學術文化上。他廣招門徒，「四方學者畢至」，一生所教弟子在千人以上。

朱熹早年無所不學，禪、道、文章、楚辭、詩、兵法，事事都

學，而且都相當有成效。後來主要學習二程學說，兼學周敦頤、張載諸說，集宋代理學之大成，建立起了完整的理學體系，即所謂「程朱理學」。朱子學被稱為「閩學」、「婺學」，或「考亭學派」，與陸九淵的「心學」及浙東的事功學派並興，影響要大於其他學派。

朱熹把先儒的「理」和「氣」之說，糅合起來，形成渾然一體的「理」「氣」之說。他認為：「天地之間，有理有氣。理也者，形而上之道也，生物之本也。氣也者，形而下之器也，生物之具也。」他最有名的比喻是「月映萬物」，說：天體中客觀上只有一個月亮，正像天底下只有一理一樣，但月光映在每一塊水面和每一條河流之中各不相同，這就是物象。各種水面和河流的氣象並不相同，但都是以月光為本體的。

朱熹吸收發展了北宋諸子對事物內部有「對」或「耦」的認識，提出「天下之物，未嘗無對」，「至微之物，也有個背面」的明確觀點。他舉例說，東與西，南與北，上與下，寒與暑，晝與夜，生與死，卑與尊，陰與陽，都是「對」。他不僅看到有「對」，還看到「對」之間的互相關聯又互相包孕。比如陰陽，陰中有陽，陽中有陰，陽極生陰，陰極生陽，「所以神化無窮」。這是朱子學中的辯證觀念。他還有「一分為二」之說，「一分為二，二分為四，四分為八，又細將分去。」「一分為二，節節如此，以至於無窮，皆是一生二爾！」用於太極說，就是一生兩儀，兩儀生四象，四象生八卦，這樣生化而成萬物。

「格物致知」是理學的重要命題，朱熹在這點上也頗有建樹。他在《大學章句》中說：「所謂『致知在格物』者，言欲致吾之知，在即物而窮其理也。蓋人心之靈莫不有知，而天下之物莫不有理，惟於理有未窮，故其知有不盡也。」這個觀點無疑是十分正確的。「理有未窮」，不論是天體萬物之大理，還是具體事物之理，都是「有未窮」的，「知有不盡」，人的認識也是怎麼也不能說「到頂」了。用哲學的語言說，就是真理的絕對性和相對性。

「體用」兩字，在宋以前的儒學中不多用，而朱熹多處使用。他認

為：「性者，心之體，情者，心之用也。」他打了個十分樸素的比喻說，如扇子，有骨，有柄，有紙糊，則此體也。人搖之，則用也。主體與用處之間是統一的，朱熹的「體用論」在哲學上也有一定的價值。

朱熹進一步強化了儒家的倫理色彩。董仲舒在《春秋繁露》中提出了「三綱」之說，要求規範君臣、父子、夫婦之關係，朱熹進一步提出「三綱五常」說：「張之為三綱，紀之為五常。」所謂「五常」就是君臣、父子、兄弟、夫婦、朋友五種倫理關係；所謂「三綱」則指「君為臣綱，父為子綱，夫為妻綱」。按照「未嘗無對」的理論，要求對雙方都有規範。朱熹還從「四書」中的《大學》中，抽象出「三綱領」（明明德、新民、止至善）和「八條目」（格物、致知、誠意、正心、修身、齊家、治國、平天下），集中了儒家「內聖外王」之道的蘊旨。

朱熹作《四書集注》，被統治者列為科舉必讀書，因此被封為「信國公」。到元代時，正式規定「四書」與「五經」並行取士。明清時，不僅規定「四書」與「五經」並立科場，而且「四書」更受重視。而將「四書」真正經典化的第一人，當然要數朱熹其人了，這是儒學發展史上的重要變遷。

與朱熹齊名的還有張栻、呂祖謙，三人合稱為「東南三賢」。

張栻的理論上最為重視一個「心」字，認為它與「理」字具有同等的重要性。在這點上，可以說他為陸九淵的「心學」打開了一個窗口。張栻在上孝宗的奏摺中，大談「心」與「理」。他在一份奏章中說道：「先王為何能建大功立大業？還不是因為胸中有誠信，足以感動天心人心。現在看來，想要恢復中原，先應有得中原之心，要想有得中原之心，先有以得吾民之心。而要得到吾民之心，事情也很簡單，就是不竭盡其力，不傷害其財罷了。今日的事情，只有以明大義、正人心才是根本。」孝宗聽了，點頭稱是。

張栻提倡「言理如一」，他自己就是個榜樣。史書稱他「表裏洞然」，他是敢於把心掏在外面讓人看的。一段時間，他在朝當官不滿一年，倒有七次被召對，說的都是「修身務學，畏天恤民」的心裏話。

呂祖謙兼收並蓄，無所不學，尤其喜好儒學經典。據說，呂祖謙原先是個性格十分峻急的人，對人的要求很嚴格，稍不如意，就會與人鬧翻。一次，讀《論語》，誦讀孔子的「躬自厚而薄責於人」時，突有所悟，覺得平時對人多所有求，因之就多所憤然，問題全在沒有做到「薄責於人」這一點上。通過學習，他發生了氣質性的變化，從此遇事就能心平氣和，更多的是從要求自身上下功夫。由此，他對聖人之「理」也有了更深一層的體味，「理能化人」，「理」能改變人的品格和氣度。

由孔子的「躬自厚而薄責於人」，呂祖謙發揮了孟子的「良知良能」說。他強調，人不必過於外求，只要保養好先天固有的「良知良能」即可，他在認識論上走的是一條內心探索的路子。他說：「聖門之學，皆從自反中來。凡事有齟齬，盡反求諸己，使表裏相應而後可。」在為學上，靠「頓悟」是不夠的，還需「涵泳漸漬，玩養之久，釋然心解，平貼的確，乃為有得。」

呂祖謙學問的特色在於平和中庸，「兼收眾長」。有人對並時的朱（熹）學、陸（九淵）學和呂（祖謙）學作了比較，認為朱學重在格物致知，陸學要在明心自勵，而呂學「兼取其長，而復以中原文獻之統潤色之」。後來，孝宗時期有過幾次學派之間的討論會，都是呂祖謙當牽線人，這與他的學說為各派認可有關。

陸九淵的「心學」

陸九淵是南宋心學理論體系的創建人。

陸九淵讀書十分用「心」。他是在自學和聚徒講學過程中形成自己的心學體系的。陸九淵凡是遇到不明白的事，一定要問個究竟。4 歲時，就向大人發問：「天的邊在哪裏？地的極在何處？」因得不到滿意的答案，竟然數日廢寢忘食，四處請教。稍長，就與兄長們一起學《論

語》，時常別有見識。五哥問他對《論語》中的《有子》一章有什麼看法，他出人意料地說，這一章是有子的話，不是孔子的話。五哥問他何以見得？他說：「夫子之言簡易，有子之言支離，是不能混同的。」這是一個異乎尋常的孩子。

陸九淵從 24 歲到 54 歲的 30 年間，主要活動是聚徒講學，在這過程中漸次形成了他的心學體系。乾道八年（公元 1172 年）在試進士時，他作《天地之性人為貴》，為考官呂祖謙所賞識。呂祖謙說：「一見高文，心開目明，知其為江西陸子靜（九淵）也。」這篇文稿說的「人為貴」，實際上是說「人心為貴」，可看作是心學的奠基之作。陸九淵中進士後，名聲大振，學者絡繹不斷前來求教，據說有連續 40 多天不能休息。後來他在象山講學，連自己的名也改成了「象山居士」，那時他真是盡心竭力、一絲不苟。史書記載：每天清晨，鳴鼓為號，開始了一天的學習生活，作為先生，陸九淵總是比學生還準時到達，風雨無阻。不管天有多熱，他自己總是衣冠整肅、精神炯然，學生形容說是「望之如神」。數百學子坐在堂下，齊肅無嘩。先是一個個點名，然後或是觀書，或是撫琴。如天氣晴朗，就帶學子一起去觀瀑，邊觀瀑邊高誦經文，有時也歌楚辭，頌古詩文。在 30 年的教學中，他真正領悟到了「心」是怎麼回事。

陸九淵認定「心」與「理」不可分，而根本的是「心」。他最精粹的說法是：「心即理。」他說的「心」，是一種倫理性的實體，他說：「仁義者，人之本心也。」還說：「四端（仁義禮知）者，人之本心也，天之所以與我者，即此心也。」上天是公平的，給了每個人一顆善心，問題看你是否能保持這顆善心，所謂學習，歸根到底，就是為保善心。有了這個「心」，人便知事物、斷是非、履道德、治天下，人的才能自然而然地就發揮出來了。

陸九淵作為心學的代表人物，與朱熹的朱學相對立，但他主張在學術上可「爭鳴」，但不可「立門戶」，不可有「門戶之見」。他說：「後世言學者須立個門戶。此理所在，安有門戶可立？學者又要各護門戶，

此尤鄙陋。」這裏說得很明白，立門戶是沒有道理的，護門戶更是醜陋不堪的事。他與朱熹辯論歸辯論，但心底裏還是仰慕朱熹的道德文章。

永康學派和永嘉學派

主要活躍在宋孝宗淳熙年間的陳亮，原名汝能，後因仰慕諸葛亮的為事和為人，更名為亮，號龍川，婺州永康（今浙江永康）人。因其學派中人多為永康人，故以陳亮為首的事功學派稱為「永康學派」。

淳熙十一年（公元 1184 年）四月，42 歲的陳亮因偶發事件而入獄，後經友人辛棄疾的奮力解救而出獄。在即將出獄之時，朱熹寫信給陳亮，希望他「絀去義利雙行、王霸並用之說，而從事於懲忿窒欲、遷善改過之事，粹然以醇儒之道自律」。陳亮出獄後看到此信馬上寫了一封回信，慷慨陳詞地坦陳自己的心跡，說自己不想當什麼「醇儒」，堅持自己的「王霸義利」之論。

陳亮與朱熹的爭鳴，涉及怎樣看待整部中國歷史的問題，朱熹堅持認為，「三代專以天理行，漢唐專以人欲行」。陳亮卻不同意此說。他認為，漢高祖、唐太宗的功業，可與天並立，因為他們使民眾得以生息。劉邦、李世民的「禁暴戢亂，愛人利物」，正是為了推行「仁政」，他們有的是「大功大德」的「救民之心」，並非一味的出自人欲、私欲，結論是：「其道固本於王也。」意思是，王道中本身就夾雜着霸道。他指出，三代也有征伐，也就是霸道，王道之治正是通過霸道來實現的。

既然王霸該並用，那麼，義利也就不能兩分了。陳亮所說的利，非一己之私利，乃生民之公利。這個「利」同「功」一樣，不能為三代所無。他以為，大禹如果無功，怎麼服天下之人？大禹如果無利，如何拯生民於水火？他明確指出，利與欲，是「生民的自然需要」，在

社會活動中，也只有在利欲面前，才能「察其真心」。

應該説，在「王霸義利」之爭中，陳亮的正確面更大。

永康學派的陳亮，和永嘉學派的葉適，都主張事功。但兩者也有差異。陳亮主張「義利雙行，王霸並用」，強調面在於「利」和「霸」。而葉適更着重於「就事論理，步步着實，言之必使可行」。在反對空談性命、強化踐行這一點上，葉適更有個性。

葉適幼時家境貧寒，竟至難以維持生計。他居無定處，20 年間先後遷居 21 次。顛沛流離的生活，並沒有使他對生活失去信心，相反使其更加明白、更加堅定信念：只有依靠自身的努力，才能改善生活，這也許是他在日後更重於事功而反對空談的緣由吧。

葉適充分肯定仁義的重要性，但是，他以為仁義如果沒有在功利上表現出來，就會成為沒有內容的空話。他説：「仁人正誼不謀利，明道不計功，此語初看極好，細看全疏闊。古人以利與人，而不自居其功，故道義光明。後世儒者，行仲舒之論，既無功利，則道義者，乃無用之虛語耳！」

朱熹只講仁義，而不講利欲，葉適則仁義與利欲並重。永康學派的陳亮專言事功，而在理論上較多隨意性，主張「義理之學不必深究」，而永嘉學派的葉適重經典，重致用，又重改革。

葉適的學説具有鮮明的實用性。其學説雖根柢在於《六經》，並且廣泛吸收了諸子百家的理論精華，但學説的旨向還是很清楚的，就是變革現實。他所説的功利，也是指功在當世，利在萬民。宋孝宗應該説是一個有為之君，但葉適比宋孝宗更具有革新時局的決心和激情。他甚至向宋孝宗坦言，説孝宗雖力圖精實求治，但少有尺寸之效。葉適還提出不可因循守舊，要革除弊政，要收復失地。孝宗之後是光宗、寧宗當政，改革的風氣大不如前了，言論也比以前更有顧忌了，但葉適還是一往無前，獻計獻策。這些可以説都是永嘉學派所謂的「功利」的最好注腳。

中興四大詩人

宋孝宗中興時期，不只學術上出現「百家爭鳴」的興旺景象，在詩、詞等領域也是成績斐然。中國歷史上極具名望的大詩人陸游、范成大、楊萬里、尤袤，以及豪放派詞人辛棄疾，取得巨大成就的主要活動期都是在孝宗一朝。

大詩人陸游到孝宗即位時，已年屆不惑。在這之前，雖有一些文名，幾乎沒有什麼可以傳世的作品。而乾道六年（公元 1170 年）到淳熙五年（公元 1178 年）間，才是其創作的黃金期，這期間的詩作後來彙編在《劍南詩稿》中。詩人楊萬里，自己說到「戊戌（淳熙五年）三朝時節賜告，少公事，是日作詩，忽若有悟」，從此走上了詩歌創新之路，創作出許多清新而雅俗共賞的詩章。范成大乾道六年（公元 1170 年）出使金國，不辱使命，寫下了 72 首充滿愛國情懷的詩篇。後任蜀地統帥，直至晉升為副相，多所作為，寫下了諸多反映民眾生活的田園詩，被認為是中國古代田園詩的典範。尤袤也是當時的著名詩人，他創作的旺盛期在孝宗淳熙年間。

宋代是詞的旺季，「中興四大詩人」外，聞名最著、影響最深遠的莫過於孝宗時期的辛棄疾了。辛棄疾歷任封疆大吏，彎弓殺敵，馳騁於沙場，歌吟於戰地，他的大量詞作慷慨豪放，氣勢沖天。其間數度罷官，但當時的政治氣候寬鬆，他得以藉此機會抒發怨艾，並利用較為悠閒的時日與鄭汝諧、陳亮、韓元吉等名士交往，極論世事，或長歌相答，終夜不歸，朝廷也不加干預。在「慶元黨禁」時期，他也不顧禁令，常到武夷山看望朱熹。在這樣的環境中，迎來了他創作的最旺盛季節。

書院的勃興

學術的繁榮，必然帶來教育的發達。宋孝宗時代，除了國家辦的府學、州學、縣學外，書院也大量興建。

宋孝宗淳熙六年（公元 1179 年），著名理學家、南康知軍朱熹，親臨白鹿洞勘查書院遺址，見這裏山水清秀，四面環合，是個講學讀書的好地方，便決心重建白鹿洞書院。到第二年三月，書院修復告竣，朱熹親率軍、縣官吏及社會賢達赴白鹿洞，舉行開學慶典儀式，自己也登台講「中庸首章」，並即興賦詩。朱熹自任白鹿洞洞主，親自執教，委德高老成的楊日新為堂長，邀好友劉清之、彭蠡，學生林用中、黃榦、王阮一同講學，使白鹿洞書院成為一時名望最高的「書堂」。

在宋孝宗年間私人創辦的書院也不少。乾道二年（公元 1166 年），年僅 29 歲的宋學大師呂祖謙因母喪，回到故鄉婺州，並在那裏出私資創辦了麗澤書院。與呂祖謙一起辦學的還有其弟呂祖儉。他們常邀永嘉學派的薛繼宣、陳傅良、葉適和永康學派的陳亮等來書院切磋學問，探討學術，一時學者都傾心嚮往，於是，天下人稱婺州為「小鄒魯」。麗澤書院也由此與嶽麓、白鹿洞、象山並稱為南宋四大書院。

淳熙十年（公元 1183 年），朱熹在武夷山下創辦了武夷精舍。朱熹與妹夫劉彥集、隱士劉甫共遊武夷時，見其地曲溪旋繞、雲氣流遊，頓覺耳目一新，當時就許願日後要在此建造學舍。淳熙十年他在政治上受挫後，便毅然決然地到這裏自己出錢辦學舍了。初建時為一小建築群落，中為「仁智堂」，為師生授課處，左為「隱求堂」，為朱熹本人起居室，右為「止宿寮」，為接待賓朋居住的客室。他廣收門徒，四方學者來者有 200 餘人。

淳熙十三年（公元 1186 年），心學大師陸九淵被免職回老家貴溪辦學。先是在貴溪應天山講學，他嫌「應天山」之名與佛教多所糾葛，就根據山形更名為「象山」，自稱為「象山居士」，又稱「象山翁」。

自己又在象山建造茅屋數間，廣收學徒，名為「象山書院」。這是陸九淵心學發展中極為重要的階段。當時，書院能環坐兩三百人，而在陸象山講演時，坐下齊肅無嘩。而主講者也神氣十足，有時一講就是半天，毫無倦色。在陸九淵居象山書院的五年中，有人估計，投在其門下的學子有 3000 人之多。

程門立雪

宋代學習氣象極盛，師生之間的互學，各學派之間的爭鳴、辯論、交融，蔚成風氣。程門立雪的故事，反映了當時尊師重道、誠懇求教的學風。

位於河南登封的嵩陽書院，在宋代是中國新儒學的發祥地之一。新儒學的奠基人程顥、程頤曾長期在此著書講學，創立了洛學。當時嵩陽書院實行的是「門戶開放」，二程在此講學，司馬光、范仲淹也在此講學，雙方都把這裏視為最好的研究學問的地方。在嵩陽書院，有很多的學子既是程顥的弟子，又是程頤的弟子。但是，要成為他們中哪一人的入室弟子都不是件容易的事。

楊時、游酢兩人拜在程顥的門下是很早的事。到程顥去世的時候，兩人都已過了 40 歲大關，且各自設帳招徒，成為社會知名的學者，還是想拜程頤為師，但遲遲得不到程頤的認可。

這一天，楊時、游酢兩人，帶了見面禮，來求見程頤，希望程頤確認自己為弟子。走到室外，只見程頤正在那裏閉目養神。其實，程頤早已看到兩人的到來，但為了考驗兩人的誠意，故意不言不動，不予理睬。楊、游兩人怕打擾先生的休息，只好恭恭敬敬，肅然侍立於門外。如此等了大半天。偏偏天公不作美，紛紛揚揚地下起大雪來了，楊、游兩人站在雪地裏一動也不動。雪越積越高，蓋沒他們的腳

板，慢慢一直埋到兩人的膝頭，兩人仍一步都不曾移動。過了大約有兩個時辰，程頤才睜開雙眼，見楊、游兩人還站在雪地裏，大為感動，説：「啊！啊！賢輩尚在此乎！」忙將兩人請入堂內，並當天就舉行了收徒典禮。

這個典故告訴人們，在宋代收徒和拜師都是相當鄭重其事的。

朱張會講

宋孝宗乾道三年（公元 1167 年），同被時人稱為「東南三賢」的理學家朱熹和張栻在著名的嶽麓書院舉行會講，史稱「朱張會講」。這是南宋時期最早的書院會講。

當時，嶽麓書院毀於戰火後重建完成，書院特聘張栻主教。張栻的名聲很大，由於他的到來，嶽麓書院馬上成為人文薈萃之地，一時從學者人數多達千人以上，為嶽麓書院歷史上所未見，大大弘揚和完善了胡宏創辦的湖湘學派體系。當時的學子甚至「以不卒業湖湘為恨」。這一消息也傳到了遠在千里之外的朱熹耳中，他不辭辛勞地從福建跋山涉水來到長沙，住下來與張栻一起探討學問、切磋學術，且一住就是兩個多月。

朱熹與張栻就《中庸》中的諸多問題進行討論，據歷史記載，有時，為了一個問題，連續三天三夜進行討論，雖然兩人在學術上爭得面紅耳赤，但一下論壇，又相好如故了。經過兩個多月的交流，湖湘學派與閩學相互之間取得了不少的共識，朱熹就説過，張栻的「先察識後持養」的觀點是可以接受的。當然，爭辯更多的是為了交流和相互促進，引起各自的更深入的思考。朱熹回到福建後説：「張敬夫（張栻字）愛予甚篤，相與講明其所未聞，日有學問之益。」其意是説，學問不辯不明，這樣一交流，大家就更明白對方在堅持什麼、反對什

麼了，這對增進學問是大有益處的。

　　湖湘的學子對遠道而來的朱熹持熱誠歡迎的態度。據傳，當時朱熹設講的處所，車輿都快停不下了，路被堵塞了，庭中的池水也被喝乾了。朱熹與張栻的講座設在湘江的兩邊，為了方便學子們渡江去聽對方的講座，湘江邊上專設了一個渡口。有些學子聽了一半，又想去聽聽另一個的講座，於是再擺渡去江的對面聽。那些天，渡口的人接連不斷，有時還排起了長隊！為了紀念這一盛事，後人在湘江邊的當年遺址上建起了一個「朱張渡」。

　　「朱張會講」首開了不同學派自由講學的先河。「會講」對朱熹的理學思想的形成和發展，對湖湘學的發展都產生了深刻的影響。嶽麓書院經朱熹和張栻兩位大師的調教，進入了它的鼎盛期，也名揚海內外了，從此享有「瀟湘洙泗」之譽，造就了一大批經世致用的人才，僅《宋元學案》所列的「嶽麓諸儒」就有 33 人之多。

鵝湖之會

　　「鵝湖之會」是中國學術史上的又一件大事，它講的是朱熹、呂祖謙、陸九淵、陸九齡「四賢」聚會於鵝湖書院的鵝湖寺，在那兒舉行學術討論會的故事。

　　朱熹的「朱子學」與陸九淵的「心學」之間一直存在着諸多分歧，雙方爭辯不已，比較折中的呂祖謙一直想調和兩派，使朱陸觀點「會歸於一」。宋孝宗淳熙二年（公元 1175 年）春末夏初，呂祖謙從浙江東陽，經信州（今江西上饒），到福建崇安拜訪朱熹，相與研讀二程、張載之書，採 600 餘條，在「寒泉精舍」編輯成著名的《近思錄》一書。事後，朱熹送呂祖謙歸去。因為將會途經鵝湖，呂祖謙就事先寫信約請陸九淵、陸九齡兄弟前往鵝湖與朱熹相會講學。接信後，二陸

為了統一思想，對付朱熹，一直討論到深夜方止。看來，一場互不相讓的爭辯在所難免。

「鵝湖之會」的辯論圍繞治學方法而展開，然後論及教人。雙方各抒己見，朱熹提出，學習首先要「泛觀博覽」，然後才能歸之於「簡約」。二陸則認為，首先要「發明人之本心」，然後才能「博覽」。二陸作詩申述心學的基本觀點，抨擊朱學太「支離」，而朱熹則堅持「舊學」要「商量」、「新知」要「培養」，學問根柢最重要，譏二陸教人「太簡」。辯論三整天，雙方終不能合，但氣氛始終是十分友好的。

「鵝湖之會」是一次盛會。百餘人聚會鵝湖，相當熱鬧。時值春末夏初，風景宜人。而講學諸公，衣冠森列，齊肅無嘩。講台上講演者才思敏捷，宏論連篇。與會者除朱、呂、二陸四人外，還有「江浙諸友」、「福建學者」，其中有劉清之、趙景明、趙景昭、朱泰卿、鄒斌、詹儀之、蔡元定、何叔京、潘景愈、范念德、傅一飛、連崇卿等學界名流。

「鵝湖之會」雖沒有調和與折中朱、陸兩派，卻起到了交流和切磋的作用，後人建立「四賢祠」、「會元堂」，就是為了紀念這一歷史性的盛事。

學術分歧並沒有影響朱陸之間的友誼。「鵝湖之會」後，朱陸之間頻頻通信，探討學術。6年後，朱熹邀請陸九淵到白鹿洞書院講學。陸九淵在書院講「義利之辯」，朱熹大加讚揚，認為陸九淵所講「切中學者隱微深痼之病」，朱熹為之離席，深深一鞠躬，道：「熹當與諸生共守，以無忘先生之訓。」朱熹還以自己「不曾說到這裏」，而感到「負愧」。

朱熹訪陳亮於五峰

在宋孝宗一朝，學者之間的互訪是常有的事。在「鵝湖之會」後

七年（即淳熙九年），又有了觀念極不同的學派首領之間的互訪。朱熹大談性命之學而免談功利，而陳亮大談功利而很少「理義之精微」。但是，就是這樣兩個人，也會走到一起來共同研究學問，而且雙方都無意氣之爭。

陳亮是一個鋒芒畢露、不合時趨的人，他主張事功，深念國事。在多次碰壁後，就回到家鄉永康的壽山石室（即五峰書院）設帳授學。由於他的學問涉及時事，切中時弊，引起了人們廣泛的興趣。壽山石室聲名鵲起，漸成氣候。

淳熙九年（公元 1182 年）陳亮首先採取了主動，南下婺州，專訪了理學的大師級人物朱熹。40 歲的陳亮向年過半百的朱熹虛心地陳述了自己的學術觀點，朱熹除稱讚其論為「新論」和「創見」外，也毫不客氣地指出其不足。朱熹也並不倚老賣老，而是客氣地徵詢這位比自己年輕十多歲的學者的意見。此次兩人相處十餘天，應該說是十分快意的。通過這次訪問，陳亮更了解朱熹了，盛讚其為「人中之龍」，像孔子稱讚他的老師老子一樣。

同年，朱熹乘巡遊之便，到五峰山書院回訪了陳亮。在巡遊之餘，陳亮特請朱熹在五峰書院代自己主持講席大半月有餘。當時朱熹的名聲很大，陳亮又廣為他宣傳，因此，四方學子趨之若鶩，來五峰聽講者常在三四百人之間。每當朱熹主講之時，陳亮就悄悄地搬一條板凳，在某一角落裏正襟危坐聽講，宛如一個小學生一樣謙恭。有一次，聽到入神處，他情不自禁地驚叫起來，稱「極言」，此時，朱熹這才發現陳亮坐在下面。

五峰相會後，朱、陳之間一直書信不斷，雖說不能調和兩派的學術觀點，但相互吸收取優補缺，還是有的。在此以後，陳亮還邀呂祖謙、葉適、潘文叔、呂雲溪、時少章等名流來五峰講學，五峰書院更加興旺了。

辛陳鵝湖之會

　　説到南宋孝宗年間的「鵝湖之會」，一般都是指孝宗淳熙二年（公元1175年）的朱陸之會。殊不知，過了13年之後，也就是孝宗淳熙十五年（公元1188年），另有一次同樣稱得上學術盛會的辛陳「鵝湖之會」。

　　這裏的「辛」，指的是辛棄疾；這裏的「陳」，指的是陳亮。他們兩人同是愛國熱忱極高的事功學派思想家，同時又同是著名的詩詞學家。他們想「仿鵝湖故事」，在鵝湖「長歌相答，極論世事」。為了使這次「鵝湖之會」更具理論色彩，他們還約請了在學界聲望極高的朱熹與會。

　　這年的初冬，陳亮由永康出發前往鵝湖之前，寫信給朱熹和辛棄疾，約請正在武夷山閒居的朱熹到紫溪和辛氏相聚，然後同往鵝湖論學。當時辛棄疾正在病中，接到陳亮來書，就答應在紫溪家中等候，會合後一同前往。陳亮到來那天，辛棄疾早早起身，抱病憑欄遠眺陳亮。陳亮加鞭策馬，眼看辛府在望，興奮異常。騎行至小橋頭，不料，陳亮欲躍而馬三卻，陳亮大怒，揮劍斬馬，徒步而進。相見後的辛陳兩人，激昂不已。現在留存的「斬馬橋」，記錄下了一段辛、陳友情的佳話。

　　在紫溪，兩人等候朱熹多日，後來接到書信，説他不能來了。朱熹的失約不至，使辛、陳兩人引為終身遺憾。

　　辛棄疾與陳亮在鵝湖相處十餘天，白天或議論國事，抒發愛國情懷，或共遊鵝湖，寄情於湖光水色之中。夜晚杯酒相聚，夜半方休。談及收拾祖國大好山河之事，兩人有時又不免傷心淚落。有時兩人即席唱和，寫下了許多慷慨憂時之作。辛、陳的「鵝湖之會」在南宋詞壇上是一大盛事。

　　相聚終有相別時，半月後，陳亮告別東歸，辛棄疾戀戀不捨。別後的第二天，辛棄疾似有未盡之言，想再挽留陳亮幾日，又急忙前

去追趕，無奈大雪封山，道路被阻，辛棄疾只得悵然返回。晚上，他宿於泉湖吳姓人家，當夜半聽到悲鳴的笛聲時，怎麼也不能入寐了，揮筆寫下《賀新郎》詞一首，表達「佳人重約還輕別」的情懷。陳亮收到詞後，馬上寄出了他的回贈詞一首。在此後的一段歲月裏，兩人贈答之詞不斷，表達的都是「了卻君王天下事，贏得生前身後名」的情懷。

第二次「鵝湖之會」的影響和價值不低於首次。

商業大都市的勃興

宋代 300 年的統治，政治上相對寬鬆，這也使長期受壓抑的商業有了較快的發展，一批商業大都會興起了。

宋代人描繪本朝都市生活和商賈交易熱鬧繁華情景的長卷《清明上河圖》，可謂是千古絕唱。這是一幅宋代東京開封都市生活的寫實圖。開闊的京畿交通大動脈汴河從這座城市的身邊流過。河中橫七豎八地航行着大大小小的貨船，有的巨型貨船用 8 名船夫搖櫓，還有些大貨船得由 5 名縴夫拖行。靠岸的貨船正忙着起貨和卸貨，岸上鱗次櫛比地排列着茶坊和酒肆，還有肉店、藥店、布店、香鋪、旅社。彩樓高聳，商店門前的招牌迎風飄揚。大街上各式人物你來我往，有歇腳喝酒飲茶的行者，有騎驢外出的老人，有包着頭巾的農婦，有背着包袱的少年，有肩挑物件的壯漢，也有豪奴喝道的掃墓人。街邊擺滿了飲食攤、雜貨攤、修車鋪、打卦算命鋪⋯⋯

有人作過統計，《清明上河圖》中描繪有各色人物 500 多人，有士、農、工、商、醫、卜、僧、道、胥吏、農婦、篙師、縴夫等；有驢、馬、牛、駱駝等十餘種牲畜；還有 20 多艘船艦、20 多輛形狀各異的車、轎，圖中的情節有趕集、買賣、閒逛、飲酒、聚談、推舟、

拉車、乘轎、騎馬，等等。把宋代以東京開封為代表的大都市的生活描摹得生動活潑、淋漓盡致。

北宋時的東京開封，當時已發展成世界上最大最繁華的大都市，人口在百萬以上。據記載，當時在這座大城市，已形成了幾個極繁華的商業街區，宮城正南門前的南北大街稱御街，是主要的飲食業中心，既有來自各地的特色小吃，又有名重一時的酒樓飯館。御街東貨行巷的豐樂酒樓，高達五層，是千年前的「超高層食府」，那裏的營業要到深夜十二點方休。在內城有正店72戶，除食府外，還有生活必需的百貨供應，據說，這也是白晝及通夜營業。內城的潘樓街，有珍珠、匹帛、香藥等鋪席。南通一巷相當於金融區，是當時的金錢彩帛交易之所，屋宇雄偉，門面廣闊，望之森然，也兼買賣書畫、珍玩、犀玉等物。民間宰豬一律由南薰門入京，這樣在那一帶屠宰業大為發展起來，據記載，京城當時一天要宰殺生豬萬頭以上，數目是很驚人的。僅此一端，足見大都市之繁榮。

南宋王朝建立後，臨安（今浙江杭州）發展成了世界上首屈一指的百萬人的大都市，而開封府昔日的繁華景象不再了。

中國最早的商標

中國商標起於何時？學界比較一致的看法是起於宋代。宋代的商品經濟有了相當的發展，同類商品中湧現出了一批出類拔萃的優質產品。這批優質產品的製作者或擁有者，為了證明自己的身份和身價，或為了防止別人假冒，就在自己的商品的某個部位標上一個特殊的標記，這就是商標了。

北宋末年，人們到東京開封御街繁華地段的一家鞋店去買靴子的話，鋪主在顧客選中了某一雙靴子後，就會輕輕地用刀片割開靴子襯

裏的一角，搜出一張上面寫着「宣和某年某月某日鋪戶任一郎造」字樣的精緻紙條來。臨行，鋪主千叮萬囑，要保存好這張紙條，若有質量問題可憑這紙條調換靴子。

這張紙條真的那樣重要嗎？是的，它真的太重要了，因為它實際上起到了商標的作用。「宣和」是宋徽宗的年號，「宣和某年某月某日」，是具體的生產日期，相當於後來的保質期的起始點。如果發生商品質量的交涉，這一生產日期是一個重要的依據。最重要的是紙條上的「鋪戶任一郎造」，這是一塊真正的金字招牌，也是防偽標誌。紙條的色澤、文字書法、畫面的設計，在當時的條件下，都是難以仿造的。

更為奇妙的是，任一郎家為了嚴防偽劣假冒，在鋪中特設了一本「坐簿」。無論是官府中定做的靴子，還是來往過客在鋪店購買的，都在「坐簿」中寫得明明白白。每一雙皮靴裏的紙條與「坐簿」中的紙條一模一樣，誰都休想偷天換日。

這就是商標。商標是用來維護商家聲譽的，只有名牌產品才看重商標。商標又是維護消費者權益的，消費者可以以商標為憑證與商家交涉。

當時有自己的商標的名牌產品也真不少，如陳家彩帛鋪、舒家紙紮鋪、童家柏燭鋪、凌家刷牙鋪、孔家頭巾鋪、徐茂之家扇子鋪、徐官人襆頭鋪、鈕家腰帶鋪、張家鐵器鋪、張古老胭脂鋪、香家雲梯絲鞋鋪、陳媽媽泥面具風藥鋪、保和大師烏梅藥鋪、戚家犀皮鋪、彭家溫州漆器鋪、歸家花朵鋪、陳家畫團扇鋪，等等。這種以姓氏或名字為商標的現象，在宋代已是相當普遍了。

鬼市子

在宋代之前，實行的都是「坊市制」。「坊」，是居民區，這是城

市的主體；「市」是工商業區。一般城市設一兩個「市」，多的設三個。「坊」與「市」用圍牆嚴格分開。經唐末、五代，到了宋代，「坊市制」破壞無遺，商業滲入了一切地域，人們不受地域的限制，到處可以開設商店。

在宋代以前，首都和少數大城市可以全日營業，州、縣商店的營業時間限在下午。傍晚，有管理人員擊鼓八百下，市門關閉，也就閉市了。到宋代，這個規矩也取消了，飲食業、酒樓、茶坊，自早晨五更開張，一直要到半夜三更才休業，有的甚至通宵營業，名之為夜市。夜市的開拓，形成了城鎮居民新的生活狀態和生活習俗，意義十分重大。

隨着夜市的被普遍認可，還出現了一種特別的「鬼市子」。它是夜市的一種特別形態。這種「鬼市子」適應早市的需要而開。不少行業往往在清晨時就起來做營業的準備工作了，還有些人一大早就外出了。在商業發展的情況下，還有相當的數量夜行人，於是，一些有心計的商者，就別出心裁地開設了一種每日五更時開業，到天明以後歇業的特別時間段的「市」，這就是所謂「鬼市子」。

據史書記載，「鬼市子」大多是服務性的行業，有粥飯點心的，有賣茶酒的，有賣洗面水的，也有經營一點舊物、古玩之類的。這些營業者，與白天無緣，始終在燈燭下勞作，實在「鬼」得很。這一時間段起來營業的人不多，但收利比較可觀，因此，能夠在社會各行各業中得以生存和發展。

宋人的夜生活

宋代，由於商品經濟的發展，夜生活也蓬勃起來。官府能開禁承認夜生活的合法性，這是宋代的一大文化亮點。

夜生活的一個內容是逛夜市。其實，夜市十分吸引人。昏暗的燈

光下，琳琅滿目的商品，購物自有一番情趣。再說，夜市，尤其被稱為「鬼市」的市場上，多舊貨假貨，也多奇貨。許多來路不明（有的是偷來的，有的是從他處轉移來的）的物品，包括文物，由於夜間管理較鬆懈都在「鬼市」上出手，逛「鬼市」一度成為一種時尚。許多人在「鬼市」上可以淘到不少價廉物美的東西。

夜生活的又一內容是茶館消閒。茶業起於唐代，到宋代已十分興旺，在民居中設茶座、開茶鋪以吸引茶客的很是普遍。宋代還把茶鋪十戶編為一保，嚴格管理起來呢！就是檔次較高的茶樓也不在少數，尤其在大運河的兩岸，茶樓更是興旺。宋人戴復古作的《臨江小泊》詩中有「艤舟楊柳下，一笑上茶樓」句，說明當時的文人墨客、政客商賈，作客茶樓是常事。茶樓中的茶客來自天南海北，徹夜長談是常有的事。茶樓中又有精美的茶食助興，更是消閒的好地方了。

夜生活另一個極為重要的內容是聽說書。聽書、說書，大盛於宋代。從宋話本的內容看，有說時事的，有說民情風俗的，更多的是說史的。中國的四大奇書 ——《三國演義》《水滸傳》《西遊記》《金瓶梅》—— 都起於宋代的民間話本，到元明時期才得以加工和完備。當時的民間藝人，根據自己對生活的觀察和理解，演義着歷史故事，重塑着歷史人物。諸葛亮、劉備、張飛、關羽、曹操，以及宋江、李逵、林沖、魯智深這樣一些人物形象，大部分塑造和定型於宋代。藝人們走進商場，走進民居，走進茶樓，在燈光月影下大講「三國」和「水滸」，得到了民眾的歡迎，改變了整個時代的人們的生活習俗，這不能不說是一個偉大的變革。

「團行」和行首

商業、手工業和其他服務性行業發展到一定程度，自然而然就有

了組織起來的要求。宋代，商業的同行組織稱「行」，手工業同行組織稱「作」，統稱為「團行」。團行都有自己的行頭，進行自治性管理。

行首是行會公推出來的文化水準較高、最有威望的同行領袖。其職責大致為：一是維護本行業的利益。當時，行業與行業之間的競爭十分劇烈，如有非法侵害本行業利益的行為，行首就出面加以維護和交涉。二是平抑物價。在當時，某一行業的物價都由行首對市場進行調查並加以平衡以後公佈，這樣，某一物品在一段時間內有一個相對一致、相對公平的價格。三是督促本行業的業主遵守法紀，包括按時向政府繳納稅收和盡其他應盡的義務。

在當時條件下，行首在商業運行中起的作用還是很大的，尤其在維護本行業的權益方面起的作用十分突出。

宋神宗熙寧六年（公元 1073 年）春，東京開封府的肉行行首徐中正，廣泛蒐集了同行經營過程中的困頓，代表本行向官府提出請求：「希望免除肉品行業人員每年都要服勞役的定規，希望免除肉品行業須經常向官府提供肉品實物的習俗。」這一來自民間的訴求，經廣泛宣傳，最後得到了以神宗皇帝為首的最高統治者的充分重視，當年七月，朝廷就作出了反應，同意從當月起免除肉品行業人員所服的勞役，這在歷來以辦事拖沓著稱的古代社會中也是不多見的。尤為難能可貴的是，在處置這件事時，朝廷竟將立法範圍由生豬行業推延到商業的各行各業，從而產生了一部具有歷史意義的《免行法》。

新頒佈的《免行法》規定：各行各業此後再也不要強行服勞役了，也不要再向官府交納實物了，只要各行根據實際情況按月或按季交納「免行錢」，就可以安安心心地幹本行的事了。這種以賦稅形式代替勞役和實物貢品的政策，明顯是一大進步。

一個微不足道、名不見經傳的肉行代表徐中正的申訴，能得到最高當局的如此重視，並且由此引發出一種新制度和新政策，是歷史上不多見的。

北宋的「交子」

宋真宗大中祥符四年（公元 1011 年），在相對偏遠而商品流通又相當發達的蜀地，發生了一件足以著之竹帛的大事：蜀地的 16 戶富豪聚首於一豪華的酒家，商量怎樣解決鐵錢笨重，難以在商品流通中攜帶這個長期困擾商家的難題。討論進行了一天一夜，其間有劇烈的爭議，但最後還是達成了共識：以 16 富戶雄厚的資金為保障，以私家名義發行一種名為「交子」的紙幣。「交子」一發行，大家都感到方便，加上這 16 戶富豪又有很大的可信度，於是，「交子」廣為流通起來。「交子」的「交」字，有交接、交通、交流之意，它是貨物交流中的一種憑據。

這是中國經濟發展史上的一件大事。

這 16 戶富豪很有經商經驗，他們想得很周全：為了防止這種交子在流通過程中的大量損壞，印製交子選用最上等的楮樹皮紙，因此交子初行市時，又被人們普遍俗稱為「楮幣」、「楮券」。交子的票面上印有精美的圖畫，大致是屋木人物，在屋木人物的間錯處，刻印有水印一類的記號，「以為私記」，這明顯是為了防偽。為了擔保和信譽，在票面上 16 主戶都要「押子」。交子的票面不印有面額，是由某一富豪臨時寫上去的。人們持有交子以後，可以向接受交子的人提取現錢，還可以向發行人兌換現金。

這種由富豪發行的交子，由於它的輕捷方便，受到了廣泛的歡迎。但是，問題也隨之出現了。幾年後，某些富豪衰敗了，但大額的票面還在源源不斷地發行，「不能償所負，爭訟不休」，在這種情況下，官府不得不出來干預，最後導致了私人交子鋪的取消和官辦交子的推行。

宋真宗天禧四年（公元 1020 年）十一月，也就是第一張民營的交子發行整整 10 年後，益州官府採取令私家交子戶「收閉交子鋪」的

政策。

收閉私人交子鋪的政策一出台，引起了社會上巨大的震動。

「私人交子鋪有弊端，那不假，但 10 年來私人交子鋪方便了交易，繁榮了市場，總的來說，是利大於弊。」有人向官府上書。

「私人交子鋪不行，能不能官辦呢？」有人提出建議。

在民眾的催促下，天聖元年（公元 1023 年）十一月二十八日，世界歷史上第一個發行紙幣的官辦「益州交子務」設立了，一種更有權威的「官交子」也就應運而生。⑥

「官交子」的一大特點是，它不只以政府信譽作為擔保，更為重要的是交子要「備本錢」，即要有「發行交子準備金」。這種準備金越是充足，交子的保值可能性越大，信譽度也越高。可見，當時的「官交子」的發行已相當地成熟，與近代「金本位制」紙幣的發行情況已十分相類似了。

南宋的「見錢關子」

交子主要解決了本地流通中的問題，但是，如果要攜帶着大宗錢財遠行可怎麼辦呢？南宋時發明的「見錢關子」大致解決了這個問題。「關子」的「關」通「貫」，轉義為流通的意思，「見錢」的「見」通「現」。也就是說，有了這種「關子」，等於手中持有了「現錢」一樣。

「見錢關子」的起始頗具喜劇性質。宋高宗紹興元年（公元 1131 年），婺州（今浙江金華）地區急於屯兵十萬，以防叛亂。俗話說：「兵馬未動，糧草先行。」可是，當時由於時局不穩，要在短時間內籌足急用的糧草簡直是不可能的事。軍隊到了一地，沒吃沒用，弄不好會釀成兵變。正在焦急之中，有個聰明人想出了個妙招：由首都臨安的主管貿易的「榷貨務」作擔保，並出具「見錢關子」，再動員當地的

商人認領「見錢關子」，同時當地的商人馬上拿出錢財供軍隊使用。這樣，用不了多少時間，十萬大軍的種種開銷不都全有了嗎？事畢，這些商人可到首都臨安的「榷貨務」憑相關的「見錢關子」領取銅錢或一切補償。

這真是一個妙招，也是一個絕招。

看來，當地的大賈巨商一是迫於政府的壓力，二是這樣做也有利可圖——現今幫了政府的忙，日後政府反過來會幫你的忙。出於這樣的考慮，認領的情形令政府相當滿意。原先成為燃眉之急的婺州軍務，一下子奇跡般地解決了。臨安的「榷貨務」因此而得到重重的嘉獎！

後來，「見錢關子」走出了軍務領域，凡是經濟方面的運行都可運用此法。不只政府部門用此法，民間交易也用此法。南宋中末期，「見錢關子」被推廣到了浙西地區、江淮地區，以及江東、江西。此時「見錢關子」的性質也不再單是一般意義上的信譽證券，而類似於後世的匯票了。

指南針的發明

政治的開明，經濟的發展，商業的繁榮，很大程度上促進了科學的昌盛。中國古代的所謂「四大發明」，三項出現在宋代。

北宋傑出的科學家沈括曾對指南針進行了全方位的研究，這在《夢溪筆談》一書中有所反映。他曾用一小滴黃蠟把磁針的中部粘在很細的蠶絲上，然後把它懸掛在沒風的地方，這樣，磁針的一端指着南方，另一端指着的就是北方了。

指南針發明以後，在宋代得到了廣泛的運用。宋代的曾公亮在一本名為《武經總要》的書上寫道，當時軍隊前進時，就有人騎在平穩

的老馬上，走在隊伍的最前列，懷中揣着的就是指南針。當時是，先將木頭刻成魚的形狀，再把魚肚挖空，裝上磁石，然後用黃蠟封死，讓它浮在水面自由轉動，魚頭指着的就是南方，魚尾指着的就是北方。按這方法辨別方向，就不會失誤。

在宋代，指南針也已經用於航海。北宋宣和五年（公元1123年），將軍徐兢奉命從寧波坐船到朝鮮去，就為他專門配了懂得指南針技術的人。為了正確地辨別方向，當時在船頭和船尾各置了一隻指南針（稱為「羅盤」），這在陰雨天和黑夜中，作用尤大。指南針運用於航海，這在航海史上也具有劃時代意義。

宋代對指南針的研究達到了很高的科學水平。沈括是個富於實際經驗的科學研究者。根據他的測量，指南針所指的不是正南，而是稍微偏東一點，這叫「磁偏角」。「磁偏角」不會太大，而且各地不完全相同。這些結論被後來的科學發展所證明了。西方人是在哥倫布發現「新大陸」的1492年才發現「磁偏角」的，沈括的發現要比哥倫布早400多年，而且精確度也要高得多。

畢昇發明活字印刷

印刷術是中國古代的四大發明之一。印刷術的出現，對人類科學文化的傳播、發展有着重要的作用。而中國的印刷術，又是與宋代緊密相連的。宋代是中國印刷術得到長足發展的歷史時期。

在隋朝時期，中國就在長期使用印章和拓石的基礎上，發明了世界上最早的印刷術 —— 雕版印刷。這種印刷術是直接把反手字雕刻在木板上，用刷子把墨刷在凸起的字上，鋪上紙，就印下來了。中國的印刷術起於隋朝，發展於唐朝，完善於宋朝。宋代的雕版印刷是十分興旺的。留存至今的宋刻本書籍就有700多種，不但刻得多，而且刻

得精美。每一部宋版書實際上就是一件珍貴的藝術品。張徒信在成都雕刻《大藏經》，費時 12 年之久，計有 1046 部、5048 卷，雕版達 13 萬塊之多，這樣的水平就是在現代也是難以想象的。

最為重要的是，宋人發明了活字印刷。活字印刷的首創者，乃是一個被稱為布衣的普通的刻字工人畢昇。

畢昇對雕刻工藝很有興趣和研究。他大約花了八九年的時間，終於發明了活泥字，他先用膠泥（黏土）造成小方塊，乾後刻上單字，然後放入火中煨燒，使它堅硬得像瓷塊一樣。每個字用紙袋裝好，按韻律排列起來。印書時，將字揀出，排在鐵板上，圍以鐵框，再放在松脂、蠟和紙灰的混合物上，加熱後，使得松脂等熔化，再用平板將一個版面的泥活字壓平，冷卻以後，字就固定在鐵板之上了，只要刷上墨汁，鋪上紙，就可以印刷了。印完，再將蠟加熱熔化，將活字取下，下次還可以再用。

畢昇的印刷術包括三個相互聯繫的方面：製活字、排版、印刷，這是一套相當完整的印刷工藝，是了不起的發明創造。

大約 14 世紀時，中國的活字印刷技術傳到了朝鮮、日本，而歐洲的活字印刷技術是到中國的元代才傳過去的。

火藥與火器

宋代，火藥的製法和性能逐步為人們所熟悉，而且被廣泛地應用於軍事，創造出了各種類型的火器，從而引起武器裝備和戰爭形式的重大變革。正是在宋代，中國進入了一個冷兵器和火器並用的新時代。

把硝石、硫黃、木炭三樣東西，研成粉末，按照一定的比例（一般為 75%、10%、15% 之比）混合起來，就製成了火藥。用火點着，或用力敲打，火藥就會發生化學反應，產生大量氣體。氣體的體積大

約比原來火藥的體積大到千倍或幾千倍，這就是爆炸。大約在 1300 年前，唐代的大醫藥家就在《丹經》中明確地記載了火藥的製作和成分，這是世界上最早的有文字記載的火藥配方。到宋代，火藥大量地被應用於軍事。

改革家王安石推行「富國強兵」之國策，為此設置了「軍器監」，以管理和製造兵器，尤其是火藥武器。在有志之士的倡導下，從 11 世紀到 13 世紀，中國的火藥武器發展很快。在北宋京都開封的兵工廠裏，有專門製造火藥武器的工場。宋神宗元豐六年（公元 1083 年）在蘭州的一次戰鬥中，宋軍一次就領用了 25 萬枝火箭，可見當時火藥武器數量之多。

據記載，南宋末年壽春（今安徽壽縣）有人發明了「突火槍」，槍管是用粗毛竹筒做的，火藥裝在槍管裏，燃燒後射出去。這可能是最原始的子彈了。宋高宗紹興二年（公元 1132 年），在德安（今湖北安陸縣）的一次戰鬥中，一名叫陳規的將領發明的「長竹竿火槍」大顯威力，臨陣點放，殺傷力極大。據記載，噴出的火焰有數丈遠。再過後，又發明了金屬管（銅鑄的或鐵鑄的）的槍筒，火藥武器又大大跨前一步。

◆ 註釋：

① 范質是宋王朝首位以侍中為職銜的宰相，看重「侍中」一職這是繼承五代時的舊制。宋初編撰《冊府元龜》時所撰的《宰相部・總序》認為，自唐中葉以來，「唯侍中、中書令及平章事，是為正宰相之職，五代相承，未之或改」。

② 《續資治通鑒長編・建隆二年七月》：「太祖曰：『天下自唐季以來，數十年間，帝王凡易八姓，戰鬥不息，生民塗地，其故何也？吾欲息天下之兵，為國家長久計，其道何如？』趙普對曰：『此非他故，方鎮太重，君弱而已，今所以治之，亦無他奇巧，惟稍奪其權，制其錢穀，收其精兵，則天下自安矣！』」

③ 《宋史‧呂端傳》評述:「端姿儀瑰秀,有器量,寬厚多恕,善談謔,意豁如也。雖屢經擯退,未嘗以得喪介懷。善與人交,輕財好施,未嘗問家事。」李惟清欲中傷端,端曰:「吾直道而行,無所愧畏,風波之言不足慮也。」「端不蓄貲產,(其子)藩兄弟貧匱,又迫婚嫁,因質其居第。真宗時,出內府錢五百萬贖還之。」

④ 「士學古懷道者,仕於時,不得為宰相,必為諫官。諫官雖卑,與宰相等。天子曰不可,宰相曰可。天子曰然,宰相曰不然。坐於廟堂之上,與天子相可否者,宰相也。天子曰是,諫官曰非。天子曰必行,諫官曰必不可行,立殿陛之前,與天子爭是非者,諫官也。宰相尊,行其道。諫官卑,行其言。言行,道亦行也。」(《歐陽修文集》)

⑤ 《宋史‧程顥傳》:「(程頤曰)周公沒,聖人之道不行。孟軻死,聖人之學不傳。道不行,百世無善治。學不傳,千載無真儒。先生生於千四百年之後,得不傳之學於遺經,以興起斯文為己任。辨異端,辟邪説,使聖人之道煥然復明於世。蓋自孟子之後,一人而已。」所謂「一人」,指其兄程顥。

⑥ 據《宋朝事實‧財用》載,「官交子」首次印刷為「天聖二年二月二十日起首書」,以公元算,則是 1024 年 3 月 19 日。

百年蒙元

　　陰山山脈之北，大興安嶺以西，阿爾泰山以東，北與西伯利亞相接的廣袤土地，地理學上稱作蒙古高原。這裏自古以來便是中國歷史上北方遊牧民族活動的廣闊舞台，這些民族有自己獨特的發展史，又與中原王朝保持着密切的關係，構成了中國歷史發展中生動多彩的篇章。崛起於公元 13 世紀的蒙古族，在被後人稱為「一代天驕」的成吉思汗和他的子孫們的征戰中，建立起了疆域遼闊的元帝國，在中國歷史上被稱為元朝。

　　百年元朝，對中國歷史影響重大。

　　元朝大體上確定了中國疆域的規模。《元史·地理志》說，元之幅員「北逾陰山，西極流沙，東盡遼左，南越海表」。契丹族和女真族在元代被視為漢人。回族這個新民族在中國大地上形成。藏族地區正式列入中國版圖，畏吾兒（維吾爾族）成為蒙古統治者的主要助手，共同佔據統治者的上層。

成吉思汗統一漠北

成吉思汗原名鐵木真（公元 1162—1227 年），出生於蒙古一個強有力的貴族之家。他的父親也速該，號把阿禿兒，意為勇士。成吉思汗出生時，適逢與塔塔兒人（塔塔兒在漢文中又常譯作韃靼）作戰獲勝，俘獲其首領鐵木真兀格，為紀念這次勝利，父親便將新生兒名之為「鐵木真」。

鐵木真 9 歲時，他的父親被塔塔兒人所殺，原領部眾紛紛離去，於是，鐵木真兄弟隨其母親在斌兒罕山一帶顛沛流離，艱難度日。鐵木真還一度被強大的泰赤烏氏貴族所抓獲，幸得他人救助，才倖免於難。為了恢復自己家族昔日的顯赫地位，鐵木真開始了艱苦卓絕的鬥爭。

12 世紀後期，蒙古高原上還分佈着大大小小 100 多個氏族部落。蒙古族內部即有乞顏氏和泰赤烏氏兩大族，鐵木真出生的孛兒只斤氏部屬於乞顏氏。蒙古族外，還有塔塔兒（韃靼）、克烈、乃蠻、篾兒乞、汪古等強大部落群體。蒙古族當時並不算強大，它處於這些強大部落群體的包圍之中。

鐵木真長大以後，首先投靠鄰近的克烈部首領王罕，尊其為父。在王罕的幫助下，開始積聚力量。但不久又遭到篾兒乞人的襲擊，妻子家人都被俘去。他只得再求救於王罕，在王罕的助力下，奪回了妻子和家人。後來，他悄悄地積蓄力量，成立了自己的武裝，雖幾經挫敗，但總的來說逐漸強大起來。

金承安元年（公元 1196 年），金朝丞相完顏襄統兵征塔塔兒部，鐵木真以報父仇為名，請求王罕出兵助金。鐵木真部人馬與王罕部會合後，大敗塔塔兒軍，並殺死其首領。鐵木真趁勝攻打另一比較弱小的部落，收編了那裏的部眾，進一步壯大了自己。鐵木真壯大後，目標漸大，一些部落聯合起來攻打他，他一面繼續與王罕聯盟，一面收

編各方殘部，使自己立於不敗之地。

王罕見鐵木真力量一點點壯大，擔心於己不利，於是，向鐵木真發動了突然襲擊。鐵木真倉促應戰，終因寡不敵眾，隊伍敗退至哈拉哈河之北，對部隊進行整頓。王罕以為鐵木真這一敗就一蹶不起了，放鬆了警覺。這時，鐵木真出其不意，偷襲王罕，經三天三夜大戰，王罕大敗，並於外逃中被殺，強大的克烈部滅亡，餘部併入了鐵木真部。

克烈族的滅亡，在蒙古草原上引起了極大的震動。乃蠻部首先發難，聯合篾兒乞、箚木爾等部共同進攻鐵木真。這時的鐵木真已今非昔比，他在哈拉哈河邊整頓了隊伍，建立了強大的護衛隊，一路西行，與乃蠻部為首的聯軍決一死戰。結果聯軍大敗，乃蠻族首領太陽罕受傷被擒，不久死去。鐵木真進軍阿爾泰山，乃蠻族徹底被征服，其他各族相繼敗亡。漠北統一。

金泰和六年（公元 1206 年）春，鐵木真主持召開「忽里台大會」，他被各族貴族推舉為蒙古國大汗，號「成吉思汗」。「成吉思」是蒙古語「海」的意思，「汗」相當於皇帝，合起來就是「四海之內的皇帝」。

漠北高原的統一，為蒙古族的進一步發展奠定了基礎。

大蒙古國

大蒙古國成立後，成吉思汗一舉封了 95 個千戶，分別授予追隨自己的貴族、功臣、統領。千戶之下，又設百戶、十戶，實際上是一種相當嚴密的軍事和地方行政單位，取代了先前的氏族部落體制。國家就是按千戶徵派賦役和簽發軍隊的。15 歲到 70 歲的男子，從理論上講都有服兵役的義務。而被封為千戶的人，既是一種榮耀，又有護衛大汗之責。為了防止不測，千戶之子一般都是京中的質子，是不能

輕舉妄動的。現代史學家黎東方在《細說元朝》中説:「成吉思汗一舉而封 95 千戶,此舉氣魄之大,遠在漢武、唐宗之上,而對功臣的掌握上,『雄才大略』四字,可謂當之無愧。」

千戶之上,又有萬戶。成吉思汗一共封了 4 個萬戶:木華黎被封為左手萬戶,管理東部直到大興安嶺一帶的千戶;博爾朮被封為右手萬戶,管理西部直到阿爾泰山一帶的千戶;納牙阿被任命為中軍萬戶;豁兒赤也領十餘千戶,起直接協助成吉思汗的作用。所有千戶萬戶,都必須效忠於成吉思汗。成吉思汗又將各地百姓和土地分封給諸子、諸弟,讓他們一起來藩衞以大汗為首的「黃金家族」。

為了強化自己的統治,成吉思汗組建了一支萬人的衞隊,其成員都是萬戶、千戶、百戶、十戶之子中有技能、身強力壯的年輕人。成吉思汗的親信博爾忽、博爾朮、木華黎、赤老溫等先後被任命為侍衞大臣。這支隊伍不單是侍衞的堅強力量,在對外戰爭中也有着巨大的作用。

大蒙古國建立以後,成吉思汗憑藉其強大的軍事力量,發動了一系列擴張戰爭。他多次發動對西夏的戰爭,迫使西夏納女請和。又發動對金的戰爭,威逼金的都城中都(北京)。元太祖九年(公元 1214年),金被迫遷都南京(今河南開封),第二年,蒙古軍攻佔中都,逐步控制了華北地區。此後,成吉思汗的大軍直指中亞,元太祖十三年(公元 1218 年)攻滅西遼。第二年,成吉思汗又率二十萬大軍西征花剌子模,攻佔了中亞廣大地區,部分蒙古軍攻入了俄羅斯南部,沿黑海北岸進入克里米亞半島。直到元太祖十九年(公元 1224 年),成吉思汗才率軍回國。

成吉思汗把新征服地區分封給他的兒子們:花剌子模及康里國故地,分封給長子朮赤,朮赤死後歸他的兒子拔都所有,建立起了欽察汗國。阿爾泰山以西至阿姆河一帶,原西遼和畏兀故地,分封給次子察合台,後來形成察合台汗國。鄂畢河上游以西,至巴爾克什湖以東,原乃蠻故地,封給窩闊台,後來形成窩闊台汗國。蒙古故土,分

封給了幼子拖雷。後來，拖雷的第六個兒子旭烈兀西征，攻佔了波斯廣大土地，前鋒攻入敍利亞，建立了伊利汗國。這樣，四大汗國，再加上蒙古本土，組建成了龐大的蒙古帝國。

元太祖二十一年（公元 1226 年），成吉思汗又一次攻西夏，第二年，西夏亡，同年夏曆七月十二日，成吉思汗病逝於六盤山，終年66 歲。

蒙古大汗和耶律楚材

元太祖十年（公元 1215 年），成吉思汗率軍攻佔了金之都城中都（北京），馬上着手尋訪故遼國的宗室和謀臣才士。找來找去，發現了一個了不起的人物，他就是年方而立的耶律楚材。耶律楚材是契丹人，其母親是有教養的漢人。他從小受到過良好的中華傳統教育，其母文化底蘊極其深厚，她除了讓自己的孩子學習經史外，還讓他學了天文曆法和卜算之道。成吉思汗不拘一格用人才，耶律楚材以被征服者的身份而被兩代蒙古大汗賞識，並成為蒙古帝國的第一任中書令。

耶律楚材受到了成吉思汗的特別器重。成吉思汗常把耶律楚材帶在身邊，當時也沒封什麼官，只是每做一件事前先讓他進行占卜。常常是成吉思汗先有一個想法，再讓耶律楚材占卜一下，看看是否相符，最後才作出決定。事實證明，耶律楚材的占卜一般都是靈驗的。成吉思汗身邊需要這樣一個人。

成吉思汗辭世前，對自己的兒子窩闊台作過這樣的交代：「耶律楚材這個人，是老天爺賜與我們家的，他可是個奇才啊！你以後凡是軍國大事，都不妨交給他管理。」對這段話，不少史家表示懷疑，但卻明明白白地寫在《元史》和《新元史》上。後來窩闊台也對耶律楚材言聽計從，耶律楚材甚至比在成吉思汗時代更得到重用。

窩闊台登上大汗寶座，與耶律楚材有極大的關係。當時人心不穩，禮儀制度也還沒有建立起來。窩闊台當大汗，得舉行一次隆重的儀式，這一儀式按規定由已亡大汗的小兒子擔任。成吉思汗的小兒子拖雷面對複雜局勢有點猶豫，打算改變原先定下來的日子。耶律楚材聞知，堅決予以制止，不顧他人的反對，如期舉行登極典禮。當時，蒙古人還無跪拜之禮，耶律楚材主張力行漢族先進的禮儀，並說服察合台應以兄長的身份首先跪拜。事實上，在儀式舉行時，察合台一下拜，誰還敢不下拜？連其叔父帖木格也不得不下拜。這對大蒙帝國的統治秩序的建立多麼重要！後來，窩闊台對耶律楚材凡事無不聽從，道理也在於此。

據說，窩闊台即位後，耶律楚材建言「十八事」，事事都得到了落實。其中最有影響的幾件事是：設立地方文官制度，使之與千戶、萬戶相互牽制，並實施軍民分治；下級官吏非奉上級批准，不許私自巧立名目增加百姓負擔；死罪必須申報，獲准後方可執行；當官者監守自盜的，處以死罪；蒙古人與回回人地位雖高，但如耕種國有土地而又拒不納稅的，極端的也要處以死刑；可汗應該是清廉的，任何人都不許向可汗貢獻禮物。可以說，這些措施，對穩定局勢和鞏固統治起了決定性作用，就這些，耶律楚材可說是立下了蓋世之功。而提出這些建議的又是一個非蒙古人。

耶律楚材最大的功績是很大程度上改變了元人民族壓迫和民族屠殺的國策，可謂是一語興邦。

當時，有一個走極端的蒙古貴族向窩闊台建言：「佔領一個地方，就將漢人殺光，將中原的田地一概改為牧場，以供蒙古人遊牧。」

耶律楚材聽到此言，連夜面見窩闊台，對大汗說：「漢人留下不殺，對蒙古帝國有利無害。可以讓他們勞作，然後抽他們的稅，約略計算起來，單是黃河以北，每年可抽 50 萬兩銀子、8 萬匹絹、40 萬石粟，這比殺了漢人一無所得豈不是好得多？況且，可汗還想渡河滅金，正需要巨大的資源作為軍費呢！」耶律楚材本身是漢人之後，他

這樣説是冒着殺頭的風險的。為了整個漢族人的利益，為了民族國家，他敢於「冒死」進言。^①

窩闊台大汗同意了耶律楚材的建議，第一件事就要耶律楚材設計抽税的事。耶律楚材委任了 20 人，分十路安排民眾生產，同時實行税務。十個月後，窩闊台大汗到了西京（今大同），十路所收的銀子、絹、粟都放在行宮的院子裏。大汗見了，十分高興，任命耶律楚材為中書令，負責籌建帝國的中央行政機構——中書省。中書省成立後，耶律楚材保薦了鎮海為左丞相，粘合重山為右丞相，加上他自己，成為行政三主持。

有趣的是，中央行政的三巨頭，一為契丹人，一為女真人，一為更少為人知的少數民族——客列亦惕人，可見當時的成吉思汗和繼任的窩闊台大汗氣魄之宏大和心胸之寬廣。元代雖立世不到百年，但在中國歷史上有着它的一席之地，這與成吉思汗與他的子孫們的雄才大略密切相關。

大箚撒

成吉思汗身後留下了一部法典，漢文稱為「青冊」，在蒙古文中則稱為「箚撒」，歐洲人稱其為「大箚撒」。

這部「大箚撒」用文字形式肯定了蒙古族的若干習慣法，其更多的是成吉思汗的一些上升到法律的訓言、敕令，要臣民無條件地去遵守。這部「大箚撒」的制定與一個叫失吉刊·忽禿忽的人關係甚密切。他是成吉思汗的從弟。此人打仗不行，可審案子卻非常內行，而且好學，成吉思汗就讓他研究並創立法典事宜。在他的下面，還設有若干書記員，相當於法典的起草小組。

嚴格是「大箚撒」的精神。馬是蒙古人日常生活、出行和戰爭的

命根子，因此，法律明文規定，偷馬的，不管是蒙古人還是漢人，都得處以死刑。法典還規定，蒙古治下的每一個壯丁，永久屬於某一十戶、百戶、千戶、萬戶，私自離開的人，都要被處死。首領（包括軍事首領和行政首領）如果貿然接受不屬於自己的壯丁，也要被處死。

最有意思的是，這部「大箚撒」還規定：一個人一生中允許他破產一次、兩次，但如果破產第三次，那就要被處死。這個規定看來有點野蠻，但其中蘊含的意思是清楚的：要求人人都奮發圖強，人人都積極向上，不得遊戲人生。

「大箚撒」規定，蒙古人稱呼可汗，只要在名字後加「可汗」一詞即可，不必加長長一串贊詞和頌詞，如果是皇室成員，對大汗可以直呼其名，連「可汗」之稱呼也不必加。這多少體現了原始民主制度的某些殘存。

忽必烈建元「中統」

成吉思汗創立的大蒙古國，在其死後，傳位給其子窩闊台；窩闊台死後，又傳位給兒子貴由，貴由只做了 3 年大汗，就傳位給其堂弟蒙哥了；蒙哥當了 8 年大汗後，在征途中因病死去，繼位的是蒙哥的四弟忽必烈。

忽必烈的雄才大略一點也不亞於其祖父成吉思汗，在中統元年（公元 1260 年）四月的即位詔裏，忽必烈對祖父成吉思汗以來的 50 年的發展作了深切的檢討，他佈告天下：

「我的祖宗用武力平定各路諸侯，使四方都臣服，才有了今天這樣廣漠的天下。綜觀 50 年來的發展，祖宗的武功赫赫，可說是縱橫天下無人敵。可是，在文治上少有建樹，這叫『武功迭興，文治多缺』。這也不能怪罪於列祖列宗。應該說，時有先後，事有緩急，天下的大

業，不是一代聖人所能全部完成的。列祖列宗打下的天下，當今之世有誰來承繼祖業？我以為我是當仁不讓的！在太祖成吉思汗的嫡孫中，我理應建功立業，既繼承祖宗傳統，又有所變通，『祖述變通』是我最高的建國綱領。」

這裏有兩句話很有價值：一句話是「武功迭興，文治多缺」，顯然是對此前 50 年朝政的反思，又是對今後治國方略的認定，這也就是說要在「文治」上下大力氣、大功夫。另一句話是「祖述變通」，其意是說，既要繼承祖宗的傳統，又要有所變通和革新，顯然，這話的主旨在於變革和創新。

在同年五月的一份詔書中，忽必烈作出了一項更具歷史意義的決定：自這年的五月十九日起，「建元為中統元年」。對此，忽必烈說得很清楚，建元是為了「示人君萬世之傳」。這「萬世之傳」，指的單單是蒙古族的傳統嗎？顯然不是。蒙古族怎麼也算不上「萬世」，他所說的「萬世」明確是指歷史悠久的中華萬世。「中統」之「中」，指的是中原、中國，「中統」之「統」，指的是正統。忽必烈的建元「中統」，明確宣言：自己建立的王朝是中華正統，是中原王朝的傳承。這一點，後來也受到了歷代史家和人們的認可。

國師八思巴

公元 1260 年，忽必烈稱帝，建元中統。為了國家的統一，他實行了一系列封賞，其中被封為「國師」大號的是八思巴。「國師」地位崇高，也有很大的權力，「授以金印，任中原法主，統天下教門」。而這時的八思巴還只是個 25 歲的年輕人。忽必烈為何不選擇別人，偏偏選中了他呢？

八思巴是烏思藏薩斯迦（今西藏自治區薩迦縣）人。父母都是

藏族的教職人員，尤其引人注目的是，他的叔父就是西藏地區最有勢力的教派薩斯迦派的首領薩班。薩班非常喜愛聰明伶俐的八思巴，視同己出。常帶他在身邊，使他從小熟悉宗教事務，並接觸上流社會人士。1244 年，鎮守涼州的蒙古王子闊端曾邀薩班前去商討西藏地區歸附蒙古事宜，當時薩班就刻意帶只有 9 歲的八思巴同行。一路上真是歷盡艱難，2 年後才到達涼州。雙方一拍即合，很快就商定了吐蕃（西藏）正式歸附大蒙古國的條款，由薩班負責通告藏族僧俗首領。商討這些時，八思巴都是在場的。之後的一段時間，八思巴學習了蒙古語和漢語，為他後來的事業打下了基礎。叔侄兩人一起研究了蒙古文，認為蒙古文有不完備之處，無法標注、翻譯梵文、藏文，便發明了一套新的蒙古文字母。公元 1251 年，薩班不幸在涼州去世，只有 16 歲的八思巴就接任了叔父的薩斯迦教派首領的職務。

1253 年，忽必烈初會八思巴於涼州。兩人一見如故，十分投緣。八思巴以為忽必烈有國君之相，就特意為他做了隆重的灌頂儀式。當時忽必烈還未登王位，為他做「灌頂」儀式本身就有祝願的意思。第二年，兩人又相會於六盤山畔。忽必烈又一次接受了八思巴的「灌頂」，同時賜給八思巴一道詔書，宣告寺院受到保護。這以後八思巴就長期從事宗教活動，並到佛教聖地五台山朝拜。尤其在開平城舉行的一次大辯論中，他以雄厚的佛學知識和善辯的口才，贏得了僧俗人士的一致讚譽，一些不通佛學的人的偽經被毀，八思巴在佛學界的地位確立起來了。在這個基礎上，忽必烈封他為國師已是水到渠成的事了。他一下成了全國佛教界的精神領袖。

1264 年，不到 30 歲的八思巴回到了故鄉西藏，着手建立西藏佛教的行政系統。西藏地區自 9 世紀中葉吐蕃王國崩潰以來的四個世紀中，政治和宗教都一直處於分裂狀態中，各地區教派林立，互不相屬。八思巴在西藏建立了塔廟，用金汁寫製了佛學經典 200 餘部，同時還向各地名師請教，完善了教義。

八思巴的最大貢獻在於使藏傳佛教有了一個嚴密的管理系統。他

首創設置了司禮之官、掌內室和服飾之官、司宗教儀式之官、司禮賓之官、主文書官、司庫官、司廚官、司引見官、司座位官、掌運輸之官、掌馬官、掌犏牛官、掌犬官等。完善的管理系統的建立，有利於宗教的發展和統一。

八思巴十分熱愛自己的故鄉西藏。他支持忽必烈率軍進藏，還為撤換地方官員、登記戶籍出力。但是，他不主張武力的征服。八思巴回到西藏拉薩，在大昭寺向元世祖獻辭遙祝新年時說的第一句話是「行善止殺」，他給元世祖多次寫信時說的最重要的一句話也是「行善止殺」，當他面見元世祖時說的還是「行善止殺」這句話。他只活了 45 歲，但他所作的貢獻，人們永遠不會忘記。

帝中國當行中國事

忽必烈在即位詔以及之後的一系列詔令中，一再強調了「祖述變通」的建國和建政綱領。「祖述」是要繼承「列聖之洪規」，也就是承繼成吉思汗以來蒙古諸大汗的傳統；「變通」是要「講前代之定制」，所謂「前代」，當然是指唐、宋等中原王朝。忽必烈推行的制度，基本上是以中原王朝儀文制度為主幹，參考了遼、金制度，又糅合和保存了大量蒙古舊制的成分而成的。

在具體的建國政綱的實施中，書生徐世隆給予了深刻乃至關鍵性的影響。忽必烈任大汗後，徐世隆以名士的身份歸附，時時加以垂問。一次，忽必烈想出征雲南，在日月山召見徐世隆。忽必烈問：「怎樣才能使天下人信服？」

徐世隆回答道：「孟子說過：『不嗜殺人者能一之。』就是說只有不以殺人為能事的人才能一統天下。愛護老百姓，天下可定，哪裏還會怕西南夷平定不了呢？」

忽必烈聽了很高興，頻頻點頭說：「按照你的話去做，我的事業一定是可以成功的。」

後來，在忽必烈的親自關照下，徐世隆的官位節節上升。先是當燕京一帶的行政長官，後任翰林侍講學士，兼太常卿，朝廷的大事都要咨訪他後方可施行。徐世隆上了許多奏章，在中國歷史上最有影響的是至元元年（公元 1264 年）的一個短章，他說道：「陛下，帝中國當行中國事！」

這是一個大原則、總方針。其實，在徐世隆明確提出這個大原則前，忽必烈在一些讀書人的勸說下，早已推行此方略了。

早在建立中書省時，忽必烈就考慮到了中原人才的利用問題。他命史天澤為中書右丞相，忽魯不花、耶律鑄（耶律楚材之子）為左丞相。廉希憲、塔察兒為平章政事，張文謙為左丞，張易行為右丞，楊果、商挺為參知政事，以史天澤、王文統、廉希憲、張易行來統管京城燕京的日常事務。從這些朝政要員的名單中，人們可以清楚地看到，忽必烈在政治上依靠的是一批漢族為主體的知識分子，當然也包括一部分漢化了的契丹人和女真人，而蒙古人在其中倒不佔優勢。這也可以看做是「帝中國當行中國事」的一個注腳吧！

吸收和繼承中原地區的傳統禮儀制度，是忽必烈的一大成就。至元六年（公元 1269 年）忽必烈派專人尋訪前代知禮者，由當時的大儒許衡、徐世隆，還有亡金故老烏古倫居貞等人「稽諸古典，參以時宜，沿情定制」，到至元八年 (公元 1271 年) 時，始制定朝儀，並設置了侍儀司，掌管儀禮——包括日常的上朝禮儀和諸王、外國來朝的禮儀。

至元元年（公元 1264 年）忽必烈着手整理雅樂，下令修八佾樂舞，以備郊廟之用，並搜檢金朝遺散於民間的樂器，在燕京等地先後蒐集到數百件樂器。數年後，由耶律鑄負責製成宮懸樂，詔賜名「大成樂」。為制禮作樂，單是專業的樂工就有 800 多人。

蒙古人向來重祭天，從忽必烈始，根據徐世隆的建議，把祭祖當

成首要大事。在燕京建立了太廟，定八室神主，進行隆重的祭祀。還加封孔子為「大成至聖文宣王」，派人去曲阜祀孔。

《大學衍義》獲獎 5 萬貫

元世祖、成宗、武宗等皇帝都力行「漢法」，成效顯著。一方面嚴處不法舊官吏，整頓中央政府的機構；另一方面廣羅漢儒人才，強化吏治。公元 1313 年，頒佈《行科舉詔》，規定「舉人宜以德行為首，試藝則以經書為先，詞章次之」；考試採用程朱理學的《四書章句集注》，並鼓勵編纂供儒生和官員學習的教材。

元英宗，名碩德八剌（公元 1303—1323 年）。1316 年被立為皇太子。他自幼深受儒學教育，即位後，在左丞相拜住的輔助下放手推行改革，實行新政，頒佈《振舉台綱制》，提倡「舉善薦賢」，大膽起用漢族官員與儒臣；罷免冗員，精簡機構；推行助役法，減輕徭役；頒行《大元通制》等。他認為，人要有榜樣，文要有典範。1320 年 12 月，翰林學士忽都魯都兒迷失向英宗碩德八剌獻上他翻譯的書 —— 宋朝儒生真德秀寫的《大學衍義》，一貫熱愛漢文化的英宗閱後甚為高興，下詔獎勵忽都魯都兒迷失錢 5 萬貫。

當時，大臣大吃一驚：一本書何值 5 萬貫？

英宗說：豈止一本書？

大臣指着《大學衍義》道：明明就是一本書！

英宗說：跟在《大學衍義》後面的有成百上千的好書！

此時，大臣才明白：「此為引餌也！」

為了推行漢文化，英宗隨後又下令將《大學衍義》印發給儒生和大臣們認真學習，廣推儒學，使儒學進一步流傳。

大元帝國的建立

在蒙古國的征戰和擴張過程中，一直存在着對被征服地區，尤其是漢族地區民眾取何態度的問題。一些蒙古貴族宣揚：「雖得漢人，亦無所用，不若盡去之，使草木暢盛，以為牧地。」而受領漠南軍國事務的忽必烈採納劉秉忠、姚樞的建議，下令禁止殺戮，與被征服民眾和平相處，發展生產，繁榮經濟。這一政策曾受相當一部分蒙古貴族和蒙哥大汗的責難，甚至一度被強令解除了漠南地區的統軍權。直到忽必烈在開平確立大汗地位後，局勢才有所好轉。

忽必烈即大汗位後，很自然地以金為藍本建政定制。忽必烈一開始就讓屬臣編輯《大定政要》，以金世宗這個被當時人譽為「小堯舜」的帝王作為自己的政治楷模。中統二年（公元 1261 年），《大道政要》編定，至元二年（公元 1265 年），《大定治績》編就，這兩部記述金世宗治國政事和政績的書，成了忽必烈重要的政治參考。

忽必烈為了控制中原和推進對宋戰爭，把政治中心南移到了燕京，至元元年（公元 1264 年）改燕京為中都，三年後，大建中都城。

至元四年（公元 1267 年），蒙古大軍開始南下滅宋。忽必烈根據南宋降將劉整的建言，先攻江漢之間的軍事重鎮襄、樊二城。由於襄、樊軍民的抵抗，戰爭時斷時續，整整打了 4 年多，直到至元九年（公元 1272 年）正月，方才攻下。襄樊失守，南宋大門頓開，至元十一年（公元 1274 年），蒙古軍大舉攻宋，以伯顏為統帥，分東西兩路南下，對南宋都城臨安形成了包圍之勢。至元十三年（公元 1276 年），蒙古軍攻佔臨安，俘宋帝而去。宋臣文天祥等擁立新帝，繼續抗擊，直到 1279 年南宋最後滅亡。

在大勢已定的至元八年（公元 1271 年），忽必烈按照中原歷代王朝制度，建國號為「大元」。在建國詔書中，忽必烈豪情萬丈地說，在中國歷史上，秦朝和漢朝的國號，只是起於初起時的地名，而隋朝和

唐朝也只是以封邑之名為國名罷了。現在，我們建立的這個國家，地域比歷代都大，國力比往昔都強，起於北土，受於天命，因此「國號曰大元，蓋取《易經》『乾元』之義」。

「大元」比「中統」又大踏步地前進了一步。它取義於中華經典，光大了漢唐文明，是少數民族的頭面人物領軍中華民族大家庭的一次盛大的嘗試和演習。

把人分「四等」

忽必烈的採用漢法、重用漢人是有限度的，他的另一面是防止漢化和限制漢人。尤其他曾經重用的大臣王文統捲入叛逆集團後，他對漢人的信任感明顯減退了。元滅宋後，以民族分等的痕跡更明顯了。雖然，在官方文書上，忽必烈時期從無蒙古、色目、漢人、南人四種人的明確記載，但實際上劃分是存在的。忽必烈之後，「四等」的界限進一步明確化了，而且在法律上有了明文規定。

第一等人是蒙古人。元人稱之為「國族」，指蒙古高原各蒙古氏族，主要有 72 種，其中也還有級差，相當複雜。第二等人是色目人，西域乃至歐洲各地來華者，都統稱為「色目人」。第三等人是漢人，或稱為漢兒，指淮河以北原金朝境內的漢族和契丹、女真、高麗等族，還指雲南、四川兩地的人。第四等人是南人，又稱蠻子、新附人，指原南宋統治下的漢人和其他族人。

忽必烈以後，中書左右丞相、平章政事，都由蒙古和色目人擔任，漢人最高只能充當右左丞或參知政事。漢人不得干預軍事，南人的地位更低，在元朝中後期拜行省參政的僅王都中一人。

元代到仁宗時始行科舉。蒙古人與色目人一榜，漢人與南人一榜。考試內容難易不同，所取人數則相同，可是，漢人與南人在人數

上要比蒙古人多百倍，這樣等於機會少了百倍。中考後，蒙古人授官六品，色目人授官正七品，漢人僅從七品。在弟子承蔭上也明顯不同。

在刑事方面的不平等更明顯。蒙古人與漢人爭吵，如毆打了漢人，漢人不得還手，如違犯，定當嚴懲，甚至被殺。漢人殺死蒙古人要處死罪，相反，若蒙古人殺死漢人則只是賠償或流放。甚至同是囚徒，在獄中的待遇也大不同。

漢人乘馬和用馬來駕車、耕地都有禁令。漢人百人以上執弓箭狩獵者處極刑，百人以下流放遠方。漢民學習槍棒，聚眾迎神賽會，乃至集市賣買，都在禁絕之例。江南地區夜間燈火也受到限制。

當然，這些主要是針對廣大民眾的，那些依附蒙古統治者而對他們有功的人，則同樣被視為「國人」。

伯顏被逐

在元代歷史上有兩個伯顏。第一個伯顏曾助元世祖忽必烈馬上打天下，征戰南北，戎馬倥傯，在臨安城下受宋代末代皇帝之降的就是他。第二個伯顏身處元代末世，早年為穩定局勢也曾作出過些許貢獻，獨掌軍政大權後，專橫跋扈，把一個民族大家庭搞得雞犬不寧，實為民族的大罪人。[②]此處所指的伯顏是後者。

伯顏是元朝末年文宗、寧宗、順帝三代的重臣，長期當樞密院長官，兼右相，左右著那個時代的政治。當時，各地人民的反抗鬥爭風起雲湧，元廷重申不准漢人、南人、高麗人執兵器，凡家有馬者，都得拘之入官。為了實施民族隔離，不准漢人和南人學習蒙古文字。當時民族等級和民族虐殺可以說已經升到了極點。而在這一逆天行事的惡流中，扮演最不光彩角色的是身為最高軍事和行政長官的伯顏。

元順帝至元五年（公元 1339 年）秋天，在河南發生了謀殺省臣的事件，負責處理此事的伯顏乘機大做民族壓迫文章，把罪責一股腦兒推到漢臣段輔身上，說漢人不能當廉訪使，怎麼段輔當了？應當重重治罪。他給朝廷上了一奏章，可是連那些蒙古籍臣也不願把這一奏章遞上去，因為這樣做會犯上添亂。尤其是伯顏的親侄子、御史大夫脫脫，更是對其伯父的行為十分不滿，堅決不願上呈奏章，最後在無奈的情況下，脫脫才十分委婉地向元順帝講出了這件事，並明確表示，這件事不應追究漢人的責任，元順帝同意了脫脫的意見。伯顏聽到了這個消息後，暴跳如雷，找到了皇上，憤怒地說：「脫脫雖然是我的侄子，但他的心一直在護衛漢人，應當治罪！」順帝說：「那都是我的主意，不關脫脫的事。」伯顏沒有辦法，只得悻悻而去。

把謀殺省臣事件加在漢臣頭上這件事沒辦成，伯顏實在於心不甘。不久，他變本加厲，又向皇上奏了滅絕人性的「殺滅章」，伯顏在奏章中稱：「漢人太猖獗了，非屠殺不能收其威。請殺張、王、劉、李、趙五大姓漢人。」

元順帝看了奏章，大書寫下兩字：「不允！」

正是伯顏的這一奏章，引起了全國民眾的大憤怒，以及滿朝文武的大背離，也讓元順帝和伯顏的親侄子脫脫最後下了決心：除掉這一離間漢蒙關係、殺人如麻的惡賊！

脫脫等人在等待機會。

元順帝至元六年（公元 1340 年）二月的一天，伯顏請太子燕帖古思一起去柳林打獵。脫脫覺得這是個好機會，就馬上與掌握京城宿衛的世傑班、阿魯兩人商量，把京城的門鑰扣下，最後再收拾他。他們幾人雖說都是蒙古人，但良知告訴他們不能那樣對待漢人。這天夜裏，元順帝也一夜未睡，在玉德殿聽候消息。

直到深夜，伯顏才回城，但城門不開，伯顏遣騎士問為何不開城門，這時，脫脫坐在城樓上，大聲宣讀了皇帝的詔書，歷數伯顏的罪狀。伯顏原指望所帶兵丁會幫他攻城，哪知他的大隊衛兵一聽到皇

上有詔書，馬上就一哄而散了。伯顏還指望相府和他的屬官會出來反抗，哪知那些人聽到皇上詔令後，個個偃旗息鼓，垂頭喪氣，有的偷偷溜走了。

這個以虐殺漢人為能事的惡魔伯顏，後來成了真正的孤家寡人。他想求助於皇上，得到的指令是：「逐出京城！」

伯顏久久地呆立在城下，只聽城樓上脫脫在說：「你現在是什麼官兒都沒有的罪人，走吧！」伯顏被放逐到邊遠的南恩州，最後死於途中。

民族融合的大趨勢

元代的大統一，為民族雜居營造了一個大舞台。不少漢人進入了少數民族的世居地，不少少數民族的要員和民眾也遷居內地，最後出現了這樣的奇跡：空前的災難和空前的民族融合同步前行。

公元 1214 年，成吉思汗攻金，兵分三路掠奪華北的廣大地區。當時，勞動力特別珍貴，成吉思汗掠走了十萬漢民，想把他們安置在漠北的土拉河上。那裏本身有蒙古人生活在那裏，十萬漢人就融入其中了。當時剛巧有一降服的漢將史秉直無事可做，就讓他負責管理這些漢人，讓他們慢慢熟悉漠北生活。元伐南宋，又有一大批漢人被擄到北方去，融入了蒙古包。蒙古人對漢人中的工匠和手工藝人特別看重，俘獲後就把他們分到各部屬去，久而久之，界限就淡化了。

在蒙、夏、金、宋的混戰中，老百姓的生命安全受到極大的威脅，為了生存下去，他們常常越界逃跑。尤其是蒙古亡金時，北方的漢人（此時的北方漢人已融入了大量少數民族的血統）、女真人，常常是舉家南逃。可以說，終元之世的 100 年，一直是北方人口南流的趨勢，這個數字達百萬人以上。

軍事駐屯也是民族融合的一大途徑。在宣化以至大同一線，是回回、阿爾渾、康里、阿速、欽察等部屬的軍人駐守的地方。南陽、襄陽是畏吾兒、合剌魯軍駐守的地方。合肥是唐兀軍駐守的地方。雲南是蒙古軍駐守的地方。駐守日久，這些人都成了當地民眾的一部分。不少漢軍歸附後，被發往漠北、新疆，他們後來也成了那裏的人了。蒙古各支（或皇族之間的皇位之爭）在爭鬥中失敗的一方，歸附後一般不殺，常常被流徙到炎熱的南國去，這個數量也不少。

當時蒙古人人數雖然不多，但重要官職都得由蒙古人（也包括色目人）擔當。這些人仕於內地後，往往便是世居那裏了。

有人對元代鎮江地區人口狀況作了一個統計，發現這裏簡直是個融為一體的民族大家庭。這裏有漢人，有蒙古人，還有回族等其他少數民族，還有被蒙古軍從其他地方擄來的所謂「驅口」，即貴族的家內奴隸。這裏可列如下：

> 畏吾兒人，戶 14，口 93，驅口 107。
>
> 蒙古人，戶 29，口 163，驅口 429。
>
> 回回人，戶 59，口 374，驅口 310。
>
> 也里可溫人，戶 23，口 106，驅口 109。
>
> 河西人，戶 3，口 35，驅口 19。
>
> 契丹人，戶 21，口 116，驅口 75。
>
> 女真人，戶 25，口 261，驅口 224。
>
> 漢人，戶 671，口 9407，驅口 1675。

這是漢族聚居區的情況，具有很大的典型意義。當時鎮江的總人口為 13533 人，其中漢人為 9407 人，各種少數民族 1178 人，驅口 2948 人。至少可以得出這樣的結論：一，由於漢人在人口上的優勢，在蒙古人統治下的民族融合，總是以漢人為主體的。從比例看，漢人佔 69.5%，各少數民族佔 8.7%，驅口佔 21.8%。二，蒙古人是統治

者，但在整個人口中只佔 1.2%，要求長久統治，除了靠其他少數民族外，非得與漢人協同一致不可。三，從被征服區的漢人的生活狀況來看，也遠不如某些文獻記述的那樣淒苦，漢人與驅口之比是 1:5.6，即平均一個五口之漢人之家，有一個驅口（奴隸）。

修「三史」議「正統」

為前朝修史，也是元代的一件大事。元世祖忽必烈中統二年（公元 1261 年）時，大臣王鶚就曾請修遼、金兩史，世祖認為這是一件大事，令左丞相耶律鑄監修。南宋滅亡後，又令史臣通修「三史」。但因義例問題，修史一直時斷時續。所謂「義例」，在少數民族統治的元代，實際上就提出了一個以誰為正統的問題，或者說，少數民族的統治是否可以稱得上正統的問題。

這件事在當時似乎一直在做，但一直難以了結。

從元世祖忽必烈主張修史，到元順帝時代，一拖就是 80 多年。直到元順帝至正年間，成功地驅逐和罷免了大權臣伯顏，器宏識遠、好賢禮士的脫脫繼任宰相，在穩定了政局以後，元順帝才下決心修遼、金、宋三史，而被任命為「三史」都總裁官的，正是脫脫其人。

脫脫正式上任是至正三年（公元 1343 年）三月，也意味着「三史」的編纂正式開始了。除了脫脫總其事外，平章政事鐵木兒塔式、右丞太平、御史中丞張起巖、侍御史呂思誠、翰林學士歐陽玄、翰林侍講學士揭傒斯等大學者、大官僚也都參與其事。陣營不可謂不龐大。但是，爭論還是有的。

有的說：「漢族一直居於中原，從傳統角度看，歷代是以中原王朝為正統的，修三史當然要以中原王朝為正統了。」

有人馬上反駁：「如果都得以中原王朝為正統，那麼大元王朝也不

能算正統了。」這似乎是一個瓶頸，一論及此，就誰也不敢說什麼了。

對此，脫脫經過長久的深思熟慮，又與一些友人進行了深入探討後，最後果斷地作出決定：「天命無常，正統是一個可變的因素，今天我是正統，明天可能你是正統。遼、金、宋三國各有各的發展軌跡，也可以說各有各的正統。既然這樣，就按照各自的年號寫下去吧！那樣處置，我看是不會錯的。」

脫脫一錘定音，就按照三國自己的正統寫出了自己的歷史。事實證明，這樣寫是對的，也是科學的。思路定了以後，具體的編纂是不難的，經過兩個寒暑的協力編纂，三部文稿都完成了。

馬可‧波羅來華

由於歐亞交通的開通，元朝時到中國來的歐洲人數量大為增多。歐洲旅行家來華最負盛名的，當然要數意大利人馬可‧波羅了。

元世祖至元八年（公元 1271 年），剛滿 17 歲的馬可‧波羅隨着父親尼科羅‧波羅和叔父馬泰奧‧波羅，從家鄉意大利的威尼斯出發，經黑海、伊拉克、波斯、帕米爾高原，進入中國境內的莎車、和田、羅布泊、甘肅、寧夏，歷時四年，來到元帝國的上都（今內蒙古的多倫）。開始時忽必烈不願接見，說是「妖人」。

大臣進諫說：「此人其實與國民無異！」

忽必烈回話：「不遠萬里，有圖吾寶。」

大臣諫說：「不是的，此人實其有技藝，值得仿效。」

忽必烈又問：「有何技藝？」

大臣一一道來。說馬可‧波羅這個年輕人了不起，能講多種語言，能製造多種器械，是個能工巧匠。他是仰慕東方文化才歷盡艱險來到大元帝國的。忽必烈將信將疑，但終於把他留下了。

事實證明，馬可‧波羅是個好學又對中國充滿着友好感情的人。馬可‧波羅在上都期間很快就學會了蒙古語，學會了騎射，懂得了蒙漢的生活習俗。由於聰明好學，又善於言辭，漸漸地博得了忽必烈的信任。他多次奉命到大元帝國的各地去辦理公務，到過今內蒙古、山西、陝西、四川、雲南、河北、山東、江蘇、浙江、江西、福建等省區，出使過安南、爪哇、蘇門答臘、印度等國。他還自稱在揚州當過三年的行政長官，說頗有政績呢！

馬可‧波羅十分懷念他的祖國，約於至元二十八年（公元1291年）從泉州出發返國，經過兩三年的途程，才回到了家鄉威尼斯。第二年，他參加了威尼斯與熱那亞的作戰，在戰爭中被俘。在獄中，他把自己在亞洲的極為豐富的見聞授權作家魯思梯謙記錄下來，這就是聞名世界的《東方聞見錄》，俗稱《馬可‧波羅遊記》。這時他已42歲。後來獲釋回家後，他一直健康地在家鄉生活，直到70歲。

《東方聞見錄》被稱為「世界第一奇書」，書中記載了馬可‧波羅在東方的所見所聞，其中對大都、上都、京兆、成都、昆明、大理、濟南、揚州、蘇州、杭州、福州、泉州、襄陽等城市的記述，對元代重大政治事件、典章制度、風土人情、物產建築的記述，都與中國史書的記載吻合，當然也有少部分誇大失實之處。這部奇書，使西方真切地感受到了中國幅員之廣大、人口之眾多、物產之豐富。

馬可‧波羅給西方人帶去了中國許多先進的奇聞。如，馬可‧波羅說：「中國人用一種黑色的石頭作燃料。」對還不懂得使用煤的西方人說來，簡直是天方夜譚。馬可‧波羅又說：「元朝的大汗用樹皮所造的紙幣，通行全國。」對根本還不知紙幣為何物的西方人來說，簡直形同玩笑了。而這些，正好十分生動地說明了，當時的中國在生產、科技、文化諸方面都是居於整個世界文明前列的。

魯思梯謙記述成書的《東方聞見錄》，初版用的是法文，成為此後700年的世界暢銷書。此書有馮承鈞的中文譯本。前後有過拉丁文譯本4種，意大利文譯本27種，英文譯本12種，德文譯本9種，俄文

譯本 2 種，葡、西、荷、丹、捷克、瑞典文譯本各 1 種，法文的各種譯本 10 種，手抄本 85 種。影響之大，居世界之首。哥倫布當年最愛讀的書，就是這部《東方聞見錄》。

元曲

元代最具創造性的文藝形式是元曲。唐詩、宋詞、元散曲分別代表着中國幾個詩歌形式的巔峰。元曲標誌着中國戲曲藝術達到了成熟階段。

元曲以北方流行曲調演唱，又以動作、唸白來配合表述劇情，大致具備了唱、唸、做、白幾種基本表演形式。生、末、旦、淨、丑等角色行當也逐步形成。每本元曲的雜劇一般分為開端、發展、高潮、結局四折，情節特別複雜的，還可以加一個短小的「楔子」。

元曲作家有名可稽的現有五六十人，他們大多是今北京、河北、山西人。被推為元劇四大家的是關、馬、白、鄭。關漢卿是河北人，劇作多達 65 種，現在留存下來的也有 30 多種。馬致遠是北京人，他曾任江浙省務提舉，代表作是《漢宮秋》。白樸是山西人，劇作有《牆頭馬上》《梧桐雨》等。鄭光祖，山西平陽人，曾以儒補杭州路吏，作的元曲吸收了南戲養料。此外與四大家齊名的還有作《西廂記》的王實甫和被譽為「天下奪魁」的鍾嗣成。到了元後期，元劇作者除了北方人，也有不少南方人。其中還有不少少數民族的劇作家，他們能用漢語進行劇作，他們的作品也具有相當高的造詣。

在眾多元曲作家中，最值得大書的當然首推關漢卿了。

關漢卿多才多藝，器樂歌舞都十分在行。他不只自己創作，還與雜劇演員交朋友，甚至與他們一起粉墨登場，因而在演藝圈中有很高的聲望。元代曾長期罷除科舉考試，知識分子的地位不高，從事元

曲創作的人常被輕視，還得冒觸犯當局的危險。關漢卿對這些都不在乎，他癡迷於自己的事業，他曾宣稱：「我是顆蒸不爛、煮不熟、捶不扁、炒不爆、響當當的銅豌豆。」這種堅韌的品質，集中體現在他的代表作《竇娥冤》中。《竇娥冤》是一齣悲劇，竇娥受了極大的冤屈而死，臨死，她說道：「為善的受貧窮更命短，造惡的享富貴又壽延，天地也做得個怕硬欺軟，卻原來也這般順水推船。地也，你不分好歹何為地，天也，你錯勘賢愚枉為天！」這出劇 700 年來盛演不衰，足見其魅力！

漆黑的元末吏治

元朝末年，吏治已是一團漆黑，貪賄橫行。葉子奇在《草木子·雜俎篇》中說：「元朝末年，官貪吏污。始因時人罔然不知廉恥之為何物。其向人討錢，各有名目：所屬始參曰拜見錢；無事白要曰撒花錢；逢節曰追節錢；生辰曰生日錢；管事而索曰常例錢；送迎曰人情錢；勾追曰賚發錢；論訴曰公事錢。覓得錢多曰得手；除得州美曰好地方；補得職近曰好窠窟。漫不知忠君愛民為何物。」

為了制約官吏的行為，從元順帝至正五年（公元 1345 年）起，元王朝中央派出一批批名為「奉使宣撫」的官僚到各地去巡視，目的當然是十分明確的，一是為了「詢民疾苦」，使民憤得以宣泄；二是為了「體察官吏賢否」。當然，兩者又是聯繫在一起的，凡是民憤大的地方，都是貪官污吏造成的。然而，這時的元廷，已經到了無官不貪的絕境，這些名為「奉受宣撫」的人，其貪欲比之一般官吏來，真是有過之而無不及。當時人就說是「漆黑的吏治」，民間有歌謠云：「奉使來時驚天動地，奉使去時烏天黑地，官吏都歡天喜地，百姓都啼天哭地。」

　　按照元代的慣例，廉訪使官員分巡各地州縣，各地應以金鼓迎送，其音節為二聲鼓一聲鑼。而元代起解「殺人強盜」時，亦用金鼓，音節為一聲鼓，一聲鑼。因為元末那些廉訪使官吏本身貪贓胡來，在民眾看來與「殺人強盜」沒有什麼兩樣，於是，有人為詩嘲之曰：「解賊一金並一鼓，迎官兩鼓一聲鑼。金鼓看來都一樣，官人與賊不爭多（意為差不多）。」

　　政治益趨糜爛，剝削沉重，加上天災人禍的紛至沓來，民眾已無法承受。從內部的京城畿甸到荒山野嶺，再到天高皇帝遠的邊陲，到處都燃起了民眾反抗的烈焰。龐大的元王朝的時日不多了。

◆ 註釋：

①　耶律楚材的「蒙人不殺漢人」的建言，史家給以極高的評價。黎東方在《細說元朝》中說：「耶律楚材這幾句話，救了河北、山東、山西千百萬人的性命。」

②　史書記載：「伯顏獨秉國鈞，專權自恣，變亂祖宗成憲，虐害天下，漸有奸謀。勢焰熏天，天下之人惟知有伯顏而已。」（《元史‧燕鐵木兒傳》）這裏說的「變亂祖宗成憲」，指的是元世祖忽必烈定下的「祖述變通」的建國綱領，「虐害天下」主要指對漢人和南人的暴虐、殘殺行為。

專制皇權

　　元朝末年，政治腐敗，經濟凋零，民不聊生，農民起義風起雲湧。朱元璋崛起於反元群雄之中。他率兵掃平群雄，北伐中原，最後於公元 1368 年建立起了大明政權。

　　中國歷史上長期實行丞相制度。丞相居於「一人之下，萬人之上」，輔佐帝王實行中央集權的統治。漢代的蕭何、曹參，唐代的房玄齡、杜如晦，都是在中國歷史上產生過重大影響的千古名相。可是，朱元璋一登上皇帝的寶座，為了加強專制皇權，斷然廢除了延續 1000 多年的丞相制度，使政府機關直接聽命於皇帝，大大強化了皇帝的專制獨裁統治。

　　明、清兩朝專制獨裁政治的確立，也就標誌着中國的封建王朝走到了它的末路。

朱元璋崛起

在整個農民起義的浩大隊伍中，朱元璋的加入和崛起，具有決定性的意義。

朱元璋是濠州鍾離（今安徽鳳陽）人，出身於佃農家庭。小時曾進私塾讀過書，後因家貧輟學。不久，父、母、兄長都亡故，他孤苦無靠，只得給地主家放牛牧羊。17歲那年，在天災人禍的雙重逼迫下，朱元璋入家鄉的皇覺寺當和尚，幹些雜活聊以為生。當時，寺中無糧，他入寺兩個月就被遣散，無處棲身，只得當個雲遊僧。流浪三年，20歲的朱元璋走遍了淮西與豫南地區。那已是至正十一年（公元1351年）間的事了。

這一年起，天下大亂。五月，白蓮教首領韓山童、劉福通利用元政權徵集大批民工堵修黃河缺口的時機，率先發動數萬民工舉起義旗。義軍頭繫紅巾，故被稱為「紅巾軍」。八月，徐壽輝等在蘄州起義。第二年春，郭子興等在鳳陽起義，無牽無掛的朱元璋馬上加入了郭子興部，由於他的英勇善戰，深得郭子興的賞識，並將自己的養女馬氏嫁給他。

但是，朱元璋發現郭子興目光短淺，不足以共成大業，一段時間後，決定自己拉出一支隊伍來。他以徐達、湯和、花雲、郭英等24個貼身將士為核心，壯大自己。他在南征中，收編了不少民兵和地方武裝，隊伍一下發展到數萬人。攻克定遠後，當地儒生馮國勇、馮國勝兄弟向他進獻「取天下」之大計：金陵（今江蘇南京）虎踞龍蟠，乃帝王之都，宜取金陵為根據地，然後四出征伐，倡仁義，收人心，天下不難平定。朱元璋聽後大喜，將兄弟兩人留在軍中，參議軍機大事。從此以後，朱元璋注意整飭軍紀，嚴明賞罰，使自己擁有的這支隊伍大大超於他人，為統一天下作了準備。

至正十五年（公元1355年）春正月，朱元璋派大將張天佑攻取和

州（今安徽和縣），一些有舊習氣的將士乘機大掠民眾妻女。朱元璋下令將所掠人員全數放回，並嚴懲違紀將士，百姓大喜。

不久，朱元璋收附了巢湖水師廖永安，猛將常遇春也歸附了朱元璋，於是，決定渡江作戰，攻取集慶（今江蘇南京）。朱元璋指揮大軍乘勝橫渡長江。當時，諸將見江東富庶，都想取財物而歸老家和州。有的說：「攜物而歸以作酬勞。」朱元璋對將士說：「今舉軍渡江，幸而克捷，即當乘勝前進。若聽任諸將攜財物而歸，再要有所為就難了。」於是，就將渡江用的千艘船隻的纜繩統統砍掉，並將這些船推入江心，讓它順流沖走，這樣就徹底斷絕了將士返回北岸和州的念頭，大家只有奮力一心衝殺向前了。

朱元璋攻佔集慶的當天，就將集慶更名為應天府。同時，又派大將徐達攻取鎮江，派鄧愈攻佔廣德，應天的安全得到了保障。這年的7月，朱元璋被推為吳國公，置江南行中書省，名義上歸紅巾軍領袖韓林兒領導（之前已稱帝），朱元璋兼總省事，設置了一整套軍政、刑獄、司法、監察、屯田、水利等事宜。這樣，大致上形成了以朱元璋為首的江南政權的模式。

浙東文人和禮賢館

在擴大自己勢力的過程中，朱元璋十分重視文人的作用。在未渡江前，有李善長、馮國用等一批文人參加他的起義軍。渡江以後，尤其是進軍浙東以後，更有一大批文人向他靠攏，他也禮賢下士，招納文人為之出謀劃策。

葉琛、章溢、劉基等浙東名士一到應天，朱元璋馬上放下手中的事務，親切地接見他們，待若上賓，與他們共論經史及時事，有時通宵達旦。劉基等人馬上獻上了《時務十八策》，詳論統一方略。朱元璋

覺得這些人大才可用，就專門為他們蓋建了一座「禮賢館」，讓這些人可以集中精力研究興國大略。

至正十七年（公元 1357 年）七月，大將胡大海攻佔了徽州。朱元璋聽說老儒朱升正隱居在石門山中，便親往拜訪，諮詢奪取江山、統一天下之計。這位老儒雖身居深山，但對世間的形勢了然於胸，他對朱元璋說了九字方略：「高築牆，廣積糧，緩稱王。」

朱元璋聽了這九字箴言，頓覺眼前一亮。他明白了，朱升是要他做三件事：第一件事是鞏固後方基地，尤其是牢牢把握住應天（南京）這塊風水寶地，這就是所謂的「高築牆」。第二件事是發展生產，儲備糧食，解決民生，要作長期戰鬥的準備，這就是所謂的「廣積糧」。第三件事是不圖虛名，縮小目標。不要過早地擺脫農民起義領袖「小明王」，而是要依附於他來發展自己。

朱元璋聽罷，對着朱升深深一鞠躬，說：「先生的話我都記在心頭了，我一定會照着先生所說的去做的。」為了便於時時垂詢，朱元璋把朱升請出了深山，置於自己的身邊，待若上賓。

此後，朱元璋更加注重於應天周邊的開拓。至正十七年（公元 1357 年）十月，常遇春克池州；第二年三月，鄧愈克建德；十二月，朱元璋親率大軍克婺州（今金華）；至正十九年（公元 1359 年）初，胡大海克諸暨；九月，常遇春克衢州；十一月，胡大海克處州。每解放一處，朱元璋就讓百姓安居樂業，發展生產。這些都既是為了「高築牆」，又是為了「廣積糧」。

在之後的相當長一段時間裏，朱元璋一直不稱王，而是遙尊「小明王」為王，表明自己只是其部屬。直到至正二十三年（公元 1363 年），北方紅巾軍失敗，朱元璋仍然迎小明王韓林兒於滁州，大有「挾天子以令諸侯」的氣派。到了至正二十四年（公元 1364 年），朱元璋才在應天府即吳王位，這時離朱升提出九字箴言整整過去了 8 個年頭，真可謂「緩稱王」了。

明王朝的建立

朱元璋的統一戰爭，是以掃平群雄為始點，以北伐中原、攻下元王朝的大都（今北京）為結束的。

掃平群雄是一個相當艱難的任務。朱元璋在應天府雖然建立了政權，但總體而言，仍處於幾個割據勢力的包圍之中。其東北有張士誠，西南有陳友諒，東南有方國珍，南方有陳友定，這些割據勢力，不只限制了朱元璋的進一步發展，甚至威脅到應天府的安全和存在。尤其是，張士誠財力雄厚，陳友諒兵力強盛，對朱元璋的威脅最大。每念及此，朱元璋就徹夜難眠。

一天清晨，朱元璋來到了禮賢館，就形勢事向群儒討教。大謀士劉基說：「張士誠雖然財力雄厚，但不足懼。此人目光短淺，只要暫不觸動他，他不會進犯。」

朱元璋問道：「不動張士誠，那動誰？」

劉基回答：「陳友諒兵強馬壯，時時蠢蠢欲動，又地處於長江上游的有利地位，沒有一日忘記要吃掉我們。看來，統一中國，要走好的第一步必定是消滅陳友諒。陳氏滅，張氏勢單，其他各股勢力也無能為力，然後北向中原，霸業可成！」

朱元璋十分滿意地說：「就照你說的做吧！」

以後若干年，朱元璋所做的一切都是準備首滅陳友諒，只是為了把戰爭的罪名加在對方頭上，不願打響第一槍罷了。

至正二十年（公元 1360 年），陳友諒打破了長期的沉寂，挑起了對朱元璋的戰事。他佔領太平，駐軍采石，對應天府取包圍之勢。又要張士誠聯合攻朱。張士誠只求過太平日子，平時朱元璋對他又不錯，因此只是與陳友諒敷衍，事實上按兵不動。朱元璋識破天機，就放心大膽地對付陳友諒。

朱元璋利用部將康茂才與陳友諒的故友關係，設計誘使陳友諒進

入埋伏圈，大敗陳友諒，乘勢取得了太平、安慶、信州、袁州等地。第二年，陳友諒又一次進犯，又大敗而歸。於是，朱元璋轉守為攻。到了至正二十三年（公元 1363 年）七月，鄱陽湖大會戰中，陳友諒軍損失慘重，陳友諒在退回武昌途中被流矢射中而亡，到第二年春，陳友諒部出降，朱元璋在那裏設立了湖廣行中書省。

至正二十六年（公元 1366 年），朱元璋派大將徐達、常遇春率眾二十萬討伐張士誠，先後攻下湖州、嘉興、杭州、紹興，從四面八方包圍了平江（蘇州）城。張士誠在困守孤城十個月後自縊身亡。接着朱元璋率部一舉消滅方國珍、陳友定。南方平定了。

至正二十七年（公元 1367 年）十月，以徐達為大將軍、常遇春為副將軍，率軍二十五萬，由淮河進入河北，開始了奪取中原的北伐。當時，元政權已如風中殘燭。到第二年的八月初二，北伐大軍就攻克了大都（今北京）。

朱元璋在北伐進軍途中，於至正二十八年（公元 1368 年）正月初四即皇帝位，國號大明①，建元洪武，以應天府為京師，冊封馬氏為皇后，李善長、徐達為左右丞相，其他文臣武將也授予不同官職。

丞相制的取消

胡惟庸這個人有點特殊。他早年既沒有追隨朱元璋投身紅巾軍，也沒有任何的文韜武略，在開國的諸多文臣武將中，他根本排不上位。只是因為投身名相李善長而青雲直上，直至位極人臣。洪武三年（公元 1370 年），入中書省，拜參知政事。洪武六年（公元 1373 年），右丞相汪廣洋罷相，一直到洪武十三年（公元 1380 年）的七年間，中書省的大權實際上一直由胡惟庸一人獨攬。

胡惟庸獨攬大權後為所欲為。追隨朱元璋幾十年的功臣劉基，先

前在太祖面前說過「胡惟庸其人不能為相」，胡就一直記恨在心，利用職權把劉基排擠出中央政府，然後將其毒死。朱元璋一度想提拔楊憲為相，只因為楊憲不是胡氏一黨的人，胡橫加罪名，把楊憲殺了。

史書上說，楊憲死後，朝廷大臣誰也不敢說什麼了，胡惟庸從此「放肆為奸」，有恃無恐，什麼壞事都敢幹了。到後來，下面上報的奏章，不先送皇帝，都要先送丞相府，由胡惟庸檢閱後再選送給皇上。下面的人要打通上頭的關節，就爭走交好丞相府，誰要是對胡惟庸說個「不」字，馬上會引來殺身之禍。胡惟庸的炙手可熱，恩威震主，對君權構成了極大的威脅。

朱元璋感覺到了事情的嚴重性。他作出了兩項帶有決定性的變革：一是取消地方的行中書省設置，改為承宣布政使司，設布政使一員，直接與皇帝聯繫。這樣，中書省成了空架子。二是奏章都直接呈送皇帝，不用中書省轉。這些都是直接針對胡惟庸的。

這時的胡惟庸自以為羽翼已豐，一意孤行，對他的同黨說：「我們要動手在皇上前面，不然只能是束手就擒，死路一條。」他製造了種種輿論，說什麼胡家舊宅的井中，忽然生出石筍，高出水面數尺。胡家祖墳上夜間火光燭天。這些「異象」，都被說成是胡家的「瑞兆」。並積極與同黨準備謀反，甚至與某些日本人勾結，想藉助外力篡位。

這時，發生了兩件事，使朱元璋下定決心除掉胡惟庸。第一件事是，胡惟庸的兒子馳馬於市，致一市民死於馬蹄之下。朱元璋知道後，大怒，命殺其子抵命。胡惟庸知道事態重大，請求以金帛賠償。皇帝不允，最後還是將其子殺了。

第二件事是，洪武十二年（公元 1379 年）九月，占城來貢，胡惟庸不向皇上報告，自說自話把貢品納下了。恰被太監看到，向皇帝作了報告，朱元璋大怒，雖然胡惟庸忙去謝罪，但朱元璋決定藉這件事開刀。洪武十三年（公元 1380 年）初，根據其同黨的告發，將胡惟庸捉拿歸案。朱元璋親自審理此案，最後將胡惟庸定為「謀逆」之罪，並「夷三族，盡誅其僚黨」。朱元璋順勢宣佈：取消中書省，廢除丞相

一職，朝廷命官直接聽命於皇帝。中國歷史上實行了 1000 多年的丞相制度終結了，專制皇權得到了極大的強化。

胡、藍大獄

　　隨着明王朝的建立和鞏固，昔日與朱元璋一起經歷患難、風雨同舟的將領，成了新王朝的顯貴。他們以戰功封公侯，擁有大量的土地、佃戶、奴僕，享有種種特權。這些人中的大部分漸漸我行我素起來，恃功犯法的也不在少數，一些元勳重臣甚至向皇上要名要利要權。這就使朱元璋產生了疑慮：這些人到了一定時候，會不會奪走他的皇帝寶座呢？考慮到日後的大明江山，子孫功業，朱元璋向他昔日的弟兄們大開殺戒了。

　　洪武十三年，以「專權枉法」、「通虜謀反」大罪殺了胡惟庸以後，進而清除「胡黨」。凡是不滿於皇權的人，都被羅織為胡黨罪犯，處死抄家。五年後，也就是洪武十八年（公元 1385 年），有人告李善長的弟弟李存義與胡惟庸關係密切，實為胡黨，於是李存義被處以極刑。李善長亦受牽連被貶，數年後賜死。洪武二十三年（公元 1390 年），也就是胡惟庸被殺十年後，太師韓國公因為平時不主張皇權至上而被戴上了「胡惟庸餘黨」的帽子。但公開的罪名是「知逆謀不發舉，狐疑觀望懷兩端，大逆不道」。有吉安侯陸仲亨一家，延安侯唐勝宗一家，平涼侯費聚一家，南雄侯趙庸一家，榮陽侯鄭遇春一家，宜春侯黃彬一家，河南侯陸聚一家，也因胡黨案受牽連治罪。受胡惟庸案牽連及坐誅的，達 3 萬多人。

　　洪武二十六年（公元 1393 年），胡黨案還沒有了結，又興了「藍黨」大獄。

　　開國大將藍玉，是洪武後期的主要將領，他麾下有驍將十餘人，

威望都很高。洪武二十一年（公元 1388 年），藍玉率大軍 15 萬打蒙古，一直打到捕魚兒海（即貝加爾湖），俘獲男女 7.7 萬餘人，大勝而歸，被封為涼國公。徐達、常遇春死後，他是總軍征戰的大將。在屢立戰功後，他驕橫起來，霸佔東昌民田。百姓告到御史那裏，御史依法提審，他一頓亂棍把御史派來的人打跑了。他對皇上也時有不敬。洪武二十六年（公元 1393 年），錦衣衛告發藍玉謀反。於是，大興「藍黨」獄，把軍中驍勇之將，幾乎殺了個乾淨。

「藍黨」案中遭誅者共有 1500 餘人。

經過前後 14 年「胡、藍大獄」的清洗，一共殺了 4.5 萬多人，元勳宿將基本上被殺盡。

明太祖訓子

明太祖朱元璋為何要如此喪心病狂地殺戮功臣呢？有一則明太祖訓子的故事，道出了其中的奧祕。

對於朱元璋如此濫殺功臣，皇太子朱標極力反對。一次，他對朱元璋說：「父皇殺人太多，恐怕會傷了君臣和氣。難道君臣之間不可以仁慈、寬大、和睦相處嗎？」朱元璋聽完，一言不發。

到了第二天，朱元璋故意把一根長滿刺的荊棘放在地上，對太子說：「你把它拿起來吧！」

太子面有難色，不敢拿。

朱元璋催促他：「拿啊！」

太子往後退了一步，說：「不能拿，太刺人了。」

朱元璋順勢開導太子：「你說對了，長那麼多刺的荊棘是難以拿在手裏的。那些當年有功的文臣武將，現今都變得不聽話起來了，就像這根長滿硬刺的荊棘，隨時都會刺傷你的手。現在，我把這些刺都給

你去掉了，再交給你，難道不好嗎？我要殺的，都是對我朱家天下有危害的人，除掉這些人，你將來才能當好這個家啊！」

朱元璋睜着雙大眼，期待地逼問太子：「你説是不是？」

出乎朱元璋意料之外的是，太子沒有點頭，而是哭喪着臉重重地搖了搖頭。

朱元璋驚異了，追問道：「怎麼，你不以為這樣？」

太子再也克制不住自己了，狠狠地説了一句：「有什麼樣的皇帝，就會有什麼樣的臣子！從此怕天下不得太平了！」

朱元璋聽太子這麼説，氣得差點兒暈過去。他勃然大怒，拿起一把椅子朝太子扔了過去，太子只好趕緊逃走了。

這個故事再生動不過地告訴人們，處於封建末世的明代的皇帝，已經完完全全地把社稷江山看做是自己一家一姓的私產。為了保住這一份「私產」，讓他的子孫後代穩坐江山，不惜把幾萬名功臣及其家人的人頭作為祭品。

可以這樣説，一種制度行將就木時，處於落日餘暉中的統治者，是必然會出演一齣歷史悲劇的。

錦衣衞

朱元璋對歷史經驗向來十分重視，經常閱讀歷史書籍，並從中吸取經驗教訓。建都南京後，對六朝興亡事特別注意，他把唐人李山甫的《上元懷古詩》置於屏間，不時吟唸：「南朝天子愛風流，盡守江山不到頭。總是戰爭收拾得，卻因歌舞破除休。堯將道德終無敵，秦把金湯可自由。試問繁華何處在，雨苔煙草石城秋。」他知道，單靠戰爭是保不住江山的，也不能在和平環境中被升平歌舞衝昏了頭腦。他要依靠強勢鞏固自己的統治，其中重要的一招，就是設立特務機

構——錦衣衛。

朱元璋要他的臣僚對他絕對忠誠，不允許臣僚對他有所隱瞞和不滿。為此，他往往派人偵察臣僚的私下活動和言行。當時以伺察搏擊為能事的最著名的四大員是：高見賢、夏煜、楊憲、凌說。這四個人，像四條兇猛的鷹犬一樣，到處為朱元璋察聽在京大小衙門官吏不公不法之事，他們只對朱元璋一人負責。朱元璋得意地說：「有了這四人，譬如家裏養了四條惡犬，讓人害怕！」甚至連李善長那樣的一等開國元勳都畏懼不已，整天提心吊膽。最後，李善長乾脆不管事，說：「我老了，不中用了，誰都不要來問我什麼了。」但是，想退出也不行，李善長最後還是不得善終。

錢宰，在當時算是個才子，被徵編寫《孟子節文》，罷朝回家路上，隨口吟詩：「四鼓鼕鼕起着衣，晨間朝見尚嫌遲。何時得遂田園樂，睡到人間飯熟時。」不意這也被錦衣衛知道了，馬上告訴了朱元璋。錢宰第二天上朝，朱元璋劈頭就問他：「昨天你作得好詩！但是，我並沒有『嫌』你啊，何不用『憂』字？」嚇得錢宰忙不迭地磕頭謝罪，這才沒事。

吳琳，是個有着深厚文化底蘊的文化人，曾經當過國子助教，後來長期在皇帝身邊辦事，一段時間還為朱元璋寫過「起居注」，了解內情不少，再後來當上了兵部尚書、吏部尚書。告老回到自己的老家黃岡後，朱元璋對這個深知內情的老臣怎麼也放心不下，派人去察看他的行跡。派去的人並不認識吳琳。此人到了吳琳所在村，看到一老農在田間勞作。老農坐在一小杌上，彎腰在那裏神貌端謹地拔稻秧。朱元璋派去的使者湊上去問：「這裏有一個叫吳琳的人嗎？」老農直起身來，恭敬回答：「小人就是。」那使者回到京城如實匯報了，朱元璋又是敬重又是讚歎地說：「那樣就好！」

國子祭酒宋訥一段時間病了，朱元璋表示關懷，讓他一邊養病一邊教學，還說：「宋訥這個人有壽骨，那病是不用擔憂的。」一段時間後，宋訥病也差不多好了。一天，那些學生在煮茶時把茶具給打碎

了，為此，宋訥勃然大怒。第二天上朝時，朱元璋問他：「昨天在國子監為何發怒？」宋訥作了回答，並說：「發怒不是斥責學生，而是一種自責，覺得自己沒有管教好弟子。」接着，宋訥問：「皇上您怎會知道的呢？」朱元璋拿出一張畫有宋訥怒容的畫片，說：「我讓人畫下了。」由此可見朱元璋的監察人員之無孔不入。

洪武十五年（公元 1382 年），錦衣衛成立，下設鎮撫司，有監獄和法庭，從事偵察、逮捕、審問、判刑等活動。錦衣衛辦的大案，都由皇帝直接受理。錦衣衛在加強皇權、形成帝王個人獨裁上起了十分惡劣的作用。

明太祖大興文字獄

明太祖朱元璋為了強化皇帝的獨裁統治，實行中國歷史上前所未有的高度文化專制主義，其集中表現就是大興文字獄。

隨着權力的高度集中，朱元璋的猜忌之心也越來越重。他當過和尚，一看到「僧」字就感到特別的刺眼。他早年投身於紅巾軍，當了皇帝後最恨人說到「賊」、「寇」這樣的字眼，以至後來，連與這些字音相近的字也不准用了。杭州教授徐一夔，在作賀表中有「光天之下，天生聖人，為世作則」等語，這本是討好皇上之言，近乎拍馬諛詞。可是，早已成為獨夫的朱元璋另有一種解讀法，他覽讀後大怒，說：「『生』者，僧也。以我嘗為僧也。『光』者剃髮也，『則』字音近賊也。」於是，本是頌揚皇上功德的美言，成了刻毒詛咒皇上的隱語，徐一夔自是百口莫辯，難逃一死。朱元璋此為之目的就是鉗制人口，讓人再也不敢開口說話。[②]

對硬是不肯合作、逃避入仕的士人，朱元璋堅決地施以嚴刑，格殺勿論，目的當然是殺一儆百。洪武十九年（公元 1386 年），朱元璋

在親撰的《大誥三編》中記述了他親審廣信府（今上饒市）貴溪縣儒士夏伯啟一案的情形。夏伯啟為不入朝做官，自行截去了手指，朱元璋知道真有此事後，就命人將他捉到京城，親自審問。

朱元璋問：「在以往亂世的時候，你住在哪裏？」

夏伯啟回答：「紅寇（指紅巾軍）亂時，避兵亂於福建、江西兩界的山間。」

朱元璋問：「帶了家小嗎？」

夏伯啟答：「侍奉父親一起走的。」

朱元璋問：「在高山峻嶺中穿行，你扶持他嗎？」

夏伯啟答：「扶持的。」

朱元璋問：「自後居住何處？」

夏伯啟答：「紅寇張元帥退守香州後，我回老家去了。」

朱元璋問：「以何業為生？」

夏伯啟答：「教學為生至今。」

朱元璋問：「你要學叔齊、伯夷不為當今所用，為何不學他兩人『不食周粟』？」

夏伯啟無言以對。這時，朱元璋大聲地、惡狠狠地說：「你不是我所教化得了的子民，你該死，你該殺，看來只有殺了你才可杜絕狂夫愚夫仿效之風。」隨後，殘忍地將夏伯啟全家都殺了。

朱元璋統治時，有翰林編修張某，敢於在朱元璋面前直言，因此被黜為山西蒲州學正。一次，為慶賀撰表，表中有「天下有道」，又有「萬壽無疆」之句。朱元璋閱後，還記得這個人，說：「這家夥在謗我。」下屬不解這究竟是怎麼回事，朱元璋解答說：「『萬壽無疆』的『疆』應作『強』讀，『天下有道』的『道』，應作『盜』讀，他是在罵我『強盜』。」隨即命司法機關將其人捉拿歸案。朱元璋問：「白紙黑字，你更有何說？」張某朗聲回答：「臣有一言，言畢就死。陛下有旨，表文不許杜撰，務出經文，臣謂『天下有道』，乃孔子格言；臣謂『萬壽無疆』，乃《詩經》臣子祝君之至情。今說臣誹謗，不過如此而已。」朱

元璋聽了張某說的，似懂非懂，沉思良久後，罵了一句：「這老家夥還嘴強！」聽說那是孔子和《詩經》的話，不好隨意處置，張某這才僥倖逃過一死。

文字獄從洪武十七年（公元 1384 年），一直鬧到洪武二十九年（公元 1396 年），前後達 13 年之久。其間，造成朝野文人莫敢提筆作文，出現了人人自危的恐怖局面，為後世的文化恐怖主義開了個惡劣的先例。

靖難之役

明太祖朱元璋想通過高壓手段，求得萬世的天下太平。孰料，洪武三十一年（公元 1398 年）朱元璋剛病逝，第二年就禍起蕭牆，一場為爭奪帝位的戰爭打響了。從建文元年（公元 1399 年）到建文四年（公元 1402 年），明成祖朱棣為從自己的侄子手中奪取帝位，發動了一場持續四年的戰爭，名為「靖難之役」。

朱元璋死後，皇太孫（皇太子朱標早於其父朱元璋去世）朱允炆即位，年號建文。當時的諸王都是他的叔父，有一些違法之事，建文帝於是趁機削藩，決定先削廢周、齊二王，剪除燕王的手足，然後再向燕王開刀。在不到一年的時間裏，一下子削除了周、湘、齊、代、岷五個藩王的爵位，除湘王合家自焚外，其他一些藩王有的遷往邊遠地區，有的遭幽禁。在這種情況下，燕王朱棣決定先發制人。

朱棣於建文元年（公元 1399 年）七月起兵反抗朝廷。為了證明自己行動的正當性，便援引朱元璋在《祖訓》中說的「朝無正臣，內有奸逆，必舉兵誅討，以清君側」的訓示。朱棣指齊泰、黃子澄兩人為奸臣，言必須加以誅討，「以清君側」。他把自己的行動稱為「靖難」，也就是靖除禍害的意思。

建文帝組織力量征討。可是，朱棣迅速招降了周圍的官軍，起兵不久就拔居庸、破懷來、取密雲，克遵化、降永平，不久就佔領了北京城，掃平了北京外圍。在隨後的兩年戰鬥中，建文帝三易主帥。一以長興侯耿炳文為大將，結果被燕軍中秋夜偷襲成功，喪失將士十餘萬。建文帝招回耿炳文，換以李景隆為帥。李景隆為膏粱子弟，只會紙上談兵，一敗再敗，幾十萬大軍喪失大半。最後，又以左都督盛庸為帥。在盛庸的努力下，曾在東昌（今山東聊城）會戰中大敗燕軍，阻止了燕軍急速的南下之勢，迫使燕軍回軍北方。建文三年（公元1401年）十二月，朱棣根據南京城中宦官提供的可靠情報，決定直取金陵。燕軍渡淮水、攻揚州、抵六合，出其不意地出現在大江北岸。這時建文帝無可奈何地要求割地議和，朱棣不允。建文四年六月十三日，金陵城被攻陷。

這時，朱棣躍馬入城，只見皇宮中火焰彌天。火滅後，搜遍皇宮，就是不見建文帝。於是，日後就有了種種猜測。有的説那麼大的火，建文帝肯定自焚而死。有的卻説，建文帝自有地下通道出走，流落民間，隱姓埋名，成了遊僧，流浪四方。還有一種説法是，建文帝到了國外，為洋人所尊崇，終有一日會東山再起。種種猜測讓朱棣怎麼也放心不下，於是就有了鄭和七下西洋之舉。[3]

入城不久，朱棣在南京奉天殿即皇帝位，改翌年為永樂元年（公元1403年）。朱棣就是統治中國達22年的明成祖。

方孝孺案和「瓜蔓抄」

明成祖朱棣在南京登上帝位，便大開殺戒，對不肯投誠的建文帝遺臣以及持不同政見者，進行了殘酷的屠殺和鎮壓，並且發明了株連九族乃至十族的、以斬盡殺絕為宗旨的所謂「瓜蔓抄」。

「方孝孺案」就是突出的一例。

方孝孺是明初正統儒家思想的代表人物，他曾以文章著述聞名海內，當時是「孝孺文章每出一篇，海內爭相傳誦」。洪武二十五年（公元1392年），方被薦為漢中府教授。建文帝即位後，召為翰林侍講，後遷為侍講學士。凡有國家大政事，建文帝都要向其諮詢，方孝孺因而成為建文帝的近臣。「靖難之役」爆發後，朝廷所有的詔檄都出自方孝孺之手。他的才幹使天下人都敬仰，包括站在敵對陣營中的燕王朱棣。

朱棣攻下南京後，對方孝孺也恩寵有加，要他起草《登極詔》，可是，方孝孺卻毅然決然地拒絕了。

據《明史·方孝孺傳》記載，方孝孺來到朱棣面前，放聲大哭，朱棣走下一步安慰他，說：「先生不要那樣自苦了，你可以效法周公輔助成王麼！」

方孝孺問道：「我面前哪裏有什麼成王。我要問，現在建文帝在哪裏？」

朱棣回答：「建文帝自焚而死了。」

方孝孺問：「為何不立建文帝之子？」

朱棣支支吾吾。

方孝孺又問：「為何不立建文帝的弟弟？」

朱棣答非所問：「那是我的家事，外人不用管了。」隨後回首對左右說：「快準備筆墨，詔天下，非先生草不可！」

方孝孺投筆於地，且哭且罵。朱棣以死相威脅，方孝孺硬是不從。朱棣大怒，馬上將方處以割舌和寸割（即割身上的肉）的磔刑，並誅滅其九族，再加其門生，稱為「滅十族」，此案一下殺了873人。

此後，方孝孺的書籍被禁絕。甚至誰藏了方孝孺的書，也要被殺頭。在成祖當政期間，因方孝孺案被殺的在千人以上。

朱棣在南京城中大量張貼「奸臣榜」，以造成一種恐怖氣氛。第一批就有齊泰、黃子澄等50餘人，兵部尚書鐵鉉、禮部尚書陳迪、大理寺少卿胡閎、刑部尚書暴昭、右副都御史練子寧、左僉都御史景清

等均因不肯屈從而被處以殘酷的剝皮、凌遲等極刑，而且以「瓜蔓抄」的形式株連六族到九族不等。

「東廠」的創立

為了控制臣民，尤其是為了鎮壓建文帝一派的官僚，明成祖朱棣在其父朱元璋創辦「錦衣衛」的基礎上，又創辦了特務機關——「東廠」，使明代的特務政治和恐怖統治又大大進了一步。

永樂十八年（公元 1420 年）八月，在北京東安門北設立了東廠，由宦官掌管，直接聽命於皇帝，其官銜的全稱為「欽差總督東廠官校辦事太監」。皇帝給這些太監方章一枚，只要蓋封有此章的，不必經過任何手續，可直接送到皇帝那裏。

主管東廠的太監稱「督主」或「廠公」，其下設掌刑千戶 1 名，理刑百戶 1 名，又有掌班、領班、司房 40 餘名及 12 名管事，權力大，而且機構也精幹。東廠的職責很明確，就是「緝訪謀逆妖言大奸惡」等。所謂「緝訪」云云，就是搞特務陰謀活動。負責緝訪的頭目稱為役長（又稱擋頭）。每月的初一這一天，役長掣籤庭中，率領幹事們分赴各官府考察。打探到事件後，先報廠公的心腹內官審閱，然後送皇帝。遇有重大事件，即便在深夜，東華門關了，也要將密件從門縫裏塞進去，立即送皇帝。除東廠外，若干年後，又成立一個西廠，其勢力更大，不只霸道朝廷，還橫行鄉里，把特務政治推行到了全國，不斷羅織人罪，把整個社會搞得烏煙瘴氣。

「廠」和「衛」的不同點是，「廠」由皇帝最寵信的司禮太監提督，「衛」則由皇帝的親信武將掌管。一般來說，「廠」權高於「衛」權。如果兩者同時介入同一案件，「衛」必須讓位於「廠」。當然，兩者的利害是一致的，關係也是十分密切的，「廠」中的番役都是從「衛」中

選拔出來的精粹。兩者的分工是，「廠」主偵察，「衛」主詔獄，廠衛相倚，構成了專制皇帝自己的獨立的司法監察系統。

明代廠、衛橫行，造成了極大的社會惡果。它對社會法制是一種挑戰。朱元璋主持制定《大明律》時，說是要給子孫留下一部「一字不可改易的法典」。可是，朱元璋和他的子孫們親自把法律的尊嚴打得粉碎。在整個明代，恐怖氣氛瀰漫，特務猖獗橫行，告密之風極盛，這不只使當時的民眾深受其害，也給後世留存下了沉重的歷史包袱。這恐怕是當時的統治者始料未及的。

遷都北京

遷都北京，是永樂皇帝處心積慮的一個大動作，對中國社會應該說起了積極的作用。

永樂元年（公元 1403 年）正月，朱棣即下了一道特詔：改北平為北京。北平是朱棣的一塊福地。他 10 歲時，就被朱元璋封為燕王，王府就設在北平。20 歲時，就藩北平，成為威震一方的親王。此後，他幾度征戰漠北，受到了其父朱元璋的器重。朱棣深知北平這座城市的重要性。他的奪位成功，人力、物力、財力上都依仗於北平。

同一年，朱棣改北京為應天府，意在說明他的即位是順應天意的，並在北京設立了行部。北京實際上成了第二首都。

永樂二、三年（公元 1404、1405 年），遷徙大量的商民到北京，以促進北京經濟的發展。

永樂四年（公元 1406 年），下詔擴建九門、六部、諸司公廨。所謂「公廨」，就是官吏的辦公地點和辦公人員的宿舍。這次是仿照南京的格局大造官舍，說明是在為遷都作準備。

永樂七年（公元 1409 年），朱棣藉北巡之名，長期住在北京。他

命太子監國南京，日常庶務都由太子處理，六科每一個月向皇帝上奏一次。但是，重要的奏章必須急送北京，由朱棣親自處置。這時，北京成了實際的政治中心。

永樂十四年（公元 1416 年），朱棣又下令大規模興建北京官舍，尤其是「作北京西宮」。一直到永樂十八年（公元 1420 年）正式落成。於是，朱棣立即下令以北京為京師，將國都遷往了北京。

遷都是一件大事，明成祖朱棣單是準備工作就做了 15 年，但還是有人反對。永樂十九年（公元 1421 年），初建成的北京奉天殿等三大殿毀於大火，當時又有人出來反對遷都。朱棣大為震怒，殺主事蕭儀，並説：「北平之遷，是我與大臣長期商議的結果，你們這些書生，哪裏懂得我的英雄大略！」

朱棣的「英雄大略」是什麼呢？原來，北京是他的「龍興之地」，以北京為中心，可以討個吉利。同時，更主要的，北京「山川形勝，足以控四夷，制天下」，達到「君主華夷」的目的。

歷史證明，明成祖朱棣遷都確為「英雄大略」。

鄭和下西洋

永樂三年（公元 1405 年）到宣德五年（公元 1430 年）間，明政府派遣著名航海家鄭和率領龐大的船隊出使西洋諸國，史稱「鄭和下西洋」。這是世界航海史上空前的壯舉，是中外關係史上值得大書的重大事件。

鄭和，本姓馬，名和，小字三保，回族，雲南昆明人。明太祖十四年（公元 1381 年），明軍征服雲南，10 歲的三保被明軍俘獲至南京，閹割後成為一名太監，不久，被賜給了燕王朱棣。在「靖難之役」中，三保追隨於朱棣鞍前馬後，又英勇善戰，深得朱棣的歡心。後賜

姓「鄭」，晉升為內官監太監，成為明成祖麾下的得力人物。明成祖想遣使南洋，物色人才。鄭和父輩曾朝覲過伊斯蘭教聖地麥加，鄭和又是回教徒，因此，鄭和被選為出使西洋的正使。

永樂三年（1405 年）六月十五日，鄭和率領 62 艘大船，水手、船師、衛士、工匠、醫生、翻譯 2.5 萬人由蘇州劉家港起航。當時，明朝擁有世界上最大的「寶船」——能容納 1000 多人，小的也能乘 400 多人。船隊帶着大量瓷器、茶葉、鐵器、農具、絲綢、金銀等物品。航船先到達占城（越南南部），然後到爪哇的蘇魯馬益（泗水），再到蘇門答臘南部的舊港。以後又由舊港，到馬來亞半島的滿剌加（今馬六甲），鄭和在那裏修了倉庫，作為日後的中轉站。稍事休整後，向北到蘇門答臘北部的蘇門答臘國，又西航到錫蘭山，由印度半島南端而北，到大印度西南沿海一帶。鄭和每到一地，就將中國物產贈送給當地國王，表示願與他們建立友好邦交關係。首航歷時三年有餘，直到永樂五年（公元 1407 年）九月才圓滿返回。

此後，鄭和在永樂年間先後六次下西洋：第二次是永樂五年到七年；第三次是永樂七年到九年；第四次是永樂十年到十三年；第五次是永樂十五年到十七年；第六次是永樂十九年到二十年；第七次，也就是最後一次是在明宣宗宣德六年到八年。船隊歷經占城、爪哇、舊港、馬六甲、蘇門答臘、錫蘭、古里、阿巴斯港等地。鄭和還派遣一部分船隻，入紅海到達伊斯蘭教聖地麥加朝聖，在那裏朝覲了天方，畫了「天堂圖」。

鄭和七下西洋總航程達 10 萬餘里，訪問 37 國，大約馬來半島以東地區 15 國，馬六甲地區 3 國，蘇門答臘地區 7 國，印度地區 6 國，阿拉伯地區 5 國，非洲地區 3 國。還有一些現今難以查考的地方。

鄭和遠航亞非各國，在政治、經濟、文化和科學各方面都產生了深遠的影響。鄭和的航海比哥倫布發現新大陸早 87 年，比迪亞斯發現好望角早 83 年，比達·伽馬發現新航路早 93 年，比麥哲倫到達菲律賓早 116 年。可以說，鄭和是中外歷史上最早的、最偉大的航海家。

編修《永樂大典》

明成祖朱棣以武力得天下，又以高壓治國家，卻銳意標榜「文治」。他喜歡聚眾編書，其中以《永樂大典》最為著名。

永樂元年（公元 1403 年）七月初一，正是明成祖朱棣奪取政權的一周年。這一天，他把翰林侍讀學士解縉找來，說：「刊載天下古今事物的書籍，實在太多了，不容易檢閱。」

解縉問道：「是啊，皇上有何聖旨？」

明成祖朱棣說：「朕有一個想法，把各書所載事物聚集在一起，以韻編排，這樣，要查考尋找時，就像探囊取物般容易了。你看如何？」

解縉唯唯稱是道：「聖旨高明！」

明成祖朱棣又說：「凡是書契以來，經、史、子、集，百家之書，至於天文、地志、陰陽、醫、卜、僧、道、技藝之言，備輯為一書，不要怕浩繁。」

解縉問道：「聖務誰來擔當？」

明成祖朱棣說：「這件事就交給你去辦了，一定要辦好！」

永樂皇帝交的差，解縉哪敢怠慢？第二天，就列出了編書者名單，送皇上親自批准後，隨即投入編纂。整個編書班子共 147 人。全班人馬，日夜兼程。先是到各處徵集書籍，然後依次編排。花了一年多時間，到永樂二年（公元 1404 年）十一月編集成書，上呈皇上，朱棣雖說不怎麼滿意，但為了不掃解縉等人的興，還是賜名為《文獻大成》。

問題出在解縉等人都是儒家，他們這裏集其「大成」的，無非是儒家的作品，儒家之外的書籍都被刪除了。這在明成祖朱棣看來當然是不能允許的。因此，明成祖接下去的一步首先是改組編寫班子。他讓太子少師姚廣孝、刑部侍郎劉季篪和解縉三人當總負責，還讓翰林學士王景、王達，祭酒胡儼，洗馬楊溥，還有布衣而為名士的陳濟等

人當總裁官，組成相當於今天的編審。整個編書班子也大為擴充，多達 2169 人。開工的那天，明成祖朱棣還親自到場為編者鼓勁。

這部書一直到永樂五年（公元 1407 年）十一月才編成，離解縉初次接手編寫剛好花去四年半時間。

這部書輯錄了上自先秦、下訖明初的各種書籍近 8000 種。全書以洪武正韻分部，以正韻中的字為綱，依韻排列。每字之下，抄錄原書。雖說是將原書支離了，但卻直錄原文，不曾擅減片語，這樣，保存了大量的文獻，這可算是一大功業。明成祖朱棣親為作序，言編該書目的在於「有齊政治而同風俗。序百王之傳，總歷代之典」，並賜名為《永樂大典》。

書成之時，明成祖想將這部書刊印，可後來考慮到工費太大而作罷。到百多年後的嘉靖年間才有重錄之事。嘉靖皇帝動用了書手 180人，每天抄 3 張紙，每紙 30 行，每行 28 字，大約花了二三十年的時間才抄成。可惜，這部書的正本毀於清軍入關之時，副本後來也漸次散失，八國聯軍入侵北京時，所存副本再遭劫毀。中華文明的瑰寶就這樣被人為地毀壞了，這不能不說是中華文明的一大浩劫！

仁宣之治

永樂以後，仁宗和宣宗採取了寬鬆治國、息兵養民的新政策，取代了明初以來的嚴猛政治。仁、宣二代的 12 年，成為明代歷史上少有的政治寬鬆、吏治清明的時期，歷史上稱為「仁宣之治」。

明成祖朱棣於永樂二十二年（公元 1424 年）七月病死於榆木川，遺詔由皇太子朱高熾繼位。

朱高熾八月即位，到第二年五月病死，在位只有短短 10 個月。但就在這 10 個月中，他一反其父的所作所為，採取了「與民休息」的

政策。一上台，他就宣佈四個「停止」：一、停止北征，二、停止宮使外出採買物品，三、停止營建大型工程，四、停止建造西洋寶船。這一系列的「叫停」，大大節省了人力、財力、物力，被稱為「恤民之政」。

明太祖朱元璋廢丞相制後，置殿閣大學士。但是，朱元璋是個猜忌心極重的人，這些大學士除了「以備顧問」外，很少有參政決政權，官秩也僅有五品而已。仁宗皇帝以楊榮、金幼孜、楊士奇、黃淮為大學士，都是正三品官員。後來仁宗又以官品高達一品的公孤官為內閣大學士，使閣臣的地位大大高於部臣。這也可以看成仁宗想恢復宋代當年的文官政治，只是他在位年月太短，未能如願。

仁宗的皇太子朱瞻基即位，稱宣宗。宣宗即位一年，就面臨明皇室的內亂。漢王朱高煦仿其父的「靖難」之役，指責仁宗任用的文臣都是奸臣，於是在其封地起兵。宣宗聽從大學士楊榮的意見，親征漢王，很快就平定了這一叛亂，穩定了大局。

宣宗被後人認為是任人唯賢的開明君主。史稱：「仁宣之際，懲吏道貪墨，登進公廉剛正之士。」宣德三年（公元 1428 年），宣宗進行了第一次人事大調動。一方面把一批年事已高的元老級人物請下台，同時嚴懲墨吏，任用廉潔之士，一下新任用了 9 人，其中有政聲卓著的顧佐、鄧啟、程富。而因貪墨被黜的有都御史劉觀、楊居正等 20 餘人。這樣，官吏的貪濁之風有所收斂。宣德五年（公元 1430 年）六月，況鍾等 9 位知府上任，九月，于謙、周忱等 6 位巡撫登台，這樣，官場的面目為之大變，百姓也受益匪淺。

明宣帝時還有一件值得稱道的事是，放棄了交阯。自永樂年間以來，年年為征戰交阯傷透腦筋，最多時用兵十萬人。交阯戰事成了明王朝一大歷史包袱。宣德初年（公元 1426、1427 年），征戰交阯都告敗績。當時的成山侯王通私自接受交阯王的請求，立壇為盟，並從交阯退兵。宣宗不但沒有責難成山侯，相反「罷兵息民」，承認交阯復國。宣德二年十一月，宣宗派出使節到達交阯，宣告了明朝廷的聖

旨。就這樣，明宣宗明智地徹底卸掉了這個歷史包袱。

仁、宣兩帝以隋煬帝、唐玄宗為鑒，注意節儉，反對奢侈，撰有《臣鑒》。明宣宗即位時，有一個工部尚書向他提出，宮中的御用器物不足，必須到民間去採辦。宣宗制止道：「漢文帝的衣服帷帳沒有文繡，史稱其恭儉愛民。朕也須以儉約率下。」

宣宗保持着朱元璋親民的形象。他十分注意了解和關心民間的疾苦，宣德五年，在拜謁皇陵的路途，看到幾個農民在耕地，便下馬與農民交談。

宣宗問：「一年可收成多少？」

農夫道：「只可糊口！」

宣宗問：「辛苦嗎？」

農夫道：「粒粒皆辛苦！」

宣宗問：「真若如此？」

農夫道：「試試即有體驗！」

宣宗問了年成和生活後，便親自扶犁躬耕，片刻便氣喘吁吁、上氣不接下氣了。他深有體會地說：「朕只推三下，就已經不勝勞累。更何況常年勞作。人說老百姓最苦，真是如此。」

於是，給每個農夫賞鈔 60 錠。回去寫了體察民情的《耕夫記》，後又寫了姊妹篇《織婦詞》賜給朝臣，並讓人畫成圖畫掛在宮中，以使臣僚和妃嬪深知並牢記百姓的艱辛，也藉此來炫耀自己體察民情。

但是，好景不長。從接任宣宗的英宗開始，明王朝就走上了中衰之路。

大宦官王振專權

明宣宗十年（公元 1435 年），年僅 9 歲的明英宗朱祁鎮即位，第

二年改元正統，從此以後，明王朝走上了中衰之路，其標誌之一就是宦官專權局面的出現，其代表人物就是臭名昭著的大宦官王振。

明代的宦官專政，始於王振。王振年少時就入宮為宦官，曾就讀於內書堂，並在英宗為太子的時候侍奉東宮。英宗少年即位時，王振以「狡黠得帝歡」，馬上就任宦官的頭號職位司禮監太監。為了獨攬大權，王振極力慫恿英宗苛責大臣，要皇帝以「重典御下」，這樣他就可以弄權用事了。

英宗執政的前幾年，王振還不能為所欲為。一方面，朱元璋曾明確規定宦官機構由吏部掌管，並立鐵碑，碑鑄聖旨：「內臣不得干預政事。」祖宗家法的威勢還在。另一方面，英宗的祖母太皇太后張氏委政於內閣，不少權力無法得到，而且大學士楊士奇、楊榮、楊溥（俗稱「三楊」）為前朝元老，嚴威尚存，王振一時還不敢觸動。尤其是「三楊」一發話，王振只得假意順從了。

正統七年（公元1442年），張太后病故。當時，閣臣「三楊」或已逝，或老病，新任的閣臣人微勢輕。這時，王振就肆無忌憚起來。他先是將朱元璋親自立的「內臣不得干預政事」的鐵碑盜出，然後銷毀。這是十分大膽的妄為，目的在於測試一下群臣的態度。結果無一人敢說什麼，王振就更加專擅朝政，凌辱公卿，竭民錢財。當時，英宗皇帝呼之為「先生」，公卿勳戚呼之為「翁父」，王振本人則以「周公輔成王」自視。

王振大行「順之者昌，逆之者亡」之道，對那些敢於反抗或對己不恭者進行殘酷的迫害。侍講劉球上疏言事，其中建議英宗「別賢否以清正士」，王振認為劉球是暗中詆毀自己，遂將其下獄，並指使爪牙夜半將劉球殘殺於獄中。大理寺少卿薛瑄、國子監祭酒李時勉都不願投靠王振，前者被誣為死罪，後者被戴枷示眾。當時百官見王振都得「跪門俯首」，監察御史李儼卻偏偏不跪，遂被捕入錦衣衛，後流放到邊遠的鐵嶺去。王振如此倒行逆施，連同為太監的人也看不慣，就寫匿名信上告，事發後，告發者全被王振殺害，連向皇上例行的奏請手

續都不辦。

正統十四年（公元 1449 年）蒙古族瓦剌部大舉南侵。明英宗在王振的鼓動下，倉促親征。但是，半途中王振在還未交戰的情況下驚恐撤退。撤退途中，為了誇耀鄉里，企圖攜英宗臨幸他的家鄉蔚州。結果大敗於土木堡，明英宗也被瓦剌所俘，這就是歷史上著名的「土木之變」。

在「土木之變」中，王振死於亂軍之中。時人對王振恨之入骨。王振死後，明軍將士及百姓仍捶擊他的屍體，表示為天下人「共誅此賊」。消息傳到北京，王振的黨羽皆被憤怒的朝臣所擊殺，王振的家族成員也被盡數斬首處死。

于謙和北京保衛戰

明英宗被俘的消息傳到北京，朝廷內外一片恐慌，但沒有一個拿得了主意，出現了「群臣聚哭於朝」的可笑局面。侍講徐珵甚至提出南遷京師的逃跑主張。此時，兵部侍郎于謙卻挺身而出，他大義凜然地說：「言南遷的人，是可以斬首的！京師，乃是天下的根本，根本一動就大勢去了。你們沒有看到宋朝南渡所造成的惡果嗎？」

于謙的言論引來了一片贊同聲。吏部尚書王直、內閣學士陳循表示堅決支持于謙的說法，並力主殺掉以王振奸黨以謝天下。當時王振的死黨、錦衣衛指揮馬順還不死心，當堂叱罵群臣。憤怒的人們再也忍耐不了，當堂擊斃馬順，又打死王振同黨宦官毛貴、王長隨。當時，已被孫太后命為監國的朱祁鈺怕得要命，想一逃了之。于謙推開眾人向前，攔住朱祁鈺說：「事關國家存亡，監國當宣佈王振及其黨徒當死！」事已至此，朱祁鈺只得宣佈王振一黨死罪。穩定了大局後，孫太后又立朱祁鈺為帝，他就是明代宗。于謙坦誠地說：「臣等立王為

帝，誠愛國家，非為私計。」

這裏得説一説于謙其人。

于謙是明代傑出的英雄人物。他從小研討古今治亂興衰的道理，「慨然有天下為己任之志」。自進入官場以來，一直以清正廉潔聞名於世。宣德五年（公元 1430 年），明廷設立巡撫，明宣宗親點于謙為河南、山西兩省巡撫，並將于謙的官品從七品一下提到三品。他也不負眾望，足跡遍所部，延訪父老，視察政事的利弊興革。一年之間，連續數次上疏。平反冤獄，賑濟災荒。當時的內閣「三楊」都十分器重他。于謙任二省巡撫 9 年，威惠流行，百姓擁戴，呼之為「于龍圖」（比之大宋的「包龍圖」），二省流行的一首歌頌他的歌謠，長達 154 個字。貪官污吏聽到于謙的名字，膽戰心驚，連「盜賊響馬」也為之避匿。

宦官王振專權的局面形成後，賄賂之風橫行。可于謙每次入京，從不向王振送禮，更不去拜見王振。有人勸他禮還是要送，哪怕送點土產也行，于謙笑着説：「我是帶着清風來，隨着清風去！」

「土木之變」後，瓦剌大舉南下。被晉升為兵部尚書的于謙沉着冷靜、有勇有謀，擔起了北京保衛戰的重任。當時，在土木堡戰役中明廷的五十萬精兵盡失，于謙不得不重新組織軍隊，有不少是臨時訓練起來的民兵。他還舉薦了一大批有軍事才幹的青年將領，守衛在京城的重要關隘。

這一年的十月初九，瓦剌軍在叛變的宦官喜寧的引導下，攻破了紫荊關，大軍直抵北京城下。十三日，瓦剌軍從德勝門猛攻。明軍早有防備，埋下了伏兵，結果瓦剌軍大敗，瓦剌軍主將的弟弟「鐵元帥」也在這次戰鬥中被火炮擊中身亡。瓦剌軍又從西直門猛攻，守將孫鏜背靠城池英勇奮戰。這時，于謙急調二路大軍增援，在三路軍隊的夾攻下，瓦剌軍只得退卻。在彰義門的戰鬥中，守城將軍武興戰死。瓦剌軍連攻五天不下，前來增援的明軍又紛紛而至，瓦剌軍生怕退路被切斷，只得退往塞外去了。北京保衛戰在于謙領導下取得了勝利，明

王朝度過了一次嚴重的危機。

不久，瓦剌軍提出與明廷議和，並願送還俘去的英宗，明廷同意了。之後，明廷內部又發生變故，景泰八年（公元 1457 年）石亨等人發動「奪門之變」，讓英宗「復辟」，並誣于謙謀逆，處以極刑。于謙的一生正如他早年寫的《石灰吟》詩中所說：「千錘萬鑿出深山，烈火焚燒若等閒。粉身碎骨渾不怕，要留清白在人間。」

十年後，明憲宗親自為于謙平反昭雪。于謙葬於杭州三台山麓，與大忠臣岳飛並臥於風光秀麗的西子湖畔。後人有「賴有岳于雙少保，人間始覺重西湖」詩句予以歌頌。

宦官更酷烈

明朝從英宗以後，總的趨勢是一代不如一代。中間雖有孝宗的求治，一度形成了「朝多君子」的難得局面。但那也只是光焰一閃，接下去的武宗更是荒嬉無度，明王朝江河日下之勢不可挽回。英宗以後明王朝的敗亡，與宦官勢力的進一步猖獗大有關係。前面說到明英宗時期大宦官王振的專權，而憲宗時期的宦官汪直，武宗時期的宦官劉瑾，其專橫跋扈的程度，又比前者高出一籌，謂「宦官更酷烈」。

明憲宗時期的宦官汪直專權，是與建立西廠的特務政治直接聯繫在一起的。汪直原為御馬監太監，後來得到明憲宗寵信後，提督西廠。西廠比東廠更酷烈，動不動就置人於死命。西廠比東廠管轄的範圍更大，從官僚層一直管到民間瑣事。④西廠初建的數月間，就屢興大獄。建寧衛指揮楊曄、吏部主事楊士偉、郎中武清、參政劉福、正通政方賢、太醫院判蔣狀武，都被西廠無緣無故地收案。汪直每次出行，公卿百官避之唯恐不遠。兵部尚書不肯對汪直叩頭禮拜，被認為不恭，除當堂受辱外，還削職為民。西廠的胡作非為，弄得士

大夫不得安其職，商賈不得行其業，庶民不得居其所。百姓恨之入骨，可一些無恥之徒卻吹拍其作其為「不獨可為今日法，且可為萬世法」。

汪直喜特務活動外，還特別「喜兵」。他常出外巡邊或監軍，要軍事首領放棄軍事公務而到百里之外迎候，稍有不周，就會受到重責。且一到軍中就瞎指揮，甚至輕啟邊釁，使邊防不得安寧。

明憲宗的兒子孝宗朱祐樘，力求整治，宦官勢力一度削弱。但是，到了他的繼任者武宗時，宦官勢力變本加厲了。以劉瑾為代表的宦官勢力進一步擴張。這個宦官頭目，簡直是把皇帝玩於股掌之中。他想出多種把戲讓明武宗盡情玩樂，從而把批閱奏章的大權牢牢地掌握在自己的手中，有時甚至將奏章拿回家去，然後「旨批」。朝廷上下都知道，事實上的皇帝就是這個劉瑾。

最令人髮指的是「匿名信案」。正德三年（公元 1508 年）夏，在朝廷的御道中發現一封嚴厲斥責劉瑾專橫的信，號召天下人共討劉賊。劉瑾見信後惱羞成怒。他竟然矯詔令：所有的文武官員集體罰跪於奉天門下反省。當時正是酷暑天氣，在烈日下長跪怎麼吃得消？不少年老的官員在長跪中中暑死去。劉瑾親自監督在旁，看人死了，毫不在乎，把死去的官員拖出去埋了就了事了。經過一整天的體罰以後，劉瑾見無人出來招認，傍晚又將三百餘朝官下「詔獄」，不少官員死於獄中。過了幾天，才弄清楚原來這封匿名信是忌恨他的太監所寫，這時劉瑾才把關在詔獄中的官員放了，而自己毫無自責之心。經過這一番折騰，明王朝的元氣大受損傷。

劉瑾網羅黨羽，嚴密控制朝政。後來，內閣焦芳、劉宇，吏部尚書張綵，兵部尚書曹元，錦衣衛指揮楊玉、石文義，都是劉瑾的心腹。不僅如此，各部門的屬官的升遷，也要一一通過劉瑾。劉瑾批了的，不得更改。劉瑾還擅自增加他的原籍陝西的鄉試名額，為的是拉攏親信和黨羽。

劉瑾的作惡多端，為其自身的滅亡創造了條件。正德五年（公元

1510 年）四月，安化王起兵號召誅殺劉瑾，在檄文中歷數劉瑾的十七大罪狀。明武帝聞安化王起兵，馬上命都御史楊一清、宦官張永帶兵去鎮壓。出征途中，楊、張兩人經過密謀，決定返兵請皇上誅劉瑾以謝天下。他們見明武宗後，出示了安化王聲討劉瑾的檄文，並列舉了劉瑾其他種種惡行。經在身旁的臣僚的再三勸說，明武宗才決定逮捕劉瑾，在抄沒其家產時，抄出財物中有金 24 萬錠又 57800 兩，元寶 500 萬錠又 1583600 兩，寶石 2 斗，金甲 2 副，金鈎 3000，玉帶 4000，其他財物不計其數。還發現有私刻的皇帝印章，在隨身攜帶的扇子中發現匕首 1 把，明武宗這時才下定決心殺掉劉瑾，以結束這惡貫滿盈的宦官的一生。

劉瑾一生害死忠良在萬人以上。劉瑾死後，被害人家屬紛紛割劉瑾身上的肉食之，以解心頭之恨。

嚴嵩攬權

明武宗死時只有 31 歲，無子繼位，就立憲宗孫朱厚熜為帝，這就是嘉靖皇帝。這位 15 歲即位的少年天子，起先也想有所作為，實行了一段時間的「新政」，在革除積弊上也取得了一定的成效。但是，中年以後，嘉靖皇帝即移居西內，信奉道士方術，日夜尋求長生不老之術，這樣就為嚴嵩攬權提供了條件。

嚴嵩出生於寒士家庭，從小十分聰慧。18 歲中鄉試，25 歲中進士，列二甲第二名。27 歲時即授翰林院編修。不久，因病回老家隱居讀書，打下了十分深厚的國學根底。直到正德十一年（公元 1516 年）36 歲時，才還朝復官，開始了真正的政治生涯。

真正成為嚴嵩政治生活中轉折點的是嘉靖七年（公元 1528 年），這一年他被任命為禮部右侍郎，步入了上層官僚的行列。他善迎合帝

意，撰醮詞（祭禮、祈禱用詞）、青詞（道教做道場用詞）。他被嘉靖皇帝派往湖廣安陸（今湖北鍾祥）監立顯陵碑石。還朝後，嚴嵩上了兩道奏疏。一道奏疏敍述了河南災區的情況，稱「所在旱荒，盡食麻葉、樹皮，饑殍載路。人相殘食，旬日之內報凍死二千餘人」。另一道奏疏敍述途中所見祥瑞，說立碑時，靈風颯然。一呈祥瑞，一報災變，都使嘉靖皇帝對他產生極好印象。前者說明嚴嵩的體察民情、體恤民生，後者則預示着國運將興。

此後幾年，嚴嵩官運亨通，並且得以不斷地接觸嘉靖皇帝，有時一日三四次。嘉靖二十三年（公元 1544 年），64 歲的嚴嵩成為首輔，先後加太子太傅兼禮部尚書、謹身殿大學士、少傅、太子太師、少師，獲得了文臣所能得到的最高榮譽職位，且官位一大堆。但當時他在朝廷的地位還沒有真正鞏固，其間一度還因有人彈劾而被罷相。這以後，嚴嵩用種種手段鏟除了政敵夏言、仇鸞，才使朝中無人與之匹敵。

這時，嚴嵩開始對彈劾他的人進行殘酷的報復。名士沈鍊以為人正直著稱，曾上疏羅列嚴嵩的十大罪狀，說他是「擅寵害政」。嚴嵩由此大恨，反說沈鍊在知縣任上時犯有過失，將其謫至口外保安。沈鍊剛性不改，在口外天天大罵嚴嵩。嚴嵩大怒。過了一些年，嚴嵩派兒子嚴世蕃去囑咐新上任的巡按御史和總督，一起合計除掉沈鍊，答應積極參與其事的，「大者侯，小者卿」。事有湊巧，當時白蓮教徒多人被捕，招供出來參與謀反的人也不少，其中就有「沈鍊」其人。其實，此「沈鍊」絕非彼「沈鍊」，但這些人為了自己的所謂前程，竟藉機把作為名士的沈鍊殺了。

任兵部武選司郎中的楊繼盛，也是個十分正直的人，他曾上疏彈劾，論嚴嵩十罪五奸，主要是說他貪賄納奸、結黨營私、打擊異己。嚴嵩專權後，就將楊繼盛抓入獄中，後又故意把楊繼盛的名字附在就要被殺頭的原御史張經和李天寵之後，一併上奏給皇上。嘉靖也沒細看，以為只是御史張經案，糊裏糊塗地批了「可」字。楊繼盛臨刑賦

詩明志：「浩氣還太虛，丹心照千古。生平未報恩，留作忠魂補。」等到嘉靖皇帝發覺時，楊繼盛早已人頭落地了。

嚴嵩的權勢超過了明代在他之前的任何一個閣臣。他當權時，「江右士大夫往往號之為父，其後，外省亦稍稍有效之者」。晚年的嚴嵩對嘉靖皇帝也多有傲慢不恭，這是皇上所不能容忍的。嚴嵩 83 歲時，徐階等狀告嚴嵩及其子不法。結果嚴嵩被勒令致仕（退休），家產被抄沒，其子嚴世蕃以通倭罪被殺。嚴嵩回到江西老家後，過着淒苦的生活，到嘉靖四十四年（公元 1565 年）死去，終年 86 歲。

戚繼光抗倭

嘉靖中葉以後，東南沿海一帶的倭寇活動愈演愈烈，尤其是浙江、福建兩省，由於官兵征剿不力，倭寇出入無常，如入無人之境，引起了百姓的恐慌和朝廷的擔憂。嘉靖三十四年（公元 1555 年）七月，朝廷將開國元勳戚祥之後戚繼光調防東南，任浙江都司僉書，管理那裏的屯政，主要負責倭寇經常出沒的寧波、紹興、台州一帶的防務。戚繼光自幼立下了「封侯非我意，但願海波平」的宏願，這次調動正合他的心意。

戚繼光上任以後，一連上了好幾道《練兵議》，向上司請求創立新兵。起初，不少人都嘲笑他「多管閒事」。戚繼光嚴詞以對：「防務無閒事！」

在他的一再請求下，浙江巡撫才答應另撥三千紹興士兵，讓戚繼光訓練。不出半年，這支軍隊就發揮了很大的作用，舟山一帶的倭寇大為減少，後來在防守台州中也發揮了極大的作用。

嘉靖三十八年（公元 1559 年），戚繼光進一步向朝廷提出練兵計劃，得到朝廷批准後，九月，前往義烏募兵，一時應募者如雲。戚

繼光選拔士兵有其標準，他不要「城市遊滑之徒，只是用鄉野老實之人」。他選士兵的綜合素質有四條：體態豐偉、武藝精熟、聰明伶俐、力大如牛。在很短的時間內，戚繼光招募到了四千合格士兵，並將這些人集中到紹興進行訓練，這就是後來所稱的「戚家軍」的第一批骨幹。

「戚家軍」除十分重視武藝訓練外，特別重視思想教育。戚繼光對士兵說：「你們在家都是耕種的百姓，你們知道種地的艱難。現在你們吃了老百姓的糧食，能不為老百姓好好打仗嗎？」

士兵齊聲回答：「要為百姓打仗！」

戚繼光又諄諄教導說：「你們切切記住我一句話：你們是從百姓中來，又為解除百姓禍患而戰。」還問：「你們知道岳家軍嗎？」

士兵齊聲道：「知道岳家軍紀律嚴明！」

戚繼光說：「軍隊就是靠嚴明紀律打勝仗！我們要像岳家軍那樣，『凍死不拆屋，餓死不擄掠』。」

戚繼光自己每戰身先士卒。這樣教育出來的軍隊自然戰鬥力極強。戚家軍成了抗擊倭寇的「無不以一當百」的名聞天下的鐵軍。

「戚家軍」只組建幾個月，倭寇就大舉來犯，有倭船數百艘，倭兵近 2 萬人。當時，有大批倭寇由象山海口侵入奉化、寧海之間，並準備直攻台州。戚繼光在台州佈置了足夠的兵力，然後進剿寧海倭寇。敵人以為得計，大舉進犯台州。哪知戚繼光火速回師，與來犯之敵展開決戰。台州之戰歷時一個多月，斬殺倭寇 1400 餘人，溺海而死的倭寇有四五千人。這是抗擊倭寇史上的首次大勝。

浙江倭患終告解除，福建的倭患活動卻越來越猖獗。嘉靖四十一年（公元 1562 年）七月，戚繼光奉命率六千人的「戚家軍」，由溫州渡海至平陽，再由平陽抄小道抵達福建。戚家軍「號令金石，秋毫無犯」，民眾說：「今始見仁者之師矣！」所至簞食壺漿，爭相饋餉。戚繼光率軍殲倭寇數百，後追至林墩（今莆田），又在那裏全殲倭寇，落水淹死的倭寇就有 1000 餘人。戚繼光班師回浙後，倭寇還不死心，竊

自慶幸道：「戚老虎去，我又何懼？」一月後又捲土重來。於是，戚繼光又第二次率師援閩，使倭寇再也不敢動彈。

在浙江、福建倭患平息後，廣東的倭患又嚴重起來了。嘉靖四十四年（公元 1565 年）春，戚家軍又開赴廣東，水陸兩路並進，大敗倭寇於梅嶺。九月，戚繼光選了一個有利的日子，分左、中、右三路攻進南澳，幾乎全殲島上倭寇。

經過幾十年的努力，東南沿海的倭患終於平息了。

海青天

所謂「海青天」，指的是歷經嘉靖、隆慶、萬曆三朝的中國歷史上著名的大清官海瑞。

海瑞出身於「海南望族」。他自幼聰穎好學，有用世之志。17 歲入瓊山郡學學習，經常與二三好友一起研究學問，縱談古今，並作《訓諸子說》以抒發自己的非凡抱負。他立志：為人在世，惟務識真，要學聖賢，不做鄉愿！他屢試不中，後來家居不再追求功名。嘉靖三十二年（公元 1553 年），海瑞被授以福建延平縣教諭，也就是延平縣縣立中學的一校之長。到校以後，他立《教約》，作《規士文》，整頓紀律，嚴肅校風。他強調教官要為人師表，盡心教好學生，「若索取生員一錢，並為生員改洗文卷，決無輕貸」。

嘉靖三十七年（公元 1558 年），海瑞被授予浙江嚴州府淳安縣知縣，那時他已 44 歲。淳安是地瘠民貧之處，海瑞上任以後，立即定出《興革條例三十六項》，悉心規劃，認真丈量土地，度田定稅，均平賦役。同時雷厲風行，清查積弊，革除一切陋規，裁冗費，革冗役，懲貪官，肅吏治。他自己清苦度日，為母親做壽，只買肉兩斤，別無他物。淳安百姓頌之曰：「愛民如子，視錢如仇。」後來海瑞離開

淳安到江西興國任職，淳安百姓人人放聲大哭，如喪父母。

當時，浙直總督胡宗憲的兒子過淳安時，儀仗盛裝而行，以淳安不備供應、照應不周為由，吊打驛吏。海瑞得訊，當即下令拘禁了這位盛氣凌人的公子，並將他所帶的 4000 兩銀子沒收充公。接着寫信給胡宗憲，在信中故意說：逮得一人，胡作非為，還敢冒充貴公子，真不敢相信。胡宗憲接信後，有苦說不出，只得偷偷託人把自己的兒子接走了事。

海瑞在興國縣任上一年有餘，因功被薦，應召入京，升為戶部雲南清吏司主事。當時的嘉靖皇帝崇信道教，一意修仙，大興土木，勞民傷財。海瑞為求萬世之治安，上奏《直言天下第一疏》，這就是當時震動朝野、後人所言的「海瑞罵皇帝」。疏中明確寫出「嘉靖者，言家家皆淨而無財用也」，又寫道，「大臣持祿而外為諛，小臣畏罪而面為順，陛下誠有不得知而改之行之者，臣每恨焉，是以昧死竭忠，惓惓為陛下一言之」。此疏一出，上自九天，下及海內外，無不知有海瑞其人。在那個時代，觸犯皇上，是罪該萬死的事。海瑞買了棺材，告別妻子，遣散僮僕，從容赴朝。嘉靖皇帝當然大怒，只是迫於輿論的壓力，才沒有殺他。

嘉靖皇帝去世後，其第三子繼位，這就是隆慶皇帝。這時，海瑞出任江南巡撫。他主持頒行《督撫條約》《考語冊式》等，重在斥黜貪吏，搏擊豪強，厘正宿弊。當時，應天十府強宗巨室數量很多，土地高度集中。海瑞到江南，告鄉紳奪小民田產者不計其數。他下令退田，以調和社會矛盾。這一舉措由於受到大官僚徐階等的反對而推行不下去。海瑞也不得不回老家退居林下，達 17 年之久，這就是所謂的「海瑞罷官」。

到了萬曆年間，當其 72 歲高齡時，又一度出山，任南京吏部右侍郎，官階由正四品升為正三品。他一上任，就像當年一樣，首先抓官員擾民問題，主張用重刑嚴懲貪官污吏。在任上，海瑞因病去世，享年 74 歲。

張居正改革

隆慶六年（公元 1572 年），縱欲無度的隆慶皇帝朱載垕死去，年僅 10 歲的朱翊鈞即皇帝位，這就是有名的萬曆皇帝。當時的朝政由首輔張居正主持，萬曆皇帝的生母李太后也參與協理。每當萬曆皇帝不聽話時，李太后會說：「要是張先生（指張居正）聽到你那樣不聽話，會怎樣？」萬曆皇帝聽了很害怕。當張居正因父喪歸鄉里江陵時，朝廷大事專門派人「馳驛之江陵，聽張先生處分」。張居正還朝，一路上守臣率眾長跪，撫按大使越界迎接，身為前驅。張居正自己也以天下為己任。

張居正在萬曆初柄政的十年，可以說是「權侔帝王」了。正是憑藉着這樣一種權勢，張居正雷厲風行地推行了一系列改革措施。

張居正強調改革應首抓讀書。萬曆皇帝在張居正的倡導下，自少年起堅持讀書，一直到他的晚年。每天太陽升起的時候，萬曆帝就駕幸文華殿，聽儒臣講讀經書。讀一個時辰後，少息片刻，又開始學習史書，至午飯後才返回宮中，隆冬盛暑也從不間斷。少年皇上差不多有一半的時間是在讀書學習。張居正有時也以大臣的身份參與學習。一段時間中，明廷讀書氛圍甚濃，多少應歸功於張居正的倡導。

政治改革的主要措施，是萬曆元年推行的「考成法」，它是針對官僚作風和文牘主義而提出的，意在提高朝廷的辦事效率。按照「考成法」的要求，事必專任，立限完成；層層監督，各司其職，其特點是改變國家機器的運作機制。以內閣監控六科，以六科監控部院，以部院監控地方撫按。這樣，一改明初「一切權力全歸皇帝」的政局，而將相當大的一部分實權交給了內閣。這不能不說是一種進步。

而經濟領域的改革，一是清丈全國的田畝，二是推廣「一條鞭法」。這是萬曆初年整個社會改革的中心環節，也是最有成效和意義的。

清丈田畝，又稱「清振田糧」，目的是為了糾正田制混亂。這是繼洪武朝之後進行的又一次全國性的土地大清丈。當時下令在福建行試點，中心問題是為了改變有田者不交納稅糧，無田者苦於交納的怪現象。由於張居正態度堅決，萬曆帝又全力支持，福建的試點很成功，兩年便完成了。接着是趁熱打鐵，立即通知全國清丈。戶部就清丈的範圍、職責、政策、方法、費用、期限等制定了八項規定。歷三年之久基本完成，一下清丈出 140 餘萬頃土地，有些地方還新編了「魚鱗圖冊」。

推廣「一條鞭法」是當時經濟改革的又一齣重頭戲。其要點在於變通賦與役的徵收方法。這種方法，起於嘉靖，推廣於萬曆。唐代楊炎作「兩稅法」，將賦與役完全分開，到萬曆年間，張居正根據當時的實際情況，一是將賦、役、土貢方物完全合成一項，以家庭人丁狀況和佔有的田地實際狀況來分擔役銀。徭役一律徵銀，取消力役，由政府僱人應役。二是除蘇、杭、松、嘉、湖地區繼續徵收「本色」（即糧食）以供皇室和官僚食用外，其餘地區一律徵收折色銀。三是政府計算賦役額，以州縣為單位。四是徵收可直接由地方官吏收取，不必藉助里長等民間人士，即所謂「丁糧畢輸於官」。

變法阻力重重。先是有人威脅：「如此變法，觸犯官紳，將一敗塗地。」

張居正回答：「願以深心奉塵剎，不予自身求利益！」

有人主張：「應因地所宜，聽從民便。不該不分人戶貧富，一例攤派，更不便江北。」這裏所說的「民便」，實際上代表着有錢有勢一族的利益。

張居正明言：「一條鞭法，聖旨盡理，皆為方便，何分南北。」

張居正掃除思想障礙，使變法得以推進。據記載，「一條鞭法」到萬曆九年（公元 1581 年）時，已在全國各地「盡行之」，這標誌着整個改革取得了重大勝利。

「一條鞭法」是中國賦役制度史上的一件大事。統一的賦役，簡化

了徵收項目和手續，一定程度上抑制了豪強漏稅和官吏的貪污，有利於減輕貧民的負擔。尤其是賦役徵銀，既是商品經濟發展的必然，又促進了商品經濟的發展。

張居正為國事夜以繼日地奔忙，連 19 年未得見面的老父去世，他都未能服喪守制。萬曆九年（公元 1581 年），57 歲的張居正終於勞累病倒。萬曆皇帝為了表彰張居正的功績，在這一年，賜伯爵祿，加上柱國、太傅，後又進為太師。文臣生前沒有加「三公」的，只有死後才能贈與。而張居正在生前一人獨享「三公」之殊榮，這是一個特例。就在這一年的六月二十日，張居正病逝。一代名相謝世，皇上悲痛萬分，下令輟朝一日，舉國哀悼，賜祭九壇。

但是，一個正在走向沒落的王朝是無法人為加以挽救的。萬曆皇帝親自寫下的對張居正的讚詞墨跡未乾，第二年就開始製造反張居正的輿論。張居正逝世後的第四天，御史雷士楨等 7 名言官彈劾張居正薦臣潘晟，不久，言官把矛頭指向張居正。神宗於是下令抄張居正家，並削盡其官秩，迫奪生前所賜璽書、四代誥命，以罪狀示天下，還差點開棺戮屍。

萬曆皇帝的自毀改革成果，加速了明王朝的滅亡。然而國衰而思良臣。直到天啟二年（公元 1622 年），明熹宗為激勵臣下，又想起昔日的大功臣張居正，予以復官復蔭。然一切俱已晚矣！

古代中國的百科全書

中國古代藥物學巨星李時珍隕落兩個世紀後，進化論的奠基人、英國學者達爾文在讀了李著《本草綱目》的英譯本後，感歎地說：「這是一部古代中國的百科全書，它的價值是無與倫比的。」達爾文在論證他的進化論理論時，還引述了《本草綱目》中的相關資料。

其實，李時珍的學識和醫術，在古代中國早已名聲在外。有這樣兩則故事很能説明問題。

一是他 20 來歲時，遠行於楚地，忽傳楚王之子得了一種莫名其妙的「暴厥症」，一厥過去，久久不省人事。正在楚王府的眾多名醫束手無策之時，年輕的李時珍出現在楚王府。他為王子號了脈，然後用祖傳的草本之藥治癒了王子的病，而且不再復發。為此，他一度被徵為楚王府的奉祠正，專門從事藥物醫療。

另一個故事是説：有個王太僕，患了一種難言其苦的久痢溏泄之病，就是在接待客人時説便就便，既不雅又大傷元氣。李時珍住到了這個官員的家裏，了解他的飲食、起居、脾氣等，最後用巴豆丸 50 粒驅邪的大膽醫方，結合生活起居的改善，竟奇跡般地把該官員的病治好了。

其實，李時珍的更大貢獻在於他花 30 年的時光著述了 200 萬字的藥物學巨著《本草綱目》。為此，他翻遍了古今的醫書，踏遍了祖國的山山水水。他是醫學界「讀萬卷書，行萬里路」的典範。

有人説，李時珍的《本草綱目》是本草學的空前總結。《詩經》中可供藥用的植物只有 50 多種，到漢時的《神農本草經》上記載的可入藥的本草只有 100 多種。唐時出版的《新修本草》，也只有 360 多種。宋時有一些增加，但無大的突破。李時珍著《本草綱目》參考歷代讀物 800 多種，載本草 900 多種，把農夫、獵人、手工業者、礦工等人的實踐經驗加以總結，形成了自己在藥物學方面的觀點。

李時珍已有了生物進化的思想萌芽。在動物類藥物中，他把動物依次分成為蟲、鱗、介、禽、獸和人等部。這是極為了不起的見識，大致上與動物由單細胞到多細胞、由無脊椎到有脊椎進化的規律相合。

李時珍對人體的了解也是超乎尋常的。中國人一直以為「心」是主宰人體的中樞。在中國，正是李時珍首先提出了「腦為元神之府」的説法。

與李時珍同時代的畫家張路所繪的《老子騎牛圖》中的「老子」，

實際上是一個尋訪真知的老人的形象，與孜孜以求於百科知識的李時珍是相通的。

利瑪竇來華

　　隨着新航路的開闢，歐洲與中國之間的交往日益頻繁起來。明朝末期，不少歐洲傳教士紛紛漂洋過海來到中國。他們在傳播天主教的同時，也把西方文明帶到了中國。利瑪竇就是其中的傑出代表人物之一。

　　利瑪竇出身於意大利的貴族家庭。少年時代在家鄉求學，後進入羅馬神學院學習，20 歲時加入耶穌會。葡萄牙人佔領澳門後，澳門成了西方耶穌會來華傳教的一個據點。萬曆十年（公元 1582 年），30 歲的利瑪竇來到了澳門，第二年，他和另一個傳教士一起到廣東肇慶傳教，並徵得兩廣總督郭應聘的同意，建立了教堂。

　　利瑪竇為了傳教的需要，到中國以後，就穿起了中國服裝，並刻苦學習中國的語言文字。他還深入地學習中國的儒家文化，努力把天主教義與中國的儒家學說融合起來。萬曆二十一年到萬曆二十四年，他用中文寫成了通俗易懂的《天主實義》一書，其中許多宗教知識就是中國化了的，有的還用的是儒家的語言。為了進一步中國化，他給自己取了個中國名字，姓「利」，名「瑪竇」。後來，一些熟悉他的士大夫就叫他做「利先生」，或者叫做「利子」。其他來華的傳教士也紛紛學他的樣，取中國名字。

　　利瑪竇在廣東、南京、南昌等地傳教時，在教堂裏陳列了從歐洲帶來的自鳴鐘、三棱鏡、天文儀器，還有他親自繪製的世界地圖。他發現，來教堂參觀的士大夫對這些「西洋奇器」十分好奇，甚至產生了濃厚的興趣。這就使他開始有意識地把傳教與傳播西方科技文化結

合起來。這樣，經過利瑪竇和其他傳教士的努力，歐洲的天文學、數學、地理學、物理學、生物學、醫學，以及音樂、繪畫、建築等知識傳播到中國來了。由於他是個真正的「中國通」，萬曆二十四年（公元1596年），他被任命為耶穌教會在華首任會長。

萬曆二十八年（公元1600年）五月，利瑪竇與西班牙傳教士龐迪我起程北上，第二年一月，到達北京，萬曆皇帝在便殿召見了他。利瑪竇進獻了天主、聖母像及珍珠鑲嵌的十字架一座，自鳴鐘兩架，《萬國圖志》一冊，並向萬曆皇帝提出改革曆法的建議，這些都深得萬曆皇帝的歡心，准予他在宣武門內居住。就這樣，利瑪竇得以在北京堂堂正正地傳教和生活，教徒也日益多起來。

利瑪竇贈送給萬曆皇帝的《萬國圖志》，實際上就是世界地圖冊，是利瑪竇親自繪製的。這本地圖冊讓中國人大開眼界，大大改變了原先狹隘的「天下」觀念。有趣的是，為了迎合中國人的老大心理，利瑪竇把地圖上第一條子午線的投影的位置轉移，把中國放在了地球的正中。這樣，「中國」成了名副其實的中央之國。他擔心，如果不把中國放在地圖的中心，會招來種種責難 —— 應該說，他的擔心還是有道理的。這一幅世界地圖，使中國人初步了解了地圓、地球大小、地心說、五大洲、氣候五帶這些聞所未聞的說法，一些經典的譯名，如加拿大、古巴、羅馬、大西洋、地中海、北極、南極等，也一直沿用至今。

利瑪竇在華將近30年，他的傳教成就是巨大的。從萬曆十一年在廣州收第一個教徒起步，萬曆十三年發展到20個人，萬曆十七年發展到了80個人，萬曆三十一年發展到500個人，到萬曆三十三年發展到大約1000多人，到利瑪竇離開中國的萬曆末年，已發展到有1.3萬名教徒了。但比傳教意義更大的是傳播西方先進的科學文化知識，他和他的同事們在這方面做出的貢獻是怎麼也不能抹煞的。

當然，他在北京最大的收益是得以與早已結識、當時當上了閣老的徐光啟合作。他們的精誠合作，在中國歷史上，以至於中外文化交流史上，都有着重大的意義。

東林黨人

名相張居正去世以後，明王朝的形勢更是江河日下。萬曆十一年（公元 1583 年）起，萬曆皇帝一面不擇手段地搞臭張居正，一面「日夜縱飲作樂」，開始了所謂的 30 年「晏處深宮」的萬事不理的腐化生活。當時人形容這個萬曆皇帝是「每夕必飲，每飲必醉，每醉必怒」。明王朝處於風雨飄搖的危急境地中。

對時勢最為敏感的當數讀書人。議論風生的東林黨人，是那個時代有責任心的讀書人的傑出代表。

創建東林黨的代表人物是顧憲成。萬曆八年，顧憲成考中進士，授戶部主事，那時正是張居正革新時期。張居正死後，申時行、王錫爵等內閣首輔在朝中拉幫結派，排斥異己，敗壞吏治，而萬曆皇帝荒淫好色，不理朝政，這些都深深刺傷了顧憲成的心。顧憲成堅決主張罷黜奸佞之徒，起用正直大臣。萬曆二十一年（公元 1593 年）京察之時，顧憲成被任命協助考察京官，裁革了一批有權勢而又不合格的官吏。不久，顧憲成遷吏部文選司郎中。身為內閣首輔的王錫爵示意他的密友禮部尚書羅萬化入閣。顧憲成不能同意，上疏揭露其陰謀，並使其陰謀沒有得逞。

萬曆二十二年（公元 1594 年），顧憲成受命會推閣臣。在顧憲成推薦的名單中，有沈鯉、孫龍、孫丕揚、王家屏等，都是些敢於犯顏直諫的骨鯁之臣。當時的萬曆皇帝見推薦這些人入閣，心中很是不快。這時，王錫爵趁機在朝中散佈流言，說顧憲成在朝中徇私植黨。糊塗的萬曆皇帝先是把顧憲成降職問罪，後又廢籍，斥為民。

顧憲成回到了自己的家鄉無錫。無錫東門有一座東林書院，原是宋代著名理學家楊時講學之地，經歲月磨蝕，早已坍塌。顧憲成便斥資復修。萬曆三十二年（公元 1604 年）書院修成。顧憲成與同鄉好友高攀龍、錢一本（世稱「東林三先生」）在此講學，廣結天下的同仁，

造成了極大的聲勢。

顧憲成為東林書院立下了這樣的訓詞：「風聲雨聲讀書聲，聲聲入耳；家事國事天下事，事事關心。」東林學子諷議朝政，裁量人物，指陳時弊，銳意圖新，使書院以一個教育學術中心而兼具政治輿論中心之職。

東林書院實行門戶開放政策，廣泛吸收各地有志之士。會約規定，東林書院每年大會一次，每月小會一次，來者不拒。會議之間，有問有答，有商有量，可說「四書」某章，可論時事某件，可說朝中某人，縱意而論，毫無約束。而與會者往往藉此講壇抨擊朝政，訾議權貴，在社會上影響越來越大。尤其是在顧憲成講演時，常常是高朋滿座，甚至還有從千里之外趕來聽講的。一些在朝的正直的官吏也與之遙相呼應，並加以支持。於是，後來它的政敵就名之為「東林黨」。這樣，「東林君子」的人數就越來越多。顧憲成後來雖然人沒有再入朝，但與他持同一觀點的在朝官員當不在少數，他們朝野配合呼應，成為一股具有相當社會影響的政治勢力，而朝中的保守勢力，以至於反動勢力，一到時機成熟，定然是要消滅這些「東林君子」而後快的。

宦官魏忠賢

宦官的專權，是明朝政治的一大特點。而天啟年間大宦官魏忠賢的專權達到了登峰造極的地步，其殘忍性和腐敗性也是前所未有的，並直接加速了明王朝的滅亡。

宦官魏忠賢猖獗於明朝末年的天啟年間（公元 1621—1627 年）。為了主宰朝政，左右時局，魏忠賢用陰謀手段組建了龐大的、盤根錯節的閹黨集團。其時，內宮宦官王體乾、李朝欽等 30 多人，均係魏忠

賢死黨。外廷文臣崔呈秀、田吉、吳淳夫、李夔龍、倪文煥等為其出謀劃策，號為「五虎」。武臣則有田爾耕、許顯純、孫雲鶴、楊寰、崔應元為其充當殺手，號為「五彪」。吏部尚書周應秋、太僕少卿曹欽程等 10 人，號為「十狗」。除此之外，還有什麼「十孩兒」、「四十孫」，其徒子徒孫可說是不計其數。遼東、宣府、大同等各個軍事要衝，亦有魏忠賢的同黨把持。

魏忠賢遭到楊漣的彈劾，但倖免於難，於是開始藉熊廷弼事件，誣陷和迫害東林黨人。當時東林黨人在朝中有相當勢力，魏忠賢在作了充分準備後，就予其以無情打擊。魏忠賢把反對派百餘人開列名單，稱為邪黨。又將閹黨 60 餘人稱為正人。給事中阮大鋮別出心裁，作《點將錄》，以《水滸傳》中聚義領袖名號排東林黨人，如天罡星三十六人，有托塔天王李三才、及時雨葉向高、青面獸左光斗、浪子錢謙益等；又排出地煞星 72 人，有神機軍師顧大章等。經過一番輿論運作後，魏忠賢就對東林黨人大開殺戒了。天啟五年（公元 1625年）在朝中的一些東林黨領袖楊漣、魏大中、左光斗、顧大章等都相繼被投入牢獄。魏大中被押解吳縣時，吳縣人、吏部主事周順昌正在家中，挽留其在家中住了幾天，這對魏忠賢是公然的蔑視，魏忠賢馬上作出反應，派人抓捕周順昌。這時，蘇州發生民變，他們與前來抓捕的人發生衝突，後來蘇州五市民被處死，葬於虎丘，名為「五人之墓」。這說明，東林黨與魏忠賢的鬥爭已超出了朝廷的範圍，成為名副其實的社會鬥爭。

終熹宗一朝，權閹魏忠賢的勢焰已到了無以復加的地步。熹宗有個嗜好，愛幹木工活，每當他興致勃勃地做木工活計時，魏忠賢就拿出奏章文件請他審批，故意惹其不耐煩，便隨口說：「我都知道了，你就看着辦吧！」魏忠賢就此掌管朝政大權，舉凡天下之事，如宮廷營建、邊隘工程、軍事奏捷、境內捕盜，都歸於魏忠賢門下。天啟六年（公元 1626 年），宮內三大殿建成，這本與魏忠賢無關，但其黨徒卻奏稱此為魏忠賢之功，因此被晉爵上公、加恩三等。當時皇帝稱萬

歲，而魏忠賢稱「九千歲」。

一般建立祠堂是在身後，可魏忠賢卻七奇八怪地熱衷於建「生祠」。天啟六年（公元 1626 年），浙江巡撫潘汝楨首先上疏，請為魏忠賢建生祠。此疏竟然得到了熹宗皇帝的同意，於是，在全國隨即颳起了一股為魏閹大建生祠的歪風，誰要在這問題上略有怠慢，就會招來災禍。薊州道胡士容因「不具建祠文」，就馬上下獄論死。遵化道耿如杞因入祠不拜，也被立即處死。有人因在魏忠賢的生祠中說了句不中聽的話，也莫名其妙地被砍了頭。

魏忠賢特務政治的觸角一直伸向民間。在《明史》上記述了這樣一件事：一天，有四個人夜飲於一密室。酒飲到一定程度，其中一人微微有點醉了，就開口大罵魏忠賢，而其他三人一聲不響。罵聲未了，就有人將四人抓入魏忠賢住所，將其中罵魏忠賢的那人用酷刑殺死，而其他三人獎勵其金子。三人嚇得魂不附體，哪還敢去拿那金子。

當然，這樣的高壓統治是不會牢靠的。

天啟七年（公元 1627 年）八月，明熹宗朱由校病死，其弟朱由檢即位，他就是明代末帝崇禎。魏忠賢的靠山一倒，全國上下馬上群起而攻之，糾劾奏章交相迭至。嘉興貢生錢嘉徵在疏文中，列數了魏忠賢十大罪狀，其中有無視聖上、玩弄兵權、濫封爵位、虛邀邊功、傷害民財。朱由檢即位前，對魏忠賢也深知明了，因此對其十分戒備警惕。即位三個月後，朱由檢下詔將魏忠賢發配鳳陽。發配途中，又下令將其逮捕治罪。魏忠賢自知難逃一死，遂在途中自縊身亡了。死後，朱由檢還不放過，下詔將其「磔屍梟首」。磔屍，是把屍體肢解撕裂的一種酷刑；梟首是把頭割下來示眾。對魏忠賢這種惡貫滿盈的人來說，怎樣處置都不為過，老百姓聞之，個個拍手稱快。

崇禎二年（公元 1629 年），朱由檢又下詔，將魏忠賢案欽定為逆案，盡逐魏忠賢黨羽，案中列名者有數百人之多。

闖王李自成

　　明朝末年的政治腐敗、經濟衰竭、民不聊生，直接引發了農民大起義。明末農民大起義是從陝西開始的。當時，陝北地區發生大災荒，而明朝官吏仍然作威作福，要錢要糧，廣大貧苦農民忍無可忍，紛紛舉起義旗。在起義的各路隊伍中，闖王李自成領導的大順軍特別引人注目。

　　李自成是陝西米脂縣人。他出身於農民家庭，幼時曾出家為僧，還做過牧羊奴，十餘歲時父母雙亡。成年後，當過驛卒，初步顯現了他的勇謀和才氣。崇禎三年（公元 1630 年），李自成在米脂起義。第二年，起義隊伍在「闖王」高迎祥的領導下進入山西，並漸漸向全國發展。在高迎祥領導的各路起義軍中，李自成的軍事才能最為突出，被稱為「闖將」。

　　崇禎七年（公元 1634 年），朝廷為鎮壓起義軍，特設山西、陝西、河南、湖廣、四川五省總督，任命延綏巡撫陳奇瑜專力用各個擊破的手法，對起義軍實施圍剿。高迎祥的隊伍轉戰於山西、陝西、河南一帶，屢遭挫敗。

　　崇禎八年（公元 1635 年），各路主要起義軍被明朝的五省總督洪承疇的官軍包圍在河南。為了打破包圍，各路軍首領在榮陽舉行軍事聯席會議，號稱 13 家、72 營大會。會上討論如何對付官兵，意見分歧，難成決議。這時，作為高迎祥部下的李自成站起來，大聲說：「在當前形勢下，我們有十萬大軍，官軍奈何得了嗎？現在的出路是分兵出擊，使官軍首尾不能相顧，那樣不只突圍能成，就是徹底擊敗官軍也是可能的。」李自成互相策應、協同作戰、分兵突圍的戰略方針，得到了一致贊同。會後，起義主力在高迎祥帶領下，兵分三路，向東猛進，十天內轉戰千里，突破重圍，直指安徽鳳陽。

　　崇禎八年（公元 1635 年），義軍一舉攻克鳳陽，燒毀了皇陵，在

政治上給明王朝以沉重的打擊。休整三天後，先是西進，接着南入湖廣。第二年，在黑水谷伏擊戰中，高迎祥被俘後遇害。李自成被擁立為闖王。他接過繡着「闖」字的戰旗，率領七萬戰士繼續戰鬥。後由於起義軍各派之間意見不一，有的還投降了官軍，形勢一度很不利。李自成也全軍覆沒，等待時機東山再起。

崇禎十三年（公元 1640 年），河南的災情更加嚴重，李自成又在商洛山區高舉闖王大旗，東出河南，饑民加入起義隊伍者幾十萬人。這時，參加起義軍的河南文士牛金星向李自成獻策，提出「均田免糧」的口號。這個口號一提出，農民像潮水般湧向李自成的起義軍。民間到處在唱：「吃他娘，穿他娘，開了大門迎闖王，闖王來了不納糧。」

崇禎十四年（公元 1641 年）一月十八日，起義軍攻破洛陽，殺死民憤極大的福王朱常洵，接着又進軍開封。第二年五月，在朱仙鎮會戰中，殲敵十餘萬，繳獲馬匹兩萬餘和其他大量軍事物品。從此官軍再也無力主動進攻了。

崇禎十六年（公元 1643 年）正月，李自成建立了大順農民政權，改襄陽為襄京，自稱「奉天倡義文武大元帥」，還任命了各級官員。三月，李自成被推舉為「新順王」。

崇禎十七年（公元 1644 年）正月初一，李自成正式在西安建國，國號大順，年號永昌，造甲申曆。二月，李自成親率精兵強渡黃河。三月十七日，大軍進圍北京，崇禎帝眼看大勢已去，自縊於煤山（今景山）。十九日，李自成大軍進入北京。

◆ 註釋：

① 中國歷史上歷朝稱號的定名各不相同，有的依初起事的地名，如秦、漢等；有的依初封的爵邑，如隋、唐等；有的取義於經書，如元代取義於《易經》「大哉乾元」；而朱元璋選定「大明」國號源於韓山童父子之「明王」，明王出典於明教經典《大小明王出世經》。以「明」為國號，象徵着光明和真理。

② 《明史·文苑傳》中說徐一夔曾參與修禮書，後有人薦其修《元史》，辭而不至。任杭州教授後，皇上將授以翰林院官職，他又以足疾固辭，可以看成是個與當局不合作的士人。《明史》是清朝初年修撰的，對徐一夔的結局避而未書，原因當然是因為清初文字獄正盛，怕有影射之嫌。而在黃溥的《閒中今古錄》中有原原本本的記述，從朱元璋的為人為政看，相信是真實的。

③ 《明史·鄭和傳》：「成祖疑惠帝亡海外，欲蹤跡之。且欲耀兵異域，示中國富強。永樂三年六月，命和及其儕王景弘等通使西洋，將士卒二萬七千八百餘人。」永樂三年六月派鄭和下西洋，剛巧是建文帝下落不明的兩周年。在這敏感時日有這樣的大舉動，很可能與尋找建文帝下落有一定關係。

④ 「西廠分命諸校，廣刺督責，大政小事，方言巷語，悉採以聞。自諸王府邊鎮及南北河道，所在校尉羅列，民間鬥毆雞犬小事，輒置重法，人情大擾。」（《明史·汪直傳》）

第三十二卷

帝國末路

16—17世紀的中國，正處於社會劇變的前夜，即所謂的「山雨欲來風滿樓」的時期。除了民眾和作為社會脊梁的志士仁人繼續用自己的血汗書寫着歷史外，一切都在說明着，這個封建帝國已經走上了它的末路。它的滅亡和新的社會制度的產生，是必然之勢。如果沒有清一代，新制度的到來會更快些。清代300年，延續了行將就木的這種制度的壽命，加劇了舊制度下呻吟着的民眾的痛苦。清代的康乾盛世的「強大」，只是這種制度的稍縱即逝的回光返照而已。

前所未有的嚴酷到了毫無人性和人道可言的「文字獄」，把人們推向了苦難的深淵，折射出了這一王朝的無比虛弱和不可終日的惶恐。「八股取士」制度，既桎梏了人心，又摧殘了人才，使多少人成為這一制度的殉葬品。閉關鎖國，除了說明整個統治層的無知與自大外，只能表明它面對世界時的虛脫和不安。和珅巨貪案的披露，雄辯地說明了這個王朝的官僚層已經腐敗到了何等田地，它的骨架子全都散了，只等待着憤怒的民眾給予致命的一擊。

清代的歷史還在延續着痛苦，而新的思想、新的觀念、新的制度、新的治世方略，也正在歷史的陣痛中孕育。

清帝國的建立

　　清人的前身是女真族人。女真人長期居住在中國的東北地區。女真各部分裂渙散，派系林立，互相殺掠。據《滿洲實錄》所記，女真族有三大系統：建州女真、海西女真、野人女真。各系統又分為若干部，各部人丁多少不一、地域廣窄不等。大大小小數百部族城寨的女真，人丁總共只有六七萬。

　　努爾哈赤是建州女真族人，他領導着一個只有 30 丁的微弱小部。可是，在群雄爭長、兼併盛行、四面皆敵的險惡形勢下，努爾哈赤卻在 30 年的時間裏，力挫群雄，完成了幾百年沒有完成的女真各部統一的偉業，創造了歷史的奇跡。

　　女真族長期處於落後和被欺壓的地位，一旦強盛起來，自然會有一種復仇心理。努爾哈赤 25 歲的時候，父親和祖父統統被明朝的遼東總兵李成梁殺害。作為一個小小的部族頭領，面對擁兵百萬的明王朝，能有什麼作為呢？努爾哈赤只得把仇恨深埋在心裏。他表面上竭力效忠於明王朝，從萬曆十八年到萬曆二十六年的九年之間，他竟五次親自入京朝貢，足以說明他的謀略之深。在此同時，他又在招兵買馬，網羅能人才士，招徠機智忠貞、武藝超群之人，積極準備待時而起。

　　經過數十年的苦心經營，女真族成了轄地廣闊、綿延數千里的大邦。明萬曆四十四年（公元 1616 年），在八旗貝勒大臣集會上，努爾哈赤坐上了「承奉天命覆育列國英明汗」的寶座，簡稱「英明汗」，相當於漢人所說的「英明領袖」。同時宣佈建國，定國號為「後金」，年號為天命，這一年就是後金天命元年（公元 1616 年）。同時，30 多年的血戰帶來了另一重大後果：古老的女真族孕育出了新的民族共同體——滿族，而滿文的創制，就是一個明顯的標誌。

努爾哈赤再也按捺不住了，後金天命三年（明萬曆四十六年，公元 1618 年），他以「七大恨」誓天，發軍征明。「七大恨」的核心是：明王朝欺凌女真，尤其是殺害其祖父、父親；明王朝反對女真族統一，維持「各自雄長，不相歸一」的局面。這是有極大號召力的，三軍將士個個奮勇殺敵。而此時的明王朝已是日薄西山，氣息奄奄了，在滿族大隊人馬的衝擊下，龐大的明王朝不堪一擊。

明萬曆四十七年（公元 1619 年）三月，明軍與努爾哈赤的大軍會戰於薩爾滸（今遼寧撫順市東大伙房水庫所在地），明軍十二萬人馬大半被殲，大將杜松也被斬首。

天命十一年（明天啟六年，公元 1626 年），鞍馬勞頓的努爾哈赤去世，皇八子皇太極立為新汗，尊稱為「天聰汗」，第二年稱為天聰元年。

天聰三年（明崇禎二年，公元 1629 年），皇太極第一次突破長城，千里奔襲，大軍直抵北京城下。明崇禎九年（公元 1636 年），皇太極又改元崇德，這是他稱帝之始。

崇德五年（明崇禎十三年，公元 1640 年），皇太極發動了松錦之役，以消滅明主力。洪承疇、祖大壽投降，明廷差不多全軍覆沒，吳三桂等殘兵敗將逃入寧遠。明王朝的滅亡指日可待了。

崇德八年（明崇禎十六年，公元 1643 年），皇太極於八月初九病逝，在多爾袞提議下，六歲的皇九子福臨繼位，他就是清世祖順治皇帝，第二年，即是順治元年（公元 1644 年）。這時，明王朝也在起義軍李自成的打擊下，滅亡了。

順治皇帝在攝政王多爾袞的扶持下，以五萬滿洲兵丁為核心，加上數萬蒙古軍，又利用較早歸順的孔有德等漢軍，先後消滅了大順、大西、南明政權，到順治十八年（公元 1661 年），基本統一了全國。

駭人聽聞的大屠殺

努爾哈赤以「七大恨」誓天發兵出征明王朝，再加上落後部族歷來殘殺成性，這就決定了清在統一全國過程中，充滿着血腥的屠殺。史稱，清廷統治者從努爾哈赤、皇太極，到多爾袞，都以兇悍殘忍著稱。

清初的統治者，一遇抵抗，破城之後不分軍民，不論參與抵抗與否，通通屠殺或掠取為奴婢。努爾哈赤勢力發展以後，大殺遼民，除少數逃回關內的外，關外的漢人被努爾哈赤全數殺戮。皇太極圍攻軍事重鎮錦州之時，圍而不攻達一年之久，破城之後，斬殺全數明軍，並公然命官兵搜殺三日，婦孺也未能倖免。清軍攻佔濟南城，城中積屍 13 萬具，運河的水也被染紅了。

順治二年（公元 1645 年），清軍南下，即開始大肆殺戮漢人，演出了一幕幕慘絕人寰的屠城悲劇。多爾袞曾代表滿洲貴族發佈「屠城令」，清軍血洗江南、嶺南。屠江陰，屠崑山，屠嘉興，屠常熟，屠海寧，屠廣州，屠贛州，大軍一路前行，就一路地殺戮過去。當時，清軍幾乎將四川人殺盡，於是後來才有「湖廣填四川」之說，大屠殺後實行前所未有的大移民。

清軍圍揚州，督師史可法固守孤城。清軍先後五次致書實行誘降，史可法不為所動，後來連續來信都不啟封。揚州軍民奮鬥七晝夜，城破之後，實行巷戰。清軍佔領以後，改三日屠城為「十日不封刀」，是見人就殺，80 萬城民成為刀下之鬼。史可法被俘，敵人還是勸降，史可法大義凜然，說：「我中國男兒，安肯苟活，城存我存，城亡我亡，我頭可斷而志不可屈！」由是，英勇就義。

清軍攻破崑山城，在城內實施了大屠殺，有千餘婦孺逃出城去，藏匿於崑山山頂之上。入夜，清軍實行搜山，一時沒有發現這些婦女。但是，這時有一孩童不知是害怕還是什麼的，放聲哭了起來。清軍聽到哭聲，循聲而上，硬是把這千餘婦孺殺了個乾乾淨淨，文獻記

載說，「血流奔瀉，如澗水暴下」。

清軍轉戰燒殺三十餘載，才初步平定了中國。這短短的 30 多年間，使中國的人口從明朝天啟三年（公元 1623 年）的 5160 萬，銳減到順治十七年（公元 1660 年）的 1900 萬。整個中國可以說是「縣無完村，村無完家，家無完人，人無完婦」，魯迅歎道，「滿清殺盡了漢人的骨氣廉恥」。

「剃髮」弊政

被稱為清初「五大弊政」的是「剃髮、易服、圈地、投充、逃人」五事，而弊政之首就是強行按滿人習慣「剃髮」。

滿洲習慣，男子將頂髮四周邊緣剃去寸餘，中間保留長髮，分三綹編成長辮一條，垂於腦後，名為辮子。而漢人在頭髮上的文化觀念完全不同。從孔夫子起，就有「身體髮膚，受之父母，不得損傷」的觀念。在人的一生中，除非犯了罪被強行剃髮外，頭髮是不能隨意剃去的。漢人將自己的全部頭髮束成一束，垂於身後。「剃髮」不只被認為是奇恥大辱，而且被認為是辱沒了祖宗成法。

多爾袞入主中原以後，被勝利衝昏了頭腦。他竟強行下令漢人剃髮。順治二年（公元 1645 年）的六月十五日，他以禮部的名義下了一道諭令：在被征服的各省區的所有漢人，一律要按滿族的規矩剃髮，不剃的人，要按逆命罪處死。[①]

這是一道極端傷害廣大漢族民眾感情的野蠻政策，馬上激起了全民的憤慨，人們紛紛起來反抗。

清軍攻克南京後，江陰知縣林之驥、參將張宿早已逃之夭夭。清政府派來的知縣方亨，一到衙署便清查戶口、傳令軍民三日內一律剃髮，此舉引起了江陰民眾的公憤。順治二年（公元 1645 年）閏六月初

一，江陰的士人召集百姓匯集在孔廟明倫堂前，誓言：「頭可斷，髮決不可剃！」當時吼聲如雷，群情激憤，他們衝向縣府，亂刀把方亨砍殺了，還推參與起事的典史陳明遇為城主，陳明遇又請前任典史閻應元組織守城，宣佈反清。商人盡獻資財，支持義軍，附近的鄉民也荷戈負糧入城備戰。降將劉良佐領兵數萬前來鎮壓，屢攻不下，於是到城下勸閻應元投降，得到回答：「有降將軍，無降典史！」清軍恭順王孔有德、貝勒博洛、尼堪攜紅衣大炮攻城，江陰城前後抵抗八十天，終於陷落。清軍入城後，惡狠狠地宣佈，屠城三日，「滿城殺盡，然後封刀！」計被殺者在 17 萬人以上，幸存者僅幾十人。

由剃髮令而引發的反抗鬥爭還發生在嘉定。當時，清廷派張維熙任嘉定知縣，強令數日內一律剃髮。這年的閏六月十九日——也就是江陰民眾起事的 18 天後，嘉定民眾舉起了反清的義旗。清廷調集十萬大軍前往鎮壓。三日後城破，清軍命令屠城三日，被殺者不可計數，護城河中浮屍多得船行竟無處下篙。七月初十後，士民幸脫者漸漸入城，江東朱瑛自稱遊擊將軍，率 50 人入城，重新舉起義旗。二十六日，清軍第二次入城，再一次屠城。八月十六日，清軍第三次屠城。這就是歷史上有名的「嘉定三屠」，民眾堅持 43 天，被殺人數在 2 萬人以上。

反剃髮鬥爭如此激烈，抗清烽火燃遍了大江南北。多爾袞大羞大惱，實施更加瘋狂的屠殺政策，但收效甚微。直到多爾袞死去，反剃髮鬥爭仍風起雲湧，全國統一的局面至少推遲了十四五年。

順治帝親會達賴五世

1644 年十月初一，愛新覺羅‧福臨祭告天地，成為清朝入主中原後的第一代皇帝，他就是順治帝。

順治帝登極時，只是個 6 歲的娃娃皇帝，由大臣多爾袞攝政。在多爾袞的主持下，順治帝擊敗了李自成、張獻忠兩支強大的農民起義軍；決策江南，擊潰了南明小朝廷的抵抗，實現了全國的基本統一。

順治七年（公元 1650 年），攝政王多爾袞病逝，14 歲的順治帝雄心勃勃地踏上了親政之路。

順治是個有能耐、有心計的皇帝。他懂得，要使國家長治久安，善處民族問題是極重要的一着，因此，他在宣佈「滿、漢之人，均屬一體」這樣的大政方針的同時，馬上提出了「召達賴來京」的戰略步驟。他懂得，西藏之事，關係到統一大局！

強化與西藏的聯繫這步棋，早在順治親政之前就已在走了。崇德八年（公元 1643 年）皇太極就遣使赴藏，向達賴「表示敬意」。順治二年（公元 1645 年），多爾袞就以順治之名頒發「恩詔」，「准予藏人進京朝貢」。順治三年（公元 1646 年），達賴等西藏的政教領袖派代表來京，向皇帝「上表請安」。順治四年（公元 1647 年），多爾袞又遣使赴藏，作為對達賴來使的回訪。順治五年、六年雙方也都有往來。

順治親政後的當年就做出了大動作。在數月間接連兩次向達賴發出來京的邀請書。在順治帝的盛情邀請下，達賴率一個龐大的 3000 人的代表團上京。在當時的條件下，從西藏的拉薩到北京大約要一年的時間，順治帝馬上大興土木，在安定門外為達賴建造黃寺，作為其來京後的居所。另撥 9 萬兩白銀，作為達賴在京的供養費。

「我要親自到邊遠地去迎接他。」豪氣沖天的順治帝在朝會時宣佈。

「不可，一個達賴來京，用不得驚動聖駕。」幾個大臣異口同奏。

「為何不可？達賴不遠千里而來，我難道『恕不遠迎』嗎？」順治帝還是堅持着。

這時，大學士洪承疇站了出來，說：「皇上要去遠迎，可見皇上對達賴的格外恩寵。但是，臣昨夜觀察星象，發現天象昭示人主近日不可遠行，望皇上三思。」

順治帝還是迷信的，被洪承疇這麼一說，沉默良久說：「天命不可

達，那就讓身壯體健的大臣為朕代勞罷。」

順治十年（公元 1653 年）一月十四日，達賴一行人馬來到京城，順治帝親自到郊外的南苑迎候，並舉行了盛大的宴會。之後的兩個月裏，順治帝每臨朝，不管達賴是否上朝，都為他設了專座。到第二年二月，達賴因水土不服，請求回藏。順治帝批准，令全體文武百官為之送行，臨行，還賜以封號、金冊、金印，印文為漢、蒙、藏三體。

從此，「達賴喇嘛」的名號正式由中央政府確定下來了。

達賴五世的進京是中華民族發展史上的一件大事，也是一件盛事，值得大書。

鄭成功收復台灣

鄭成功是泉州南安（今福建南安縣）人。順治三年（公元 1646 年），清兵南下入閩，鄭成功起兵反清，一度在東南沿海有很大的勢力，給清兵以沉重的打擊。順治十六年（1659 年），鄭成功與張煌言聯合，自任招討大元帥，率十七萬大軍大舉北上，克長江門戶鎮江，圍困南京。但因鄭成功的輕敵而戰敗，大軍退守廈門。順治十七年（公元 1660 年），在廈門大破清軍。為了立住腳跟，鄭成功決定收復台灣，作為抗清基地。

清順治十八年（公元 1661 年），鄭成功親率三萬大軍，分乘 200 餘艘船隻，從金門起航攻打荷蘭殖民軍。經過一年多的戰鬥，荷蘭殖民軍向鄭成功投降，被荷蘭殖民者侵佔長達 37 年的祖國寶島台灣勝利收復。

鄭成功收復台灣後，在台灣建立了政權，推行積極開發的政策，頒佈開墾土地條例，並鼓勵沿海人民移居台灣。經過一段時間的努

力，台灣的社會經濟得到了恢復和發展。在戰鬥中身心俱瘁的鄭成功，在收復台灣後去世了，年僅 39 歲。

鄭成功死後，其子鄭經繼位，鄭氏集團內部的種種矛盾日益加深，鄭經與其叔父鄭襲為爭奪權力而發生火併，政治上越來越走下坡路。許多士兵和將領感到沒有出路，都渡海歸降了清朝。鄭氏政權也在內部矛盾中一再易主，而原先使用的「反清復明」的口號已失去了它的現實意義，鄭氏政權的倒台也就成為自然之事了。

康熙二十二年（公元 1683 年），由福建提督施琅為主帥，率戰船 300 艘，水師 2 萬，自福州出海進攻澎湖、台灣，鄭氏大將劉國軒率 2 萬人馬抵抗。開戰後，雙方炮火矢石交攻，有如雨點，煙焰蔽天，咫尺難辨。後突然南風大作，大火颳向劉國軒軍一邊，使劉軍不戰自亂，施琅趁勢發起總攻。劉國軒大敗，只得退守台北。施琅派人前去勸降，劉國軒見大勢已去，就首創降議。其時，當政的是鄭成功的孫子，見主帥言降，無其他出路，遂向清廷上表求降。這年的八月，清軍很順利地進駐台灣全島，台灣與大陸復歸統一。台灣平，捷報傳至清廷，清廷加封施琅為靖海將軍，封靖海公。

康熙二十三年（公元 1684 年），為了加強對台灣地區的行政管理，在台灣設台灣府，下設台灣、諸羅、鳳山三縣，隸屬於福建省，並派兵 8000 人駐防，設總兵 1 員，副將 2 員，在澎湖派副將 1 員，統兵 2000 人駐防。

乾綱獨斷的君權

清統治者入主中原、統一全國後，也覺得單靠原先那種相當粗野的，甚至原始的方式要統治偌大一個中國是不行的。他們從被滅亡的明代的統治術中汲取養料，形成了比明代有過之而無不及的君權專制

統治機構。皇帝「乾綱獨斷」，一切都得以其意志為轉移。皇帝誅殺異己，不斷削弱八旗旗主的權力，增添新的有利於強化皇權的機構，使君主獨裁比明代更進一步。說「清承明制」，毫不為過。

康熙皇帝親政後，設立了內閣制度，這一制度一直延續到清末。內閣設有大學士、協辦大學士、學士、侍讀學士、中書等官員。大學士加「三殿」（保和殿、文華殿、武英殿）和「三閣」（體仁閣、文淵閣、東閣）名稱，各有不同的職責和分工。內閣的任務是輔佐皇帝處理國家的政務，居六部之上。清初，官員的奏摺必須通過內閣的票擬，才能送到皇帝手中。康熙帝覺得內閣的權力過大，於是實行避開內閣的奏摺制度。即凡有奏摺權的官員（不是所有官員都有這種權限），由皇帝發給摺匣，匣加鎖，鑰匙由皇帝和官員本人各執一把。官員具奏時，奏摺直送御前，皇帝親覽批示後派專人將奏匣送回，這樣在奏事上完全避開了內閣的牽制，皇權大為強化了。

康熙十六年（公元 1677 年）十月，康熙在皇宮內乾清門左階下設置了「南書房」，在翰林等官員中「擇詞臣才品兼優者」入值。值者稱「南書房行走」，除陪伴皇帝賦詩填詞、寫字作畫外，還兼秉皇帝旨意起草詔令，這樣，又把內閣原先的起草詔書的權力收到了皇帝身邊。

到雍正皇帝時，君主權力達到了登峰造極的地步。

雍正年間，由於連年對西北準噶爾部用兵，往返軍報頻繁，而內閣辦公地點在太和門外，距內廷相當遠。雍正十年（公元 1732 年）以此為藉口創設了處理軍機事務處，簡稱「軍機處」。這個機構權力漸漸擴大，成為凌駕於內閣和議政大臣會議之上的最高權力中樞。這樣，內而六部卿寺，及九門提督，內務太監之敬事房，外而十八省，無事不匯總於軍機處。軍機處直接由皇帝本人控制，皇帝有要事召見軍機大臣時，連太監也不許在側。軍機處有官無吏，全部工作由軍機大臣主持，軍機章京辦理，職官簡練，辦事迅速。其地位極顯赫，但如果皇帝不滿，隨時可以罷職。因此，它實際上仍是皇帝一人專權的附庸。

《明史》案

　　清代實施前所未有的高度的君主專制獨裁統治，必然導致文化專制主義，大興文字獄就是文化專制主義的最集中表現。清代文字獄次數之多，處罰之嚴，株連之廣，實為歷代之罕見。從康熙到乾隆，前後 120 年，據不完全統計，大小案件有 90 多起，大部分集中在雍正、乾隆年間，其中乾隆四十三年到四十七年的五年間，就有將近 40 起，對文化的破壞是空前的。

　　康熙二年（公元 1663 年）的《明史》案，可稱為有清一代的第一冤案。

　　當時浙江湖州富商莊廷鑨，是個出了名的儒商，除了經商有道外，還喜歡舞文弄墨，尤喜蒐集各種有價值的稿本，有時為了附庸風雅，還在自己修訂過的別人寫的文稿上署上自己的名號。明末大學士朱國禎的家，至清順治時已衰落不堪，其子孫不能守祖宗之書稿，於是，將一部朱國禎寫的記述明朝歷史的稿本以千金售予莊氏。此時，莊廷鑨已是個雙目失明，但為了沽名釣譽，他請當時的名士茅元銘、吳炎、吳楚、吳之銘、張雋、唐元樓、嚴雲起、韋金佑、蔣鱗徵等人增補了朱國禎書稿中所缺的崇禎朝和南明的那段歷史，書稿修訂完成後，改書名為《明史輯略》，請當時的大儒李令哲作序，並署上了自己的大名。但是，未等此書刊刻出版，莊廷鑨就去世了。

　　莊廷鑨在這部書中如實地寫了滿族先祖與明王朝之間的隸屬關係，說清先世曾臣服於明廷，受官襲爵，聞命即從。字裏行間多忌諱之處，如稱孔有德、耿仲明降清為反叛，稱後金（清）太祖努爾哈赤為建州都督，寫天命、崇德史事不用後金年號，而對南明唐王隆武、桂王永曆等年號則大書特書。其實，諸如此類在清廷朝野一直諱莫如深，有涉此項內容的書刊也被嚴加禁毀，經過 20 年的粉飾，年輕人不知道這些，年長的不敢對此說三道四。此書一出，頗有一點社會影響。

當時，有歸安知縣吳之榮因罪罷官，他於閒散無事中讀了此書，讀着讀着，他忽然心生一念：若將此書中的反清言辭加以告發，豈不可以將功贖罪，官復原職？於是，便向當地的一位將軍松魁告發，但是，莊氏家族中人先走了一步，莊氏納重賄買通官府，使之一時免於受災。並馬上請人修改文稿，將有損清廷形象的詞句全數刪去，重新刊印。吳之榮還是不肯罷休，在市中購得初版書，直寄清廷當局。因告密有功，吳被擢升為右僉都御史。當時康熙還未親政，主政的鼇拜即興起了文字大獄。

清廷命立即將此書銷毀，民間有收藏的即日上交，拒交者格殺勿論。當時，莊廷鑨已死，於是實施剖棺戮屍。凡是參與編纂或在卷首列名者（有許多人其實僅是個虛名，並未參與其事），以及為莊書作序、刻字、校對、印刷、售賣的，甚至買到此書者，無一倖免，被處死者 70 餘人，發邊地充軍者數百人，婦女亦不倖免。莊家當然是誅滅全族了。

《南山集》案

康熙五十年（公元 1711 年），又發生了震驚士林的文字大案《南山集》案。這也是因涉及清的早期歷史而遭禍的。

翰林院編修戴名世（公元 1653—1713 年），安徽桐城人。喜讀《左傳》《史記》，在中進士和擔任編修以前，曾着意網羅佚文，搜求明朝野史，訪問遺老，著成了《南山集》一書。當時，事實上也無意於反清，只是出於書生的學問之道而已。

在《南山集》中，當論及南明史事時，用了南明的弘光、隆武、永曆這樣一些年號。這也不是他的發明，他在讀方孝標所著的《滇黔紀聞》一書時，發覺書中就是以此為三帝立本紀，他覺得這樣處理比

較妥當，就原封不動地將方書中的論述錄入了。而且戴名世還有這樣一種主張：清朝應從康熙元年算起，在這之前，南明還存在，順治朝是不能算做中國王朝之正統的。

戴名世請友人尤雲鍔、方正玉、汪灝、朱書、余生等過目，大家都説好。於是，尤雲鍔、方正玉、汪灝、朱書、劉巖、余生、王源等作序，而尤雲鍔、方正玉兩人捐資，將這部書刊印了。刊行後，書版藏於大文學家方苞家中。

事情已經過去許多年了。到康熙五十年（公元 1711 年）時，左都御史趙申喬告發了戴名世，言其所著《南山集》「語多狂悖」。康熙皇帝把書找來看後，認為問題很嚴重，定為「罔視君親大義」。經九卿合議，定為「大逆」。

戴名世被處以最殘酷的寸磔之刑。家族成員全都被殺頭示眾，沒有及冠的少年和嬰兒，全都充軍到邊遠地區去。

尤雲鍔、汪灝、方正玉、劉巖、余生，因為為這本書作序，被處以絞刑。

方苞私自收藏書版，同樣處以絞刑。

當時作《滇黔紀聞》一書，並有很多資料被戴名世所轉引的方孝標已死，但仍將屍體取出腰斬。其子方登嶧、方雲派，孫方世樵，一律處死。這些人真是死得不明不白，冤哉枉哉！戴名世獲罪，與方家何干？清廷當局哪管這些，格殺勿論。

與戴名世案相關的一些官僚也倒了霉，尚書韓炎、侍郎趙士麟、御史劉灝、淮揚道王英謨、庶吉士汪份等 32 人，分別降謫。

這一文字獄單是被株連而死的就有百來人，還不包括受到這樣那樣處分的人。

康熙設「千叟宴」

　　清聖祖愛新覺羅・玄燁（公元 1654—1722 年）是福臨第三子。順治十八年（公元 1661 年）正月福臨病死，遺詔在其祖母孝莊文皇后親自主持下即帝位，時年 8 歲，年號康熙。即位後由索尼、遏必隆、蘇克薩哈、鰲拜四大臣輔政。鰲拜乘其年幼，廣植黨羽，排斥異己，擅權跋扈。他提出「率循祖制，咸復舊章」的口號，廢內閣、翰林院，恢復內三院。繼續推行圈地，反對滿族學習漢文化和任用漢臣。

　　康熙六年（公元 1667 年），14 歲的玄燁開始親政，鰲拜集團仍把持朝政，並殺蘇克薩哈。康熙八年（公元 1669 年）五月，康熙出其不意逮捕鰲拜，宣佈其罪狀 30 條，革職拘禁，其黨一網打盡，為被鰲拜害死的輔政大臣蘇克薩哈昭雪，甄別官吏。並立即下詔永停圈地，宣稱滿漢軍民應一律對待，凡所圈旗地，立即退還漢民。改三院為內閣，獎勵百官上書言事。同時獎勵墾荒，推行輕徭薄賦與民休息政策。還大力懲治貪污，整飭吏治。

　　從康熙十二年開始，康熙帝先後平定了降清的明將領吳三桂、耿精忠、尚之信等「三藩之亂」。康熙二十二年（公元 1683 年）出兵進攻台灣，置設一府三縣，並派兵屯守，防禦西方殖民主義者的侵略。康熙二十九年（公元 1690 年）起，三次親征，出兵漠北，平定蒙古準噶爾部首領噶爾丹勾結沙俄發動的叛亂，鞏固多民族國家的統一。開博學鴻儒科，籠絡漢人士子。下令設館纂修《明史》，繪製《皇輿全圖》，編纂《全唐詩》《佩文韻府》《朱子全書》《康熙字典》等。在提倡孔孟程朱理學的同時，下令嚴禁結社，曾興《明史》《南山集》等文字獄，強化思想統治。康熙六十一年（公元 1722 年）康熙帝病死，時年 69 歲。

　　康熙五十二年（公元 1713 年）康熙帝六十大壽，版圖歸一，景象升平，官紳為感「恩澤」，不少老者進京朝賀。康熙帝為顯示皇恩浩

蕩，並慶其六十大壽，決定在「萬壽節前於暢春園宴賞眾叟」。三月二十五日，在紫禁城設宴招待各省現任或退休文武官員、士庶年滿 65 歲以上 1800 餘人。三月二十七日宴賞八旗滿、蒙、漢軍大臣等 65 歲以上 1000 餘人。此宴準備月餘，耗銀萬兩，服務者萬餘人。康熙即席作「千叟宴」詩，以記其盛，赴宴之臣亦作詩奉和，其樂融融。

有人說，席間，康熙皇帝舉杯敬了三杯酒，「這第一杯酒，朕要敬給太皇太后」。康熙作為愛新覺羅的後裔，首先想到列祖列宗的在天之靈，想到自己 8 歲喪父，9 歲喪母，是太皇太后帶着他，衝破艱難險阻，才贏得今天的大清盛世。所以他的第一杯酒思念親人，敬給太皇太后實乃人之常情。這第二杯酒，他敬的是在座諸位文武大臣和天下的子民。俗話說：紅花還得綠葉扶。再英明的君主，天下的大事還得靠文武大臣們去操辦。那時康熙在位已經 50 年了。50 年來，是數以千計的文官武將輔佐他，南征北戰、效命沙場；百姓辛勤耕種、俯首農桑，才有了天下太平。因此，這杯酒也算是慶功酒。第三杯酒敬獻給誰呢？有人認為第三杯酒，康熙敬的竟然是已經故去的那些「死敵們」。在康熙眼裏，鰲拜、吳三桂、鄭經、噶爾丹，還有朱三太子，他們都是英雄豪傑！也許是猜想，不過這是符合情感邏輯的。

「千叟宴」無定期。

「千叟宴」始於康熙，盛於乾隆時期，是清宮中的規模最大、與宴者最多的盛大御宴。康熙五十二年（公元 1713 年）是首次。乾隆五十年（公元 1785 年）於乾清宮舉行「千叟宴」，與宴者 3000 人，即席用柏梁體選百聯句。嘉慶元年正月再舉「千叟宴」於寧壽宮皇極殿，與宴者 3056 人，即席賦詩 3000 餘首。後人稱謂「千叟宴」是「恩隆禮洽，為萬古未有之舉」。

康熙帝是中國歷史上一位功勳卓著的皇帝，在位 60 餘年，殫心竭慮，勵精圖治，開創了「康乾盛世」。他執政期間，1673 年平定吳三桂等三藩勢力，1684 年統一台灣，從 1688 年又開始用了 11 年的時間平定準噶爾汗噶爾丹叛亂，並成功地驅逐沙俄對黑龍江流域的侵略。

他還在京師東北的熱河營建了避暑山莊，將其作為蒙古、西藏、哈薩克等部王公貴族覲見的場所。

雍正朝的呂留良案

由於康熙末年諸皇子爭奪皇位鬥爭的影響，雍正即位以後，極力鎮壓異己勢力，所以文網更加嚴密，動輒羅織罪名，甚至望文生義，無中生有，置創新思想的文化人於死地。

雍正四年（公元 1726 年），江西主考官、禮部左侍郎查嗣廷，出了道「維民所止」的試題，這本是《詩經》中的一句話，無絲毫惡意。可是，被人告發後，雍正皇帝解釋道：「維」、「止」兩字為「雍正」兩字去頭，問題出在「心懷怨望，諷刺時事」上，於是，不問緣由地將查嗣廷處死，其兒子連坐而死，家族全部流放。同時，因查嗣廷是浙江人，竟停止浙江會試。

雍正六年（公元 1728 年），發生了重大的呂留良案。

呂留良是清初著名的理學家，誓不事清，隱居山林，削髮為僧。呂留良去世後，其遺稿留存於其子處。雍正五年（公元 1727 年），湖南學人曾靜訪問呂留良家，得其遺稿。日夜攻讀，頗有心得。對呂詩中說的「清風雖細難吹我，明月何嘗不照人」這種情懷，很有同感。於是，令其弟子張熙投書川陝總督岳鍾琪，實施策反。曾靜以為，岳鍾琪為岳飛之後人，而清是金人之後，岳與金世代為仇，要岳鍾琪起兵反清是不成問題的。不意岳鍾琪迫於時局，不但不反，還向朝廷告發了此事。

雍正皇帝即命將曾靜、張熙等「押解來京」，並傳令馬上抄封呂留良家，在其家中抄出日記等「逆書」。雍正十年（公元 1732 年）十二月，將呂留良開棺戮屍，呂留良的長子呂葆中、弟子嚴鴻逵戮屍梟首，其另外一個兒子呂毅中被斬，其孫輩全部發遣邊遠地為奴，為呂

留良建祠、刻字的人也都受到了牽連，有的被殺，有的被流放。

而對於曾靜、張熙，卻出人意料地「免罪釋放」。雍正皇帝親自迫其寫了自白書，表示悔過自新，並反過來頌揚清代皇上的「聖德」。曾、張兩人是作為坦白從寬的典型處理的。為了批倒批臭呂留良的「華夷有別」論，雍正帝親自撰文批判，並將他所撰文章、歷次諭旨、曾靜口供、悔改之詞，一併刊刻出版，名之為《大義覺迷錄》。呂留良以「華夷有別」作為反對清政府的理論依據，而雍正則以「華夷無別，滿漢一家」立論。雍正的立論並沒有錯，但他以此作為文字獄的由頭是完全不可取的。

這裏還得說一句的是，雍正帝樹立的反省自新的典型曾、張兩人，最後還是被剛登極半年的乾隆帝匆匆忙忙地凌遲處死了，《大義覺迷錄》也作為「禁書」予以收繳。

文網更密的乾隆朝

乾隆盛世時期，文網之嚴密、羅織之苛細，是前所未有的。一字一語，即可鍛煉成獄。以致一時形成了「吹毛求疵、深文周納」的極為惡劣的社會風氣。有案可存的文字大獄有 80 餘次之多，而其中真正算得上反對清朝統治而罹禍的極少。

一類是屬於觸犯禁忌的。有些皇帝專用的詞兒，一般人用了，也要掉腦袋或被重責。湖南鄉紳黎大本為其母親祝壽，以其母「比之姬美、太姒、文母」，並說「可稱為女中堯舜」。這種比方乾隆認為是極為不妥的，於是「罰充軍」。江蘇地主韋玉振為其父親刊刻行述，文中有「於佃戶之貧者，赦不加息」語。「赦」是帝王專用語，因此被皇上斥為「狂妄」，其全家貶為奴僕。河南人劉峨，刊刻《聖諱實錄》，專門銷售給應考的童生。原本是為了討好當今皇上，結果吃力不討好，

莫名其妙地被處極刑。江西舉人王錫侯，認為《康熙字典》收字太多，字義又零散不貫，於是作《字貫》，結果在書的凡例中忘了對玄燁、胤禛、弘曆三帝名字的避諱，被斥為「大逆不道」，結果慘遭殺害。

另一類是屬吟詩作文時用字不慎而被曲解後陷入文網的。當時有位浙江舉人名叫徐述夔的，其人說不上有什麼政治傾向，就是喜歡隨意寫點什麼，後來結集為一本《一柱樓詩集》，其中有「明朝期振翮，一舉去清都」、「方明天子重相見，且把壺兒擱半邊」之類的詩句。有人檢舉了，乾隆認為是有「反清復明之意」，莫名其妙地將他殺了。浙江人士方芳，在《濤浣亭詩集》中，有「亂剩有身隨俗隱，問誰壯志足澄清」、「蒹葭欲白露華清，夢裏哀鴻聽轉明」這樣的詩句，乾隆也認為此為「復明之意」，御批：「該死。」結果被處死，還連累了家人。

還有一類，本意在歌功頌德、曲意逢迎，但因文字不當而致罪。順天生員在科舉考試的試卷上作詩，內有「恩榮已千日，驅馳只一時。知主多宿憂，能排難者誰？」這個年輕人「原要竭力稱頌」，但根本不會做詩，詞不達意，竟然說了一些糊塗話，結果被文墨精通的乾隆定為「語涉譏訕」，意思說你是在譏諷本朝，要不是有人如實道出，腦袋都保不住了。直隸人智天豹，編了本《大清天定運數》，本是歌頌清朝國運長久，只因為其中寫乾隆只寫到五十七年，又未避諱玄燁的廟號，被乾隆認定是「罪大惡極」，結果身首異處。

乾隆十六年（公元 1751 年），曾發生一起涉及面極廣、影響極其深、株連人數極其多的文字獄案。

當時，社會上祕密流傳着一份偽託工部尚書孫嘉淦名義的奏稿，長達萬言。奏稿指責乾隆帝有「五不可解，十大過」，並彈劾許多在朝的權貴重臣。「偽稿」案發生後，乾隆諭令各部門和大批官員在全國範圍內進行追查。一年半之內，在全國 17 個行省，都發現有許多傳抄者，因「偽稿」案而被緝捕者達千人以上，有十幾名督撫這樣的一、二品大官被牽涉進去，從而被申飭、降職、革職。而結果還是莫名其妙地拉上兩個替死鬼作為「偽稿」人而遭殺，算是不了了之了。

狂士、狂生和狂官

在嚴酷的文化重軛和周密的文網控制下，一些清醒而對世態有深邃識見的社會人士，不得不在裝瘋賣傻中度日。康熙、雍正、乾隆年間的鄭板橋就是一個終生以「狂士、狂生、狂官」名世的文化人。

鄭板橋先世也算是殷實的書香門第，可到他這一代時已經破落不堪，經濟上已經是家無餘糧了。但是，他從小受着極好的家教，三歲時就識字、寫字，五六歲時就讀詩背誦，六歲以後，讀「四書」、「五經」，八九歲就作文聯對，可以説是無師自通。直到十七八歲才入學讀書，他讀書強調獨立思考，反對「眼中了了，心下匆匆」的讀書法，力求「反覆誦觀」。他反對閉門讀書，在《板橋自序》中説：「板橋非閉門讀書者，長遊於古松、荒寺、平沙、遠水、峭壁、墟墓之間，然無之非讀書也。」他在 40 歲中舉之前，三次出遊。32 歲出遊江西，結識無方上人於廬山。33 歲出遊燕京，寫下了著名的《燕京雜詩》。40 歲那年出遊杭州，在西子湖上懷古吟詩。這樣的讀書法，終於養成了他的一種少受束縛的「狂」勁。

而這種「狂」勁，與束縛人的思想的「八股取士」是格格不入的。他自己很想成為匡時濟世的才士，可是一再趕考，每每落第。他自己説是「康熙秀才，雍正舉人，乾隆進士」，像他這樣有才氣的人，晉升的速度如此之慢，是少有的。這大約與他的落拓不羈和作文的「獨特」發揮有關。

乾隆元年（公元 1736 年）鄭板橋考中進士時，已經 44 歲，由於種種原因，遲遲沒有派官，直到乾隆六年（公元 1741 年）49 歲時，他才被派到地處黃河北岸的魯西的一個小縣去當七品縣令。到了那裏，他的「狂」勁就上來了。上任的第一天，他就叫人把縣府衙門的牆壁上打了百來個洞，大家都感到莫名其妙，他解釋道：「此為出氣洞，可出前官惡習俗氣耳！」他要與外界聲氣相通。以前的「父母官」

外出，鳴鑼開道，大張旗鼓。而他卻不張聲勢，穿着芒鞋，步入尋常百姓家，百姓有什麼難處，馬上解決。

鄭板橋不習坐轎，老是騎着毛驢，帶着書童、一綑行李、幾包圖書、一張琴來到縣衙。到後無事時，就作畫看花，飲酒解悶。醉後激奮，就引吭高歌。聲音傳到門外，有人說這個縣令實在太瘋癲。他的夫人勸導他說：「歷來只聞狂士、狂生，未聞狂官。」他的回答是，「我就是要既當狂士、狂生，又當狂官。」後來他寫《范縣署中寄郝表弟》一文，風趣地說到了這件事。

鄭板橋為官主持公道，反對禮教。一個李姓的四川籍學生，縣試考了第一名，因不是本地人被起鬨，且不准其應考。李生在鄭板橋面前大哭一場。板橋負責向州府反映，上司反說板橋「乖違公義」，板橋就收李生為畫徒，使之成才。范縣有崇仁寺和大悲庵兩座，有年輕和尚和尼姑相愛，村裏人以為犯了「清規戒律」，抓去見官。板橋見二人真心相愛，年齡又相仿，就「令其還俗，結為夫婦」。

鄭板橋秉性耿直，12 年的官場生活，兩袖清風。他從不給上司送禮獻媚拍馬，終於為人所陷害，最後去官，結束了他那狷介的「狂官」生活。他回到闊別多年的揚州，靠賣畫為生，繼續過他那清貧而本色的「狂士」、「狂生」生活。

時代造就了鄭板橋。

大廈似傾燈將盡

正當人們對所謂的「康乾盛世」歌功頌德的時候，出身於名門望族、與清皇族有着十分密切關係的大文化人曹雪芹卻清醒地以他的皇皇巨著《紅樓夢》告訴人們：當今之世正處於「忽喇喇似大廈傾，昏慘慘似燈將盡」的封建「末世」。

「才自清明志自高，生於末世運偏消。」《紅樓夢》是封建末世的一曲哀歌，也是一曲葬歌。

曹雪芹的曾祖曹璽是曹家成為望族的創業人，曹璽的妻子孫氏是康熙帝的奶母。因為這層關係，康熙二年（公元 1663 年）曹璽被派到江南，任江寧織造郎中。後來康熙帝賜曹璽正一品銜，榮譽非凡。其子曹寅是康熙帝的奶兄弟，少年時伴君讀書，長大後，子繼父業，任江寧織造。康熙帝六次南巡，曹寅四次接駕。曹寅的女兒嫁給平郡王納爾蘇，成為王妃。曹寅的妻子是蘇州織造李煦的堂妹。曹寅時期是曹家的鼎盛時期。曹寅死後，康熙帝命其子曹顒（曹雪芹的生身父親）繼任父職，可惜不久死去。康熙命曹宣之子曹頫過繼為曹寅之子，繼任江寧織造之職。哪知到雍正五年（公元 1727 年）時，雍正帝以「行為不端」為由，抄了他的家，罷了他的官，從此家業凋零，一蹶不振。曹家於是離開任所，回到北京。那時的曹雪芹是個 13 歲的少年。

曹雪芹一生只活了 48 歲，他的大部分光陰是在北京的西郊山區度過的。「愛將筆墨逞風流，廬結西郊別樣幽。門外山川供繪畫，堂前花鳥入吟謳。」他是個文人，世家子弟，不會治生，生活過得苦巴巴的，「舉家食粥酒常賒」。他曾請求過親朋的幫助，但不可得，由此產生了「勸君莫彈食客鋏，勸君莫叩富兒門」之感歎。與清代皇家的特殊關係，使他看清了一個王朝的「末世」已經到來。當時文字獄正盛，因此曹雪芹採用「將真事隱去」的寫法，以反映封建末世的社會現實。

《紅樓夢》以神采之筆，寫出了賈、史、王、薛四大家族興衰境況。作者在第四回「葫蘆僧亂判葫蘆案」裏，通過葫蘆僧之口，介紹了書中的四大家族：「賈不假，白玉為堂金作馬。阿房宮，三百里，住不下金陵一個史。東海缺少白玉床，龍王來請金陵王。豐年好大『雪』，珍珠如土金如鐵。」這四大家族的主子們，吃的是山珍海味，穿的是綾羅綢緞，過的是驕奢淫逸的日子。表面看來，似乎興旺得很，實際上「骨架子散了」，上上下下、內內外外，「一個個不像烏眼

雞似的？恨不得你吃了我，我吃了你！」雖然暫時是「百足之蟲，死而不僵」，但「自殺自滅」的趨勢是誰也無法挽救的。作者借探春之口説：「可知這樣的大族人家，若從外頭殺來，一時是殺不死的。必須先從家裏自殺自滅起來，才能一敗塗地呢！」整個清王朝不也正是這樣嗎？

在曹雪芹看來，他所處身的那個社會真的是沒有希望的了。有些人雖然「機關算盡」，到頭來「反害了卿卿性命」。作者説自己「無材補天」，反襯出那個時代的無可救藥。作者在寫官場的黑暗時，借用了門子的一番極為精彩的話：「如今凡作地方官者，皆有一個私單，上面寫的是本省最有權有勢、極富極貴的大鄉紳姓名，各省皆然；倘若不知，一時觸犯了這樣的人家，不但官爵，只怕連性命還保不成呢！所以綽號叫『護官符』。」作者在行文中特地加上「各省皆然」一語，顯然意在提醒讀者，這可是整個社會的普遍現象啊！正如賈府的下人説的，在這裏「除了那兩個石獅子乾淨」外，什麼都不乾淨。結果必然是大廈崩坍，「只落得個白茫茫一片真乾淨」。

從一定意義上説，《紅樓夢》是一部預言書，它預示了封建「末世」行將就木的前景。在「康乾盛世」的當時，曹雪芹就發出「忽喇喇似大廈傾，昏慘慘似燈將盡」的預言，除了讓人欽佩其魄力和勇氣外，還讓人心服其眼光和視野。

廣開科舉

為了加強思想控制，清朝統治者採取了鎮壓與懷柔的兩手政策。一手是大興文字獄，殘酷鎮壓殺害有頭腦、有個性的知識分子，另一方面廣開科舉②，以網羅願意為其政權效犬馬之勞的士人。

清初早在全國未統一之前，即已採取了科舉辦法，考選秀才、舉

人。順治年間科舉制度已經基本定型。全國統一後，於康熙初年，科舉制度在全國範圍推行。

清代的科舉，大致分為四級，即童試、鄉試、會試、殿試。尚未取得生員資格的都叫童生，童生經過縣試、府試、院試，統稱為童試。童試考中者叫秀才。經過鄉試被錄取的，叫做舉人。舉人可參加由京城禮部主持的三年一試的會試，會試考中者稱為進士。然後，皇帝親自對進士進行殿試。

殿試是最為關鍵的，中式的分為三甲：一甲取三人，稱狀元、榜眼、探花，賜進士及第，其中狀元授翰林院修撰，榜眼、探花授翰林院編修。二甲取若干人，賜進士出身。三甲也取若干人，賜同進士出身。殿試中試者，除一甲三人外，還須進行一次朝考，試畢分別授職。考中者授翰林院庶吉士，再入院讀書，然後取得高官厚祿。未中者，分別用為主事、中書、知縣等。

為了達到控制人心的目的，清沿明制，在順治元年（公元 1644年）二月，就制曉示生員臥碑，立於太學門外。順治九年（公元 1652年），又頒發臥碑文於直省儒學明倫堂。序文除冠冕堂皇地要學子留心「利民愛國之事」外，着重要求生員不許糾合成黨，不許立盟結社，不許武斷鄉曲，違者治罪。為了防止學員走向異端，順治十七年（公元 1660 年）專門制定了《嚴申植黨訂盟禁令》，而且規定：「學臣徇隱，事發一體治罪。」這樣可使老師一起來監督學生的行為。

說到科舉對讀書人的毒害，清代大作家吳敬梓在《儒林外史》中反映得最全面、最深刻。書中的人物如周進、范進、馬二先生、匡超人，乃至於杜少卿諸人，都給人們提供了對科舉制度進行反思的資料。那個范進，一次又一次地考，考到 50 來歲，還是個「老童生」，生活上也窮困潦倒。好不容易中了舉，卻不料聞到喜報後，急火攻心，瘋了！這可以說是有清一代讀書人命運的一種極為傳神的速寫。有更多的讀書人的命運比范進要更差，更可憐，他們終生徘徊於功名富貴的大門之外，而又終生不得入門。閒齋老人在《儒林外史》序中

寫得好：「其書以功名富貴為一篇之骨。有心豔功名富貴而媚人下者；有倚仗功名富貴而驕人傲人者；有假託無意功名富貴，自以為清高，被人看破、恥笑者；有終以辭卻功名富貴，品第最上一層，為中流砥柱。」

身為清代康、雍、乾世人，而能如此深刻地批判科舉制度，反對八股取士，實屬不易。吳敬梓自己一生不求功名富貴，雍正十四年（公元 1736 年），正當盛年（36 歲）的他開始了《儒林外史》的創作。18年後，他寄居揚州，旅況也相當貧窘，於十月二十九日猝然而逝，年僅 54 歲。而他奉獻給中國歷史的是一部鞭笞封建末世的不朽名著。

桎梏人心的八股文

在古代社會，可以說考試決定一切。因此，統治者在考試的內容、形式上特別注意。從明憲宗開始，就使用「八股取士」的辦法。到了清代的康乾年間，這種制度已流行百年，也漸趨成熟。清統治者努力使八股文的格局更機械化、形式更死板、內容更空泛。頌聯套語，千篇一律，把八股文完完全全變成桎梏人心的工具。

八股文大致上有四大特點：一是題目一律要用「四書」、「五經」的原文。二是對「四書」、「五經」的詮解必須以程朱理學家的註釋為準，不得自由發揮，只要是獨特發揮的，不管是否符合情理，一律不予理睬，如果觸及政治的，還要追究責任。三是結構體裁有一套硬性的格式。每篇文章均由破題、承題、起講、入手、起股、中股、後股、束股這樣八部分組成。破題，就是將題目意義釋譯出來。承題，承接破題中緊要之處而下。起講，渾寫題意，籠罩全局。入手，緊接起講，轉入正文。自起股至束股，為正式議論，每段都有兩股排比對偶的文字。合共八股，稱「八股文」。四是規定字數和書寫款式。明代

規定會試「五經」義一道，限 500 字；「四書」義一道，限 300 字。清代逐步增加到 550 字、650 字、700 字。試文要求點句，勾股（標明段落），書法端正。文中避廟諱、御諱、聖諱。不合規格的，一律取消。

這裏很值得一議的是八股的文題。據說，八股初起時，文題皆明白正大，或一句，或數句，或一節，或全章，明明白白。後來，為了所謂的增加作文的「難度」，想出了偏全、承上、冒下、截上、截下等名目，使受試者有時看都看不懂。比如，《論語》中有這樣一些話：

「子所雅言，詩書執禮，皆雅言也」，「葉公問孔子於子路，子路不對。子曰：女奚不曰，其為人也，發憤忘食，樂以忘憂，不知老之將至」。「子曰，我非生而知之者，好古敏以求之者也。」

這是《論語》中的三章，大家知道，《論語》記述的是孔子與弟子或與他人交談的片言隻語，不具有連貫性。把這樣沒有什麼必然聯繫的三章，串起來，組成一個題目，你叫考生怎麼作文？當時的考官自己也不一定能考好，這些出題者都不管。硬是要翻來倒去地組合成各種類型的題目。

有學者對八股考題作了分解：將這樣三章或兩章連在一起的，叫「連章題」。

取其中任何一章為題的，叫「全章題」。

「葉公」章分上下兩節，上節為「葉公問孔子於子路，子路不對」，下節為「子曰，女奚不曰，其為人也，發憤忘食，樂以忘憂，不知老之將至」。不管是取上節或下節為題，叫「一節題」。

如單取「子所雅言」為題，叫「冒下題」。

如取「子所雅言詩書」，稱為「上全下偏題」。

如取「執禮皆雅言也」為題，稱為「上偏下全題」。

如取「皆雅言也」為題，稱為「承上題」。

如以「子曰：女奚不曰，其為人也」，稱為「截上下題」。

如以「發憤忘食，樂以忘憂」為題，稱為「兩扇題」。

如以「其為人也，發憤忘食」為題，稱為「半面題」。

如以「我非生而知之者」為題，稱為「截下題」。

如以「好古敏以求之者也」為題，稱為「截上題」。

如以「我非生而知之者，好古」為題，稱為「截搭題」。

如以「不知老之將至云爾，子曰我非生而知之者」為題，稱為「隔章有情搭題」。

如以「皆雅言也，葉公問孔子於子路」為題，稱為「隔章無情搭題」。字句少者為短搭，字句長者為長搭。

這樣一來，所謂八股文的文題（包括作八股文本身），簡直成了文字遊戲。「四書」，再加上「五經」，單是讀通，非得花大半輩子的工夫不可，再加上這「截題」、那「搭題」，簡直把人搞得暈頭轉向了。其實，清統治者就是要你暈頭轉向，那樣，再有頭腦的人也無多少精力造反了。

出八股題的人和作八股文的人都知道，那玩意兒只是「士子之進身之階」，「一當如願以償，即復棄去」，因此時人戲稱八股文為「敲門磚」。當官的門敲開了，還要它有什麼用？但是，它對民族國家的危害是怎麼估計也不為過的，自從八股取士後，民族的銳氣被滅掉了一大半，顧炎武夫子認為，其災其難，甚於秦火！③

劣生鬧場案

科舉考試考中了可以當官，可以發財，可以出人頭地。於是，就有那麼多人湧向科場。可是，官場比科場要小得多，「千軍萬馬過獨木橋」，最後還是落水的多，過橋的少。為了能另闢蹊徑，涉險過河，一些人甘願冒殺頭之危險，作案於科場，可以說，自有科場以來，科場案就綿綿不絕，而又以清代最甚。

清代的科場可以說是黑幕重重。從童試起，最普遍的弊端就是作

弊，作弊的最通常手法就是僱用能文之人頂替本人入場，這樣，應試者、代試者（當時俗稱「槍手」）、主考者都可得到好處，何樂而不為呢？為了防範，順治年間，清廷規定，每府各州縣應在同一天考試，府試亦匯齊在一日，以防重冒。而且讓同一考房的五人「互結」，說白了也就是互相監督，五人中的哪一個出了問題大家都沒好果子吃。如有代試等弊，互結的五名考生要受到連坐，保結的廩生黜革重辦。雍正十三年（公元 1735 年），進一步規定：「槍手代試，為學政之大弊。嗣後凡有代筆之槍手，照誆騙舉監生員人等財物、指稱買求中式例，枷號三月，發往煙瘴之地充軍。其僱請代筆之人，照舉監生員夾浼營干買求中式例，亦發往煙瘴之地充軍。知情保結之廩生，照知情不報例，杖一百。」這個規定不能說不嚴格，動不動就是充軍。但功名利祿實在太誘人了，因此，科場作弊還是禁絕不了。

另外，考官閱卷衡文，很少親覽，往往委託幕友辦理，本人並不過目，草率錄取，甚至有任聽幕友書投勾通舞弊之事。有清一代，童試中槍替、冒籍、濫送、賄買等弊端，始終未曾禁絕，甚至愈演愈烈。

乾隆二十三年（公元 1758 年），發生了震驚朝野的「劣生大鬧考場案」。之前，這裏的童考一直鬆鬆垮垮，作弊之風視若等閒。而這次學政莊存與將場規定得極嚴，場中考生不能傳遞條子，於是就在擁擠中出現鬧堂現象，一時局面難以控制。此事由御史湯世昌參奏後，乾隆皇帝決定親提複試——當然，外人並不知道皇上親自坐在科場中進行複試。那些劣生一聽說是「複試」，以為考官被他們一鬧讓步了，因此招搖得更厲害。科場的門衛等打雜人員的關節早已被打通，不少人挾帶着應考的經典大搖大擺地進入科場，只等到科場裏半明半暗地抄就是。為首的童生海成在科場中放鴿傳遞信息，包攬受賄。乾隆一切都明白了，立即下令捉拿海成一宗劣生和舞弊的科場管理人員。在審問中，獲得了確實的罪證。乾隆認為，不殺這些惡少年，不足以平定科場的種種事態，於是，將鬧科場的首犯海成押赴刑場正法，這在科場案中還是第一人。保羅等其他四名主犯發配邊遠地區為奴，還有烏

拉蘇等隨從鬧場的 40 人就地勞改，永遠取消科考的資格。

誰都知道，乾隆這樣做不僅是為了平息這場科場的惡性案件，更主要是為了殺一儆百，使那些劣生再也不敢效尤為非作歹。但是，這樣做一時的震懾作用是有的，從根本上來說不起什麼作用，因為科場腐敗的根子在科場自身。

房考官納賄案

不只科場中人將童試視作兒戲，就是鄉試、會試這樣的重頭戲，也充斥着權錢交易、明裏暗裏的種種勾當。順治十四年（公元 1657 年）的順天鄉試房考官納賄案，就是其中的一例。

這場考試的房考官是大理寺評事李振鄴、張我樸等人。按照慣例，那些考生的家長探得考官是誰後，就早早地通過各種門道送物送錢。李振鄴給其心腹定下了一條「規矩」：錄取的名額有限，對行賄者必須細加推敲 —— 爵高者必錄，可爵高而黨羽少的擯棄之；財豐者必錄，可財豐而名聲不佳者擯棄之；還要錄取一兩名貧寒家庭的，以裝門面。「規矩」已定，李、張兩人就派人四出活動。

派誰出去主管活動呢？李振鄴家的鄰居有個叫張漢的人。張漢家境貧窮，但外頭結交頗廣，人也機靈。張漢聽說李振鄴當了房考官，知是個發財的位子，正想結交他。兩人一拍即合，張漢答應按李振鄴定下的「規矩」外出物色對象，事成後李振鄴當按規矩給張漢不小的好處。這一切，可以說都在考前安排停當。誰中誰不中，李振鄴心中明明白白。但在試卷上難做手腳，又怎麼知道哪些人是應「錄取」的對象呢？

李振鄴又想出一法，就是讓心腹名叫靈秀的，用藍筆書一紙，遞與每科考房中應「錄取」的五個對象，再讓此五人在藍紙條上做上記

號，並在考卷的下方做上同樣的記號，那閱卷官不就心中明白了！

　　一切似乎做得很機密，也很順當。發榜後，考方、受賄方都稱滿意，但沒有錄取而花了不少錢的人卻眾情洶洶，憤憤不平。可李振鄴卻沒在意，反而有點得意忘形起來，一次喝醉了酒竟大言不慚地說某某考中，全是自己的力量，其家還應好好孝敬於他。這一說可不要緊，馬上有人去告發了。再加上受賄的連檔碼子張漢沒有擺平，把事情真捅了出去。順治皇帝知道後，大為惱火，傳旨拿捉各人犯，並組織審訊，作為大案，會審了行賄、受賄、作弊事項，案情查明。順治皇帝下旨：「貪贓壞法，屢有嚴諭禁飭。科場為取士大典，關係最重，況輦轂禁地，係各省觀瞻，豈可恣意貪墨行私？所審受賄用賄過付種種實情，可謂目無三尺，若不重加處治，何以懲戒將來？李振鄴、張我樸、蔡元禧、陸貽吉、項紹芳、鄔作霖等俱著立斬。家產籍沒，父母兄弟妻子俱流徙尚陽堡。」這一案件中主考官曹本榮、宋之繩屬於不知情，但太糊塗，連降五級。這案還涉及不少官僚，涉及考生家長，順治帝都逐一作了處分。此次被斬首 7 人，流放 108 人。

　　之後，順治帝將當科的新舉人全數集中到京城，由皇帝親自實施複試。複試時十分嚴格，每一舉人身邊有一士兵伴着，行動自由受到極大限制。最後考試不及格的，文理不通的，都被革去舉人資格，永不錄用。

　　可是，科場之案還是不斷發生。科考本是一種沒落的文化制度，靠行政手段，又怎麼能禁絕弊端呢？

「貪污之王」和珅

　　清代的康熙、乾隆時期，史稱「康乾盛世」，當時疆域龐大，經濟發展，財政好轉，但就其本質而言，它既不同於漢代文、景、武、

昭、宣的盛世，也不同於唐代李世民時期的「貞觀之治」。它是一個王朝、一種制度的短暫的落日餘暉。乾嘉時期大貪官和珅的出現，明明白白地告訴人們：這個王朝和這種體制已經日薄西山了。

乾隆十五年（公元 1750 年），和珅出生在一個顯赫的正紅旗滿洲人家中。其父曾任福建副都統，後又被贈一等雲騎尉。和珅少年時就被選入咸安宮官學讀書，學習和掌握了滿、漢、蒙、藏等文。乾隆四十年（公元 1775 年），25 歲的和珅被乾隆發現，從此青雲直上。乾隆四十五年（公元 1780 年），雲貴總督李侍堯貪污案發，正當而立之年的和珅，被派往那裏清查，他不只查清了李侍堯貪贓的種種事實，還查出了雲南吏治腐敗，各府州縣財政虧空嚴重等各項問題。和珅精明敏捷，善伺帝意，深受倚重，回京後，乾隆升他為御前大臣，兼鑲藍旗都統。後又任《四庫全書》正總裁，兼辦理藩院尚書事，累官大學士兼軍機大臣，真正是位極人臣。

和珅利用乾隆對他的高度信任和手中的權力，以各種手段收斂錢財。他一度獨攬清朝政府和皇家財政的主管權，拚命向地方官吏和富商大賈索取錢財，最後成為中國歷史上的第一大貪官。

和珅經常利用職權，任用私人，把一些有實權、好撈錢的差使分給自己的黨羽和親信，然後再讓他們「報效」自己，有時一次納賄就是幾十萬兩銀子。這筆收入在他當政的 20 多年中佔有相當比重。

和珅瘋狂地掠奪土地，利用大量的土地收取高額的地租，再轉而放高利貸，收取高額利息。

和珅還從事工商業活動，開當鋪、錢鋪、印局、賬局、藥鋪、瓷器鋪、古玩鋪、糧食鋪、酒店、煤窯，等等。由於身份和地位的原因，他不一定出面經營，多在幕後進行操作，可人們知道那店那鋪有和珅的背景，誰還敢說什麼。

和珅柄朝政日久，作威作福，結怨滿朝文武。但由於他頗得乾隆的歡心，因此誰也不敢非議。繼位的嘉慶皇帝早已對和珅的種種惡行有所耳聞，但礙於太上皇乾隆，亦不敢有所動作。

嘉慶四年（公元 1799 年）正月初三，一代雄主乾隆病逝，嘉慶皇帝親政。不久，嘉慶皇帝迅即下令逮治和珅，宣佈其二十款罪狀，革去其軍機大臣、九門提督等要職，然後又將他逮捕下獄，查抄其全部家產。據說抄出的財產相當於國家五年的財政收入。[④]嘉慶採取速戰速決的方略，在一月內就把和珅案了結，50 歲的和珅本人賜死自盡，財產全部沒入國庫。於是，民間有「和珅跌倒，嘉慶吃飽」的謠諺。

閉關鎖國

當大清帝國的統治者們還沉浸在「天朝上國」的甜美之夢中的時候，西方的工業革命已經轟轟烈烈地開始了。在蒸汽機的轟鳴聲中，處於上升時期的、朝氣勃勃的歐洲資產階級，開始漂洋過海，向他們早已嚮往的、帶有神祕色彩的東方進發。而這時，孤陋寡聞、妄自尊大的清政府對世界上發生的巨大變化仍然茫然無知，對發展海外貿易沒有半點兒的興趣。

大約在清王朝建立的前 100 年，西方資本主義國家的冒險家們，就紛紛把他們的觸角伸向中華帝國。明正德九年（公元 1514 年），一個叫阿爾發勒斯的葡萄牙人奉命來到中國廣東的屯門（今廣東東莞）。他是第一個來到中國的西方商業冒險家。在之後的 100 年中，來自葡萄牙、西班牙、荷蘭、英國的商隊數十次地來華，要求建立通商關係，但都沒有成功。清政府建立全國性政權前夕，英國女王伊麗莎白為了打開中國的大門，在寫給中國皇帝的信中甚至卑恭地稱中國皇帝為「最偉大及不可戰勝之君主陛下」，「偉大的中華之國最為強力的主宰者，亞洲各部及附近諸島最為主要之皇帝陛下」，要求中國皇帝給予「吾人在與貴國居民貿易中所需之特權」。這樣的花言巧語，也打動不了顯得相當頑固的中國統治者的心。西方資產階級冒險家原始積累時

的粗魯掠奪性行為，更增強了中國統治者對他們的極大不信任感。

清政府建立後，乾脆來了個閉關鎖國。

順治四年（公元 1647 年），也就是清朝建國的第四個年頭，清廷明確發佈禁令：不准一切夷船進入中國貿易，拒絕佛郎西國（即法國）提出的互市請求。

順治十二年（公元 1655 年），又下聖旨：不准沿海居民開展對外交易。既不准建造出洋的大船賣給洋人，也不准向洋人提供違禁物品，違者重處。

順治十三年（公元 1656 年），以立法形式明確規定：「凡沿海地方口子，處處嚴防，不許片帆入口，不准一賊登岸。」這就是著名的、影響深遠的「閉關鎖國」令。清王朝完全斷絕了與外國的聯繫和交往。

康熙十一年（公元 1672 年），清政府又一次宣佈：對「官員兵民私自出海貿易者，皆拿問治罪」。就是對知情不報者、同謀故縱者、隱匿者、擅給印票者、通商漂海者，上自總督、巡撫，下至道府州縣各級官吏，分別給予處分。

清初嚴密的「閉關鎖國」政策，持續了整整 40 年。

馬嘎爾尼祝壽使團

也許是為形勢所迫，康熙二十四年（公元 1685 年），清朝宣佈有條件地解除海禁，開放閩、江、浙、粵四口通商。但是，到乾隆二十二年（公元 1757 年），清王朝又宣佈關閉閩、江、浙三處海關，廣州成了中西貿易的唯一口岸。乾隆五十八年（公元 1793 年），英國政府為了進一步打開中國的貿易大門，馬嘎爾尼以祝乾隆八十壽辰為名，組建起了龐大的外交使團來到中華大地。

英國政府對打開對華通商大門高度重視，作為政府使團，馬嘎爾

尼率領的這一外交使團空前龐大，使團僅正式成員及士兵、水手、工役就多達 700 多人，再加上勤雜人員、翻譯人員、醫務工作者，全體人員在千人以上。該使團分乘 5 艘精美華貴的大船，經過 10 個月的海上航行，於乾隆五十八年（公元 1793 年）七月二十五日到達了大沽口岸。當時的清政府對世界大勢基本處於無知狀態，錯以為這是「西夷」對泱泱大國的順從。為了表示禮儀之邦的大國風度，乾隆派長蘆鹽政徵瑞以欽差大臣的身份迎候，名之為「優恤接待」。直隸總督梁肯堂由保定至天津接待。清王朝破例讓英使團從天津進口。為能在熱河避暑山莊接見英國外交使團，乾隆取消了每年例行的圍獵，對使團的餐飲供應也十分豐盛，並早作準備。

這樣熱情又高規格的接待，使馬嘎爾尼躊躇滿志，以為勢在必成。但是，在接見前夕，在覲見的禮儀上就發生了衝撞和不快。清政府堅決要求馬嘎爾尼行三跪九叩大禮，而英國使團代表的是英王和英首相，怎能行此辱沒國格之禮？經過反覆磋商，最後定為行單腿下跪禮，雙方都算是妥協。

馬嘎爾尼有他的兩手：一手是豐盛的禮品，一手是懷有通商目的的國書。

覲見禮畢，馬嘎爾尼恭恭敬敬地送上了多達 600 箱的大禮，其中有天文儀器、地理儀器、機器設備、槍炮、車輛、圖冊、樂器，等等。乾隆照單全收，一一過目後，結論卻是：「不過如此！」⑤

馬嘎爾尼參加完盛大的乾隆萬壽大典，返回北京。清王朝認為英國使團的使命已完，拿着乾隆回送的禮品後便可以回國覆命了。可是，英國使團卻一廂情願地認為，參加慶典只是序幕，真正的事情還沒有開始。馬嘎爾尼在北京向清廷遞交了國書，竟然提出了六項要求：

> 請中國允許英國商人在珠山（舟山）、寧波、天津等處登岸，經營商業。
>
> 請中國按照從前俄羅斯商人在中國通商的規矩，允許英國商

人在北京設立洋行，用以買賣貨物。

請於珠山（舟山）附近劃出一個小島，歸英國商人使用，以便英國商船有歇腳之地，並可存放貨物，居住商人。

請於廣州附近給以同樣之權利，且聽英國人自由來往，不加禁止。

凡英國商貨，自澳門運往廣州者，請優待免稅或減稅。

英國船貨按中國所定稅率交稅，不額外加徵，請將所定稅率公佈，以便遵行。

應該說，這六條中有合理的通商要求，也有不合理的帝國主義擴張野心。乾隆看了這六條後，十分生氣，他的回答是，除逐條加以駁回六條外，再加上第七條：「不得在華妄行傳教。」他對西方文明取了一種十分輕蔑的態度，在給英王的信中稱道：「天朝物產豐盈，無所不有，原不藉外夷貨物以通有無。」

馬嘎爾尼乘興而來，掃興而去。

經受了這次衝擊後，乾隆重又把國門關閉得嚴嚴實實的。

罪惡的鴉片貿易

帝國主義多次嘗試用商品打開中國的大門，都沒有成功，相反中國的國門越關越緊。於是，他們就利用一種特殊的商品 —— 鴉片，來荼毒中國民眾，以獲取大額利潤，進而強行敲開中國的大門。

鴉片，俗稱大煙，原產地在南歐和小亞細亞，後傳入阿拉伯、印度和東南亞等地。鴉片作為藥用，早在唐代就自阿拉伯輸入中國，當時數量極少。明代以來，中國關稅則按例將鴉片列入藥材徵稅。17 世紀，吸食鴉片之法從南洋傳入中國。而從藥用轉化為嗜好毒品，則始

於 18 世紀上半期的乾隆朝。

　　鴉片中含有大量麻醉性毒素，吸食上癮，會使人精神委靡、骨瘦如柴，如同廢人，直至死亡。鴉片能使所有不同體質的人都走上自我毀滅的道路，這是一種慢性的、殺人不見血的毒藥。

　　在 18 世紀以前，葡萄牙、荷蘭、英國等國向中國輸出的鴉片的數量不算很大，每年在 200 箱上下（每箱 100 斤，後增至 120 斤）。乾隆二十二年（公元 1757 年），英國佔領印度鴉片產地孟加拉以後，向中國出口鴉片數量劇增，十年後增至每年 1000 箱。特別值得注意的是，乾隆三十八年（公元 1773 年），英屬印度政府確立了鴉片侵華政策，英國首任印度總督哈斯丁斯公然宣稱，要把鴉片這種毒品作為對華侵略、牟取暴利的有力工具。為了保證這一侵略政策的充分實現，乾隆三十八年（公元 1773 年）和嘉慶二年（公元 1797 年），英屬印度政府又先後給予英國東印度公司在印度的鴉片專賣和製造特權。東印度公司則利用這一特權，強迫孟加拉地區的農民種植罌粟，壟斷了全部毒品的製造權。又改造鴉片製作法，使鴉片的製造適合於中國吸食者的口味，從中獲取暴利。

　　上文說到，乾隆二十二年（公元 1757 年），當時每年輸入鴉片 1000 箱。到了乾隆三十八年（公元 1773 年）增至 1500 箱，到乾隆五十一年（公元 1786 年）突破 2000 箱，乾隆五十五年（公元 1790 年）則超過 4000 箱；到嘉慶五年（公元 1800 年），增至 4570 箱；道光元年（公元 1821 年）增至 6000 箱，道光四年（公元 1824 年）驟然增至 1.26 萬箱，道光十年（公元 1830 年）增至 2 萬箱，道光十八年（公元 1838 年）增至 4 萬餘箱。英國在鴉片戰爭前 40 年間，偷運進入中國的鴉片總計有 42.02 萬箱。這樣，使中國對外貿易從出超變為入超，而帝國主義分子從中國掠走銀元高達 4 億之巨。道光九年（公元 1829 年），英國的鴉片稅收達 100 萬英鎊，約佔英國國庫全年收入的 1/10。

　　清政府從雍正七年（公元 1729 年）第一次公佈禁煙令起，多次下

令禁煙。可是，屢禁不止，鴉片走私越來越猖狂。這是因為，英國鴉片走私販子採取武裝走私、收買賄賂清政府官員等手段，破壞禁煙；同時，腐敗的清政府官員恃法求賄，只知中飽私囊，不管國家社稷安危，致使一切禁煙條款都成了一紙空文。

林則徐召對禁煙

在外來的鴉片侵略造成的深重國難面前，清政府內部逐步形成了兩種截然不同的態度：一種主張消極弛禁，甚至主張開禁，任其泛濫，國家只收取稅收了事，太常寺少卿許乃濟荒誕地說：「百姓吸食鴉片不僅無傷政體，且有利財政。」另一種主張嚴禁，鴻臚寺卿黃爵滋是這一派的主將，他指出：「以中土有用之財，填海外無窮之壑，易此害人之物，漸成病國之憂。」他力主官民共遵一法，具結互保，嚴懲走私者，嚴辦吸食者。他的奏章引起朝野震動，在內閣會議上，終於使首席軍機大臣穆彰阿、蕭親王敬敏等也支持禁煙，並通過了《查禁鴉片煙章程三十九條》。在激烈的鬥爭過程中，林則徐是始終堅定站在禁煙派一邊的一個重要人物。

林則徐出身於一個清貧的知識分子之家。嘉慶十六年（公元 1811 年）中進士。道光十一年（公元 1831 年）任河東河道總督，十二年改官江蘇巡撫。十七年升任為湖廣總督。他為官一貫清廉自守，關心國計民生。道光十八年（公元 1838 年）九月，他在一份奏章中疾呼：「當鴉片未盛之時吸食者不過害及其身，故杖徒已足蔽其辜。迨流毒於天下，則為害甚劇，法當從嚴。若猶泄泄視之，是使數十年之後，中原幾無可以禦敵之兵，且無可以充餉之銀。興思及此，能無股栗？」

道光皇帝是這年的九月二十三日接到這份奏章的，當他讀到「數十年之後，中原幾無可以禦敵之兵，且無可以充餉之銀」時，竟激動

得差點流下淚來。他馬上下詔：「宣林則徐入京！」

道光十八年（公元 1838 年）十月初七，林則徐在湖廣總督任上接到了宣召進京的諭旨，不敢怠慢，稍稍交待了一下政務後，便於十月十一日從武漢動身，迅速進京。十一月初十，林則徐抵達京師，這件事讓朝野為之震動，各方都在靜候道光皇帝召對林則徐的最後結果。

道光皇帝有點迫不及待，十一日大清早就召見林則徐。這天清晨 6 時左右，中朝已畢，眾臣散去，道光讓林則徐坐在氈墊上，垂問政事。在召對過程中，道光皇帝表露了厲禁鴉片的決心，並要林則徐前往禁煙的要衝廣東，主持禁煙大計。林則徐深知此事步履維艱，要求道光仔細考慮。道光表示，主意已定，林則徐便答應就任。

十二日，第二次召對。君臣共同討論禁煙與「外夷」挑釁動武的問題。林則徐的回答是，要杜絕煙毒，就不怕外國人動武打仗，只要有備就可以無患。召對時間為半小時。

十三日，第三次召對。還是講外夷動武問題。林則徐說，關鍵還在於加強武備、整頓邊防，並提出了具體的看法。道光皇帝深為滿意。最後，道光問林則徐是否會騎馬？林回答：會。於是，道光當場賜林則徐可以在紫禁城內騎馬，這是一種少有的特許。這次召對的時間也是半小時。

十四日，第四次召對。這天一早，林則徐身着繡有仙鶴的一品大臣文官朝服，腰繫鑲有紅玉石的朝服，頸掛一串珊瑚朝珠，騎着飾滿彩纓的高頭大馬，緩步入宮。道光沒有見過臣子騎馬入宮的場面，早早來到殿前恭候。林則徐是福建籍人，不習慣騎馬，所以騎馬時，雙手緊勒韁繩，顯得很緊張。道光見了，關心地說，看來你不習慣於騎馬，以後可以坐椅子轎進宮。這次召見氣氛寬鬆，只是談了些家常。

十五日，第五次召對。晨 6 時，林則徐坐在 8 人抬的肩輿上。這次召對 1 小時，繼續討論廣東的防務、對外貿易、稅務等。這次召對的尾聲是皇上給林則徐頒發了「欽差大臣關防」，也就是一方金屬鑄的

印章，其權威僅次於皇帝的玉璽，由一個文官統領水師去廣州禁煙。

十六日，第六次召對。林則徐晨 5 時進宮。這次召對的時間為三刻鐘，君臣間討論的是禁煙的具體條例。

十七日，第七次召對。林則徐晨 5 時坐大轎進宮，召對時間為半小時。研究的具體問題不詳。

十八日，第八次召對。林則徐晨 6 時進宮，召對時間為三刻鐘。林則徐向皇上行三跪九叩大禮，向皇上辭行。

十一月二十三日，林則徐輕車簡從，焚香九拜，正式啟用「欽差大臣關防」，發傳票起程。由正陽門出新儀門南下，奔赴禁煙運動的前哨陣地 —— 廣州。

虎門銷煙

道光十九年（公元 1839 年）正月十九，林則徐過梅嶺、入廣東，當晚從南雄州城外乘舟，連日晝夜兼行，經韶關、英德、清遠、三水、黃鼎、佛山、花地，於二十五日抵達目的地廣州。大船舶靠天字碼頭後，他從容登岸，在接官亭與鄧廷楨、怡良、關天培等文武官員見面。林則徐到任後，把欽差大臣行轅設在越華書院。

林則徐到達廣州後的第二天，就開始操辦實際事務。他與關天培等一起乘舟視察虎門、澳門等地的形勢，抓獲了一大批鴉片吸食者，在短短的幾天內，就捉拿煙犯 1600 人，繳獲鴉片 46.15 萬兩，煙槍 2700 多杆，煙鍋 300 多口。

二月初四，林則徐召集十三行洋商會議，要他們立即轉告外商，必須限期交出鴉片，並保證今後來華貿易，永不夾帶鴉片，如再夾帶，則貨物沒收，人即正法。林則徐大義凜然地宣佈：「若鴉片一日未絕，本大臣一日不回，誓與此事相始終，斷無中止之理！」洋商們在

接到繳煙命令以後，一直觀望了三天，最後不得不交出鴉片 1037 箱，企圖以此搪塞過關，等風頭過去再說。

林則徐看洋商根本沒有誠意，遂準備採取進一步行動，逮捕英國大煙販子顛地。顛地長期在廣州從事鴉片走私，存有鴉片最多，他自己不僅不交，還阻攔別人繳煙，所以林則徐準備從他開刀。英國商務監督義律得知這一消息後，馬上由澳門趕到廣州商館，企圖利用自己的權力掩護顛地出逃。早有準備的林則徐待義律一進入商館，立即將義律和 320 名拒絕執行中國法律的鴉片販子困在商館中。之後的事態頗具戲劇性：義律放縱顛地夜半出逃，最後反而狼狽不堪地落水被捕。義律無奈，於二月十四日通過商行向林則徐表示，願意呈交英商所有的鴉片 2 萬多箱。同時，為了鼓勵和獎勵外商繳煙，經清道光皇帝批准，外商每交出一箱鴉片，即賞給茶葉 5 斤，共需茶葉 10 萬多斤，由林則徐、鄧廷楨、怡良在廣東捐辦解決。

二月二十八日繳煙開始。這天，22 艘滿載鴉片的躉船，從零丁洋駛向指定地點虎門外龍穴洋面。數千民夫駕着小船穿梭於躉船與洋面之間，把一箱箱鴉片運上岸。岸上有 12 名文官負責接收、檢驗、入庫、上賬、看守等工作。另有 10 名武官率清兵晝夜值班。經過 1 個月零 8 天的日夜清點，英商所屬鴉片全數繳出，共 19187 箱又 2119 袋，比義律承報的數字還多 1023 箱。

道光十九年（公元 1839 年）四月二十二日，林則徐在廣東巡撫怡良等人的陪同下，一起來到虎門，監督銷煙。虎門山丘，人山人海。下午 2 時，三聲炮響，震驚世界的虎門銷煙開始了。500 名壯健的民夫一擁而上，把一箱箱鴉片扔向銷煙池。頓時，銷煙池中沸滾如湯，濃煙升騰……

整個銷煙過程經歷了 23 天（其中端午節暫停一天），全部鴉片銷毀完畢，只留下公班、小公班、白皮、金花鴉片各 2 箱，準備作為樣品解送京師。五月十五日，林則徐、鄧廷楨等滿懷勝利的喜悅，登舟離開虎門，返回廣州。

英國發動鴉片戰爭

　　清道光二十年至道光二十二年（公元 1840—1842 年），英國對中國發動了罪惡的戰爭。因戰爭的導火線是英國強行向中國推銷鴉片，毒害無辜的中國人民，因此，這次戰爭史稱「鴉片戰爭」。

　　中國嚴厲禁絕鴉片的消息傳到了英國倫敦。8 月 6 日，一批英國下議員、銀行家、進出口商人和鴉片走私船隻的船長們，聯合致函英國外交部，7 日，外交大臣帕麥斯頓接見了他們，表達了英國政府的強硬立場。30 日，曼徹斯特等 39 家英商公司聯合上書英國政府，聲稱中國的禁煙使他們「失去了這個市場，而遭受巨大的損失」。同一天，倫敦的 98 家商行也上書外交大臣，要求英國政府採取行動。

　　1839 年 10 月 1 日，英國內閣會議作出決定：「派遣一支艦隊到中國海去，並訓令印度總督對於我們兵船司令所採取的任何必要的行動予以合作。」11 月 4 日，英外交部就發動侵華戰爭的計劃和指令通知英國海軍部。為了使戰爭合法化，1840 年 3 月 19 日，英國政府在議會公開宣佈了遠征中國的決定，並提議國會通過對華戰爭軍費案。經過 3 天的辯論，結果是 262 票反對，271 票贊同，對華軍費案僅以 9 票的極其微弱的票數獲得通過。對華戰爭的一切都準備就緒了。

　　從 1840 年 6 月 11 日起，英國的所謂「東方遠征軍」陸續到達了中國海岸。侵略軍由好望角和印度調集，有軍艦 16 艘、武裝汽船 4 艘、運輸艦 28 艘，合計船艦 48 艘。共載大炮 540 門，陸海軍 4000 人。陸軍由布爾布利指揮，海軍由伯麥統帥，懿律為陸海軍的最高司令長官。

　　1840 年 6 月 21 日，英國侵略軍海軍司令伯麥乘載炮 74 門的旗艦「威里士厘」號抵達澳門灣外。22 日，伯麥從「威里士厘」號上發出公告：「現奉英女王陛下政府命令，本司令特此公告：從本月 28 日起，對廣州口岸所有河道一律進行封鎖。」就這樣，英國資產階級蓄謀已久的鴉片戰爭，終於爆發了。

三元里的抗英鬥爭

清道光二十一年（公元 1841 年）四月初五，英軍攻佔了廣州城北四方炮台後，四處騷擾，無惡不作。尤其是常到泥城、西村、三元里、蕭岡一帶的村落去，殺人放火，奸淫婦女，搶劫糧食和牲口，甚至盜掘墳墓。城鄉各部紳民便利用舊有的社會組織為紐帶，集眾會盟，誓死抗擊英軍，保衛家園。

四月初九清晨，一小股英軍竄入距城北約 6 公里的三元里村東華里，適遇菜農韋紹光的妻子李喜外出拜神，被英軍攔截，恣意侮辱。韋紹光見到了，忍無可忍，與敵人展開了肉搏，鄉人馬上前去相助，當場殺死英軍士兵八九人，其餘的英軍一看勢頭不對，都抱頭逃竄。

三元里人民料定敵人必來報復，立即在三元古廟（道教廟，道教稱天、地、水為「三元」）前齊集，願齊心合力，共同禦敵。他們取出古廟中的「三星神旗」，共同舉手對着神旗宣誓：「旗進人進，旗退人退，打死無怨。」下午，附近 103 鄉的群眾代表聚會於南海、番禺交界的牛欄崗，共商聯合抗英的大政方針。除把老弱病殘撤走外，從 15 歲的少男到 60 歲的老人，都要參加戰鬥。

四月十日清晨，經過繁忙的準備，組建起了各鄉義勇軍一萬多人，打着各色旗號，手持大刀、長矛、鳥槍、鋤頭、鐵鍬、木棍、石錘等器械，浩浩蕩蕩向英軍佔據的四方炮台挺進，實際上只是佯攻和誘敵「出洞」。英軍司令臥烏古認為形勢嚴重，就親率手持新式武器的 1000 多名士兵投入戰鬥。而抗英義勇軍且戰且退。義勇軍按原定計劃退到了牛欄崗附近。突然間，螺號、戰鼓齊響，伏眾四起，漫山遍野，猛衝下來，包圍了敵人。義勇軍勇士顏浩手持長矛衝殺在前，一下把英軍少校畢霞刺死，英軍大亂，由是轉入守勢。抗英義勇軍的包圍圈也越縮越小。

十日下午 2 時，天突然下起了大雨，英軍陷在泥潭中難以動彈，

槍炮都淋濕了不能使用。而義勇軍本是農民，在泥濘中行走是慣常的事，因此越戰越勇，把敵人分割成幾股殲滅之，真是「殺之如切瓜」。直到晚上 9 時，在四方炮台援兵的救助下，英軍才衝出重圍。

在這場圍殲戰中，「三元里前聲若雷，千眾萬眾同時來」，「婦女齊心亦健兒，犁鋤在手皆兵器」，「少壯爭禦侮，老弱爭運糧」，組成了一幅人民戰爭的壯麗畫面。牛欄崗圍殲戰，殺死英軍 5 人，擊傷英官兵 23 人，義勇軍犧牲 20 餘人。三元里抗英鬥爭，是近代中國人民武裝反抗外國侵略者的第一聲，表明偉大的中國人民開始站到了歷史的前台。

全無鬥志的清軍

與人民大眾昂揚的鬥志形成鮮明對照的是清軍官兵。他們在根本說不上有多少強大的英軍面前，一觸即潰。道光皇帝原先倒是很想背水一戰的，當清軍潰退的消息不斷傳到他的耳朵裏時，他也不得不表現出極大的無奈和悲憤。⑥

清朝的那些文臣武將也真腐敗到了無以復加的地步。除了林則徐、鄧廷楨、江繼芸、謝朝恩、葛雲飛、陳化成等忠貞為國的將領外，從總體上看，正像道光皇帝評述的那樣，「臨陣逃脫幾成習慣」。

當懿律率軍北上，直抵天津白河口時，身為直隸總督的琦善不但不抵抗，反而立即派人為英軍送去牛羊等食物，以示友好。以如此卑躬的態度對待兇狠的入侵者，這在世界史上也是絕無僅有的。

侵略者在致清皇帝、宰相書中，攻擊林則徐的不「友好」。清大臣穆彰阿、琦善馬上說「夷兵之來，係由禁煙而起」，並強迫道光皇帝革了林則徐的職，禁煙大計就此告終。

琦善以專辦廣東事務欽差大臣、文淵閣大學士、兩廣總督身份到

達廣東，第一件事就是拆除那裏的防禦工事，解散兵丁，未經皇上同意，就擅自答應英國人的無理賠償鴉片煙價的要求。難怪乎後來道光要嚴厲懲處他了。

琦善被革職查辦後，清帝派皇侄、御前大臣奕山為靖逆將軍，此人先是按兵不動，後來被迫應戰，一待英軍大炮轟鳴的時候，他馬上在廣州城頭掛起了白旗，向英軍投降，清軍如此不經一擊，使得英國人也一時弄不明白是真投降還是假投降。

英軍直逼鎮海，毫無作戰經驗的欽差大臣裕謙看到全城一片火海，急得投水自殺，被人撈起後，已是氣絕身亡了。

英軍進犯寧波，寧波提督余步雲、知府鄧廷彩，以及 2000 餘名清兵，早已在先一日逃走。英軍未放一槍，就佔領了浙江重鎮寧波。當時攻打寧波的英軍還不到清軍的一半，可清軍官兵連抵擋一陣的信心都沒有！

這時，道光皇帝又命協辦大學士、吏部尚書奕經為揚威將軍，帶兵赴浙。十月，到蘇州，這個揚威將軍一點也「揚」不了「威」，慢慢吞吞地到十二月中旬才到嘉興前線。當時嘉興的清軍有 4 萬人，還有義勇、鄉勇 9 萬人。毫無作戰經驗的奕經組織了三路進攻英軍，結果三路皆被擊敗。

在上海吳淞戰役中，英軍碰上了硬釘子，他們早已說了，「不畏江南百萬兵，只怕吳淞陳化成」。英軍不敢怠慢，調集大軍攻打陳化成軍。陳化成在堅守吳淞中壯烈犧牲，上海的守官一看形勢不妙，還沒等英軍趕到，馬上棄城而去，上海不戰而陷。而兩江總督牛鑑在不發一槍一炮的情況下，早已逃之夭夭。

道光二十二年（公元 1842 年）七月初四，英國艦隊 80 艘抵達江寧海面。初六，英軍在沒有遇到任何抵抗的情況下，在觀音門附近登岸。英軍兵臨南京城下，此時的清政府，只有舉手投降這一條路了。

鴉片戰爭，把清朝官僚集團的腐敗無能和外強中乾昭示於天下，把清王朝紙老虎的畫皮徹底戳穿了。

《南京條約》

　　《南京條約》，即《江寧條約》，是道光二十二年（公元 1842 年）英國強迫戰敗的清政府在南京簽訂的中國近代史上第一個不平等條約。

　　其實，當時英軍的兵力有限，戰線又拉得很長，總共也只有三四千兵員，打了兩年仗，已經顯得筋疲力盡。又加上時處盛夏，江南一帶瘟疫蔓延，英軍死傷日多。如果清廷再支撐一陣子，可以說英軍必定不戰自退，這一點，連英軍的一位高級將領也承認。但是，腐敗的清政府根本不想抵抗，為了示好英軍，派了一個荒淫無恥的昏官德珠布做廣州的城防將軍，他一點也不設防，只是在那裏吃喝玩樂。

　　七月六日，英軍在觀音門附近登岸，同日，道光任命的欽差大臣耆英也到達江寧。先期在江寧的兩江總督牛鑒、協辦大學士伊里布，都是投降派。三人一拍即合，決定全力結好英人。

　　主持這次侵略戰爭的璞鼎查是個老奸巨猾的家夥。七月十五日，他邀請耆英等人到英艦「皋華麗」號上去「參觀」，以展示其船堅炮利，這實際上是一次軍事恫嚇和威脅。登上船，就是一隊隊「列隊挎刀」的士兵，一個個如怒目金剛那樣站立在那裏。船上佈滿着大炮。看到這一切，耆英等人被嚇得魂飛魄散，連一句話都說不出。「參觀」回來後，馬上向道光寫奏報：「該夷船堅炮猛，初尚得之傳聞，今既親上其船，目睹其炮，益知非兵力所能制伏也。」璞鼎查的目的就此達到了。

　　七月二十一日，中英雙方的代表耆英、璞鼎查在江寧城外的一個名為靜海寺的大廟中談判。名為談判，實際上根本就無判可談。璞鼎查將一份早已擬好的書面文件交給耆英。耆英因為接到道光皇帝的「應行籌酌」的訓令，就在無關痛癢處提出一些修改意見。可是，這個璞鼎查根本不買賬，一點也不讓步。最後，耆英還是全數接受了璞鼎查拿出的實際上是英國政府早已定下的條款。

　　七月二十四日，談判和簽字儀式移到了英艦「皋華麗」號上。這

本身是為了侮辱中國。清朝的代表耆英、伊里布、牛鑒等與英方代表簽訂了中英《南京條約》。《南京條約》共 13 款，主要內容有：中國割讓香港；中國向英國賠款 2100 萬元；開放廣州、福州、廈門、寧波、上海五處為通商口岸，簡稱「五口通商」；英商可以自由與中國商人貿易；英商應納的進口、出口貨稅，「均應秉公議定則例」；為英國辦事而獲罪者，全部免罪。

《南京條約》破壞了中國的領土完整和關稅、司法等主權，開創了用條約形式使資本主義掠奪和奴役中國合法化的先例。從此，西方資本主義打開了中國的大門，各國侵略者接踵而至。《南京條約》簽訂後，西方列強趁火打劫，相繼強迫清政府簽訂了一系列不平等條約。從此，中國逐步淪為半殖民地半封建社會。

中國歷史自此掀開了浸透血和淚的空前黑暗的一頁，而在這黑暗的背面正透着絢爛的光明與希望的明天。

◆ 註釋：

① 《清世祖實錄》卷十七：「京城內外限旬日，直隸各省地方，自部文到日，亦限旬日，盡令剃髮，遵依者為中國之民，遲疑者同逆命之寇，必置重罪。如不隨本朝制度者，殺無赦。」

② 科舉因分科取士而得名。隋煬帝大業二年（公元 606 年）設進士科，這可以説是科舉之始。唐代於常科外，增設有制科和武科。宋因唐制，具體辦法屢有變更，王安石變法，曾廢明經諸科，僅留進士一科，罷詩賦、帖經、墨義，以經義論策取士。明代規定以「四書」、「五經」出題，尤以「四書」為重，考試要以朱熹《四書章句集注》的註釋為準，應考者真正成了為聖人立言者。清代的科舉考試最完備，同時走向沒落和腐朽。考試者必須嚴格遵循「八股程式」，大大束縛了人的思想，阻礙了文化的發展。隨着社會的發展，科舉制度的取消勢在必行。清光緒三十一年（公元 1905 年），清政府發佈上諭：「從丙午科（公元 1906 年）起，所有歲科考試、鄉試、會試，一律停止。」至此，在中國古代實行了 1300 年之久的科舉制度正式廢止。

③ 顧炎武《日知錄》云：「八股之害，等於焚書。而敗壞人才，有甚於咸陽之郊。」是說「八股」比焚書坑儒還厲害。

④ 和珅是清王朝一切貪官污吏的總後台，他的財產總額十分巨大。除大量房產外，計有田地 80 萬畝、銀號 42 座、赤金 580 萬兩、沙金 200 餘萬兩、金元寶 1000 個、元寶銀 940 萬兩，其他珍珠、白玉、瑪瑙、珊瑚、鐘錶、寶石、綢緞、古鼎、人參、貂皮，不計其數。當時國庫總年收入為 4000 多萬兩，而他家抄出的財產達 22000 萬兩，比五年的國庫收入還要多。

⑤ 對 600 箱禮品大致瀏覽後，乾隆帝曰：「其所稱奇異之物，只覺視等平常耳！」

⑥ 當寧波等地輕易失守的消息傳到京師時，道光皇帝氣得差點發昏，他悲憤地說：「何以英人一到，遽而失守？可見將懦兵疲，全無鬥志，非英人兇焰竟不可擋，實我兵弁臨陣逃脫幾成習慣。」(《清宣宗實錄》卷三六二)

振興中華

歷史總是按照它自身的辯證法前行的。明、清兩朝，一方面，走向末路的專制皇權，實施着近乎瘋狂的殘酷統治，對內是失去人性的虐殺和空前絕後的文化專制主義，對外則是盲目的自大，一旦兇殘的敵人露出猙獰真面目，就走向屈辱投降，甚至認賊作父，反過來與入侵者一起搜刮民財，魚肉百姓。另一方面，在沒落帝國鐵蹄下呻吟着的廣大民眾日益覺醒着，尋找着救國救民的良方。

一些人把目光投向了更加廣闊的天地，產生了新的「天下觀」。他們開始用世界的眼光來看待中國和世界。

一些人「大覺大悟」，試圖通過自己的不懈努力，在中華大地上構築起人間的「天國」。

一些人「採西學」，「製洋器」，把這看做是「今日救時之第一要務」。

一些人從西方引進了自由、民主、平等的先進思想，提出了「振興中華」的偉大口號，豎立起了建設「新中國」的偉大旗幟。

中國幾乎所有的階級、階層都站到了歷史的前台，導演了一齣齣悲壯雄偉的歷史活劇。

「倡異端之言」的李贄

　　嘉靖年間，明王朝正處於由盛而衰的變化之中，嚴格地説，這不是一個王朝的衰敗，而是在中國延續 2000 年的一種陳舊、落後的制度的衰敗。專制、獨裁、閉塞、自大、腐敗、虐殺，都已經達到了登峰造極的地步。時代正處於劇變之中，深切地感受到這種劇變的先進分子，毅然舉起了開放、改革、自由、解放和個性發展的大旗。被稱為「大叛逆」和「大異端」的李贄，就是反對專制主義的啟蒙運動的先驅。

　　李贄的家世和早年的生活境遇賦予了他特別開闊的視野。他生於福建泉州，這是一個最早對外交往的口岸，而他家又是商賈世家。一世祖林閭（李贄本姓林），是個眼界開闊的大商人，經常揚帆航行於海外。二世祖林駑，不僅是國內經商的好手，還兼營海外貿易。洪武中，還受命於朝廷，奉旨下西洋。三世祖林通衢亦有經營四方之志，可明代實行海禁，不能如願。高祖林易庵是個精通外語的人，曾奉簡書出使國外。曾祖林琛做過「通事官」，相當於外交官，還到過琉球！祖父林義方、父親林白齋，都是名商大賈。這樣的家庭，造就了他的寬闊胸懷和叛逆性格。青年時代在南京三次會見意大利傳教士利瑪竇，更使他眼界大開，稱為「我所見之人，未有其比」。

　　而立之年以後，李贄當過一段八九品的小官，但都不得意。第一次當河南衛府共城的教諭，就與縣令等人鬧翻。後來到南京當國子監博士，丁父憂，束歸奔喪。後到北京任國子監博士，到任不多日又與國子監祭酒等人抵觸。且家庭的不幸又接連而至，祖父病喪的同時，他的次男、二女、三女相繼死去，料理完喪事後，他在北京找了小得不能再小的禮部司務做，有人對他説：「那樣窮那樣苦的活你也幹？」

　　他回答説：「吾所謂窮，非世窮也。窮莫窮於不聞道。」

　　有人又勸他説：「何必留在京師？」

他理直氣壯地説道：「我聽説京師多才學之士，可以隨時請來問道！」

李贄在北京求師訪友、研討學問。後又到陪都南京，結交了一批名人學士。由是他漸次明白，「道」非玄虛，而是人們日常生活的「當下自然」。50歲後，研究佛教，主張眾生平等。官宦生涯的最後一段時間是在雲南姚安知府任上，也與上司鬧得不可開交而離職，並決心退出官場。他於萬曆九年（公元1581年）54歲時，回到黃安家中，立志著書立「異端」了。

李贄被稱為在中國歷史上第一個舉起反孔旗幟的人。他説：「天生一人，自有一人之用，不待取給於孔子而後足也。若必待取足於孔子，則千古以前無孔子，終不得為人乎？」後來，他到麻城芝佛寺暫住時，專門在佛寺中掛了一幅孔子像，還寫了小品文《題孔子像於芝佛寺》，否認孔子是什麼「大聖」，説孔子本人也反對稱自己為「聖人」。

李贄在黃安講學時，突破封建禮教的束縛，破例招收了女弟子，引來了道學家的毀謗和謾罵，一些朋友也為他擔心。

有人勸他説：「古來沒有招收女弟子的先例，你何必破這個先例呢？」

李贄回應道：「女人也是人，為何不可以上學讀書呢？招女弟子沒有錯！」

那人進一步勸説道：「人言可畏，若有人説你招收女弟子有傷風化，你怎麼辦？」

李贄響當當回答：「只要我的心是正的，什麼都不用怕！」

李贄對道學家給予了無情的揭露和批判。指出這些人口頭上説得好聽，其實這些人「種種日用，皆為自己身家計慮，無一個為人謀者」。認為其「反不如市井小夫」。他公然站在「市民」的立場上，提倡「私有」、「圖利」，反對「無私」，認為「夫私者，人之心也」。

李贄的一切行為和言論，都被一些人視為「異端」，他明確説：「此間無見識人，多以異端目我，故我遂為異端，以成彼豎子之名。」

還説：「我平生不願屬人管，頭可斷而身不可辱也！」他的言論行為是不容於那個社會的。最後，在他 76 歲高齡時，有人以「不知遵孔子家法」、「倡異端之言」為由誣告他，萬曆皇帝不分青紅皂白，將他「嚴拿治罪」。李贄堅強不屈，奪刀自刎而死。

李贄的種種不同凡響的「異端」言論，可以看做是發自中華民族心靈深處的第一聲虎吼！

「引進西學」的徐光啟

明代末年，敢於面對世界、面對現實的除了李贄外，另一個具有劃時代意義的人物是徐光啟。如果説李贄主要是在思想和意識領域裏發聾振聵的話，那麼，在時間上稍稍靠後的徐光啟則已經把自己探究的觸角伸向了科學和生產領域。為了使中國人「豐衣食，絕饑寒」，他立意引進西法。

徐光啟是明代南直隸松江府上海縣（今屬上海市）人。他出身於商人兼小土地所有者的家庭。20 歲時，考中了秀才，在家鄉教書，也參加一些農業生產。35 歲時，在趙鳳宇家教私館，並隨之由韶州到廣州滽州。這是一次不畏萬里的長途跋涉，可能對他畢生的發展都有影響。在韶州時，他遇見了耶穌會傳教士郭居靜，第一次聽到西洋的自然科學知識。萬曆二十六年（公元 1598 年），徐光啟去北京應考途經南京時，結識了利瑪竇，兩人深情交談，一致認為耶穌教可以「補儒易學」，在此時，徐光啟也就加入了天主教，成為當時中國僅有的百來名天主教徒之一。利瑪竇雖説比徐光啟年長 10 歲，但由於志趣相合，兩人在感情上還是十分投機的。當然，從根本上説，兩人的終極目標是很不同的。利瑪竇宣傳科學為傳教，而徐光啟吸收西學是為了強國。①

　　萬曆三十年（公元 1602 年），43 歲的徐光啟再一次上京應禮部試，以第 88 名中進士，殿試三甲，列第 52 名，授翰林院庶吉士。這時，利瑪竇也在北京，兩人已算是故交了，就一起投入了把歐洲科學文化介紹到中國來的艱辛工作。兩人一直合作到萬曆三十八年（公元 1610 年）利瑪竇去世。

　　利瑪竇發現中國士大夫中很多人對數學很感興趣，於是想將古希臘歐幾里德的經典作品《幾何原本》翻譯成中文，可是，與中國士大夫的幾度合作都失敗了。利瑪竇感歎地説：「東西文理，又自絕殊，字義相求，仍多闕略，了然於口，尚可勉圖，肆筆為文，便成艱澀矣！」看來，他是想打退堂鼓了。可就在此時，他遇到了徐光啟。兩人反覆商量後，決定於萬曆三十四年（公元 1606 年）秋開始合作翻譯《幾何原本》。利瑪竇深明西學，對中國文化亦有一定了解，而徐光啟對中國文化有很深的造詣，對西方文化也有一定了解，於是兩人一拍即合。利瑪竇口述，徐光啟筆錄，兩人反覆審視，日以繼夜，三易其稿，經過一年多的努力，終於完成了《幾何原本》的 6 卷。《幾何原本》共有 15 卷，徐光啟本想趁熱打鐵，把餘下的幾卷翻譯完，可是，利瑪竇忙於教務，一拖再拖，後成終身之憾。

　　把歐幾里德的《幾何原本》介紹給中國，對改造和提高中國的傳統數學大有好處。從此，「幾何」一詞成了中國數學上的專用名詞。徐光啟在這本書中使用的一些數學術語，成為中國近代數學的科學術語，諸如點、線、面、平行線、直角、鈍角、鋭角、三角形、四邊形等，都已成為學人的通識。

　　利瑪竇到北京後，在天主教堂裏陳列有千里鏡、地球儀、簡平儀等天文儀器。徐光啟懷着極大的興趣參觀了這些儀器，並認真閱讀了系統介紹西方天文學知識的《渾蓋通憲圖說》一書。當時的崇禎皇帝命徐光啟督修曆法。徐光啟衝破極大的壓力，決定以西法為基礎制定改曆方案。從崇禎二年到七年，整整花了 6 年時間，完成了百餘卷的《崇禎曆書》。該書採用丹麥天文學家第谷所創立的宇宙體系和幾何學

的計算方法，其中明確地引入了地球和地理經緯的新概念，這對中國人觀念上的衝擊也是劃時代的。

在徐光啟的支持下，利瑪竇第一次向中國人展出了一幅世界地圖。這幅地圖大大開闊了中國人的眼界，使中國人第一次看到了整個世界的縮影，知道中國之外世界上還有那麼多國家，還有五大洲，還有東西半球，還有赤道、南北極，除陸地外還有大片的海洋。在這方面，身為東閣大學士、禮部尚書的徐光啟起了很大的作用。

萬曆三十四年（公元 1606 年），同樣有着科技背景的意大利人、耶穌會教士熊三拔來到北京。這時，利瑪竇已年過半百，垂垂老矣！他把熊三拔介紹給徐光啟。後來，熊三拔在徐光啟的幫助下，編著了《泰西水法》一書。這是第一部系統介紹西方農田水利的書籍。徐光啟著《農政全書》，其中的水利部分，吸收了《泰西水法》中的不少內容。

中國最早的「人權宣言」

順治十四年（公元 1657 年），與封建統治階級苦苦周旋了半輩子、一再被清廷通緝的大思想家顧炎武，深感江南已無容身之地，「浩然有山東之行」，開始了終其後半生的漫遊生涯。這一年，他 44 歲。

這是一次無人陪伴的孤獨之行。

在以後的 25 年中，他遍歷了山東、河北、山西、陝西等地。他一人北行，伴隨他的是馱在二馬二騾背上的沉甸甸的書卷。表面看來，他是在遍歷祖國山川，其實，他是在其中尋找精神的靈氣，在那些書卷中發掘思想的源泉，每有心得，就筆錄下來，後來匯聚成冊，就是傳世的《日知錄》。

作為思想者，顧炎武最為重要的是在尋找思想的同道。他深知，

要拯救中華，單靠一個人的力量是辦不到的。

顧炎武不倦地尋覓着。

到了康熙二年（公元 1663 年），顧炎武已是 55 歲的老人了。

這一年，是他極為悲憤的一年。受《明史》案的株連，他的兩個朋友被朝廷所殺。他懷着滿腔的悲憤，在旅途中遙祭亡友。

這一年，也是他尋覓到真正的同道的一年。在旅途中，友人贈以浙江餘姚人黃宗羲的一部著作。一開卷，他就手不釋卷地拜讀了起來。他太興奮了，一連幾天幾夜都在廢寢忘食地閱讀。讀了一遍，又讀第二遍、第三遍。他決定給黃宗羲先生寫封信，以表述自己的心情。他在信中激情滿懷地寫道：「讀之再三，於是知天下之未嘗無人，百王之敝可以復起，而三代之盛可以徐還也。炎武以管見為《日知錄》一書，竊自幸其中所論，同於先生者十之六七。」

令顧炎武如此興奮，並引為同道的黃宗羲的那部大著，就是被世人譽為中國最早的「人權宣言」的《明夷待訪錄》。

黃宗羲比顧炎武年長三歲。他也長年在黑暗中摸索、尋覓。17 歲那年，父親被明代奸閹魏忠賢興的冤獄所殺，於是，年少氣盛的他便上京申冤。後來，他又帶頭聲討閹黨餘孽阮大鋮，並參加「復社」，志在復興中華。在抗清鬥爭中，他多次差點獻出了自己的生命，後曾以四明山為據點與對手周旋。兵敗後，堅持招徒講學，創立浙東學派，思想也一步步深化。他由反對一朝一代的統治者，進而到反對整個封建專制統治，於是就有了《明夷待訪錄》。

「明夷」是《周易》中的一卦，象徵「明入地中」，其意是說，中華大地上不是沒有光明，而只是隱伏在地下而已。現在是要把光明發掘出來，讓人們都看到。

黃宗羲深刻地批判了封建獨裁的君權。他寫道：「為人君者，以為天下利害之權皆出於我，我以天下之利盡歸於己，以天下之害盡歸於人。」他指出，正是這種君權，「敲剝天下之骨髓，離散天下之子女」。他得出結論：「今天下之人，怨惡其君，視之如寇仇，名之曰獨夫，固

其所也。」

黃宗羲要求建立「興天下之公利，除天下之公害」的國家制度。為此，他要求恢復「古道」。他說：「古者以天下為主，君為客。凡君之所畢生經營者，為天下也。」為君之人，「不以一己之利為利，而使天下受其利；不以一己之害為害，而使天下釋其害；此其人之勤勞必千萬於天下人」。

黃宗羲的「民為主，君為客」的思想，比孟子的「民貴君輕」思想大大前進了一步。

黃宗羲的掌天下大權者「勤勞必千萬於天下人」的思想中，隱含着官僚應為民公僕的觀念。

黃宗羲的天下人「為天下，非為君也；為萬民，非為一姓也」的思想，包含着某種民主的觀念。

黃宗羲的去「一家之法」而建立「天下之法」的思想，實際上已經觸及了「以法治國」這個深層次的問題。

在當時，把黃宗羲引為同道的還有一個比他小9歲的王夫之。

王夫之是湖南衡陽人。他曾參加抗清，後隱居山林，潛心著述，世人甚至很少有人知道他。然而，他在學習與觀察、思索中得出的結論，大致上與黃宗羲相同。他的《讀通鑑論》可謂是傳世之作。他認為，歷史的發展，既是「勢因理成」，「勢之所趨，豈非理而能然哉？」同時，歷史過程中又是「理」隨「勢」變，所謂「勢相激而理隨以易」。歷史在不斷進化，人的思想、觀念，以及治國的方略也應隨之而變。他認為「君主任獨斷」的時代即將過去了。在這點上，又與黃宗羲的「民為主，君為客」思想暗通。

從明末清初三大思想家那裏，人們看到了民主主義思想正在衝破地平線（這正是黃宗羲「明夷待訪」的本意），而展現出它那絢麗的曙光。

「採訪夷情」的林則徐

林則徐的主動了解世界事務，尤其是西方世界的實情，是與他的禁煙事業緊密聯繫在一起的。他給系統地了解西方世界起了個十分別致的名稱，叫做「採訪夷情」。說林則徐是「睜眼看世界的第一人」，一點也不過分。

為了「採訪夷情」，林則徐到達廣州這個禁煙前哨以後，就找到了當時十分稀少的幾個通曉外文的人才，讓他們從外國報刊上摘編和搜尋關於外國政治、經濟、文化等方面的信息，並根據這些信息定期編譯出版《澳門新聞紙》，分送給大小官員參閱。這對開闊人的眼界起了很大的作用。從他到廣州直到被革職的兩年間，由他組織的編譯西書、西報的工作一直沒有停止過。

林則徐把「採訪夷情」的工作做得相當的細緻。他讓人編譯了瑞士人瓦特爾關於國際法的著作，編成《各國律例》，基本弄懂了西方人心目中的法律是怎麼回事。他請人翻譯了關於大炮瞄準法等武器製造方面的應用書籍，以改進清軍的裝備。這個大炮瞄準法曾在廣東的防務中得到了應用。道光十九年（公元 1839 年），中英關係日趨緊張，義律多次率英軍挑釁。當時，林則徐已經購買了一批西洋的先進武器，同時也已經大致掌握了這些西洋先進武器的使用方法，在英艦對清陣地的 6 次戰鬥中，清軍贏得了全勝。

尤為難能可貴的是，為了知己知彼，林則徐通過譯文了解了不少外國人怎麼看中國人的資料，輯成了《華事夷言》一書，這對於諱疾忌醫成性、不肯也不敢面對現實世界的絕大多數清廷中人來說，是怎麼也辦不到的。他還讓屬下摘譯了英國人池爾窪的《對華貿易》一書，用以明白帝國主義分子是怎樣看待這種罪惡的鴉片貿易的。林則徐被革職後，還向來接任他的靖逆將軍奕山推薦這些來自國外的情報，說：「其中所得夷情，實為不少，制馭準備之方，多由此出。」

為了了解世界的全貌，林則徐還組織人力根據英國人慕瑞的《地理大全》一書，編譯整理成《四洲志》一書。《四洲志》是中國第一部系統的世界地理大觀，它介紹了世界五大洲 30 多個國家的地理和歷史概況，比之利瑪竇帶到中國來的世界地圖更為精確，也更為全面。這本書後來成為魏源編寫《海國圖志》的藍本。

　　林則徐這樣做的目的很明確，就是為了「盡得西人之長技，為中國之長技」。他首先能坦誠地承認中國是落後了，外國人手中有「長技」，這與清廷中絕大多數官員的閉目塞聽、抱殘守缺、盲目自大形成了鮮明的對照。這一點，連當時的外國人也不得不讚譽他。[②]更為了不起的是，他明確指出，「盡得西人之長技」，最後還是「為中國之長技」，變西方人的長技為中國人自己的長技，讓中國儘快地強大起來，這是林則徐「採訪夷情」的初衷。比起徐光啟的「欲求超勝，必先會通」更實在了。

「師夷長技以制夷」的魏源

　　親歷了鴉片戰爭的硝煙、一貫主張經世致用的思想家魏源，經過認真的思索，提出了「師夷長技以制夷」的響亮口號，開闢了反抗外國侵略、學習西方文明的新方向。

　　道光二十年（公元 1840 年），鴉片戰爭爆發，正在揚州治河的魏源立即趕到了寧波前線，參與欽差大臣伊里布率軍的抗英鬥爭。在一次戰鬥中，俘獲了英軍軍官安突德，魏源略懂英語，就參加了對這名俘虜的審訊工作。在筆錄安突德的供詞時，魏源學到了不少西方的人文、地理、歷史方面的知識。後來，又參與了對多名戰俘的審訊工作，收益都很大。魏源是個聰明人，也是個有心人，他將這些零零星星的材料輯合起來，第二年寫成了在當時來說頗有資料價值的《英吉

利小記》一文。

道光二十一年（公元 1841 年），魏源在兩江總督裕謙幕中籌辦浙江防務。裕謙是一個堅定的抗擊派，但他部下的絕大多數將士都無心抗戰，他的部將余步雲等貪生怕死，清軍的武器裝備又落後，一遇敵軍，必然潰敗。裕謙獨木難支，最後浙江海防失守，裕謙自殺身亡。目睹這一切，魏源真是思緒萬千。當然，魏源也親眼看到了沿海民眾的忠勇抵抗和不怕犧牲的大無畏精神，這又使他把希望轉向民眾。

道光二十一年（公元 1841 年），一度主戰的道光皇帝轉向投降派一邊，欽差大臣林則徐被革職，並被遣戍邊，發往伊犁。林則徐比魏源長十來歲，但當年在北京時兩人志同道合、意氣相投。這次途經鎮江，兩人相會，推心長談。林則徐將他在廣州前線所譯的《四洲圖志》《澳門月報》「粵中奏稿」，以及有關西方槍炮、地理圖樣悉數交給魏源，語重心長地囑道：「您年輕，前途正無可限量。把這些資料貫串起來，製作一部《海國圖志》，這可是件前無古人的頭等大事，真可稱為『前驅先路』，功德無量啊！」魏源激動地從林則徐手中接過這些沉甸甸的資料，回答道：「林公，您是我的良師長輩，您所說的我都聽懂了，我一定下功夫把《海國圖志》撰寫完成。」

魏源沒有辜負林則徐的殷殷期望，馬上著手編纂。他與他的助手一起，查閱了大量歷代史志，並與林則徐所得的地理圖樣相映襯和對照，以證明中國在明清之前的開放歲月裏，對世界其實早有相當的了解，只是由於歷史的局限不太清晰罷了。魏源還查閱了明初以來的島志，從島的名稱，到人文地理，一一加以探討，又尋找出了許多西方人並不知曉的島嶼和國度來。魏源還在短時期內搜尋出了不少「夷圖」、「夷語」，填補了原先的某些不足。他在《海國圖志》中引述的西方著作有 20 多種。經過一年半的努力，到道光二十二年（公元 1842 年）底，終於編成了 50 卷本的《海國圖志》。4 年後，又增訂成 60 卷本。在為這本書寫的序言中，魏源明確坦言：「欲制外夷者，必先悉夷情始。不善師外夷者，外夷制之。」最後的結論是：「師夷長技以

制夷！」

自明清以來，封建統治者歷來唯我獨尊，視外國為夷狄，視外交為來貢，魏源提出「師夷」的命題，本身具有開創意義。

魏源並沒有停步和滿足。在以後的歲月裏，他又搜尋到了葡萄牙人瑪吉士所著的《地理備考》一書，並譯得美國人高理文所著的《合省國志》一書，將這些資料補充進去，就成了中國第一部系統地介紹各國歷史、地理、經濟、文化、軍事的作品。咸豐二年（公元1852年），刊刻問世的是100卷本的《海國圖志》。從林則徐委託他編寫是書，已經過去了整整11個年頭。

咸豐八年（公元1858年），兵部侍郎王茂蔭奏請將此書廣為刊刻，使親王大臣每家一編，並令宗室八旗作為教材學習。然而麻木僵化的王公大臣、貴冑子弟們已經失去了接受任何新鮮事物的能力和興趣，《海國圖志》在清廷上層沒有什麼反響，倒在先知先覺的知識層中引起轟動。

耐人尋味的是，道光三十年（公元1850年），第一部《海國圖志》傳入日本，馬上引起日本朝野的密切關注。到明治維新前夕，日本學人摘譯和雕刻的版本在22種以上，可以說對日本的明治維新產生了重大的影響。

「天國」之夢

洪秀全是近代中國做着「天國」之夢而為之奮鬥的傑出人物。

洪秀全出生在與海外聲氣相通的廣東花縣（今廣州市花都區）的一個農民的家庭中。洪秀全7歲時入本村學堂讀書，極為聰明，五六年間竟熟讀「四書」、「五經」，還讀了不少中國的傳統古文。由於他的思想和觀念與封建的傳統觀念格格不入，從15歲科考一直到

31 歲，連個秀才都沒考上。於是，就轉向閱讀反映西方思想的一些書籍。

道光十六年（公元 1836 年），23 歲的洪秀全在廣州應考，結果還是名落孫山，但卻有一個意外的收穫。有人送給他一本宣傳基督教的名為《勸世良言》的小冊子。這本小冊子是摘引了新、舊《聖經》中的某些片斷，加以中國化的講解，宣傳拜上帝、敬耶穌，大事宣揚「天堂永樂，地獄永苦」的思想觀念。這對洪秀全產生了深刻的影響。由於貧困潦倒，第二年回到故鄉，他生了一場大病。

洪秀全病中連續產生了一系列模糊的幻覺，似乎有人迎接他到一處十分華麗而光明的地方，有一個老人對他說，世人都是他生的，但都忘記了他，反而去拜事妖魔，那樣天下怎麼能太平？這位老人授予洪秀全一柄斬妖的利劍和一枚征服邪神的大印，要他放膽去做。從此，他說：「由此，我大覺大悟，如夢初醒了。」他還向鄉里鄉親宣傳，自己的靈魂曾經升天，見過上帝，他自己就是上帝所派的拯救世人、使世人回到敬拜上帝之路的使者。在他繪聲繪色的宣傳下，有不少人相信了。後來，洪秀全與馮雲山等一同進入廣西紫金山，組建了「拜上帝會」，書寫了《原道救世歌》《原道醒世訓》等宣傳革命的文稿，系統地編織起了美妙的「天國」圖景。受苦受難的工人、農民以及無業遊民，都來參加他的組織，隊伍也發展到了數千人。這時，「拜上帝會」的宗旨也由一般的傳道轉向反對清政府的暴虐統治。

道光三十年（公元 1850 年），洪秀全 38 歲生日的那一天，他們在廣西金田村宣佈起義，成立了太平天國。洪秀全稱天王，隨即以楊秀清、蕭朝貴、馮雲山、韋昌輝、石達開五人為五軍主將，稍後又封五人為「五王」。以東王楊秀清總理軍政，節制其餘四王。經過廣西、湖南、湖北等地兩年多的戰鬥，終於在咸豐三年（公元 1853 年）初攻佔了南京，在南京建立起了太平天國的首都，稱為天京。

建都天京後，洪秀全馬上頒佈了《天朝田畝制度》，着重繪畫了他們理想中的「天國」的美好圖景。在「天國」中，「凡天下田天下人同

耕」，田分9等，不論男女照人口均分，15歲以下減半。每戶養5隻母雞、2頭母豬，25家組成一個居民群體、群體中的陶、冶、木、石等匠工，由這25戶中的人員在農業的間隙時間擔任。25家設一國庫，收穫物歸庫，再進行公平分配。每兩段（50家）設一禮拜堂。禮拜天各至禮拜堂頌祭上帝、聽講道理。而兒童則每天都必須到禮拜堂聽兩司馬（負責兒童教育的官）講解太平天國刻印的《聖經》和洪秀全的各種著作⋯⋯

《天朝田畝制度》所描繪的是一個理想中的、平均的、自給自足的、公有的小農社會。[③]這一制度規定的「人人不受私，物物歸上主」、「人人飽暖，處處平均」，雖然難以真正推行，但它在太平天國的初期一定程度上起了凝聚人心和鼓舞鬥志的作用。

然而，農民階級自身的弱點馬上暴露出來了。建都南京後三年，太平天國最主要的領導洪、楊、韋、石四人之間爆發了內訌。

洪秀全是拜上帝會的教主，起義後為太平天國的天王，本應是太平天國的第一人。但頗有心計的楊秀清在定都一整年後，用迷信的方式，讓大家承認他是天父的代言人。這樣，一開始在太平天國內部就形成了實際上的兩個中心。隨着楊秀清權力的進一步擴大，矛盾也更加尖銳化了。洪秀全稱「萬歲」，而楊秀清稱「九千歲」，最後發展到「逼天王親到東王府封其萬歲」，在大權旁落的特殊情況下，咸豐六年七月十五日（公元1856年8月15日），洪秀全一方面同意楊秀清的要求，一方面密令在外督師的北王韋昌輝和翼王石達開迅速來京，以制裁權欲日盛的楊秀清。

以後的一切使太平天國大傷元氣，韋昌輝和秦日綱回京後，立即包圍東王府，襲殺了楊秀清及其親屬部眾。次日，洪秀全以韋昌輝和秦日綱殺戮過多，處之以鞭刑，當時觀者如堵，中間多為東王府人。當晚，韋、秦部隊又與東王府部屬混戰，殺東王府兵眾萬餘。這時，石達開趕回天京，他雖然對楊秀清的專權很不滿，但看到韋昌輝、秦日綱濫殺無辜，當晚帶兵出城，要求洪秀全殺掉韋昌輝、秦日綱以謝

天下。在這種情況下，洪秀全又不得不殺了韋昌輝、秦日綱。

這時，眾將士都認為石達開做得對，紛紛推舉石達開提理政務。洪秀全是個心地狹隘的人，他表面上同意眾將的意見，心裏卻很不快，重用同姓兄弟，而這些同姓兄弟一無軍功，二無才幹，眾人都不服。而石達開的威信卻越來越高，於是洪秀全越發不高興，就努力設法牽制他。最後兩人矛盾激化。咸豐七年（公元 1857 年）四月底，石達開率軍出走，脫離天京。這樣一折騰，太平天國至少失去了十萬精兵，太平天國的全盛時期過去了。後來，洪秀全雖然重建了以陳玉成、李秀成、李世賢、韋志俊、蒙得恩等青年將領為核心的新的領導群體，但一是楊、韋事變造成的創傷太重，二是洪秀全猜忌外姓、重用同姓，使天國日趨沒落。

同治三年（公元 1864 年）的四月十九日，50 歲的洪秀全病故。10 多天後，天京城破，轉戰 13 年的太平天國起義最終失敗了。

「中學為體，西學為用」的洋務派

兩次鴉片戰爭以後，尤其是太平天國失敗以後，清廷開始向西方資本主義國家屈服，出現了所謂「中外和好」的局面。一些清廷官員提出了「洋務」這個新概念，把「採西學」、「製洋器」看成是「今日救時之第一要務」。馮桂芬這樣有頭腦的思想家還強調「始則師而法之，繼則比而齊之，終則駕而上之，自強之道，實在乎是」這樣一些說法，在一段時間內，的確使朝廷上上下下人心振奮。

主張舉辦洋務的官員中，清廷中樞有恭親王奕訢，軍機大臣桂良、文祥，地方總督、巡撫有曾國藩、李鴻章、左宗棠和張之洞等。由於他們在興辦洋務上，思想主張基本一致，在清政府內部形成了一股相當強大的勢力，被稱為「洋務派」。

洋務派的最基本主張是「中學為體，西學為用」。洋務派辦洋務的指導思想是「中學為體」，也就是維護封建舊制度和綱常名教。所謂「西學為用」，就是用船堅炮利的西學來使古老帝國得以苟延殘喘。

洋務派着力最多的是建立軍用工業。較早又規模較大的軍事工業是建於同治四年（公元 1865 年）的江南製造局。這一年，李鴻章購買了上海的美商旗記鐵廠，又將上海洋炮局併入，並增添了從美國購買來的機器設備，合組成了「江南製造總局」。同治六年（公元 1867年），該廠由虹口遷往上海城南高昌廟，規模大為擴大，設立了機器廠、輪船廠、槍廠、炮廠、炮彈廠、水雷廠、煉鋼廠、栗色火藥廠、無煙火藥廠等 16 個分廠，還附設了學堂和翻譯館，這在當時是國內最大的兵工廠。此後，一直到光緒二十年（公元 1894 年）中日甲午戰爭，30 年間，洋務派設立的大小兵工廠有 21 個，較大的除江南製造總局外，還有金陵機器局、福州船政局、天津機器局。

洋務派在興辦軍用工業的同時，還訓練新式陸軍和建立新式海軍。咸豐十一年（公元 1861 年），清廷批准了練兵章程，隨即成立神機營，從京營八旗中挑選精壯兵丁，演練洋槍洋炮、洋人陣式。兩年後，在此基本上建立「威遠隊」，隊伍有 5000 人，融馬隊、步兵、炮兵於一體，後又從綠營中選練軍隊，名為「練軍」，有 1.5 萬人。到光緒二十年（公元 1894 年），全國絕大多數省都有了「練軍」。李鴻章的淮軍和左宗棠的楚軍，也都有了新式武器。這些軍隊都聘英、法、德國軍人為教練。

除整編陸軍外，洋務派還建立了新式海軍。光緒元年（公元 1875年）清廷任命直隸總督李鴻章和兩江總督沈葆楨分別籌建北洋、南洋海軍事宜。在南洋、福建、北洋三支水師中，南洋水師起步早，但發展慢，到中法戰爭時也只有艦艇 14 艘。福建水師共有船艦 11 艘。北洋水師起步晚，到光緒十四年（公元 1888 年）才正式成軍，那時共有船艦 25 艘，並參照英國艦船制度，制定了《北洋海軍章程》。

洋務派為了供應軍用工業需要的原料、燃料和運輸，從同治末年

開始，也陸續興辦了一些民用的工礦業和交通運輸業，到光緒二十年（公元 1894 年），共創辦民用企業 20 多個。輪船招商局、開平礦務局、電報總局、漢陽鐵工廠、上海機器織佈局等，在中國近代工業中都有一席之地。

中日甲午戰爭

1894 年 6 月 10 日，日本侵略者以不宣而戰的無恥手段發動了這場不義之戰。當時，日軍以「保護」使館和僑民為名大量進入當時在清政府保護和管轄下的朝鮮，並擊敗清軍，迅速佔領了朝鮮京城漢城。7 月 25 日，日軍又在牙山口外的海面上擊沉了裝有中國軍隊的英國商輪。在這種情況下，8 月 1 日，清政府被迫對日宣戰。

一方是不宣而戰，一方是主動宣戰，而最後書寫在戰表上的「業績」卻令人悲歎和氣短。

1894 年 8 月中旬，日軍 1 萬人進攻朝鮮北部的平壤，而聚集在那兒的裝備並不遜色的清軍有 1.4 萬人，當日軍攻城時，除部將左寶貴英勇奮戰並以身殉職外，其他一律率部逃遁。主帥葉志超一看形勢不好，就在城頭豎起白旗，把大小炮 40 尊、槍 1 萬支、糧無數留給了敵人，自己跑得比追的敵人還快，狂奔數百里一口氣退回到鴨綠江以北。有人形象地說，日軍是由這位主帥引到中國國境內來的。

9 月 17 日，黃海海戰。海戰剛開始，敵人的第一炮打向北洋艦隊旗艦「定遠號」時，就把「定遠號」的飛橋震斷。當時北洋海軍的統帥丁汝昌正在飛橋上，一下從空中墜落，身負重傷。當時雙方都有 12 艘戰船，可是，除了鄧世昌英勇抗擊外，清軍又是一敗塗地。李鴻章被嚇破了膽，他命令艦隊全都躲進威海衛港內。

10 月中下旬，日軍進攻北洋海軍的基地旅順。這是個李鴻章經營

了 15 年的海軍基地，駐軍有 1.3 萬人之多，港外炮台林立，敵軍只有數千人。可是，日軍只用 2 天時間就攻下大連，4 天時間攻下旅順。

1895 年，日軍進攻北洋海軍的最後基地威海衛。清朝當局根本沒有組織抵抗。在那裏任海軍副提督的英國人馬格祿和擔任顧問的美國人浩威唆使士兵嘩變。到 1895 年 2 月，北洋海軍尚存的 11 艘兵船全都成了敵人的戰利品。

拿到這樣的戰表，已經親政 5 年的光緒皇帝，其心頭的苦澀是可想而知的。當然，當他讀到有關鄧世昌的戰報時，心頭還是為之一振的。他凝神靜思，寫下了這樣的一副輓聯：

> 此日漫揮天下淚，
> 有公足壯海軍威。

鄧世昌的事跡真讓天下人潸然淚下：開戰不久，北洋艦隊的旗艦「定遠號」中炮，帥旗被打落，總指揮丁汝昌身負重傷。這時，作為「致遠號」管帶（艦長）的鄧世昌當機立斷，下令掛起了帥旗，吸引敵人火力。他命令首尾的所有大炮向敵艦開炮，重創敵方「比睿」、「赤城」、「西京丸」三艦。後來，瘋狂的敵艦集中所有火力打擊「致遠號」。在寡不敵眾的情況下，「致遠號」多處中彈，內艙進水，船體也開始傾斜，甲板上烈火熊熊，濃煙滾滾，彈藥也所剩無幾。在這種危急的情況下，鄧世昌決定率全體將士與不可一世的日艦同歸於盡。他向全體官兵說：「我們從軍的目的，就是保家衛國，應將生死置之度外。人誰不死？但願死得其所。今天，我們就要誓死一拚！」這時，全艦呼聲如雷，願隨鄧管帶血戰到底。於是，驚天地、泣鬼神的一幕出現了——「致遠號」像一條火龍，朝日艦「吉野」號怒駛而去。敵艦慌忙掉頭而去，並發射魚雷。鄧世昌親自掌舵，急速前行。眼看逼近「吉野」，不幸被魚雷擊中，「致遠號」沉沒了，全艦 250 人壯烈殉國！

鄧世昌和戰士們的英勇殉國，可歌可泣，他們的業績在民族史上

永放光芒！

中日甲午戰爭的失敗，可以看做是清廷推行的「洋務新政」的完結。「中學為體」前提下的「新政」，並不能使中國走向獨立和富強。而後簽訂的《馬關條約》規定：割讓遼東半島和台灣給日本，「賠償」日本軍費 2 萬萬兩，開放沙市、重慶、蘇州、杭州為通商口岸。這一空前的不平等條約，進一步激起了民憤，一場大的變革運動提前發生了。

百日維新

1894 年中日甲午戰爭後，英、俄、美、法、日、德等國掀起了瓜分中國的狂潮。中華民族處於危亡中。

這時，以康有為、梁啟超、嚴復、譚嗣同為代表的一批知識分子，提出通過維新變法的途徑，來挽救民族危亡、實現國家獨立富強的主張。為了達到這一目的，他們甚至想藉助於君主的權威和力量，即所謂的「以君權變法」。

變法的主帥是康有為。他為了讓當時的光緒皇帝參與變法，曾六次親上北京，遞交《上清帝書》。他要求光緒帝採天下輿論，取萬國良法，實行新政。為此，「皇帝親自在乾清門舉行大誓群臣儀式」，使每一個大臣懂得不變法不足以救中國的道理；必須改革政治體制，開制度局於宮中；必須廣攬人才，讓「天下通才」參與其事。康有為的上書，有幾次雖然沒有直達皇帝手中，但通過民間的傳抄，通過天津、上海的公開見報，產生了極大的影響，有些觀點竟至於家喻戶曉，也通過曲曲折折的途徑傳到光緒皇帝的耳中。

光緒皇帝一方面為了擺脫國家的危機，另一方面也是為了掙脫慈禧太后的束縛，爭回君權，決定實施變法。光緒二十四年四月二十三

日（公元 1898 年 6 月 11 日），光緒帝頒佈「明定國是」詔書，正式宣佈變法。任命康有為為參贊新政，並任命譚嗣同、劉光第、楊銳、林旭在軍機處幫助主持變法事務。從這一天開始，到八月初六變法失敗，歷時 103 天，史稱「百日維新」。

在百日維新期間，維新派通過光緒皇帝頒發了一系列變法詔令，主要內容是：一、經濟方面：設立農工商總局，保護工商業，獎勵發明創造，設立鐵路總局，修築鐵路，開採礦產，舉辦郵政，改革財政，編制國家預算。二、政治方面：改革行政機構，裁汰冗員，提倡官民上書言事。三、軍事方面：裁減舊式軍隊，訓練陸海軍，推行保甲制度。四、文教方面：改革科舉制度，廢除八股文；成立學堂，學習西學；設立譯書局，翻譯外國新書；准許自由創立報館和學會；派留學生出國。

在百日維新過程中，鬥爭十分劇烈。首先，慈禧撤去了支持變法的帝黨領袖翁同龢的軍機大臣等一切職務，接着又把用人大權牢牢地抓在自己手中。慈禧還任命她的親信榮祿署直隸總督，直接控制京、津一帶的兵權。她還加強了北京城內外的警備，密切監視光緒帝和維新派的活動。

七月中下旬，京津一帶開始盛傳慈禧太后與榮祿密謀，將乘光緒去天津閱兵之機，以武力逼他退位。光緒帝深感事態嚴重，密令康有為等設法應對。維新派毫無實力，在這緊要關頭，只得把希望寄託在統率新建陸軍的袁世凱的支持和帝國主義的干涉上面。日本首相伊藤博文在七月二十九日到達北京，原先他表示過支持中國維新派，而此時看到維新派敗局已定時，就再也不說什麼了。袁世凱是個十分油滑的家夥，當八月初三深夜譚嗣同去訪問他，並希望他殺掉榮祿時，他信誓旦旦地說：「誅榮祿，如殺一狗耳！」初四，慈禧突然把光緒帝嚴密控制了起來。初五，袁世凱回天津，就向榮祿告密。榮祿隨即帶兵入京，向慈禧報告了維新派「錮后殺祿」的計劃。慈禧太后馬上囚禁了光緒皇帝，並下令大捕維新派的重要人物。

政變發生後，康有為和梁啟超分別在英國和日本有關人士的幫助下，逃往國外。在此千鈞一髮之際，譚嗣同的密友、義俠王五願作為保鏢，護送他出京城。日本公使館也派人會見譚氏，願設法加以保護。譚嗣同卻大義凜然地說：「大丈夫不做事則已，做事則磊磊落落，一死亦何足惜！」並說：「各國的變法，無不從流血而成，今日中國未聞有因變法而流血者，此所以國之不昌也。有之，則請自嗣同始！」他被執入獄。八月十三日，在刑場上，他不顧監斬官的攔阻，高呼：「有心殺賊，無力回天。死得其所，快哉快哉！」譚嗣同死時，年僅34歲！

與譚嗣同一起被殺的，還有劉光第、楊銳、林旭、楊深秀、康廣仁五人，史稱「戊戌六君子」。

聲勢浩大的義和團運動

「百日維新」失敗後一年，又爆發了以農民為主體的震撼中外的義和團反帝愛國運動。義和團原是活動在山東、直隸（河北）一帶的義和拳、梅花拳等民間祕密結社和習拳練武的組織。在民族危機加深、大批農民和手工業者破產的情況下，這些組織逐漸由反清的祕密組織轉變為具有廣泛群眾性的反帝鬥爭組織，他們最終將口號定格在「扶清滅洋」上。

義和團運動首先在山東發動。在甲午戰爭中，山東慘遭戰火浩劫，之後，德國強佔了膠州灣，英國又強佔了威海衛。在山東，外國教會勢力最大，民眾和教會之間糾紛也最多。再加上黃河連年潰決，民眾流離失所，各地教堂又趁火打劫，高利盤剝。民眾長期鬱積在心頭的仇恨之火終於通過義和團運動噴發出來了。

光緒二十三年（公元 1897 年），冠縣梨園村的村民在閻書勤的率

領下，拆毀教堂，驅逐教民，反抗教會壓迫。梅花拳首領趙三多率拳眾前來支援，聲勢很大，隊伍很快發展到了千餘人，蔓延十幾個縣。光緒二十五年（公元 1899 年），拳民在朱紅燈的領導下，規模發展得更大，他們不只打擊了帝國主義勢力，還打敗了前來鎮壓的清軍。後來，義和團的主力從山東轉移到了直隸，聲勢更大，以至達到城市鄉鎮遍設神壇的地步。

義和團聲勢浩大，清廷就想加以利用和控制，再加上清廷與帝國主義之間存在一定矛盾，於是清廷決定承認義和團的合法地位，默許其進入北京。光緒二十六年（公元 1900 年）初春，義和團進入北京後，民眾發展到十幾萬，滿、漢士兵也紛紛參加。他們焚毀教堂，打擊侵略勢力，還不斷示威遊行。同時義和團進入了天津城。義和團運動還發展到了山東、直隸以外的山西、陝西、河南、內蒙、東北等地，南方各省也紛紛響應。

外國侵略者馬上出面干涉。這年的五月初十，各國駐華公使議定的聯合侵華方案得到其本國政府批准，英、俄、日、美、德、法、意、奧八國組成了侵略軍，號稱「八國聯軍」。從大沽口登陸後，由天津向北京進犯，並不斷增兵到 2 萬人。

「八國聯軍」在鎮壓義和團的過程中，到處燒殺搶掠，犯下了滔天罪行。在攻陷大沽後，連日縱火，將繁華的市區夷為平地。攻入天津後，聯軍對着逃難的民眾任意開槍、放炮，使成千上萬的民眾死於非命，正如一個日本人的記述所說：「但見死人滿地，房屋無存。」其佔領北京以後，更是進行瘋狂的屠殺和掠奪。他們肆意殺戮義和團的團民，單在莊王府一處，就虐殺、燒死了 1700 多個團民。任八國聯軍總司令的德國元帥瓦德西放縱官兵大掠三天，三日後繼以私人劫掠。日本軍隊乘亂搶去庫存的白銀 300 萬兩，並放火燒庫房，企圖毀滅罪證。各官衙所存庫款都被搶劫一空，損失約計 6000 萬兩。堆滿金銀和歷代寶物的皇宮、頤和園等處也遭洗劫。④

光緒二十七年（公元 1901 年）七月二十五日，俄、英、美、日、

德、法、意、奧、比、荷、西 11 國迫使清廷簽訂了屈辱的《辛丑條約》，條約使中國政府喪失了除田賦以外的主要財政來源，使列強進一步強化了對清政府的控制，造成了中國人民更加深重的災難。條約簽訂後，慈禧太后完全投入帝國主義懷抱，宣稱要「量中華之物力，結與國之歡心」。這裏說的「與國」，實際上就是侵略中國的帝國主義國家。

轟轟烈烈的義和團運動，在中外反動派的聯合鎮壓下，失敗了。但義和團的英勇鬥爭，捍衛了民族的獨立和尊嚴。「還我江山還我權，刀山火海爺敢鑽，哪怕皇上服了外，不殺洋人誓不完」，「好男兒，要滅洋。好女兒，要保國。滅了洋，保了國，我們才能活」。這樣一些錚錚豪言，永遠銘刻在人們的心碑上。義和團的鬥爭粉碎了帝國主義滅亡中國的夢想，就連聯軍司令瓦德西也不得不承認：「無論歐美、日本各國，皆無此腦力和兵力，可以統治此天下生靈四分之一。」

改良？革命？

在祖國處於危亡之際，愛國的人們都在為拯救祖國而出謀劃策，但各人所走的道路是很不相同的。歸結起來，一些人是想走改良的道路，另一些人是要走革命的道路。

改良派的領袖是康有為。「百日維新」失敗以後，康有為流亡國外。1898 年 10 月 24 日，康有為經由吳淞、香港到達日本，他在途中發表公開信，稱慈禧太后是「偽臨朝」，是「罪大惡極」，說光緒帝是「勤政愛民，大開言路」的「聖明之君」，自己外出就是為了「奉詔出外求援」。康有為的弟子梁啟超寫信給日本首相伊藤博文，要他聯合英美反慈禧，康有為又致信日本文部大臣犬養毅要求予以支持。他們主張依靠開明君主光緒帝和某些同情中國的人，對中國實行

改良。

　這時，比康有為早到日本並在中國的旅日留學生中有着廣泛群眾基礎的孫中山主動向康有為伸出了友誼之手。孫中山曾託日本友人宮崎寅藏、平山周等向康有為致意，表示如果有必要，孫中山將親往康有為住處表示慰問。可是，康有為卻回答說：「我身懷皇上的密詔，是不便於與革命黨人接觸的。」實際上是拒絕合作。

　孫中山和另一位著名的革命黨人陳少白並沒灰心，又通過日本友人建議組織一次孫、陳、康、梁會談，會談的目的是共商合作大計。康有為勉強同意，但康有為自己卻拒絕到會，只派他的弟子和代表梁啟超出席。會談無果而終。

　孫中山還是不甘心，再一次派陳少白為代表去訪問梁啟超，梁啟超又引陳少白去見康有為。兩人的辯論足足進行了 3 小時，毫無結果。最後，陳少白規勸道：「請先生改弦易轍，共同實行革命大業！」這等於下了最後通令。而康有為一點也不妥協，硬生生地作答：「今皇上聖明，必有復辟之一日，余受恩深重，無論如何不能忘記，惟有鞠躬盡瘁，力謀起兵勤王，脫其禁錮瀛台之厄，其他非余所知！」意思是說，他的立場是無論怎麼也不能改變的。

　面對革命形勢的空前發展，連康有為的大弟子梁啟超等也有些動搖。康有為十分焦慮，作為對革命派的應對，他發表了一系列系統論述改良的文稿。在《答南北美洲諸華僑論中國只可行立憲不可行革命書》中，斥革命是「求速滅亡」，而立憲可以避免「革命之慘」，他強調：「保皇為宗旨，無論如何萬不變。」

　在此情況下，1903 年，革命黨人章太炎發表了著名的《駁康有為論革命書》一文，把康有為等人奉為神聖不可侵犯的光緒皇帝斥為「載湉小丑」，而強調革命是不可阻擋的歷史潮流，「公理之未明，即以革命明之；舊俗之俱在，即以革命去之；革命非天雄、大黃之猛劑，而實補瀉兼備之良藥也。」沉重地打擊了改良主義。

革命軍馬前卒

在革命事業的發展過程中，有無數志士仁人為了中華民族的復興，衝鋒陷陣、奮勇向前，甚至獻出了自己最可寶貴的生命。自命為「革命軍馬前卒」的鄒容，就是民主革命歷程中極為傑出的一個。

鄒容從小熟讀「四書」、「五經」，對《史記》《漢書》中的某些篇章背誦如流。維新運動興起後，他逐步接觸到了以「新學」、「西學」為主的一些書刊，萌發了反封建思想。在深重的民族危機面前，他深感憂慮。

光緒二十七年（公元 1901 年），四川省首次選派學生赴日留學，在成都舉辦考試。鄒容堅決要求應考，最後被錄取。正當他歡欣鼓舞準備出發時，又被某些頑固分子誣為「聰穎而不端謹」而被取消公派。鄒容毫不氣餒，他從親戚處借得路費，乘船自重慶，穿過三峽，順流東下，到達上海，在「廣方言館」補習日語後，於 1902 年 9 月到達了日本，這時他 17 歲。

當時，在日本的中國留學生有 500 人之多，思想較國內不知要活躍多少。鄒容一到日本，變得更加激進。「凡遇留學生開會，鄒必爭先演說，犀利悲壯，鮮與倫比。」在留日學界，他很快成為大家熟悉的革命分子。

光緒二十九年（公元 1903 年）春，鄒容將他的革命激情和愛國赤誠凝聚到筆端，開始全神貫注地撰寫《革命軍》一書。不久，因發生鄒容、張繼闖入清廷派往日本管束留學生的監督姚文甫家剪去其辮子的事件，清廷駐日公使聞訊照會日本外務省要求引渡鄒、張兩人，於是，兩人離日回國，返抵上海。鄒容除積極參加上海的革命活動外，還寫完了《革命軍》一書，署名「革命軍中馬前卒鄒容」。從此，「革命軍馬前卒」的名聲響徹中外。

該書出版前，特請革命前輩章太炎先生修改。章太炎讀後，擊節

稱讚，認為這種直率豪放、通俗易懂的文字，能夠發揮廣泛的宣傳作用。因而不作任何的修改，提筆就寫了一篇序文，稱許《革命軍》一書是「義師先聲」。隨即由柳亞子等籌集印刷費用，交大同書局排印，於 1903 年 5 月初出版。

正當《革命軍》問世之時，上海的《蘇報》由章士釗接任主筆，並宣佈「大改良」，言論更趨激進。不久刊登《讀〈革命軍〉》一文，將該書譽為「今日革命教育之第一教科書」，又在新書介紹欄內説「《革命軍》如能普及於四萬萬人之腦海，中國當興也勃也」，接着又登出章太炎的《駁康有為書》。《蘇報》迅即成為舉國矚目、獨步一時的革命報紙。這為中外反動派所不許，上海租界當局封殺了《蘇報》，抓捕了章太炎等人，而鄒容自赴捕房，以示與章太炎共患難。這就是轟動清末的「蘇報案」。

租界當局判章太炎監禁 3 年，鄒容監禁 2 年，罰作苦工。鄒容自入獄的第一天起，即抱定了為革命犧牲的決心。他同章太炎在獄中賦詩明志，互相砥礪。不幸，在離出獄 2 個月時，鄒容即被折磨而死，年僅 20 歲。

噩耗傳出，以蔡元培為首的中國教育會立即為鄒容開了追悼會，遺骸則由革命志士劉三（季平）冒險運出，安葬於上海華涇鄉。南京臨時政府成立後，臨時大總統批示：「照陸軍大將軍陣亡例賜恤。」也就是説，自稱為「革命軍馬前卒」的鄒容，被孫中山晉封為「革命大將軍」。

當時，鄒容的《革命軍》風行國內和海外華僑中，銷售量達 110 萬冊，在當時所起的鼓動作用難以估量。自《革命軍》發行後，革命思想深入民眾。孫中山看到《革命軍》後，讚賞不已。後來他改組興中會，建立「中華革命軍」，為的就是「記鄒容之功也」。

為「振興中華」而奮鬥

　　進入 20 世紀以後的中國，推翻封建專制統治漸漸成為時代的主流，一般志士仁人都有一個明確的觀念：「革命固不得不行！」順乎時代之潮流，孫中山先生早在檀香山成立革命組織「興中會」、決定推翻封建帝制時，就明確地打出了「振興中華」的大旗，作為立會的宗旨，以後一直為此奮鬥了終生。

　　1840 年鴉片戰爭以後，中國由積貧積弱而漸次淪入半殖民地半封建的深淵，民眾處於水深火熱之中。以林則徐、洪秀全、康有為、梁啟超、譚嗣同等為代表的廣大志士仁人，心中都藏着「振興中華」這四個光彩奪目的字眼，只是沒有明確地表述出來罷了。代表廣大有志之士響亮地吶喊出「振興中華」這一偉大口號的第一人，是中國近代最偉大的民主主義革命家、思想理論家孫中山先生。

　　孫中山是廣東香山縣（今中山市）翠亨村人，生於 1866 年 11 月 12 日。名文，幼名帝象，號日新、逸仙，後來旅居日本時曾化名「中山樵」，「中山」之名因此而來。孫中山幼年家境貧困，其兄到檀香山為僱工數年後，12 歲的孫中山也遠涉重洋來到了檀香山，在那裏的學校中接受了初步的民主主義教育，接觸了廣大勞苦大眾，有了「改良祖國，拯救同群之願」。

　　20 歲那年，孫中山進入廣州博濟醫院附屬的華南醫學堂學習，第二年又轉入香港的西醫書院學習。他學習勤奮，成績優秀，又博覽了政治、軍事、歷史、物理、農業方面的書籍，眼界大開，結識了陳少白、尤列、楊鶴齡等有志之士，成為志同道合的革命同志，時人稱為「四大寇」。他在給友人的一封信中，提出「振興農桑」，可以說是孫中山第一次運用「振興」兩字。

　　1894 年，28 歲的孫中山在檀香山創立了中國第一個革命小團體 —— 興中會。20 餘名熱血青年聚於一堂，「大聲疾呼：亟拯斯民於

水火，切扶大廈之將傾」。由孫中山親自起草了《興中會章程》。興中會的會名，本身就隱含有「振興中華」的意思。《興中會章程》在斥責列強企圖「瓜分豆剖」中國的同時，又揭露了清廷「塗毒蒼生，一蹶不興」的本質，呼籲「中外華人」聯合起來，同心協力「振興中華」。⑤

　　1895 年，清政府與日本訂立了屈辱的《馬關條約》，中國處於更嚴重的危急關頭。孫中山回國，與陸皓東、鄭士良等赴廣州成立興中會組織，陸續加入者有數百人之多。先後建立祕密機關數十處，聯絡防營、水師附近的一些會黨、綠林、遊勇，購買了軍械，決定在重陽節起義。並商定由孫中山擬定攻取方略，另由朱淇起草聲討清王朝的檄文和安民告示，何啟等起草英文本的對外宣言。但是由於謀事不密，事先被清政府察覺。廣州的清軍大批出動，封閉革命機關，搜捕起義人員，孫中山領導的第一次起義未及發難即遭失敗，革命黨人陸皓東，會黨領袖朱全貴、丘四等被捕後英勇就義。陸皓東在就義前豪氣沖天地說：「今事雖不成，此心甚慰。但一我可殺，而繼我而起者不可盡殺！」孫中山後來稱讚他是「中國有史以來為共和革命而犧牲者之第一人」！

　　廣州起義失敗後，清政府以花紅銀 1000 元懸賞通緝孫中山，並通電亞、歐、美各國使館相機緝拿。孫中山逃出廣州，經唐家灣到澳門，又抵香港，去日本。然後從檀香山到美國舊金山，經芝加哥抵紐約，不久又從紐約赴英國倫敦。在倫敦被清駐英使館綁架，囚禁在英使館中準備押運回國殺害。清使館的女工、英國人賀維得知後向外界透出消息。世界輿論為之大嘩。在強大輿論壓力下，英政府不得不要求清使館釋放私捕人員。孫中山獲釋後，寫了著名的《倫敦蒙難記》。又從倫敦赴加拿大，後又來到日本。

　　孫中山周遊世界，一路宣傳着「振興中華」的道理，他告誡世人：「中國全體人民正準備着迎接一個變革，有大多數的誠實的人們準備着而且決心要進入公共民主的生活。」這是他告別倫敦時的預言。

帝制的終結

　　當新的世紀——20世紀到來的時候，中國民主革命的偉大先行者孫中山先生信心滿懷。1900年7月16日，他自西貢乘輪抵香港海面，港英官員上船盤問，孫中山坦然作答：「我們黨現在正努力顛覆北京政府，我們將在中國南部建立一新政府。沒有這一行動，中國將無法改造！」

　　這以後，進行了一系列武裝奪取政權的準備和實踐。

　　革命形勢在發展，由各革命團體分頭活動的鬥爭形式，已經不適合於現實的需要。革命黨人深切地感到有必要組建一個統一政黨來領導革命鬥爭。深孚眾望的革命領袖孫中山理所當然地站到了歷史的前台。1905年7月30日，孫中山約集傾向革命的留學生70餘人舉行會議，決定成立「中國同盟會」。8月20日，孫中山在日本東京主持了100人的同盟會成立大會，大會推舉孫中山任總理，並有了一個堅強的領導核心。10月，同盟會機關報《民報》在東京創刊，孫中山在發刊詞中提出了「民族」、「民權」、「民生」的三民主義理論，中心觀念是要在中國建立民主共和制度，以取代君主專制統治。

　　從此，中國的民主革命運動有了一個指導中心。

　　1907年3月，孫中山在越南河內市建立了領導武裝起義的總機關。孫中山在1907年和1908年兩年間，在祖國的西南邊境發動了6次武裝起義，均告失敗。但孫中山的意志越發堅強，他說：「吾黨經一次失敗，即多一次進步。」

　　1911年4月27日，革命領袖黃興率百餘革命先鋒戰士在廣州起事，與敵人浴血奮戰一晝夜，終因寡不敵眾而失敗。事後收得72具烈士遺骸，安葬於黃花崗，史稱「黃花崗之役」。孫中山在美國芝加哥聽到黃興起義失敗的消息，一面對殉難烈士深切哀悼，一面又對起義予以高度評價，認為：「革命之聲威從此愈振，而人心更奮發矣！」

　　1911年10月10日，震驚中外的武昌起義爆發。革命軍在3天內

佔領了武漢三鎮。一個月後，南方已有 12 個省脫離清廷宣佈獨立。年底，光復省份更增加到 17 個。這場遍及全國的革命風暴發生於舊曆的辛亥年，史稱「辛亥革命」。

這年的 10 月 12 日，孫中山在美國中部得悉革命軍佔領武昌，喜出望外。他立即中止了在美國各地的演說籌款活動，決定馬上回國。同時，他也一再接到革命黨人催促他回國的電文，於是，於 1911 年 11 月 24 日從馬賽啟程回國，12 月 25 日抵達上海，12 月 29 日被 17 省代表選舉為中華民國臨時大總統。當時是一省一票，孫中山得 16 票，黃興得 1 票，可見孫中山在革命隊伍中有着絕對的威信。

1912 年 1 月 1 日，中華民國宣告成立。當天晚上，孫中山在南京舉行臨時大總統就職典禮，頒佈臨時大總統宣言書，宣告臨時政府的施政方針是：「掃盡專制之流毒，確定共和！」1 月 5 日，發表對外宣言書，綱領很明確，就是「平等睦誼」四個大字。

1912 年 1 月 11 日，孫中山宣佈北伐，自任北伐軍總指揮，制定了六路進軍計劃。北伐軍在津浦線上首戰告捷，佔領了軍事重鎮徐州。在進軍中一面又與北方實力派人物袁世凱達成和議，要其敦促清帝退位。2 月 12 日，清宣統皇帝下詔退位。至此，宣告了統治中國 268 年之久的清王朝的滅亡，也宣告了在中國延續數千年的君主專制制度的終結。

歷史不可逆轉。此後，誰試圖逆歷史潮流而動以復辟帝制，誰就是歷史的千古罪人，其污濁是永遠也洗刷不清的。

革命尚未成功，同志仍需努力

清帝退位的第三天，根據與北方實力派人物袁世凱的事先約定，孫中山即向南京臨時參議院提出辭職，4 月 1 日，正式辭去臨時大總統

的職務。孫中山是有警覺心的，為了防範袁世凱背棄民主共和原則，於卸職前主持制定了《中華民國臨時約法》，規定「中華民國之主權屬於國民全體」。袁世凱將中華民國臨時政府遷往北京，繼任臨時大總統。袁世凱玩弄政治權術奪取最高權力後，就迫不及待地進行顛覆共和體制的陰謀活動。

1912 年 8 月，同盟會與另四個小黨在北京合併，組成國民黨，孫中山被選為理事長。因孫中山正忙於在國外考察實業，由宋教仁擔任代理事長。宋教仁迷信議會，他為爭取成立「政黨內閣」而積極活動，並使國民黨在國會選舉中獲勝。袁世凱視宋教仁為眼中釘，於 1913 年 3 月 20 日派刺客在上海火車站刺殺了他。同時，袁世凱又不惜出賣主權，同五國銀行簽訂「善後大借款」，企圖用作鎮壓南方革命黨人的軍費。

正在日本訪問的孫中山，驚悉宋教仁被殺的消息，馬上於 3 月 25 日趕回上海，並發動武力討袁。7 月 12 日，江西都督李烈鈞在湖口誓師，宣佈獨立，揭開了「二次革命」的序幕。接着，江蘇、上海、安徽、廣東、福建、湖南、重慶等省市也先後宣佈獨立。但是，在短短的一個月內，南方討袁各省相繼失敗。大勢已去，孫中山不得已，只得於 8 月再度流亡日本。

1914 年 7 月，孫中山在東京成立了由他擔任總理的中華革命軍，繼續開展反袁鬥爭。1915 年，袁世凱一面接受日本提出的滅亡中國的「二十一條」，一面夢想當什麼「中華帝國」的皇帝。他不顧全國人民的反對，宣佈 1916 年為「洪憲」元年。而反袁護國運動的激流衝毀了袁世凱的「洪憲帝制」，袁世凱只當了 83 天的皇帝，隨即殞命。繼任北京中央政權的軍閥頭子段祺瑞仍然推行賣國獨裁政治，並毀棄《約法》。1917 年，孫中山南下廣州，成立中華民國軍政府，並被推為大元帥，發起「護法運動」。但他沒有自己的軍隊，被桂系軍閥排擠後，不得不於次年再到上海，完成了《孫文學說》的寫作。1919 年，他將中華革命黨改組成了中國國民黨，擔任總理。1920 年重回廣州，任非

常大總統，開始準備北伐。1922 年陳炯明廣州叛變，孫中山再次退居上海，將陳炯明逐出廣州後，第三次回到廣州，建立革命政權，任陸海軍大元帥，重新準備北伐。其間，孫中山與俄國共產黨和中國共產黨接觸，1924 年 1 月召開中國國民黨第一次全國代表大會，重新解釋三民主義，並確立了「聯俄、聯共、扶助農工」的三大政策。創辦了黃埔軍校。

1924 年 11 月，應北京政變領導人馮玉祥之邀，孫中山抱病北上商談國是，發表宣言，主張廢除不平等條約，召開國民會議，「以謀中國之統一和建設」。一路上他受到社會各界的熱烈歡迎。到北京後，病勢加重，1925 年 3 月 12 日，不幸與世長辭。

在最後的年月裏，孫中山先生一再強調：「革命尚未成功，同志仍需努力！」要求同志們：「聯合世界上以平等待我之民族，共同奮鬥！」在彌留之際，他支撐着喊出：

「和平……奮鬥……救中國……」

開天闢地的大事變

從洋務運動，戊戌變法，到辛亥革命，當時的中國人基本上都是以美、英、法等西方國家為藍本，探求救國救民的道路的。可是，從 1840 年到 20 世紀初葉，差不多 80 年的時間裏，一次又一次的鬥爭，都悲壯地失敗了。人們開始疑惑，開始思索，開始新的求索。

這種新的求索首先發生在一批接受了世界新思想的新知識分子中。

曾留學過日本、參加過辛亥革命的陳獨秀一直在思索：辛亥革命為什麼會失敗？帝制為什麼會復辟？中國的出路何在？他認為，問題的關鍵在於要創造一種新文化，要喚醒國民，培植國民的民主和科學精神。他把希望寄託在青年一代身上，因此於 1915 年在上海創辦了

《新青年》。這本雜誌在青年中產生了極大的影響，毛澤東、周恩來、朱德等人都說過，自己年輕時受過陳獨秀的影響。1917 年蔡元培任北京大學校長，以「思想自由」、「兼容並包」為辦學方針，北京大學成為中國新文化運動的堡壘，而《新青年》是新文化運動的最主要陣地。

列寧領導的 1917 年十月革命勝利以後，中國的新文化運動逐漸發展為馬克思主義的宣傳運動。中國第一個馬克思主義者李大釗在 1918 年發表的《庶民的勝利》，熱情讚頌了十月革命。經過五四運動，一批經過新文化運動洗禮的愛國知識分子轉向了馬克思主義，走上了依靠工農改造中國的道路，促成了中國共產黨的成立。

1920 年，在共產國際的幫助下，陳獨秀在上海成立了中國共產黨發起組。接着李大釗在北京、毛澤東在長沙、董必武在武漢等地建立起了共產黨的早期組織，為建立中國共產黨在組織上作了準備。

1921 年 7 月 23 日，中國共產黨第一次全國代表大會在上海法租界望志路（今興業路）106 號的一排普通石庫門二層樓房中召開。這是一間不到 20 平方米的客廳，透亮的玻璃門窗，光潔的紅漆地板，廳的正中是一張在當時看來相當洋氣的長方形會議桌，在會議桌上方懸掛着一盞形狀別致的電燈。當年，來自全國各地的毛澤東、董必武等 13 名代表，還有共產國際代表馬林和赤色職工國際代表尼克爾斯基，就是在這盞燈下共商建黨大計的。

中共「一大」期間，突然遭到法國巡捕房便衣的探察，為了防止不測，會議轉移到嘉興南湖的一艘遊船上繼續進行。當時陳獨秀在廣州，沒能出席會議，但仍被大家推選為中央局書記。中共「一大」的召開，是中國共產黨成立的標誌。一年後，在上海召開的中共「二大」上，提出了中國共產黨的綱領，即打倒軍閥以實現國內和平，推翻帝國主義壓迫以實現民族獨立，統一中國為真正的民主共和國。

毛澤東指出：「中國產生了共產黨，這是開天闢地的大事變。」孫中山先生一再提出要建設「新中國」，可是，這一宏願在他生前沒有實

現，也不可能實現。中國共產黨的成立，掀開了中國革命的新篇章，開闢了中國革命的新道路。

中國出了個毛澤東

> 東方紅，
> 太陽昇，
> 中國出了個毛澤東。
> …………

70 多年來，這首對中國人民來説耳熟能詳的陝北民歌，從祖國的大西北，唱到了全國各地，唱到了旅居四海的華人世界，唱到了神州大地上升起的人造衛星上。每當吟唱這首歌曲時，人們自然都會想：「中國出了個毛澤東」，它意味着什麼呢？

人們也許可以做這樣那樣不同的解釋，但有一點是不能否認的。作為一個偉大政黨和偉大國家的領袖，毛澤東，他的地位和作用，是其他人難以取代的。中國如果沒有毛澤東，整部中國的近現代史可能就得重寫。

正是毛澤東，在 1921 年 7 月 23 日以湖南共產主義小組代表的名義參加了在上海召開的中國共產黨第一次全國代表大會。他是中國共產黨的締造者之一。

正是毛澤東，在 1927 年大革命失敗後，發動了「秋收起義」，並率領工農武裝向農村進軍，把革命紅旗插上了井岡山，創建了井岡山革命根據地，成功地把鬥爭重點由城市轉向農村。在井岡山，敵人常來進犯。毛澤東主張打打走走，有時見了強敵還得撤，不要硬打。一些人不服氣，説：「我們是革命軍，要有大無畏精神，見了敵人就撤，

成何體統？」毛澤東一時無法說服他們，只得讓他們打。茶陵一戰，城市丟了，又奪回，最後還是丟了。戰後清點，傷亡超過 1/3。毛澤東戰後問大家：「想一想，這仗該不該打？」大家誰都不說什麼。最後毛澤東說：「我們付學費了，而且是血的代價。打仗要避實就虛。打仗如同做買賣，蝕本不幹，賺錢就來。打得贏就打，打不贏就走嘛！」「打得贏就打，打不贏就走」這十字方針，後來成了毛澤東軍事思想的重要原則。

正是毛澤東，帶領紅軍完成了長征。在「左」傾冒險主義使革命遭受重大損失的危難關頭，紅軍實行戰略大轉移，進行了舉世聞名的兩萬五千里長征。衝出重圍後，「左」傾領導人準備把剩下的三萬紅軍拉到湘西去，而實際上湖南敵人已在那裏佈下了重兵。如果硬拚，勢必全軍覆沒。在這緊急關頭，毛澤東明確提出：「掉頭向西，到山高、谷深、流急、人稀的貴州去。」毛澤東此舉，真正挽救了紅軍，挽救了黨。遵義會議確定了毛澤東在全黨、全軍的領導地位後，他的作用就更突出了。

正是毛澤東，在 1936 年 12 月 12 日發生「西安事變」後，審時度勢，及時派出以周恩來為團長的中共代表團，通過與張學良、楊虎城和蔣介石的會談，促成了「西安事變」的和平解決，實現了抗日民族統一戰線的形成。

正是毛澤東，在與國民黨的談判中，達成了共識，將西北主力紅軍改名為「八路軍」，南方八省的紅軍游擊隊改編為「新四軍」。改編後的八路軍和新四軍，馬上開赴抗日前線。1937 年 9 月，日軍精銳部隊板垣師團大隊人馬正向長城要口平型關進發，八路軍一一五師得到情報後，馬上向黨中央和毛澤東匯報。毛澤東指示：「以全師主力伏擊敵人。」經過一晝夜的激戰，殲敵 1000 多人，擊毀敵人汽車 100 多輛，繳獲了大量的武器和軍用品。這是中國抗戰開始後的第一次大捷。在整整八年的抗戰中，毛澤東領導下的人民軍隊起了舉足輕重的作用。

正是毛澤東，在抗日戰爭最困難的歲月裏，領導陝北人民渡過了
難關。毛澤東還親自題寫了「發展生產，保障供給」八字，鼓舞大家
開展大生產運動。南泥灣是延安東南 100 多里的一片山林茂密的荒草
地。1943 年毛澤東命三五九旅開進南泥灣，到 1944 年底，這裏變成
了「到處是莊稼，遍地是牛羊」的陝北好江南。

正是毛澤東，在抗日戰爭取得勝利後，接受蔣介石的邀請，毅然
來到「陪都」重慶。當時人們都認為，蔣介石那樣高姿態，是否真有
誠意？毛澤東貿然而去，是否有危險？毛澤東卻認為：「個人安危是小
事，國家命運、前途才真正是大事。既然蔣委員長有請，我是一定要
去的。」到了重慶，著名民主人士張瀾在面見毛澤東時還說：「我不相
信蔣介石有誠意，是假戲。」毛澤東笑着說：「我們就來一個假戲真做，
讓全國人民當觀眾，看出真假，分辨是非，這場戲就大有價值了。」
在毛澤東的努力下，終於簽訂了國共兩黨的《雙十協定》。

正是毛澤東，當蔣介石撕毀「停戰協定」後，部署解放軍與國民
黨軍對抗，由弱轉強，於 1949 年 4 月 21 日發佈了《向全國進軍的命
令》，百萬雄師分三路強渡長江。4 月 23 日，人民解放軍佔領南京，
宣告了蔣家王朝的覆滅，也宣告了一個新時代的即將到來。

如果說孫中山是提出建設新中國的第一人，那麼，毛澤東則是為
建設新中國繪製藍圖的第一人。從這個意義上講，毛澤東是孫中山事
業的繼承者。

忻口會戰中的國共攜手

在國共兩黨的共同努力下，1937 年下半年，國共合作、全民抗戰
的格局漸次形成。在中央軍委的統一部署下，八路軍三個師在誓師後
渡過黃河，向東進發⋯⋯

9月，八路軍一一五師就在平型關獲勝，給正面戰場作戰的國民黨軍隊以巨大的鼓舞。

10月，中國軍隊第二戰區司令長官閻錫山決定死守東起平型關、雁門關，西至陽方口這一線，以阻止向太原氣勢洶洶地逼來的日軍。閻錫山把自己的行營設在雁門關前線。

閻錫山領導的晉軍雖然武器遠不如日軍，但打得十分的勇敢。敵軍的飛機一天到晚的狂轟濫炸，把晉軍簡單的工事炸毀了。晉軍戰士趁不太長的戰鬥間隙，重新又築起了防禦工事，甚至將泥漿裝進麻袋壘成掩體，繼續守住陣地。日軍向谷地發動衝鋒，晉軍沉着應戰，待日軍衝到壕前時，用手榴彈大量殺傷敵人。在近距離間，晉軍還與敵人拚刺刀，大量殺傷日軍。

正當晉軍在正面戰場上吃緊的時候，八路軍有關部隊得到指令，從側面和後面展開遊擊戰爭，配合國民黨的晉軍戰鬥。

深秋的一天，八路軍一二〇師716團團長賀炳炎奉師長賀龍之命，率部到雁門關打擊敵人。經過三天三夜的急行軍，部隊來到了靠近雁門關的一個四面環山的小山村老窩村。村後有條公路，天天有日軍的汽車經過。戰士們準備就地伏擊。10月18日清晨，戰士們就進入了埋伏地。到了上午10時，公路上騰起了塵土，敵人的一個300多輛的車隊來了。「打！」一聲令下，把敵人的車隊打得人仰馬翻。

打完了就走，八路軍走了，走得無影無蹤。敵人的大隊人馬到了，氣得嗷嗷大吼。

八路軍一二九師的769團，為了配合國民黨軍隊的忻口大戰，開赴忻口北面100多里的一個小山莊。指戰員到了那裏，老百姓告訴戰士們，河隔岸就是日軍陽明堡飛機場，這個機場的飛機每天起飛去轟炸中國軍隊的陣地。八路軍的這支部隊在陳錫聯的帶領下，乘着夜色，出其不意地衝進機場，把那裏的24架敵機都炸掉了。

在忻口戰鬥的國民黨晉軍，親眼看到八路軍戰士英勇配合作戰的

情景，又聽到新四軍開展遊擊戰、有力地牽制了日軍，個個都激動地說：「八路軍、新四軍真是我們的好兄弟！」

事實上，正是這種全民同心協力的抗戰，才取得了抗日戰爭的最後勝利。

跳出歷史的「周期律」

1945 年夏，抗日戰爭的勝利已成定局，社會各方正在為建設一個怎樣的「新中國」而積極籌劃。在這關鍵時刻，中國民主同盟的負責人、著名愛國民主人士黃炎培先生於 1945 年 7 月 1 日由重慶來到了革命聖地延安。

為了了解延安的風土人情、民風民俗、政情黨情，黃炎培在短短的數日間走遍了延安的大街小巷、鄉村市鎮、機關學校，甚至進入了這裏的一些尋常百姓家。所見所聞，使這位年過花甲的老人感慨萬千。

7 月 2 日下午、3 日晚上、4 日下午，黃炎培被毛澤東盛情邀去促膝長談。

「任之（黃炎培字任之）啊，這些天您好忙啊，請您談談感想，如何？」毛澤東把坐椅往黃炎培身邊挪了挪，帶着徵詢的口吻用濃重的湖南普通話説。

黃炎培説：「這裏的一切，您潤之先生比我清楚得多。以我的粗略的觀感，可用『生意盎然、生機勃勃』八字來形容，有許多都是我見所未見、聞所未聞的。這些我都不想多説了。」

毛澤東笑了，笑得很坦然：「不想多説就不説也罷，我看還是説些任之先生想説的罷，先生意下如何？在下當洗耳恭聽！」

黃炎培説出一番「治國安邦」的高論來。

黃炎培神態嚴肅、語氣莊重地説：「我生六十多年，耳聞的不説，

所親眼看到的真所謂『其興也勃，其亡也忽焉』。無論是一人、一家、一團體、一地方，乃至一國家，不少單位都沒有能跳出這『周期率』的支配力。大凡初時聚精會神，沒有一事不用心，沒有一人不賣力，也許那時艱難困苦，只有從萬死中覓得一生。既而環境漸漸好轉了，精神也漸漸放下了。有的因為歷時長久，自然地惰性發作，由少數演為多數，到風氣養成，雖有大力，無法扭轉，並且無法補救。也有為了區域一步步擴大了，它的擴大，有的出於自然發展，有的為功業欲所驅使，強求發展，到幹部人才漸見竭蹶、艱於應付的時候，環境倒越加複雜起來了。控制力也不免趨於薄弱了。一部歷史，『政怠宦成』的也有，『人亡政息』的也有，『求榮取辱』的也有。」⑥

毛澤東為黃炎培又添上一杯清茶，說：「任之先生今天是在為我上歷史課，我當銘記在心。」

黃炎培又說：「當年陳勝起事，初起時只有 900 人，斬木為兵，揭竿而起，『王侯將相寧有種乎』，豪氣逼人，數月之間，義軍百萬。後來忘乎所以了，還斬殺故人，結果只半年時間，兵敗身亡。闖王李自成，擁百萬大軍，橫掃十六省，可一旦率軍進京，自身懈怠，部屬離心，士無鬥志，結果走向悲劇。這種種教訓，值得人人記取。」

毛澤東說：「是啊，值得人人記取，更值得我記取啊，我也是農民起義軍的首領啊！您說是不是？」

黃炎培真心實意地說：「希望中共諸君能找到一條新路，來跳出這『周期率』的支配。」

毛澤東自信地作答道：「我們已經找到新路，我們能跳出這周期率。」

黃炎培追問：「怎樣的新路？」

毛澤東說：「這條新路，就是民主。只有讓人民來監督政府，政府才不敢鬆懈。只有人人起來負責，才不會人亡政息。」

黃炎培滿意了，連連點着頭，肯定地說：「您說的是對的。」

這可能是真正決定中國命運的一次談話。

後來，毛澤東《在中國共產黨第七屆中央委員會第二次全體會議上的報告》中又指出：「因為勝利，黨內的驕傲情緒，以功臣自居的情緒，停頓下來不求進步的情緒，貪圖享樂不願再過艱苦生活的情緒，可能增長。」他要求全黨和全國人民務必繼續地保持謙虛、謹慎、不驕、不躁的作風，務必繼續地保持艱苦奮鬥的作風。

兩個「十一」

回首近代中國的歷史，自然而然地會使人想到兩個「十一」。

第一個「十一」，意味着中國人民的厄運。那是 1839 年的 10 月 1 日，英國的內閣會議作出決定：「派一支艦隊到中國海去！」去幹什麼呢？歷史已經寫得明明白白。正是英國議會「十一」的這一個決定，引發了罪惡的鴉片戰爭，引發了中國人民的百年苦難。

從此，開始了災難深重的屈辱歷史；從此，開始了強權即是公理的時代。一個又一個「刺刀尖下」訂立的不平等條約，使中國經濟、政治、文化上的權益一步步喪失殆盡，中國由一個獨立的封建國家淪為半殖民地半封建國家。

有壓迫就有反抗。在帝國主義鐵蹄下備受煎熬之苦的中國人民，是不屈的勇於抗爭的人民。為獨立、自由、民主和富強而鬥爭，成為近代中國的主題。失敗，鬥爭。再失敗，再鬥爭，直至勝利，這是中國人民的偉大信念。

正是這種偉大的堅定不移的信念，迎來了整整 110 年後的第二個「十一」。

第二個「十一」，意味着中國人民的福祉。那是 1949 年的 10 月 1 日。中國的歷史揭開了新的一頁。一個嶄新的時代開始了，中國人從此站起來了！毛澤東在這一天顯得十分的激動，他說：「中國的命運一

旦操在人民自己手中，中國將如初升的太陽那樣，以自己輝煌的光焰普照大地，迅速地蕩滌反動政府留下的污泥濁水，治好戰爭的創傷，建設起一個嶄新的名副其實的人民共和國。」

10 月 1 日下午 2 時，毛澤東在中南海勤政殿召開中央人民政府委員會第一次會議，中央人民政府宣告成立。

隨後，毛澤東和中央人民政府全體委員驅車駛向天安門。

下午 3 時，30 萬軍民聚集在北京天安門廣場，舉行隆重的開國大典。在雄壯的國歌聲中，中華人民共和國主席毛澤東按動電鈕，第一面五星紅旗冉冉升起，禮炮齊鳴 28 響，象徵着中國共產黨領導中國各族人民艱苦奮鬥 28 年的歷程。毛澤東向全世界莊嚴宣告：

「中華人民共和國成立了！」

「中國人民從此站起來了！」

為了這兩句揚眉吐氣的話，中國人民奮鬥了一個多世紀。

毛澤東講話後，是盛大的閱兵式。中國人民解放軍陸海空三軍組成的方隊，通過主席台，由東而西行進。閱兵式進行了整整 3 個小時。

接着是群眾遊行。一隊隊懷着激動心情的群眾擁向主席台，高呼着：「人民共和國萬歲！」「毛主席萬歲！」毛澤東以洪亮的聲音回答：「同志們好！同志們萬歲！」

晚上 9 時 25 分，遊行結束。這一天，毛澤東在天安門城樓上整整站了 6 個多小時，他的精神始終十分飽滿。回到中南海住處，他對身邊的衛士說的第一句話就是：「勝利來之不易！」並連續說了兩遍。

是啊，的確是來之不易啊！

兩個「十一」，相隔整整 110 年，它給人以多麼豐富的遐想啊！

◆ 註釋：

① 徐光啟在對人解說為何自己那樣熱衷於研究和引進西學時說道：「欲求超勝，必先會通。」直白地說，就是學習西方，超越西方，這是作為早期啟蒙思想家徐光啟的遠見卓識。

② 當時的外國人有這樣的評述：「中國官府全不知外國之政事，又不詢問考求，故至今中國仍不知西洋。中國人果真要求切實見聞，亦甚易，凡老洋商之歷練者，及通事、引水人，皆可探問。無如（清官員）驕傲自足，輕便各種蠻夷，不加考究。惟林總督行事，全與相反，署中養有善譯之人，又指點洋商、通事、引水二三十位，官府四處探聽，按日呈遞。亦有他國夷人，甘心討好，將英吉利書籍賣與中國。林（則徐）係聰明人，不辭辛苦，觀其知會英吉利國王第二信，即其學識長進之效驗。」

③ 《天朝田畝制度》規定，「蓋天下皆是天父上主皇上帝一大家，天下人人不受私，物物歸上主，則主有所運行，天下大家處處平均，人人飽暖矣。此乃天父上主皇上帝特命太平真主救世旨意也。」

④ 柴萼著《庚辛紀事》：「聯軍入侵，使中國自元明以來之積蓄，上自典章文物，下至國家珍奇，掃地遂盡。」

⑤ 《興中會章程》中明確指出：「是會之設，專為振興中華、維持國體起見，以申民志而扶國宗。」

⑥ 黃炎培：《八十年來》，中國文史出版社，1982 年版。

後　記

　　寫作一部既通俗又符合科學的記述中國悠久歷史的書，是我們的一個美麗的夢。為此，早在 12 年前，我們就開始蒐尋、閱讀、研究相關資料，也懷着敬畏之心瞻仰了不少先人的遺址，受到的心靈的震撼是可想而知的。我們還拜訪了學有所成的一批老學者、老專家。個中艱辛，是難於與他人言表的。我們把這 12 年看成是尋夢的心路歷程，也看成是圓夢的艱難跋涉。

　　中華一萬年之說，起於 20 世紀的六七十年代，到八九十年代達到了一個高峰。1997 年 8 月，「海峽兩岸史學家合撰中華民族史第四次學術研討會」召開，會上有人明確提出了「中華文明可追溯到一萬年前」的論點，受到與會學者普遍關注。會後，台灣史學家黃大受教授同大陸學者史式先生共同起草了《重寫中華古史建議書》，主張中華古史應從一萬年前寫起。此建議書很快受到海內外百餘名歷史學家、考古學家、人類學家、民族學家、民俗學家的簽名贊同，並公開發表。筆者雖然沒有參加這次盛會，但對與會者提出的觀點，深表讚賞。

　　在此前後，我們還整理了採訪筆記，發現我們採訪的諸多考古學家、歷史學家，都有一個共識，都認為人類對自身歷史的認識有一個漸進過程，在相當長的一段時間裏總體上是估計不足的，往往把人類的歷史看得比較的短暫，後來由於科學發展了，人們的認識深化了，才有了對歷史的一定程度的改寫。這就好像之前公佈一條重大信息：原來我們的老祖宗「北京人」早在距今約 77 萬年前就在周口店繁衍生息了，較此前歷史教科書上的「約 50 萬年前」的估計「老」了 20 多萬歲。這是科學家運用目前最先進的加速器質譜測年方法精確測定

的。面對我們的採訪，不少考古學家、歷史學家明確指出，中國的文明歷史走過了很長很長的一段路程，這個路程如果包含它的孕育期的話，那絕不是幾千年，而是上萬年。

筆者多次採訪中國考古學會理事長蘇秉琦先生，他反覆強調這樣一種觀點：中國古史的框架、脈絡可以概括為：「超百萬年的文化根系，上萬年的文明啟步，五千年的古國，兩千年的中華一統實體，這就是中國的基本國情。」此觀點新穎且有根有據。1983年初，筆者在北京採訪考古學元老夏鼐先生時，他也認為蘇老的觀點「言之有理也有據」，還說：「把文明的起源放在新石器時代是理所當然的，因為不管怎樣，文明確實是由『野蠻』的新石器時代的人創造出來的。至少文明史在6000年以上。」根據山東大汶口遺址的發現，考古學家唐蘭也說：「現在看來，中國有6000年的文明史是不成問題的。」

筆者還專門採訪了《中國通史》總主編白壽彝先生，他認為，中國歷史有萬年以上，因為近代中國考古學取得的成果，促使通史編纂發生根本性的變化，從中華一萬年的原始社會開始寫中國通史的做法已為史界普遍接受。

專家們的教誨，給了我們極大的啟迪。接着，我們又參觀考察了半坡遺址、裴李崗遺址、磁山遺址、河姆渡遺址、大地灣遺址、大汶口遺址等遠古文化遺址，一件件文物震撼着我們。特別是對7000年前的河姆渡遺址的發掘，使我們了解到，我們的先民「飯稻羹魚、斷髮文身」的百越族群在那時已經輕舟出海，是世界上最早出現的海洋民族之一。

不少學者認為，大約距今一萬年前後，原始種植業成為人類自覺

的社會生產活動。這是人類的一大進步，是從舊石器時代進入新石器時代的一個重要標誌。新石器時代是中華文明的奠基期和孕育期。凡事都有一個孕育階段，人類歷史更是如此。有的學者認為，一萬年是文明史，是中華文明從起步到逐步形成的歷史。大約一萬年前，我們的祖先逐漸從漁獵、採集生活轉入農耕生活，開始定居，進入母系社會。南北各地都發掘出許多古文化遺址，充分說明華夏大地的農耕文明已經開始傳播。南方的主要農作物是稻，北方是粟。我們何時進入文明社會，有大量的出土文物可以證明，不需要別人來為我們鑒定。

這些見解，都是撰寫《中華一萬年》的支撐點，同時也打開了我們的撰寫思路。

是否進入文明社會，不應從某一所謂「權威」的概念出發，而是要從實際出發。我們看到的一萬年前的華夏先民，至少已經有了五個「懂得」：一是懂得發明創造，他們用自己的雙手，創造了地球上原本不存在的物品（陶器）；二是懂得了民生民計，不是單純依賴於自然界，而是以自己的有別於其他一切動物的生活方式生活（地面建築、五穀的培植、六畜的圈養、熟食的廣泛食用、縫製衣服）；三是懂得了優生優育（族外婚），這樣，人口大為優化，數量和質量都有所提高；四是懂得了社會組合，中國遠古時代社會組合（家族、宗族）的嚴密程度是舉世無雙的，遠古中華人的交往面之廣也是世所罕見的（「東西南北人」概念的形成）；五是懂得了攻守之道，從體力角度看，人在大自然的眾生中算不得是強者，比人強有力者至少還有數十種類，但人的一大長處是其為萬物之靈，能夠攻守自如。攻有火器，有弓箭，守有人工構築的溝壑，有城垣。這在一萬年前都能看到了。當時的人不說他

是文明人，至少該説他是正在向文明邁進的人吧！

於是，我們開始蒐集、撰寫《中華一萬年》。其間斷斷續續，不完全是公務在身之故，而是確實相當難寫，綱目體例就是個難題，是以專題為順，還是以時間為序，可謂十易其稿，最後定為按時間先後，從華夏第一陶寫起，每一時期概其特點，苦心列為 33 卷。

接着，如何寫得通俗？又是一關。説真的，資料浩如煙海，不難尋找。難就難在「既通俗又要符合科學」上。如今，講歷史可説是空前的大行其道，不只史學家講歷史，文學家也講，社會學家也講。打着讀史、品史、演義歷史旗號的作品充斥着書鋪、報刊、講演廳，以及電視節目。通俗嗎？有些似乎通俗了，但其中的某些觀點，不敢苟同。我們一直在思忖：如何把這一萬年歷史活龍活現地推向聽眾和讀者的書房、客廳和餐桌前。

通俗當然是要的，但首要的是「通」，然後才可説「俗」。我們把萬年史的上上下下反覆進行梳理。在我們的腦中跳出了「中國歷史的源和流」這樣一個問題。過去倫敦大學的一位教授寫過一本《中國古文明西來説》的書，説中國文明源自巴比倫，中華文明最多只有 4000來年的歷史，頗為影響了一些人。現在當然沒人聽他的了，但屬於中國人自己的圓通的説法，始終沒有。還有，起始於辛亥革命時的「中華文明五千年」之説，究竟靠不靠得住？在當今世界上一些通史作者都在爭説一萬年的時候，作為文明古國的中國學者如果還厮守於五千年之説，是否有點滯後？這是個科學問題，我們在本書中謹慎地用史實把它端了出來。

此外，還有中華文明的發源地問題，中華文明是否像一些人所

斷言的那樣只是「大陸文明」的問題，現今中國的文化、經濟、政治基本格局的來龍去脈問題，我們都作了些探究，答案當然不是概念化的，而是蘊含在史料的運用中。

在撰寫《中華一萬年》過程中，我們始終沒有忘記蘇秉琦先生「超百萬年的文化根系，上萬年的文明啟步，五千年的古國，兩千年的中華一統實體」的教誨，也沒有忘記史式先生的大聲呼喊：「新世紀寫新史書，自是一件盛事。此時不寫，更待何時！」我們這部書稿，算是對史學家的一個回應吧。如果能在盛世的盛事中添一點有用的筆墨的話，將是我們莫大的光榮。

書稿的完成歷盡千辛萬苦。編輯出版，也相當不容易。需要感謝的人很多。首先要感謝的是著名史學家蘇秉琦、白壽彝、夏鼐、王玉哲、楊寬、袁仲一、李學勤、黃大受、史式等等，他們都對筆者作過親切的指導，使我們受益匪淺。多部大型工具書以及《咬文嚼字》的特約審讀王瑞祥先生對全書作了認真審讀，提出了很好的意見。在這裏一併向各位致以誠摯的謝意。如果這部書稿能得到廣大讀者的厚愛和首肯，那就是對作者也是對各位參與其事的朋友的最大的報答和安慰了。

郭志坤　陳雪良

中華一萬年

郭志坤　陳雪良　著

□ 責任編輯：黃　帆
□ 裝幀設計：高　林
□ 排　版：賴艷萍　黎　浪
□ 印　務：林佳年

出版　　中華書局（香港）有限公司
　　　　香港北角英皇道 499 號北角工業大廈一樓 B
　　　　電話：（852）2137 2338　傳真：（852）2713 8202
　　　　電子郵件：info@chunghwabook.com.hk
　　　　網址：http://www.chunghwabook.com.hk

發行　　香港聯合書刊物流有限公司
　　　　香港新界荃灣德士古道 220-248 號
　　　　荃灣工業中心 16 樓
　　　　電話：（852）2150 2100　傳真：（852）2407 3062
　　　　電子郵件：info@suplogistics.com.hk

印刷　　美雅印刷製本有限公司
　　　　香港觀塘榮業街 6 號 海濱工業大廈 4 樓 A 室

版次　　2021 年 5 月初版
　　　　© 2021 中華書局（香港）有限公司

規格　　16 開（230mm×160mm）

ISBN　　978-988-8758-62-3